高等院校"十二五"经济管理类课程系列规划教材

高级财务管理：理论与实务

(Advanced Financial Management：Theory and Practice)

主　编：丁玉芳　邓小军

副主编：刘　华　孙雅健

经济管理出版社

图书在版编目（CIP）数据

高级财务管理：理论与实务/丁玉芳，邓小军主编.
北京：经济管理出版社，2009.4
ISBN 978-7-5096-0602-5

Ⅰ.高… Ⅱ:①丁… ②邓… Ⅲ.财务管理 Ⅳ.F275

中国版本图书馆 CIP 数据核字（2009）第 053427 号

出版发行：**经济管理出版社**

北京市海淀区北蜂窝 8 号中雅大厦 11 层

电话：（010）51915602　　　邮编：100038

印刷：三河市海波印务有限公司　　　经销：新华书店

组稿编辑：王光艳　　　责任编辑：王光艳　魏晨红
技术编辑：杨国强　　　责任校对：陈　颖

720mm×1000mm/16　　　34 印张　　　670 千字
2009 年 5 月第 1 版　　　2009 年 5 月第 1 次印刷

定价：58.00 元

书号：ISBN 978-7-5096-0602-5

前　言

《高级财务管理》是现代企业财务总监（CFO）及其后备军（MPAcc，即会计学专业硕士研究生、会计学专业本科生、财务管理专业本科生）必修的一门专业课。考察高级财务管理的内容设计、结构安排，无论在国内理论界或者国外实务界，都是极具争论性的课题。本书力求在吸收最新财务管理理论和财务管理实务新技术、新方法的同时紧扣我国财务理论与实践问题安排选题，以期使本书能最大可能地覆盖国内外专家、学者达成共识的有关高级财务管理学框架的主要内容，并坚持财务管理理论教学与研究服务于我国财务管理实践的原则，来体现"实务"特性；同时通过避免与现有财务管理学教材内容的简单重复，体现"高级"两字；特别需要指出的是，我们通过对不同企业组织形式（跨国公司、企业集团、中小企业、民营企业、特种企业）的财务管理理论与实务进行合乎逻辑的分析性扩张研究后，试图从中概括、归纳出最具一般意义的理论原理与实务运作来构建《高级财务管理：理论与实务》一书的基本框架，作为一种尝试，旨在为高级财务管理的理论与实务更深、更高层面的研究提供一个最基本的思路、方向、范式，借此来凸显本书的创新性。

我们认为高级财务管理理论与实务研究的逻辑起点是企业组织，不同的企业组织形式决定了特定的财务目标和财务主体。财务目标为财务管理过程提供了技术标准和方向，而财务治理结构下的分层财务主体则为处于管理核心的人提供了行为导向和规范，或曰"游戏规则"：这是构建高级财务管理学体系的两个必要前提，即既要明确目标，也要掌握规则。依据财务目标，在财务治理的框架内确定有效实现目标的财务战略，然后用财务预算将财务战略与日常经营管理连接起来；最后以预算为主要标准，对经营业绩和战略的完成情况进行财务评价。评价后可能的结果是超越企业经营的限制，实施促进或加速战略目标实现的重组计划，进而进入新一轮的更具竞争优势的经营管理之中。

本书总结我们多年来财务管理教学和研究探索的全部成果，充分展示了高级财务管理理论的核心内涵、分析方法和实务技术，囊括了理论上的新发展和实践探索的前沿，并试图从理论与实务两个层面突破与创新传统财务管理模式。

理论方面，全书贯穿财务管理已从传统的资金管理转向战略性财务管理这一基本思想，系统分析了基于突出 CFO 职能的重构和构建新环境下高级财务管理的基本原则，从理论层面分析新环境下需要什么样的战略性财务管理体系，并通过阐述 CFO 或财务经理的职能和如何重构新环境下的 CFO 职能，提出与战略管理相融合的财务管理基本原则和建立与公司治理结构相融合的适时财务监控及预警机制；从企业价值评估的角度把握企业创造价值的关键要素，从而揭开困扰财务管理人员的企业价值评估（含股票定价）的神秘面纱；从战略目标的需要选择投资项目，制定融资政策、资本结构优化政策和股利政策；全面探讨了战略规划、财务预算管理、财务流程再造、价值增长及技术创新财务管理等全新理论课题。

实务方面，通过科学论证拟建立以实施权衡条件下股东财富最大化为目标的财务预算体系作为高级财务管理实务的基础，将企业价值评估、投资决策、财务风险管理、财务流程再造作为评价财务预算和制定财务战略政策的基本工具；通过建立以财务目标的关键指标为预算起点的长期财务预算模型（可以用 Excel 辅助计算），真正做到长期财务预算是企业财务战略规划的货币化表现，并通过一些长期预算模型的模拟训练，就可将其应用于财务管理实践中进行长期财务预算；在全面介绍企业价值评估方法的同时建立股票价值评估、企业价值评估的 Excel 计算模型，使本书相关例子和有关模型可以在实务中得到充分应用。

不积跬步，无以致千里。如果本书能够对高级财务管理的理论与实务做出一个相对清晰的描述和阐释，能够为处于以网络化、信息化、数字化、知识化为重要特征的新经济时代的各级、各类广大财务工作者提供比较明确的理财思路，引导他们能够学以致用或有所借鉴，那就是笔者最大的欣慰了。

编　者

2009 年 3 月 1 日

目　录

下篇　高级财务管理基本实务

上 篇

高级财务管理基础理论

第一章 总 论

【案例导入】

对 CFO（首席财务官）职能的理性定位

ABC 公司 2009 年新上任的 CFO（首席财务官），了解到该公司五年前就提出打造"三高"（质量、效率和效益）、"五一流"（职工素质、企业文化、技术、管理和产品）的战略目标，2009 年又进一步明确提出该公司的战略定位——成为全球最具竞争力的五百强企业之一。

为使财务管理在实现战略目标中发挥更大作用，新任 CFO 需要从战略目标的需求出发对传统财务经理的职责进行多角度审视，系统分析并科学制定财务管理部门的职责，这些职责应与业务部门和整个公司的治理机构职能相结合，并使CFO 的职责适应于：①资金管理与各业务部门管理的融合；②战略管理职责与财务职责的结合；③协调相关利益者的利益；④网络化环境下的理财。

新任 CFO 面临的主要任务在于，如何根据战略管理目标和需求及公司组织结构的适应性变化来实质性地改进传统财务管理职责和基本原则，以提高财务管理的效率和效益。

该案例表明：如果您是一名即将上任的 CFO，首先要考虑的是如何从战略高度提出财务管理的新措施，以提高企业管理中现金流的运营效率；其次，对财务管理学科的最新进展及与其他管理科学的关系、财务管理的对象、利益冲突与代理成本等应熟练于胸，以使自己在财务决策中能从战略高度把握关键因素和应用最新的方法；最后应深入领会高级财务管理的基本原则。

　　（资料来源：[美] 阿斯瓦斯·达摩达兰著. 应用公司理财[M]. 北京：机械工业出版社，2004. ）

第一节　高级财务管理的历史演进

　　现代财务管理与会计学、市场学、战略管理、行为科学、生产管理和信息管理共同构成企业管理的七大分支学科。考察其发展演进过程并分析与其他相关学科的关系后可知，现代财务管理是企业管理的核心。

一、西方财务管理理论的产生与发展

　　财务管理实践和理论的发展演进过程与社会经济的发展、重大的经济事件以及特殊的经济时期是密不可分的。其中金融市场的发展和企业组织的变迁对企业财务管理的演进发挥了积极的推动作用。

　　一般认为，西方财务管理理论的独立是以美国著名财务学者格林（Green）1897年出版的《公司财务》为标志，随后西方财务学就以其独特的研究内容和研究方法成为经济学的一个分支。随着企业财务活动的独立，研究其规律和理论的企业财务学也开始从经济学中分离出来，成为一门独立的学科。一般而言可从以下四个阶段来考察其发展演进。

　　1. 传统财务管理阶段（20 世纪初～20 世纪 30 年代，又称融资管理阶段）

　　20 世纪初，资本主义国家的新科学、新技术和新发明促进了新兴工业的发展。这种发展变化引起了企业资金需求量的急剧增长，导致企业金融活动面临的首要问题是为企业扩张筹集资金，由于当时市场的不完善、法规的不健全和财务信息的可靠性差等原因，使得投资者裹足不前，个人储蓄转化为企业投资还存在一些障碍。因此，这一时期，企业财务研究分析的重点是与公司成立、证券发行以及公司兼并、合并等相关的法律性事务，为企业筹资服务。阿瑟·S. 大明于1920 年出版的《公司财务理论》较全面地反映了这一时期公司理财的各种观点，是传统财务管理的代表作。

　　2. 综合财务管理阶段（20 世纪 30 年代～20 世纪 50 年代，又称综合理财阶段）

　　20 世纪 30 年代的经济大萧条使人们认识到在激烈的竞争中要维持企业的生存与发展，企业财务必须采用科学的方法促使其所筹集的资金在企业内部得到最经济和最有效的运用，以最大限度地提高资金使用的效果。从 20 世纪 30 年代到 20 世纪 50 年代，公司理财理论发生了几个重要变化：一是由于大萧条的影响，公司理财集中于破产法和公司重组以及政府管制等有关问题的研究。二是公司理财分析扩展到资产负债表的左侧，即公司资产一侧，也就是注意到公司的资产投资。另外，研究资本成本的科学测量及为金融资产定价的技术也取得重大突破，而且对资本成本、资本预算以及金融资产定价问题的研究一直持续至今，并成为人们关注的重要领域。以上的变化使强调筹资的"传统理财论"实现了向更高层次的"综合理财论"的转变。1951 年乔尔·迪安的《资本预算的编制》以及同年 F.卢茨和 V.卢茨合著的《厂商投资理论》都为资本预算起到了重要的先导作用，是这一阶段的代表作。

　　3. **现代财务管理阶段（20 世纪 50 年代～20 世纪 70 年代，又称现代理财阶段）**

　　从 20 世纪 50 年代开始，企业理财学开始从"传统财务管理"和"综合理财"阶段向"现代理财阶段"转变，这种转变的显著特征表现在：

　　（1）20 世纪 50 年代出现了一批在财务学说史上有重要影响的代表人物，他们连续发表了在财务学术领域里有重大贡献的研究成果，如马科维茨 1952 年发表的《组合选择》和 1959 年发表的《证券组合选择：有效的分散化》，还有 1958 年米勒和莫迪里亚尼发表的《资本成本、公司理财和投资理论》以及之后的《股利政策、公司增长和股票估价》等。

　　（2）财务管理学研究的重点领域开始从传统的资金筹集和综合理财的"资金内部控制"转为探讨个人、企业乃至整个社会如何在风险资产合理估价的基础上就稀缺资源的有效分配做出正确的决策。

　　（3）宏观经济分析方法开始被引入理财领域的微观分析中。在这一转折时期，财务管理学从单纯的微观分析走向微观分析与宏观分析相结合，从一门简单的技术性学科逐步发展成一门理论与方法完整的学科，并成为现代管理理论的重要组成部分之一。

　　（4）20 世纪 50 年代后，整个财务学的主要理论、方法及实证分析大体上都是以不确定性经济学为主要基石的金融市场均衡模型，包括资本资产定价模型、套利定价模型、金融衍生工具的定价模型和有效市场模型；马科维茨 1952 年提出的现代投资组合理论；米勒和莫迪里亚尼 1956 年提出的"MM"理论；詹森、法马和麦克林提出的委托—代理理论成为这一时期的代表理论。

　　4. **新财务理论与网络理财阶段（20 世纪 70 年代至今，又称高级财务阶段）**

　　20 世纪 70 年代以来，财务管理理论的日益丰富、财务管理业务范围的不断拓展和理财环境的不断变化，使财务管理的对象一方面在现金流转方面的分析更加具体化，另一方面也突破了现金流转的范围，已经涉及许多"非"财务领域的问题，表现在：

　　（1）随着资本市场的发展，财务管理不仅注重现金流转问题，而且也重视企业控制权及其运动。专门研究控制权取得与流动的内容包括企业的并购、分离、剥离、控股公司和接管防御等问题。

（2）公司税收和个人税收对企业财务决策的不同作用已经是财务研究的新课题。尤其是通货膨胀对公司财务管理产生多方面的影响。为此，通货膨胀财务的提出已经成为必然的事实。研究通货膨胀对财务活动的影响和在财务融资、投资、营运资金运作等方面的反通货膨胀财务策略，以实现企业的长盛不衰，是通货膨胀财务的基本任务。

（3）企业经营与财务的国际化趋势，推进了国际财务的形成与发展。由于国际企业的迅猛发展和金融市场的国际化，国际财务应运而生并迅速发展。国际财务探讨的问题主要是：国际惯例与各国法律对国际财务运作的影响与对策、外汇风险防范、国际投资与筹资、跨国公司营运资金管理以及国际纳税与避税。

（4）信息技术的飞速发展更拓展了企业财务管理的范围与方式。新世纪的财务管理面对网络化的经济环境，不得不掌握网络应用技术，如电子货币系统、无纸贸易、电子结算系统、电子商务系统和 ERP（企业资源管理系统）等大量新技术已经在企业中得到了普遍应用。因此，在财务管理理论界开始研究网络财务管理及电子商务对财务活动的影响和相应的财务策略，逐步形成新的财务管理分支——网络财务学。

二、我国财务管理理论的产生与发展

我国财务管理学科和理论早在新中国成立前就已经形成并有所创新，其历史发展经历了以下四个发展阶段。

1. 20 世纪上半叶我国财务管理的发展

值得关注的事件有：

（1）"理企业之财"概念的形成。历史上，我国传统的"理财"要义是"为国理财"，著名理财家王安石、沈括等属于此类。而作为"企业财务管理"概念的"理财"是从 100 多年前的郑观应、盛宣怀开始的。[①]

（2）一批民族资本家提出了一系列独到的、富有操作性的财务控制思想和观点，这些思想和观点与当时西方财务主要研究"财务筹资"理论相区别。

（3）上海、江浙一带的不少大中型企业设立了财务总管，在企业管理结构中居于高层地位，同时上海交通大学还设立了财务管理系。1914 年北洋政府颁布《证券交易所法》，促进了证券交易日益活跃和旧中国有组织的证券市场的形成。1939～1940 年，众业公所上市股票达 160 多种。这些股票和上市公司尽管具有比较浓厚的半封建半殖民地色彩，但同样具有现代"资本市场"意义。

---

① 叶世昌. 十大理财家[M]. 上海：上海古籍出版社，1992.

2. 20 世纪上半叶至改革开放初期我国财务管理的发展

新中国成立以后到改革开放前 30 年的历史阶段中,我国企业财务管理是在高度集中的计划与财政体制体系下建立和发展的,这一特定时期探讨的财务理论问题主要体现在下述六个方面:其一是关于社会主义经济核算理论,主要涉及经济核算的实质、客观依据、指标体系、群众核算与专业核算的关系。其二是关于社会主义资金理论,主要集中在资金的本质、资金与资本的区别、资金运动规律性、固定资金与流动资金的区分、折旧基金性质、流动资金职能、社会资金与企业资金的相互作用等。其三是关于社会主义企业利润的客观依据及其与资本主义利润的根本区别。其四是关于财务本质上是货币关系体系的总和,还是资金运动及其所体现的经济关系,或是价值分配活动。其五是关于经济效果的概念、范围与经济核算的关系。其六是实务界对车间班组的核算制度、月度财务收支计划和资金平衡会议制度、决算审查会议(经济活动分析会议)制度、定额发料制度、流动资金归口分级管理、成本费用归口分级管理的研究。

3. 改革开放初期至 20 世纪 90 年代初期我国财务管理的新发展

十一届三中全会拉开了以城市为重点的全方位经济体制改革序幕,以国营企业的财务改革、财务管理改进为核心的财务研究也从以下诸方面全面展开:围绕企业基金制度、利润留成制度、两步利改税、承包制、租赁制和税利分流等改革举措的财务研究;财务与会计的关系问题;财务职能研究;宏观财务与国家财务问题的提出拓宽了财务研究的视野;关于经济效益与经济效果、宏观经济效益与微观经济效益、经济效益与财务管理的探讨使人们加深了对财务管理的认识;关于资金周转指标、利润率指标(平均资金利润率、资本利润率);关于成本的经济内容、成本开支范围、成本考核指标是当时财务成本研究的主要问题;实务界关于内部银行、目标(利润)管理、划小核算单位与内部承包、商品保本保利期管理等财务管理方法是创造性的。这一阶段财务理论研究的特点可概括为:以马克思主义政治经济学作为唯一基础理论的局面有所松动;研究内容方面,财务上名词概念的争议仍是财务研究的重点;在研究目的上不仅要对宏观上的有关财务政策产生影响,更要对国营企业自身的财务改革与财务管理提供思路;研究的范围十分广泛,成本管理始终是财务管理中不可缺少的部分。

4. 20 世纪 90 年代至今我国财务管理的新发展

以 1993 年颁布、实施“两则两制”为起点和契机,随着我国证券市场的建立和成熟,在与国际惯例的接轨过程中,我国财务理论研究的视野、方法、内容等呈现出明显的大发展,财务管理是企业管理的中心已经成为架构企业管理体系的基本理念,财务实证研究方兴未艾。具体而言:①在财务管理主体方面主要是针对资本市场,针对上市公司这样一个特殊的企业群、特殊的环境来研究公司的财务目标、财务工具和财务价值评估问题。②在财务管理内容方面,一般以权责对应、成本收益对称观念为理财的基本指导思想，以财务管理的各个环节（财务预测、财务决策、财务预算、财务控制、财务分析）为主线架构。③在财务理论基础方面，主体包括"MM"理论、CAPM、资产组合理论等，财务经济学的色彩越来越浓。④在财务本质特征方面，目前财务学研究重点放在从资金筹集到资金投入及收益分配问题上，或者说是在一个封闭的产权结构条件下，探讨财务管理的具体问题。

综上分析，从财务管理的理论到实务，上述研究的内容都是必不可少的，但是从财务管理学科自身的发展，从经济环境和产权体制变革的需要，以及经济全球化竞争角度分析，这些内容又是远远不够的，必须进一步充实、完善我国传统的财务管理学体系。由此可见，我国高级财务管理的产生，高级财务管理理论体系的构建在一定意义上成为一种客观必然。

三、基于战略管理的企业财务管理

1. 财务经理职责的演变

根据财务管理学科理论和实务的发展，财务经理职责的演变经历了三个发展阶段：

（1）单一资金管理的职责。财务管理作为一门独立的学科是在20世纪初形成的。当时的资本市场相对来说是初级的，而企业的有关会计报表又不可靠。因此，在这种环境里，财务经理会集中解决企业筹集资金问题。

（2）从单一资金管理扩展到注重协调投资人的利益，关注市场反应。20世纪30年代西方经济大萧条期间，企业倒闭致使财务管理集中于破产和重组、公司清算和证券市场的政府调节，这时的财务管理仍然是描述性、法律性的学科，但重点转移到生存问题而不是扩展问题。这一时期，西方国家政府加强了对企业和市场的管制，促使财务经理必须考虑投资人的利益和关注市场的反应。

（3）从注重协调投资人的利益进一步扩展到权衡利益相关者的利益。财务管理重点越来越从外部者的观点转向内部者的观点，从而财务经理职责转向既要考虑股东利益也要权衡利益相关者的利益，以使企业在权衡相关利益人条件下实现股东财富最大化。

2. 从战略管理的角度分析企业财务管理

激烈的市场竞争使企业战略管理成为CFO的日常工作议程。因此，在企业财务管理全过程中如何把现金流的管理与战略管理集成（包括资源集成、信息集成和监控集成）已成为CFO的重要职责之一。下面从战略管理角度简要分析企业的财务管理（尤其是现金流管理）如何贯穿于企业的各种业务活动中。

（1）财务管理的战略观。企业战略是完成企业使命或实现企业战略目标而确定的整体行动规划，而战略管理则是围绕着企业战略目标所采取一系列措施的全过程。企业财务管理是对资金运作的一种监控，是实现企业财务管理目标一系列措施的全过程。具体而言：

1）财务目标的战略性。财务预算目标实际上是以企业战略目标为基础的财务管理目标。所以预算管理过程必定是围绕企业战略的制定、实施、控制而采取一系列措施的全过程，财务预算管理具有整体性、长期性和相对稳定性的特点。

2）财务预算的战略性表现在企业不同时期战略重点的差异性上。企业不同的发展时期有不同的财务战略重点：

● 处于产品开发期的企业，它面临着极大的投资风险，其投资金额和投资效果具有不确定性。因此，需要采用谨慎的战略决策。财务预算应以投资活动现金流量预算为中心，并根据投资活动现金流量预算编制筹资活动现金流量预算。

● 处于市场增长期的企业，其战略成功的关键是在达到成熟期前就要形成自身可持续发展的竞争优势，获取较高的市场占有率。企业所关注的是市场份额。因此，这时的企业财务预算应以销售为起点，以经营活动的现金流量预算为中心考虑适当地补充融资。

● 处于市场成熟期的企业，成本控制至关重要。这时企业管理的中心应放在成本控制上，尽可能地降低产品生产成本。企业财务预算的目标应放在降低成本和剩余自由现金流的短期投资方面。

● 处于衰退期的企业，其战略重点往往是通过市场预测和科学论证，调整投资方向或缩小经营规模，实现战略转移。因此，企业的财务预算应以投资报酬率为核心，编制以投资活动现金流量为中心的财务预算，保证新的投资报酬率目标的实现。

3）企业经营战略管理与经营业务管理通过财务管理得到有机的联系或集成。一般来说，企业经营战略是企业经营的总方针，体现在长期预算中，而企业经营活动体现在短期预算中。短期预算作为财务管理行动的一种表现形式，使企业日常的经营活动和企业的经营战略之间得以衔接和沟通，从而形成具有良好循环的长期财务管理机制与短期财务管理机制相结合的财务管理系统。

（2）现金流管理的战略观。在市场经济条件下，企业财务管理对象是现金流。现金流贯穿于企业财务活动的全过程中，被公认为是企业系统的"血液"。因此，如何管理现金流成为企业财务管理的重要内容。

1）经营活动的现金流。以制造企业为例，这类现金流动过程可表述如下：原材料购入、直接人工和其他费用的投入，伴随着现金流出，即反映了购进的原材料、直接人工费和其他费用的投入综合形成一种新的产品（变成产品资金）。在这个过程中伴随着实物价值形态和人工劳动价值的转换，产生了产品价值的增值，这种增值通过产品的销售过程又转换成现金（现金流入）。这样，在企业再生产过程中，企业产品价值的货币表现最终是形成现金流入。

2）企业资产证券化的现金流。现代企业中存在金融商品运动。金融商品狭义是指各种能在金融市场反复买卖，并有市场价格的有价证券。企业许多资产可以证券化，如应收账款、分期收款的出售商品。

在金融商品的运动过程中，伴随着金融商品的运动也相应地产生了资金运动，它表现为货币资金向金融商品资金的转化以及金融商品资金向货币资金的转化，这里是以货币资金为出发点，并以货币资金的收回为终点，收回的货币资金大于投出的货币资金，从而形成证券的现金流动循环。企业买卖金融商品的过程是不断进行的，周而复始地买卖金融商品所形成的现金流动构成资产证券化的现金流。

3）筹资活动的现金流。企业从各种渠道以各种形式筹集资金，是现金流入管理最好的调节器。筹资是维持经营活动正常开展和现金正常支付的基本前提。在筹资过程中，企业一方面要确定筹资的总规模，以保证投资所需要的资金；另一方面要通过筹资渠道和筹资方式或工具的选择，确定合理的筹资结构，使筹资的成本降低而风险不变甚至降低。

从整体上看，任何企业都可以从不同方面筹资并形成两种性质的资金来源：①企业的自有资金，它是通过吸收直接投资、发行股票和企业内部留存盈余等方式从投资者那里取得，投资者包括国家、法人、个人、外商等。②企业债务资金，它是企业通过向银行借款、发行债券和应付款项等方式取得。作为企业重要的筹资手段，负债对企业财务管理意义深远，它是企业财务管理的重点对象之一。负债管理的基本目标是如何在提高企业偿债能力和控制债务风险的基础上，提高负债筹资对资本收益率的杠杆作用。

4）投资活动的现金流。这种因企业投资而产生的资金收付，便是由投资而引起的财务活动。投资活动为企业带来各种资产，如各种实物资产、债权和无形资产，它们是企业从事生产经营的物质基础，并以各种具体形态分布或占用于生产经营过程的各个方面，具体包括流动资产、长期投资、固定资产、无形资产和其他资产等。由此而产生的资产管理就是指对上述各项资产进行规划、控制与分析。资产管理的基本目标是在满足企业生产经营需要的前提下，尽可能少地占用各项资产，加速资金周转提高使用效率，实现资产的保值和不断增值。

5）利润分配的现金流。广义而言，分配是指对投资收入（如销售收入）和利润进行分割和分派的过程，而狭义的分配仅指对利润的分配。

营业利润、投资净收益和营业外收支净额构成企业的利润总额。利润总额首先要按国家规定缴纳所得税，税后利润要提取公积金和公益金，分别用于扩大积累、弥补亏损和改善职工集体福利设施，其余利润作为投资收益分配给投资者或暂时留存企业或作为投资者的追加投资。值得说明的是：企业筹集的资金归结为所有者权益和负债两个方面，在对这两种资金分配报酬时，两者有一个相同点，就是它们被分配后，就从企业的资金运动中退出。为此，在依据一定的法律原则下，企业应合理确定分配的规模和分配的方式，以实现企业的长期利益最大化。

四、高级财务管理的产生

从上述财务管理学科和财务管理实务的演进来看，财务管理已经从财务的单项研究发展到财务管理的系统考察；从满足于外部分析到注重财务内部条件和外部环境变化的综合研究。这些转变的产生和财务管理对象的扩展表明构建高级财务管理学体系的理论与现实条件逐步走向成熟。

1. 战略管理与财务管理的融合

高级财务管理在这个方面关注的问题主要包括：什么是财务战略？它与公司经营战略的关系如何？如何制定筹资战略和投资战略？如何在财务决策、控制与分析中注入战略思考？市场的竞争与风险直接导致了对公司战略的需求。财务战略的基本作用表现为对公司战略的全面支持，它可以根据企业的经营战略目标而制定，如更大的市场份额、更低的产品成本等等，也包括从财务的角度对涉及经营的所有财务事项提出自己的目标，如高速增长的收入、较大的毛利率、强劲的信用等级、恰当的融资结构、可观的自由现金流量、不断上涨的股票价格、在行业处于衰退期的收益稳定程度等。

现代财务与战略管理的相互影响和渗透主要体现在三个方面：

（1）在财务决策中必须注入战略思考，尤其是涉及企业的长期财务决策。以投资决策为例，在高级财务管理中，投资决策的首要任务不是选择备选项目，而是确定诸如多元化或是单一化的投资战略，这是搜寻和决策项目的前提。"在战略领域内，财务总监（CFO）需要进行战略性分析，并且对企业决策的合理性和承担风险的'合适度'，进行不断的反省。财务总裁就是将企业放在如下两个背景中展开：企业内部的价值链分析和企业在社会整体价值链中的位置分析"。[①]

（2）在使用评价方法时注入战略元素。如广泛使用的评价方法是现金流量折现法（DCF），当企业更加关注资本支出的战略性时，就要对此方法加以补充。因为现金流量本身无法涵盖项目带来的战略收益，如采用一项新的生产技术，它的战略收益可能包括更优的产品质量以及为企业未来发展提供更多的灵活性和选择等，这些是很难用财务指标量化的，现金流量方法只衡量该技术成本节约的数额及财务收益，并将财务收益作为项目取舍的主要依据，短期财务收益并不显著的战略性投资项目往往被舍弃。

（3）在日常财务控制、分析评价中注入战略元素。

2. 新环境（电子供需链）下的CFO 职责重构

在网络信息化环境下，E–供需链（E-Supply Chain）是用来描述供需链和电子

---

① [美] 托马斯·沃尔瑟. 再造财务金融总裁：从财务管理到战略管理[M]. 北京：商务印书馆，2000.

商务自然结合的新概念。[①] 它将在很大程度上冲击传统的经营模式，并将彻底改变未来的商务活动，预计在未来 10 年内，它将成为许多行业的主导模式。因此，CFO 如何掌握 E-供需链管理特点和如何重构财务职责去适应 E-供需链下的经营模式变革是高级财务管理亟待解决的主要问题。解决此问题的首要措施可从以下五个方面作简要探讨：

（1）以顾客和供应商为中心的财务协调管理，这种协调管理是以 E-供需链的财务目标为基本目标，是多个节点企业和顾客的财务目标协调整合。依据这一财务目标，可以确定企业财务管理范围的延伸和财务业务流程的再造。

（2）建立非财务的业绩评价指标体系。平衡计分卡[②] 是财务指标和非财务指标相结合的比较完善的业绩评价体系。在 E-供需链下，CFO 必须领导有关人员建立适合本企业非财务的业绩评价体系，而非财务指标就是一系列据以展示公司的战略业绩驱动因素，并试图达到与财务指标、内部指标与外部指标、短期指标与长期指标的平衡。

（3）与信息系统人员的沟通。双方沟通的有效途径是企业 CFO 和 CIO 从战略管理的高度，不断互相学习新知识，经常开讨论会分析要解决的问题，并共同决策，从而形成管理问题的解决方案。CFO 和 CIO 要有信息技术应用的战略眼光，能够将信息技术应用和企业管理与财务管理先进方法融会贯通。

（4）CFO 创造性地使用信息技术。CFO 想创造性地应用信息技术，关键在于如何尽快地将可用新信息技术解决现有财务管理上尚未解决的问题，以此创造企业管理上的竞争优势，如沃尔玛应用网络技术创造成本竞争优势。CFO 在这种创新过程中，不是单纯考虑解决传统财务管理的问题，而是要考虑网络信息技术与先进管理思想和管理方法如何融合，并推进财务管理的创新。因此，CFO 应当具有在企业管理中应用信息技术的战略眼光，能够先于竞争对手制定出采用新信息技术的综合解决方案。

（5）参与 E-供需链系统的设计和开发。没有 CFO 和有关部门经理参与开发和扩展的网络信息系统一定是很难发挥财务控制和管理决策支持的作用，因而也就是一个不成功的系统。众所周知，CFO 经常支持企业董事会和总经理的决策，而 CFO 掌握企业信息具有相当优势，其所掌握的信息约占企业所有信息的 70%，而在小企业这一比例更大。因此，如何把财务管理融合到 E-供需链系统中，对这种系统功能的设计、扩展和维护，计算机专业人员是无法替代企业 CFO 的地位的，只有 CFO 积极参与设计、开发和维护的全过程并担当与信息技术人员的重要协调

---

① Charlec C. Poirier，E-Supply Chain：Using the Internet to Revolutionize Your Business[M]. Berrett-kochler Publishers Inc.，2000.

② 1990 年卡普兰和诺顿开始的研究，1992 年他们两人在《哈佛商业评价》（1~2 月号）上发表了开拓性的文章——《平衡计分卡——提高绩效的衡量方法》。

人，才能实现 E-供需链系统的财务管理创新。

3. **企业组织形式的变化与财务管理主体的扩展**

中小企业成长为超大型企业，进而通过资本纽带形成企业集团，再到全球化的跨国大公司，这一演变意味着财务管理的主体从单一走向复杂，从职能化结构走向流程化结构，从单一财务经理理财层面向出资者、经营者、财务经理多层面的理财层次扩展。

4. **管理理论的发展促使财务管理学的内涵和外延双重扩展**

集中表现在：

（1）对战略竞争的高度认识，使得财务管理从就财务论财务的保障型、战术型财务发展到战略型财务管理，这要求企业的财务管理要立足于价值增值和竞争能力，不仅要研究财务预算控制、分析、重组对战略支持的问题，更要研究财务战略本身的诸多问题。

（2）"以过程为导向"（Process-oriented Family）的管理，要求财务管理的外延从资金管理的重心到财务目标与战略的设定、进行财务预算、财务控制到财务评价及具有战略性质的财务重组。

（3）价值管理技术、人本管理、柔性管理、行为金融、权变理论，一系列先进的管理理论融入了企业管理的各个环节和层面，财务管理能够以企业内部组织结构为背景，在价值管理的基础之上，研究针对人本管理、行为管理的财务机制性问题。

第二节　高级财务管理的理论体系

一、高级财务管理的内涵与基本特征

1. 高级财务管理的内涵

（1）对"高级"一词及该词所包含价值的深刻理解是构建高级财务管理理论体系的逻辑主线。

1）"高级"的基本含义。审视其他各种学科的"高级"内涵，就学科体系自身而言，其最基本的含义是指先进、复杂或特殊。

2）高级财务会计、高级管理会计对"高级"概念的诠释。阎达五、耿建新教授曾经明确指出，"高级会计是随着社会经济的发展，对原有的财务会计内容进行补充、延伸和开拓的一种会计"。[①]

---

① 阎达五，耿建新. 高级会计学若干理论问题探讨[J]. 会计研究，1997（7）.

目前国内出版的各种《高级会计》教材大都认为，高级会计是对原有财务会计内容进行横向补充、纵向延伸的一种以新出现的特殊业务为主的会计。

卡普兰在《高级管理会计》一书中认为"高级"一词隐含的是"先进科学"的内容。他将管理会计放在了企业的集权、分权体制中，以及委托—代理契约中，进行与企业组织环境、管理过程相融合的研究，并认为"高级"的基本内涵是指实现管理会计管理职能的飞跃。[①]

3）现行高级财务管理文献对"高级"概念的理解。现行高级财务管理文献，包括专门讨论高级财务管理的书籍较少关注这一问题。[②]

汤谷良、高晨认为，[③]高级财务管理和高级管理会计所体现的"高级"的基本思想是一致的，初级、中级和高级的区别应体现在不同的层面，而目前中级财务管理理论的主要特点是就财务论财务，忽略组织背景来研究财务资源的有效配置问题，其基本变量完全局限于成本、收益和风险。由于不考虑组织所面对的内外部环境，面对市场的计划和决策后的控制和评价问题也就被淡化，中级财务管理将管理过程几乎集中到了决策这一个环节上。

我们认为：应立足于管理的社会职能来深刻理解"高级"一词的内涵。就其社会性而言，管理是一个社会过程，[④]它包含着为完成目标而进行的一系列行动，即组织、计划、控制、领导等，这些行动主要涉及人和人之间的关系，具有鲜明的社会性。财务管理作为一项以价值为核心，价值最大化为目标，具有综合性的职能管理，自然也应体现其社会过程的性质。因而高级财务管理中的"高级"是一个相对的概念，它是相对于传统或者说"中级"财务管理而言的，其所蕴涵的具体内容是随着管理科学的发展，更新更复杂的管理过程及其财务事项的出现而不断变化的。

（2）高级财务管理的内涵。高级财务管理以财务总监（CFO）或财务主管必须具备的有别于高级会计专题性质的特有知识为对象，以企业（集团）价值最大化的财务目标为基本出发点，以现金收益和风险的平衡发展为基本财务管理理念，强调财务分析技术和决策模型量化的财务管理方法，全方位对接发展战略，以落实财务战略为基础，改造组织体系，分析企业价值增长的驱动因素，将战略落实为具体的预算目标，并通过预算管理、报告体系和预警机制等监控手段，通过资产组合和风险控制，保障企业（集团）的可持续增长，最后以相关的评价机制和激励机制来激励管理者和全体员工不断追求管理价值最大化的一项综合性经济管理工作。高级财务管理从管理理论角度来研究企业组织（集团）财务，体现财务

① [美] 罗伯特·S.卡普兰，安东尼·A.阿特金森. 高级管理会计[M]. 北京：清华大学出版社，1998.
② 陆正飞等. 高级财务管理[M]. 杭州：浙江人民出版社，2000.
③ 汤谷良，高晨. 高级财务管理学的理论框架[J]. 会计研究，2003（10）.
④ [美] W.H.纽曼. 管理过程——概念、行为和实践[M]. 北京：中国社会科学出版社，1995.

管理的社会过程，立足于企业组织结构和公司治理环境，从实现企业组织的战略目标，提高企业组织核心竞争能力的角度实现财务管理功能。

2. **高级财务管理的基本特征**

（1）研究主体从单一财务主体向复杂财务主体过渡。不同企业组织形式是决定财务管理特征的主要因素。市场经济的发展与企业组织形态的多样化，要求财务管理必须关注不同规模、不同组织结构企业的财务管理行为。既要关注公司制企业的财务运作问题，又要研究非公司制企业的财务管理问题；既要研究大型企业的一般财务问题，又要关注中小企业的特殊财务情况；既要分析单一组织结构的财务管理问题，又要特别研究多层组织结构（集团制）的集权与分权问题。

（2）研究客体从资金管理向价值型管理转变。高级财务管理以企业价值最大化目标为出发点，以现金收益和风险的平衡发展为基本财务管理理念，强调财务分析技术和决策模型的量化财务管理方法，全方位对接发展战略，以落实财务战略为基础，改造组织体系，分析企业价值增长的驱动因素，将战略落实为具体的预算目标，并通过预算管理、报告体系和预警机制为监控手段，通过资产组合和风险控制，保障企业的可持续增长，最后以相关的评价机制和激励机制来激励管理者和全体员工不断追求价值的最大化。

（3）研究内容从资产运营向资本运营转变。财务理论的发展除了受到财务学科本身特质、相关学科相互关联的影响外，越来越受到理财环境和企业经营模式、战略的复杂影响。当今世界经济一体化的趋势，跨国战略、购并浪潮、抵御区域性风险，已经成为理财环境和企业关注的热点。资本运营成为企业实现全球战略的捷径。在我国市场化改革的进程中，资本运营的功效同样得到了认可，跨地区、跨行业、跨所有制和跨国经营的大型企业集团正在建立并壮大；通过改组、联合、兼并、租赁、承包经营和股份出售等形式，国有小企业不断焕发新的活力，事实上，资本运营已成为我国实施战略性结构调整，改革国有企业的重要手段。随着资本运营活动在经济中的扩展与深入，与此相关的一系列属于基础性的困惑和问题逐渐暴露出来，如资本为何要交易？谁在交易中起决定作用？资本交易的依据是什么？运营后的效益如何评价？这些问题必须由以资本、资产配置为内容，以企业价值最大化为行为准则的高级财务理论来描述和规范。

（4）财务管理目标从股东财富最大化向企业整体价值最大化转变。财务目标是确定财务管理主体行为的目标和准则，企业价值最大化目标成为现代企业财务目标的最好表达。企业价值不仅是股东财富的价值，而且考虑了股东在内的企业所有的利益相关者。一个企业的利益相关者包括股东、债权人、员工、管理者、客户、供应商、社区、政府，乃至整个社会。而且企业整体价值概念强调的不仅是单一的财务价值，而且是在组织结构、财务、采购、生产、技术、市场营销、人力资源、产权运作等各方面整合的结果。

（5）研究理念从财务独立型向财务整合型管理转变。传统的企业管理与财务分析的思想无法满足企业整体价值最大化和战略管理的要求。传统管理思维是把公司划分为不同的部门，例如，采购、生产、质量、市场营销、财务、会计、人事部门，突出职能分工和部门利益。然而，企业管理的实践已经充分表明，比单一职能部门、单项管理顺利运作更为重要的是，把不同职能部门的功能、职责有效地整合起来，需要运用系统的财务思想整合企业管理，实现"财务管理是企业管理的中心"的基本命题。高级财务管理带来管理理念和方法的全面提升，它提供了一种与现代企业制度下法人治理结构相匹配的管理制度，整合企业实物流程、资金周转和信息流的科学方法，建立确保战略实施，整合全方位、全过程、全员的管理体系。

（6）关注行为管理，实现从结果导向型到过程控制型财务管理。实践证明，由于理财环境的动荡和人们对未来认识能力的局限性，企业可能的风险与损失是难免的，财务管理必须实现由结果控制向过程控制延伸的管理导向，必须在管理过程中，充分重视人的行为因素，重视控制的全方位，针对企业不断面临的危机或风险，及时反馈，加强沟通，制定对策，实施政策，引导行为，以规避风险或走出困境。行为科学着重研究组织的社会心理系统，注重人的因素及人在具体组织中的行为方式。[①] 在行为科学管理思想的影响下，企业财务管理增加了行为管理的内涵。人们开始认识到不良业绩的存在是由于组织中执行任务的人员没有得到适当的指导和激励，而并不是管理系统本身的问题。于是，企业财务管理的职能在行为管理方面得到了扩展：①协调，即通过财务的数字管理特点，明确界定每一个部门、经理、雇员的权责，将组织的短期计划协调一致地落实到整个组织中去的过程，同时也是协调、磋商与签订内部契约的过程。②沟通，即通过预算的编制（逐渐采纳了自下而上及多重管理的参与管理思想）、监控和评价程序，实现组织战略和目标及现实状况在组织各层级范围内的广泛交流。③激励，即通过让员工参与目标和战略的制定，并设置具有挑战性的目标来激励员工不断地提高业绩水平。④评价与奖惩，预算与实际的差异通常是业绩评价最常用的方法，评价结果还会与奖惩制度相联系，评价方法和奖惩机制会进一步影响管理者和雇员以后的行为取向。

二、高级财务管理的基本原则

高级财务管理的基本原则是从企业理财实践中抽象出来的并在实践中证明是正确的行为规范，它反映着理财活动的内在要求，一般包括如下几项：

---

① [美] 弗莱蒙特·E. 卡斯特，詹姆斯·E. 罗森茨韦克. 组织与管理——系统方法与权变方法[M]. 北京：中国社会科学出版社，2000.

1. 现金流转动态平衡原则

现金流转动态平衡原则是高级财务管理的一项基本原则，财务管理的过程就是追求平衡的过程。如果不需要平衡，也就不需要财务管理。只有实现了现金的动态平衡，才能更好地实现财务管理目标。企业组织日常经营的现金收支计划、企业证券投资决策和企业筹资决策都必须在这一原则指导下进行。在企业组织战略管理中，现金流转平衡也是一项重要的工作，可以通过企业编制的《预测现金流量表》和《实际现金流量表》得以实现。现金流转动态的平衡公式简化为：目前现金余额 + 预计现金流入 − 预计现金流出 = 预计现金余额。如果预计的现金余额远远低于理想的现金余额，则应积极筹措资金，以弥补现金的不足；如果预计的现金余额远远大于理想的现金余额，应积极组织还款或进行投资，以保持现金流入流出的动态平衡，确保企业经营上各种现金收支平衡。

2. 资金占用成本最小化原则

财务管理的过程是一个不断地追求最小资金占用的过程，也就是用最小资金投入实现既定的财务目标，从而实现战略目标的过程。在高级财务管理中寻求的资金占用和资金成本最小原则，主要包括如下三方面内容：

（1）同等收益情况下，每一项投资均要考虑怎样的预算和控制可达到用最小的资金投入获取预期的收益目标。

（2）最小营运资本占用的确定问题。主要指研究在各种因素基本确定的情况下，如何确定流动资产和流动负债占用最小。如最小的现金余额、最小的存货（或零存货）、最小的应收账款（零应收账款）和最小的短期借款额等最小化问题，都应当遵循以最小的营运资本占用达到同样的财务目标的原则。

（3）最小资金成本确定问题。在资金需求总量确定后，还需要确立各种不同资金来源之间的比例关系，以便确定最小资金成本。如资本结构（含流动负债、长期负债和股权结构等比率）的确定和利润分配比例的确定等都属于此类问题。最小化原则是高级财务管理的重要原则之一。如果在资金营运和资金成本管理方面不考虑最小化原则，就谈不上高级财务管理的效率和效果，其目标更是无法实现。

3. 业务管理和财务管理的集成化原则

企业组织是由若干相互作用和互相依存的部分有机结合而成的整体。财务管理从资金筹集开始到利润分配，经历了资金筹集、资金投放、资金收回与资金分配等几个阶段，这几个阶段互相联系、互相作用，组成一个整体。在计算机网络化的环境下，如何充分利用网络化企业组织信息系统的集成优势，已成为财务管理的热点问题。为此做好财务信息的共享和财务管理业务的集成，必须从企业组织内部的业务管理和财务管理的融合集成开始，再进一步延伸到企业组织外部的供应商和销售商。

在高级财务管理中应用集成化原则，中心是体现集成化管理的财务效应以及业务目标与财务目标的协调效应。

（1）业务目标与财务目标的协调效应。企业的经营业务目标有时与财务目标产生矛盾和冲突。财务管理的集成化原则是利用网络化信息系统，借助财务信息和业务信息共享、财务预算与业务管理预算一体化，实现财务适时监控和业务管理控制一体化，以提高企业的财务管理与业务管理协调效应，最终实现企业的财务目标。

（2）集成化的财务效应。财务管理系统可以从不同角度分解成不同的子系统，各个子系统从总体上来说目标是一致的，但有时也会产生矛盾。根据系统原则，必须把财务管理系统作为一个整体来进行分析，只有整体的目标才是系统的最高目标，只有整体功能最佳才是最佳的管理系统，这便是系统的整体性。例如，财务管理在实行分权管理时就不能只强调各责任单位的利益，而必须对各责任单位的利益进行协调，使整体效益达到最优。

（3）不同层次财务管理的向上集成原则。财务管理系统是由若干不同层次组成的，每个层次都有自己的财务管理重点。例如，按管理的层次可把财务管理系统分解成四个层次：董事会和监事会；CEO 与 CFO；财务管理部门与业务管理部门；基层管理部门。每个层次的财务管理都表现为从最基本的业务活动所产生的财务管理活动向高一层的财务管理集成。财务管理系统的不同层次具有不同的职责，同时也有不同的权、责、利关系，打乱了合理的层次界限就会导致系统的无序状态。我国财务管理中的董事会与监事会的管理职责还未完全明确，但这一层次可认为是最高层次的财务管理，同时对 CEO 和 CFO 实行财务监控和业绩评价，促使他们如期完成企业财务目标。相应地，CEO 和 CFO 对其属下部门的财务管理进行集成化监控和管理，由此类推不断延伸到业务执行的过程中，从而形成自上而下的集成化管理系统。集成化原则是集中企业资源发挥整体财务效应的基本原则，在财务管理实践中表现为怎样利用网络信息系统的集成化优势来引导企业各部门现金流的集成和充分利用，以发挥资金集成的财务效应。

4. 利益分配在数量和时间上达到动态平衡的协调原则

在财务管理中，要力求企业相关利益者的利益分配均衡，也就是减少各相关利益者之间的利益冲突而产生的总体收益下降。利益分配在数量上和时间上达到动态的协调平衡，这就是财务管理的利益协调原则。企业的财务收益意味着企业创造可供企业相关利益者分配的利润。企业分配其收益给相关利益者，则意味着为这些相关利益者提供必要的回报，这种回报是维系企业持续经营和发展的必要手段。要保证企业顺利地发展，就要求企业收益的分配不仅在分配数额上而且在分配时间上保持协调平衡。如果在相关利益者中某一方得不到公正的待遇（收益分配），必然会导致企业利益冲突加剧和代理成本攀升，最终导致企业破裂和企业破产，比如 2001 年的美国安然公司破产案和 2002 年世界通讯（Worldcom）破产案。

三、高级财务管理的内容体系

高级财务管理理论研究的起点是企业组织，不同的企业组织形式决定着财务目标和财务主体。财务目标为财务管理过程提供了技术标准和方向，而财务治理结构下的分层财务主体则为处于管理核心的人提供了行为导向和规范，或曰"游戏规则"。这是财务管理过程展开的两个必要前提，即既要知道目标，也要知道规则。依据财务目标，在财务治理的框架内确定能够有效实现目标的财务战略，然后用财务预算将财务战略与日常经营管理连接起来。在预算实施的过程中，运用财务控制手段对过程进行相应的风险预警和效率控制。最后以预算为主要标准，对经营业绩和战略的完成情况进行财务评价。评价后的一个可能的结果是超越商品经营的限制，实施促进或加速战略目标实现的重组计划，进而进入新一轮的更具竞争优势的商品经营管理。

1. 企业价值理论

财务目标是指能确定财务管理主体的行为目标和准则，在多种财务目标取向中，我们认为企业整体价值最大化的目标是现代企业财务目标的较好表达。由此提出有关企业整体价值的基本命题：

（1）企业价值不仅是股东财富的价值，还考虑了包括股东在内的企业所有的利益相关者，关系到股东、债权人、员工、管理者、客户、供应商、社区、政府，甚至整个社会。一个企业的价值增加不应该仅仅使股东受益，而且应该使所有的利益相关者获利。只有当所有利益相关者的权益得到保证并不断增长时，企业经营才是有效的和成功的。

（2）企业整体价值概念不仅强调单一财务价值，而是在组织结构、财务、采购、生产、技术、市场营销、人力资源、产权运作等各方面整合的结果。

（3）企业整体价值概念基于与适度风险相匹配的已经获得和可能获得的现金流量。

（4）企业整体价值有多种表现形式，但市场价值是最主要的形式，所以现代企业财务必须密切关注资本市场或产权市场，企业只有从内部和外部两方面着手才能提高企业整体价值。现代企业广泛存在的代理关系、各主体的利益偏差以及信息的不对称分布，使现实中企业整体价值的形成表现为一个矛盾不断协调、利益不断整合的过程。整合的机制包括内部的治理结构和外部的资本市场、经理市场、监管市场。这部分内容在本书的第四章、第五章、第六章介绍。

2. 财务战略理论

市场竞争与风险直接导致了对公司财务战略的需求。财务战略的基本作用表现为对公司战略的全面支持。现代财务与战略管理的相互影响和渗透应该主要体现在：①在财务决策中必须注入战略思考，尤其是涉及企业的长期财务决策。②在使用评价方法时注入战略元素。③必须在日常财务控制、分析评价中注入战略元素。这部分内容在本书的第九、第十章探讨。

3. **财务治理理论**

高级财务管理研究的问题，不能脱离现代企业制度及其法人治理结构。依据现代财务治理理论，由于多层委托—代理关系的存在、治理结构的差异，财务管理应分为出资者财务、经营者财务和财务经理财务。中级财务管理理论主要从财务经理的立场研究财务管理问题，或者说在一个封闭的产权结构条件下，探讨财务管理的具体问题或财务部门如何履行其职责问题。高级财务管理理论以企业效率为出发点，以激励与约束对称为标准，探讨各个层次财务管理的权责利是什么；如何在财务管理过程的各个环节中体现分层财务管理思想；如何通过决策机制的构建，理顺经营者财务及其与出资者财务、财务经理财务之间的制衡与协同关系等。这部分内容在本书的第三章探讨。

4. **财务预算理论**

学者戴维·奥利（David Otley, 1999）认为，预算管理是为数不多的几个能把组织的所有关键问题融合于一个体系之中的管理控制方法之一。齐默尔曼（Zimmerman, 2000）认为，预算并非只是为企业经营决策提供帮助的一种机制，同时还是一种管理控制的手段及在管理人员之间分摊决策责任的依据。[①] 我们认为高级财务管理所阐述的预算管理是与现代企业制度下法人治理结构相匹配的管理制度，是确保公司战略的实施方案与保障体系，是涉及企业方方面面的目标责任体系，也是整合企业实物流、资金流、信息流和人力资源流的经营机制。高级财务理论将以全面预算管理思想和框架为依托，实现财务管理的全过程、全方位。高级财务管理理论对预算管理的研究主要集中于预算管理所涉及的行为问题，如决策管理与决策控制职能的矛盾、如何解决"预算余宽"问题、如何协调预算表达的财务特性与组织战略目标多元化的矛盾，以及编制技术相对固定与环境变化加速的矛盾等。这部分内容在本书的第十一章介绍。

5. **风险管理与财务预警分析理论**

财务控制是财务管理过程的核心职能，是财务预算完成的保障。一个全方位的财务控制体系包含多元的财务监控措施和设立顺序递进的多道财务安全防线，在企业中广义的财务控制体系包括财务组织控制，集权分权体制，以及一系列的授权控制、流程图控制、风险控制、责任控制、预算控制、实物控制、内部结算中心和网络化财务体系，同时包括使这些控制手段相互配合并融合的平台。而较为狭义的财务控制则是立足于财务风险的防范，着力进行财务风险管理，设置财务预警分析系统或者手段等。这一部分内容在本书的第八章探讨。

① [美] 齐默尔曼. 决策与控制会计[M]. 大连：东北财经大学出版社，2000.

6. 业绩评价理论

高级财务管理理论所涉及的业绩评价，其功能定位在三个方面：①作为企业经营目标的具体化，反映企业战略目标、重点和要求，以此形成具有战略性、整体性、行为导向性的"战略绩效衡量"，为经营决策选优提供标杆。②通过业绩评价对企业各种活动、运营过程的透彻了解和准确把握，尤其形成它们对企业整体价值的影响方向与程度的正确判断，为企业进行财务战略性重组决策提供依据。③通过有效的绩效评价体系，反映经营者、管理当局、员工的努力对于企业目标实现的贡献，并据以决定奖惩，作为公平的价值分享政策、薪酬计划的前提，以激发经营者、员工为实现企业目标而努力的积极性。这部分内容在本书的第十二章介绍。

7. 企业重组理论

在全球经济、市场一体化进程之中，人们逐渐认识到，任何产品和服务都可能过剩，唯独土地和资本总是相对稀缺的。过去的出资者只要依靠经营者利用规模经济、范围经济去开拓市场，进行产品经营，就能得到满意的收益，无须顾及资本的经营问题，更多的是对代理人运用资本的监督和控制，财务理论也是将出资者作为一个委托人，研究与经营者之间委托——代理关系的处理。而今的市场环境使出资者意识到，仅依靠公司的经营者是不够的，自己也要以经营的观念、资本"经营者"的身份参与到产业的调整、市场的变动中，这样才能得到与所拥有的资本稀缺性相配比的收益。财务重组理论需要研究与资本运营活动相关的一系列基础问题，如资本为何要交易？谁在交易中起决定作用？资本交易的依据是什么？如何更加有效运用资本交易的实现方式（资本扩张、资本重整和资本收缩）？资本交易价格如何形成？企业重组后如何完善等。实践已经证明，以战略重组为导向的财务资本运营是更高层次的资源配置方式，无论从经营目标、经营主体、经营内容和方式等诸多方面，都有别于商品经营，高级财务管理理论必须给予更多的关注。这部分内容在本书第十五章介绍。

8. 现金流量理论

在系统分析现金流量的基本概念及其发展的基础上，对现金流量分析的基本方法、现金流量管理的基本内容及原则、自由现金流折现法和 EVA 估价法比较进行了深入的探讨。这部分内容在本书第七章介绍。

9. 财务流程再造理论

在系统分析并探讨财务流程再造的基本理论、财务流程分析、财务流程优化的前提下，对财务流程价值空间再造进行了深层次研究。这部分内容在本书第十三章介绍。

10. 财务激励制度

现代企业被认为是由一系列的利益相关者为实现各自利益最大化而自愿结成

的一组契约关系的联结点，或者说它本身就是由这些利益相关者的契约构成的一个契约集。这个契约集中的利益相关者主要有提供资本的所有者（在企业中分为提供权益资本的所有者和提供债务资本的债权人）、提供管理知识和技能的管理者、提供专业技术和劳动的员工，以及供应商、客户和政府等。每个利益相关者都依照契约规定向企业提供所需资源，同时也从企业中获取相应的报酬。作为追求自身利益最大化的各利益相关者，尤其是对资本所有者、企业管理者和企业员工来说，他们向企业提供资源，其目的就是为了从企业中获取相应的报酬，或者更准确地说，是为了获得比原来仅仅通过市场交换而获得报酬更高的报酬。这实质上表明，现代企业有着比市场机制更高的效率。这种更高的效率与企业内部的契约性安排有密切的关系，它使得企业的人力资本与非人力资本相结合，产生了比两类资本单独运用更高的效率。基于此，财务激励制度着重探讨并研究融资结构与组织资本、MBO 与股票期权、经理报酬制度、职工持股制度等内容。这部分内容在本书第十四章介绍。

11. 价值增长与技术创新财务战略管理

系统分析探讨了公司增长的财务战略规划、价值增长的财务战略分析、技术创新的财务战略分析等内容。这部分内容在本书第十六章介绍。

四、高级财务管理与相关学科的关系

1. 与高级会计学的关系

应该说，高级财务管理学与高级会计学是两门不同的管理学科。其中，高级财务管理学是对企业财务活动及其所体现的关系进行反映、监督，而高级会计学则是利用价值形式通过对企业资金运动的全过程进行反映、监督。作为两门不同的学科在下列方面存在一定的差别。

（1）学科的具体目标不同。高级财务管理学的根本目标在于协调相关利益者的利益冲突和实现股东权益的最大化，它是管理者目标的综合体现；而高级会计学的目标只在于如何定期、完整和准确地为投资者、企业管理者及其他利益相关主体提供所需要的会计报表，即对外提供报表和对内提供内部决策报表。

（2）学科的假设前提不同。一门学科的假设前提是具有一定事实依据的假定或设想，是进一步研究这门学科理论和实践问题的基本前提。高级会计学的基本假设包括会计主体假设、持续经营假设、会计分期假设与货币计量假设等；高级财务管理学的基本假设包括财务主体假设、财务理性假设、有效市场假设、竞争市场均衡假设和风险收益对称假设等。

（3）学科的内容与管理方法不同。高级会计学主要把会计作为信息系统，以会计要素的确认、计量和报告作为主要内容，侧重于对事后经济事项进行反映和监督，它以设置会计科目和账户、复式记账、填制凭证、登记账簿、成本核算和编制报表为主要方法；高级财务管理学以现金流为管理对象，侧重于事前的预测、决策、预算和事中的财务控制与监督，财务预算、财务控制、财务决策和财务分析是其主要方法。

（4）两者的行为意识不同。高级会计学强调以会计准则和统一会计制度作为行为依据，侧重于会计数据处理与会计报告；高级财务管理学在法律背景下本着经济求利原则开展财务活动，侧重于资金筹集、运用管理和企业收益的协调分配。

（5）工作机构不同。会计机构不因企业的大小而变动，换言之，只要是企业都应当设置会计部门，以加强企业的会计核算；与之相对应，作为管理部门的财务管理机构，则因企业规模大小不同只决定机构存在的必要性和规模。比如，现代西方的小型企业一般不单独设立财务管理组织。在大型企业，一般设置专门的财务管理机构来负责企业财务和会计工作。企业财务部门的主要负责人必须是CFO（在中国有时称财务副总经理），他直接对董事会负责，在 CFO 领导之下，有两位主要管理人员：财务长和主计长（也有人译为司库和总会计师）。其中，财务长负责资金筹措、使用和股利分配；主计长主要负责会计和税务方面的工作。

（6）工作内容不同。

1）企业的会计主要负责以下工作：①提供对外会计报告。即按公认会计准则、会计程序和会计方法准确地记录经济事项，及时地向有关利益主体提供有关财务信息。②对内报告。即收集和整理与企业有关的各种经济信息，并编制成管理报告，提供给企业内部管理当局，便于当局做出正确的决策。③机制和控制。即制定企业生产经营中的各项机制，并将机制与实际情况进行比较，监控企业经济活动。④经济评价。即评价企业生产经营、财务收支和经济效益状况。⑤保护企业财产。即通过内部控制、内部审计等方式来保护企业资产的完整性。⑥税务管理。即企业要制定必要的税务政策，负责申报纳税数额，并对所纳税款有重大影响的经济事项进行控制，在法律的范围内，进行合理避税。

2）财务人员主要负责以下工作：①筹集资金。即预测好资金的需要量并保证企业生产经营对资金的需求。②投资管理。即负责企业投资并协调好与投资者之间的关系。③利润分配。即协助董事会处理好股利分配问题，尽力满足股东对其财富的利益要求。④银行与保险。即对企业现金收支、有价证券的买卖及其财务交易以及保险事项进行管理。⑤信用和收款。即制定信用政策，催收企业的应收账款等。

但是作为价值管理的两种主要形式，高级财务管理与高级会计管理密不可分，其联系主要表现在以下两方面：①高级会计所提供的会计数据主要为高级财务管理所用，或者说，会计核算是财务管理的基础，如果没有会计核算提供真实可靠的资料和数据，财务管理也就无从谈起。②财务管理制度是会计核算的基本依据，没有财务管理制度，会计核算就失去了赖以生成资料可靠性的前提。

2. 与高级金融学的关系

在英语中，财务与金融都用同一单词"finance"表达。可见两者之间水乳交融，这是因为企业组织财务管理学的对象——现金流，其现金运动的轨迹都是置于市场环境之中的。尽管财务更多的是企业的概念，用"corporation finance"来表达，但股票、债券、衍生金融工具、利率和股价等概念我们不能区别是属于财务学还是金融学的范畴。然而，金融学所研究的内容侧重于金融市场和银行运作管理，企业财务管理侧重于企业的资金筹划管理。

金融市场是指资金供应者和资金需求者双方通过金融工具，在金融交易所进行交易而融通资金的市场。从广义上讲，是实现货币信贷和资金融通、办理各种票据和有价证券交易活动的市场。金融市场对于企业财务管理来说，具有"媒介器"、"调节器"和"润滑剂"的功能。它既是企业融资的重要场所，成为企业向社会筹集资金，尤其是直接融资必不可少的条件；也是进行投资的主要领域，如金融投资或买卖各种金融工具，在这一过程中必然会发生资金运动，它也构成企业的财务活动之一；它同时也是评价企业财务业绩的工具，因为企业融资工具发行顺畅与否、股票价格走势和债券交易价格高低等都是企业财务表现和能力的"信号"；最后金融市场的各种信息又是企业财务决策的主要依据。所以从企业财务管理角度来看，财务管理人员必须熟悉金融市场的各种类型和管理规则，有效地利用金融市场来组织资金的供应和进行资本投资等活动。

3. 与计算机技术应用的关系

20 世纪 90 年代，计算机和通信技术不断改进，先进技术的使用使得做出财务决策的方法也随之改进，公司建立计算机网络，特别是国际互联网，使公司与客户、供应商之间的交易联系更为容易和便捷，因此财务经理能获得更多的信息和有关数据，计算机的应用使得财务分析更为方便。由此数量分析方法应用更广泛，作为新一代 CFO 和财务经理更需要较强的计算机网络应用基本能力和数量分析技能。

过去销售部经理设计规划销售，工程师及生产部门人员决定生产所需原料等，而财务经理的任务只是筹集资金、购买所需厂房、设备和支付给投资者。但现在这种条块分割的管理状况已不再存在了。事实上，财务管理对销售、会计、生产和人事等其他部门的人员也显得十分重要，他们了解财务是为了把自己领域内的工作做得更好。例如，销售人员必须明白，销售决策是怎样影响资金的回收和企业利润的含金量（就是今后坏账的比率），是怎样受到资金可用性的影响，怎样受到库存水平和生产能力影响等。衡量推销人员的业绩不仅看他推销出多少产品，还要看他推销出产品的同时收回多少钱。同样会计人员必须明白在公司规划中，会计数据的使用情况以及投资者的看法等。

因此，企业财务管理人员只有充分地应用计算机网络技术处理企业的财务管理综合业务和获取所需的信息，才能在现代企业管理中立于不败之地。

【本章小结】

资本市场的发展、金融工具的创新、信息技术的普及和应用使得财务管理得以在更低成本上运行并实现自身的价值增值，从记录价值转向为企业创造价值。财务管理作为企业中一项以价值为核心，整体价值最大化为目标，具有综合性的职能管理，其地位和作用越来越重要。因此，为适应环境变化，提升财务管理理念和方法，高级财务管理的研究和讨论逐渐成为必要。本章在总结西方财务管理理论发展阶段及各阶段基本观点的前提下，对我国财务管理理论的发展阶段进行了介绍，在此基础上系统分析了高级财务管理理论的基本特征和体系框架。高级财务管理立足于组织结构和治理环境，从实现企业战略目标，提高其核心竞争能力的角度诠释财务管理功能。它以企业价值最大化目标为出发点，以现金收益和风险的平衡发展为基本财务管理理念，强调财务分析技术和决策模型定量化的财务管理方法，全方位对接发展战略，以落实财务战略为基础，通过相关的评价机制和激励机制来激励管理者和全体员工不断追求价值的最大化。

通过本章理论系统学习，在财务管理实务中应从以下诸方面有所提升：①CFO应当从传统的财务管理转向战略财务管理，围绕着企业战略目标对资金运作建立实时监控和管理系统。②建立完善的激励制度及其监督保障机制，密切结合我国现阶段企业的实际，创造出行之有效的代理成本控制新方法，协调相关利益者的利益。③与企业其他业务部门经理建立互动联系，把资金流的控制和管理贯穿于各业务过程，促使所有部门经理都来关注资金管理与业务管理的融合。④网络化环境下的理财应注意抓好理财理念变革、理财技术革新、电子结算和电子资金管理、智力资本管理。

【复习思考题】

1. 高级财务管理和高级财务会计在对"高级"一词的界定上有无区别？
2. 结合现行企业财务实践，你认为将高级财务管理引入企业的突破点在哪里？如何实现财务管理在企业中的价值增值？
3. 一般企业组织形式和集团企业在财务目标取向上是否存在差异？
4. 财务管理科学的发展对财务经理职责的完善作出了哪些贡献？
5. 在现实中，CFO应如何协调董事会与CEO财务管理的目标？
6. 现金流量平衡与风险收益权衡的原则怎样与战略目标整合？
7. 财务经理如何来协调相关利益者的利益冲突？
8. 本章所倡导的战略管理观对企业制定财务政策会产生什么影响？

【阅读资料】

公司财务管理的功能与规则

公司财务管理包括四个重要的方面：①确保那些从事重要的设计、制造和营销工作的人员拥有从审慎的财务结构和管理工作中分流出来的财务灵活性。②作为一种分析工具，公司财务管理还被用于评估其业绩。③作为一种责任和利润分担机制，公司财务管理既确保投资者不被排除在其他利害关系人之外，又不至于损害其他利害关系人的利益，对于投资者和其他外部人士来说，财务责任是关键之所在。④公司财务管理是一个容纳兼并、破产和其他重组的宽松容器。

下面是财务管理的一些基本规则和原理。这些规则和原理因为 20 世纪 80 年代的投机活动和莽撞行为而不断成为热点话题：①财务管理并不能赢得企业与企业的竞赛。②金字塔型的复杂、怪异的资本结构是财务上脆弱、陷于困境公司的标志。③上市公司的财务与会计操作应该从根本上模仿非上市公司来进行，财务报表应该直截了当。④机会首先敲响有钱人的大门。⑤如果不能明智地把利润分配给股东或进行再投资，那么拥有一家良好的企业也不会有所得益。⑥任何其他的东西都无法替代现金。⑦预测通常只不过是对现有趋势的推演。⑧如果不能确信可以用正常业务收入偿还本息，而须依赖于出售资产或再融资，那么就不要发行债券。⑨价值应该由投资在漫长的时间内产生的现金流来衡量，但短期内充分的现金流动性往往导致了对商业价值的错误衡量。⑩风险与收益并非直接相关。⑪尽管股票价格在短期内不值得重视，但是在长期中股价却非常重要。⑫不应该把财务计划当成赢得通胀竞赛、解开汇率之谜的关键，在不确定性面前，我们应该谦逊，而不是趾高气扬。

（资料来源：[美]路易斯·洛温斯坦. 公司财务的理性与非理性[M]. 上海：上海远东出版社，1999.）

【课外阅读文献】

1. Aswath.Damodaran 著，郑振龙等译. 应用公司理财[M]. 北京：机械工业出版社，2000.

2. 普华永道编著，邓传洲等译. 公司未来的设计师[M]. 北京：中国财政经济出版社，2004.

3. Jensen, Michael C. Value Maximization, Stakeholder Theory and the Corporate Objective Function , Journal of Applied Corporate Finance[J]. V.14 , No.3 , 2001（6）.

4. Jensen , Michael C. Organization Theory and Methodology Accounting Review 50 [J]. 1983（4）.

第二章 高级财务管理的环境

【学习目标】

➢ 掌握企业组织财务战略目标的各种模式;
➢ 了解传统的利润最大化目标与其他目标模式的关系以及有关财务战略目标的等价命题;
➢ 了解高级财务管理的基本运行环境;
➢ 掌握运用金融市场来进行融资和投资的基本原理;
➢ 理解财务信息披露与公司财务管理的关系。

【重点名词】

股东财富最大化 企业价值最大化 股票价格最大化 经理利益最大化
相关利益者利益最大化 金融资产 金融市场 货币市场 资本市场 初级市场
二级市场 资本利得 资本利失 市场效率 弱式效率 半强式效率 强式效率
财务信息披露

【案例导入】

CFO 必须洞悉财务管理环境

ABC 股份有限公司新上任的 CFO 正在分析公司财务管理的环境,思考怎样打造公司内部环境和充分利用外部环境的有利条件去实现公司战略目标。

CFO 面临的问题有:①如何从战略角度科学确定公司的财务目标。②宏观经济政策和资本市场怎样影响公司的财务策略和高层管理人员的决策。③市场效率对公司财务决策(如融资决策和投资决策)会产生什么影响。④如何对财务信息的披露进行管理从而使对公司财务管理更有效率。

CFO 的重点任务在于如何打造公司财务管理的良好内部环境(包括公司治理),充分利用财务管理的外部环境结合战略管理目标和需求来改进传统财务管理模式和基本原则,以提高财务管理的效率和效益。

本案例表明:财务总监(CFO)的理财活动离不开它的环境。

(资料来源:梁能. 公司治理结构:中国的实践与美国的经验[M]. 北京:中国人民大学出版社,2000.)

第一节 战略目标环境

传统经济学都假定企业是以追求利润最大化为财务目标的经济实体，这一观点已延续了二百多年。随着企业制度和公司治理结构的不断发展与更新，20世纪50年代末，西方财务经济学理论界提出企业是追求股东财富最大化的经济实体。相应地，其他类似的财务目标相继被提出，如企业市场价值最大化、企业股价最大化、企业经理利益最大化和企业相关利益者利益最大化等，上述财务目标曾经是甚至现在还是企业投资、融资和股利分配决策的理论基础。高级财务管理的财务目标究竟应如何定位，我们将通过下面分析后再提出相应的建议。

一、财务管理目标的几种主要模式

企业财务目标是企业财务管理最基本的理论，其基本结论可归结为如下若干种财务目标模式。

1. 股东财富最大化模式

在财务理论界最流行的观点是企业经理应当以股东财富最大化作为企业的财务目标，在我国财务实务界有时把它看作所有者权益最大化，这种观点被称为股东财富最大化模式。其基本观点为：①企业接受的所有投资项目的收益率应当高于资本成本（包括从资本资产定价模型中导出的边际成本），从而能处理多变的风险投资项目。②股东对保留利润很少当作股本来计算资本成本，从而引起股东财富最大化目标模式下，经理更喜好通过保留利润来融资而不想发行新股票。③在考虑股东财富增长率时，经理也会多利用财务杠杆以增加股东的收益，如果用更多的净利润发放股利，公司的财富成长就会受到限制；如果单纯要求股利最大化，则会引起过度的利润分配，可能引起追求短期利益和过度利用财务杠杆。

2. 企业价值最大化模式

这一目标被实务界广泛接受，该目标的起源是著名经济学家莫迪里亚尼和米勒（Modigliani & Miller，1955、1963）提出的 MM 定理 1（在无企业所得税的完善市场条件下，企业价值与企业资本结构无关）和 MM 定理 2（在考虑企业所得税的条件下，企业价值 V 是举债量 D 的线性函数：$V = Vu + T \times D$，其中，Vu 是无举债时的企业价值，T 是企业所得税税率）。继 MM 后，詹森和麦克林（Jensen & Meckling, 1976）、瓦纳（Warner, 1977）和梅耶斯（Myers, 1977）等人研究了破产成本和代理成本与资本结构的关系。他们都以企业价值最大化为目标，证明了权衡破产成本，企业存在一个最优的资本结构使企业价值最大化。企业价值最大化兼顾了债权人和股东的利益。在一定的条件下，企业价值最大化与企业股东财富最大化是等价的（在后边给出有关命题和证明），所以这一目标模式的性质和特征与股东财富最大化基本上是相同的。

3. 股票价格最大化模式

在股份制公司中，投资人往往以股票价格最大化作为公司的财务目标，在这一目标模式下，上市股份公司接受的所有投资项目的收益率应当高于投资人所期望的投资报酬率。首先，股市上的投资人用股票的前后期价格差额来衡量他的投资回报，它能用来判断一家公开上市公司的表现；而且股票价格通过不断更新反映来自该公司的最新消息。其次，在一个理性的市场中，股票价格趋向于反映公司决策所带来的长期影响，即股票的价值是公司前景与长期状况的函数。在有效市场下，就理性投资者而言，股票的价格趋向于反映它本身的价值。最后，选择股票价格最大化作为一种财务目标，对于在二级市场进行投资的人来说，能够以明确的方式选择股票，同时也能够作出明确的说明。

4. 经理利益最大化模式

这一模式来自贝洛和米恩斯（Berle & Means，1932）在《现代公司和私有资产》一书中提出的经营者实质上控制了股份制企业的观点。30 多年后（1966），勒纳（Lerner，1966）运用贝洛和米恩斯方法，调查美国 1963 年 200 家最大非金融企业的控制类型，并与 1929 年这 200 家的控制类型相比照，发现经理控制型占 85% 多，由此产生经理效用最大化目标模式。大部分股东财富最大化目标模式的倡导者认为经营管理部门（经理）是为销售资产、公司成长率或经理效用最大化而努力。因此，这一目标模式主要考虑对管理目标有贡献的经理人员，对股东的利益考虑较少；另外企业经理还倾向保持公司净资产价值的较低可接受界限（企业资本保值）和保持较低的负债率。这一模式正在改革之中，最终回归到有条件限制的股东财富最大化或企业总价值最大化。

5. 相关利益者利益最大化模式

此模式提出了经理为相关利益者利益最大化服务，相关利益者包括股东、债权人、企业职工、顾客和供应商以及其他相关的利益者。这一种模式在 20 世纪 90 年代初在美国已有 29 个州的立法支持（崔之元，1996）。美国修改后的公司法，突出公司经理对公司的长远发展和全部利益相关者负责。我国对企业早就提出"国家、个人和集体兼顾"的目标，很类似于相关利益者利益最大化。因此，在我国理论界有些学者提倡使用这种财务目标模式。

6. 权衡相关利益者利益条件下公司股东财富最大化模式

在 21 世纪初，许多企业、财务学界都在关注相关利益者的利益如何与股东财富最大化的财务目标相融合的问题。这种模式，在我国推行似乎更加适合，因为许多股份制企业是从国有企业改制而成，国有企业的管理模式中渗透着原国有企业的管理文化（如强调"国家、个人和集团兼顾"）可看作在实施权衡相关利益者利益条件下股东财富最大化的基础。在一些等价的条件下，这种目标模式可看作权衡相关利益者利益的企业价值最大化。

二、财务目标模式与利润最大化

企业利润最大化是股东财富最大化、企业总价值最大化和权衡相关利益者利益条件下股东价值最大化的基础。下面通过计量模型来实证财务目标不同模式之间的关系。

1. 企业总价值最大化与企业利润最大化

企业利润最大化是一个模糊的概念，因为"企业利润最大化"中的"利润"是指短期还是长期的企业利润或利润率，或者是指总资产利润报酬率还是股东权益报酬率？一般而言利润是指企业损益表上的利润，它仅反映短期（一年）的经营成果。如果仅考虑短期利润，或利润加总的最大化，就忽略了风险、资本成本和时间价值对企业财务决策的重大影响。尽管利润最大化有上述的缺点，但由利润最大化和考虑风险、时间价值和资本成本可导出企业总价值最大化模式。

假定企业持续经营，未来的各期纳税付息前的利润为 EBIT(t)，企业所得税税率为 T，风险报酬率为 K，举债为 B(t)，平均利率为 r。则第 t 期净利润的现值可表述为：

$$\frac{EBIT(t)(1-T)+r\times B(t)\times T}{(1+K)^{t}} \tag{2-1}$$

进而，企业的总价值最大化可表述为：

$$V_{max} = \max(\sum_{t=1}^{\infty}\frac{EBIT(t)(1-T)+r\times B(t)\times T}{(1+K)^{t}}) \tag{2-2}$$

为简化分析，假定(2-2)式中的 EBIT (t)和 B (t)是常数 EBIT 和 B，那么(2-2)式可简化为：

$$V_{max} = \max(\frac{EBIT(1-T)+r\times B\times T}{K}) \tag{2-3}$$

从（2-2）式或（2-3）式可以得出：在风险报酬率 K 确定的情况下，企业的各期净利润（或平均净利润）最大时，则企业总价值 V 最大化。当 r = K 时，（2-3）式可改写成：

$$V = \frac{EBIT\times(1-T)}{K}+T\times B \tag{2-4}$$

这与 MM（Modigliani & Miller, 1963)于 1963 年提出的命题结论公式是一致的。

由此可见企业总价值最大化的模式（2-2）式或（2-3）式是由各期利润折成现值加总而导出的，但如果企业追求短期（某几年）的利润最大化，是很难使（2-2）式的

V 最大化的。虽然，从（2–3）式的表达形式看，企业总价值是与企业利润相关的，但它已把风险和资本成本（以风险报酬率综合考虑）、货币时间价值（以折现值考虑）、时间跨度、利润、举债量、利率和所得税八个因素综合考虑，这样有利于企业的长期发展，与仅考虑短期几年利润简单加总比较，具有显著的优势。

从（2–4）式可看到，似乎举债越多企业的总价值越高。实际上，企业举债越多破产的概率会成倍增长，因而理论界都认为应当适度举债，并从理论方面已证明了考虑破产风险和破产成本的情况下企业最优债务比的存在。因此，企业为取得短期利润最大化而过度举债，其结果是增加了破产成本和破产风险从而致使企业总价值下降，这是短期利润最大化举债行为的缺陷。参见下边案例：

【例 2–1】 W 公司 2005～2009 年均以企业利润最大化为财务目标，如表 2–1 所示。

表 2–1 利润目标计划　　　　　　　　　单位：百万元

年　份	2005	2006	2007	2008	2009
EBIT(1 – T)	260	300	350	420	500

表 2–1 考虑了股利分配和每股盈利目标的实现。仅从今后 5 年和"利润=收入 – 成本 – 费用"关系式考虑其利润的最大化，但未考虑 5 年后和 10 年后的目标，也未考虑企业经营风险和财务风险及股东需要的报酬率或企业需要的综合报酬率。

（1）财务方案 1：当未来头 5 年达到某种意义的利润最大化，但后续 5 年每年如果 EBIT 递减 10%，到 2015 年开始保持不变，如表 2–2 所示，则企业的价值是多少？

表 2–2 2010～2015 年利润预测表　　　　单位：百万元

年　份	2010	2011	2012	2013	2014	2015
EBIT(1 – T)	450	405	364.5	328.05	295.25	295.25

假定企业的综合报酬率（折现率）为 11%，企业所得税税率为 30%，举债不变保持在 11 亿元，利率 8%，则：

$$V1 = \sum_{t=1}^{5} \frac{EBIT(t)(1-30\%) + rB(t) \times 30\%}{(1+11\%)^t}$$

$$= 429.2364 + 350.2968 + 285.7479 + 233.5826 + 190.7385 = 1489.6（百万元）$$

（2）财务方案 2：如果企业 2005 年利润最大化为 26 亿元，以后每年按 10%

递增，达到某种意义的利润最大化，到 2015 年开始保持不变，其他条件与（1）相同，如表 2-3 所示，则企业的价值是多少？

表 2-3 利润 10% 增长目标计划表　　单位：百万元

年　份	2005	2006	2007	2008	2009
EBIT(1 − T)	260	286	314.6	346.06	380.67

计算原理同上，可得：

V2 = 258.0464 + 253.6688 + 249.271 + 245.4511 + 241.3925 = 1247.8（百万元）

从上述两个不同的财务计划来看，从 5 年的计划来比较，财务方案 1 的盈利能力明显比财务方案 2 高出 2 亿多元；从长期计划来比较，财务方案 2 的企业价值要比财务方案 1 的价值多出 10 亿多元。因此，企业价值最大化主要是谋求企业的长远发展，而不是若干年（如 5 年）的利润最大化。

2. 企业股东财富（价值）最大化与企业利润最大化

企业股东财富最大化在计量数学模型上表述为企业股东价值最大化，有时也称企业所有者权益价值最大化。股东财富最大化是要求以未来一定时期归属于股东权益的现金流量，按考虑风险报酬率的资本成本折算为现值。由此而得到的股东投资报酬现值是股东财富的具体体现。企业股东财富（价值）与利润紧密相关，可由企业利润来表达股东价值，和企业总价值一样考虑风险、货币时间价值和资本成本可导出企业价值最大化模式。

假定企业持续经营，未来各期纳税付息前的利润为 EBIT (t)，企业所得税税率为 T，风险报酬率为 K，举债 B(t)，平均利率为 r，则第 t 期的净利润现值为（2-1）式，则企业的总价值为：

V = S + B

其中：S 表示企业股东权益价值；B 表示企业负债价值。

这样 V 可表示为：

$$V = S + B = \sum_{t=0}^{\infty} \frac{EBIT(t)(1-T) + r \times B(t) \times T}{(1+K)^t}) \tag{2-5}$$

为简化分析，假定（2-5）式中的 EBIT(t) 和 B(t) 看成是平均数的常数 EBIT 和 B，利率 r = K，那么（2-5）式可简化为：

$$V = S + B = \frac{EBIT(1-T)}{K} + B \times T \tag{2-6}$$

$$V_{max} = max\left[\frac{EBIT(1-T)}{K} + B(T-1)\right] \tag{2-7}$$

从（2-5）式或（2-7）式可以得到：在企业债务 B、企业所得税税率 T 和风险报酬率 K 确定的情况下，企业的各期净利润（或平均净利润）最大时，则企业股东价值 S 最大化。由此可见企业总价值最大化的模式（2-5）式或（2-7）式是由各期利润折成现值加总而导出的。

对上市的股份公司，通常要求计算出每股股票的价值，根据前面确定的股东权益价值 S 和发行在外的股票股份数 N，可求得每股价值为 P（S/N）。

上市股票价值的另一估算方法是，采用市场股票价格和股利来估计。假设某股东要持有股票投资 n 年，收到股利 d_1，d_2，…，d_{n-1}，最后转让价为 P_n，则股票价值为：

$$P = \sum_{t=1}^{n-1} \frac{d_t}{(1+k)^t} + \frac{P_n}{(1+K)^n} \tag{2-8}$$

企业的股利发放多少是企业财务政策的表现，它与企业的盈利能力有关。转让价可按（2-6）式来估计，是由企业的未来利润和一定的折现率来确定的。这正说明（2-7）式也是与企业长期盈利能力密切相关的（参见下例）。

【例 2-2】本例的数据与【例 2-1】的数据相同。

（1）财务方案 1：当未来头 5 年达到某种意义的利润最大化，但后 5 年每年如果 EBIT 递减 10%，到 2015 年开始保持不变，则企业的价值是多少？

假定企业的综合报酬率（折现率）为 11%，企业所得税税率为 30%，举债不变保持在 11 亿元，利率 8%，则：

$$V = \sum_{t=1}^{\infty} \frac{EBIT(t)(1-30\%) + r \times B(t) \times 30\%}{(1+11\%)^t} = 3318.36 \text{（百万元）}$$

则股东价值为：

$S_1 = V_1 - B = 3318.36 - 1100 = 2218.36$（百万元）

（2）财务方案 2：如果企业 2005 年利润最大化为 2.6 亿元，以后每年按 10% 递增，达到某种意义的利润最大化，到 2015 年开始保持不变，其他条件与（1）相同，那么企业股东价值是多少？

则股东价值为：

$S_2 = V_2 - B = 4452.47 - 1100 = 3352.47$（百万元）

从上述两个不同的财务计划来看，从 5 年的计划来比较，财务方案 1 的盈利能力明显比财务方案 2 高出 2 亿多元，短期内可以为企业股东创造更多的财富。从长期来看财务方案 2 的股东财富要比财务方案 1 的股东财富价值多出 10 亿多元。因此，企业股东对财富最大化的财务目标主要是谋求企业的长远发展，而不是若干年（如 5 年）的利润最大化。

3. 企业经理效用最大化与股东财富最大化的关系

如果企业主人就是经理，或者企业经理对业主的目标追求比业主自己更为强烈，则经理效用最大化和股东财富最大化将产生相同的结果。在市场经济环境中，如果市场功能是完善的、投资人有相同的预期、投资是自由选择的以及代理人受市场的影响，两种目标模式的经理将产生相同的行为。企业管理部门受市场完全控制就没有机会去侵吞业主的利益，但这一种情况在现实中是找不到的。

在现代企业制度下，企业的经营权和所有权的分离影响企业的财务目标。企业的所有者要授予代理人（经理）决策权，要处理委托人与代理人的潜在冲突，从而形成财务学中要解决的代理成本问题。委托人与代理人的主要冲突有如下几点：①经理可能将公司的资源浪费在不应该花的费用上（如购买董事或经理专用的飞机，公费旅游等），或从事股东不愿意承担的事。②经理比股东更可能追求较短期目标。③委托人和代理人对企业风险的评价不同。这种情况下，企业经理效用最大化与企业股东财富最大化是不一致的，要协调好这样的冲突，必须加强对代理人的监督和控制，权衡代理人利益的条件下，取得股东财富最大化。因此，经理效用最大化模式也就转换成有条件限制的股东财富最大化。它的数学模型是（2-2）式与经理效用最大化（有限制的）要求作为约束条件的结合体。

4. 权衡相关者利益的股东财富最大化与企业利润最大化

权衡相关利益者的利益模式，一般是考虑股东和债权人作为投资人，企业职工、顾客和供应商以及其他相关的利益者作为利益权衡的对象。这一种模式在 20 世纪 90 年代初在美国已有 29 个州的立法支持，它将传统的公司法所规定的经理仅仅对股东财富最大化负责，转为在权衡企业相关者的利益约束下实现股东财富最大化。这种模式的数学模型是（2-2）式与息税前利润受权衡对象的利益要求约束条件的结合体。

在利益权衡中，使债权人和股东没有利益冲突的情况下，企业价值最大化与企业股东财富最大化是等价的。下边将对这一命题进行进一步的阐述和论证。

三、股东财富最大化和企业价值最大化的关系及其等价

企业市场价值最大化是否与股东权益价值最大化（股东财富最大化）相一致？是否存在财务政策 A 使股东权益价值最大化，但也存在不同政策 B 使企业价值最大化？在实际财务工作中，这一财务政策是存在的，也就是股东财富最大化和企业价值最大化是不一致的目标。

1. 两者关系分析

企业价值最大化与股东财富最大化，两个财务目标存在不一致性促使决策者必须考虑某给定财务政策对企业股东财富和企业债务价值短期和长期的效应。首先，在短期内一个融资决策按股东观点似乎是可取的，但对债权人来说是其利益的损失。就长期而言债权人将寻找可行的措施对企业进行必要的限制性条款来保护他们的利益。因此一个长期的财务决策，在起初似乎股东受益更大，但实际上

股东权益价值在减少。其次，关系到企业的投资策略问题。通常进行投资决策基本上集中在企业价值最大化。如果企业价值最大化与股东财富最大化不一致，那么投资决策依据前者可能引起企业股东财富受损害。所以投资决策的准则不但要考虑到对企业股东利益的影响而且还要考虑到对债权人的利益保障，这种投资决策尤其是投资的分散化决策变得更为复杂化，管理基层人员按这种复杂的程序作决策变得不可能。大企业实际上分散决策管理必不可少，因为集中化的投资决策成本比较昂贵。可见企业价值最大化和股东财富最大化的不一致性成为企业财务管理的一个重要问题。

可选择财务政策使企业市场总价值最大化和股东财富最大化不同的主要原因，一方面是企业所采用的投资项目会改变企业现有负债的风险。如果企业采纳较高风险的投资项目，那么原来低风险的企业债券就变成较高风险的债券。因此，这种较高风险的投资可能产生增加股东的财富 ΔS 而减少债务的价值为 $\Delta B(<0)$，这里隐含着 $\Delta V = \Delta S + \Delta B \leq 0$；或是企业增加股东权益资本投入或采用较低风险的投资使原先较高风险的债券变成较低风险的债券，在这种情况下，可能产生减少股东的财富 $\Delta S(<0)$ 而增加债务的价值为 $\Delta B(>0)$，从而 $\Delta V = \Delta S + \Delta B > 0$。

另一方面是企业发行新债券或银行借款，其价格或利率不低于旧债券。这一情况将降低旧债券的价格，从而股东从原来较低的债券价格中受益。如果考虑在完善的市场条件下，根据 MM 定理 1 可知企业的市场价值与企业资本结构无关。假定企业发行新债券价值 B，而发放股利刚好等于 B，这样增加举债的情况下，企业的资产总值和总收益都不变，所以企业市场价值也不变。下面以 V_0、B_0、S_0 分别表示新债券出售前的企业价值、旧债券价值和股东权益价值，以 V_1、B_1、S_1 分别表示新债券出售后的企业价值、债券价值和股东权益价值（发放股利后的价值），企业股东收益的价值可计算如下：

$$V_0 = S_0 + B_0 \qquad\qquad V_1 = S_1 + B_1 + B$$

根据前面的假设条件知道 $V_0 = V_1$，分配的股利为 $D_0 = B$，则企业股东从出售新债券获得收益如下：

$$\text{股东净收益} = (S_1 + D_0) - S_0 = (V_1 - B_1 - B + D_0) - (V_0 - B_0) = B_0 - B_1 \qquad (2\text{-}9)$$

如果企业发行了新债券使旧债券价值下降到 B_1，但企业价值不变，由（2-9）式可知股东的净收益为（$B_0 - B_1$）。

重要结论：如果企业的目标是股东财富最大化，企业价值最大化不一定能作股东财富最大化的替代目标；最大化股东财富的策略不一定能最大化企业价值，反之亦然。

2. 等价命题

企业股东财富最大化和企业市场价值最大化两个目标是否等同？问题在于是否存在适当的条件使最大化企业价值的策略也是最大化企业股东财富的策略。最大化企业价值意味着股东价值和债务价值之和最大化，也就是企业资产净收益的总价值最大化。下面提出两个不同条件，都可使最大化企业价值与最大化股东财富是一致的。

命题2.1　如果企业债务价值不受企业经营风险的影响，那么企业取得股东财富最大化的同时也取得企业价值的最大化。

上述结论的证明是显然的，因为企业的债务不管怎样转换，其价值不变，那么从企业价值公式 $V = S + B$ 即可得到证明。

命题2.2　如果资本市场无交易成本、市场是充分竞争的、个人所得税是中性的以及投资者的期望收益具有相同的概率分布，那么命题2.1的结论成立。

命题2.2的证明：在命题2.2的条件下，需要考虑两个可能性：①企业的财务策略V是追求企业总价值最大化。②企业的财务策略S是追求股东财富最大化，但不是企业总价值最大化。

如果能证明上述②是不可能的，就证明了命题结论是成立的。

设 V_s、S_s、B_s 分别为采用最大化股东财富策略S的企业价值、股东权益价值和债务价值，又设 V_v、S_v、B_v 分别为采用最大化企业总价值策略V的企业价值、股东权益价值和债务价值。下面先证明股东财富最大化隐含着企业价值最大化，即要证明隐含着 $V_s = V_v$。因为前面的②条件给出 $V_v < V_s$ 是不可能的，下面只要证明 $V_s < V_v$ 是不可能的即可。

如果 $V_s < V_v$ 则必定存在一个策略 S_1 使得 $S_s < S_{s1}$，即如果 $V_s < V_v$，策略S并不使股东财富最大化，这与它本身是最大化股东财富的策略相矛盾。因此必定是 $V_s = V_v$。

其次，证明企业价值最大化隐含着企业股东财富最大化，即要证明隐含 $S_s = S_v$。即只要证明 $S_s > S_v$ 也是不可能的，也就证明了 $S_s = S_v$。如果 $S_s > S_v$ 则必定存在一个策略V，使得 $V_v < V_{v1}$。这与策略V是最大化企业价值的策略相矛盾。

综上两步骤的证明得到：在命题的条件下，企业股东财富最大化与企业价值最大化是等价的。

命题2.1和命题2.2的条件在现实资本市场环境下往往是无法满足的，通常的资本市场有交易成本和证券需求非无限弹性，另外（$V_v - V_s$）（V_v 是企业采用企业总价值最大化的策略V所形成的企业价值，V_s 是企业采用企业股东价值最大化的策略S所形成的企业价值）是难以补偿交易成本和税金的，因此，有风险性债务的企业，以企业价值最大化作为财务目标可能不会让企业股东获得最大的利益。

从上述的论述可得到这样的结论：如果企业经营者所采用的策略是追求企业总价值最大化，但这些策略在某些环境下可能使企业股东权益价值减低而使企业的债务价值增加。如果企业的经营者能权衡好股东和债权人之间的利益关系，企业总价值的最大化目标可能与股东财富最大化是一致的，否则两者最大化是有差异的。

四、本书倡导的财务目标模式

现代法律和企业治理机制对经理进行较严谨的监控，但企业经理在做财务决策时仍然可通过一定方法引入个人的利益和偏好，企业的其他利益相关者（债权人、职工、客户、供应商和国家税务机关等）对财务决策也有影响。这种多人博弈问题的研究，首先要考虑的是企业财务目标的选择。

1. 企业财务目标模式选择

由于传统股东财富最大化存在着诸多不足之处，有人认为要抛弃股东财富最大化这个目标模式，另外确立新的目标模式。但如何确立新的目标模式是一件困难的事，因为前面所介绍的目标模式都会带来它们自身的一些问题。另外还要考虑到新财务目标模式是否满足四个标准：①目标能否被清楚和准确地描述。②用它可以既简便又快速地对企业的成功或失败作出评估。③它所创造的股东财富价值肯定超过全部的附加成本。④财务目标与公司长期稳定和战略目标一致。目前有的公司没有选择股东财富最大化作为财务目标而选择其他目标，诸如把增加销售收入、增加利润或加快成长作为目标，它们与股东权益价值的联系比较紧密，在企业经营中予以实施，但也存在一些弊病，即当这种联系受到许多其他关键变量干扰时，这些目标就可能具有严重的缺陷。以市场份额最大化的目标为例，在20世纪80年代这个目标由企业战略家提出，并且把日本的公司作为他们的成功范例。这种策略是作为一把双刃剑出现的，成功地增加了市场份额的公司发现较高的市场份额并不总是能带来较高的定价权力和利润。

2. 本书所倡导的财务目标模式

我们的观点是，股东财富最大化模式作为描述现实和研究企业的财务问题虽有其不足之处，但由于它推导的一套比较完整的理论体系已经在财务实务和研究中形成比较坚固的基础，因而它可以作为进一步研究的一个基本出发点。

基于此，本书倡导：企业应当采用权衡利益相关者利益条件下的股东财富最大化作为财务目标。这样做，不仅更有利于利用原来财务理论和相关的研究成果，而且能推导出有现实意义和实用价值的财务理论和方法。

3. 倡导的基本理由

（1）股东财富的增加关键在于企业经理和员工的努力，充分有效利用企业资产资源为委托人（股东）创造价值。它可表现为现在和未来能为企业创造的利润（利润 = 收入 – 成本费用 – 税收），未来多期利润用贴现值表示。这里成本费用与经理和员工的工资（利益）有密切关系。因此若不考虑他们利益的权衡，往往会造成利润目标无法完成，也就无法达到预定股东财富最大化。

（2）在经营权和所有权分离的情况下，无条件权衡的股东财富最大化，会损害除股东之外的其他相关利益者的利益，而且对公司高层经理和职工有一定的负面影响。这种利益损害可以直接用会计的衡量指标来度量，例如收入或销售指标可能萎缩（由于员工不努力造成的）；经理可能通过在职消费和增加代理成本，从而减少利润以减少股东财富。

（3）传统财务管理理论基本上都是基于股东财富最大化这一目标而建立的，用本书所倡导的目标模式来研究财务管理理论，过去大量的理论成果可以继续引用或容易进行拓展。

（4）公司财务管理需要这种权衡的股东财富最大化目标模式，而且它可确切地在企业财务预算中得到落实。

CFO 实际运用经验：公司财务目标既是制定财务政策和编制财务预算的目标，也是战略目标在财务管理中的落实和体现。如何应用权衡利益相关者利益下的股东财富最大化这一财务目标，经理人有两方面的体会：一方面除股东以外的利益相关者（包括企业经理人、企业职工、政府机构、顾客、供应商、投资合作伙伴等）在企业中都在为追求自己的利益而考虑，因此需要考虑权衡这些相关者的利益；另一方面全球所有国家的公司法都强调保护股东的利益，在财务管理中体现为股东财富最大化。CFO 要想协调好这两方面的利益，本节所倡导的目标模式是最适合的。

第二节　宏观金融管理及政策

一、金融市场

金融市场是资金融通市场。所谓资金融通，指在经济运行过程中，资金供求双方运用各种金融工具调节资金盈余的活动，是所有金融交易活动的总称。在金融市场上交易的是各种金融工具，如股票、债券、储蓄存单等。资金融通简称为融资，一般分为直接融资和间接融资两种。直接融资是资金供求双方直接进行资金融通的活动，也就是资金需求者直接通过金融市场向社会上有资金盈余的机构和个人筹资；与此对应的间接融资则是指通过银行进行的资金融通活动，也就是资金需求者采取向银行等金融中介机构申请贷款的方式筹资。所有企业在经营活动中均在不同程度上与金融中介和金融市场发生往来，企业与金融中介和金融市场的联系，使得企业能够随时获取所需的资金，并将其临时性盈余资金投资在各种金融资产上。

在发达的市场经济中，资金盈余部门和资金赤字部门的资金往来是通过金融中介和金融市场来转移的，它们共同形成一个资金网络，资金从盈余部门转向赤字部门通过两种渠道：一种是通过中间人，另一种是通过中介机构。金融中介机构吸收经济部门和个人储蓄然后放贷给企业或从事投资，另外金融中介机构还可以通过全部买进企业所发行的有价证券然后重新定价销售，金融机构通过向客户提供服务的利差和价差来获利。一般而言金融市场涉及以下两个概念。

1. 金融资产

金融资产是在金融市场中资金转移所产生的信用凭证和投资证券，实质是一种索偿权（要求权），即提供资金一方对于接受资金一方未来收入和资产的一种"要求权"。货币是最明显的金融资产。除此之外金融资产还包括债务证券、权益证券和信用凭证。

债务证券包括政府债券、公司债券以及由商业银行发行的可流通存单。权益证券即为普通股股票和优先股股票。信用凭证如储蓄者将货币存入金融机构取得的存款凭证，该凭证代表储户对接受存款的金融机构的一种"要求权"。债务证券和权益证券是企业所拥有的金融资产，在公司的资产负债表上，表现为负债及股东权益部分。

2. 金融市场

金融市场是金融资产买卖或交易的一种媒介。金融市场主要分为货币市场和资本市场、初级市场和二级市场。

（1）货币市场和资本市场。货币市场经营一年以内到期的短期证券，其资金融通用于短期周转，融资期限短，是公司短期资金筹集的主要场所。由于这些短期证券变现能力强，因而投资风险也相对较小。货币市场包括银行短期信贷市场、短期证券市场、贴现市场和同业拆借市场。资本市场经营一年以上到期的长期证券，融通长期资金，是企业筹集长期资金的主要场所。资本市场包括银行长期信贷市场和长期有价证券市场。

（2）初级市场和二级市场。初级市场即为发行市场或一级市场，它是指新证券在发行者与购买者即投资者之间进行交易而形成的市场，包括证券发行的规划、承购和销售等一系列活动过程。这一市场的特点是，它是新证券的市场，是一个抽象的无形市场。二级市场也称次级市场或流通市场，它是指已发行在外的证券在投资者相互之间进行转让和买卖而形成的市场。在这个市场上，买卖对象是已发行在外的证券，这一市场的主要功能是为投资者提供证券的流通变现。二级市场在其结构上又可分为以下三类：

1）交易所市场。交易所市场即是在证券交易所内部进行集中证券交易的市场。它是高度组织化、有固定场所、有规定营业时间和有一套严密管理制度的证券交易市场，是整个证券二级市场的中心。有价证券一旦被允许进入交易所市场，即为上市证券。为确保证券交易的顺利进行和维护投资者的利益及交易所的信誉，证券交易所对证券上市的企业要严格审查，企业只有达到规定要求才允许上市交易。

2）场外交易市场。场外交易市场又称柜台交易或店头市场，即在证券交易所之外进行证券交易的市场。它是一种组织相对松散、无固定交易场所和较难管理的市场，场外市场是有组织的交易所市场的补充。它是一个无形市场，没有一个固定的集中交易场所，实际上是一个由遍布各地的电话、电报和电传等电信系统构成的无形交易网络。

场外交易由于手续简便，适于小规模的分散证券交易，因此它一方面为一些暂时达不到上市条件，但又有发展前途的企业开辟了筹资途径；另一方面也为投资者提供了有吸引力的投资对象。但是受市场条件的限制，其交易的效率和公平性要低于证券交易所市场。

3）第三市场和第四市场。第三市场是指已在正式的证交所上市却在证交所之外进行交易的证券买卖市场。该市场的交易主体主要是一些从事大宗交易的机构投资者，如银行信托部、保险公司和互助储蓄机构等，因而证券交易也主要发生在证券经纪人和上述机构投资者之间。第四市场是指完全撇开交易所和经纪人，由买卖双方通过电信网络直接进行交易的市场。在这个市场上，一个全国联网的证券交易计算机网络起关键的作用。如美国在 20 世纪 70 年代就建立了全美证券商协会自动报价系统，又称纳斯达克（NASDAQ）。会员客户直接通过该系统电脑终端寻找交易对象，议价成交，从而大大降低交易成本，同时也有利于保守秘密。

CFO 充分利用金融市场进行公司理财的经验：随着经济和金融的全球化，金融市场不断发生着变化。总的来讲，金融市场有直接金融和间接金融两种基本方式，直接金融以银行为代表，间接金融以股市为代表。CFO 考虑融资决策的问题，会对市场中的各种融资工具进行评价而后选择最优的融资工具。如何评价将由本书后面各章内容来完成。在这里强调的经验是 CFO 在公司财务管理中必须充分利用其比较优势，把握金融市场的发展规律和应用财务理论中明智的财务政策，以提高公司财务管理效率和效果。

二、利率政策

企业在融资过程中，必须要考虑使用资金的成本，这一成本就是利率。有人称利率是"企业发展速度和国家繁荣的重要调节器"。这就说明利率是有变化的，它的变化不仅影响个人和企业，而且影响整个国民经济。从 1995~1999 年我国利率的升降变化，就可以说明这一点。那么利率水平是怎样确定的呢？

通常所说的利率是指名义利率，银行的挂牌利率就是名义利率，一般来讲，它是由实际利率加通货膨胀率来确定的。但在实践中，根据风险和收益权衡原理，利率与投资者所承担的风险大小有关，风险越大，投资者要求的收益率就越高，企业支付的资金成本就越高。因此在金融市场上，利率是通货膨胀、违约风险、到期日的长短以及变现能力的函数，即：

利率 = f(通货膨胀，违约风险，到期日，变现能力)

在这些风险因素中，政府债券由于有充分的信用保证，均视为无违约风险，因此，我们将政府债券的收益率视为无风险收益率，其他证券的收益率均高于政府债券。债务证券收益率与到期日的长短有关，如国库券与长期政府债券的收益率就取决于到期日，到期日越长，收益率就越高，到期日与利率之间的关系称为收益曲线，又称利率期限结构。在大多数情况下，利率水平是随到期日的长短而提高或下降，因此，收益曲线是一条向上倾斜的曲线，即利率期限结构的斜率向上。有时利率期限结构也有向下倾斜的，这是一种少见的结构图。但它们有一个共同的特点，由于利率与较长到期日之间的差异越来越不重要，因此，随着到期日的增长，曲线变得平坦了。在大多数情况下，由于投资者因为特殊需要而选择一种满意的到期日，因此投资者可能投资于与他需要相匹配的到期日，较短到期日提供了较强的流动性和较强的财务变现能力。

另外到期日较长的证券风险较大，这种风险依赖于预期的通货膨胀。因此如果其他条件相同，根据风险和收益权衡原则，投资者要求有较高的利率以补偿承担的额外风险，这就是期限结构形成向上倾斜的基本思想。

最后，投资者也要考虑将来预期利率的情况，即如果投资者相信未来长期利率将走高，他们将等待作长期投资。当然，投资者并不会把钱放在钱包里，而将钱作短期投资，如投资于货币市场的证券。这种"等待"增加了短期资金的供应，同时使长期资金供应减少。

这种资金的流动又使得短期利率下降，而长期利率上升，期限结构曲线向上倾斜。反过来，若投资者相信未来长期利率将走低，这就形成期限结构曲线向下倾斜。由此，我们可以理解为什么证券与证券之间收益率不同，即企业在筹集不同期限的资金时所付出的筹资成本不同。

三、税收政策

税收影响公司决策，税收是企业在决策中必须考虑的问题，它涉及企业组织形式的选择、发行证券种类的选择、是购买设备还是租赁设备等。企业在经济活动中涉及的税种很多，处于不同的国家和地区，税法又有所不同，本部分主要介绍我国有关税收的情况。

1. 企业所得税

通常，企业所得税是依据收入中扣除经营费用后的收入来计算的，可抵扣税收的经营费用一般包括销售成本、销售和管理费用以及折旧和利息费用等，即：

应纳税额 = 营业收入 -（成本 + 费用 + 损失）- 税法允许的其他扣除 + 营业外收入 - 营业外支出

我国税法规定企业所得税税率为 33%，因此企业应缴纳的所得税为：所得税＝应纳税额×33％。中央政府和地方政府又根据不同情况制定了可以减免税的政策，如国家产业政策倾斜的减免税、国家扶持行业的财政性补贴或减免税、开发区内的减免税。但是有关这些减免税的政策会随着经济情况的不同作一些调整。因此在财务决策时，应注意这些政策的变化，或征求税务专家的意见。公司除了企业所得税外，还有流转税，即按公司的营业收入额以比例税率计算纳税额。流转税主要是增值税和营业税，公司某一个特定的经营项目只缴纳增值税或营业税。

2. 资本利得与损失

企业应纳税额由两类组成：资本资产出售的利润和各种其他所得（表述为日常所得）。资本资产在税法中被定义为企业在日常经营过程中不作买卖的资产，即证券投资，如股票和债券等。资本资产出售的所得和亏损称为资本利得和损失。当卖出的价格高于买进的价格时，那么增加的价值就叫资本利得；反之当卖出的价格低于买进的价格时，那么减少的价值就叫资本损失。对于企业来讲，资本利得或资本损失将并入企业利润总额中计算所得税，而目前在我国个人在这种交易中只征收印花税，按比例计征。

3. 股息和利息收入

企业除了正常的营业收入和出售的资本利得外，它还会由于持有其他公司股票或持有政府债券、公司债券而获得股息或利息收入。各国对股息和利息如何征税有不同的规定。在我国股息是企业税后收益进行多项扣除后，还有剩余的那部分利润的分配，为了避免重复征税，现阶段暂不缴纳股息所得税。企业持有的国库券和国家银行金融债券的利息收入免征所得税。公司债券利息收入计入公司收入总额，计算缴纳所得税。而我国个人所得税法中规定，个人运用资产投资所得的股息和利息收入需缴纳20％的个人所得税，国库券和国家债券利息免征个人所得税。

4. 股息和利息的可扣性

企业的利息支出在我国的损益表中没有单列，而是列入"财务费用"中，是一种税前可扣除的开支，但企业向股东支付的股息则是在税后，因此股息是不能抵扣公司所得税的。这样对股息和利息支付的差别待遇对企业的融资方式将产生重要的影响，这将在后面的章节中讨论。

5. 税收对财务总监（CFO）决策的影响

公司所得税的存在，对财务总监或财务经理的决策有着重要的影响，这主要表现为以下几点：

（1）由于债务融资中，利息是可抵扣所得税的，而普通股的股息和优先股的股息则不能抵扣所得税，因此债务融资与较大的税收好处相联系，并且这种债务税收好处是杠杆收购和财务重组的主要理由。

（2）公司所得税对股利政策也产生影响。当支付股息给普通股股东时，股东则必须立刻缴纳所得税。如果公司不支付股息，而将利润留存用于企业的再投资，股票价格可能预期增长，股票持有者的税负将递延到股票的出售。这种留存收益递延税能力影响了投资者对持有股票获得资本收益还是获得股息产生不同的偏好，而投资者的偏好对公司的股利政策会产生影响。

（3）资本支出决策同样受到公司所得税的影响。为了获得所需资产，资本支出需要税后资金的支出。预期资产所产生的经营收益易受税收的影响。所以财务主管必须密切注意税法的变化。

（4）租赁资产还是购买资产的决策也常常受到税收的影响。由于租金和利息均可抵扣所得税，如果支付的租金（按加速折旧计算的）大于提取的折旧，那么租赁资产比购买资产更为合算（此种情况是指租赁的资产属于使用年限不会很长，而且容易产生技术性贬值的资产）。

由此可见，税收对财务决策的影响在高级财务管理中随处可见。

第三节　市场效率和财务决策

在涉及许多财务决策的模型中，包含着资本市场效率问题，这也是财务理论中重要的理论之一，即市场效率假说（EMH）。这一概念对制定合理的财务政策和正确选择所必需的概念体系是至关重要的。

一、市场效率假说

根据微观经济学理论，自由竞争条件下市场制度的核心就是价格能否准确地反映稀缺资源在无限制的、不同选择和竞争性用途中有效配置所必需的全部信息。如果价格能及时全面地反映有关信息，那么市场则被认为是有效率的。在有效的资本市场中，股票价格能提供企业价值的无偏估计。

市场对信息反映有效性的基本假设条件如下：一是信息必须是无成本的，该信息对市场的参与者同时必须是有用的。二是在交易中没有交易成本、税收和其他障碍。三是价格不受任何个人或机构交易的影响。

显然在现实市场中，以上三个条件并不存在：获得信息需要花时间和费用；一些参与者获得的信息要比另外一些参与者获得的信息早；税收和交易成本存在等。由于这些条件不成立，就有必要区别市场是完全有效还是部分有效。在前面三个条件成立下的完全有效市场中，因为价格总是反映了所知的信息，并且一旦新信息出现，就会在价格上做出迅速的调整，获得超额利润是一件侥幸的事。在部分有效市场上，新信息的出现不能迅速地在价格上做出调整，由于交易成本，基于公开有用的信息也不能获得超额利润。那么信息是什么？什么样的信息是相关的？简单地说，信息是关于将来事件可能发生的消息，消息不等于信息，只要消息能被个人用来改变他所采取的行动才变为信息。可见采取行动的能力是很重要的。如一位种植小麦的农场主为获得准确的天气预报可能会支付高价，而一位地下煤矿矿主由于他的行为不受天气的影响，则不会为此支付一分钱。另外采取行动对个人的财富产生影响也是非常重要的。因此消息是要有价值的，即一条消息必须和以后将要发生的事情有关，不相关的消息是没有用的。但是负相关的消息可能与正相关的消息一样是有价值的。如果预测某只股票下跌时，而它总是上升（反之亦然），那么预测就是有价值的，因为你可以反其道而行之。

在证券市场上，一些消息对投资者来讲是相关的，而一些消息则是不相关的。如果某条消息从证券角度来讲，对该证券的风险和收益没有任何影响，它对投资者是不相关的，它也与证券的业绩没关系，因此这条消息就不是信息。如公司改变名称而对公司股票的收益和风险不产生任何影响。但如果公司宣布由于采用了新的折旧方法使公司在税收上有较大的节余，这将对公司股票的收益和风险产生影响，那么这条消息就是信息。

二、市场效率程度

如果一个资本市场在确定证券价格时充分、正确地反映了所有的相关信息，这个资本市场就是有效的。法马（1970）的"有效市场：理论综述和实证"按照价格反映信息的程度进行分类。效率假说按证券价格反映信息程度的不同分为三种形式，或三种水平，或三种效率：弱式（隐含着过去股票价格的走势不能用于预测未来股票价格）；半强式（隐含着所有公开的信息已经在股票价格上反映了）；强式（隐含着所有的信息，包括公司内部人士所拥有的信息都已在股票价格上反映了）。

1. 弱式效率

弱式效率市场表明，当前股票的市场价格充分反映了历史证券价格所包含的所有信息，即所有包含在过去股价移动中的资料和信息都已完全反映在股票的现行市价中。因此这意味着没有投资者可以通过过去股票的历史价格或收益的信息来赚取超额收益。弱式效率还意味着，证券价格不值得记忆，过去股票价格的走势在预测未来价格走势方面没有任何用处，现行价格的下降并不意味着可预测价格下降或上升。将弱式效率应用于股票市场，经验验证分为两类：第一类未来股票间的相关性。第二类不同技术性交易规则的获利能力。第一类经验验证表明：在市场效率假说的条件下，我们预期每天的股票价格变化是随机的。一般来讲，短期证券收益间有较小的正相关，即在 t + 1 天获得的收益与在 t 天获得的收益有较小的正相关。然而在考虑了交易成本之后，太小的相关性使得交易者不可能获利。第二类经验验证涉及对历史市场数据应用技术性交易规则，确定是否遵循所给的交易规则可以获得超额利润。验证结果表明：在经过交易成本和税收调整后，技术性交易规则不能产生超额利润。

综上所述，主要的证券市场具有高度的弱式效率。尽管有人通过证券分析家对单只股票的上升和下降的分析获得可观的收益，但也有人常常通过证券分析家的分析而获得较大的损失。这些人中一部分受到较大损失，而另一部分得到可观收益，通过经验验证研究表明两者相互弥补没有相差，所以强有力的经验证据支持了效率市场假说的弱式效率。

2. 半强式效率

效率市场假说的半强式型市场包含了弱式市场，并且继续假设当前市场价格反映了过去价格运动和所有公开可得信息。因此假如在股票市场上半强式效率成立，则表明证券价格充分反映了所有的公开可得信息，没有任何投资者可使用公司年度报告、证券交易所公布的股票行情信息和出版的投资建议报告等公开可得信息赚取超额利润。因为包含在这些资料中的好消息和坏消息出现后，股票价格就已立即做过了调整。但公司的内幕人士，如董事长或总经理等，却能利用他们的地位取得其他投资者无法得到的信息去买卖自己公司的股票，从而赚取超额利润。

两种主要的经验验证用于检验半强式效率：①检查价格对新信息的调整。②评估业务经理相对市场的业绩。在完全效率市场上，价格对新信息能做出迅速的调整。例如，某计算机公司宣布它获得了一项新计算机技术专利，该专利可使个人电脑的性能有很大的提高，但增加的成本并不高。此信息一旦披露，该公司的股票就应该立刻上升到新的均衡价值。如果价格调整过度然后回落，或几天才调整到新的水平，则投资者通过股票交易可以获得超额收益。通过价格对信息的反应经验验证表明，宣布股票分割、股利增加、收益增加、兼并、资本支出和新股发行等对股票价格有影响。大多数经验验证支持半强式效率。第二种半强式效率验证的是职业分析家和组合投资经理是否能获得超过市场的业绩。若市场是半强式效率的，没有任何人仅通过公开的信息获得超过市场的收益。大多数证据支持半强式效率观点。一般来说，分析家和投资组合经理只能获得公开的信息。在某些时候他们可能获得高于市场的收益，在某些时候他们也可能获得低于市场的收益。但平均来讲，这些专家不可能获得超过市场的收益。

3. 强式效率

效率市场假说的强式效率成立表明，证券价格充分反映了公开获得的，或不能公开获得的全部信息。任何人包括内部人士，如董事长、总经理和主要股东都无法在股市中获得超额收益。但大多数人并不相信强式效率成立。通过对公司内部人士买卖股票的研究表明，由于公司内部人士能较早地获悉诸如收购、销售额下降等信息，因此他们可以获得超常规的利润。

大量财务学家对市场效率进行了验证，比如对大宗交易进行调查表明，在大宗交易成为公开可得信息以后的 15 分钟内，价格已经调整到一个新的水平，或者价格不能立即做出反应，但它能很快进行调整。因此调查结果显示：在所有发展完善的资本市场或股票市场上，都具有高度的弱式效率以及相当程度的半强式效率。特别是那些大公司的股票，其半强式效率更为明显。[①]因此一些拥有内部消息的人士还是可以赚取超额利润的。

三、金融市场有效性对 CFO 财务决策的启示

对 CFO 来说，在一个有效率的市场中进行公司理财要把握好什么时候公司应该到一级市场发行股票或发行债券，什么时候应该采用怎样的财务政策。

1. 对股东的负责

半强式有效市场充分反映了所有公开可得信息，没有任何投资者可使用公司年度报告、证券交易所公布的股票行情信息和出版的投资建议报告等这些公开可得信息赚取超额利润。因为包含在这些资料中的好消息和坏消息出现后，股票价格已立即做过了调整。因此在这种半强式有效市场，CFO 应当高度关注股东和潜在投资人的市场反应，财务决策应当以权衡相关利益者利益条件下的股东财富最大化为理财目标，展现对股东负责的具体落实。

2. 融资的选择

股票市场有效性理论告诉我们，只要投资者对新信息作出必要的有利于自身的反应，其行为就是理性的，这与股票市场价格的稳定性是没有关系的。相反如果在一个价格反映出无法进行长期稳定投资的市场中进行长期投资，这种投资行为是不理性的。所以作为 CFO 来说，融资的方式选择需要有效市场理论来支撑，充分利用信息反映股票价格及其有关信息不对称的特性，采用平价融资方式。

3. 权益资本成本的决策

CFO 在一个较低效率的股票市场中如何进行评估权益成本是一件比较困难的事。我国许多上市企业把股本融资看成最廉价的融资方式，它们核算成本仅考虑市场中介机构（证券公司，会计师事务所，律师事务所）的费用，不考虑要对股东负责和提供回报的成本。事实上合理估计权益资本，是财务管理的关键。

财务管理人员应当在从市场有效性理论不断获得支持性证据的同时，也应当面对一些与市场常规相背离的现象，如规模效果、周末效果、假日效果等。这些现象意味着投资者可以遵循一定的交易模式来获取超额利润，从而对有效市场理论的完美性提出严峻挑战。特别是我国股市虽经过十多年的发展，但仍未完全达到弱式有效。20 世纪 80 年代中期开始兴起的行为金融学就是顺应这一需求而产

---

① [美] 阿罗. 信息经济学[M]. 北京：北京经济学院出版社，1989.

生的，希望能找到新的理论来指导公司财务管理实务。

第四节　财务信息披露与高级财务管理

有效市场理论表明，股票价格的最终决定因素是它所包含的信息而不是供求关系，换句话说，无论市场处于强式、半强式或弱式状态下，试图以行政方式改变股票宏观供求状况希望达到对股票市场的长期运行进行调控是不可能的。在有效的股票市场中，信息是决定股价的最主要因素，信息在一只股票上的传导途径、传导速度和传导质量，就成为影响该股票市场体现为何种效率的关键，所以世界各国都致力于建立健全一套完善的信息披露制度。只有信息披露制度科学合理，才能从根本上保证经济活动的透明度，使信息使用者做出正确的判断和科学的决策，进而全面维护经济活动中各主体的利益。

一、财务信息披露的重要性

大量事实证明，信息披露是公司治理的决定性因素之一，而公司治理框架又直接影响着信息披露的要求、内容和质量。一般而言，信息披露受内部和外部两种制度制约。外部制度就是国家和有关机构对公司信息披露的各种规定；内部制度是公司治理对信息披露的各种制度要求，这些要求在信息披露的内容、时间、详细程度等各方面可能与信息披露的外部制度一致，也可能不完全一致。但无论如何公司的信息披露存在着边界。通常外部边界由信息披露的外部制度，即法律法规来决定；内部边界则由公司治理框架来决定。在许多国家，公司的信息披露不仅限于法律法规的要求，更有不少公司的大量信息是基于公司治理的目标而自愿披露的。因此公司治理信息披露具有内外两种制度约束及动力。

实践也证明，信息披露制度的完善直接关系到公司治理的成败。一个强有力的信息披露制度是对公司进行监督的典型特征，是股东具有行使表决权能力的关键。资本（股票）市场活跃国家的经验表明，信息披露也是影响公司行为和保护中小股东利益的有力工具。强有力的披露制度有助于吸引资金，维持公众对资本市场的信心。股东和潜在投资者需要得到定期的、可靠的、可比的和足够详细的信息，从而使他们能对经理层是否称职做出评价，并对股票的价值评估、持有和表决做出有根据的决策。信息短缺且条理不清会影响市场的运作能力，增加资本成本，并导致资源配置不当。鉴于信息披露的重要作用，世界各国在其公司治理原则或研究报告中对信息披露均提出了相应的要求，以保证对公司的有效管理。

二、公司信息披露的内容

公司需要披露哪些信息？从世界各国关于公司治理信息披露的要求来看，披露的信息可分为三部分内容：一是财务会计信息，包括公司的财务状况、经营成果、股权结构及其变动、现金流量等，财务会计信息主要被用来评价公司的获利能力和经营状况；二是审计信息，包括注册会计师的审计报告、监事会报告、内部控制制度评估等，该方面信息主要用于评价财务会计信息的可信度及公司治理制衡状况；三是非财务会计信息，包括公司经营状况、公共政策、风险预测、公司治理结构及原则、有关人员薪金等，非财务会计信息主要被用来评价公司治理的科学性和有效性。

通常公司财务信息披露从需求层次和受托责任上可分为三个层次：一是经营管理者向董事会进行信息披露；二是董事会向股东大会进行信息披露或说明责任；三是公司（作为法人代表）向社会各利益相关者进行信息披露。但随着资本市场的发展，股权日益分散化，董事会向股东大会和公司向社会进行信息披露的界线变得越来越模糊，大量的小股东只能通过公司向社会披露的信息来进行决策，这些少数股东无权或无意参与公司的重大决策及政策选择，"用脚投票"是其唯一经济的选择。鉴于上述事实，不少国家都加大了对公司向社会信息披露的管制，要求公司广泛向社会披露财务会计信息和非财务会计信息，这不只是针对潜在投资者和债权人，对小股东而言也有极大的益处。

应当说高质量的信息披露是进行公司治理和决策的前提条件，从世界各国的情况来看，各国都非常重视公司治理信息披露的质量。为实现这一目标，各国都提出要采用高标准来规范公司治理信息披露，如采用国际会计准则，或披露公司是否能够"持续经营"等，这无疑是股东和其他利益相关者进行公司治理所最希望获取的信息。从公司治理信息披露的相关性上来考察，世界各国都给予充分的关注，要求公司所提供的信息不仅能满足股东的需要，同时还能满足其他利益相关者，如债权人、潜在投资者、一般公众的需要。在信息披露的完整性上，不少国家都针对公司治理信息披露的现状进行了客观分析，提出公司治理信息披露除国家法律法规的规定外，还要披露所有能影响公司股票价格以及对股东决策有影响的信息，如韩国、瑞典主管部门等更是对这些信息进行了全面解释。从公司治理信息披露的现实要求和各国的做法上，人们普遍关注信息披露的及时性，包括OECD 在内的各个研究报告和治理原则，都要求公司利用现代通信技术披露信息。这样不仅可使公司治理的信息披露更加迅速快捷，还可使公司治理信息进一步公开，增加信息的透明度，更有利于信息使用者进行评估和决策。在具体做法上，各国通常要求或提倡利用互联网设立公司网页，同时在网上召开股东大会、投票或发表意见，对公司治理的信息逐步或全部在网上披露。

总之，随着经济的发展，进行公司治理所需要的信息是全面而综合的，但不同的利益相关者对公司信息的关注点各不相同。因此，未来公司治理信息披露应对信息需求者的要求给予全面考虑。从公司治理的现实情况来看，世界各国公司治理信息披露的重点为财务信息。

三、财务信息与审计

公司信息披露的核心是财务信息，它之所以成为公司信息披露的重点是由其性质所决定的。公司财务状况和经营成果是评价公司股票价值最直接的依据。任何投资者都会对公司的财务会计信息极为敏感，即使是有关董事和经理人员的薪金都是人们关注的焦点，经常被用来作为评估其业绩的指标。在公司治理过程中，无论股东还是其他利益相关者，都会对财务会计信息的真实性、相关性、完整性和及时性非常关注，人们通过对财务会计信息的分析可获得许多重要而有价值的结论，这些结论直接或间接地支持了信息使用者的决策和行动。财务会计信息披露之所以受到公司治理者的重视，还在于财务会计信息要经过双重审计，具有较强的可信度。所谓"双重审计"是指公司披露的财务会计信息一是要经过监事会（或董事会的审计委员会）的审查，二是要经过注册会计师的审计。对信息利用者而言，虽然审计后的财务会计信息不能绝对保证其真实和准确，但对一般股东和公众来说，完全掌握财务会计信息的生成需要相当的专业知识和时间，大多数人对财务会计信息的理解也只能依赖审计这一环节来保证其真实与公允。

另外，也正是由于财务会计信息披露的重要性，才使得该方面的信息必须通过注册会计师审计来加以社会保证。因此，由财务会计信息披露这一特性所决定，该方面的信息披露较之公司治理的其他信息更加具有可利用价值和可信度。鉴于上述理由，可以看到世界各国公司治理原则或报告中均对保证财务会计信息质量的会计准则、审计人员独立性、内部控制给予了充分关注和明确的要求，提出了多项控制措施。世界上第一份公司治理研究报告（Cadbury 报告）的诞生与公司财务会计信息披露有着直接的关系，其原因就是财务会计信息质量问题影响到了股东及其他利益相关者的决策。为了实现公司的有效治理，真实与公允的财务信息必不可少。日本、韩国、瑞典和 OECD 等在其公司治理原则或报告中也都对财务信息的披露做出了规定。

可见现代公司有效治理需要财务会计信息的支持，具体而言公司治理财务会计信息披露应包括以下主要内容：①资产负债表。②损益表。③现金流量表。④股东权益增减变动表。⑤财务情况说明书。⑥各种财务会计报告附注事项。⑦各种会计政策运用的说明。⑧合并会计报表。⑨审计报告。⑩其他财务会计信息。[①]

---

① 李维安. 中国公司治理原则与国际比较[M]. 北京：中国财政经济出版社，2001.

四、规范我国公司财务信息披露

鉴于国外公司治理信息披露的成功经验，结合我国实际情况和发展的要求，我国应加强公司治理信息披露问题的研究，有必要制定我国公司治理信息披露规范，以全面指导我国的公司治理信息披露从而保护各方面的利益。

1. 我国公司治理框架应当保证真实、准确、完整和及时地披露与公司有关的全部重大问题

为保证公司披露所有与公司有关的重大问题，公司应当披露的重要信息至少包括：①公司概况及治理原则。②公司目标。③经营状况。④股权结构及其变动情况。⑤董事长、董事、经理等人员情况及报酬。⑥与雇员和其他利益相关者有关的重要问题。⑦财务会计状况及经营成果。⑧可预见的重大风险。

2. 我国公司治理信息披露应采用现代化手段缩短时间

在公司治理信息披露的时间上，世界各国都主张采用定期与不定期相结合的方式。定期的信息披露是必须的，至少每年一次，尽管有些国家要求半年或每季一次，但在公司发生重大变化或事件时更要不定期及时地披露。应信息使用者的要求，公司经常主动披露信息，一般披露次数和内容比制度规定的要多。在此应建议对一切可能影响经济决策的事件及时而全面地披露其实质，以便于信息使用者做出判断，并保证所有股东享受平等待遇。在信息披露的手段上应提倡和鼓励采用现代化的通信技术，如公司在互联网上设立网页，通过互联网进行披露。

3. 将公司治理信息披露纳入法律法规体系，加大处罚力度

建议首先由国家证券监督管理机关将上市公司的公司治理信息披露制度纳入法律法规体系，这对于一个大陆法系的国家尤为重要。其次要完善公司治理信息披露的监督控制机制，加大对公司风险信息的披露。采用高质量会计标准、审计标准和金融标准披露公司治理信息，并保证公司治理信息披露的可信度。

4. 改革审计制度

为提高公司治理信息的真实性和高质量，建议改革我国的注册会计师审计制度，可采取下列措施：①由另一会计师事务所对审计进行质量检验。②禁止向年度报告审计公司提供非审计服务。③年度财务会计报告不得长期由同一会计师事务所和注册会计师进行审计，强制性更换注册会计师，或由股东直接提名注册会计师等，以保证公司治理信息披露的高质量。

【本章小结】

本章在系统分析企业利润最大化目标与其他财务目标模式（股东财富最大化、企业市场价值最大化、企业股价最大化、企业经理利益最大化和企业相关利益者利益最大化等）关系的前提下，强调CFO应从企业组织形式和市场效率及财务信息披露等方面来考虑如何充分利用市场，对新环境和企业管理新需求进行深入研究。通过本章系统学习，倡导 CFO 在实务中应做好如下工作：①考虑到不同企业组织原来财务目标模式存在的问题，建议 CFO 采用本章所倡导的财务目标模式：权衡利益相关者利益条件下的股东财富最大化。由于这一目标模式综合考虑了长期利润问题，风险报酬的体现，经理、员工薪酬和福利待遇的权衡，因此对企业组织的长期发展是很有利的，避免了企业组织注重短期利润的行为，也解决了员工对其薪酬和福利待遇有怨言的问题。②建立一套与公司治理相融合的财务监控制度。通过对网络化两层级适时财务监控的简要阐述，为建立支持公司治理的财务监控系统提供了基本框架。③在财务决策中充分考虑经济政策和资本市场的作用。④在市场环境下，CFO 应当高度关注股东和潜在投资人的市场反应，财务决策应当以权衡相关利益者利益条件下的股东财富最大化为理财目标，展现对股东负责的具体落实。在融资方式选择上，应充分利用信息反映股票价格及其有关信息不对称的特性采用平价融资方式，合理估计权益资本。⑤在有效的股票市场中，信息是决定股价的最主要因素，信息在一只股票上的传导途径、传导速度和传导质量，就成为影响该股票市场体现为何种效率的关键，所以 CFO 应当抓好财务信息的披露以便提高财务管理的效率。

【复习思考题】

1. 权衡相关利益者利益条件下的股东财富最大化目标是否能作为高级财务管理理财理论的逻辑起点？

2. 在财务管理实践中，企业价值最大化与股东财富最大化等价的前提条件是什么？

3. 简述利润最大化目标与权衡相关利益者利益条件下股东财富最大化目标的关系。

4. 证明：在强式有效的市场环境下，股份企业的股价最大化与股东财富最大化是等价的。

5. 在财务管理实践中，CFO 如何建立与现代公司治理相融合的财务控制制度？

6. 如果你是某公司的 CFO，你打算如何打造该公司的内部环境以适应公司快速发展的需要？

7. 从战略管理的角度阐述财务信息披露的必要性。

8. 本章所倡导的两层级适时财务监控对公司治理效率将产生什么影响？

【阅读资料】

战略目标与股东、经营者和债权人利益的冲突及协调

股东和债权人都为企业提供了财务资源，但是他们处在企业之外，只有经营者即管理当局在企业里直接从事管理工作。股东、经营者和债权人之间构成了企业最重要的财务关系。企业是所有者即股东的企业，财务管理的战略目标是指股东的目标。股东委托经营者代表他们管理企业，为实现他们的战略目标而努力，但经营者与股东的目标并不完全一致。债权人把资金借给企业，并不是为了"股东财富最大化"，与股东的战略目标也不一致。公司必须协调这三方面的利益冲突，才能实现"股东财富最大化"的战略目标。

1. 股东与经营者

（1）经营者的目标。在股东和经营者分离以后，股东的目标是使企业财富最大化，千方百计要求经营者以最大的努力去完成这个目标。经营者也是最大合理效用的追求者，其具体行为目标与委托人不一致。他们的目标是：①增加报酬，包括物质和非物质的报酬，如工资、奖金，提高荣誉和社会地位等。②增加闲暇时间，包括较少的工作时间、工作时间里较多的空闲和有效工作时间中较小的劳动强度等。上述两个目标之间有矛盾，增加闲暇时间可能减少当前或将来的报酬，努力增加报酬会牺牲闲暇时间。③避免风险。经营者努力工作可能得不到应有的报酬，他们的行为和结果之间有不确定性，经营者总是力图避免这种风险，希望付出一份劳动便得到一份报酬。

（2）经营者对股东目标的背离。经营者的目标和股东不完全一致，经营者有可能为了自身的目标而背离股东的利益。这种背离表现在两个方面：①道德风险。经营者为了自己的目标，不是尽最大努力去实现企业财务管理的目标。他们没有必要为提高股价而冒险，股价上涨的好处将归于股东，如若失败，他们的"身价"将下跌。他们不做什么错事，只是不十分卖力，以增加自己的闲暇时间。这样做不构成法律和行政责任问题，只是道德问题，股东很难追究他们的责任。②逆向选择。经营者为了自己的目标而背离股东的目标。如装修豪华的办公室，购置高档汽车等。借口工作需要乱花股东的钱；或者蓄意压低股票价格，以自己的名义借款买回，导致股东财富受损。

（3）防止经营者背离股东目标的措施。为了防止经营者背离股东的目标，一般有两种方式：①监督。经营者背离股东的目标，其条件是双方的信息不对称，主要是经营者了解的信息比股东多。避免"道德风险"和"逆向选择"的出路是股东获取更多的信息，对经营者进行监督，在经营者背离股东目标时，减少其各种形式的报酬，甚至解雇他们。但是全面监督在实际上是行不通的。股东是分散的或者远离经营者，得不到充分的信息；经营者比股东有更大的信息优势，比股

东更清楚什么是对企业更有利的行动方案。事实上监督可以减少经营者违背股东意愿的行为，但不能解决全部问题。②激励。防止经营者违背股东利益的另一种方式是采用激励计划，使经营者分享企业增加的财富，鼓励他们采取符合股东最大利益的行动。

2. 股东与债权人

当公司向债权人借入资金后，两者也形成一种委托—代理关系。债权人把资金借给企业，其目标是到期时收回本金，并获得约定的利息收入；公司借款的目的是用它扩大经营，投入有风险的生产经营项目，两者的目标并不一致。债权人事先知道借出资金是有风险的，并把这种风险的相应报酬纳入利率。通常要考虑的因素包括：公司现有资产的风险、预计公司新增资产的风险、公司现有的负债比率、公司未来的资本结构等。

借款合同一旦成为事实，资金划到企业，债权人就失去了控制权，股东可以通过经营者为了自身利益而损害债权人的利益，其常用方式是：第一，股东不经债权人的同意，投资于比债权人预期风险更高的新项目。如果高风险的计划侥幸成功，超额的利润归股东独享；如果计划不幸失败，公司无力偿债，债权人与股东将共同承担由此造成的损失。《中华人民共和国企业破产法（试行）》（以下简称《破产法（试行）》）规定，债权人先于股东分配破产财产，但多数情况下破产财产不足以偿债。所以对债权人来说，超额利润肯定拿不到，却要分担可能发生的损失。第二，股东为了提高公司的利润，不征得债权人的同意而指使管理当局发行新债，致使旧债券的价值下降，使旧债权人蒙受损失。旧债券价值下降的原因是发行新债券后公司负债比率加大，公司破产的可能性增加，如果企业破产，旧债权人和新债权人要共同分配破产后的财产，使旧债券的风险增加、价值下降。尤其是不能转让的债券或其他借款，债权人没有出售债权来摆脱困境的出路，处境更加不利。

债权人为了防止其利益被损害，除了寻求立法保护，如破产时优先接管、优先于股东分配剩余财产等外，通常采取以下措施：①在借款合同中加入限制性条款，如规定资金的用途、规定不得发行新债或限制发行新债的数额等。②发现公司有损害其债权意图时，拒绝进一步合作，不再提供新的借款或提前收回借款。

3. 企业目标与社会责任

企业的目标和社会的目标在许多方面是一致的。企业在追求自己的目标时，自然会使社会受益。例如，企业为了生存，必须要生产出符合顾客需要的产品，满足社会的需求；企业为了发展，要扩大规模，自然会增加职工人数解决社会的就业问题；企业为了获利，必须提高劳动生产率，改进产品质量改善服务，从而提高社会生产效率和公众的生活质量。企业的目标和社会的目标也有不一致的地方。如企业为了获利，可能生产伪劣产品、可能不顾工人的健康和利益、可能造成环境污染、可能损害其他企业的利益等。

股东只是社会的一部分人，他们在谋求自己利益的时候，不应当损害他人的利益。为此国家颁布了一系列保护公众利益的法律，如《公司法》、《中华人民共和国反不正当竞争法》、《中华人民共和国环境保护法》、《中华人民共和国合同法》、《中华人民共和国消费者权益保护法》和《中华人民共和国产品质量法》等，通过这些法律调节股东和社会公众的利益。一般说来，企业只要依法经营，在谋求自己利益的同时就会使公众受益。

（资料来源：2007 年全国注册会计师统一考试辅导教材. 财务成本管理[M]. 北京：中国财政经济出版社，2007.）

【课外阅读文献】

1. F.H . Knight. Risk, Uncertainty and Profit[M]. Augustus M. Kelley，1964.

2. E. F. Fama. Efficient Capital Markets：A Review of Theory and Empirical Work[J]. Jounal of Finance,1973（5）.

3. [美]阿罗. 信息经济学[M]. 北京：经济学院出版社，1989.

4. 吴世农，韦绍永. 上海股市投资组合规模和风险关系的实证研究[J]. 经济研究，1998（4）.

5. 冯根福. 中国大中型公司治理结构模式选择的理性思考[J]. 新华文摘，1996（7）.

6. 梁能. 公司治理结构：中国的实践与美国的经验[M]. 北京：中国人民大学出版社，2000.

7. 李维安. 中国公司治理原则与国际比较[M]. 北京：中国财政经济出版社，2001.

8. 证券交易所研究中心. 公司治理：国际经验与中国的实践[M]. 北京：经济科学出版社，2000.

9. 杨瑞龙，周业安. 企业共同治理的经济学分析[M]. 北京：经济科学出版社，2001.

第三章　公司财务治理理论

➢ 理解公司治理和财务治理的关系；
➢ 理解财务治理框架的基本内容；
➢ 理解财务治理结构和财务治理机制的联系和区别及利益相关者的财务关系；
➢ 掌握财务治理的内容、经营者的财务责任和权力；
➢ 掌握财务治理机制设计的基本方法。

【重点名词】

公司治理结构　法人治理结构　股东治理结构　经营者治理结构　公司治理机制　公司治理基本模式　管理型公司治理模式　财务治理　债务契约　独立董事制度　股份评估及补偿权制度　股东代表诉讼制度

【案例导入】

制度创新是创新之本——解读民生银行治理机制

说明：本案例选自 2003 年 4 月 5 日《证券市场周刊》记者对民生银行 CEO 董文标的独家采访，从中不难看出董文标对公司治理机制创新的推崇。

记者：民生银行在诞生不到七年的时间里发展速度令人瞩目。在您看来是什么因素在起作用？

董文标：我认为民生银行的高速运行和发展主要有三个因素：第一，最近几年我国宏观经济形式发展非常好，GDP 增长一直保持着很高的速度，这对民生银行的发展有着极大的促进作用。第二，最根本的内因就是建立了良好的公司治理结构。民生银行从一成立，就借鉴了国际上比较规范的公司治理结构。从根本上说，发展就是一个决策效率问题。如果有科学、高效的决策过程，健康快速的发展就是顺理成章的事情。我们处在一个日新月异的变革时代，如果对制度创新缺乏认识就很难在社会竞争中获胜。这两年我们非常重视制度创新，利用制度创新来提升民生银行的核心竞争力。推行的数据集中就是典型案例。现在民生银行只有一本账，全都集中在总行，是自上而下的。第三，民生银行十分重视设备的科技含量。

记者：所谓治理结构说到底就是一个权力制衡机制。那么对于股东大会、董事会和行长之间的这种权力制衡，您有什么感触？

董文标：我目前的感觉是这种相互制衡的力度非常大。公司治理结构的核心是要把各自的职责范围和操作细则搞得非常清楚。只有这样才能形成很强的制约。民生银行的董事与其他银行的董事不太一样。众所周知民生银行的大股东都是私营业主，钱都是他们自己的。2002年一年我们就开了8次董事会。像我们这样商业化程度比较高的银行，公司治理结构要把各自的职能搞清楚，哪些是行长的、哪些是董事长的，都要搞清楚。

记者：您作为民生银行的行长，您觉得同那些国有商业银行行长相比，自己有哪些不同的责任、权力？

董文标：当然有很大的不同。我在工作运行期间要严密地受董事会的制约，他们时时刻刻地关注着我。我得出效益，给人家赚钱，赚不来钱，你这个行长就当不成了。

记者：如果在您和董事会之间就某些问题产生了矛盾，怎么办？

董文标：首先我非常注重规矩，哪些事情是我们经营班子的、哪些事情是董事会的，我绝不会去做分外的事情，而是严格按董事会的授权做事。但是我的授权任何人也不能干预，这是法律赋予我的，也是公司章程规定的。我现在有一种职业经理人的感觉，我是在法律保护下，依法按照条例去运作的。这种感觉是体制造就的。

记者：您个人对于自己未来的发展有什么想法？

董文标：我个人觉得现在挺好的。我对民生银行非常有感情。我现在的年龄，我想我是不会离开民生银行的。但是如果董事会让我现在走的话，我会非常愉快地走，因为我相信董事会会选择一个更好的人，这样有利于民生银行更好地发展。

第一节　公司治理概述

一、公司治理的起源与发展

1. 公司治理的起源

从20世纪90年代开始，公司治理这一术语已经日益成为一个理论界和企业界密切关注的名词。从其实践发展来看，美国加州政府雇员退休基金首先探索了公司治理之路。它通过加强股东对企业决策的参与程度从而提高公司业绩，并由此对股票价格产生积极影响，保障并提高股东利益。总而言之，加州政府雇员退休基金通过强化其作为所有者对公司经营管理和决策的职能，促进了公司管理层行为和股东利益目标的一致，成了公司治理实践和改革的先驱。

经过十几年的探索，加州政府雇员退休基金越来越强化了自身在公司治理中的地位和作用，并形成了三个发展阶段，见表3-1。

表3-1　美国加州政府雇员退休基金公司治理改革实践

阶　段	解决问题目标
第一阶段（1984~1989年）避免管理层对权力的滥用	动荡的基金；管理层补贴和薪酬
第二阶段（1990~1996年）实施股票所有者的一般权利	秘密投票权；董事会的独立性
第三阶段（1997年至今）强化价值创造和董事会作用	董事会能力和工作业绩；价值创造和公司治理实践的业绩考察

（资料来源：周首华等. 财务理论前沿专题[M].大连：东北财经大学出版社，2000.）

2. 公司治理的发展

从20世纪90年代年起，英国财务报告委员会、伦敦证券交易所成立的治理结构委员会先后发表了《凯伯里报告》、《格林伯瑞报告》和《哈姆派尔报告》，对公司管理层权力的制约和股东利益的保护进行了广泛的讨论。随后发达国家纷纷开始推进公司治理改革，使之成为一场国际运动。

1992~1998年间，许多国家、国际组织、中介机构、行业协会以及跨国公司纷纷制定了自己的公司治理原则，其中影响最大、范围最广的是由29个发达国家组成的经济合作与发展组织（简称OECD）所制定的公司治理原则。1999年，世界银行与OECD合作建立了"全球公司治理论坛"，以推进发展中国家的公司治理改革；国际证监会组织（IOSCO）也成立了新兴市场委员会，并起草了《新兴市场国家公司治理行为》的报告。

二、公司治理的内涵与本质

1. 公司治理的内涵

公司治理（corporate governance）是一个通行于西方发达国家的经营管理概念，其核心功能是安排公司各利益相关主体与经理人员之间的关系，以减弱或消除存在于二者之间的潜在利益冲突，解决委托—代理问题。从这一意义上讲，公司治理是一套旨在促使管理人员行为与公司各利益相关者利益目标相一致的制度安排。理解这一概念，至少应明确以下三层含义：

（1）公司治理是一种合同关系。由于经济行为人的行为具有有限理性和机会主义的特征，所以这些合同是不完全合同；而不完全合同常常采取关系合同的形式。公司治理的安排，以公司法和公司章程为依据，在本质上就是这种关系合同，它以简约的方式规范公司各利益相关者的关系，约束他们之间的交易，来实现交易成本的节约。

（2）公司治理的功能是合理配置权、责、利。关系合同要能生效，关键是要对在出现合同未预期的情况时谁有权决策做出安排。公司治理的首要功能，就是配置这种剩余控制权。这包括两层意思：一是公司治理是在既定资产所有权前提下安排的，所有权形式不同（如债权与股权、股权的集中与分散等），公司治理的形式也会不同；二是所有权中的各种权力是通过公司治理结构进行配置的。这两方面的含义体现了控制权配置和公司治理结构的密切关系：控制权是公司治理的基础，公司治理结构是控制权的实现。

（3）公司治理体系的两类不同观点。公司治理是一个体系，通过这一体系能够使所有权和控制权分离而带来的代理问题等一系列问题基本得到解决。但这一体系由谁来主导运行在理论和实践上大体可划分为两类：一类是股东观点，这一观点认为公司治理结构是公司资本供给者（股东）确保投资得到回报的一种组织安排；另一类是利害相关者观点，该观点认为由于公司是一种社会存在，它的存在、经营和发展必然会受到各种社会力量（包括股东、债权人、职工、政府、顾客、供应商以及其他利害相关者的利益）的影响，从而在治理结构中必须考虑股东以外的利害相关者的利益和要求。

公司治理问题的提出起源于所有者和经营者之间的委托—代理关系，并且现阶段这种关系仍是公司契约关系中最为核心和重要的内容；同时产权问题的产生也源于所有权问题，所有者是公司天然的产权主体。因此，公司治理研究必须给予股东特别的关注，应保障股东在公司治理中的相对中心或相对主导地位。

2. 公司治理的本质

现代公司最基本的产权特征是所有权和控制权分离，由此产生的直接后果便是经营者支配和控制公司。这种经理人控制的直接后果就是股东利益遭到侵犯。詹森和麦克林（Jensen and Meckling）认为：在经理人控制的情况下，他们与外部股东就存在着潜在的利益冲突，这种利益目标的不一致必然导致股东利益的损害，也正是这种利益目标的不一致引发了对公司治理的需求。伴随着全球性公司治理运动的发展，理论界和企业界对良好公司治理应包含的工作要素形成了某种程度上的共识，主要包括：

（1）问责机制和责任。内容包括明确董事会的职责，强化董事的诚信与勤勉义务，确保董事会对经理层的有效监督，建立健全绩效评价与激励约束机制等。

（2）公平性原则。主要指平等对待所有股东，如果他们的权利受到损害，他们应有机会得到有效补偿，同时公司治理结构的框架应确认公司利益相关者（债权人、雇员、供应商、客户）的合法权利。

（3）透明度原则。一个强有力的信息披露制度是对公司进行市场监督的典型特征，是股东具有行使表决权能力的关键，也是影响公司行为和保护投资者利益的有力工具，因此应采用强有力的披露制度以利于公司吸引资金，维持对资本市场的信心。

从以上对全球公司治理运动的发展来看，各国政府所发表的公司治理文件和指导方针从表面上看似乎是对董事会进行的责任和义务的规范，但是它所涉及的参与机构主要是企业、证券交易所、各种机构投资者、银行以及各种利益相关者。就其内容来看，它突出强调的是对外部投资者权利的保护，并克服经理人员的道德风险。就这一角度来看，公司治理不仅仅要求经理人员职业化，而且公司董事也应职业化，这就从制度的层面规范了公司权利的划分。从更深意义的层次上讲，公司治理实质上已经成为公司创立和运作的一个基本标准。

第二节　公司治理的基本构成要素与基础

一、公司治理的基本构成要素

1. 根据治理对象和各对象间关系划分

（1）法人治理结构。法人治理结构主要是界定所有者与经营者的相互关系，是对公司进行管理和控制的一种体系，总的内容是要明确公司股东会、董事会、监事会和经理层的职责，形成各负其责、有效运转和有效制衡的关系。

（2）委托—代理结构。在现代经济条件下，完善公司治理结构一个很重要的内容就是完善委托—代理结构。委托—代理结构主要涉及两个内容：一方面应对委托—代理主体本身进行界定，即对委托方与代理方进行确定。委托方包括自然人、法人、国家、社会群体，代理方包括自然人、法人或政府机构。另一方面应对各委托—代理主体之间的相关关系进行界定。界定各个代理环节之间相关关系的主要方式是契约制，也就是委托—代理主体之间必须是一种契约关系。可见完善委托—代理结构的方向应是在各主体之间形成责、权、利相结合的契约关系。

（3）股东治理结构。在股份公司中，公司治理结构中的一个重要内容是大小股东之间的关系的界定，即股东治理结构。

（4）经营者治理结构。经营者治理结构实际上是对各类经营者之间关系进行的界定，它涉及两个方面的问题：其一，经营者之间要建立纵向关系，即下一层管理人员对上一层管理人员负责；其二，处于不同层次的经营管理者之间的关系应该是契约制，上一层经营管理者以利益调动下一层经营管理者的积极性，用责任来约束他们的行为；而下一层经营管理者在承担应有责任的基础上，享有应有的利益与权力。只有这种权、责、利内在统一的契约制，才能协调上下经营管理者之间的关系。

2. 根据公司治理主体和方式划分

（1）股东权利。股东是公司的出资者，是公司法律意义上的所有者。尽管各国的公司对股东权益的规定不尽相同，但大体上股东权益都包括表决权、选举权、检查权、股利分派权、股份转让权、优先认股权、控诉权等。治理结构必须将确保这些权益得以实现的制度和程序包括在内。股东大会是股东行使其权力的机构，也是公司内部的最高权力机构。股东大会主要包括年度大会和临时大会。年度大会也称作股东年会，一般是在每年结算后的一定时间召开。临时股东大会一般由董事会认为必要时召开。除此之外，持有股份达到一定比例的股东也有权召开股东大会；董事会认为必要时，也可以直接召集临时股东大会；法院认为必要，可以命令董事会召集股东大会；处于清算程序中的公司，清算人也可以召集股东大会。

（2）对股东的平等待遇。治理结构必须确保所有同级的股东享有同等的待遇，尽可能向股东提供其决策判断所需要的信息，并尽量避免公司程序给投票带来的费用和造成的麻烦。股东权利能在多大程度上得到保护，一个重要的决定性因素是是否有有效的办法使其所受到的损害能够得到及时的补偿。法律和公司的章程应该提供这样一种机制，使股东在有合理证据认定他们的利益受到侵害时，能够无成本或低成本地提出诉讼并得到有效合理的补偿。

（3）利害相关者在公司治理结构中的作用。一个公司的持久竞争力和成功是协同工作的结果，它体现了来自不同资源提供者的贡献。只有认识到公司的利害相关者以及他们对公司长期成功的贡献，才能更好地服务于公司的利益。治理结构中对利害相关者的保护一部分是通过法律来实现的，如劳动法、商业法、合同法及破产清算法；另一部分则来自于企业自身的规定和对利害相关者的承诺。

（4）信息披露和透明度。公司这一组织形式本身就决定了公司治理结构框架应当及时准确地披露与公司有关的重大问题。应当披露的重大信息至少应当包括：①公司的财务状况和经营成果，这主要通过财务报表（资产负债表、利润表、现金流量表和财务报告说明）来实现。②公司的目标，这不仅包括公司盈利方面的商业目标，还包括公司承担社会责任的社会目标。③股权结构和相应的投票权，这包括主要大股东控股或可能控股股东的数据，以及有关特殊表决权、股东协议、控股股份或大宗股票拥有、重大交叉持股关系以及交叉担保关系的信息。④董事会和经理委员会的主要成员，以及他们的报酬。⑤重要可预见的风险因素。⑥与雇员及其他利害相关者有关的重大问题。⑦治理结构和政策。

（5）董事会的权利。董事是由股东大会选举产生的。董事会的权限包括很多内容，具体如下：①召集股东大会，执行股东大会决议。②选任和聘任总经理、副总经理，选派负责公司日常业务的高级职员。③确定总经理、副总经理的报酬和待遇。④规定营业方针和其他关系公司全局的重大问题。⑤批准金额较大的合同与开支。⑥提出股息和红利的分配方案，确定公司财务原则和资金周转等重大财务问题。⑦批准雇员的报酬和待遇，监督和提高整个公司的福利待遇。⑧提出公司的合并与解散方案。⑨提出公司破产的申请。

3. 根据对公司治理的不同制约机制划分

（1）公司"内部"治理。公司内部治理规范的是公司管理层、控制性股东同外部股东的关系。公司内部治理中重要的机构、法律和合约安排包括股东权利、保护及事后补救的方法、董事会的作用、责任与组成以及信息披露和上市制度。

（2）金融机构的内部和外部治理。金融机构内部治理的核心是恰当的风险管理和信用分析，外部治理的主要制度工具是确保机构独立和金融系统安全的谨慎性法规和监管。金融机构治理的目的是确保金融机构在考虑安全性的同时，作为追求利润的实体运营，而非只是简单的资金流入企业部门的渠道。没有金融机构的有效治理，来自金融市场的约束就会大为削弱。

（3）金融市场对公司的"外部"治理。金融市场对公司的"外部"治理规范的是公司与其他资金供应者（如债权人）的关系。法律法规环境和金融市场中的机构组成了这种外部治理制度。它通过监督企业投资的效率，加强了公司内部治理，为使其有效还需要有足够的金融机构内部治理。

（4）市场对公司的外部治理。市场对公司的外部治理规范的是证券市场上企业与潜在投资者的关系。兼并与收购的证券市场法规、敌意收购的公司法规以及信息披露和上市规则是这种外部治理制度的主要表现形式。它以被收购的威胁来制约缺乏效率的管理，同时以股价上升来奖励有效率的管理，从而成为对内部治理的补充。

（5）破产机制的治理。此机制涉及那些濒临破产的企业，通过法庭正式的破产程序、非正式的磋商以及某种程度上的兼并与收购市场，破产机制会在股东和其他投资者间重新分配财产权利，改变所有权结构和管理层，从而影响那些企业的治理。这些破产机制带给公司治理结构的事后变化对当前的管理层、控制性股东和其他投资者的激励有事前的影响。破产机制结构及其实际实施对决定企业内部和外部治理制度的结构和绩效有重要作用。

（6）竞争。竞争是良好公司治理的补充，二者相互促进。如果扩展公司治理的概念，市场竞争可以被看作一种对金融和非金融企业都很重要的外部治理工具。同时，只有在独立企业的层面上保证了透明、诚信和信息自由流动的环境，市场竞争才会蓬勃发展。

上述治理结构的六个方面并不是各自独立的，而是紧密联系、互为补充的，组成了一个适应给定经济和法律环境的公司治理制度的整体。

二、公司治理基础

1. 公司治理基础概况

公司作为一种法人组织，其权力不能由公司本身来行使，必须由公司的某些自然人来行使。这些自然人包括公司的股东、董事和总经理等。这些人在行使公司的权力时面临着这样的问题，即公司的权力究竟如何在这些人之间进行分配，究竟哪些权力由公司股东所享有，哪些权力由公司董事和总经理等高级官员所行使。关于这些问题，各个国家的法律大都作了明确的规定，这就是所谓的公司治理结构。包括：

（1）股东治理。公司股东是公司的所有权人，他们可以通过所享有的各种权利，诸如表决权、诉讼提起权和公司剩余财产的索取权。这三种权利的享有和行使，尤其是表决权的行使，使股东通过股东会对公司事务享有最终的控制权。

（2）董事治理。公司董事享有公司政策的制定权、公司重大结构变更的建议权和公司事务的管理权，以及委托公司高级官员来具体负责公司日常事务管理的权力。这些权力因为派生于公司股东，因此它们的行使要受公司股东的约束。

（3）管理人员治理。公司的高级管理人员受公司董事会的委托对公司的具体事务进行管理，他们就自己的日常管理行为对公司董事会承担法律责任。

2. 股东治理权力的配置

表决权是股东干预公司事务最为积极有效的手段。此外，公司股东还享有诸如转让股份的权利、优先认购股份的权利、检查权、股息分派请求权、诉讼提起权以及持异议股东的股份价值评估权等。其中除表决权必须在依法召开的股东会会议上行使外，其他权利无须在股东会会议上行使。

（1）公司股东的表决权。持有具有表决权股份的股东可以据此而对公司的某些事项进行投票表决。公司股东表决权主要包括以下三方面的内容：①选任和解聘公司董事。董事的选任途径包括公司董事会对董事的选任、第三人对董事的选任以及公司股东对董事的选任三种。董事会对董事的选任和第三人对董事的选任仅仅是在例外的情况下适用，因此公司股东对董事的选任具有重要意义。我国公司法明确规定，公司股东有权选择和更换公司董事，有权决定他们的报酬。②批准或不批准公司组织结构的变更。公司组织结构的变更包括公司内部组织结构的变更，公司外部组织结构的变更以及公司的解散和清算等。其中公司外部组织结构的变更，不仅要求公司董事会同意，而且还必须要求公司股东会同意。此外公司的解散和清算必须取得公司股东的同意，由公司股东通过特别决议后才可进行。③批准或不批准公司董事所从事的义务与利益相冲突的交易。董事作为公司业务的执行人和公司事务的管理人，对公司承担忠实义务。此种忠实义务要求董事不得在未取得公司同意的情况下同公司缔结各种与其有利害关系的契约，不得与公司缔结协议，转让或受让公司财产，否则即违反了董事对公司所承担的忠实义务，董事应当承担法律责任。

（2）公司股东的检查权。公司股东虽然被认为是公司的所有权人，但公司业务的执行和公司事务的管理权实际上由公司董事所享有。为此必须赋予股东以下三个方面的检查权：①股东姓名簿的查阅权。②公司财务报告的查阅权。③公司重要文件的查阅权。

（3）公司股东的股利分配请求权。虽然公司股东拥有天然的股利分配请求权，但在实务工作中，即便公司通过经营获得了利润，公司也未必能将所获得的全部利润分配给公司股东。正因为公司股利分配问题既关乎公司股东的利益也关乎公司股东以外其他利害关系人的重大利益。因此公司股东股利分配请求权的行使往往需要遵循严格和复杂的法律规则，并被加以诸多限制。

（4）公司持异议股东所享有股份价值的评估权。为保护中小股东的利益，现代公司法规定，即便公司所进行的某些特别交易活动得到了公司股东会合法的授权并且可以有效地进行，反对此种特别交易的股东可要求公司购买他们所持有的股份，公司有义务以公平的价格购买这些小股东的股份，这就是所谓的持异议股东的股份价值评估权。法律赋予持异议股东以价值评估权是为了平衡公司那些希望从事特别交易的大股东和那些不希望此种交易发生的小股东之间的利益。

（5）公司股东的诉讼提起权。公司董事和高级管理者在行使管理权和业务执行权时必须承担注意义务和忠实义务。如果董事拒绝承担此种责任，公司股东可以向法庭起诉，其中此类诉讼又可分为直接诉讼和派生诉讼。股东诉讼提起权的享有具有重大的意义：一方面股东诉讼提起权是公司股东其他权利得以维持的基础；另一方面股东诉讼权利的享有也是公司治理中利益平衡得到维持的保证。因而公司股东诉讼提起权的享有是公司董事权力恰当行使的保证，是公司董事民事义务得到强有力执行的保障。

3. 董事治理权力的配置

从公司治理实践的角度讲，董事实际上就是那些对公司事务进行指导、处理、管理和监督的人，他们对公司的整个营运过程实际上享有最终的控制权。公司董事核心法律地位体现在三个方面：董事会一般性管理权的享有、董事不受限制性代理权的享有以及董事自我持续的管理。

（1）公司董事的一般性管理权。公司董事的一般性管理权是指根据公司法和公司章程的规定而享有的对公司运营事务及重大决策的权利。通常来说，公司董事所享有的一般性管理权极为广泛，如从有权任命、监督和解除对公司日常事务进行管理的公司高级管理者，到可以制定公司的某些重要政策。

（2）公司董事不受限制的代理权。公司董事的职权除了一般性管理权以外，还包括代表公司对外进行交易活动的权力。实际上董事的代理权是董事对外所享有的一种权力，它涉及董事、公司和行为相对人之间的关系。从本质上讲董事代表公司对外进行活动时实际上是公司的代理人。

（3）董事自我持续的管理。在现代公共持股公司中，公司既有的董事会总是在控制公司的股东会，其重要原因在于：①公司股东人数众多，股权分散，他们难以团结在一起。②公司董事可以利用代理投票制度，要求公司股东将他们的表决权委托给自己行使。③公司董事会常常在股东会召开的间隙安排公司董事退休，并以他们享有的空白董事职位的填补权来将自己喜欢的人选任到公司董事的职位上。

4. 经理人员治理权力的配置

根据现代公司的治理结构，公司日常事务的管理和具体业务的执行由公司高级管理人员负责，他们由公司董事会所选任，根据董事会的授权管理公司的事务，并对公司董事会负责。

（1）经理人员的治理权力。实际上公司高级管理人员在代表公司与第三人从事活动时是公司的代理人，他们在其代理权限范围内所订立的契约和所从事的交易被认为是公司与第三人所订立的契约和所从事的交易，由公司就他们的行为对第三人承担法律责任。从这一意义上说，经理人员治理权力主要表现为公司授予他们的代理权限。

（2）经理人员应承担的民事义务。公司高级官员除了在董事会的指导下对公司日常事务享有管理权和对具体业务享有执行权以外，还须对公司为他们规定的基本行为规则承担忠实义务和注意义务。①经理人员的注意义务，即公司高级管理人员必须理性地对公司事务投入时间、精力，贡献自己的才智，遵守公司法、公司章程以及各项公司管理制度。②经理人员的忠实义务。忠实义务要求公司高级官员在日常行动中不得追求个人利益，不得同所在公司缔结与自己所承担义务相冲突的契约，否则即应对公司承担法律责任。值得注意的是，即便经理人员违反上述两项义务的要求并造成对公司的损害，但若他们在订立契约时对公司的相关利益情况进行了公开披露，则不须对公司承担法律责任。

第三节　公司治理的基本模式与机制

一、公司治理的基本模式

公司治理模式受多种因素影响，就各国的公司治理实践来看，由于各国具体社会、经济环境不同，在实践中也会不断探索相对适合本国的治理结构。当前在西方主要发达国家的公司治理实践中，根据投资者行使权力情况的不同，逐渐形成了英美和日德两种模式。

1. 英美模式

公司治理的英美模式中，所有者主要分布在公司外部，投资者权利主要依靠外部人来行使。该模式的主要特征表现为：

（1）股权分散在个人和机构投资者手中。在英美模式的公司治理实践中，股权分布广泛，同时投资机构化趋势正在出现。长期以来机构投资者被视为"消极投资者"。但近年来，许多大型机构投资者积极主动地参与公司运作，大力推动公司治理结构的改善，并在国际层面上推进这一领域的合作。

（2）以资本市场为导向对公司管理层进行监督。在英美模式中，资本市场发达，流动性强，直接融资是企业的重要融资方式，也是股东约束管理层的重要途径，如果一个公司管理不善，忽视股东利益，投资者会"用脚投票"，通过出售股票做出反应，导致股价下跌，使公司面临敌意收购的危险，进而威胁到管理层的位置。

（3）通过建立健全法律法规体系来保护投资者利益和保障信息披露。美国和英国都较早地对上市公司的股东权利和信息披露进行了立法。例如，美国《1933年证券法》规定，上市公司保障投资者能够知道与上市证券有关的财务和其他重要信息，禁止证券交易中的操纵市场、内幕交易等行为，因此被称为"证券真相"法。美国的《示范公司法》和英国的《示范公司章程》也规定了董事会和董事的权利和义务，以保护股东的权利。

2. 日德模式

在公司治理的日德模式中，投资者权利主要通过来自公司内部或与公司存在联盟关系的利益集团来行使。该模式的主要特征具体包括以下几个方面的内容：

（1）股权高度集中在内部人集团中。典型的内部人集团包括家庭、工业企业联盟、银行和控股公司等，内部人集团通常较小，成员彼此熟识，而且除了对公司投资之外，还与公司有其他经济关系。在实施这类模式的国家中，投资机构化程度低于外部人模式，缺乏像美国、英国养老基金、共同基金以及保险公司这样最大、最为活跃的股东阶层，因为这类机构的股权投资常受到法规的限制。

（2）通过内部直接控制机制对管理层进行监督。在日德模式国家的公司治理实践中，企业融资模式侧重于间接融资，银行与企业客户保持较为复杂和长期的联系，资本市场的发达程度一般逊于英美模式国家，公司内部人可以通过持有多数有投票权的股份或其他安排来控制公司，对公司管理层进行直接监控，管理层可以逃避来自资本市场的外部压力而不受小投资者的约束。

（3）日德模式的不同形式。

1）以银行为中心的模式。在以德国为代表的一些欧洲国家，商业银行占领导地位。银行持有大量股票，任命派驻公司董事会的代表，在非金融性公司或是企业集团里起领导作用。为了拥有超过其直接控制股权所带来的权利，银行还为投资者持股，并代理行使他们的投票权。

2）交叉持股模式。在日本、法国等国家，公司间交叉持股比较普遍，通过交叉持股形成一些稳定的集团。例如，在日本，交叉持股将工业集团和金融公司、顾客和供应商紧密组织在一起，银行是其中心，主办银行在集团中起领导作用。

3）家庭/政府模式。这种模式主要出现在东亚国家和地区。在许多这样的国家中，创立家族和他们的同盟控制了大量的上市公司和非上市公司，公司所有权集中程度高，同时政府控制了基础设施、大部分重工业以及金融系统。银行系统以政府为中心，在经济中发挥重要作用。公司所有权的高度集中和家庭控制，使得居于支配地位的家庭能够自己做出关键决策；董事会成员的任命基本上由控制企业的家庭掌握。这样占支配地位的股东和经理人员同小股东间可能会有利益冲突。虽然表面上这些国家在法律制度上采取了保护中小股东的重要措施，但缺乏行之有效的执行机制，结果侵犯中小股东合法利益的现象在这些国家相当普遍。

3. 英美模式与日德模式的比较

由于英美的经济系统和日德的经济系统拥有不同的发展历程，致使企业生存和发展的金融环境存在着巨大的差异，这直接影响公司股权的结构及其分布，对公司治理产生了根本性的影响。公司治理结构的英美模式和日德模式的主要特征比较见表 3-2。

表 3-2　公司治理结构的模式比较

项目	项目	英美模式	日德模式
总体特征	金融市场的深度和广度	高	低
	直接融资比例	高	低
股权结构	集中程度	低	高
	银行股东	低	高
	公司间持股	低	高
	股份转手	高	低
治理机制	剩余价值归属	股东	长期雇员
	董事会构成	股东代表	关系企业的经理
	管理层的作用	股东代理人，假设理性市场上个人会追求最大荣誉	企业的资深领导人，假设集团领导会使公司繁荣，并追求最大信誉
	对管理层监控	依靠董事会和资本市场	依靠资深经理、同事和银行
	雇员作用	假定人人追求最大私利，雇员根据合同为企业服务	假定集体合作使公司繁荣，雇员为企业社团的成员
	工资决定	由市场决定	由资历和评估的能力决定

（资料来源：陆正飞. 高级财务管理[M]. 杭州：浙江人民出版社，2000.）

（1）决策与监督机构设置比较。从董事会和监事会的设置来看，英美模式在公司机构设置上没有独立的监事会，业务执行机构与监督机构合二为一，董事会既是决策机构，也是监督机构，可以称之为一元制的公司治理结构；日德模式则采用了二元制公司治理机构。在英美模式中，董事会的两种职能之间不可避免地存在着矛盾与冲突，因而这种设计对大型公众公司来讲是有缺陷的，这种缺陷在20世纪60~70年代充分暴露了出来。正是在这种背景下，英美公司法创立了独立董事制度，其目的就是试图在现有的一元制框架内实现对公司管理层监督机制的自律性改良，改良的要点在于确保利益冲突交易的公正性。从英美公司制度中外部董事、独立董事的功能上看，实际上相当接近于日德的监事会制度。

（2）公司治理模式效果的判断标准及比较。判断一个国家的公司治理结构是否具有竞争力和有效，一是看它们是否与本国当时的经济发展水平、资本市场发展状况等相适应；二是要看它们是否能随着本国经济发展水平、资本市场发展的变化而及时做出相应的调整。公司股权结构是公司治理结构的重要基础；一个国家公司股权结构的状况及变化对该国公司治理结构的设计与调整有着不可忽视的影响。英美与日德公司治理结构的差异，与它们公司股权结构的区别有一定的关系。近年来美国公司竞争力逐步增强的一个重要原因，就是美国近年来逐步放松了金融机构对公司的直接干预，从而为发挥公司外部董事对公司经理的监控作用创造了较为有利的条件；而日本公司近年来竞争力减弱的一个重要原因，可能与日本的公司治理结构没有根据资本市场发展变化而及时调整有关。从这一意义上讲，公司治理本身没有固定的模式，也不存在所谓最优的模式。虽然近年来美国公司竞争力逐步增强，其原因在于其公司治理结构较好地适应了外部市场环境的发展，并非是由于其公司治理模式比日德模式更为优越。

4. 公司治理国际发展趋势

20世纪90年代以来，由于金融和产品市场的全球化、法律和机构运作规范的日益接近以及更为开放的环境，公司治理结构的发展出现了趋同趋势，具体表现在如下几个方面：①股东运用投票权对管理层约束成为潮流。②机构投资者发挥着日益积极的作用。③股东利益日益受到管理层重视。④董事会的独立性大大增强。⑤利益相关者成为公司治理中的重要组成部分。

二、公司治理的基本机制

1. 独立董事制度

在公司治理的英美模式中，市场机制发挥了十分重要的治理作用。但单靠市场机制的作用难以有效地保护中小股东利益，独立董事制度正是从法律确认角度建立的公司治理制度。

（1）独立董事与独立董事制度。独立董事是指具有完全独立意志、代表公司全体股东和公司整体利益的董事会成员。理解独立董事的含义，要从两个方面来进行：一是"董事"。"董事"意味着独立董事也是普通董事的一分子，也具备普通董事的一切权利，甚至权利范围比一般董事更大。二是"独立"。"独立"则是指其在形式和实质上独立于企业最高管理当局，能够客观公正地对相关决策发表意见。独立董事制度起源于美国的公司法人治理结构实践，通过这一制度的建立，企业能够达到完善法人治理结构、保护中小投资者利益的目的。不同国家独立董事的任职资格有所不同，我国的独立董事是指那些不在公司担任除董事外的其他职务，并与其所聘的上市公司及其主要股东不存在可能妨碍其进行独立客观判断关系的董事。

需要特别指出的是，独立董事与外部董事是两个不同的概念。外部董事与内部董事相对应，外部董事不是公司的经营管理人员，但他们可以与公司有关联性。很明显外部董事的独立性远远低于真正的独立董事。简单地说，独立董事一定是外部董事，但只有真正独立的外部董事才是独立董事。

（2）关于独立董事制度的八个问题。

1）独立董事的选择机制。

2）独立董事在企业中的角色。关于独立董事能承担什么角色，目前主流观点主要有以下三种：①监督角色。②战略角色。③政治角色。

3）独立董事在董事会中的构成比例。独立董事在董事会中所占的比例因企业而异，还受以下因素的影响：①独立董事的更迭与企业盈利能力、成长性相关。②独立董事和经营环境的关系将影响独立董事的数量。③其他因素。

4）独立董事履行的职责。目前主要有三种方式用于激励和约束独立董事，分别是：①法律保证。②声誉保证。③经济激励。

5）董事会构成与企业业绩关系。

6）独立董事制度对 CEO 更换决策的影响。

7）独立董事制度与 CEO 报酬。

8）独立董事制度与企业失败。

（3）独立董事制度与公司治理结构。从现实情况看，无论是一元制模式下的单层董事会还是二元制模式下的双层董事会，各国董事会都或多或少存在着空壳化问题，因此在董事会内部引入独立董事治理机制，既能够保证公司董事会切实有效地独立于公司高级管理层进行相关决策，又能够独立于大股东对公司事务进行客观判断，切实有效地保护中小股东利益。独立董事制度对完善企业治理具有深远的意义，主要表现在以下三个方面：①独立董事制度实现了内部与外部的结合。②独立董事制度符合公司存在目标多元化的发展趋势。③独立董事制度会产生科学的议事机制。

总之，在公司治理结构中引入独立董事制度，一方面制约了内部控股股东利用其控制地位做出不利于公司和外部股东的行为；另一方面也可以独立地监督公司管理层，减轻内部人控制带来的问题。

2. 股份评估及补偿权制度

股份评估及补偿权制度最早产生于 20 世纪 30 年代的美国特拉华州，此后逐渐被美国其他绝大多数州及《公司法》所采纳，日本、加拿大、德国及我国台湾地区公司也不同程度地采纳了这一制度。

（1）股份评估及补偿权制度的概念和特征。股份评估及补偿权是指当公司股东大会经过多数表决通过决议，就有关公司章程修改、重大资产买卖、重大公司重组、公司合并或分立、解散等重大事项做出决定时，持异议的少数股东拥有要求对其所持股份的价值进行评估，并由公司或其他股东以公平价格予以购买或补偿的权利。从各国的实践来看，当少数股东对股东大会通过的决议持有异议时，他们大致可以选择以下几种补救方法：①请求法院依法撤销股东大会决议。②请求法院依法宣告股东大会决议无效。③行使股份评估及补偿权，要求公司或其他股东以公平价格买回股票或给予补偿，退出公司。显然，上述前两种补救方法均属于阻止股东大会决议的通过或实施，因此法律要求少数股东必须证明股东大会决议存在违法性；而第三种补救则属于由公司或多数股东以"收买"少数股东股票方式，换取股东大会决议的通过或实施，因此少数股东只要证明其已依照法定程序及时提出异议即可。

股份评估及补偿权具有以下特征：第一，股份评估及补偿权是持异议少数股东固有的、法定的权利，非经股东本人同意或放弃，公司章程、股东大会决议或其他任何人均不得予以剥夺；第二，股份评估及补偿权属于股东自益权的一种，由股东个人根据自己的意志和利益来行使，所得的股票价款或补偿亦归于股东个人；第三，股份评估及补偿权在形式上表现为公司以公平的价格从持异议的少数股东手中将公司的股票买回，即股票的转让，但本质上是对持异议少数股东的一种经济补偿，具有补偿权的性质；第四，股份评估及补偿权一般仅适用于公司合并、分立、章程修改、公司重大资产重组等情况，而不适用于公司日常经营和一般交易。

（2）股份评估及补偿权与公司治理结构。从本质上看，股份评估及补偿权制度是在对少数股东的保护与维护公司正常经营之间、多数股东的整体利益与少数股东的个别利益、公司的长远利益与部分股东的现实利益之间的一种平衡和协调。总的来说，它具有以下三个明显的治理效应：①有助于加强对中小投资者、少数股东的法律保护。②有利于公司重大决策的顺利进行。③对涉及公司控制权的重大交易可进行有效的监督。

3. 财务公开制度

（1）财务公开制度的内涵。财务公开制度是将公司经营、管理的相关财务信息如实、及时地向投资者和潜在投资者进行报告的一种公司治理机制，它主要以财务报告的形式对外进行披露，其基本目标是向信息使用者提供对决策有用的会计信息，它的严密性和可靠性是保证决策正确的基本前提和条件。

（2）有效的财务公开制度与公司治理机制。近年来，财务报告造假案件屡屡发生，这说明企业在治理制度和机制上存在着缺陷，主要表现在：首先，在委托—代理机制下，所有者与经营者的利益不一致所带来的一系列代理问题，成为管理者会计舞弊的动因；其次，会计制度本身的不完善，使得粉饰财务报告成为可能；再次，企业业绩评价与激励机制的缺陷，加大了粉饰财务数据的可能性；最后，企业外部监督机制不够完善，加上有法不依、执法不严、违法不究的现象，使企业缺乏自我约束能力，大大降低了财务造假的成本。在现代企业制度下，完善的公司治理机制是企业各项制度的核心，而健全财务公开制度在企业治理中占有重要的地位。公司高级管理者建立健全有效的财务公开制度，对公司治理有着重要的意义。①企业经营管理的重心在决策，财务公开是正确决策的基础。②有效的财务公开制度保证了所有者和经营者目标的一致。③有效的财务报告防范体系是对企业内部人员的一种约束机制。④有效的财务公开制度，也是对企业管理人员的一种激励安排。总之，从长远的角度看，有效的财务公开制度对经营控制、企业持续经营的保障、管理者管理作用的发挥、管理者的长期利益，都具有非常重要的意义。

4. 股东代表诉讼制度

（1）股东代表诉讼制度的内涵。股东代表诉讼制度，指公司董事在执行其职务过程中对公司造成损害，而公司又不及时起诉追究其责任时，符合一定条件的公司股东为了公司的利益，有权向法院起诉，追究该董事的损害赔偿责任。股东代表诉讼这一制度由英美率先创设，是弥补公司治理结构缺陷以及其他救济方法不足的必要手段，在保护中小股东权益方面有着重要作用。

（2）股东代表诉讼制度与公司治理。股东代表诉讼制度给了中小股东这样一个权利，他们可以在受到侵害后用法律的手段依靠国家力量来对董事会与经理层施加压力。从本质上说，股东代表诉讼制度的目的就是为公司股东尤其为中小股东主持正义，禁止公司董事、高级管理人员、大股东及关联方滥用公司权力。股东大会、董事会的决议以及董事、监事、经理执行职务时违反法律、行政法规或者公司章程的规定，侵犯股东合法权益或者对公司造成损害的，如果上市公司不能要求大股东或董事、经理担当责任或赔偿损失，中小股东有权提起诉讼，可以代替上市公司起诉大股东或管理层。

5. 保护中小股东权益制度

（1）中小股东利益保护的理论根源。资本多数决策原则是股份有限公司治理的一项基本原则，根据资本多数决策原则，股东具有的表决力与其所持股份成正比，股东持股愈多，表决力愈大。从法律的角度讲，正是资本多数决策原则将股东大会中多数派股东的意志视为公司的意志，而且多数派股东的意志对少数派股东产生约束力。资本多数决策原则赋予了多数派股东支配公司经营决策的权利，中小股东既无法对其实施监督，也无法在公司治理结构中表达自己的声音，这不可避免地会造成大股东对资本多数决策原则的滥用。首先，股东的利益不具有同质性，股东间的利益冲突是现实的、必然的；其次，根据法理中私法自治原则的要求，在不违反法律最低基准特别是公共秩序和善良风俗的前提下，民事法律关系的形成必须由个人本着内心真实意思予以决定。在股东根据资本多数决策原则形成公司决议时，多数派股东的利益和意志被确定为公司的利益和意志。既然是公司的意志，那么，根据私法自治原则，国家也就不能随意干预和限制。在这一背景下，私法自治原则被延伸到公司法领域，资本多数决策滥用即在所难免。

（2）保护中小股东权益制度与公司治理机制。中小股东权益的保护机制应针对资本多数决策原则的滥用分别设置。具体而言，在公司治理体系中，中小股东可以通过以下几种制度安排保护自身权益：①实施诉讼提起权。多数派股东滥用其表决权，因此而形成的股东大会决议就会存在瑕疵。具有瑕疵的股东大会决议，中小股东可就此提起取消决议诉讼或确认决议无效诉讼。②股东大会召集请求权和召集权。为有效地维护少数派股东的利益和公司利益，许多国家在公司治理实践中都规定了少数派股东享有股东大会召集请求权或召集权。我国《公司法》第104条第3项规定，持有公司股份10%以上的股东有临时股东大会召集请求权。③股东的提案权。所谓股东提案权，是指股东可以向股东大会提出议题或议案的权利。赋予中小股东提案权，对于促进公司民主、预防资本多数决策的滥用、保护中小股东的利益意义重大。④股东的质询权。所谓股东的质询权，指出席股东大会的股东为行使其股东权，而请求董事会或监事会就会议目的事项中的有关问题进行说明的权利。确认股东质询权，可以使得股东在表决之前能够获得充分、有效的有关大会某一项议事的信息，免于在不明真相的情况下盲目表决。

第四节　公司财务治理结构与机制

一、公司财务治理的范围

财务治理（finance governance）是公司治理的核心，也是公司治理的深化。财务治理结构的基本构成与公司治理结构相一致，是公司高级管理层对财务控制的权力和责任关系的一种制度安排，是股东大会、董事会、经理人员、监事会之间对财务控制权的配置、制衡、激励和监督机制。财务治理属公司内部治理，其治理主体因参与财务治理的公司组织结构不同而不尽相同。在英美国家单层董事会制下，财务治理主体是股东会、董事会、总经理和财务经理；而在德日双层董事会制下，财务治理主体是股东会、董事会、监事会、总经理和财务经理。我国的公司组织结构类似于双层董事会体制，财务治理结构也是基于这种体制设立的。因此在我国，财务治理目标不仅为了得到有效的财务控制权力制衡，而且重点是在股东大会、董事会和经理人员之间确立一种有效的财务科学决策机制。

　　财务治理遵循的基本原则是财务决策权的分享，为此必须解决决策权在各治理主体之间的分层管理。世界大多数国家，包括我国现行的公司治理结构是以董事会为中心构建的。董事会对外代表公司进行各项主要活动，对内管理公司的财务和经营，因此董事会应该具有实际财务决策权；经理所具有的是实现财务决策权，即财务执行权，是在董事会授权范围内的财务决策权，如表3-3所示。

表3-3　公司财务治理的决策权安排

治理主体	治理对象	治理目标	治理特征	治理权限	治理途径
股东大会	董事会	严格决策程序	重点控制	最终决策权	监事会、独立董事制度
董事会	经理层	防范决策失误	全面控制	实际决策权	独立董事制度专业委员会
经理层	执行部门	严格操作程序提供准确信息	具体控制	执行决策权	企业规章操作程序

（资料来源：陆正飞. 高级财务管理[M]. 杭州：浙江人民出版社，2000. ）

　　决策权虽然有执行、实际和最终三层法律意义上的含义，但在企业实践中，最具体的表现就是某一项或者某一类事务的审批权最终在哪一级。因此在股东大会、董事会、经理人员和监督机构之间必须确立一种财务科学决策机制，对公司的所有者、经营者及其相关利益主体之间的财务决策权力及其相应的责任与义务进行制度安排，保证公司重大财务决策的准确性和成功率。该决策机制包括五个方面的具体内容：①财务决策权力。在公司治理的基础上，财务决策权力根据决策内容、性质，由股东大会、董事会、经理层分享。②财务决策组织。由股东大会授权批准，董事会的成员中必须有一定比例的非执行董事和独立董事，董事会下设参与决策过程的专业委员会。③财务决策程序。财务决策必须经过董事会、专业委员会的专门议程，重大财务决策由股东大会审议批准。④财务决策的执行。由经理层具体执行决策和决策执行环节中的有关事项，控制决策执行过程，对执行信息质量负责。⑤财务决策监督。由股东大会授权监事会按照规定的权力和组织安排，全面监督决策程序、决策执行情况。

上述①、②、⑤项主要涉及财务治理结构方面的问题，③、④项主要关系到财务治理机制方面的问题。

二、公司财务治理结构

1. 公司财务分层管理架构

从公司法人治理结构看，公司财务管理是分层的，管理主体及相对应的职责权利是不同的，公司财务已突破传统财务部门财务的概念，从管理上升到治理层面，并且互相融合、互相促进。这种分层管理关系有利于明确权责，同时从决策权、执行权和监督权三权分离的有效管理模式看，有利于公司财务内部约束机制的有效形成，具体表现为出资者财务、经营者财务和财务经理财务。

（1）出资者财务。出资者以股东大会和董事会决议的方式，依法行使公司重大财务事项决议权和监督权。在现代企业制度下，资本出资者与企业经营者出现分离，并日趋明显，而经营者作为独立的理财主体，排斥包括所有者在内的任意干扰，因而所有者作为企业出资者，主要行使一种监控权力，其主要职责就是约束经营者财务行为，以保证资本安全和增值。

（2）经营者财务。经营者指以董事会、经理层为代表的高管层，依据公司章程和授权条款，行使对公司重大财务事项的决策权。董事会作为公司的最高决策机构享有广泛的权力，在财务上表现为：对公司经营方针和投资方案有决定权；对公司的年度财务预算方案、决算方案、公司的利润分配方案和弥补亏损方案、公司增减注册资本以及发行公司债券的方案具有制定权；有公司合并、分立、解散方案的拟订权；对公司高层经理人员享有任免权等。

企业法人财产权的建立使企业依法享有法人财产的占用、使用、处分和相应的收益权利，并以其全部法人财产自主经营、自负盈亏，对出资者承担资本保值和增值的责任。经营者（以董事长、总经理为代表）财务作为企业的法人财产权的理财主体，其对象是全部法人财产，是对企业全部财务的责任，包括出资人资本保值增值责任和债务人债务还本付息责任的综合考察。因此经营者财务的主要着眼点是财务决策、组织和财务协调。从财务决策上看，这种决策主要是企业宏观方面、战略方面的。

（3）财务经理财务。财务经理的职责定位于公司财务决策的日常执行上，它行使日常财务管理权，以现金流转为其管理对象。以 CFO 为代表的财务审计团队行使对公司财务决策的执行权，主要负责日常财务管理活动及执行统一的财务制度，这属于专业理财。为保证董事和经理正当和诚信地履行职责，公司治理结构中还专设了监事会，其主要职责是监督董事和财务经理人员的活动，如检查公司的财务、对董事和财务经理人员执行公司职务时违反法律、法规和公司章程的行为进行监督等。

财务治理研究的重点关键在于如何在出资者层面、经营者层面构建合理、定位清晰、权责明确、相互牵制的财务决策机制。这其中最重要的就是经营者理财的权力安排和流程，如图3-1所示。

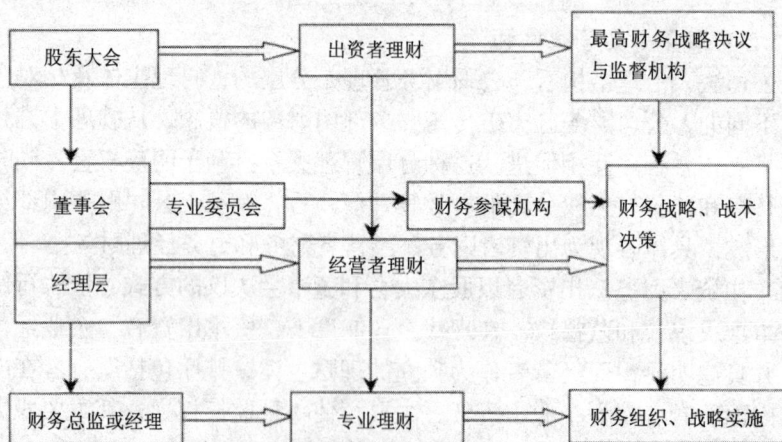

图 3-1 分层次理财的权力安排与流程

（资料来源：汤谷良主编. 高级财务管理[M]. 北京：中信出版社，2007. ）

2. 出资者财务

依照《公司法》等有关法律的规定，出资者以现金、实物资本或者无形资产等多种出资方式，投入或者组建股份有限公司，出资者与公司之间是股东与公司的关系，出资者享有股东的固有权利。法律保护程度不同，股东享有的权利不完全一致，一般而言包括如下几个方面：

（1）股东的收益权。收益权是指股东对其在公司投资中获得回报的权利，主要是获得股息和红利的权利。作为自益权的股东收益权，股东个人可依章程或股东会的决议而行使。

（2）股东的表决权。表决权属于股东的固有权，是股东与债权人区别的标志，更是保障股东投资预期利益实现的基础性权利。但表决权的特点是多数表决权。

（3）股东的知情权。知情权是股东知晓公司经营活动和经营业绩真实性情况的权利，是股东享有的基础性权利。

（4）股权转让权。股权转让权是指股东有权将自己在公司中的权益转让给其他人的权利。主要是指出资和股份的转让权。

（5）股份优先购买权。优先权是指股东基于股东资格优先于非股东获得公司某种利益的权利，股东的优先权具有维系公司稳定和连续的作用。优先权具体包括以下几种：①公司发行新股的优先购买权。②公司增资的优先出资权。③其他股东股份转让的优先购买权。

（6）诉讼权。股东的诉讼权是指股东在其利益受到直接或间接侵害时，依法向国家司法机关寻求救济的权利。从财务决策的角度来看，股东权利有三项：选择经营者、重大决策和资本收益。具体来看这三项权利又可以细化为多个决策事项，如资本投入、增资扩股、股权转让；合并、分立、兼并、收购、清算、关闭、破产；业绩考核、评价、激励、约束；重大投融资、对外担保；委派股东代表、选聘董事和监事；审计、监督；利润分配。

3. 经营者财务

（1）经营者的财务责任和权力。对经营者的界定应当依据实质重于形式的原则，即经营者应当是指对企业经营发挥关键性作用，并实质参与重大决策的高层管理人员。基于这种认识，CEO一般被认为是经营者，从国际上公司治理机制演化的角度来看，董事会的职责和权力不断趋于强化，董事会已经成为经营者阵营的主体之一。

1）董事会职责。《OECD公司治理原则草案》中强调，董事会应履行以下职能：①制定公司战略、经营计划、经营目标、风险政策、年度预算，监督业务发展和公司业绩，审核主要资本开支、购并和分拆活动。②任命、监督高层管理人员，在有必要时，撤换高层管理人员。③审核高层管理人员的薪酬。④监督和管理董事会成员、管理层及股东在关联交易、资产处置等方面的潜在利益冲突。⑤通过外部审计、风险监控、财务控制等措施来保证公司会计和财务报表的完整性及可信性。⑥监督公司治理结构在实践中的有效性，在有必要时进行改进。⑦监督信息披露过程。《OECD公司治理原则草案》还指出，保证董事会对公司进行战略指导和有效监控，同时保证董事对公司和股东承担起应尽的责任。

我国《公司法》规定，董事会对股东会负责行使下列职权：①负责召集股东会，并向股东会报告工作。②执行股东会的决议。③决定公司的经营计划和投资方案。④制定公司的年度财务预算方案、决算方案。⑤制定公司的利润分配方案和弥补亏损方案。⑥制定公司增加或者减少注册资本的方案。⑦拟订公司合并、分立、变更公司形式、解散的方案。⑧决定公司内部管理机构的设置。⑨聘任或者解聘公司经理（总经理）（以下简称经理），根据经理的提名，聘任或者解聘公司副经理、财务负责人，决定其报酬事项。⑩制定公司的基本管理制度。

2）经理层职责。依据我国《公司法》规定，有限责任公司设经理，由董事会聘任或者解聘。经理对董事会负责，行使下列职权：主持公司的生产经营管理工作，组织实施董事会决议；组织实施公司年度经营计划和投资方案；拟订公司内部管理机构设置方案；拟订公司的基本管理制度；制定公司的具体规章；提请聘任或者解聘公司副经理、财务负责人；聘任或者解聘除应由董事会聘任或者解聘以外的负责管理人员；公司章程和董事会授予的其他职权。《上市公司章程指引》在此之外，增加了两条：①拟订公司职工的工资、福利、奖惩，决定公司职工的聘用和解聘。②提议召开董事会临时会议。

各上市公司根据公司经营特点和需要制定公司章程，确定本公司的总经理职责。总经理主持公司日常生产经营和管理工作，组织实施董事会决议，对董事会负责。公司设总经理一名、副总经理若干名，总经理、副总经理由董事会聘任。总经理、副总经理任期为三年，可连聘连任。公司可解聘总经理、副总经理。解聘总经理应由公司董事会按法定程序决定；解聘副总经理，应由总经理提出解聘提案，董事会按法定程序决定。

（2）董事会的类型。

1）根据功能对董事会分为如下四类：①底限董事会，仅仅为了满足法律上的程序要求而存在。②形式董事会，仅具有象征性或名义上的作用，是比较典型的橡皮图章机构。③监督董事会，检查计划、政策、战略的制定、执行情况，评价经理人员的业绩。④决策董事会，参与公司战略目标、计划的制定，并在授权经理人员实施公司战略的时候按照自身的偏好进行干预。

2）根据公司的演化对董事会分为如下四类：①立宪董事会。②咨询董事会。③社团董事会。④公共董事会。对一个公司而言，具体董事会类型的选择受制于占统治地位的社会环境，而社会环境又是社会政治经济力量共同作用的结果。表 3-4 从董事会起因、授权形式、决策者和董事会在决策中的作用等方面对四种董事会类型进行了比较。

表 3-4 董事会类型对比

项　目	立宪董事会	咨询董事会	社团董事会	公共董事会
董事会起因	只是遵循公司法要求而成立董事会	随着公司规模扩大和经营复杂程度提高而聘请外部专家形成的董事会结构	对于股权分散化、公众化的上市公司，内部形成不同的利益集团，其决策意见常常通过少数服从多数的投票机制	董事会成员包括政治利益集团代表
董事会特征	满足法律程序，仅起"橡皮图章"作用	战略决策、评估权	经营管理过程监督控制权	经营业绩评估
授权形式	自动	寡头	技术人员	行政人员
决策者	CEO	CEO 或董事会	董事会	上级主管部门
决策参与形式	接受	咨询	限定	适应
使用公司类型	小规模企业	大型或特大型企业	上市公司	国有独资或大型混合所有制企业

（资料来源：伍中信等. 高级财务管理理论[M]. 上海：立信会计出版社，2002. ）

3）管理型公司模式和治理型公司模式下的董事会分类。公司管理强调的是权力，由此而产生了一种所谓的"管理型公司"（managed coporation）治理模式。在这种模式中，高层经理负责领导和决策。董事会的职能是聘用高层经理，监督他们，并在他们无所作为时解雇他们。股东的唯一作用是在公司经营不善时撤换董事会。而与这种模式相对应的则称为"治理型公司"（governed coporation）治理模式，它把公司治理方程式的两个关键组成部分（股东和董事会成员）与决策过程重新联系在一起。建立在此模式基础上的改革并不以权力转移为核心，而是以角色和行为为核心。两者的比较见表 3-5。

表 3-5 管理型和治理型公司的比较

管理型公司模式	治理型公司模式
董事会的作用：雇用、监督和在必要时撤换管理层	董事会的作用：支持有效的决策和纠正错误
董事会的特征： • 拥有足够的权力控制 CEO 和考核过程 • 有独立性，以保证 CEO 得到公正的考核并且董事不会因为利益冲突而妥协或被管理层收买 • 拥有能使外部董事公正有效地考核经理的董事会程序	董事会的特征： • 拥有足够的专业知识以使董事会能够为决策过程增加价值 • 有激励，以保证董事会投身于公司价值的创造 • 拥有支持公开讨论和使董事会成员获得信息和适应股东需要的程序
董事会政策： • CEO 和董事会主席职务分离 • 董事会会议没有 CEO 参加 • 由独立董事组成的委员会负责考核 CEO • 外部董事有独立的财务顾问和法律顾问 • CEO 的绩效有明确的判断标准	董事会政策： • 董事会必须有所需要的专业才能 • 25 天的最少投入时间 • 为董事提供较高的股票期权报酬 • 指定代表质疑新的政策建议 • 与大股东定期开会 • 董事会成员可以自由地向任何雇员了解信息

（资料来源：杨雄胜主编. 高级财务管理[M]. 南京：南京大学出版社，2006.）

4）根据董事会扮演的角色分类。按照董事会参与战略管理的程度不同，可以把董事会扮演的角色分为比较极端的两种"理想类型"："看门人"型和"领航人"型。当董事会只起"看门人"作用时，战略管理的大部分职能转移给经理层，董事会起到的只是审批和事后控制的保障作用。董事会发挥"领航人"作用时，战略管理的核心职能由董事会主导，经理层只部分参与到战略方向的确定和方案拟订中，并主要负责战略实施工作。尽管这两种类型肯定都有各自的适用性，但近年来的公司实践更多地肯定和倾向于董事会发挥"领航人"的作用。在这两种基本类型基础上，依据董事会对经理层之间的管理控制程度大小，董事会可分为三种类型，如表 3-6 所示。

表 3-6　董事会按管理控制程度大小分类

项　目	看守型	包办型	分工型
特点	符合股东大会最低要求，符合经理层最高要求，成败关键被股东大会误认为"不干工作"	不符合股东长远利益，但符合股东短期利益，最可能得到股东信赖，经理层最为反对	一种理想型，但最大问题是董事会和经理层之间的权利划分模糊、易变
董事会与经理层控制与合作关系	放手式合作，人事权控制	全面控制，以控制代替合作	分工合作，合理控制
董事会权力	权力最小	权力最大	权力边界不明确
适用环境	适用于经济稳定增长及长期合作相互了解的情况	适用于经济不稳定增长及初次合作共事	适用于一切时期及各种条件，但最难把握

（资料来源：杨雄胜主编. 高级财务管理[M]. 南京：南京大学出版社，2006.）

（3）董事会的构成。高效董事会的根本基础是董事会成员的"利益趋同"，从而"理念趋同"。董事会的决策过程依赖于一个可选择的组织形式，包括"非委员会制"和"委员会制"。

1）"非委员会制"是低级形式、初级阶段，一般适用于人数少于 7 人的董事会；"委员会制"是高级形式、高级阶段，一般多适用于人数多于 7 人的董事会，这种委员会也被视为董事会中的董事会。"非委员会制"是指董事会决策某一方面的事务时（如投资、预算、人力资源），是由每个董事都参与决策的决策机制。委员会制就是从董事会成员中挑选一部分人，成立一个专门的委员会，经董事长授权，专门处理某一方面的问题。

2）在董事会之下设立各个专职的委员会，利弊互见。设立下属委员会的优势在于：一是节约决策成本，缩短决策时间；二是提高决策的专业化程度，使更多的董事只参与自己擅长领域的事务决策；三是董事会内部减少了独裁化程度。设立下属委员会的缺陷在于：①要求董事会具有较多的董事人数，这会导致机构臃肿，降低决策效率。②在独立董事较少的情况下，下属委员会很难改变公司内部人控制的特征。③设立董事会下属委员会，要求董事会中有较多的各个领域的专才。由于存在上述的各项优势和困难，所以是否要在董事会下设立专业的委员会和究竟设立多少个委员会，往往因各国制度、各团体观点和各公司规模大小而异。

3）常见的专门委员会（committee）有审计委员会、提名委员会、薪酬委员会、投资委员会、预算委员会、技术委员会、战略委员会、高管人员评估（人力资源）委员会等，其中最重要也最常见的是审计委员会、报酬委员会、提名委员会。还有的公司设立了专门的治理委员会，如英特尔公司设立的公司治理委员会负责对公司治理问题及董事会、股东、经理层在决定公司方向和作为时的关系进行审查，向董事会提交有关报告，适度地审查和发布公司治理的指引和建议。其他没有设立公司治理委员会的公司，大多通过执行委员会或董事事务委员会来解决这类问题，如通用汽车公司由董事事务委员会负责定期审议该公司的公司治理原则，并提出建议。

4）我国上市公司董事会委员会制度建立始于 2002 年年初，中国证监会、国家经贸委发布了《中国上市公司治理准则》，随后中国证监会发布了《董事会专门委员会实施细则指引》。目前我国上市公司越来越多的采用委员会制。

4. 财务经理财务

（1）财务经理的职责。财务经理财务是经营者财务的操作性财务，注重日常财务管理，其职责一般规定为以下几项：①处理与银行的关系。②现金管理。③筹资。④信用管理。⑤负责利润的分配。⑥负责财务预测、财务计划和财务分析工作。由此可见财务经理财务的主要管理特征偏重于日常管理、执行决策与预算、财务控制等。

（2）财务总监的职责。在总经理和财务经理之间，不少单位还设置财务总监或称为首席财务官（CFO）。财务总监的基本职责包括：①制定整个公司统一会计制度、财务制度与内部审计制度的实施细则。②组织领导集团财务管理、会计核算与内部审计工作。③参与拟订集团投资战略、重大经营计划、公司与被投资企业的业绩合同、全面预算管理方案。④审核公司的财务报告。⑤及时发现并制止公司、被投资企业违反国家法律、法规和公司财务、会计、审计制度的行为，对违纪事项及时向总裁、董事长报告。⑥定期向公司董事长、总裁、总裁办公会报告公司资金运作状况和财务情况，并接受质询。⑦监督检查被投资企业的财务运作和资金收支情况。⑧负责集团所属各公司的财务、会计、审计队伍建设。⑨经董事长同意，可以列席集团董事会。⑩定期与银行、税务、工商等相关机构联络沟通。

（3）建立财务总监和董事长、总裁联签制度。财务总监与董事长或总裁联签批准授权限额内的企业项目开发、融资、对外投资、资产购置、资金往来、担保、资产抵押、提取现金、转账结算、资产处置等主要事项。即由董事会授权董事长或总裁直接决定的上述事项，必须由董事长或总裁与财务总监共同签署才能生效。财务总监有权对董事长、总裁越权的开支事项拒绝签字。

可以说，财务总监制度使公司财务管理的功能、职责和方法得到提升与整合。美国托马斯·沃尔瑟等所著的《再造财务总裁》一书形象地概括了当今企业 CFO 的职责。该书从 CFO 总裁办公室架构的实验中，总结出财务总裁办公室"房式"图，如图 3-2 所示。

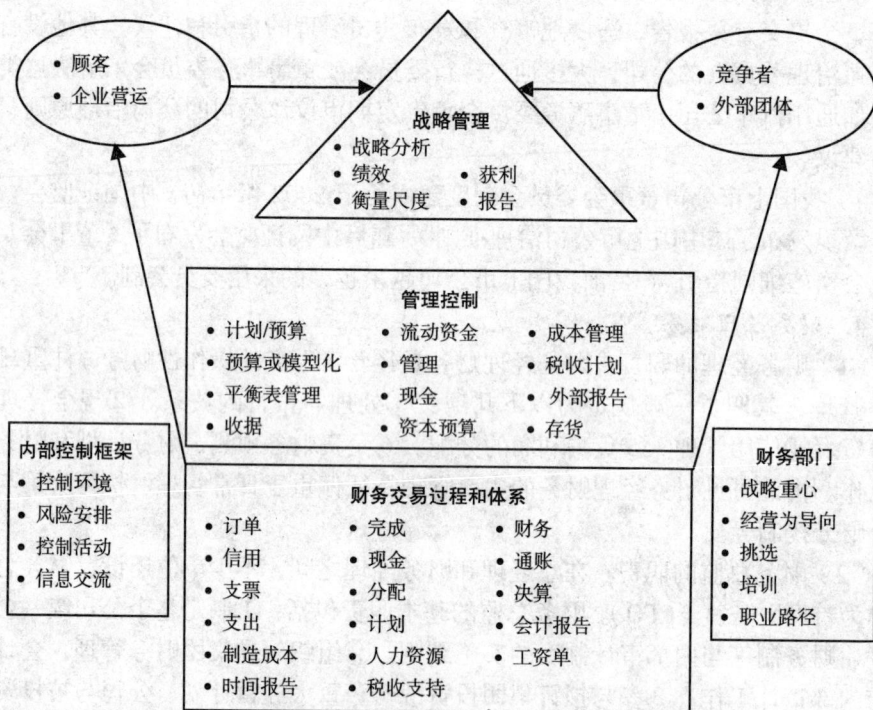

图 3-2　财务总裁办公室"房式"图

（资料来源：汤谷良主编. 高级财务管理[M]. 北京：中信出版社，2007. ）

三、财务治理机制

1. 财务决策机制安排

（1）财务决策机制安排。财务决策机制安排涉及财务决策权力分层安排和财务决策权力分类安排两个层面的问题。

1）财务决策权力分层安排。公司财务决策机制关注的是决策权力在公司内部（各权力机关及组成部分）之间的分配格局，其理论基础是决策活动分工和层级制决策。由于公司内部治理的权力系统是由股东大会、董事会、监事会和经理层组成，并依此形成了相应的决策分工形式和决策权分配格局，因而公司财务决策机制实际上是层级制决策。这种层级制决策与公司内部决策者的职责分工与权力分立相联系。层级制决策活动分工的产生与有限理性假设有关系，其表现有二：一方面作为层级组织中最高层决策者的决策活动能力有限；另一方面限于每个决策者的决策活动能力的有限性，应将不同决策能力的决策者有效地分配于不同的用途，以达到节约使用决策活动能力这种稀缺资源的目的。财务层级制决策的产生在公司治理中还被看成是权力的分立与制衡的结果。因此财务决策机制设计应满足三个主要特征：①存在一个核心决策者，无论公司存在多少层次，决策权如何分解，必须存在一个核心决策者。②权力边界清晰，每一决策层都应清楚其权力范围，知道有权对什么财务问题做出决策，无权对什么财务问题做出决策，权力边界清晰是层级组织决策机制运行的基础。③下级服从上级，下级决策者的行为是上级决策者行为的分解。

一个有效的决策机制一定是适度的授权和监控的层级制决策体系。在公司治理层面，第一层次决策是股东大会决策，这是公司最高权力机构的决策，属于出资者财务范畴。第二层次决策是董事会决策，是公司常设决策机构的决策。第三层次决策是经理层决策，是公司决策的执行者。在这三层决策主体之间又存在多个授权关系：首先是股东大会对董事会的授权；其次是董事会对董事长的授权；再次是董事会对专业委员会的授权；最后是董事会对以总经理为代表的经理层授权，主要是对公司营运业务的决策权。

在这三级决策主体中，董事会是核心决策主体。首先从股东大会这一组织形式和实现方式来看，由其来作为公司实际的决策机构就有其局限性和非效率性，并存在严重的时滞性；其次，公司的经营管理决策属于企业管理事项，两权分离的本来目的就是为了把资本委托给专业人才进行管理，股东更多的干预会影响公司经营的效率，故将股东大会作为决策机构不合理。此外也有观点认为应该借鉴美国的 CEO 运作经验，将总经理作为公司的核心决策主体，将董事会的职能侧重于对总经理的监督，即关注公司的财务报告和经理人员的考核评价。依据我国《公司法》及内部人控制的严重现象，中国公司只能通过董事会这样一个中间层来作为核心决策主体，可以有效地避免一股独大和内部人控制带来的问题，其前提是强化董事个人及整个董事会责任，增强董事会的独立性。因此将董事会作为核心决策主体，这是基于我国目前外部市场对公司治理制约作用不强条件下的一个现实选择。

2）财务决策权力分类安排。按一般的专业理财（财务经理财务）范畴，财务决策分为筹资决策、投资决策和分配决策（股利决策）。从经营者理财来看，梅耶斯（Myers,1977）把企业资产分为当前业务（assets in place）和增长机会（growth opportunities），董事会对企业增长机会负责，经理层对当前业务负责。

影响企业增长机会的决策权力包括企业的战略调整、控制性资本收支决策事项、批准财务预算和会计制度等，这些决策权限必须掌握在董事会手中。董事会作为一个战略管理层负责公司的战略调整，其责任是从股东的角度、公司未来盈利能力增长的角度，来对公司现行战略与发展提出疑问。如果市场环境发生变化时，董事会能够对现有战略的有效性进行评价，并能够对已选择战略方向的结果和其他能够减少风险增加未来持续盈利能力的战略方案进行比较，及时调整战略，这样的董事会才能够正确地发挥战略决策层的职能。对于资本性收支变化决策权，具体表现为对内投资、对外投资和资产处置、出售对外投资等资本运作行为，这些投资行为形成的相应资产表现为企业未来的增长机会；企业要基于增长管理的考虑决定企业的资本结构，合理安排投资所需的资金，包括抵押贷款、发行新债、增发新股。从理论上讲，这些权力绝对不属于经理层，如果需要强调决策的及时性，也应该由董事会将部分决策权授权董事长，代行董事会的资本性收支决策权。投资决策成为公司治理层面最重要、最关键的决策内容。

相应地，董事会将与当期业务盈利相关的具体管理事项授权经理层，这些影响企业当前业务的事项主要是经理层在既定的战略下对企业资产具体周转效率的管理和销售的拓展。这样以经理层为核心的企业管理系统就主要为企业当期业务的盈利能力负责，在行业风险和市场竞争没有巨大变化时，当期业务的盈利能力应该是呈稳步增长，因此董事会可以以一个当期业务为单元，作为对经理层进行评价、考核和续聘依据。

（2）投资决策授权安排。投资决策特别是长期投资决策属于企业战略规划，决定企业未来的增长和回报，是财务决策中的重要内容。投资决策权在各级财务治理主体之间的权力分配和决策程序安排如下：首先，财务投资决策权力应该在公司治理的基础上，根据投资决策内容、性质，由股东大会、董事会、经理层和监事会分享；其次，可以在股东大会批准后，董事会下设投资决策委员会，或者在董事会成员中安排有一定比例的独立董事，以提高投资决策效率，平衡股东之间在投资决策上的分歧。

1）股东大会授权董事会。为提高公司的决策效率，股东大会给董事会一定形式的授权，如一定金额内的投资决策权、企业重组权、增资扩股权等。这种授权如运用得当，可提高上市公司的决策效率，提高公司应对瞬息万变的市场竞争环境的能力。但如果用得不妥，也会给公司经营带来极大风险。

2）董事会下属投资委员会。为了提高投资决策的科学有效，许多公司设立了负责投资方面的委员会，一般可以是投资战略委员会、战略管理委员会，还有的公司把投资、战略、预算相结合，设立战略预算委员会。无论哪种设置方式，都是对董事会负责的非常设议事机构，在董事会领导下开展工作，主要研制重大发展战略与投资项目。该委员会的提案交由董事会审议决定。从目前我国上市公司已经设立的投资战略委员会的功能与性质分析，投资战略委员会的定位大致有两种类型：①咨询顾问型投资委员会。具体而言，即按照公司治理结构的制度设计，董事会下设的投资战略委员会是对董事会负责、对出资人负责的咨询性质机构，不是决策性质机构。最终决策要由董事会或者股东大会做出，而不是投资战略委员会做出。②顾问与决策结合型投资委员会。相对于单纯的智囊议事机构，这种战略投资委员会显著的特点是，通过一定的授权制度，合理配置公司长期投资决策权限，使得董事会的工作效率大大提高。

3）董事会授权总经理。在投资决策过程中，总经理负有更多的事前审议和事后执行决策、监督报告的职责。公司投资项目决策应建立可行性研究制度；公司投资管理部门将项目可行性报告等有关资料提交公司经理办公会审议，并提出意见，经总经理办公会审议后即可实施，否则提交董事会审议通过后实施；投资项目通过后，总经理应负责确定项目执行人和项目监督人，并执行和跟踪检查项目实施情况；在实施过程中，总经理应当根据董事会或者监事会的要求，及时报告相关重大事项，即公司生产经营条件或环境发生重大变化、公司投资项目执行及资金运用情况、投资项目实施过程中可能引发重大诉讼和仲裁事项；项目完工后，还要负责按有关规定进行项目审计。

（3）投资决策程序控制。由于投资具有相当大的风险，一旦决策失误，就会严重影响企业的财务状况和现金流量，甚至会使企业走向破产。因此投资决策必须从公司战略方向、项目风险、投资回报率、公司自身能力与资源分配等方面加以综合评估，筛选出成功可能性最大的项目，并制定实施计划。重大投资决策的基本程序包括如下几个步骤：

1）投资项目的提出。应该以公司总体战略为出发点对公司的投资战略进行规划。依据公司的投资战略来对各投资机会加以初步分析。一般而言，企业的股东、董事、经营者都可提出新的投资项目。企业的最高当局提出的投资，多数是大规模的战略性投资，其方案一般由生产、市场、财务等各方面专家组成的专门小组拟订；基层或中层人员提出的主要是战术性投资项目，其方案由主管部门组织人员拟订；新的投资项目首先要经过经理层审批通过，如果经理层通过了该项目，则进入投资项目的论证阶段。

2）投资项目的论证。投资项目的论证主要涉及如下几项工作：首先是把提出的投资项目进行分类，为分析评价做好准备；其次是计算有关项目的预计收入和成本，预测投资项目的现金流量；再次是运用各种投资评价指标，把各项投资按可行性的顺序进行排队；最后是编制项目可行性报告。项目正式立项后，由项目小组负责对项目进行进一步可行性分析。通过对以下方面的评估确定项目的可行性：①相关政策、法规是否对该业务已有或有潜在的限制。②行业投资回报率。③公司能否获取与行业成功要素相应的关键能力。④公司是否能筹集项目投资所需资源。如项目不可行，通报相关人员并解释原因；如可行则向董事会或项目管理委员会递交可行性分析报告。如董事会通过了投资项目的可行性分析报告，则投资管理部应聘请顾问公司对投资项目的实施进行进一步的论证，并开始投资项目的商洽以确定其实际可行性。项目小组确认项目的可行性以后，编制项目计划书提交总经理保留参考并指导项目实施。

3）投资项目的评估与决策。这一阶段主要是综合论证投资项目在技术上的先进性、可行性和经济上的合理性、盈利性。项目评估一般是委托建设单位或投资单位以外的中介机构，对可行性报告再进行评价，作为项目决策的最后依据。项目评估以后，将项目投资建议书报有关权力部门审议批准。从决策主体来看，投资额较小的项目，有时中层经理就有决策权；投资额较大的投资项目一般由董事会决策，总经理办公会议在提供项目背景资料和项目建议书的基础上对项目实施最后决策；投资额特别大的投资项目，要由董事会甚至股东大会投票表决。投资项目一经批准，也就正式做出了投资决策，进入到项目的实施阶段。

4）投资项目实施与评价。在投资项目的实施过程中和实施后都要对项目的效果进行评价，以检查项目是否按照原先的计划进行，是否取得了预期的经济效益，是否符合公司总体战略和公司的投资战略规划。

上述分析如图 3-3 所示。

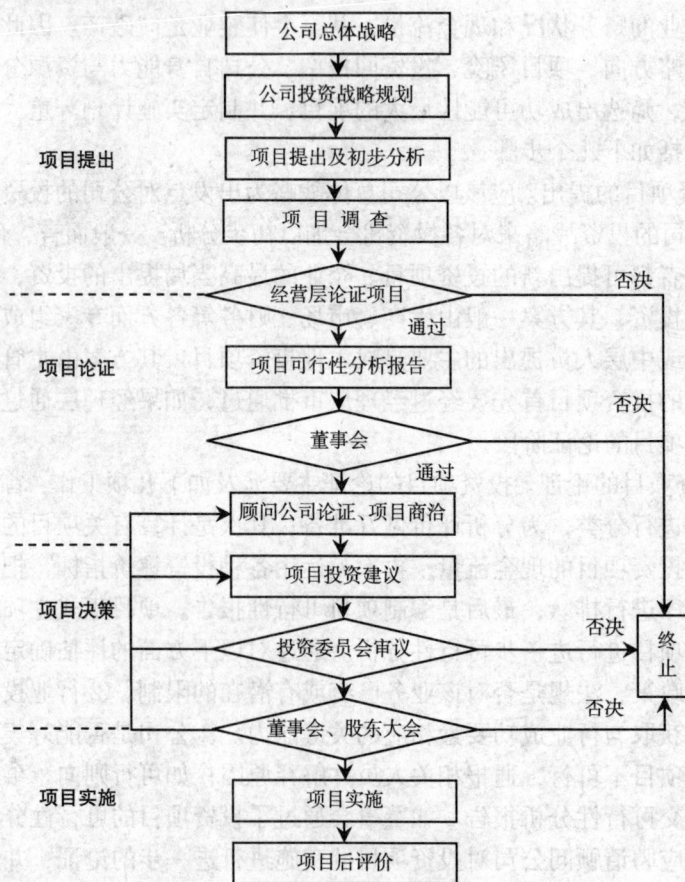

图 3-3 重大投资决策的基本程序

（资料来源：汤谷良主编. 高级财务管理[M]. 北京：中信出版社，2007.）

2．财务监督机制安排

（1）独立董事制度（详见第三节有关内容表述）。

（2）审计委员会。

1）我国上市公司审计委员会的制度要求。我国上市公司董事会下设委员会的制度建立始于 2002 年，当年年初中国证监会、国家经贸委发布了《中国上市公司治理准则》。本准则适用于我国境内的上市公司，它要求上市公司董事会要按照股东大会的有关决议，设立战略决策、审计、提名、薪酬与考核等专门委员会。审计委员会、薪酬与考核委员会中独立董事应占多数并担任负责人，审计委员会中至少应有一名独立董事是会计专业人士。审计委员会的主要职责是：检查公司会计政策、财务状况和财务报告程序；与公司外部审计机构进行交流；对内部审计人员及其工作进行考核；对公司的内部控制进行考核；检查、监督公司存在或潜在的各种风险；检查公司遵守法律、法规的情况。随后中国证监会发布了《董事会专门委员会实施细则指引》。其中明确要求，审计委员会是董事会按照股东大会决议设立的专门工作机构，主要负责公司内、外部审计的沟通、监督和核查工作。审计委员会成员由 3~7 名董事组成，独立董事占多数。审计委员会的主要职责是：①提议聘请或更换外部审计机构。②监督公司的内部审计制度及其实施。③负责内部审计和外部审计的沟通。④检查公司会计政策、财务状况和财务报告程序。⑤对公司的内部控制进行考核，对重大关联交易进行审计。⑥对公司内财务部门、审计部门包括其负责人的工作进行评价。⑦公司董事会授予的其他事宜。审计委员会对董事会负责，委员会的提案提交董事会审议决定。

2）美国《萨班斯—奥克斯利法案》对审计委员会职责的新规定。安然公司、世通公司舞弊欺诈案件暴露后，美国总统布什在 2002 年 7 月签署了国会以压倒多数通过的《萨班斯—奥克斯利法案》（Sarbanes-Oxley Act）。其中第 301 节对审计委员会做出了规定：法案要求美国证监会在法案自 2002 年 7 月 30 日生效之后的270 天内制定新的法规，要求所有在美上市的公司设立一个完全由独立董事所组成，并至少包括一名"财务专家"的审计委员会。对于达不到下列要求的公司将禁止其上市：①上市公司审计委员会的每位委员必须具有"独立"资格性质。②审计委员会必须直接承担派任、留任、报酬和监督那些为上市公司执行和认证发行审计报告的会计师事务所的责任，而这些会计师事务所必须直接向审计委员会报告。③审计委员会必须建立一定的程序系统，来完成与会计处理、内部会计控制、内部审计、员工匿名举报可疑的会计问题及审计处理等相关申诉事项的受理、执行和保留记录等任务。④审计委员会必须被授权，在执行任务需要时，可聘请独立咨询顾问和其他顾问，并赋予审计委员会更多任用和解雇会计师的权限。⑤上市公司必须负责提供审计委员会合适的财务和资金保证。

关于审计委员的独立性，新法案有几点说明：①该委员会除了职务收入外，不得收受来自上市公司及其子公司的顾问、咨询或者其他报酬。②该委员会成员不得担任上市公司及其子公司的任何职务。③该委员会隶属董事会，由独立董事组成，有权独立聘请或解聘审计机构，不受高级管理人员的干预，而董事会也必须听取该委员会的意见。

3）审计委员会在公司监督机制中的作用。主要表现在三方面：①审计委员会与独立会计师的关系。审计委员会可以避免会计师事务所与管理层之间的利益冲突，减少管理层对外部审计师活动的影响和干扰，提高注册会计师审计的独立性，为注册会计师公正执业创造有利的条件，充分发挥外部审计的独立鉴证功能。首先，审计委员会对会计师事务所是否具备独立性做出评价，且向公司管理当局及审计部征询对注册会计师独立性的看法，以与注册会计师的答复做双向比较；其次，负责审计费用的支付，同意有关审计收费的协议，并确信审计费用足以确保公司获得完整而全面的审计服务；最后，审计委员会应当站在公正的立场上，支持注册会计师提出的正确建议，积极与注册会计师就审计中的如重大的审计调整、与管理当局的不同意见、执行审计业务过程遭遇的困难及在审计中所发现的不法行为等重大事项进行协调。②审计委员会与内部审计的关系。我国新修订的《审计署关于内部审计的规定》中指出，设立内部审计机构的单位，可以根据需要设立审计委员会。审计委员会设立以后，审计部隶属于审计委员会，形成审计委员会对审计部的一种监督关系，即对审计部的组织章程、工作计划、审计结果等进行复核；审计部直接向审计委员会报告，对审计中发现的一些问题，除及时给予纠正以外，对一些难以解决和严重违规的共性和个性问题，定期进行归纳、整理，并提交公司审计委员会讨论，由审计委员会通过下达审计意见书和决定书的形式，做出最终处理。审计部的工作评价和报酬支付由审计委员会决定。这种模式提高了审计部的独立性和权威性，使其工作范围不受管理当局的限制，并确保其审计结果受到足够的重视，提高审计部的效率。③审计委员会与监事会的关系。审计委员会隶属于董事会，监事会则是与董事会保持平行地位的机构，由股东代表和职工代表组成。审计委员会的主要监督对象是管理层，也就是所谓的经理层。监事会向全体股东负责，有检查公司财务、监督和检查董事、经理及其他高级管理人员的行为等职责；监事会不参与决策过程，侧重于事后监督。审计委员会则要参与决策过程，更侧重于事前监督。

3. 财务激励机制安排

（1）激励机制设计原则。企业的战略目标、对风险的规避程度、成长发展的特点等往往是不同的，但在设计激励机制时，其基本原则是一致的。

1）依法操作原则。我国《公司法》规定，董事、监事及管理者报酬的制定和批准者的确定应遵循下面的思路：①董事会成员以及监事会成员的报酬由其各自提出报酬方案，并由股东大会进行审查和批准。②总经理、其他高层经理的报酬方案由董事会提出并批准，并参考监事会意见，经理人员的总体报酬方案还可能要由股东大会审批。③员工的报酬方案由总经理提出方案，并参考监事会意见，由董事会批准。

2）公正性原则。只有经营者认为激励机制是公正的，评价业绩与奖励原则是公正的，他才会将其作为行动的准绳去遵守。报酬计划按照责任、风险、收入相一致的原则，要求经营者的收入要与所承担的责任与风险相一致。

3）客观性原则。经营者的报酬收入必须以考核为基础。这种考核不仅要包括企业财务上的指标（主要是利润、收入、成本、投资回报等）标准，而且还要考虑经营者在非财务方面的贡献和业绩，如企业文化建设、市场占有率和研究开发。

4）激励性原则。一般而言报酬是业绩的函数。一项有效的报酬制度必须具有激励功能。报酬计划必须能够不仅充分调动经营者、员工现时的积极性，还能提升企业获利能力和未来价值。

（2）激励方式选择。如前所述，对经营者的激励报酬主要包括薪金激励、职位消费激励、期权激励和声誉激励四种方式。激励机制不到位，经营者的收入与企业的规模和经营业绩脱节，水平偏低，就会使企业经营者的积极性难以得到充分调动和发挥。激励制度的具体安排因企业而异，在操作细节上稍加变化，就可以变化出很多种模式，但一般对企业经营者的激励机制是以上四种方式的有机结合。

企业的激励机制要发挥作用，取决于两个关键要素：一个是采用的业绩评价标准合理、公正、可衡量；另一个就是薪酬方式恰当。业绩评价标准中最基本的标准就是净收益和股票价格两个。但是无论是以净收益还是股价作为单一的业绩衡量标准都不是最有效的，应当根据企业的不同特性，灵活运用二者。激励模式有多种，这里简单介绍一些典型的模式，很多现行模式都是从这些基本模式变化而来或者结合使用的。

1）年薪制。年薪制本身既有激励作用，又有约束作用。对于股份制企业，年薪制的激励对象是董事长和总经理。由于董事长主要负责资产的保值增值，总经理主要负责利润的增长，所以董事长的年薪主要根据净资产变动指标来确定，总经理的年薪主要根据利润变动指标来确定。不过，由于年薪制是以一个生产经营周期，即以年度为单位确定经营者报酬的收入分配制度，也就容易使经营者在任期到期时采取短期化措施，以获取高额报酬；同时年薪制的业绩指标容易受到宏观经济波动、市场环境等不可控因素的影响，造成经营者报酬计算的偏差。另外经营者的年薪、津贴和奖金都是以现金形式发放，年薪与津贴按规定应列入企业成本，奖金则从税后利润中支取，这也相应降低了企业资产利润率和股东权益。

2）业绩股票。业绩股票是指在年初确定一个较为合理的业绩目标，如果激励对象到年末时达到预定的目标，则公司授予其一定数量的股票或提取一定的奖励基金购买公司股票。业绩股票的流通变现通常有时间和数量限制。另一种与业绩股票在操作和作用上相类似的长期激励方式是业绩单位，它和业绩股票的区别在于，业绩股票是授予股票，而业绩单位是授予现金。

3）股票期权。股票期权是指公司授予激励对象的一种权利，激励对象可以在规定的时期内以事先确定的价格购买一定数量的本公司流通股票，也可以放弃这种权利。股票期权的行权也有时间和数量限制，且需激励对象行权时支出现金。

4）虚拟股票。虚拟股票是指公司授予激励对象一种虚拟的股票，激励对象可以据此享受一定数量的分红权和股价升值收益，但没有所有权，没有表决权，不能转让和出售，在离开企业时自动失效。

5）股票增值权。股票增值权是指公司授予激励对象的一种权利。如果公司股价上升，激励对象可通过行权获得相应数量的股价升值收益，激励对象不用为行权付出现金，行权后获得现金或等值的公司股票。

6）限制性股票。限制性股票是指事先授予激励对象一定数量的公司股票，但对股票的来源、抛售等有一些特殊限制，一般只有当激励对象完成特定目标（如扭亏为盈）后，激励对象才可抛售限制性股票，并从中获益。

7）延期支付。延期支付是指公司为激励对象设计一揽子薪酬收入计划，其中有一部分属于股权激励收入，股权激励收入不在当年发放，而是按公司股票公平市价折算成股票数量，在一定期限后以公司股票形式或根据届时股票市值以现金方式支付给激励对象。

（3）薪酬委员会。美国上市公司高级管理人员薪酬的数额和结构，一般由其董事会下设的薪酬委员会来制定。按照我国《上市公司治理准则》规定，薪酬委员会负责：研究董事与经理人员考核标准，进行考核并提出建议；研究和审查董事、高级管理人员的薪酬政策与方案。薪酬委员会监督核实公司高级管理人员（有的也扩展到其他员工）的薪酬。如英特尔公司的薪酬委员会监管公司的股票期权计划，包括对计划进行审查，根据现行的股票期权计划，向所有合乎要求的员工发放股票期权，审查和批准向经理层发放的工资等报酬。一般要求薪酬委员会的董事应当有非独立董事一名以上，本身要具备很强的专业性，并且为了提高薪酬评价机制的科学性，还可以邀请一些战略咨询顾问、人员测评顾问或专业薪酬顾问来参与、咨询。薪酬委员会支付高管们的薪酬一般包括固定薪金和短期、中期、长期的激励报酬。总体的薪酬数额和结构还要参照高管人员的个人能力评估和市场平均价格。

【本章小结】

财务治理是公司治理的核心，也是公司治理的深化。财务治理结构的基本构成与公司治理结构相一致，是公司高级管理层对财务控制权力和责任关系的一种制度安排，是股东大会、董事会、经理人员、监事会之间对财务决策权的配置、制衡、激励和监督机制，其基本目标在于明确财务控制权力和责任，建立财务决策科学机制，降低企业经营风险，实现企业价值整体最大化。本章首先讨论了公司治理问题的产生，并从公司治理的概念入手，分析了广义公司治理框架，提出了财务治理研究的必要性和内容；论述了财务决策机制、财务监督机制、财务激励机制的主要内容和制度安排。然后进一步探讨了财务治理结构中的财务治理主体与财务治理客体，并指出财务治理主体是股东大会、董事会、经理层，董事会是财务治理主体的核心；治理客体（治理对象及其范围）是企业的财务权力、责任及其权力边界，财务控制权是治理客体的核心。最后针对我国上市公司的现实状况，提出了可通过建立健全财务治理结构，完善出资者财务、经营者财务、财务经理财务来建立其财务分层管理框架。

【复习思考题】

1. 结合目前我国上市公司的治理环境，讨论董事会采用委员会制好，还是非委员会制更合适。

2. 简述薪酬委员会和战略预算委员会的关系。

3. 以下哪一个因素决定了董事会是否属于经营者？法律法规、公司传统文化、董事和总经理的实践能力大小，并说明原因。

4. 三种财务治理机制哪种最为重要，为什么？

5. 从两权分离的初衷谈一谈公司治理的核心不是权力制衡，而是决策有效。

【阅读资料】

H 集团建立有效治理结构与管理体制的不懈探索

H 集团从成立起始，就注重产权的合法性及成长过程中规则成本的付出，在《企业纲领》中明确提出，"成为一个有社会责任感的企业，坚信守法就是投资，诚信就是资本"。企业文化也倡导员工要"创造阳光利润，享受坦荡生活"。

一股独大与股权分散的矛盾是我国企业产权结构的一个突出问题。在创业初期，H 集团的股份由创业者一人持有，同时公司的经营决策也由老板一人说了算；在管理上也主要依靠创业者的经验即企业家个人的影响力，靠粗放式的单兵作战来响应和开拓市场；在文化建设上主要靠老板言传身教及个人的魅力将员工凝聚在一起。这种决策和管理模式是适应当时中国市场和当时企业发展阶段的。2005年 H 集团进行股份制改造，吸纳了一部分核心员工入股，实现了产权的规范化和明晰化，也为 H 集团治理结构的形成奠定了基础。2006 年 5 月 H 集团燃气在香港创业板成功挂牌上市。同年 6 月 H 集团燃气成功转往香港主板市场上市，此时H 集团初步实现了产权结构的调整与优化，但产权结构的单一化仍然是 H 集团产权结构所面临的问题。为使 H 集团的产权结构能为 H 集团未来发展战略预留空间，《企业纲领》明确提出："随着企业实力的增强和品牌影响力的上升，H 集团将逐步开放和优化企业产权结构，不断提高经营者和骨干员工的股权比例。H 集团将来产权结构的优化一方面将提高员工持股比例，另一方面逐步引入一部分策略联盟与战略合作伙伴。"

《企业纲领》提出要"实现职权结构的优化，实行三权分立与制衡，并对集团和成员企业逐步分权"，在发展战略、重大投融资、重要人事任免等方面采取集权管理；对各专业系统的管理除财务、审计、信息、督察及文化将直接延伸到 H 集团的最基层外，其他管理跨度不超过三级；将依据职业经理人的成熟程度和管理模式的完善程度逐步向基层分权。《企业纲领》中明确提出：

（1）要对职业经理人进行股权激励。股权分配的对象主要是在工作中做出累积贡献且未来能够做出持续性贡献、能够发挥重要作用的经营管理人员和专业、技术骨干。股权分配的主要评定标准包括当前贡献、未来发展潜力、对企业文化及事业的认同、承担的责任等。

（2）建立有效的信息管理系统，强化集团董事局的信息知情权。①建立统一、迅捷、畅通的信息网络，确保各类信息在集团各层级、各业务单元之间的高效流转与共享。通过建立"防火墙"和设置管理权限，保证信息安全、可靠，使关键信息能够快速、准确传递，实现对上级相关部门、单位和人员透明的目的。②信息管理重在以信息流优化业务流程，提高各单位工作效率和集团整体运作效率；以信息集成支持重要决策集成，增强集团总部掌控能力和快速反应能力；以信息技术升级研发制造技术，加速新产品投放和老产品服务的改进提高；以信息共享促进资源共享，实现资源开发利用的效用最大化；以信息渗透推动产业渗透，保障新业务的不断开发和成长。

（3）以战略目标为导向的关键绩效评价体系的构建。

（资料来源：伍中信等. 高级财务管理理论[M]. 上海：立信会计出版社，2002.）

【课外阅读文献】

1. [美] 罗尔夫·H.卡尔森. 所有权与价值创造——新经济时代的公司治理战略[M]. 上海：上海交通大学出版社，2003.

2. 斯道廷·坦尼夫，张椿霖等. 中国的公司治理与企业改革[M]. 北京：中国财政经济出版社，2002.

第四章 价值管理理论

【学习目标】

> 理解价值管理的内涵与特征；
> 理解股东价值、员工价值、客户价值的内容与管理；
> 掌握用 SVA、EVA、EVA 变动值对绩效计量的基本程序与实务；
> 掌握 EVA 的内涵、计算公式、优缺点及实际应用。

【重点名词】

公司价值　价值管理　股东价值　员工价值　客户价值　经济增加值　股东增加值　剩余收入法　EVA　EVA变动值　底线标准　超额回报　资源利润计量　价值管理层次　价值管理过程　竞争优势缺口　学习曲线　经营利润链

【案例导入】

解读宝钢公司的价值管理

2000年，宝钢股份有限公司成功上市成为公众公司。针对公司体制的变化，按照对投资者（股东）负责的宗旨，宝钢公司提出了根本目标和核心价值观：企业价值最大化。企业价值最大化是在效益最大化的基础上提出的，它要求企业在生产经营过程中，不仅要注重企业的短期利益，更要追求企业长期持续经营健康的发展；不仅要获取企业本身的利益，还必须同时为投资者、用户、员工和社会创造价值，以谋求企业协调发展、不断提升竞争力。宝钢将企业价值最大化作为企业经营理念和财务控制体系的向导，强调"以价值为中心"是一面旗帜、一个明确的路标，引导企业各部门、每个员工都以"为企业创造价值"作为工作的根本追求，企业的每项工作都围绕企业价值开展工作。

宝钢对企业价值最大化的认识是：公司通过提高竞争能力，实现股东、用户、员工、社会四方利益的协调平衡，共同发展。其具体内涵是：①为股东创造价值是公司存在和发展的基本目的，公司要以良好的经营业绩和稳定的股利分配回报股东。②用户是我们的事业伙伴，公司要以钢铁精品和一流服务满足和超越用户的期望，与用户共同创造价值，实现共赢。③员工是公司最重要的资源，公司要为员工的成长和价值提升创造机会，实现企业和员工价值的和谐一致。④社会是企业生存的土壤，回报社会是我们义不容辞的责任，公司要为社会进步和社区文明做贡献，为改善地球生态做贡献。

宝钢在财务控制体系中引入价值管理理念，促使宝钢的财务管理发生质的变化：①从追求单一的利润目标转变到与股东财富价值和公司价值有关的每一价值动因的自身目标。②促使财务工作从提供常规财务信息转变为提供价值贡献预测报告。③从对传统的职能结构进行管理转变为以价值为中心进行管理，逐步形成适合自身特点的全面价值化管理体系。

据《财经》杂志 2001 年 8 月 19 日公布的 "2000 年中国上市公司财富创造和毁灭排行榜"，宝钢股份有限公司在 1080 家上市公司排行中，按 EVA 位（经济增加值）排名第二，按 MVA 值（市场增加值）排名第一。

（资料来源：中国成本研究会. 企业内部控制原理、经验与操作[M]. 北京：中国财政经济出版社，2002.）

第一节　价值管理理论概述

一、基于价值的管理

1. 价值管理的内涵与特征

（1）价值管理的内涵。价值管理（value based management, VBM）也称为基于价值的管理，是美国学者肯·布兰查在《价值管理》一书中提出的概念。布兰查认为 "尽管 VBM 仅是在这种对价值的关注中出现的术语，它的定义还没有被全部和一致地理解或接受"，[①] 对其基本内涵可从以下诸方面来理解：

1）VBM 的目标就是创造价值，实现价值的增长。

2）VBM 是在公司经营管理和财务管理中遵循价值理念，以价值评估为基础，依据价值增长规律，探索价值创造的运行模式和管理技术，整合各种价值驱动因素，梳理管理与业务过程的新型管理模式。

3）VBM 通过将资本和其他资源的有效整合，来实现现金在商业活动中的流转。因此，价值管理是一个不断进行投资和制定出包含价值创造在内的连续决策过程。

4）价值管理包括规划、预算、薪酬措施和管理报告四个主要管理环节，通过这四个工作环节的密切合作，来集中培植持续创造价值的经营理念。

[①] [美] 加里·阿什沃思著，李克成译. 整合效绩管理——实现股东价值的有效方式[M]. 北京：电子工业出版社，2002.

5）价值有多种表现形式，根据人们对价值不确定性的定义和假设对价值进行分类，可分为：①市场价值，指公司将要为其权益所有者创造的一系列期望未来现金流的净现值，是预期股权现金流的当前价值。②持续经营价值，指在持续经营条件下公司的价值，包括对即期现金流价值和以后需要用其他资产代替现有资产的判断。③规划价值，指管理人员对公司做出规划的价值，是根据计划中对未来现金流和规划的详细说明，结合规划期末持续经营价值而做出的。④出售价值，指从资产被变卖的角度出发，通常将企业未来能产生的现金流进行贴现。⑤账面价值，它反映会计账面上列出的投资者对企业权益的贡献，是所有过去投资、财务状况和经营决策的反映。⑥市场增加价值，它是对超出公司账面价值的市场价值的衡量，也是未来经济增加值（EVA）的总和。⑦智力资本价值，它代表公司将从其知识和人力资源投资中得到的未来现金流，是公司对外部投资者或其他公司而言所能创造的价值。⑧收购价值，它是公司对外部投资者或其他公司而言所能创造的价值。⑨客户价值，它是公司通过服务于客户所带来的价值，反映公司产品和服务为客户提供的效用与客户付出成本的相对比值。⑩股东价值，指股东对公司未来收益的所有权。这种未来收益的基础，是公司的市场价值。

（2）价值管理的特征。与传统财务管理模式相比，价值型财务管理从管理理念到管理方式都已发生变化，表现出以下特征：

1）重申机会成本观念。只有公司投入资本的回报超过资本成本时，才会为公司创造价值。

2）承认公司价值的多因素驱动。按照拉帕波特（Rappaport）的价值模型，影响公司价值的因素可以归结为自由现金流量和资本成本两大类，具体包括七个因素：销售增长率、销售利润率、所得税税率、固定资本增长率、营运资本增长率、现金流量时间分布和加权资本成本。[①] 决定公司价值的因素是多元的，公司在追求价值最大化的过程中，VBM 考虑了公司经营的收益与风险互动关系，体现了对投资报酬的深层次理解，将经营管理行为与长期财务目标联系起来，这些行动必须在财务决策、业务流程等系统中同时实施，公司在为股东寻求回报的同时，满足了管理者、债权人、供应商、顾客、员工、政府等的共同价值需求，所以有人认为公司价值最大化的目标本身就是一个多方利益协调且最终达到总和最大化的问题，如图 4-1 所示。

3）奉行"现金流量为王"的行为准则。企业价值的概念是基于与适度风险相匹配的已经获得和可能获得的自由现金流量（FCF）。自由现金流量是公司价值的根源，其变化代表着公司实际的、可控制支配财富的变化。VBM 观念强调企业价值本质上是投资者对公司自由现金流量追索权的大小，是长远的现金流量回报。

---

① [美] 阿尔弗洛德·拉帕波特. 创造股东价值[M]. 昆明：云南人民出版社，2002.

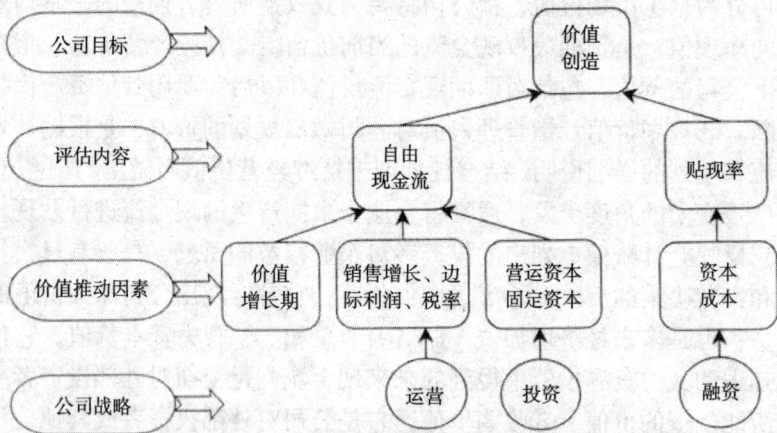

图 4-1　公司价值的多因素驱动

（资料来源：[美] 阿尔弗洛德·拉帕波特. 创造股东价值[M]. 昆明：云南人民出版社，2002. ）

4）决策模型化。企业的任何决策应当可以寻找到行为对企业价值的直接影响变量，将大量的变量纳入一个分析模型中，使得决策从经验主义层面走向精准的绩效导向管理层面。在拉帕波特提出自由现金流量贴现模型以后，人们继续研究并建立了各种各样的模型，大体包括三类：①经济增加值与市场增加值模型。②由波士顿咨询集团和 HOLT 价值联合会提出的投资现金流收益模型，该模型的价值决定因素包括经营现金流、固定资产账面总值和净营运资本、固定资产平均寿命、加权资本成本和现金流收益率等。③由瑞典一家咨询公司开发的现金增加值模型，它也是从现金流开始，并对战略投资和账面投资加以区别，并认为，如果 5 年平均现金增加值指标的贴现值等于或大于 1，才意味着创造了价值。其中现金增加值指标等于经营现金流的现值除以经营现金流需求的现值。[①]

5）强调以"过程"为导向。VBM 强调"以过程为导向"，它包含着确立价值最大化为公司的终极目标，以制定战略、制定计划、分解确立短期目标、激励和指导员工为完成目标而进行的一系列行动，即战略、组织、控制、评价等，同时它特别关注如何运用这些概念实现战略和日常经营决策的连接，这正是价值型财务管理模式关注的焦点。

总之，VBM 是根源于企业追逐价值最大化的内生要求而建立的以价值评估为基础，以规划价值目标和管理决策为手段，整合各种价值驱动因素和管理技术，

---

① [美] 马格丽特·梅著，郑志刚译. 财务职能转变与公司增值[M]. 北京：电子工业出版社，2002.

梳理管理与业务过程的新型管理框架。

2. 价值管理的层次与过程

（1）公司价值管理的层次。公司价值管理分为概念、战略、实施决策、制度四个层面。事实上，价值管理中的"价值"是一个复合概念，它往往是对企业产生重大影响的利益相关者博弈的结果，如图 4-2 所示。企业的价值，客观存在于利益相关者的评价中，主要包括股东价值、员工价值和客户价值。因此，价值管理的一个必要前提，就是企业清楚自己的利益相关者是谁，了解他们对企业的要求，努力使他们感到最大限度的满足，最后取得他们对企业的信任、承诺和忠诚。适应利益相关者的要求并使之发挥调节企业战略的杠杆作用，是 21 世纪企业能否取得竞争优势的关键所在。[①] 价值管理因此而成为最近 10 年在西方商界最为盛行的管理思潮。"具有国际竞争力的日本和德国公司的成功，主要在于它们将大量的精力放在建立以下特点上，如努力与供货商发展可以保证供货质量的信任关系；确立有效的、具有创新精神的公司管理体制，以便使公司能够对不断变化的市场环境做出灵活反应；建立奠定在与利害相关者商议基础上的信任关系。"[②]

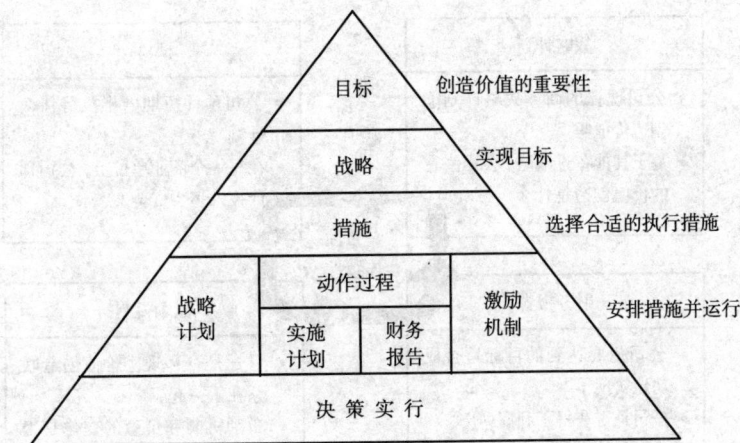

图 4-2　公司制定决策的每一个层次上都有可能创造价值或毁损价值

（资料来源：[美] 阿尔弗洛德·拉帕波特. 创造股东价值[M]. 昆明：云南人民出版社，2002. ）

（2）价值管理过程。价值管理开始于战略，结束于取得财务结果，因而它是

① 史蒂文·F. 沃克，杰弗里·E. 马尔. 利益相关者权利[M]. 北京：经济管理出版社，2003.
② 加文·凯利，多米尼克·凯利，安德鲁·甘布尔著，欧阳英译. 利害相关者资本主义[M]. 重庆：重庆出版社，1999.

联系战略和财务结果的纽带。成功的价值管理，要求将为价值进行管理的理念融合到决策的制定中去。制定决策时，要以决策目标——价值管理作为开端，并且通过财务和非财务手段来支持这个目标。使用的方法必须包括在战略制定、预算、报告、激励机制、薪酬等主要管理过程中，目的是增进业绩或做出正确的投资决策。只有当管理人员把价值最大化作为公司的目标时，公司才可能真正实现价值管理，而要实现这一目标，管理人员首先必须制定经营战略。然后管理者必须把这个目标和经营战略转变为公司的一种理念。这种理念需要自始至终地贯穿于公司自我衡量、自我管理的过程中，及公司为了扩展业务所做出的新投资决策中。

从逻辑上可以将价值管理的主体分为五大类：目标、战略、业绩衡量、管理过程以及决策。实现目标需要战略，业绩衡量可以控制战略实施的过程，所以可以使公司在管理过程中得到正确的决策。在战略计划、预算、报告／业绩衡量和激励的管理过程中，只要不断地向管理者传递信号，以增强价值理念并支持公司的决策。当然，一个管理过程或许会集中于这个优先目标，而另一个管理过程则会集中在其他的优先目标上。因此必须在管理过程中向管理者输送持续一致的信号，见图4-3。

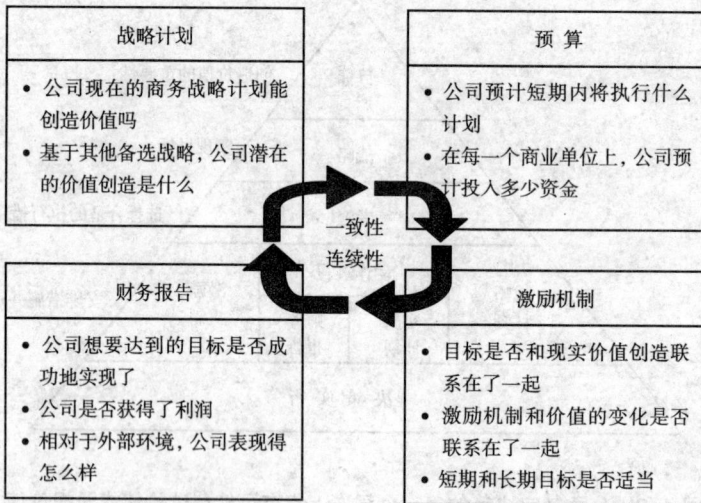

图4-3　为了成功地创造价值，各个过程必须保持连续一致

（资料来源：杨雄胜等. 高级财务管理[M]. 南京：南京大学出版社，2000. ）

3. 价值管理与财务管理的相互关系

（1）企业价值是现代财务理论体系的起点与核心。企业的各种财务决策，如融资决策（资本结构问题）和投资决策（资本预算问题）都将直接影响到企业价值的大小。作为理财目标的一种选择，企业价值及其最大化的合理性与科学性得

到了人们的肯定和支持。由此，企业价值作为财务目标的内容，成为财务理论体系衍生发展的起点，更成为整个理论体系的核心。在投资组合理论、资本资产定价模式、资本结构理论、股利理论等现代财务理论中，它们无一不是以价值最大化为起点，并无一不涉及风险与收益均衡的问题。可见，企业价值最大化已成为现代财务理论的起点与核心，失去企业价值，现代财务理论体系将失去目标。

（2）以价值为基础的财务决策是企业实行价值型管理的前提。现代公司管理的核心就在于财务决策——投资决策与融资决策，实现公司价值最大化的理财目标。在这个过程中，财务管理需要着眼于未来，很好地规划公司在可预计年度内的效率及其成长，不断提高公司价值。企业价值最大化作为企业财务管理的基本目标，不仅指明了企业财务管理的预期结果，还明确了所应采取的措施——努力提高净现金流量，均衡风险与收益，关注长期发展能力及财务决策的范围，成为企业各项财务决策的出发点。首先，任何一个企业在财务决策之前，都必须了解企业的现有价值。其次，在企业价值最大化财务目标的指导下，财务决策过程实际就是一个分析该决策可能对企业价值造成何种影响的过程。最后，财务决策实施后的企业价值变化，作为该财务决策的现实结果表现，是评价该决策优劣的公正尺度，同时又为企业今后的财务决策提供了前提。

（3）公司价值管理为投资者和经营者提供了价值发现的过程。涵盖可持续发展的 FCF 和风险要素的公司价值评估（WACC）已成为投资者和公司管理者一项十分重要的经常性工作。投资者和经营者可根据价值评估的结论，衡量其投资价值做出正确的投资决策，最终买卖双方通过协商确定一个共同认可的价值。财务决策实施后的公司价值变化，作为该财务决策的现实结果表现，是评价该决策优劣的公正尺度，同时又为公司今后的财务决策提供了前提。

公司价值是决定公司一切财务活动的基础，公司价值评估中所体现的经营观念必将转化为公司较强的生存能力和竞争能力，决定经济资源的合理流向，从而有助于公司的持续稳定发展。在公司价值最大化财务目标的指导下，财务决策过程实际就是一个分析该决策可能对公司价值造成何种影响的过程。

二、财务价值管理体系的构造

1. 构建财务价值管理体系的必要性

在 VBM 的框架下，必须反思过去乃至现在奉行的财务价值分析方法，尤其是以单一指标为核心的财务指标分析体系。比如以净资产报酬率（ROE）为核心的杜邦分析体系、以投资回报率（ROI）为核心的业绩考评体系、以每股收益（EPS）为标杆的 "EBIT-EPS" 资本结构决策分析方法、以市盈率（P/E）为主的企业风险与价值模型等。虽然这些财务分析技术也被称为 "价值分析"，但是与 VBM 理念不相适应、不协调，理由是：

（1）它们把利润额作为企业价值的主要来源，增加当期收入、降低成本是企业财务管理的着眼点，尽管有些财务指标（如 ROE、EPS 等）在一定程度上代表着股东的价值取向，但它们偏重短期利益，容易诱发利润操纵或盈余管理。

（2）上述方法采用的财务指标，注重对过去结果的反映，不能主动进行未来的分析和管理，难以与组织的战略目标有机融合。

（3）上述分析方法基本上采用单一财务指标，这种方法容易导致企业决策忽视关键的其他成功要素，致使行为与目标发生偏差，而且单一的财务指标难以引导企业平衡发展与可持续增长。

（4）上述分析方法的数据来源于传统的财务会计体系，而会计上的净利润指标忽略了为产生利润而占用资本的机会成本，同时上述分析工具单纯就报表因素分析财务价值问题，存在着本末倒置的问题。可见，现行财务管理体系尤其是分析工具必须再造，以更好地服务于企业价值最大化目标。

2. 构造 VBM 框架下的价值型财务管理模式

由于 VBM 的导入，企业价值已经成为主导经营者经营决策的风向标，也使得新型的管理命题在不同的管理活动领域中脱颖而出，如作业管理（ABM）、基于过程或活动的预算管理（ABB）、基于优先程度的预算编制（PBB）、关键成功因素（KSF）、标杆（benchmarking）、业务过程再造（BPR）、战略业务单位（SBU）、关键绩效指标（KPI）、平衡计分卡（BSC）、整合绩效管理（IPM）、经济增加值（EVA）、市场增加值（MVA）等，这些致力于价值创造的管理命题同时也使得 VBM 变成现实可操作的程序和方法体系，把财务职能从着眼于历史的控制职能转变为着眼于未来的增值职能。但如何将这些看起来不成为体系的先进方法和管理手段纳入同一个模式中，这是价值型财务管理模式试图解决的问题。对此存在两种观点：

第一种观点是马格丽特·梅认为，VBM 强调所有的决策必须以价值为基础，并对整合管理过程提出了具体要求，包括对企业治理、组织结构、战略、规划与预算控制、绩效管理、员工报酬等重要性因素进行排序并重整。职能转变后的财务部门也将对增加企业价值发挥作用，包括：以外包或分享服务中心的方法来提供经营服务；帮助企业实施 VBM；帮助企业进行绩效提高；帮助企业进行信息管理；战略制定和经营决策支持；帮助企业进行风险管理、投融资和其他管理服务。[①]

第二种观点是托马斯·沃尔瑟认为，企业财务总裁的新职责包括：财务与企业经营的合作与整合；战略；管理控制；成本管理；财务交易过程与体系。[②] 财务管理从简单的投融资业务转向了对战略、管理控制和企业经营管理的全方位介入。事实上构建企业价值型财务管理模式，必须始终以价值最大化为最终目标，

① [美] 马格丽特·梅著，郑志刚译. 财务职能转变与公司增值[M]. 北京：电子工业出版社，2002.
② [美] 托马斯·沃尔瑟. 再造财务金融总裁：从财务管理到战略管理[M]. 北京：商务印书馆，2000.

涵盖企业长远发展战略，同时尽可能地量化财务战略，将财务管理理念、财务管理方式、财务管理流程进行整体的再造和有序梳理。

3. **价值型财务管理模式的体系设计和理论框架**

首先以图4-4所示的结构图来说明VBM框架下公司财务价值型管理体系，然后就财务管理程序上的梳理与再造的具体内容进行分述。

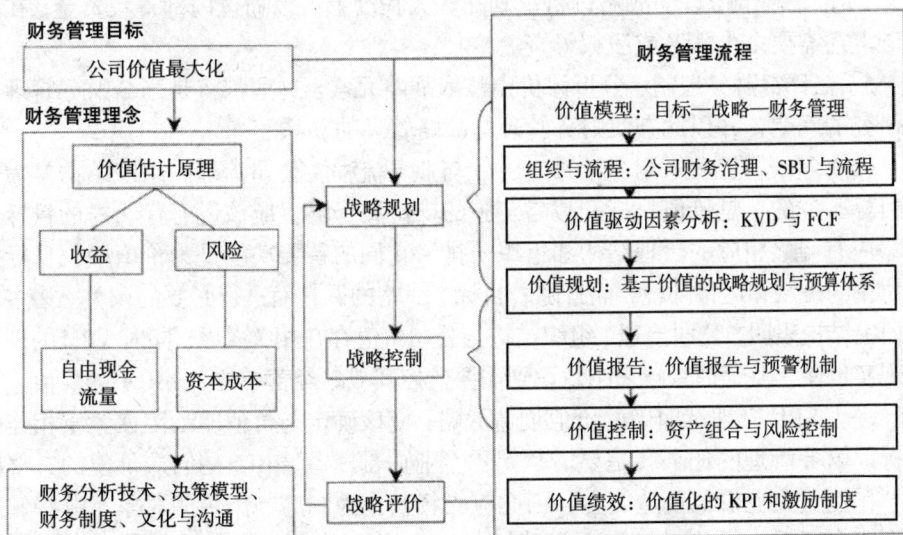

财务管理目标
公司价值最大化

财务管理理念

价值估计原理

收益　　风险

自由现金流量　　资本成本

财务分析技术、决策模型、财务制度、文化与沟通

战略规划

战略控制

战略评价

财务管理流程

价值模型：目标—战略—财务管理

组织与流程：公司财务治理、SBU 与流程

价值驱动因素分析：KVD 与 FCF

价值规划：基于价值的战略规划与预算体系

价值报告：价值报告与预警机制

价值控制：资产组合与风险控制

价值绩效：价值化的 KPI 和激励制度

图 4-4　VBM 框架下的公司财务价值型管理体系

（资料来源：[美] 托马斯·沃尔瑟. 再造财务金融总裁：从财务管理到战略管理[M]. 北京：商务印书馆，2000.）

（1）以"目标—战略—财务管理"为主线的价值模型构建。价值型财务管理模式强调财务对企业战略的重新定位和全面支持，即有效战略的形成和有效战略的执行。在打造价值型财务管理模式时，应分析并设计财务战略，充分考虑：①财务资源的可获得性。②预计或潜在的财务收益。③财务收益的时间分布和现金流量。④是否存在协同财务收益。⑤发展战略的内在风险等。因而，现代财务管理模式是目标、战略和财务管理的相互影响、不断渗透、有效融合。具体而言：

1）在财务决策中必须注入战略思考，尤其是涉及企业的长期财务决策。以投资决策为例，在财务管理中，投资决策的首要任务不是选择备选项目而是确定诸如多元化或是单一化的投资战略，这是搜寻和决策项目的前提。

2）在财务分析评价方法中注入战略元素。如广泛使用的评价方法是贴现现金流量法，当企业更加关注资本支出的其他战略方面时，就要对此方法加以补充。因为短期内的现金流量无法涵盖项目带来的全部战略收益，现金流量方法只衡量该技术成本节约的数额及财务收益，并将财务收益作为项目取舍的主要依据。

3）企业战略规划具有投资组合的性质。主要的问题是如何在各业务单元、单位中分配资源，以使整个资源组合的价值有所提升。如果目前的组合不能实现企业的最佳价值，就需要通过战略制定和调整，对业务、单位组织进行重组，包括并购、战略联盟或"内部增长"等扩张方式，抑或通过关闭、剥离或撤资而集中经营某类业务来实现战略转型。

4）企业基于拟订的战略进行谋划在多大程度上可以通过内部筹集资金，在此基础上还需要多少债务或股权筹资。

5）在日常财务控制、分析评价中注入战略元素。这些都将是当今财务管理必须研究的问题，并以此夯实财务管理与战略管理的联系。

（2）组织与流程：财务治理、SBU 与业务流程。公司治理、组织结构是为价值目标服务的，是价值目标和战略实施的支持和保障。应该说有什么样的目标和战略应有与之相应的治理结构和组织安排，它们的首要功能是为价值增长目标提供协调的机制和运行环境，而且随着目标、战略的调整而进行必要的调整。诸多实证研究结论表明，公司治理、组织结构与公司价值存在相关关系。同时 VBM 的理论和现实也使企业管理者越来越意识到需要监控其战略经营单位（SBU）的价值。

一个 SBU 必须有明确的价值创造战略；应该确定与价值驱动因素紧密相连的指标。财务管理的任务就是要清楚揭示企业内部哪些 SBU 是创造价值的？哪些 SBU 限制了企业价值创造能力，因此应当将其作为剥离、出售的对象？哪些 SBU 能有现金回报？哪些 SBU 完全在消耗企业现金流量？因此，实现价值的增长必须解决组织流程问题：第一步是财务治理层面的问题，包括财务治理结构框架、利益相关者管理政策、董事会的财务决策与监控制度、对经营者的激励与约束机制等。第二步是要解决延续了近百年的企业内部垂直一体化层级结构问题。在采用 VBM 的组织中，自由形成 SBU 相互之间开展业务、使用服务水平协议及向接受服务的业务单位收费等已变成现阶段流行的做法。为了识别、评估和降低风险，制定全企业综合的业务过程标准和政策，由此形成成本中心、费用中心、收入中心、利润中心和投资中心这些责任清晰的责任中心，对引导组织上下共同趋向价值最大化这一目标十分重要。

（3）价值驱动因素：KVD 与 FCF。"在战略领域内，CFO 需要进行战略性分析，并且对企业决策的合理性和承担风险的'合适度'进行不断的反省，他所采取的一个关键工具就是价值链分析。价值链分析就是将企业运营放在如下两个背景中展开：企业内部的价值链分析和企业在社会整体价值链中的位置分析"。① 价值链分析的结果不仅可以重新研制战略计划和预算，还可以梳理企业的业务流程和组织体系，明晰企业的关键价值驱动因素（key value driver，KVD）。关键价值驱

① [美] 托马斯·沃尔瑟. 再造财务金融总裁：从财务管理到战略管理[M]. 北京：商务印书馆，2000.

动因素指影响或推动价值创造的那些决策变量。与价值驱动因素相关的标准叫做关键绩效指标(key performance index，KPI)。财务管理的任务就是要将企业战略目标、分析技术和管理程序结合在一起，寻求和挖掘价值驱动因素并使之工具化和制度化，以使管理当局和员工理解价值的形成过程，把握实现企业价值最大化目标的具体方法，并通过驱动因素的优先顺序来确定企业资源配置方案。

从企业价值模型看出，价值评估参数就是企业层面的KVD，包括销售增长率、营业毛利率、所得税税率、营运资本投资、固定资产投资、资本成本和价值增长期等因素。其中前三个价值驱动因素具体反映了产品生产、定价、促销、广告、分销等经营决策的水平；而营运资本和固定资产投资这两个驱动因素反映了上升的存货和生产能力扩张等投资决策水平；融资风险和财务风险则决定了资本成本这一驱动因素；价值增长期是时间驱动因素。要确定价值驱动因素，有四点极为关键：①价值驱动因素应与整个企业的价值创造直接联系起来。②企业从价值驱动因素的角度，确定价值化指标，将战略化为长期指标与短期指标、财务指标与非财务指标、一级目标和次级目标等。③企业总部应该有总部的价值驱动因素，每个业务单位都应该有各自的关键价值驱动因素。④注意关键价值驱动因素在时间、空间上的平衡，综合全面考虑各因素之间的关系，而不顾此失彼。

在估价模型中最为敏感的因素是销售增长率、利润率和资本成本：就企业对FCF的关注重点不同，可以将企业的发展模式分为四类：①追求利润型（严格控制开支获取利润，求好不求多）。②单纯增长型（求多不求好）。③增长滞后型（稳定压倒一切）。④价值创造型（平衡的追求好与多，既强壮又精干）。[1] 成功的价值增长表现为长期生存发展，追求长期增长必然要求牺牲部分短期利润，但是究竟牺牲多少才能合适？企业怎样才能做到扩张而不损害投资者的长期利益与公司长期价值？事实上，只有保持规模增长、利润提升和降低资本成本等这些KVD之间的平衡发展的企业，才能列入价值创造型企业。

（4）价值规划与全面预算体系。全面预算管理从VBM的角度分析，就是通过价值驱动因素来进行资源配置管理。全面预算管理是与现代企业制度下的法人治理结构相匹配的管理制度；是确保企业战略实现的实施方案与保障体系；是涉及企业方方面面的目标责任体系；也是整合企业实物流、资金流、信息流和人力资源流的必要经营机制。财务管理制度应以全面预算管理思想和框架为依托，实现财务管理的全过程、全方位、全员的特性。要使预算在企业VBM中发挥更大作用，迫切要求改进传统预算模式与方法，包括保证预算制定的过程能够适应不断变化的经营环境、采用高水平的财务模型来拓展年度预算的框架、建立以价值增值为目标的预算程序、确认和监督企业的价值创造活动的全过程、建立预算与战略计

---

① [美] 詹姆斯·麦格拉思等. 金色的轨迹[M]. 北京：机械工业出版社，2001.

划的联系等，具体而言：

1）将传统的预算方式转化为一种以作业单元和价值链为基础的分析工具，用以衡量企业所开展的各项工作。

2）通过良好的预算技术，使企业既定的衡量尺度从现行的财务报告具体科目转变为企业的预算目标指标，并与战略充分对接。

3）建立精巧的预算数据模型，描绘经营管理行为的偏差与年度经营目标之间的关系。

4）分解和评价产品在每一个环节和工作中所形成的"经济增加值"。

（5）价值报告与预警机制。价值报告作为战略控制手段之一，反映活动、过程、结果和信息反馈。它强调服务于价值目标，在现阶段它更接近于管理会计报告的概念，既可以与财务会计报告并行，也可以完全分开，直至在信息技术足够的条件下，价值报告将涵盖企业的所有信息，包括财务会计报告。它与财务会计报告的区别是价值报告试图描述基于价值的战略实现情况，借以控制业务过程和各个层次的平衡绩效标准、产出量和设备利用状况等。它强调使用最新的信息技术和分析方法，并对整体的活动全方位、多角度地分析。比如对一个预算编制中心的价值报告要列示该中心的各项活动，以及每项活动的实际产出、预算成本、单位成本、实际或预计可获得的价值。价值预警机制作为企业价值实现、运行状况的晴雨表，具有监测、信息反馈和预警功能。当企业价值实现过程发生潜在危机时，预警系统就能及时寻找到导致企业价值状况劣化、恶化的主要原因和根源，使经营者有的放矢、对症下药，制定出有效的措施，保证价值目标的顺利实现。建立全方位的预警机制，强化价值实现过程的风险控制，内容包括价值预警制度体系、工作流程、指标体系与标杆选择、预警的反馈与处理机制等。

（6）价值控制：资产组合与风险控制。在 VBM 框架下，企业价值创造能力的衡量方式、内容都有重大的变化，VBM 所涵盖与衡量的资产包含了所有与企业价值创造相关联的资产，这些资产包括有形资产、无形资产、人力资源、信息资源、组织与文化、客户与供应商和竞争优势等。财务管理体系的任务之一就是管理企业这些资产组合，利用资产组合和流程运作，发挥资产最大效益进而创造价值。另外财务管理必须面对企业价值创造过程中各种风险，包括系统性风险和非系统性风险，尤其是非系统性风险。

财务管理力图建立全方位的财务控制体系、多元的财务监控措施和设立顺序递进的多道财务安全防线，以及具体的、可操作性的财务控制方式。包括如何进行财务组织控制、财务战略制定；如何根据自身的经营规模、内部条件和外部环境，决定其适宜的组织体系和安排财务集权、分权程度；如何进行授权控制、流程图控制、风险控制、责任控制、预算控制、实物控制、建立内部结算中心和网络化财务体系等。值得说明的是，价值型财务管理模式绝不是上述财务控制方式的简单罗列。首先，要研究各种控制方式的运行环境、体制效应和有关方式之间的相互融合；其次，应实现从资源配置型到人本型财务管理的转变；最后，价值型财务管理模式中的财务控制特别强调财务风险控制与企业经营的整合。

财务风险控制的内容有：①确保所有对外报告的完成和对外义务的履行，防范信息风险。②建立控制制度，确保企业财产安全，防范资产风险。③确保现金管理、应收款管理和应付款管理的完整和高效率，防范信用风险。④履行所有的报税和纳税义务，防范政策风险，并寻求降低企业税务负担的机遇。⑤推行投资者关系管理，维持与投资者、债权人、企业开户银行密切的日常关系，防范融资风险。⑥严格投资决策程序，规范投资分析和制度控制，防范投资风险。

（7）价值化的 KPI 和激励制度。价值型财务管理模式中价值评价的功能定位在三个方面：①作为价值最大化的具体化，反映为企业战略规划、战略管理重点和价值化指标，以此形成具有战略性、整体性、行为导向性的"战略绩效测量指标体系"，为经营决策提供标杆。②通过财务评价对企业各种活动、运营过程进行透彻的了解和准确把握，为企业进行财务战略性重组决策提供依据。③通过有效的绩效评价体系，反映经营者、管理当局、员工等的努力对于实现企业目标做出的贡献、并据以决定奖惩。这一整套的业绩评价体系内容包括：财务战略、财务控制与价值评价的有机衔接；KPI 指标体系与权数；单位评价与单位负责人评价的衔接；VBM 与 EVA、MVA、BSC 等评价工具的有机融合；业绩考核与业绩管理。我们强调 VBM 中 KPI 的主要特征是：对企业价值有巨大的影响力；与现金相联系；可控性；可度量性。与价值考评相关的另一个问题是考核的标杆，即根据什么标准来评价业绩，并奖励经营者和员工。标杆选择上具体包括预算标杆、资本成本标杆和市场预期标杆。从理论上讲这是一个将规模、收入、成本等绩效指标进行比较的有效工具。借助于这个工具的持续改进，并通过量化的形式把标杆固定下来并应用于预算管理过程和绩效监控系统，可以保障企业实现价值最大化目标。

第二节　价值管理理论的基本内容

一、股东价值

1. 股东价值的内涵与经济意义

（1）股东价值的内涵。股东价值指股东对公司未来收益的所有权。这种未来收益的基础，是公司的市场价值，等于从其目前规划的经营活动所产生的、可预测的未来盈利，按风险利率进行折现后的现值。股东价值必须"经风险贴现"。这种贴现是投资者对使用其资金所要求的补偿。因为在将资本投入公司时，投资者冒着以下风险：①资本被耗尽而没有任何回报。②资本回报率达不到所要求的水平。③如果将资本投向其他方面，他们本可以得到更高的回报。为了补偿他们所冒的风险，必须承诺给他们的回报高于他们所投入的资本。由此可得出结论，公司的股东价值等于公司目前和规划的经营活动中产生的"可预测的未来盈利"经风险贴现后的现值。

（2）股东价值的计量。按传统财务理论，一个公司的价值是债务与股权价值的总和，而股权部分则称之为"股东价值"。也就是：公司价值=债务 + 股东价值。

公司价值的债务部分包括债务的市场价值、未支付的养老金以及其他索取权（如优先股）的市场价值。由以上等式可得：股东价值=公司价值 - 债务。可见，为了计算出股东价值，必须先计算出整个公司或业务单元的价值，也就是"公司价值"。而公司价值由三个基本要素组成：①预测期内经营现金流的现值。②反映预测期末业务现值的"残值"（residual value）。③有价证券的市值以及其他能转换成现金且对经营非必需投资的价值。

2. 为增加股东价值而管理

（1）为股东价值而管理销售活动。从股东价值的角度考虑，销售有两方面的价值。一方面，它代表着实现公司现有竞争优势潜力的收入承诺；另一方面销售还能帮助公司建立一个更强大的未来竞争优势。当新客户在同一个细分市场中选择了其他厂商，使得大多数客户集中在一家厂商手中时，这种情况就会发生。这种销售代表"良性收入"。由此而论从投资者和管理股东价值的角度考虑，企业有些收入是"中性收入"，甚至还有将股东价值推向反面的"不良收入"。中性收入是指主要竞争市场之外的收入，通常是机会性销售的结果。它增加了运营资本，但并不表示公司在市场力量方面有什么收获，竞争优势缺口和竞争优势期间都没有改变。不良收入来自主要竞争领域之外，而且是以稀缺资源为代价换取的，它使股东价值走向反面。可见一味扩大销售追求市场份额并不一定增加股东价值。从股东价值出发，管理销售正确的理念是，努力扩大良性收入，减少中性收入，杜绝不良收入。

（2）为股东价值而管理营销活动。营销活动最重要的目标是帮助公司瞄准它能从中获得可持续竞争优势的目标市场。企业一般面对的市场可分为两类：市场A和市场B：市场A是一个大规模市场，已经有一定数量的厂商在其中，它们有许多机会来开发它。作为一个整体，市场已经得到了开发，但出现的新市场空间尚未开发。市场B是一个被忽视的市场，没有有效的市场领导者。整个市场都从未得到开发。如果企业已经是正在其中运行的厂商之一，那么市场A是更好的选择，如果企业不具备在现有市场上的强势地位，那么市场B是好得多的选择。选择市场的目标是基于其未开发潜力的大小，并考虑公司获得市场优势的可能性，这是可持续竞争优势的关键要求。一般而言当公司在大规模现存市场上追求利润空间时，应集中精力成为池塘中最大的一条鱼，这使得营销规则变成了对鱼池比率（fish-to-pond）的监控，这正是杰克·韦尔奇在通用电气公司施行管理的逻辑基础。[①]

（3）为股东价值而管理营运活动。管理股东价值，公司主要解决与核心关联业务的组织问题。公司应清楚自己的经营活动中什么是核心业务，什么是关联业务；并能够迅速拿出管理关联业务的解决方案，并将注重实效、真正行之有效的外包关系付诸实施，这都是现代企业所要经常面对并做出应对措施的问题，也是影响股东价值的重要方面。总之，区分核心和关联的界限会有利于公司更好地利用其资源，并且是提高股东价值的有效途径。

（4）为股东价值而管理财务活动。与管理股东价值最为直接的是财务部门，作为损益结果的监管者，预算活动的领导者，各种月度报告的编制者和季度报告的发布者，它们通常将自己视为公司和股东达成一致财务认识的通道。然而在成长性行业中，可持续竞争优势在相当程度上取决于开拓市场时所取得的早期市场地位，用纯粹的损益法来制定战略和规划是极度错误的。缩小的竞争优势缺口要么直接表现为销售收入的下降，要么表现为当公司为弥补其竞争优势缺口欠缺而进行的折扣所导致的毛利率降低，或者二者兼而有之。[②] 无论哪种情况，损益指标都使得管理层面向这个问题，而且开始采取行动。但利润表并不能也没有发觉竞争优势期间的恶化。竞争优势缺口/竞争优势期间图是未来财务状况的反映。

二、员工价值

1. 员工价值的内涵与决定因素

（1）员工价值的内涵。员工价值是员工满意度的综合衡量方式。提高员工的满意度可以留住优秀的员工，而优秀员工对企业的无限忠诚，可以对企业价值创造发挥基础保障作用。首先，如果雇员忠诚，他们学习并提高效率的机会就多；其次，忠诚的雇员长期在公司工作，便为公司节省下了招聘和培训费用，这笔钱就可用于增加顾客满意度的种种措施之上；最后，用来赢得雇员忠诚并激励他们士气的经营思想和政策，也可用来争取更多更好的顾客。

（2）员工价值的决定因素。与雇员忠诚相关的七种经济因素如下：①招聘投资。②培训。③效率。④选择顾客。⑤留住顾客。⑥向顾客推荐。⑦雇员推荐。

2. 员工价值的核心——生产率

生产率通常是指雇员创造价值的速率，而生产率的增长对于企业和社会的健康都是不可或缺的。生产率增长是可持续成本优势的主要源泉，也是雇员获得可

---

① [美] 阿斯瓦斯·达摩达兰著. 应用公司理财[M]. 北京：机械工业出版社，2004.
② [美] 马格丽特·梅著，郑志刚译. 财务职能转变与公司增值[M]. 北京：电子工业出版社，2002.

持续补偿的唯一源泉。就提高生产率而言，忠诚领先企业认为，有效地降低成本的唯一途径是让雇员尽可能多赚一些钱，即为高质量的人工支付较高的价格。

（1）低成本。妨碍企业更好地推行忠诚管理、争取更高生产效率的一大常见障碍是，许多企业的经理似乎都认为收入与费用来自两个完全不同的世界，但事实上在今天的服务经济里，雇员第一次同时对企业的收入和成本发挥着决定性的作用，并进而将两者联系在一起。为了更为高效地管理生产率，许多企业实行按出纳员人均交易量等局部效益测算指标，忠诚领先企业也一样重视这些指标；只是更为强调生产率的全范围衡量指标，即雇员人均收入。由于雇员实际上控制着营业收入和成本，公司必须变革它们的雇员政策，以期产生或者增强两大效应：雇员的学习曲线，雇员利益和公司利益的协调。

（2）学习曲线。学习曲线这一概念是在 20 世纪才逐渐形成并得到研究的，主要产生于汽车、半导体等行业。工程师们注意到，制造单位产品所需要的时间和金钱会随着生产数量的增长而递减。实际上如果数量累进增加一倍，单位产品的成本可以递减 20%~30%。[①] 这些发现逐渐变成了制造业管理工具的一部分，后来在企业的发展策划中也发挥了作用。因此，对于现代企业来说，测量雇员个人的学习曲线，要比考察所谓的公司学习曲线更有意义。这可从以下四方面考察：

1）学习曲线的纵横变化。公司中个人的生产率是雇员如何勤奋地工作与其如何聪明地工作的乘积。一个人如何聪明地工作取决于他受到的培训有多少，但事实是绝大多数的培训来自于工作和实践。如果雇员对企业谈不上忠诚，工作时间不够他进行学习并且把学到的东西应用到工作中去，那么雇员和公司双方都不会取得优异的生产率。

2）保持生产率优势。忠诚领先企业制定自己的竞争策略时无不从雇员忠诚和服务期限两方面着手，因为一套人力资源体制的建设，要依赖各种各样无形的要素，这些无形要素一旦得到合理的配置和应用，就会成为可持续发展生产率优势的一大源泉，它是竞争对手无论如何也模仿不了的。忠诚领先企业以此激励雇员把公司当做久留之地，并在这里大显身手，将企业的效益搞上去。

3）影响生产率的消极因素。企业如想加强雇员的忠诚程度、提高生产率，必须尽其所能加强雇员个人的学习，同时协调好雇员与公司的利益关系。这么做的一条最佳途径便是允许雇员增加收入。换句话说，降低成本占收入比例的捷径，往往还是增加雇员获得补偿的机会。

4）所得与产出两不相称。雇员为公司创造的利润总额，等于他们的生产率曲线与其所得报酬的曲线之差。在实行忠诚管理的企业时，获得报酬是实现生产率

---

① [美] 加里·柯什沃思著，李克成译. 整合效绩管理——实现股东价值的有效方式[M]. 北京：电子工业出版社，2002.

的一个功能，这两个要素同升同降，荣辱与共。于是雇员个人势必总是想方设法，力图提升他们的生产率。

三、客户价值

客户是企业生存与发展的基础，可以说是企业的生命之源，企业的价值归根结底无非是能满足特定客户需要。正如德鲁克而言，"对企业目的只有一个有效的定义，使客户得到满足……客户界定了企业是什么"。[①]

1. 经营利润链及其核心内容

经营利润链理念认为：利润、增长、顾客忠诚度、顾客满意度、顾客获得的产品及服务价值、员工的能力、满意度、忠诚度、劳动生产率之间存在着直接、牢固的关系。经营利润链的中心是顾客价值等式。它表明：提供给顾客的产品和服务的价值，与为顾客创造的服务效用以及服务过程质量同等重要。它们与顾客购买服务的价格及购买过程中其他成本相互关联。经营利润链及其包含的价值等式让我们对经营质量的作用有了更深刻的理解，即顾客获得的最终价值超过服务供应商的成本，这是利润实现的条件。利润的实现程度取决于服务价格的高低，而价格是用来衡量顾客对价值预期值的。这样通过对运营战略进行设计，企业可以通过降低价格和购买成本，向顾客让渡更多的价值。经营利润链的管理为实施战略管理提供了方法。这两个概念相辅相成，两者都反映了一个重要目标，即到达市场、运营、人力资源管理的核心都是围绕满足顾客需求进行的。

2. 客户价值管理

"以客户价值为基础"的方法，是一种在企业与客户所需之间取得平衡与一致的方法。一旦一家企业或一个商业流程达到了客户所定义的愿景，企业就必须持续监督市场变化，更新愿景。只有以形式化、可重复进行的过程来实施客户价值管理，才能主动地察觉市场的改变，并采取相应措施，提高业务能力。

（1）客户需求子流程（customer-requirements subprocess）。这是一套正式记录程序，目的在于定期分析目标市场需求。这些程序包括：①市场细分与重新定位。②监督各个细分市场的需求与希望。③需求的行为驱动类别。④客户定义为为战略性理想价值提供愿景。

（2）客户对企业表现认知的子流程（customer-performance perceptions subprocess）。这是一套形式化的活动与明确记录的程序，用来取得客户对公司表现的衡量标准，这个子流程包括：①持续进行的客户满意度调查。②在产品或服务与客户互动之后，进行由事件驱动的客户调查（event-driven customer survey）。

（3）客户抱怨子流程（customer-complaint subprocess）。这一流程的主要目的

[①] [美] 乔治·达伊. 市场驱动战略[M]. 北京：华夏出版社，2000.

是提供迅速的反应并解决问题。因此"处理抱怨的流程"是调查的良好渠道之一。

（4）客户服务子流程（customer-service subprocess）。客户服务的一个明显目的，即提供任何客户要求的事物，另一个目的则是分析这些要求，以得知客户新产生的需求与希望。

（5）找出机会并确定优先顺序的子流程(opportunity identification and prioritization subprocess)。这是将客户价值管理的金字塔顶端转化为一套业务优先事项，以作为金字塔中层和金字塔底层的投资决策。

（6）企业财务计划子流程（business financial plan subprocess）。必须加以修正或建立以涵盖两个重要的客户导向要素：①流程负责人有权利和责任，以企业整体的观点，通过跨部门的行动和投资改善企业。②企业的资源（财务、信息技术人员等）必须根据客户的意见，分配到每个流程中。客户价值管理提供了一个机制、以满足客户需求所带来的潜在报酬为基础，将整个企业的财务与资源进行跨部门的整合，将提案过多的僵局瓦解。只要实施这种流程，企业便可以观察市场中的变化，并在客户的需求与公司的能力之间维持平衡。

第三节　EVA 理论

EVA（economic value added），中文翻译为经济增加值，它是思腾思特（Stern SteHart）公司在 1989 年经过长时间酝酿推出的概念。作为一种概念，EVA 是指在扣除产生利润而投资的资本成本后所剩下的利润。EVA 考虑的资本成本就是经济学家所说的机会成本。机会成本（opportunity cost）指投资者由于持有现有公司证券而放弃的，在其他风险相当的股票和债券上进行投资所预期带来的回报。资金成本的概念体现了自亚当·斯密（Adam Smith）以来的基本思想：企业投入的资金，应当带来最低限度的、具有竞争力的回报。这种资金成本（或者必要投资回报率）的计算范围包括股权和债务。正如债权人需要得到利息回报一样，股东也要求对他们的风险资本得到一个最低可以接受的回报。因此 EVA 是股东回报的指标。

一、经济增加值模型概述

1. EVA 概念

EVA 指标设计的基本思路是：理性的投资者都期望自己所投出资产获得的收益超过资产的机会成本，即获得增量收益；否则，他就会想方设法将已投入的资本转移到其他方面去。根据 EVA 商标持有者思腾思特咨询公司的解释，EVA 是指企业资本收益与资本成本之间的差额。更具体地说，EVA 就是指企业税后营业净利润与全部投入资本（债务资本和权益资本之和）成本之间的差额。如果这一差额是正数说明企业创造了价值，创造了财富；反之则表示企业发生价值损失。如果差额为零，说明企业的利润仅能满足债权人和投资者预期获得的收益。EVA与股东价值同方向变化，追求未来 EVA 贴现值最大化就是追求股东财富最大化。而股东财富价值是企业价值的重要组成部分，股东财富价值的增减必然会引起企业价值的增减。所以可以将 EVA 引入价值管理，在计算 EVA 的基础上确定企业价值。

用 EVA 模型估算公司投资价值的基本原理是：企业价值应等于投资资本加上未来年份 EVA 的现值，[①] 即：

企业价值 = 投资资本 + 预期 EVA 现值

其中：预期 EVA 现值的计算与公司自由现金流量贴现模型原理相同，可采用单阶段、两阶段和三阶段模型。

2. EVA 计算应考虑的主要调整事项

EVA 是税后经营净利润减掉资本成本后的"剩余利润"，它的来源是传统的 RI(Residual Income，剩余收益) 指标。但 EVA 和 RI 的本质区别是：EVA 对 GAAP（公认会计准则）中不利于股东决策的会计处理进行了调整，使基于财务报告计算出的 EVA 更加符合股东的需要。

（1）调整的主要目的是：①摆脱会计核算过分谨慎的影响，使 EVA 结果更加准确反映经济现实。②减少经理人盈余操纵和会计舞弊的机会。③培养经理人的长期化意识。

（2）实践中选择调整项目时遵循的原则。①重要性原则，即拟调整的项目涉及金额应该较大，如果不调整会严重扭曲公司的真实情况。②可影响性原则，即经理层能够影响被调整项目。③可获得性原则，即进行调整所需的有关数据可以获得。④现金收支原则，即尽量反映公司现金收支的实际情况，避免管理人员通过会计方法的选取操纵利润。

（3）主要调整事项如下：

1）研究发展费用和市场开拓费用。计算经济附加值时所作的调整就是将研究发展费用和市场开拓费用资本化，即将当期发生的研究发展费用和市场开拓费用作为企业的一项长期投资加入到资产中，同时根据复式记账法的原则，资本总额也增加相同数量，然后根据具体情况在几年之中进行摊销，摊销值列入当期费用抵减利润。

2）商誉。商誉近似永久性的无形资产，不宜分期摊销，计算 EVA 时不对商誉摊销额进行必要的调整。具体而言，在调整时将以往的累计摊销金额加入到资

[①] 汤姆·科普兰等著，贾辉然等译. 价值评估：公司价值的衡量和管理[M]. 北京：中国大百科全书出版社，1997.

本总额中，同时把本期摊销额加到税后净营业利润的计算中。这样利润就不受商誉摊销的影响。

3）战略性投资。EVA对战略性投资采取特殊的会计处理，在一个临时账户上将该投资"搁置"起来，在此期间，临时账户上的资金费用只是简单累积，这个累积数字反映了投资的全部机会成本，包括累积的利息。当投资按计划开始产生税后净利润时，再考虑临时账户上的资金成本。这种处理方法鼓励经营者着眼于长期经营，抓住长期投资的机会。

4）递延税项。计算EVA时对递延税项的调整是将递延税项的贷方余额加入到资本总额中，如果是借方余额则从资本总额中扣除。同时将当期递延税项的变化加到税后净营业利润中。也就是说如果本年递延税项贷方余额增加，就将净值加到本年的税后净营业利润中，反之则从税后净营业利润中减去。

5）各种准备。各种准备包括坏账准备、存货跌价准备、长短期投资的跌价或减值准备等，对公司的管理者而言，提取准备金的做法一方面低估了公司实际投入经营的资本总额，另一方面也低估了公司的现金利润。因此，不利于反映公司的真实现金盈利能力；同时公司管理人员还有可能利用这些准备金账户操纵账面利润。因此，计算经济增加值时应将准备金账户的余额加到资本总额中，同时将准备金余额的当期变化加入税后净营业利润。

6）营业外收支。各种营业外收入和支出，属于非营业性产生的收支。非营业收支一般由变卖企业的固定资产或无形资产而形成，为了能较准确地估计EVA，可考虑从企业的正常利润中剔除。

3. EVA 的计算公式

公司每年创造的经济增加值等于扣除调整税后净营业利润与全部资本成本之间的差额。即：EVA = 投入资本 × （实际（或预期）投资资本回报率 − 加权平均资本成本），用公式表示为：

$$EVA = NOPAT - IC \times WACC$$

其中：NOPAT 表示扣除调整税后的净营业利润；IC 表示计算 EVA 的资本总额；WACC 表示加权的资本成本。

经济增加值的计算结果取决于三个基本变量：扣除调整税后的净营业利润，资本总额和加权平均资本成本。

（1）扣除调整税后净营业利润（NOPAT）。扣除调整税后净营业利润 = 营业利润 + 财务费用 + 当年计提的坏账准备 + 当年计提的存货跌价准备 + 当年计提的长短期投资 / 委托贷款减值准备 + 投资收益 − EVA 税收调整

其中：EVA 税收调整 = 利润表上的所得税 + 税率 × （财务费用 + 营业外支出 − 当年计提的固定资产 / 无形资产 / 在建工程准备金 − 营业外收入 − 补贴收入）。

公式说明如下：①因为资本成本已考虑了利息费用，所以要将记录当年利息

支出的财务费用加回到税后净营业利润（NOPAT）中。②因为加权成本已考虑了风险，所以当年计提的坏账准备、当年计提的存货跌价准备和当年计提的长短期投资／委托贷款减值准备这三项计提风险准备金要加回到税后净营业利润中。③由于折旧费是用于补偿资产的损耗，所以不需要加回到税后净营业利润中。④投资收益是资产投资的收益，所以应加入到税后净营业利润中。⑤由于财务费用（利息支出）、营业外利润、固定资产／无形资产／在建工程准备金和补贴收入已计入税前收入或支出，因此节省或多支出的所得税应予以扣除。

（2）资本总额（IC）。资本总额包括债务资本、股本资本以及衍生的约当股权资本。约当股权资本是由于会计准则与EVA在计算股权资本上有差别，进行会计项目调整的科目。

EVA的资本（IC）＝债务资本＋股本资本＋约当股权资本－在建工程净值

在计算EVA的资本成本中扣除了在建工程净值，对此思腾思特管理咨询公司的解释是，因为在建工程在转为固定资产之前不产生收益，如将其计入资本成本会导致此项资本成本无相关的收益相匹配，因此EVA资本总额中不包括在建工程。

其中：债务资本＝短期借款＋一年内到期长期借款＋长期借款＋应付债券

股本资本＝股东权益合计＋少数股东权益

约当股权资本＝坏账准备＋存货跌价准备＋长短期投资减值准备＋固定资产／无形资产减值准备

（3）加权平均资本成本（WACC）。加权平均资本成本的计算与公司自由现金流贴现模型相同。

二、经济增加值模型的运用

1. 计算历史EVA

根据上述EVA计算公式，算出的历史EVA值见表4-1（AA软件公司）。

表4-1　　AA软件公司历史EVA计算表　　　　单位：元

项　目	2003年	2004年	2005年	2006年	2007年
利润表上的所得税	20380549	32565472	15914694	17223888	93824855
财务费用	5205047	6801972	19751296	24614947	26003200
营业外支出	19208685	11049084	6443783	979717	8917808
固定资产／无形资产／在建工程准备金	18562554	10124392	5197752	100870	0
营业外收入	383103	397869	552274	581692	481013853
补贴收入	0	10413682	35066595	26216816	20566930
EVA税收调整	21200760	32102739	13721463	17028181	23825889
营业利润	179925475	144461829	74247776	56311266	33269966

续表

项　目	2003 年	2004 年	2005 年	2006 年	2007 年
财务费用	5205047	6801972	19751296	24614947	24614947
当年计提的坏账准备	460784	7818544	14554799	12362193	7274226
当年计提的存货跌价准备	128879	8363085	10144058	6136516	0
当年计提的长短期投资／委托贷款减值准备	0	1000000	0	0	0
投资收益	−1586329	7404691	−816332	3001881	−3545796
期货损益	0	0	0	0	0
税后净营业利润（NOPAT）	162933096	142747382	104160134	85398622	37787454
短期借款	68000000	473957559	625183510	579081629	392803444
一年内到期长期借款	200000	7084073	6869642	7415750	0
长期借款	0	0	0	12000000	70000000
应付债券	0	0	0	0	0
债务资本	68200000	481041362	632053152	706497379	462803444
股东权益	1120892596	1192016738	1273209399	1321345321	1444471226
少数股东权益	77694611	102325109	122859265	142654568	192916946
递延税项	0	0	0	0	0
股本资本	1198587207	1294341847	1396068664	1463999889	16373881272
坏账准备	1199827	8675168	23229967	35004614	50931656
存货跌价准备	875235	9238320	19382378	25518894	21980575
长短期投资／委托贷款减值准备	0	1000000			
固定资产／无形资产减值准备	22429260	32093314	35917146	34651830	23683364
约当股权资本	24504322	51006802	78529491	95175338	96595595
在建工程净值	5032053	16498510	2815312	30146324	10358087
（计算 EVA）总资本	1286259476	1809891771	2103835995	2235526282	2186429124
EVA	60032338	−2043960	−64146745	−93443480	−137126876

（资料来源：[美] 肯尼斯·汉克尔，尤西·李凡特著. 现金流量与证券分析[M]. 北京：华夏出版社，2003.）

2. 折现率的确定

本章采用加权平均资本成本（WACC）来确定公司自由现金流量的贴现率。准确地计算加权平均成本有一定的难度，尤其是在我国资本市场仅有 10 多年的历史以及市场有效程度不高，准确估计资本成本更是一件不容易的事。下面利用现有资料，尽可能估计出一个比较接近实际的资本成本率。对加权平均资本成本的估算，必须是包括股权成本和债务成本的加权平均数，下面是资本成本的计算过程。

（1）债务资本。软件公司的负债率较低，2003 年的负债率为 26%，2004 年的负债率为 22%，根据公司发展需要，其平均负债率为 28%。软件股份公司2006 年的资产负债率达到历史最高值（见表 4-2），软件股份公司目标资产负债率为 40%。

表 4-2　软件股份公司历年资产负债比率一览表

年　份	2005	2006	2007
资产负债率	40.3%	47.5%	41.3%

因为假设负债比率、负债结构保持不变，2007 年软件股份的利息支出为 26003200 元，负债总额为 1144322400 元，因此，税后债务成本 = 26003200 × (1 − 15%)/1144322400 = 1.93%。负债占资本总额比为 41.3%。

（2）股权资本成本。确定无风险收益率 R_f 时，本部分采用的是 2004 年记账式国债（代码为 010302），10 年期固定票面年利率为 2.80%，世界上通行取 30 年国库券的利率，因此，可适当扩展到 3.2%。确定市场风险报酬率（Equity Risk Premium，简称 ERP），本部分将市场风险报酬率定为 8%。主要依据如下：①参考美国股票风险报酬率的数据。全球引用最广的数据——Ibbotson Associates 编制出版的《股票、债券、国库券和通货膨胀年鉴》，它所估计的 1926~2000 年美国算术平均 ERP 为年均 8.4%。Mehra 与 Prescott（1985）发表了经典文献《股票风险报酬率，一个谜》，两人计算了 1889~1978 年的美国股票风险报酬数据为年均 6.18%，到 2003 年，两人再次合作更新了数据。其中 1951~2000 年年均 ERP（30 年移动平均）为 7.58%。我国属新兴的资本市场一般估计会更高一些，因此考虑将我国的市场风险报酬率定为 8%。当然这个数值也含有主观判断的成分。②股票综合指数的变化可以基本上认为反映了市场平均收益的变化，为此以上证指数走势为参考数据，选取 1995 年 1 月~2003 年 1 月的上证指数的数据。上证指数的平均收益水平为 10.06%。因此取市场期望收益率 $E(R_m) = 9\%$。市场风险报酬率 $[E(R_m) − R_f] = 9\% − 3.2\% = 5.8\%$。

（3）β 系数的确定。软件股份的 β 系数采用北京济安金信科技有限公司的计算值为 1.081（2003 年 12 月 8 日）。

（4）股权资本成本的确定。软件股份为：$K_s = 3.2\% + 1.081 \times 5.8\% = 9.47\%$

（5）加权平均成本。软件股份的加权平均成本 = 1.93% × 40% + 9.47% × (1 − 40%) = 6.35%

3. 预测未来经济增加值

在历史 EVA 值的基础上进行预测分析，分别预测出预测期内逐年的 EVA 值，见表 4-3（软件公司未来 5 年预测值）。现对有关数据的预测说明如下。

软件股份公司的营业利润、所得税、财务费用是根据自由现金流量模型中预测值确定，也同样未考虑其他业务利润、投资收益等。营业外支出则按 2000~2003 年的平均值计算。因为 2004 年转让无形资产 4 亿多元收入，因此预测时将它剔除。各种减值准备本章预测为零，理由是：公司已连续 3 年（2000~2003 年）计提了 4.6 亿元的减值准备，2003 年没有计提，在通货膨胀率为正数的情况下，以后再计提的可能性比较小。为谨慎起见本部分采用 2002 年、2003 年的粗略值进行计算。计提的坏账准备则是根据历史坏账准备的计提数与应收账款的比率的平均值，计提的存货跌价准备则按照历史平均值预测。债务资本与 2004 年相同不再增加新的负债，权益资本则根据历史权益资本与主营业务收入的平均比率、主营业务的预测值进行计算。

表 4-3　软件股份公司未来 5 年预测表　　　　单位：元

项　目	2005 年	2006 年	2007 年	2008 年	2009 年
利润表上的所得税	14135792	15511350	17024464	18688890	20519758
财务费用	3575899	3575899	3575899	3575899	3575899
营业外支出	7711565	7711565	7711565	7711565	7711565
固定资产/无形资产/在建工程准备金	6797114	6797114	6797114	6797114	6797114
营业外收入	390240	390240	390240	390240	390240
补贴收入	15931920	15931920	15931920	15931920	15931920
调整所得税	12361021	13736579	15249693	16914119	18744987
营业利润	120581942	132961967	146579994	158563859	171506432
财务费用	3575899	3575899	3575899	3575899	3575899
当年计提坏账准备	11536941	12690635	13959699	15076474	16282592
当年计提的存货跌价准备	5081969	5081969	5081969	5081969	5081969
当年计提的长短期投资/委托贷款减值准备	0	0	0	0	0
投资收益	2294015	2294015	2294015	2294015	2294015
期货损益	0	0	0	0	0
税后净营业利润（NOPAT）	130709746	142867907	156241884	167678098	179995921
债务资本	506497379	506497379	506497379	506497379	506497379
股本资本	1898587207	1954341847	1996068664	2063999889	2116399889
坏账准备	10315581	11347139	12481853	13480401	14558833
存货跌价准备	8418042	9259846	10185831	11000697	11880753
长短期投资/委托贷款减值准备	0	0	0	0	0
固定资产/无形资产减值准备	34220763	34220763	34220763	34220763	34220763
约当股权资本	52954386	54827748	56888447	58701861	60660349
在建工程净值	5032053	16498510	2815312	30146324	10358087
（计算 EVA）总资本	2453006919	2499168464	2556639178	2599052805	2673199530
EVA	-25056194	-15829291	-6104704	2638244	10247750
	-2393142	-13209039	-4653495	1837107	6518579

5 年 EVA 预测现值 = -11899989.51 元

4. 估计公司价值

根据公式（企业价值 = 投资资本 + 预测期 EVA）的现值及两阶段模型得出软

件股份公司价值：

2005 年初始投资成本为 2186429124 元，2005～2009 年 EVA 现值之和为 −11899989.51 元，2009 年以后 EVA 现值采用 3.5%×固定增长模型 = 10247750×(1+3.5%)/(9.47%−3.5%) = 177661997.5（元）。

公司价值 = 初始投资成本 + 预测期 EVA 现值之和 + EVA 终值

$$= 2286429124 − 11899989.51 + 177661997.5$$

$$= 2452191132（元）$$

股权价值 = 2452191132×（1−40%） = 1471314679（元）

三、EVA 模型的优缺点

1. EVA 模型的优点

经济增加值模型的主要特征有二：第一，它扣除了股本成本，因此更真实地反映了企业的盈利能力。第二，它对 GAAP（公认会计准则）中不利于股东决策的会计处理进行了调整，使基于财务报告计算出的 EVA 更加符合股东的需要。在这种标准下，销售收入和利润的增长成为企业追求的首要目标。经济增加值与传统业绩衡量指标相比具有明显的优势，表现在：

（1）真实反映企业经营业绩。企业的最终目标是实现股东投资价值最大化，这就要求衡量公司业绩的指标应该准确反映公司为股东创造的价值。传统的业绩衡量指标如税后净利润、每股收益和净资产收益率等是以会计利润为核心，忽略了股权资本的成本，不能反映公司真正的盈利能力，从而严重影响了资源配置的有效性和企业投资决策的正确性，而 EVA 则综合考虑了企业各项资本成本。如果 EVA 是正数，说明企业创造了价值，创造了财富；反之则表示企业发生价值损失，毁损了股东财富；如果 EVA 为零，说明企业的利润仅能满足债权人和投资者预期获得的收益。因而它可以更准确地衡量企业为股东创造的实际价值。

（2）尽量剔除会计信息失真的影响。传统的评价指标如会计收益、剩余收益由于是在通用会计准则下计算而来的，因此都存在某种程度的会计信息失真，从而歪曲了企业的真实经营业绩；对于 EVA 来说，尽管传统的财务报表依然是进行计算的主要信息来源，但它要求在计算之前对会计信息来源进行必要的调整，以尽量消除通用会计准则所造成的扭曲性影响，从而能够更加真实、更加完整地评价企业的经营业绩。

（3）将股本财富与企业决策联系在一起。EVA 指标有助于管理者将财务的两个基本原则融入到经营决策中：①企业的主要财务目标是股东财富最大化。②企业的价值依赖于投资者预期的未来利润能否超过资本成本。根据 EVA 的定义可知，企业 EVA 业绩持续地增长意味着公司市场价值的不断增加和股东财富的持续增长。所以应用 EVA 有助于企业进行符合股东利益的决策，可以为资本配置提供正确的评价标准，而使用会计利润和投资报酬率指标可能导致资本配置失衡，前者导致过度资本化，后者则导致资本化不足。

（4）注重企业的可持续发展。EVA不鼓励以牺牲长期业绩代价来夸大短期效果，也就是不鼓励诸如削减研究和开发费用的行为，而是着眼于企业的长远发展，鼓励企业的经营者进行能给企业带来长远利益的投资决策，如新产品的研究和开发、人力资源的培养等。因此，应用EVA不但符合企业的长期发展利益，而且也符合知识经济时代的要求。

（5）EVA显示了一种新型的企业价值观，即EVA业绩的改善是同企业价值的提高相联系的。经营者如果完成了这个目标，企业投资者投入的资本就会获得增值，投资者就会加大投资，其他的潜在投资者也会把他们的资金投向这家公司，从而导致公司股票价格的上升，表明企业的市场价值得到了提高。如果他们不能完成这个目标，就表明存在资本的错误配置，投资者的资金就会流向别处，最终可能导致股价的下跌，表明企业的市场价值遭到贬低。

综上所述五点，EVA价值分析模型克服了传统业绩衡量指标的缺陷，能比较准确地反映上市公司在一定时期内为股东创造的价值，因此它成为许多世界著名投资机构进行投资价值分析的重要工具。在我国许多学者所做的部分实证研究也表明，EVA在反映股票价格变化的能力优于传统指标，可以广泛用于投资分析领域。[1]

2. EVA模型的缺点

EVA作为一种不太成熟的评估方法在应用过程中有一定的局限，表现在：

（1）通货膨胀的影响。EVA使用资产的历史成本，没有考虑到通货膨胀的影响，如资产重置价值。这样EVA无法反映资产真实的收益水平，其扭曲程度因公司资产结构和投资周期、折旧政策不同而有所差别，不同行业受到影响的程度不一样。

（2）折旧的影响。采用直线法折旧时，EVA抑制公司成长。在新资产使用初期，由于资本基础较大，资本成本较高EVA偏低；随着折旧增加，资本基础逐渐变小，EVA成比例增长。这样存在大量新投资的公司反而比旧资产较多公司的EVA低，这显然不能用来比较公司实际盈利能力。

（3）资本成本波动。公司可以通过改变资本结构、业务选择来改变资本成本。但是在不同时期，资本成本通常是EVA等式中最不稳定的变量，例如如果公司在现有资产中投资，预期会创造显著的经济价值。可是几个月内，市场收益率迫使资本成本上升，新投资变成损耗价值，而不是期望的创造价值。资本成本波动引起EVA波动，这样EVA使那些操作层面经理面临他们无法控制的风险。

---

① 杨淑娥，胡元木主编. 财务管理研究[M]. 北京：经济科学出版社，2002.

3. 超越 EVA——资源利润计量

EVA 方法实际上是想根据公司过去已经消耗的资源，来判断这家公司现在是否在有效地使用资源。然而需要的是一个能够直接将经济绩效与市场价值连接起来的经得起考验的估价模型。与当前的一些方法相比，集中于更短但是更恰当的期间内，3～5 年应当是一个比较合适的期间。这样可将时间与企业管理层的职位任职时间统一起来，避免陷入观察期限过长或过短的误区。理想的模型应当超越财务、会计、微观经济学和战略的范围，将上述各种信息有效地结合起来。这就是资源利润核算模型。它被定义为：

资源利润 = 经济利润/消耗的经济资源

本质上，资源利润是一种与价值创造相连的某单一期间的企业内部回报率；作为分子的经济利润是在"净盈余"基础上计算的会计利润；这个度量标准包含了考察期间账面价值的所有变化。分母上消耗经济资源的含义是"净产出"。这个指标目的是衡量公司拥有并且处于它们控制之下的资源，正是有了这些资源，公司才可能形成竞争优势。这个概念排除了公司通过采购得到的非差异性投入品。

资源利润核算（RMA）的目的是将战略思维应用于个体公司层次的研究。如果得到了强有力的进入壁垒即流动壁垒的保护，企业自然会得到高水平的资源利润。在某个公司的市场范围内，个体公司赚取的回报多少是他们保持资源高效运用的能力和他们相对竞争优势的函数。将资源利润指标准确严格地纳入集合会计信息，并且在与现代财务理论完全一致的估价体系中可以得到：

$$\frac{市场价值}{公司价值} = 1 + \frac{r-g}{r}\sum_{T=1}^{\infty}\gamma^{-T}\left(RMA_r \mp r\right)$$

其中：g 代表资源的增长率（即净产出），r 代表折现因子，RMA_r 代表连续年份中的资源利润额。在 g 等于零的情况下，公式可以简化为：

$$\frac{市场价值}{公司价值} = 1 + \sum_{T=1}^{\infty}\gamma^{-T}\left(RMA_r \mp r\right)$$

从形式上看，这个等式说明，对于一个理想化的公司，市场价值与账面价值的比值可以通过 1 加上用投资者的需求回报率 r 折现后的资源利润与预期回报差值的和得到。这一比值的大小反映了公司创造价值潜力的大小是由差值的大小决定的。在利用竞争优势创造股东财富的过程中，超额资源利润和资源的增长是十分重要的。

虽然 RMA 与 EVA 是一致的，但它避免了与 EVA 法相关的一些概念上的混淆。尤其是它提供了一种将与企业融资相关的资本和用于实施战略的资源分离开来的方法。通过保留公司账面价值过去的差额，RMA 也避免了将过去的业绩和当前的业绩因素相混淆。

总而言之，RMA 代替了拉帕波特的差额概念，并使其与净盈余的核算一致起来。这种方法也将战略分析得到的价值与市场奖励的价值更加紧密和更加直接地联系起来。

第四节　公司绩效的通用价值计量模式

一、股东增加值（SVA）

在给定的某一年，或者更长的一段时间，股东增加值（SVA）是如何确定的？随着时间的流逝，为了增加价值，经营现金流或者税后净营业利润（NOPAT）的增长速度必须高于企业追加投资的增长。税后净营业利润（NOPAT）增长值的资本化价值一定要大于评估期内追加投资的累积现值。

假设某公司去年的销售额为 2000 万元，在 5 年的价值增长持续期内，销售额每年增长 200 万元，税后营业利润预计为 10%，每年追加的固定资产投资与营运资本投资固定为 15 万元，资本成本预计为 10%。各年的 SVA 与企业的股东价值计算见表 4-4。

表 4-4　股东增加值（SVA）的计算　　　　单位：万元

项　目	第一年	第二年	第三年	第四年	第五年
销售额	2200	2400	2600	2800	3000
税后净营业利润（NOPAT）	220	240	260	280	300
税后净营业利润的增长	20	20	20	20	20
税后净营业利润的增长值 ÷ $[K(1+K)^{t-1}]$	200	182	165	150	137
投资的现值	14	12	11	10	9
股东增加值（SVA）的现值	186	170	154	140	128
股东增加值（SVA）的累计现值	186	356	510	650	778
基线价值（baseline value）					2000
股东价值					2778

注：①股东增加值（SVA）的现值 = 税后净营业利润增长值 ÷ $[K(1+K)^{t-1}]$ － 投资 ÷ $(1+K)^t$

②基线价值 = 第 0 年的税后净营业利润（NOPAT）÷ K = 2000 ÷ 0.1 = 20000（万元）

（资料来源：[美] 汤姆·科普兰等. 价值评估：公司价值的衡量与管理[M]. 北京：电子工业出版社，2002.）

二、剩余收入法

将税后净营业利润（NOPAT）减去已投资的资本成本，可以得出剩余收入。已投资资本根据账面价值来衡量。

假设某公司的初始账面价值为前面计算出的股东价值（2778 万元）的 1/3，即 926 万元。表 4-5 列出了采用剩余收入法算出的每年价值增长和总股东价值。

表 4-5 用剩余收入法计算本案例，初始投资 926 万元　　　　单位：万元

项　目	第一年	第二年	第三年	第四年	第五年	第六年
税后净营业利润（NOPAT）	220	240	260	280	300	300
初始投资	926	941	956	971	986	1001
追加投资	15	15	15	15	15	15
10%的资本费用	92.6	94.1	95.6	97.1	98.6	100
剩余收入	127.4	145.9	164.4	182.9	201.4	200
剩余收入的现值	116	121	124	125	125	1241*
剩余收入的累计现值	116	237	361	486	611	1852
初始投资（beginning capital）						926
股东价值						2778

注：＊在实际计算过程中，有四舍五入误差。

（资料来源：[美] 汤姆·科普兰等. 价值评估：公司价值的衡量与管理[M]. 北京：电子工业出版社，2002.）

第 6 年的剩余收入 $\div (K)(1 + K)^{t-1} = 200 \div (0.10) \times (1 + 0.10)^5$

尽管股东价值模型与剩余收入模型能得出一致的企业价值，然而在预测期内的任何一年，通过表 4-4 与表 4-5 比较股东增加值与剩余收入模型得出每年增加价值的数据，可以清楚地看到二者得出的增加价值截然不同。造成这些差异的原因，主要有三点：

第一，在评测期内如何评估总增加价值，即企业股东价值与初始账面价值的差。股东增加值模型中是用基线价值（baseline value），即将企业当前现金流水平的资本化价值作为企业的初始价值，而剩余收入模型增加值等于股东价值减去初始账面价值的差。可见高初始账面价值对应低增加价值，反之亦然。公司选择不同的会计处理方法会对账面价值产生明显影响。

第二，由于股东增加值模型与剩余收入模型对投资的处理方法不同，它们在评估增加值时就会产生差异。股东增加值模型要在资本支出发生当期扣除这些支出；而剩余收入模型扣除的是非现金支出，即初始账面价值乘以资本成本。这些非现金支出是由以前各年的投资而不是由绩效评估期内发生的实际投资来决定的。因此，当期的增加值数额就会有偏差，要么高估，要么低估。

第三，股东增加值模型与剩余收入模型对每年税后营业利润的估值不同。

股东增加值模型假定已达到的税后净营业利润水平在将来几年是可持续的，因此将每年的税后净营业利润变动资本化，而剩余收入模型并未将资本化的税后营业利润增长值作为增加值计入预测期内，而是计入预测期后。在上面的例子中，创造的 1852 万元总价值中，有 1241 万元的增加价值被计入预测期后，即计入第 6 年及其以后的年份。为了假定预测期内每年实现的税后净营业利润水平在该年度以后是不可持续的，就假设预测期末实现的税后净营业利润水平可以持续到永远，这是互相矛盾的。

三、EVA 方法

EVA 作为增加价值的评测方法，尽管进行了调整，仍有着与剩余收入法同样的缺点。虽然经济账面价值可能比会计账面价值更好地估计了投资企业的现金。但 EVA 仍然是基于历史沉没成本的评测方法，而不是从投资者衡量其收益角度出发的。假设一家公司 5 年前开始运营，初始投资为 2000 万元，如今公司的会计账面价值为 3000 万元，估计其经济账面价值为 4000 万元，市值为 10000 万元，股权投资者要求风险调整后的收益率为 12%。初始投资、账面价值、账面价值与投资者的预期收益率都是不相关的。显然，投资者在该公司现有 1000 万元的市值基础上，要求最低收益率为 12%。毕竟，如果他们抛售股票获利 1000 万元，那么他们就可以再投资于另一家具有相似风险水平的公司，并且预期可获得 12% 的收益率。

四、EVA 变动值

从计算剩余收入或 EVA 绝对值转为计算它们的变动值，可以作为绩效衡量的更好手段。

剩余收入的变动值 = 税后净营业利润（NOPAT）的变动值 − 投资资本的变动值 × 资本成本

投资资本的变动值就等于股东增加值（SVA）公式中的追加投资。因此在上式两端同时除以资本成本 K，就可以得到前面所列的 SVA 公式：

剩余收入的变动值 ÷ K = NOPAT 的变动值 ÷ K − 追加投资 = SVA

将上式用（1 + K）折现，可得出 SVA 的现值：

SVA 的现值 = NOPAT 的变动值 ÷ K × $(1+K)^{t-1}$ − 追加投资 ÷ $(1+K)^t$

SVA 得出的年度增加值结果是符合经济评估原则的。剩余收入的变动值等于 SVA 与资本成本 K 的乘积。例子中任何一年的剩余收入变动值等于 SVA 的 10%（即资本成本）。既然剩余收入的变动值与 SVA 是一个简单倍数的关系，那么在原则上，那些选择最大化剩余收入变动值的公司所做的决策应当与那些最大化 SVA 公司所做的决策没什么不同。

鉴于剩余收入绝对值和 EVA 绝对值的缺点，它们都不适合用于绩效评估与薪酬激励。思腾思特公司的高级合伙人、EVA 首要构建者贝内特·斯图尔特（Bennett SteHart）最近得出了同样的结论：

使用账面价值的原因是找到了绕过历史成本问题的方法，即根据 EVA 每年的变化值，而不是 EVA 的绝对值来实施对管理层的奖励。正如全面质量管理（total quality management）以产品与流程的持续改善为中心，EVA 系统是以财务绩效的持续改善为中心的。

五、总结

1. 比较

总而言之，比较以上四种绩效评估方法（SVA、剩余收入法、EVA 以及 EVA 变动值）之后，可以认为 SVA 和 EVA 变动值是首选的方法，而且 SVA 具有额外优势，它对企业价值的变化可得出最佳的估计。因为剩余收入法和 EVA 考虑了风险，它们改进了传统的收益衡量方法。然而，它们仍然是建立在会计数字的历史基础上的，因此不可避免地具有历史会计数字的主要缺点。

表 4-6　常用绩效评估方法比较

项　目	收入	投资收益率（ROI）或净资产收益率（ROE）	剩余收入法和 EVA	EVA 变动值	SVA
是否考虑投资因素	否	是	是	是	是
是否考虑风险因素	否	否	是	是	是
避免会计失真	否	否	否	是	是
最大化价值的可靠信号	否	否	否	是	是
价值变化的最佳评估	否	否	否	否	否

（资料来源：[美] 汤姆·科普兰等. 价值评估：公司价值的衡量与管理[M]. 北京：电子工业出版社，2002.）

2. 价值领先指标

现代公司在很长一段时间陷于短期导向的困境。为弥补这一缺陷，我们设计了价值领先指标方法。理解价值领先指标的最简单方法是将它视为与长期价值创造直接相关的目标管理体系。领先指标应为可测量的、易于交流的当期业绩，如顾客满意度、质量改进、及时发布新产品、适时增加新店或新生产设施、顾客保有率和生产力改进，这些业绩会对企业的长期价值产生极大的正面影响。确保这些指标成功实现构成了企业长期价值创造的基础。对于理解企业的价值来源，这一方法对管理者提出了比掌握顾客、产品、供应商和技术等知识更高的要求。识别这些领先指标的过程颇具挑战性，且富有启发意义。

3. 业绩目标水平

什么是适当的业绩水平？根据什么底线标准（threshold standard）来评价企业

并奖励其管理者？我们认为其基本思想是：只有在底线标准之上，股东才能获得有竞争力的收益。

第一种方法是把企业经营计划作为绩效标准。经营计划可能不受股东价值的驱动；即使受股东价值的驱动，它也可能没有将超额业绩作为目标，因而虽然企业实现了目标，但市场对此并不认同。最后建立在预算基础上的绩效标准可能会导致博弈或讨价还价。

确定超额业绩底线水平的第二种方法是资本成本标准。根据这一标准，管理者是按其价值创造的绝对值受到评价并给予奖励的。这一标准忽略了可以合理期望的企业价值创造水平及市场的预期，有可能在未达到股东所要求的最低收益率绩效水平时，仍然对管理者实行奖励。

超额业绩底限水平的第三种方法是采用市场预期标准。毋庸置疑，只有当市场对某一只股票的预期日益上升，投资者才能获得超额收益，如果公司的竞争优势完全体现在股价上，就没有理由预期股东收益会大于正常的市场所要求的投资收益率。对首席执行官的调查表明，他们一致认为公司的股价与其说被高估了不如说被低估了。[①] 有鉴于此，很难说市场预期标准是一种过高的底线标准。

与良好的企业判断相适应的市场预期可以说明各种业务的前景差异，因而可以作为评价管理者绩效的基础。市场预期分析可直接适用于单一业务的公司；如果公司致力于多种不同业务，这种预期分析复杂得多，因为来自运算单元的总预期价值必须与公司的总市值相当。在业务单位的层面获得可信的"市场"预期，必须运用以下四种信息来源：业务单元的运营计划、业务单元的历史绩效、价值驱动因素的竞争性标杆以及市场对整个公司的预期。市场预期方法最突出的优点是，超额业绩的底线水平是建立在能够使股东获得竞争性投资的收益率水平之上的，并据此进行奖励。试图在股东回报方面超出同业或整个市场总体表现的公司，在公布其目标之前首先进行一次市场预期分析不失为明智之举。

【本章小结】

本章主要系统探讨了价值管理的内涵、特征、层次、过程、基本内容、绩效的通用价值计量模式、EVA理论，强调价值管理的基本内容与方法和以价值最大化为目标的价值型管理体系，这两部分是本章学习的重点。通过本章的学习应该理解在财务决策中，主要使用内涵价值作为评判依据，它充分考虑了企业的未来收益能力（自由现金流量）和风险水平，同时应该掌握绩效的不同计算口径及其财务功能，并理解如何将EVA基本原理和价值驱动因素分析结合起来运用到现代财务管理实践中。

---

① [美] 阿斯瓦斯·达摩达兰著. 应用公司理财[M]. 北京：机械工业出版社，2004.

【复习思考题】

1. 如何理解价值管理？价值管理分为哪些层次？不同层次的内容与主要管理过程有何对应关系？

2. 价值管理分为哪几个过程？为成功创造价值，各个过程应保持一种什么关系？

3. 如何理解股东价值的基本内容？如何对股东价值进行管理？

4. 如何理解员工价值的基本内容？如何对员工价值进行管理？

5. 如何理解顾客价值的基本内容？如何对顾客价值进行管理？

6. 如何应用 EVA 理论进行绩效计量？

7. 如何构建以价值为基础的财务管理体系？该体系与传统的财务管理体系有何区别与联系？

8. 计算企业 EVA，应当考虑哪些需要调整的事项？

9. 运用 EVA 评估模型评估公司的价值有什么优缺点？

10. 我国统一会计制度的八项减值准备对 EVA 评估法有什么直接的影响？

【阅读资料】

ABC 公司价值管理体系分析

ABC 价值管理体系构建的目的就是要在有限资源配置的前提下，不断创造价值。价值管理体系由四个方面组成：①衡量体系（measurement），包括价值诊断、目标设定、价值中心、价值衡量、组织结构、权责分配。②管理决策（management），包括资源分配、投资流程、投资评估产品组合、客户分析、资产管理、资本结构、资本运作。③激励体系（motivation），包括报酬激励体系、期（股）权激励模型、员工晋升机制。④文化理念（mind-set），包括与资本市场有效沟通、员工与环境的协调和高层领导支持、员工技能培训、案例分析。

1. 建立价值中心

价值中心可以这样分类：①ABC 作为整体，是一个完整的价值贡献中心。②主价值链。将制造环节（ZG、JZ、GJG 分厂）和市场营销部门分为不同的价值中心。应关注其影响整体价值贡献的程度。③基础保障链。能源车间、设备管理室、工具车间、质检、成品库视为服务提供单位，确保主生产线流程稳定运行。应关注其影响主作业线的关键指标。④管理部门链。财务室、组织人事室、技术研究室、生产技术室，主要是服务于 ABC 公司。直接影响 ABC 公司的价值贡献结果。应关注如何有效管理部门的专业技能，使其他部门价值贡献增加，以其他部门对其工作效果的评价作为依据。

2. 价值贡献驱动杠杆

（1）在 NOPAT 方面，ABC 公司各价值中心对公司价值杠杆的影响。

主营业务收入（市场营销室）＝主营业务成本（ZG、JZ、GJG 分厂）－主营业务税金及附加(家化公司)－财务费用（ABC）＋其他业务利润（ABC）＋营业外利润（ABC）－所得税（ABC）＝ NOPAT

（2）在资本总额方面，ABC 各价值中心对公司价值杠杆的影响。

应收票据（市场营销室）＋应收账款（市场营销室）＋预付账款（ABC）＋存货（ZG、JZ、GJG 分厂）＋其他应付款＋货币资金＝流动资产总计

应付账款（ABC）＋预收账款（市场营销室）＋应付票据（ABC）＋其他应付款＋预提费用＝无息流动负债总计

流动资产合计－无息流动负债合计＝净营运资产合计

净营运资产合计＋长期资产（如固定资产净值）＝资本总额

（3）ABC 及各价值中心的价值贡献计算公式。

ABC 价值贡献＝（实际单价－实际成本）×实际销量－（销售费用＋管理费用＋财务费用等）－资本总额（期初＋期末）/2×公司资本成本率

销售系统价值贡献＝（实际单价－预算单价）×预算销量－销售费用－销售系统资本总额（期初＋期末）/2×ABC 资本成本率－销售系统因价格因素增加的价值贡献

制造系统资本总额＝固定资产＋存货

从上述价值贡献计算公式中可看出，销售系统价值贡献加制造系统贡献价值基本等于 ABC 整体价值贡献。差额主要为管理费用、财务费用及部分资本占用额，为保持数据的一致性，在此假定 ABC 公司整体价值贡献不考虑差额因素。

（资料来源：用友软件股份有限公司. ERP 财务管理系统：应用专家实验教程[M]. 北京：中国物资出版社，2004.）

【课外阅读文献】

1. [美] 阿尔弗洛德·拉帕波特著，丁世艳，郑迎旭译. 创造股东价值[M].昆明：云南人民出版社，2002.

2. [美] 詹姆斯·A.奈特著，郑迎旭译. 基于价值的经营[M]. 昆明：云南人民出版社，2002.

3. [美] 弗雷德里克·莱希，赫尔德著，常玉田译. 忠诚的价值[M]. 北京：华夏出版社，2002.

4. [美] 汤姆·科普兰等著，贾辉然等译. 价值评估：公司价值的衡量与管理[M]. 北京：中国大百科全书出版社，1997.

5. [美] 阿斯瓦斯·达摩达兰，朱武祥等译. 投资估价[M]. 北京：清华大学

出版社，1999.

6. [美] S.戴维·扬，斯蒂芬·F.奥伯恩著，李丽萍，史璐等译. EVA 与价值管理：实用指南[M]. 北京：中国社会科学文献出版社，2001.

7. [美] 麦金斯. 价值评估[M]. 北京：华夏出版社，1998.

8. [美] 肯尼斯·汉科，尤西·李凡特. 现金流量与证券分析[M]. 北京：华夏出版社，2001.

第五章　价值评估理论

【学习目标】

➤ 了解价值评估的意义和作用；
➤ 熟悉价值评估的基本原理与方法；
➤ 掌握价值评估的各种具体应用方法；
➤ 理解公司现金流的内涵及与其他现金流尺度之间的关系；
➤ 掌握如何根据相关资料计算公司自由现金流；
➤ 熟练应用公司自由现金流贴现法评估不同增长类型公司的价值。

【重点名词】

价值评估　自由现金流量　企业自由现金流量　股东自由现金流量　经营性现金流量　公司自由现金流贴现法　超额收益模型　期权定价模型　稳定增长模型　资产账面价值法　直接比较法　两阶段增长模型　三阶段增长模型　管理筛选法　消耗性资产　非消耗性资产

【案例导入】

亚马逊公司价值评估分析

亚马逊公司到底价值几何？1998年12月中旬，两名美国华尔街最有名的证券分析师——CIBC公司的Henry Blodget和美林公司的Jonathan Cohen对同一只股票——亚马逊做出截然不同的估值。当时亚马逊的股价为160美元／股，Blodget认为这一估值过低，按照他的估值，该股票应该涨到400美元／股；与此同时Cohen却做出截然相反的估值，他认为该股已经估值过高，按照他的估值，价格应该回落到50美元／股的水平。

Blodget和Cohen对亚马逊股票估值的巨大分歧充分反映了网络股价值评估的难度。自网络股诞生以来，华尔街的证券分析师们绞尽脑汁，想出了各种各样的价值评估模型来对网络公司进行估值。其中具有代表性的模型是市盈率模型。Blodget是采用市盈率模型对网络公司股票进行估值的典型例子。Blodget将市场全部股票划分为三类：一类是传统的成长较慢的公司股票，这类股票的市盈率较低，一般在10倍左右；另一类是高成长科技网络公司的股票，这类股票的市盈率较高，一般在 75 倍左右；其他公司则介于这两个极端之间。Blodget 给出了一个市盈率区间，并将公司的预期利润分别乘以市盈率的两个极端值，从而得出了亚马逊公司的市值区间（本例为 70 亿~530 亿美元），再将市值除以流通股数就得到股价的区间。结果是，Blodget 运用修正的市盈率模型对亚马逊股价的预测竟然非常准确，就在预测做出一个月之后，该股票迅速突破了 400 美元 / 股的价位，一个月之内升幅达 150%。

与市盈率模型相类似，鉴于大多数网络股都没有利润，但有销售收入（营业收入），于是价格销售比模型或市值销售比模型应运而生。在无法计算市盈率的情况下，许多证券分析师便通过计算网络股的价格销售比（股价/每股销售收入）或市值销售比（股票市值 / 销售收入）来判断对这类股票的估价是偏高还是偏低。但是不同估值模型得出的结论往往相去甚远，到底何者较为合适呢？

（资料来源：王化成主编. 财务管理教学案例[M]. 北京：中国人民大学出版社，2001.）

第一节　价值评估概述

一、价值评估的内涵与作用

1. 价值评估的内涵

价值评估指对企业未来财务状况及资产价值的分析，是对持续经营的企业价值进行估算和计量的过程；是一个综合考虑企业内部因素、宏观经济因素以及投资者主观预期等多方面因素后，对企业持续发展潜力的认识和评价过程；也是财务价值理论体系的重要组成部分，其核心是以恰当的技术方法估算企业持续经营价值，进而为企业价值最大化目标的实现提供建设性意见。对该概念可从下边几方面来理解：

（1）价值评估的基本假设。代表性观点有：①大部分资产价值是可以得到合理评估的，而且相同的基本原理可适用于不同类型资产的评估，包括实体资产、金融资产和智力资产。②不同资产价值评估难易程度、内容及可靠性会有所不同，但是核心原理还是一样的，都是运用金融、财务理论和模型对资产的价值进行评定估算的过程。

（2）价值评估基础。以企业的长期盈利能力为基础，采用如下两种主要评估方法：一是会计利润法。在会计方法中价值等于利润与市盈率的乘积；二是现金流量法。在折现现金流量法中，业务的价值是按某种比率折现的未来预期现金流量，该比率反映了现金流量的风险。

（3）价值评估依据的理性价格理论。投资者所支付的投资标的价格等于资产内在价值。

（4）我国目前主要采用账面净资产来确定国有资产的价格。对国有资产的评估，通常采用账面净资产价值，主要采用静态评估和书面评估，强调成本法或重置成本法，即当时兴建这家企业需要多少资金，或现在重新建设一家相同规模的同类企业需要多少投资。

2. 价值评估的意义与作用

企业价值评估的意义在不同的目标导向下扮演的角色不同。

（1）企业财务投融资决策中的价值评估。由于企业财务管理的目标是企业价值最大化，而企业价值是与企业各项重大决策——企业新投资项目、融资策略和红利政策等密切相关，理解其中的关系对于进行增加企业价值的决策和选择合理的资本结构，甚至企业重组都是至关重要的。这部分的价值评估方法的运用具有一般意义，主要为企业内部管理决策服务，考虑企业的资金使用效益。

（2）企业并购分析中的价值评估。企业价值评估在企业兼并收购分析中具有核心作用。购买方在报出收购价之前，必须估计出目标企业的内在价值，而被收购企业必须定出自身合理的价值，以决定是否接受还是拒绝收购要约。为此首先在决定收购价格之前，必须考虑两家企业合并之后所产生的协同作用对价值的影响；其次在确定公平价格的时候必须考虑目标企业重组和管理层的主观偏见问题。企业并购中的价值估计对象往往超出一个企业的边界，其影响因素也大大超过企业内部财务投融资决策中的价值估计。为此，在方法上可以借助外部证券市场、同行业上市公司作为参照物，采用市盈率法、托宾 Q 等方法评价企业价值，包括整合后的溢价。

（3）在投资组合管理中的价值评估。在投资组合管理中，价值评估的意义在很大程度上取决于投资者的投资偏好，并且价值评估只对积极的投资者意义重大。积极的投资者可划分为市场趋势型和证券筛选型。对市场趋势型投资者而言，对个别企业的价值判断并不具有很强的实际意义，他们更关心整个市场的价值变动；对于证券筛选型投资者而言，价值估计在投资组合管理中扮演着核心的角色，因为他们更注重依靠基本分析来比较确认企业价值及其变化。

二、价值评估的基本因素

1. 现金流量

现金流量可分为诸多层次，一般来说可把现金流量分为投资项目的现金流量、投资现金流量、经营现金流量、筹资现金流量、自由现金流量等几个层次。但在财务评估中主要涉及投资项目的现金流量和自由现金流量。

（1）投资项目的现金流量。投资项目的现金流量是指投资项目从筹划、设计、施工、投产，直至报废（或转让）为止的整个期间各年现金流入量与现金流出量的总称。这里的"现金"是广义的现金，它不仅包括各种货币资金，而且还包括投资项目所涉及的非货币资源变现价值。

（2）自由现金流量。关于"自由现金流量"的概念，可从以下几方面来理解：①在会计报表中，它主要属于与经营性现金流量和投资性现金流量密切相关的概念，非常接近于经营性现金流量减去必要资本性现金支出的数值。②自由现金流量概念充分考虑到公司的持续经营或必要的投资增长对现金流量的要求。③自由现金流量作为一种现金"剩余"，是公司对债权人实施还本付息和向股东分配现金股利的财务基础。④自由现金流量的具体计算方法因人而异。总之，自由现金流量是在企业正常的资产维护满足之后的"剩余"现金流量，企业可用来偿还借款本金，发放现金股利，或者增加资本支出等。

依据现金流量的不同口径，自由现金流量可分为企业自由现金流量和股东自由现金流量两大类。为便于理解，在界定"经营性现金流量"概念的基础上，再界定企业自由现金流量。

1）经营性现金流量，指企业经营活动（包括商品销售和提供劳务）所产生的现金流量。它不反映筹资性支出、资本性支出或营运资本净增加等变动。计算公式为：

$$经营性现金流量 = 营业收入 - 营业成本费用（付现性质）- 所得税$$
$$= 息税前利润（EBIT）\times（1 - 所得税税率）+ 折旧 \quad （5-1）$$

需要说明的是，上述公式中把"营业收入"、"息税前利润"(EBIT)视为现金流量指标存在一个前提，即假设权责发生制下的数据等同于收付实现制下的数据。没有这个前提，计算结果就只具备账面利润性质，而不具备现金流量性质。

2）企业自由现金流量（经营实体自由现金流量），指扣除税收、必要的资本性支出和营运资本增加后，能够支付给所有清偿权者（债权人和股东）的现金流量。基本公式为：

$$企业自由现金流量 = 息税前利润（EBIT）（1 - 所得税税率）+ 折旧 - 资本性支$$
$$出 - 营运资本净增加 = 债权人自由现金流量 + 股东自由现金流量 \quad （5-2）$$

【例 5-1】A 企业 2004 年销售收入是 70 亿元，实现息税前利润 15 亿元，营运资本在 2004 ~ 2005 年间年均为销售收入的 5%。2005 年的销售和息税前利润增长率均为 10%，资本性支出与折旧分别为 6.6 亿元和 5.5 亿元，所得税税率为 30%。则 2005 年自由现金流量为：

2005 年的销售收入 = 70 ×（1 + 10%）= 77（亿元）

2005 年的新增营运资本 =（77 - 70）× 5% = 0.35（亿元）

2005 年的企业自由现金流量 = 15 ×（1 + 10%）×（1 - 30%）+ 5.5 - 6.6 - 0.35
$$= 10.1（亿元）$$

3）股东自由现金流量，指满足债务清偿、资本支出和营运资本等所有的需要之后，剩下的可作为发放股利的现金流量，也是企业自由现金流量扣除债权人自由现金流量的余额。其计算公式是：

$$股东自由现金流量 = 企业自由现金流量 - 债权人自由现金流量$$
$$= 税后利润 + 折旧 - 资本性支出 - 营运资本净增加 +$$
$$（发行的新债 - 清偿的债务） \qquad (5-3)$$

在持续经营的基础上，公司除了维持正常的资产增长外，如果还可以产生更多的现金流量，则意味着该公司有正的自由现金流量。

（3）自由现金流量的财务功能。

1）自由现金流量的创造力显示了企业的实力。拥有稳定和大量自由现金流量的公司更能增强自己的实力，因为它们可以利用这些现金流量持续降低负债、回购股票，提高所有者权益的价值，或根据经济环境抢占有利的投资机会，从而在以后的生产经营中产生越来越多的净现金流量，不断提高企业的价值，不断增强企业实力。

2）评价企业的经营业绩。经营性现金流量也具有评价企业经营业绩的功能，但这些为了保持企业生存能力所消耗的现金流量都是必要的。这样一来就使得经营性现金流量的评价功能大打折扣；而自由现金流量是"剩余"现金流量，它克服了经营性现金流量功能上的缺陷，能够更加合理地评价企业的经营业绩。

3）评估企业的价值。基于自由现金流量的估价模型以自由现金流量来代替股利，假设公司的市场价格等于它未来所有自由现金流量的贴现。这一模型的优越性是显而易见的：公司不必派发自由现金流量，只要产生自由现金流量即可，但该模型的假设也是严密的：它假设自由现金流量维持在最近水平，公司不需要在未来增加借款以维持当前的增长率。

4）预计企业财务结构的调整方式。具有稳定的经营性现金流量和自由现金流量的公司与其他同类公司相比，更倾向于提高外部资本的比重，预期以高财务杠杆为特征。因为经营性现金流量和自由现金流量越稳定，发生财务困难的概率就越小，发生破产和重组的概率也越小，外部筹资的成本就越小。所以企业更倾向于提高财务杠杆，增加外部筹资。反之自由现金流量为负值和现金流量不稳定的公司则会降低外部筹资，提高权益筹资。

现金流量的形成原理如图5-1所示。

2. 风险收益

风险收益是指投资者冒风险投资而获取的超出时间价值的额外收益。人们从事风险活动的实际结果与预期结果（期望值）会发生偏离，这种偏离可能是负方向的也可能是正方向的（高于期望值），因此风险意味着危险和机遇。一方面冒风险可能遭受损失，产生不利影响；另一方面可能会取得成功，获取风险收益。可

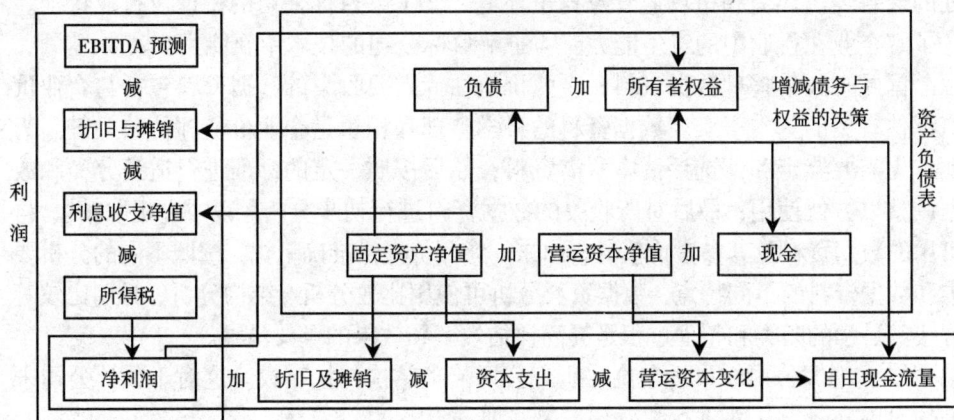

图 5-1 现金流量的形成原理

（资料来源：汤谷良主编. 高级财务管理[M]. 北京：中国财经出版社，2007.）

见风险和收益的基本关系是风险越大要求的收益率越高。各投资项目的风险大小是不同的，在投资收益率相同的情况下，人们都会选择风险小的投资，结果竞争使其风险增加，收益率下降。最终高风险的项目必须有高收益，否则就没有人投资；低收益的项目必须风险很低，否则也没有人投资。风险与收益的这种联系，是市场竞争的结果。企业拿投资人的钱去做生意，最终投资人要承担风险，因此他们要求期望的收益率与风险相适应。如果不考虑通货膨胀，投资者进行风险投资所要求的投资收益率（期望投资收益率）应是时间价值（无风险收益率）与风险收益率之和，即：

期望投资收益率＝时间价值＋风险收益率

风险收益率＝风险收益斜率×风险程度

其中的风险程度用标准差或变异系数等计量。风险收益斜率取决于全体投资者的风险回避态度，可以通过统计方法来测定。如果大家都愿意冒险，风险收益斜率就小，风险溢价不大；如果大家都不愿意冒险，风险收益斜率就大，风险附加率就比较大。

三、价值评估的基本原理

1. 价值评估的程序

（1）进行评估分析的基础工作。对企业进行评估，必须先了解该企业所处的宏观经济环境和市场监管及竞争环境，以及其在行业中所处的地位，据此判断企业的生存能力和发展前景。这种基础工作包括以下四个方面：①了解目标公司所处的宏观经济环境和市场监管及竞争环境。②了解目标公司的特征及行业特征。③了解企业在行业中的竞争能力。④了解目标公司的技术革新能力。

据此来收集整理数据资料，企业价值估计需要收集的数据资料包括与企业价值评估有关的基本事实。数据资料的科学整理和积累是企业价值评估的关键。为此首先需要鉴定和筛选评估中所需资料；然后按照一定的标准进行适当分类和数据调整以方便使用；最后对所收集的数据资料进行初步分析，以"去粗取精"，将可用的数据资料及其参考价值分析出来，为评价提供准确依据，按照不同的分析要求和数据资料的不同特点，数据资料分析可使用比较分析、结构分析、时期比较等方法。科学的归类和整理过程是提高评估效率和效果的重要步骤。

（2）把握公司的市场定位，研究公司治理结构与控制权。这对于预计公司未来的发展前景，从而进行绩效预测是必要和有益的。

（3）绩效预测。企业价值是对企业持续发展潜力的认识和评价，所以对企业进行绩效预测，明确企业关键的价值驱动因素——增长率与投资资本回报率成为必不可少的步骤。应该对未来现金流量构成要素值和现金流量值分布概率进行估计，或结合预测期限和通货膨胀影响，预测企业的资产负债表和损益表的具体项目，并将这些项目综合起来，用以预测现金流量、投资资本回报率及其他关键的企业价值驱动因素以及估价所用的贴现率。

在进行企业绩效预测时，首先应利用已收集的资料，结合企业所在行业特点和自身的竞争优势劣势，评估企业的战略地位；然后为企业制定绩效环境（如经济的繁荣和萧条、企业经营行为的延续和改善、新产品开发的成功或失败等），定性说明影响企业绩效的主要事件，以及企业绩效将如何发展；在此基础上对未来现金流量构成要素值和现金流量值分布概率进行估计，或结合预测期限和通货膨胀影响，预测企业的资产负债表和损益表的具体项目，并将这些项目综合起来，用以预测现金流量、投资资本回报率及其他关键的企业价值驱动因素。

（4）选择财务估价模型。对企业价值的评估模型因其评估目的不同、被评估企业的特点不同而不同，对于同一企业，不同的评估模型可以得出相差很远的评估结果。企业的不同特点也影响着评估方法的选择。在企业价值评估时，一般不宜采用收益法，以免其收入来源不复存在而虚增企业价值，运用资产账面价值评估则是比较稳健的做法。在实践当中，许多主客观不确定性因素对企业价值评估无法避免地产生着影响。因此，企业价值的选择和确定往往要综合考虑多种方法所得的结果。

（5）结果检验与解释。企业价值评估的最后阶段包括检验企业的价值、根据有关决策对评估结果做出解释，这一检验过程通常是通过将企业价值与其价值驱动因素、关键的营业假定进行对照完成的。通过对企业不同情景下的价值及对应关系的全面考察，可以有效保证企业价值评估结果的准确性，帮助相关信息使用者做出正确决策。此外，企业价值评估的目的是对企业管理或投资决策做出指导，由于大多数决策都包含着不确定性风险，所以应从能够反映这一不确定性的价值范围考虑企业价值，而不是在做出任何决策时都泛泛地使用同一企业价值评估结果。这就需要投资者或企业经营者考虑决策的性质和适用条件，选取适合的企业价值或对企业价值评估结果进行修正，作为决策取舍的依据。

2. 估值分析的基本架构

根据对价值评估程序的总结，图 5-2 列示了对企业价值进行估值分析的基本架构。

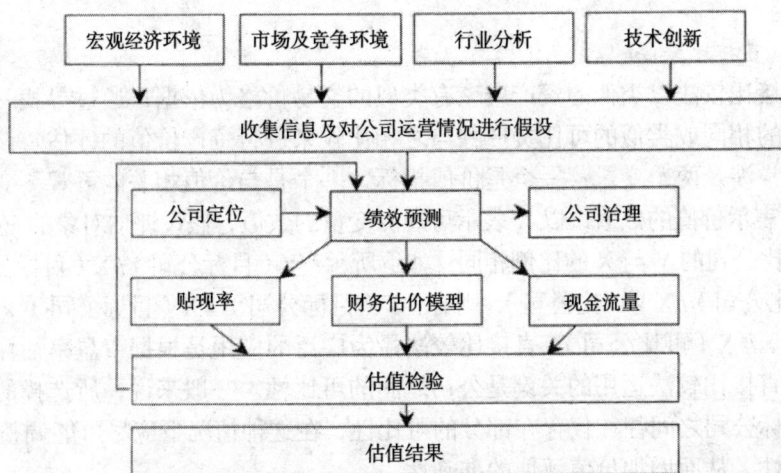

图 5-2 估值分析的基本架构

（资料来源：汤谷良主编. 高级财务管理[M]. 北京：中国财经出版社，2007.）

第二节 价值评估的方法

一、价值评估的基本方法

因企业所处环境、行业特点等因素的不同，不同企业应根据自身特点使用适合的企业评估方法。下面探讨六种基本的评估方法。

1. 资产账面价值法

评估公司价值最为简单直接的方法就是根据公司提供的资产负债表进行评估，即资产账面价值法。该方法将价值定义为公司所有投资者对公司资产要求权价值的总和。投资者要求权的账面价值包括债务、优先股和普通股，首先可以直接相加；其次可以通过扣除负债得出公司的净资产。账面价值指标计算简单、便于理解。但是资产账面价值法的一个明显缺陷是：资产负债表上所报告的资产和负债的账面价值很有可能不等于它们的市场价值。不仅如此，还有一些有价值的资产，比如公司的组织资本，并没有在资产负债表上得到反映。组织资本代表着将职员、客户、供应商和管理者组织在一起，形成一个协调统一体产生的价值。为此可通过调整账面价值，使其更为准确地反映市场价值。最为常用的调整方法是用公司资产的重置成本估计数代替账面价值，或用公司资产的变现价值代替账面价值。

2. 直接比较法

直接比较法以类似的资产应该有类似的交易价格为依据，通过寻找一个刚完成交易的相同或类似的可比资产并与之相比较来进行资产价值的评估。该方法在运用时常涉及两个变量：一个是价值指标，一个是与价值相关的可观测变量。如果以 V 表示价值的数值，以 X 表示可观测变量的数值，假设评估对象的 V 与 X 比例与可比公司的 V 与 X 的比例相同，如下所示：V（目标公司）/ X（目标公司）= V（可比公司）/ X（可比公司），则有：V（目标公司）= X（目标公司）× V（可比公司）/ X（可比公司）。直接比较法最为广泛的应用是根据市盈率估算公司的价值。直接比较法运用的关键是公司之间的可比性。一般来说，所选择的可比公司与目标公司之间往往仅存在部分的可比性，在这种情况下应尽可能调整 X 以增加可比性，从而增加价值评估的准确性。

3. 贴现现金流量法

由于企业价值体现在对企业所有收益索偿权拥有者的满足程度上，而现金又是截至目前最能代表财富流动及转让的东西，因此对于投资者乃至于整个社会来讲，在一个比较长的时期里，哪一个企业的现金流量最多、最稳定，这个企业的价值就越大。贴现现金流量模型的特点是：①这种分析技术通常运用 5 年或 10 年"自由现金流量"模型（结合一个 5 年/10 年后的"终值"），以考察资产的基础价值或内在价值。②贴现现金流量法通常只单独考虑公司本身情况。③贴现价值可能对贴现率及资产期末价值的假设高度敏感。这种估值模型较适用于稳定现金流量的公司，或是早期发展阶段的公司。此外贴现现金流量估价法的优势还体现在贴现率的确定上。

4. 经济利润模式

经济利润模式也称为经济增加值（EVA）评估法。按照该评估模式，企业价值等于企业投资资本额加上相当于未来每年创造增加值的现值之和。EVA 就是企业税后净利润扣除经营资本成本后的余额，公式如下：经济增加值 = 税后净营业利润（NOPAT）-资本 × 加权平均资本成本率。经济利润模式要求企业在经营期间所创造的价值增值（经济利润）不仅要考虑到企业所占用资本的机会成本，还要考虑到会计账目中记录的费用支出。经济利润模式在实际操作中，与贴现现金流量估价法结果一致。目前EVA模式在国外得以广泛运用，并成为业绩评价指标体系中的重要补充，但一般认为这种方法不适用于周期性企业和新设公司的价值评估。

5. 超额收益模型

该模型认为，企业的价值由两个部分组成：一部分是预算收益创造的价值；另一部分是超额收益创造的价值。可将企业的价值看做其资产的市值之和加上企业的商誉。这种方法与贴现现金流量法的最大区别在于，它承认会计信息的作用，认为当会计信息可以基本反映企业资产的市值时，就只需要估计企业超额收益创造的价值，而企业获得超额收益的能力是有限的，这就大大减轻了使用这种方法时的预测任务。

当认为预期收益创造的价值等于目前权益的账面值时：

$$企业价值 = B_0 + \sum [(ROE_J - R) \times B_{J-1}(1+R)^J] \tag{5-4}$$

上式中B_0和B_{J-1}分别表示企业权益当前的和第$J-1$年的账面值，ROE_J为J年的实际收益率，R就是J年的预期收益率。如果将上式中的超额收益创造的价值分为两部分，一部分是第n年以前超额收益创造的价值；另一部分是第n年时超额收益创造的价值高于账面值的部分，则有：

$$企业价值 = B_0 + \sum [(ROE_J - R) \times B_{J-1}/(1+R)^J] + (P_N - B_N)/(1+R)^N \tag{5-5}$$

企业能够创造超额收益是由于在成本、价格、质量和服务等方面具有竞争优势，这种优势会随着时间推移逐步减少甚至消失。大量实证研究表明，一般来说企业的超额收益会在3~10年内消失。[①] 对该模型的实证检验也表明，当只估计3年的数据时，其结果就已经大大超过了贴现现金流量模型。[②] 在超额收益模型中，会计方法对预期收益创造的价值和超额收益创造的价值所造成的影响正好是相反的，在很大程度上是相互抵消的。这就使得该模型对会计方法所造成的影响具有自我修正的特点，大大减小了会计方法的影响。最后，从该模型的基本形式中就可以看出，它是根据财富的创造，而不是财富的分配衡量企业价值的。

6. 期权定价模型

期权估价法，又称或有索偿权估价法。所谓期权是指在特定状态下可获得报酬的一种特殊资产，比如在买入期权情况下，当其基础证券的价格超过其预设价值时；在售出期权情况下，当其基础证券的价格低于其预设价值时。

布莱克—科尔斯模型为：

---

① [美] 希金斯著. 财务管理分析（第6版）[M]. 北京：中信出版社，2002.
② [美] 安佳·V. 扎柯尔. 价值大师[M]. 上海：上海交通大学出版社，2002.

买入期权价值 = $S \times N(d_1) - K \times e^{-rt} \times N(d_2)$

卖出期权价值 = $K \times e^{-rt} \times N(-d_2) - S \times N(-d_1)$　　　　（5-6）

式中的 $N(d)$ 为正态分布、均方差等于 1 时在 d 范围内的概率，其中 $d_1 = \ln(S/K \times e-rt)/\lambda\sqrt{t} + 1/2\lambda\sqrt{t}$，$d_2 = d_1 - \lambda\sqrt{t}$。

布莱克—科尔斯期权定价模型表明一项买入期权的价值取决于如下变量：S = 基础资产的现行价值；K = 期权的行使价格，即买权的施权价；t = 期权寿期（距离到期的天数）占一年的比例；r = 与期权寿期相对应的无风险利率。按照布莱克—科尔斯模型，评估一项买入期权的价值需经过如下步骤：第一步，运用有关变量计算标准化的正态变量，即 d_1 和 d_2；第二步，计算与标准变量相符合的累计正态分布函数，即 $N(d_1)$ 和 $N(d_2)$；第三步，运用现值公式的持续时间等式计算行使价格的现值，行使价格现值为 $K \times e^{-rt}$；第四步，根据布莱克—科尔斯模型计算期权价格。期权定价模型的应用很好地配合了被估价资产自身所具有的类似于期权的特征，适用于在较为复杂的情况下进行财务估价的需求。故它适用于成长快但前景高度不确定性行业中的企业和处于重大转型期的企业，如高新技术企业、风险投资公司。不过由于该模型过于复杂，而且运用该模型非财务信息的有用性大于财务信息，不易被实际所接受。

以上各种对目标企业的估价方法，并无绝对的优劣之分，对不同方法的选用应主要依评估动机而定，并且在实践中可将各种方法交叉使用。

二、公司自由现金流量

1. 公司自由现金流量概念及其计算

在现代金融学和公司财务领域，折现自由现金流量公司价值观是被西方广泛认同和接受的主流公司价值观，而且被西方研究者和著名的咨询公司如麦肯锡公司的研究成果所证实。该模型认为公司价值等于公司未来自由现金流量的折现值，即选定恰当的折现率，将公司未来的自由现金流折算到现在的价值之和作为公司当前的估算价值。

（1）公司自由现金流。公司自由现金流量是企业经营活动所创造的、可供管理当局自主支配运用的那一部分现金流量。自由现金流量的所谓"自由"即体现为管理当局可以在不影响企业持续增长的前提下，将这部分现金流量自由地分派给企业的所有索偿权持有人，包括短期、长期债权人以及股权持有人等。从现金流量的角度来讲，股东与债权人没有性质上的差异，存在的只是索偿权支付顺序的差异。因此企业自由现金流量实际上包括股权资本（普通股）现金流量、债权人现金流量和优先股股东现金流量。衡量公司自由现金流有以下两种方式：

第一种方式：从利益分配入手，加总所有有索取权要求者的现金流，包括股权资本投资者要求的现金流,即股权资本自由现金流(Free Cash Flow To Equity,FCFE)、债权人要求的现金流(它包括本金偿还、利息支出和新债务的发行)以及优先股股东要求的现金流(即优先股股利),即:

公司自由现金流 = 股权资本自由现金流+利息费用×(1-所得税税率)+本金偿还-新发行债务 + 优先股股利   (5-7)

第二种方式:从现金流形成过程入手,即在满足所有索偿权之前就估计出公司自由现金流。事实上,从息税前利润(EBIT)开始,减去税收和再投资需要后得出公司自由现金流。于是:

公司自由现金流 = EBIT×(1 - 所得税税率)-(资本支出-折旧)-营运资本变动额

其中:净资本支出 = 资本性支出-折旧

再投资需要的现金流 = 净资本支出 + 营运资本变动额   (5-8)

(2)公司自由现金流的计算。下面举一简例来说明如何计算公司自由现金流。

【例5-2】W公司是一家以房地产为主营业务且涉及多个领域的上市公司。根据其刚披露的 2006 年度财务报表数据显示,该公司 2006 年息税前利润 EBIT 为 800 万元,折旧为 750 万元,资本性支出为 900 万元,同时营运资本从 2005 年的 550 万元上升为 2006 年的 600 万元。预计 2007 年息税前利润为 900 万元,同期的资本性支出、折旧、营运资本变动额预期均增长 5%。企业所得税税率为33%。试计算 W 公司 2006 年和 2007 年的公司自由现金流量。

解析:W 公司 2006 年和 2007 年公司自由现金流量的计算过程如表 5-1 所示。

表5-1   W公司2006年和2007年自由现金流量的计算过程   单位:万元

运算项目	2006 年	2007 年
EBIT(1 - 所得税税率)	800×(1-33%)= 536	900×(1-33%)= 603
+ 折旧	750	750×(1+5%)= 787.5
− 资本性支出	900	900×(1+5%)= 945
− 营运资本变动额	600 - 550 = 50	50×(1+5%)= 52.5
= 公司自由现金流	336	393

2. 公司自由现金流与股权资本自由现金流的比较

从式(5-7)中可以看出,对于任何存在财务杠杆的公司而言,公司自由现金流总是大于股权资本自由现金流。公司自由现金流与股权资本自由现金流之间总是存在着差异,这种差异主要体现在以下三个方面。

(1)两者之间所采用的贴现率不同。股权资本自由现金流采用股权资本成本作为贴现率,即股权投资者要求的必要收益率,它可以通过资本资产定价模型

（CAPM）计算得出。而公司自由现金流是采用加权平均资本成本（WACC，即股权资本成本、税后债务成本、优先股资本成本以市场价值为权重加权平均而来）作为贴现率。

WACC 的计算公式为：

$$WACC = K_e \times \frac{E}{E+D+P_s} + K_d \times \frac{D}{E+D+P_s} + K_s \times \frac{P_s}{E+D+P_s} \qquad (5-9)$$

式中：WACC 表示加权平均资本成本；K_e、K_d、K_s 表示股权资本成本、税后债务资本成本和优先股成本；E、D、P_s 表示普通股、债务和优先股的市场价值。

（2）两者之间的预期增长率不同。通常情况下，在有举债的公司里，股权资本自由现金流的增长率会高于公司自由现金流的增长率。这是因为，公司自由现金流的增长率是以息税前利润的增长率为基础，而股权资本自由现金流的增长率是以净利润为基础。

假设股权资本自由现金流的增长率为 g_{FCFE}，公司自由现金流的增长率为 g_{FCFF}，那么：$g_{FCFE} = g_{EBIT}$　　$g_{FCFF} = g_{EPS}$

FCFE = 净利润 + 折旧 – 资本性支出 – 营运资本变动 – 本金偿还 + 新发行债务

如果净利润、折旧、资本性支出、营运资本变化与 FCFE 的增长率相同（这一点在稳定增长型公司中不难做到）。FCFE 的增长率便等于净利润的增长率，即：

$$g_{FCFE} = g_{EPS} = b \times ROE = b \times \{ ROA + D/E \times [ROA - i \times (1-t)] \} \qquad (5-10)$$

式中：b 表示留存比率；ROE 表示净资产收益率；ROA 表示资产收益率；D/E 表示负债账面值与权益账面值之比，用来表示举债水平；i 表示利息率；t 表示公司所得税税率。

该公式表明：当公司提高债务比率（即增加 D / E），g_{FCFE} 也随之增大。另外，我们知道：FCFF = EBIT × (1 – 所得税税率) – (资本支出 – 折旧) – 营运资本变动。在相同的假设条件下，$g_{FCFF} = g_{EBIT}$。当增加债务比率时，FCFF 的增长率保持不变。因此债务比率会影响 FCFE 的增长率但不会影响 FCFF 的增长率。在企业存在财务杠杆时，前者通常大于后者。也就是说，只要公司在某一项目上获得的资产报酬率 ROA 超过税后利息率 i × (1–t)，增加债务比率就会增加每股收益 EPS 的增长率，从而提高 FCFE 的增长率。但是公司资金现金流是一种债前的现金流，它不会因为债务比率的变化而变化。下面举例说明如何计算 FCFF 和 FCFE 的增长率。

【例 5–3】W 公司 2006 年财务报表资料显示，其扣除优先股股利后的净利润为 500 万元，流通在外普通股股数是 500 万股。2006 年公司的资产报酬率 ROA 为 10%，税前负债利息率为 8%，资产负债率为 33.33%，留存比率为 80%，所得税税率为 33%。公司预期在 2007 年除资产负债率上升至 40% 外，其余数据同【例 5–2】，试计算 W 公司 2006 年和 2007 年 FCFF 与 FCFE 各自的增长率。

W 公司 2006 年 FCFE 的增长率 = b × ROE = b × {ROA + D/E × [ROA – i × (1 – t)]} = 0.8 × {10% + 50% × [10% – 8%（1 – 33%)]} = 9.856%

W 公司 2006 年 FCFF 的增长率 = b × ROA = 0.8 × 10% = 8%

W 公司 2007 年 FCFE 的预期增长率 = 0.8 × {10% + 66.67% × [10% – 8%（1 – 33%)]} = 10.474%

W 公司 2007 年 FCFF 的预期增长率 = 0.8 × 10% = 8%

在上例中，随着 W 公司资产负债率从 2006 年的 33.33% 上升至 2007 年的 40%，一方面 FCFE 的增长率也从 2006 年的 9.856% 上升至 2007 年的 10.474%；另一方面 FCFF 的增长率保持不变。可见 FCFE 的增长率受到公司财务杠杆影响，而 FCFF 的增长率却保持不变。

（3）两者的评估对象不同。就评估对象而言，FCFF 用来评估公司的整体价值，而 FCFE 用来评估公司的股权价值。当公司的债务比率较低且波动不大时，采用公司自由现金流贴现法估算公司整体价值再减去债务市场价值所得到的公司股权价值与采用股权资本自由现金流贴现法直接估算出来的公司股权价值相等。当公司更多地依赖举债经营或者公司的债务水平波动较大时，由于公司自由现金流贴现法不必反映债务的变化，因此，公司自由现金流贴现法所估算出来的公司股权价值与股权资本自由现金流贴现法不同，前者比后者要准确些。此时公司自由现金流贴现法可以是股权资本自由现金流贴现法一个较好的替代方案。

三、公司自由现金流贴现法

公司自由现金流贴现法，指通过运用加权平均资本成本对公司自由现金流贴现来估算公司价值的方法。自由现金流贴现法包括公司自由现金流贴现法和股权资本自由现金流贴现法。自由现金流贴现法与股利贴现法在基本原理上是类似的，它们都是根据不同的公司未来增长模型，采用不同的反映特定现金流风险程度的贴现率贴现而来的，但它们之间也存在着差异。如股息贴现法所采用的现金流是股息，股权资本自由现金流所采用的现金流是股权自由现金流，公司自由现金流贴现法所采用的现金流是公司自由现金流。股息贴现法和股权资本自由现金流贴现法所采用的贴现率是普通股股票要求的必要收益率（即权益资本成本），该资本成本可以通过资本资产定价模型计算出来，而公司自由现金流贴现法所采用的贴现率则是整个公司的加权平均资本成本。当然每个模型都需要一定的适用条件，同时每个模型都有一定的局限性。应该根据具体的评估环境、评估目的以及公司未来增长模型而采用特定的贴现方法。

1. 各种未来增长模型及其特征

（1）稳定增长型。稳定增长型公司指预期公司自由现金流将以一稳定比率增长的公司。通常稳定增长型公司的特征表现为：①稳定增长率不高且与名义经济增长率大体相似，即表现为稳定增长特征的公司，它的稳定增长率在大体上应该类似于整个国家的名义经济增长率。②资本支出与折旧之间保持大体平衡，净资本支出趋于零，即本期的资本性支出应该与本期折旧额相抵消。③趋于稳定增长的公司，其每年的营运资本变化不大。④由于公司趋于稳定，公司债务比率将有所提高，公司可以更多地通过举债来满足资金需求。⑤稳定增长的公司具有市场平均风险，也就是衡量系统风险的 β 趋于 1。

（2）两阶段增长模型。两阶段增长模型指公司在前一时期以较高的速度增长，然后立即进入稳定增长阶段。两阶段增长模型较稳定增长模型更加符合现实情况中公司的增长特征。这一模型的增长假设与两阶段股息贴现模型是一样的，只是前者采用公司自由现金流而后者采用股息作为预期现金流。通常情况下两阶段增长模型公司的特征表现为：①公司在高增长期的增长率应该高于名义经济增长率，否则公司就不能表现为高增长的特征。②在高增长期，公司的资本性支出应该大于折旧额，使得公司的净资本支出能够用于扩大生产规模，提高增长率。③在高增长期时公司的营运资本变动较大，一旦公司进入稳定增长阶段后，公司每年的营运资本就趋于平衡。④一般来说，公司在高增长期间，其风险也会较高，所以公司一般都会利用较小负债的方法来筹集其生产经营需要的资金。

（3）三阶段增长模型。在对两阶段增长模型的讨论中，有些人认为公司发展经历高速增长阶段后立即进入稳定增长阶段，缺少了必要的过渡。基于这一原因，人们提出了另外一个增长假设，该假设综合了稳定增长模型和两阶段增长模型，在高增长阶段与稳定增长阶段之间增加了一个过渡阶段。三阶段增长模型与两阶段增长模型同属于非稳定增长模型，它们之间最大的区别在于三阶段增长模型增加了一个过渡阶段。在过渡阶段中，公司的增长特征表现为增长率、净资本支出、营运资本变动、债务比率以及 β 的渐渐变动。

2. 公司自由现金流贴现法的一般模型

（1）公司自由现金流贴现法的一般模型。一项金融资产或者一个企业的价值是由该项金融资产或企业预期产生的现金流，通过采用反映该项资产或企业风险程度的贴现率折现而来的。因此，在评估一家公司的价值时，只要有足够的信息预测公司自由现金流和加权平均资本成本，就可以用一个一般模型来评估任何公司的价值。

在最普遍的情形下，公司的价值可以用预期 FCFF 的现值来表示：

$$公司的价值 = \sum_{t=1}^{\infty} \frac{FCFF_t}{(1+WACC)^t} \qquad (5-11)$$

式中：$FCFF_t$ 表示公司在第 t 年的自由现金流；WACC 表示加权平均资本成本。

如果公司在进行 n 年高速增长后进入稳定增长状态，那么公司的价值可以表示为：

$$公司的价值 = \sum_{t=1}^{\infty} \frac{FCFF_t}{(1+WACC)^t} + \frac{FCFF_t \big/ (WACC - g_n)}{(1+WACC)^n} \qquad (5\text{-}12)$$

式中： $FCFF_t$ 表示公司在第 t 年的自由现金流；WACC 表示加权平均资本成本；g_n 表示稳定增长阶段的增长率。

下边讨论对该模型不同增长时期几个关键变量是如何估计出来的。从式（5-12）中可以看到公司的价值取决于 FCFF、WACC、g 这三个关键变量。g 在上一部分中已经介绍过，即 $g = b \times ROE$，在此不再重复。FCFF 是由净资本性支出、营运资本变动额决定，WACC 是由债务资本成本和负债比率决定的。因此在计算出预计增长率后便要估计公司的净资本性支出、营运资本变动和负债比率。而在估计这些关键变量之前，有必要先理解这些变量的整体变化特征。公司的净资本支出、营运资本变动与公司的股息发放比率相似，都随着公司增长期的变化而变化。其中净资本支出、营运资本变动与公司增长率成正比，当公司处于稳定增长时，净资本支出趋于零，营运资本发生较小的变动；当公司处于高增长期时，净资本支出较大，营运资本变动额也较大；而在过渡期，净资本支出和营运资本变动额都是逐渐减少的；债务比率与公司增长率成反比。公司越稳定，它所能举债的数量就越多，债务比率也就越高。理解了这些关系后就能客观地估计出各个增长期所需的关键变量，从而正确评估出一家公司的价值。下面阐述如何运用 FCFF 估价法对不同增长模型公司价值的评估。

（2）运用稳定增长的 FCFF 模型评估公司价值。

【例 5-4】假设 ABC 公司是一家食品制造公司，该公司 2005 年 FCFF 的增长率为 5%，预计这一增长率将长期保持下去，理由是该公司所制造的食品有稳定的市场，其 2005 年的资本性支出被等额折旧所抵消，而且该公司的增长率与整个名义经济增长率相当。公司当前（2005 年）财务报表数据显示，2005 年息税前利润为 320 万元，资本性支出与折旧额都为 60 万元，营运资本 2005 年比 2004 年增加 24 万元，以后按 5% 增长。该公司目前 β 为 1.05，债务比率（总负债／总资产）为 40%，税前债务成本为 9%，所得税税率为 33%，无风险利率（长期国债利率）为 6%，市场风险溢价为 5%，试评估该公司的整体价值。

根据以上资料，可以判断该公司符合稳定增长模型的假设条件，因此运用稳定增长的 FCFF 评估模型来估计该公司的价值，具体计算步骤如下：

第一步，计算 ABC 公司 2005 年和 2006 年的 FCFF。根据公式（5-8）计算FCFF，过程见表 5-2。

表 5-2　ABC 公司 2005 年和 2006 年的公司自由现金流　　　单位：万元

项目（万元）	2005 年	2006 年
EBIT × （1 – 所得税税率）–	320 × （1 – 33%）= 214	214 × （1 + 5%）= 225
净资本支出（资本性支出 – 折旧）–	0	0
营运资本变动额 = FCFF	24	24 × （1 + 5%）= 25.2
	190.4	199.92

注：表中资本性支出、折旧、营运资本变动以及息税前利润增长率与 FCFF 增长率一致，均为 5%。

第二步，计算加权平均资本成本。

（1）股权资本成本可以根据 CAPM 计算出：

股权资本成本 = 6% + 1.05 × 5% = 11.25%

（2）税后债务资本成本 = 9% × （1 – 33%）= 6.03%

WACC = 11.25% × （1 – 40%）+ 6.03% × 40% = 9.162%

第三步，计算公司整体价值。

稳定增长模型的公司估价公式如公式（5-13）所示：

$$公司价值 = \frac{FCFF_1}{(WACC - g)} \tag{5-13}$$

式中：$FCFF_1$ 表示下一年预期公司自由现金流；WACC 为以市场价值为权数计算得出的加权平均资本成本；g 为稳定增长率。

ABC 公司的价值 = 199.92 /（9.162% – 5%）= 4803.46（万元）

在上例中虽然 ABC 公司符合稳定增长模型所表现的特征，但这并不意味着该模型没有任何缺陷。事实上 FCFF 稳定增长模型也存在着局限性。比如该模型对预期增长率的假设很敏感，而且该模型所采用的贴现率是 WACC，而在大多数的公司中，WACC 都要比股权资本成本低，这使得该模型对预期增长率更加敏感。此外这个模型对与折旧相关的资本性支出的假设也很敏感，通过人为地增加或减少与折旧相关的资本性支出，就可以减少或增加 FCFF，从而人为地改变公司的价值。

（3）运用二阶段模型评估公司价值。

【例 5-5】H 公司是一家销售渠道遍及全国的百货公司，但其顾客却集中在福建和广东等南方省份，而在北方省份的市场占有份额较低。该公司今年（2005年）获得较高的税后净利润，但由于公司未来将有一项回报率较高的投资项目，因此公司在当年分配较少的股利，而是将大部分的税后净利润留存于公司以满足日后的再投资资金需要。

【分析】首先由于 H 公司在增长方面受到了对南方省份市场份额依赖的限制，为此假设 H 公司有 5 年的高速增长期，然后公司将进入稳定增长期，因而应采用二阶段增长模型对 H 公司的价值进行评估。其次 H 公司虽然获得较高的税后利润，但它将大部分的利润留存于公司内部。于是将采用公司自由现金流贴现的方法来评估该公司的价值。当前公司财务报表数据显示：2005 年公司的息税前利润为4000 万元，资本性支出和折旧分别为 90 万元和 450 万元，营运资本为息税前利润的 20%，所得税税率是 33%，无风险利率是 7.5%，市场风险溢价为 5.5%。预计公司在今后 5 年内处于高速增长阶段，在高增长阶段的数据为：FCFF 的增长率为 8%，高增长期公司 β 为 1.35，负债比率为 40%，税前债务资本成本为 10%，资本性支出、折旧以及营运资本变动均以 8% 的速度增长。5 年后公司进入稳定增长阶段，其基本数据为：FCFF 的预期增长率为 5%，稳定增长阶段公司的 β 为 1，负债比率为 50%，税前债务成本为 85%，资本性支出等于折旧，营运资本变动额的增长率等于 FCFF 的增长率为 5%。试计算 H 公司的整体价值。

第一，计算高速增长阶段 FCFF 的现值。根据公式（5-8）计算 FCFF，见表 5-3 所示。

表 5-3　H 公司高速增长阶段的 FCFF　　　　单位：万元

项目	2006 年	2007 年	2008 年	2009 年	2010 年
EBIT（1 - 税率）-	2894	3126	3376	3636	3938
净资本支出 - 营运资	486	525	567	612	661
本变动 = FCFF	864	933	1008	1088	1176
	1544	1668	1801	1946	2101

下边计算高增长阶段公司的加权平均资本成本：

股权资本成本 = 7.5% + 1.35 × 5.5% = 14.925%

税后债务资本成本 = 10% × (1 - 33%) = 6.7%

$WACC_{高增长期}$ = 60% × 14.925% + 40% × 6.7% = 11.635%

这样通过 FCFF 逐年折现求和，可以计算 5 年高速增长阶段 FCFF 现值见表 5-4。

表 5-4　H 公司高速增长阶段（2006~2010 年）的 FCFF　　　　单位：万元

年份	FCFF	现值
2006	1544.4	1383.44
2007	1667.952	1338.39
2008	1801.388	1294.81
2009	1945.50	1252.65
2010	2101.14	1211.86
小计		6481.15

第二，计算稳定增长阶段 FCFF 的现值。

2011 年的 $FCFF = 3937.799 \times (1+5\%) - 0 - 1175.462 \times (1+5\%) = 2900.453$（万元）

稳定增长阶段的加权平均资本成本：

股权资本成本 $= 7.5\% + 1 \times 5.5\% = 13\%$

税后债务资本成本 $= 8.5\% \times (1 - 33\%) = 5.695\%$

$WACC_{稳定增长期} = 50\% \times 13\% + 50\% \times 5.695\% = 9.3475\%$

可以根据稳定增长公司的价值评估公式（5-13）计算出稳定阶段 FCFF 的终端价值，也就是公司在 2011 年初的价值：

公司价值$_{2011} = FCFF_{2011}（HACC_{稳定增长期} - g_{稳定增长期}）$

$= 2900.45 \div (9.3475\% - 5\%) = 66715.418$（万元）

于是公司当前的整体价值 $= 6481.15 + 66715.418 + (1+11.635\%)^5 = 44960.20$（万元）

两阶段 FACC 估价模型也有一定的适用条件和局限性。如果要使用该模型，那么所要评估的公司必须先经历一段高增长期，随后立即进入稳定增长期。同时公司的净资本支出在高增长期时远大于零，而在稳定增长期时趋于零。公司的营运资本变动、衡量风险的 β 以及债务比率也要发生相应的变动。

（4）运用三阶段增长模型评估公司价值。在分析案例之前，首先来研究三阶段增长模型的评估公式：

$$公司价值 = \sum_{t=1}^{n_1} \frac{FCFF_t}{(1+WACC)^t} + \sum_{t=n_1+1}^{n_2} \frac{FCFF_t}{(1+WACC)^m \times \prod_{k=n_1+1}^{t}(1+WACC_K)}$$

$$+ \frac{FCFF_{n_2+1} / (WACC_n - g)}{(1+WACC)^{n_1} \times \prod_{k=n_1+1}^{n_2}(1+WACC_k)} \quad (5-14)$$

式中，$FCFF_t$ 表示第 t 年的公司自由现金流；WACC 表示高速增长阶段加权平均资本成本；$WACC_k$ 表示公司处于过渡增长阶段的加权平均资本成本；$WACC_n$ 表示公司处于稳定增长阶段加权平均资本成本；g_n 表示稳定增长阶段 FCFF 的增长率。

【例 5-6】M 公司是一家以生产止咳药品为主的制药厂，其最主要的技术支持来源于 T 公司（一家每年都投入较高研究与开发支出的生物技术公司）。M 公司为了保证自己所生产的止咳药品能在技术上领先于同行业其他公司，每年都支付给 T 公司一笔很大的服务费用。这使得该公司每年获得利润的很大一部分必须用来扣除这项费用。为了既减轻这项费用，又保证有稳定来源的技术支持，该公司

的管理当局决定在 2006 年初收购 T 公司。公司聘请了 A 和 B 两家资产评估公司对
T 公司的整体价值进行了评估，评估结果分别是每股 65 元和每股 110 元。当时 T
公司的市场价格是每股 80 元（2006 年初公司共有流通在外的普通股股数 150 万股）。
假如你是 M 公司的财务总监，M 公司的首席执行官委托你对 T 公司的整体价值进
行评估来为其决策通过参考。

【分析】将采用三阶段 FCFF 估价模型来计算 T 公司的整体价值。理由如下：
第一，该公司是一家高成长公司，具备巨大的未来增长潜力；第二，T 公司
虽然是一家高成长公司，但大部分资金是通过负债融资，公司的运作需要大额的
研究与开发费用，而且公司的非经营性费用也较高，因此 T 公司不仅只有微小的
税后净利润，而且它的股权资本自由现金流为负，不能用 FCFE 估价模型；第三，
随着公司的不断发展，其增长率将逐渐趋于稳定。因此估计该公司未来将持续增
长 10 年，前 5 年增长的根据是高增长率，后 5 年将朝着稳定增长期逐渐转变。T
公司 2005 年财务报表（部分数据）见表 5-5。

表 5-5　T 公司 2005 年财务报表（部分数据）　　　　　单位：万元

项目（2005 年度）	金　额
息税前利润 EBIT ×（1 - 所得税税率）	1000 ×（1 - 33%）= 670
资本性支出	650
折旧	400
营运资本变动	250
FCFF（2005 年）	170

注：公司营运资本占息税前利润的 25%，并长期保持这一水平。

预计此后 5 年为高速增长期，在高速增长阶段（2006 ～ 2010 年）的基本数据
为：EBIT 的增长率为 15%，资本性支出、折旧和营运资本变动的增长率与 EBIT
的增长率相同。高速增长期公司的 β 为 1.5，无风险利率为 8%，市场风险溢价为
9%，资产负债比率为 40%，税前债务资本成本为 20%。从第 6 年开始公司进入
过渡增长阶段（2011 ～ 2015 年），在这一阶段中的基本数据为：EBIT 的增长率按
线性方式从第 6 年的 15% 下降到第 10 年的 10%（各年 EBIT 和增长率的具体数
据见表 5-5），整个过渡期公司 β 下降到 1.2，负债比率上升至 50%，税前债务成
本为 15%，资本性支出、折旧与营运资本变动的增长率等同于 EBIT 的增长率。
此后公司进入稳定增长阶段，在该阶段的基本数据为：FCFF 的增长率是 10%，
稳定增长阶段的公司 β 等于 1，资产负债比率为 60%，税前债务资本成本为 10%，
资本性支出等于折旧，营运资本变动额为 0。公司所得税税率为 33%。

下面根据上述提供的信息，运用 FCFF 三阶段估价模型对 T 公司整体价值进
行评估。

首先，计算高速增长阶段的 FCFF、WACC 及其现值：

$$FCFF_{2006} = 670 \times (1+15\%) - (650-400) \times (1+15\%) - 250 \times (1+15\%)$$
$$= 195.5（万元）$$

高速增长阶段股权资本成本 $= 8\% + 1.5 \times 9\% = 21.5\%$

高速增长阶段税后债务资本成本 $= 20\% \times (1-33\%) = 13.4\%$

$WACC = 21.5\% \times 60\% + 13.4\% \times 40\% = 18.26\%$

于是高速增长阶段的现值为：

$$\sum_{t=1}^{5} \frac{FCFF_{2005}(1+15\%)^t}{(1+18.26\%)^t} = 782.2366（万元）$$

其次，计算过渡增长阶段的 FCFF、WACC 及其现值见表 5-6。

表 5-6   T 公司预计 2011 ~ 2015 年每年 EBIT 的增长率以及 FCFF 的数据

年度	EBIT 的增长率(%)	FCFF（万元）	WACC(%)	现值[3]（万元）
2011	14	389.8010[1]	14.425[2]	147.2762
2012	13	440.4752	14.425	145.4421
2013	12	493.3322	14.425	142.3598
2014	11	547.5987	14.425	138.0986
2015	10	602.3586	14.425	132.7581
小 计		2473.70		705.9349

注：①$FCFF_{2011} = EBIT_{2010} \times (1+14\%) - （资本性支出 - 折旧）_{2010} \times (1+14\%) - 营运资本变动额_{2010} \times (1+14\%)$
$= 1347.61 \times (1+14\%) - 502.84 \times (1+14\%) - 502.84 \times (1+14\%) = 389.8010（万元）$

②WACC 的计算过程：

过渡增长阶段的股权资本成本 $= 8\% + 1.2 \times 9\% = 18.8\%$

过渡增长阶段的税后债务资本成本 $= 15\% \times (1-33\%) = 10.05\%$

过渡增长阶段的 WACC $= 18.8\% \times 50\% + 10.05\% \times 50\% = 14.425\%$

③表中的现值这一栏是这么计算得出的：

2011 年公司产生的自由现金流量形成的现值 $= FCFF_{2011} \times (1+WACC) = 389.82 \div (1+14.425\%) \div$
$(1+15\%)^5 = 147.2762（万元）$

2012 年公司产生自由现金流量形成的现值 $= FCFF_{2012} \div (1+WACC)^2 = 44050 \div (1+14.425\%)^2 \div$
$(1+15\%)^5 = 145.4421（万元）$

以后年度以此类推。

因此过渡增长阶段 FCFF 的现值之和为 705.9394 万元。

最后，计算稳定增长阶段的 FCFF、WACC 及其现值：

1）稳定增长阶段的股权资本成本 $= 8\% + 1 \times 9\% = 17\%$

稳定增长阶段的税后债务资本成本 $= 10\% \times (1-33\%) = 6.7\%$

稳定增长阶段的 WACC $= 40\% \times 17\% + 60\% \times 6.7\% = 10.82\%$

2）$FCFF_{2016} = 602.3586 \times (1+10\%) = 662.5945（万元）$

$$稳定增长阶段的现值 = \frac{FCFF_{2016}/(10.82\% - 10\%)}{(1 + 18.26\%)^5(1 + 14.425\%)^6} = 17809.0174（万元）$$

所以运用 FCFF 三阶段估价模型，N 公司 2006 年初评估的价值 = 782.2366+ 705.9349+17809.0174 = 19297.189（万元）。

该公司已发行债务的市场价值为 7718.876 万元（按负债率 40% 计算），因此其股权价值为 11578.313 万元，按照发行在外的普通股股数 150 万股来计算，每股价值为 77.19 元／股。可见 A 公司和证券市场都低估了 T 公司的股票价值，而 B 公司却高估了。

3.公司自由现金流模式与股权资本自由现金流模式的比较

按照一般的标准，可以把价值评估的方法分成三种：现金流贴现法、相对比率法以及评估具有期权性质资产的期权估计法（也称为或有要求权法）。根据所采用的现金流和贴现率的不同，现金流贴现法又分为股息贴现模型、股权资本自由现金流贴现模型以及公司自由现金流贴现模型。下边我们来比较公司自由现金流模式和股权资本自由现金流模式。虽然这两种模式在很多方面相似，但它们也存在着区别，主要有以下几个方面，见表 5–7。

表 5–7　公司自由现金流模式与股权资本自由现金流模式的比较

项　　目	公司自由现金流模式	股权资本自由现金流模式
公式	$FCFF_1/(WACC - g_{FCFF})$	$FCFF_1/(K_S - g_{FCFF})$
增长率	息税前利润增长率	每股收益增长率
贴现率	加权平均资本成本	股权资本成本
估价对象	公司整体价值	权益价值

前已述及，可以运用公司自由现金流模式评估公司整体价值，然后减去公司负债的市场价值，便能计算出权益价值。简单地说，运用公司自由现金流模式可以避免计算与负债有关的现金流量，当公司的负债比率较高或者时常出现变化时，相对于股权资本自由现金流模式来说仍简单一些。因此公司自由现金流模式一般可用于评估经由杠杆收购公司的价值。另外，如果公司在初期盈利不大或者变动较大时，股权资本自由现金流通常会出现负值，这也给评估带来困难。但运用公司自由现金流模式可减少出现这种情况的可能性，因为公司自由现金流量出现负值的机会较低。

第三节 价值评估的基本内容

一、管理价值评估

1. 管理能力与公司价值

对于投资者而言，"管理能力"意味着公司股价的升高。优质管理公司的管理能力中应当包括以下几个要点：第一是"愿景领导"。高层领导需要设立共同愿景，并制定相应的战略、体制和操作方式来确保公司朝着既定目标前进。公司要获得独特的竞争能力，最重要的是确立一个所有员工都认同并为之努力的共同愿景。第二是"用户至上"。公司利润增长的手段无非是不断获得新顾客并保持忠实的老顾客。第三是"不断地学习与改善"。优质管理者懂得如何获取并共享知识信息，提高所有员工的学识；通过推出更新更优的产品和服务提升其内在价值；利用各种商业机会展示和推销它们的新产品；通过减少错误、瑕疵和浪费来降低生产成本；通过缩短交货时间和提高反应速度来实现"服务第一"的目标；充分有效地利用各种资源。

优质管理公司的竞争优势对投资者更具有价值，其理由是：公司运用合理、系统的方法来管理和改进所有组织要素；它们根据目前的有关数据和信息做出反应和决定；它们以公司愿景规划制定发展目标，通过计划程序和测试体系来凝聚全体员工；公司明白其工作的核心程序，不断地改善这些程序；公司知道谁是它们的客户，了解客户的要求，全力满足顾客要求。寻找并发现优质管理公司，可以采用下列质量指标来评估管理能力：由有能力的领导掌舵；用户至上；不断进取；重视员工；愿景规划；实事求是的管理原则；目标化管理；下面具体分析管理能力的评估方法。

2. 管理价值评估的方法

评估管理能力的第一步是去找到优质管理公司。20 世纪 80 年代末期，美国商界领袖们通过敦促议会创立包瑞居国家质量奖来响应"客观、定量和合理可靠的管理能力测试"需要。经过十多年的不断改进，目前已经确立了优质管理公司的评判标准。包瑞居评奖模式为企业树立了一个质量管理的标准。应用这个模式，便可以遵循客观、定量且合理可靠的原则对管理能力进行鉴定和评估。

（1）包瑞居评奖标准。包瑞居评奖标准包括 7 项内容：领导才能、战略决策计划、以顾客和市场为中心、信息和分析、聚焦人力资源、流程管理及经营绩效。7 项评奖标准中的每一项都有一定的分值，7 项总分累加起来共计 1000 分。运用包瑞居模式和评奖标准可以为公司提供一种可用来提供管理系统质量和财务表现的系统方法，因为按照包瑞居每一项标准所评估的管理质量体系改进都和公司的财务改善有直接的关系。制度化质量管理是检测管理能力合理可靠的方法。

（2）管理筛选法。"管理筛选法"（management screen）为评估管理质量提供了一种新的检验管理能力方法，它以包瑞居管理模式的基础，符合质量管理评估的三大标准，即客观（由质量专家创立，可变通，任何公司都可以应用），定量（包括管理体系的所有方面）和合理可靠。为了符合这些标准，管理筛选法包括 17项内容，综合反映一家优质管理公司。通过 39 个问题帮助投资者确定一家公司在17 项内容方面的表现究竟如何。[①] 管理体系应该是这样一种体系：如果部分被忽视，则整体价值评估就会受到极大影响。管理筛选法使投资者能够：①发现管理质量(management quality) "金砖"。②识别管理能力（management competence）信息。

1）方法介绍。管理筛选法及管理筛选法列表，都是根据包瑞居的 7 个评分项目编制而成的。前 6 项的每一项都从两个方面来描述管理质量。最后 1 项是经营业绩，包含顾客满意度、财务和市场表现、员工满意度、供货商质量表现、组织表现五个方面。每个项目所提出的问题都有助于对公司表现的评估。

为了进行公司间的比较，或分辨公司管理体系是否是质量保证的一个良好开端，每个问题的答案都以评分来测定。如果问题的答案是"否"或者没有获得关于这个问题的相关信息，那么这个问题对应的分数就是"0"。如果可以毫无保留地回答"是"，那就可以获得相应的最高分（每个项目都提供评分指导）。如果答案介于投资者知道公司这方面的一些信息却不能肯定它们到底好到什么程度之间，那么分数就应该在可得分的一半左右。在打分时，这些评分指导原则也许多少有些出入。例如当从 A 公司首席执行官讲话中得知公司要推行一项新的6σ计划。为此在管理筛选法第 6 项"6.0 流程管理"下的"公司是否应用了如6σ、ISO9000质量体系或 Kaizen 等方法去管理或提高它的流程"进行打分。首席执行官的讲话也许只能打 2 分，因为公司还没有真正实施此计划。但是投资者可能对此抱有更大希望，于是给公司"3"分，也可能选择给公司满分。

管理筛选法中给各个问题评分度的把握取决于投资者，但需记住一点：对每家公司应当一视同仁，这样无论是从严还是从宽给分都无关紧要了。所以投资者在评分时应考虑信息来源的可靠性。管理筛选法是为了帮助投资者在 17 个方面对管理质量进行评估。包瑞居奖项获得者应该得到最高的可能分值。

2）管理筛选法的应用。应用管理筛选法来评估公司管理体系质量，投资者需要寻找与管理筛选法有关的 7 项质量指标（IQs）。如果没有找到任何信息，那么

---

① [美] 阿斯瓦斯·达摩达兰著. 应用公司理财[M]. 北京：机械工业出版社，2004.

与此相关问题的分数便为"0"。在辨别和评估质量指标（IQs）方面，管理筛选法提出了一些问题，表 5-8 提供了完整的管理筛选法表格。

表 5-8 管理评估筛选表

公司名称   日期

	质量指标（IQs）	信息来源	评估分数	分类分数
• 领导才能 • 高层领导把质量管理放在最优先的位置上 • 公司和它的员工有良好的公德	高层领导之间的沟通公司 基层组织，社区活动，国家 认可			
• 战略决策计划 • 公司具有有效的战略决策计划流程 公司在组织机构中全面推行战略决策计划	战略决策计划，Hoshin 计划， 行政管理，SHOT，愿景规划 保持计划的一致性，KPIs			
• 以服务顾客和市场为中心 • 公司提供满足顾客要求的产品和服务 • 公司建立并保持同顾客的紧密联系	顾客咨询委员会，顾客民意测验 焦点小组，"顾客之声"，QED， 供货商奖，老顾客比率高，回头 业务			
• 信息和分析 • 公司具有测试系统 • 公司通过分析其测试系统来评估公司总体经营状况	平衡计分卡，KPIs EVA，ABC 基准			
• 聚焦人力资源 • 公司通过促使员工更加有效的工作来提高公司的业绩 • 公司拥有忠心、积极主动和令人满意的员工	团队，跨部门培训，大学培训， ESOP、分红 "最值得为之工作的公司"，人情 味管理，员工的高满意度			
• 流程管理 • 公司系统化管理和改进它的管理流程 • 公司系统的管理和改善与供货商之间的关系	ISO，业务重组，改进管理流程 供货连锁管理，供货商资质，供货 商成绩报告单			
• 经营绩效 • 公司在令顾客满意方面显示出其杰出的领导才能 • 公司在财务业绩方面显示出其杰出的领导才能 • 公司在员工满意度、员工发展和员工工作表现方面显示出其杰出的领导才能 • 公司在供货商工作方面显示出其杰出的领导才能 • 公司在组织结构方面显示出其杰出的领导才能	供货商奖，社会独立机构的评级， ACSI 排名 营业收入，ROIC，市场份额 培训时间，人员流动，员工满意度， 社会独立机构认可证 供货商资质 ISO，QS，质量进步，缩短资金周 转周期			
总 分				

（资料来源：[美] 汤姆·科普兰，蒂姆·科勒，杰克·歌林著，郝绍伦等译. 价值评估：公司价值的衡量与管理[M]. 北京：电子工业出版社，2002.）

需要说明的是表中每个项目都有特定内涵，由于篇幅所限只对"领导才能"做详细的说明。

领导才能包括两个方面的内容：高层领导把质量管理放在首要位置上；公司

和它的员工有良好的公德。三个问题支持着第一个方面：①公司是否有上下一心的奋斗目标？是否以顾客为中心？是否在不断营造一种提高员工自主权和鼓励技术创新的工作环境？优质管理公司的高层领导（特别是总裁或首席执行官）会对公司愿景、顾客服务职责和员工价值一再做出肯定的表示。如果他们是在"高谈阔论"，那么给他们评"0"分。如果他们所说的有说服力，可以评"1"到"3"分。如果他们说得全面具体，则可以评"4"分。②公司总裁或首席执行官和其他高层领导有否谈到质量进步在公司成功中起着非常重要的作用，这个问题要求把公司愿景、顾客至上、员工价值与公司的成功联系在一起。如果公司总裁或首席执行官不能把他们和公司的成功联系在一起，给公司评"0"分。如果承认有联系但是联系不紧密，给公司评"1"到"3"分。如果公司总裁或首席执行官将公司现在和未来的成功归功于质量改善，那么应该得"4"分。③高层领导是否亲自参与改革质量管理的活动，诸如指导和参与培训，表彰突出成果，鼓励学习和创新。这些方面的信息较难获得，如果不能找到任何相关信息，给公司评"0"分。如果找到一些线索，给公司"2"到"3"分。如果发现公司领导确实参与了质量改进活动，可以给公司评"4"分。

领导才能的第二个方面是良好的公民形象。以下两个问题有助于理解第二方面：①公司是否遵守职业道德，履行社会责任？如果一家公司有良好的道德规范和责任感，可以评"4"分。如果公司既没有好的信息也没有坏的传闻，那么给公司评"1"到"3"分。如果公司行为缺乏道德规范，也没有责任感，那么只能给它"0"分。②公司及其员工是否积极支持他们所在社区的活动？发现公司是关心社区时，可以给公司评"4"分。缺少明显证据，但隐约可以看出公司是关心社区的，那么可以给公司评"1"到"3"分。如果从未听说公司对社区活动表示出积极的态度，不用犹豫，给它评"0"分。

二、高级商业价值评估

1. 过程中的研发

过程中的研发（IPRD）是财务会计中的一个术语，它指的是尚未达到技术完备点，即设计和实验还没有完成的产品开发。收入法是最常用的评估 IPRD 价值的方法。收入法的基础是预期原理，运用收入法的最大困难是预期新产品的经济收益，估计生产失败的风险，以及将 IPRD 的贡献从其他作为收入流的生产所必需的资产（尤其是已经现存的技术）中分离出来的固有难题。为了把对 IPRD 有贡献的预期收入分离出来，有必要识别有贡献资产价值带来的收益。

（1）有贡献的资产。无论产品是硬件、软件、新药品或者是医疗器械，来自新产品预期中的收入都是许多资产和谐工作的结果。这些资产包括有形资本、流动资本、商誉和已现存的技术，以及其他的无形资产，如软件、分配系统和生产的车间。用收入法评估 IPRD 时，首先应该识别所有开发 IPRD 所必需的营运资产。可以将有贡献的资产做如下分类：

1）非消耗性资产。许多对来自技术的、对能产生收益的产品有贡献的资产都是非消耗性的。进行 IPRD 评估时，这些资产包括流动资本、土地、商誉和生产车间。因为这些资产是非消耗性的，只需要识别其资本收益大小。为了估计出适当收益的大小，可以假设是有效地从外部"借"来的。

以流动资本为例，可以假设它是从一个金融机构借来的，并且要支付借款利息。在计算流动资本费用利率时，有三个可能选择：企业的直接借款利率；流动资本的加权平均资本成本；企业的加权平均资本成本。从技术角度来说，使用加权平均资本成本是不精确的，因为分配给 IPRD 较少的收入将会弥补分配给 IPRD 相对较小的贴现率，这就产生了一个有价值的结论，即对每一类资产假定一个合适的收益率能得出较正确的技术分析。土地被认为是非消耗性并且能生产的资产。土地出租倾向于反映名义利率。商誉的资本费用是直观的，它就是商誉的版税率。如果商誉用于另外的技术差别很小或是没有技术差别的产品系列，则版税率就要从这一情形中推断出来，并应用于评估 IPRD。生产车间是人力资本中的无形资产，考虑生产车间的贡献时，IPRD 产生收益时所用的资本费用应该是收益率乘以生产车间的价值。

对非消耗性资产资本费用的计量简要归纳如下：

资产	资本费用率
净流动资本	债务比率或 WACC
土地	土地租金率或 WACC
商誉	版税率或 WACC
生产车间	股权率或 WACC

2）消耗性资产。消耗性资产的资本费用更复杂，因为它既需要提供资本收益率，又要提供资本报酬率。一般来说，主要的消耗性资产类型是对房地产和设备的改进。考虑到有形资本对 IPRD 产生收益，所使用的租金率可以通过资产在经济生命期内的租金水平计算出来。如果有形资本的预期剩余年限比 IPRD 的预期剩余年限要大，则合适的租金水平以及资本费用计算公式如下：

$$R_L = \frac{V}{(1-t) \times ADF_e} \times [1 - (\frac{ADF_t}{L_t} \times t)] \tag{5-15}$$

式中，R_L 代表租金水平；V 代表有贡献资产的价值；t 代表所得税税率；ADF_t 代表所得税税收期内折旧 1 元／年的现值；ADF_e 代表经济生命期内租金 1 元／年的现值；L_t 代表所得税税收期。

3）其他技术。现存技术是 IPRD 的发展组成部分。有好几种方法可被用来评估现存技术的价值。其中有一种技术基于新版本代表产品中技术的翻新。因此，如果一个新的软件产品有 500000 行代码，而 IPRD 占了其中 100000 行代码，则价值或版税的 1/5 应归于 IPRD。另一种方法是评估现存技术的价值并得出与价值相一致的版税，然后从 IPED 的收益中减去版税以得到现存技术价值的收益。

（2）估计研发过程中技术的使用年限。估计研发过程中技术的剩余使用年限，一般使用事前、事后分析相结合的方法。回顾所有历史先例，活跃的和不活跃的产品，以确定它们的寿命持续了多长时间或者它们当前的寿命。事前和事后分析可以采用行业专家的评论，或现存任何对项目寿命预测的研究为基础。应特别注意那些能引起功能上或经济上磨损的因素，如相互依赖的计算机硬件的预期变化。有时候，使用年限是难以确定的，因为通过经常性的修改，产品可以有无限的生命，在这种情况下，当现存或研发过程中的技术不能再给所研究的公司带来预期现金流时，将视为该产品使用年限终止。

2. 网络公司价值评估

对网络公司进行价值评估，最好的方法是使用传统的折现现金流量法，辅之以微观经济分析和可能性加权前景预测。描述的这些方法虽然有助于界定和量化不确定性，但不确定性不会因此而消失。

（1）无现金流量可折现情况下的折现现金流量分析。对网络公司的评价最常听到的批评是，这些公司的价值随着亏损的增加而猛涨。这种现象有两个驱动因素：超常增长率和利润表上的投资额。许多与网络相关的新公司年增长率超过 100%。这种超高增长率，再加上当做费用而不是当做资本处理的投资，会使亏损愈来愈大，一直到增长率慢下来。

通常情况下，网络公司的建立并不需要巨额的资本投资，但这并不是说商务网络公司就可以一直不需要巨额投资。商务网络公司的投资在于获取顾客，这种投资在利润表上计为费用，对于网络零售商，几乎所有顾客获取成本都得当成费用来处理。实物零售商的现金流量如果与网络零售商的现金流量相同的话，会比网络零售商早很多年达到收支平衡。网络零售商对他们的顾客获取投资最终将获得正净现值，那么因顾客获取加快而造成的亏损增加会提高公司的价值。

采用折现现金流量法对网络公司进行价值评估时，投资被当成费用处理和当成资本处理的区别不再重要，因为会计处理方法并不影响现金流量。即使缺乏有意义的历史数据和正收益来计算市盈率也没有关系，因为折现现金流量法主要依据的是对绩效的预测，能比较容易地对最初几年亏损最后却能创造价值的公司进行价值评估。折现现金流量法在预测时虽然仍会遇到很多困难，但能够清楚地解释网络公司的超高增长率和不确定性。为了使折现现金流量法适合于对网络公司进行价值评估，要对它进行三方面的改动：从未来的某个特定时间开始回溯到目前；使用可能性加权前景预测（probability heighted scenario），以明确的方式解决其不确定性；利用传统分析技能，了解网络公司的潜在经济状况，预测它们的未来绩效。

（2）从未来开始。在预测网络公司这类高增长公司的绩效时，通常从公司在未来可能出现的情况入手。考虑公司在目前高速增长、形势不稳定状况转入中等可持续增长时的情形入手，然后再回溯到目前。未来的增长状况应用市场渗透率、顾客平均收益、可持续性毛利之类的指标来界定。与行业和公司未来情形同等重要的是公司真正转入可持续性中等增长的具体时间。由于与网络相关的公司都很年轻，至少要在未来 10~15 年后经济状况才会稳定。

（3）确定可能性权数。不确定性是对高增长的技术性公司进行评估过程中最为棘手的问题。可能性加权前景预测是处理这个问题的一个简单而直接的方法。使用可能性加权前景预测时，要求对各种前景（有些乐观，有些不乐观）的一系列未来财务数据进行估算，然后根据可能性赋予各种前景一定的权数，并计算出相应的价值，累加后得出总值。可能性分析似乎能够支持对网络公司的价值评估，但还需分析该价值评估对可能性发生变化的敏感度。一般而言，网络公司的股票价格是相当不稳定的，较小的变化会带来价值大幅度的振荡，而这种可变性是无法消除的。

（4）客户价值分析。对高增长公司进行价值评估的最后一个难点是如何区分很快就要兴盛的网络公司和很快就要破产的网络公司。对于网络公司而言，客户价值分析是个有效的方法，它涉及五个驱动因素：①客户购买所产生的每位客户年收入、网站广告及其他零售商租用网站进行销售所产生的收入。②客户总数。③客户人均利润率（未扣客户获取成本）。④获取一位客户的平均成本。⑤客户流失率（即每年流失的客户比例）。

（5）不确定性依然存在。使用这种经过调整的折现现金流量方法，可以对看似不合理的企业进行合理的价值评估，但进入网络类高增长市场的投资者和公司，都面临着极大的不确定性。这种不确定性大多与竞争激烈领域的优胜者识别问题有联系。无论是投资者还是公司都改变不了这一不确定性，这正是投资者分散投资的理由，也是收购网络公司时不付现金的原因。20 世纪末，网络公司的出现与相关评估技术的产生对股市的健全提出了新问题，因而在对网络公司进行价值评估时，应该从未来开始考虑其不确定性；并应了解企业相对于竞争者的经济状况模型。网络公司的不确定性虽然无法改变，但至少可以了解它们。

第四节　价值评估的因素分析

企业价值等于企业的所有单项资产（包括无形智力资产）所能创造的未来现金净流入量的净现值之和。企业价值也可表现为目前净资产的市场价值和以后可能经营年限之内每年所有可能回报的现值之和。但实际估计时，未来现金流如何准确估计，企业未来的持续经营年限如何准确估计等，都受到各种各样的因素影响。弄清楚哪些是影响企业价值变化的因素，并找出衡量这些因素的标准，才能找出评价企业价值的方法。

一、影响现金流的因素分析

企业的价值关键在于能否给所有者带来未来的现金流（利润），包括股利和出售其股权换取现金，报酬越多，这个企业价值越高。然而如果未来风险大，即使未来报酬高，也会使人望而却步。所以企业盈利能力与即将面临的风险状况与水平高低，是企业价值评估需要考虑的两个主要因素。而这两个因素又受以下因素影响：

1. 企业的内部影响因素

企业的资产，无论是有形资产还是无形资产，仅是企业的"硬件"，如何运用这些资产去创造企业最佳效益，很大程度上取决于"软件"。这个"软件"即是企业管理者的经营能力、创新能力、管理方针与经营运作机制，以及这个企业所拥有的人才资源。所以要正确估计一个特定企业的价格，不仅要看"硬件"，还要看"软件"。

2. 企业的外部影响因素

如社会政治、经济环境、经营竞争状况和科技发展水平。企业价值评估包含了两方面的内容：一是企业以往经营业绩的评估分析，二是企业未来经营前景的预测分析。从经营业绩看，我们能得出如下的分析结果：第一，这个企业目前盈利如何？盈利的主要原因取决于什么（是产品质量好，还是营销手段高，还是有特别机遇，还是由于创新能力）？第二，这个企业的财务状况如何？形成的原因是什么？对今后企业经营及今后的投资项目选择有何影响？今后的投资与筹资方式有何限制？第三，将企业与同类相似条件企业比较，分析企业在把握经营机会方面，对社会贡献方面、社会声誉方面的差异，从中可分析出管理人员能力与企业运作机制水平方面的问题，看出企业在这方面的水平。

以上三个方面可分析出企业的目前"价值"，即目前市场中的价格。从经营前景的预测看：其一，企业有无继续经营的机会，即企业的产品处于哪个寿命阶段，市场是否已趋于饱和？企业自身实力如何？资产状况老化还是状况良好？企业处于成长期还是衰退期？企业自身的弱点能否应付未来经营环境的变化？其中，要对企业即将面临的外部、内部影响环境的变化做出分析，并根据它们对企业的影响程度，分析出企业在目前的"实力"状况下受到影响后的结果，进而评估出企业未来收益状况。其二，企业有无新的投资机会？并有无可能把握住它？这主要根据企业人才资源及创新能力，以及自身资产状况及财务状况，这就需要分析企业面临的各类风险，比如未来投资机会的经营风险、财务风险、信息风险、法律风险和体制风险等诸多风险，从而得知企业未来盈利的来源大小。

在评估实务中，由于牵涉因素多，要把所有因素全部货币化或量化相当困难。因此在评价企业价值时，应该将那些非量化或不可计量影响因素对企业价值的影响，用评分或分数化方法间接量化，将其变为各类修正指标，然后再进行对企业价值的综合全面的判断。

二、企业价值因素分析方法

企业增加创造价值，可以按投资资本回报率、资本成本和投资资本增长率的分解因素采取相应措施。主要有：第一，增加其现行投资资本的盈利水平，提高投资资本回报率。第二，增加新增资本的边际收益和新上项目的效益，提高新增资本投资回报率，在新增资本回报率超过单位资本成本溢价的情况下，提高投资资本增长率。第三，降低筹集资本成本。

开展价值因素分析，首先要寻找提高经济利润的途径；其次对部门的业绩评价应与企业价值最大化保持一致性；再次还要将经济利润分析从企业或部门扩展到生产经营过程的各个作业产品，单独计算各个产品或客户的经济利润；最后要进行价值影响因素的综合情景分析。确定关键的价值影响因素是一个创造性过程，要将价值影响因素与各项决策相对应，编制有助于决策的价值影响因素树状图和因果关系图，分别分析各自的因果关系。另外，对价值影响因素也不能孤立地看待，为此可采取情景分析，假定各种因素对企业或企业内各经营单位价值的影响，以及了解价值因素的相互关系，帮助管理者理解经营战略与价值之间的关系。价值影响因素和情景分析将管理行动对企业价值的影响联系起来，分析各种矛盾冲突的影响因素，找出主要的关键因素，采取相应的提高价值措施，使以价值为基础的管理更行之有效。

三、价值评估应摒弃的几个错误观念[①]

Damodaran 教授在《价值评估》中提出了在企业价值评估中必须摒弃一些错误的观念：

1. **价值评估是运用模型进行定量分析，因此价值评估是客观的**

尽管价值评估的模型是数量化的，但模型中的大量数据和变量都带有评估人员的主观判断色彩。对相同的情况，不同的人可能会有不同的判断，因此价值评估的结果必然受到评估人员主观思想影响。

2. **经过充分调查和合理研究的估价不受时间限制，永远都是正确的**

任何估价结果都不是一成不变的，会受到新信息影响。金融市场的信息总是

---

① [美] Aswath Damodaran 著，张志强等译.价值评估：证券分析、投资评估与公司理财[M]. 北京：中国劳动社会保障出版社，2004.

不断流动的，因此公司价值评估具有较强时效性。

3. 一个好估价能得到精确的价值评估

由于估价过程中存在许多假设条件，受到宏观经济环境变化和公司未来战略发展等影响，即使价值评估做得再谨慎、再精确，最后的结果仍然存在着不确定性。未来现金流量和折现率的估计必然会存在偏差，价值评估的最终结果是不可能完全正确的，评估人员总是会给自己留下一定的误差空间。

4. 模型的数量化程度越高，价值评估的结果就越精确

各种估价模型的好坏很大程度上取决于评估人员在使用这些数据时所花费的时间和精力。如果评估人员并未尽职尽责，使用了错误的数据、那么最终得到的结果也将是错误的。价值评估结果的好坏不是取决于模型的数量化程度，而是与评估人员收集数据和分析数据所耗费的时间精力相关联。

5. 市场的价格总是错误的

价值评估的结果总是与市场价格相对比，当与市场价格发生偏离时，有两种可能性：一种是评估是正确的而市场是错误的，另一种是市场是正确的而评估是错误的。如果评估人员得出了与市场价格相偏离的结果，那么评估人员就必须拿出充分的证据来证明市场是错误的。鉴于打败市场的困难性，投资者必然会十分谨慎地对待这类评估结果。

【本章小结】

本章以价值评估的基本理论与实务为主线，系统探讨了价值评估的内涵、特征、层次、过程、基本方法、基本内容及因素分析法。价值评估的基本方法是现金流贴现模型，即任何资产评估都可以通过对其所产生的预期现金流量，运用反映该现金流量的风险进行贴现而得到。这种现金流贴现模型可以从企业股权投资者角度对股息或者股权资本自由现金流用股权资本成本作为贴现率进行贴现（包括股息贴现模型、股权资本自由现金流贴现模型）；也可以通过对公司自由现金流——未扣除债务支出前的现金流量，以加权平均资本成本为贴现率进行贴现（公司自由现金流贴现法）。

通过分析实务案例，本章重点探讨了公司自由现金流贴现法，它需要三个变量：预期增长率（包括高速增长期、过渡期和稳定增长期），加权平均资本成本以及预期公司自由现金流。不同企业的预期增长潜能是不同的，有些企业已经处于稳定增长中，而有些企业的增长正处在高速增长阶段，且预期经过一段时间后以稳定增长运行。这就需要对企业未来的增长做出不同的假设，并根据不同的增长模型采用不同的评估方法。

本章还就理想状态和非理想状态分别阐述举债对公司价值的影响。在理想状态下，公司价值与资本成本成反比，因而适度举债可以使公司价值最大化，加权

平均资本成本最小化。在非理想状态下，为了衡量举债对公司价值的影响，必须对几个关键变量进行调整，例如根据哈马达模型计算任何举债水平下的杠杆性β系数，根据债券评级分析违约风险来衡量债务资本成本等，从而达到资本结构的最优化。应该明确的是，企业经营环境是千变万化的，企业经营水平和经营结果受到多种不确定性因素的影响，因此所有的公司价值评估方法和评估模型都存在这样或那样的局限性。

【复习思考题】

1. 价值评估对企业经营、投资者决策有何重要意义？

2. 价值评估方法有几大类？在价值评估中应考虑哪些因素？

3. 什么是现金流量贴现法？股息贴现法和股权自由现金流量折现法有何不同？

4. 市盈率有何重要意义？用市盈率评估企业价值可能引起什么样的问题？

5. 价值评估应当摒弃哪些错误观念？

6. 什么是公司自由现金流？它的计算原理是什么？

7. 公司自由现金流与股权资本自由现金流在哪些方面存在区别？

8. 公司未来增长存在哪几种基本假设？不同的增长模型各自表现出怎样的生产经营特征和财务政策？

9. 简述理想状态下举债水平、公司价值与加权平均资本成本的联系。

10. 非理想状态下，应该怎样调整企业价值评估的几个关键变量？

11. 如果你是一位财务总监，你打算如何考虑举债程度与公司价值之间的关系，以逐步达到资本结构的最优化？

【阅读资料】

迈克拥有一家小型的硬件连锁店，他该如何评估公司的财务结果呢？我们应当计算他的投入资本收益率，然后把它与投资于其他领域（如股票市场）可能取得的收益率相比较，来看看所取得的收益是否划算。

迈克通过计算，其投入资本收益率是17%，而股票市场的投入资本收益率是10%。他的公司经营得不错，因为他的投资收入比投资于其他方面的可能收入高。那么迈克是否应该使他的投入资本收益率最大化？他有一个商店的投入资本收益率只有13%。如果他把这个商店关闭的话，其平均的投入资本收益率就会提高。但是从价值创造来看，他关心的不应该是投入资本收益率本身，而应该是投资收益（相对投资成本而言）和资本额的综合指标，该指标可以用经济利润来表示，见下表。

迈克硬件公司与低收益店的财务分析

项　目	投入资本收益率（%）	资本成本（%）	差异（%）	投入资本（万美元）	经济利润（万美元）
整个公司	17	10	7	10000	700
低收益店除外	18	10	8	8000	640

　　经济利润等于投入资本收益率与资本成本之差乘以投入资本。就迈克这个案例来看，经济利润是 700 万美元。他如果把低收益店关闭了，平均的投入资本收益率会上升，但经济利润会下降。这个低收益店的投入资本收益率虽然比他所拥有的其他店低，但却高于资本成本。经营的目标是要使经济利润最大化，而不是使投入资本收益率最高。因而不应当关闭低收益店。接着迈克想发展一项"超级硬件"的新业务，因为对投入资本的新要求，经济利润在未来几年就会下滑。4 年以后，经济利润将比目前高，那么如何权衡短期的经济利润下跌和长期的改善呢？我们要运用折现现金流量（discounted cash flow，DCF）来分析迈克的新业务，用 10% 对预测的现金流量折现，公司目前的折现现金流量是 5300 万美元，新业务的折现现金流量是 6200 万美元，因此新业务是有利可图的，用同样的资本成本对经济利润的折现值加上投入资本的和与 OCF 是相等的。

　　迈克对公司的第三步动作是让其上市，这便需要同时应用价值评估的决策原则来管理真实市场和金融市场。股票的价格是基于投资者对股票价值的看法确定的。投资者的交易是基于他认为目前的价格是高于还是低于股票的内在价值来进行的。内在价值是基于公司未来的现金流量和收益能力确定的。从实质上来看，投资者所购买的，是他们认为公司在未来可能取得的绩效，而不是过去的成果。如果公司实际的绩效与预测的相同，股东的收益就会等于机会成本。如果该公司的绩效比预测的好，股东的收益率就会超过 10%。如果该公司的绩效比预测的差，股东的收益率就会低于 10%。投资者取得收益的驱动因素，不仅包括公司的绩效，而且还包括对绩效的期望。因此需要同时在真实市场和金融市场对公司的绩效进行管理。如果在真实市场上创造了很大的价值，但没有达到投资者的希望，投资者还会失望。管理者的任务就是要使公司的内在价值最大化，并适当地管理金融市场的期望。

　　迈克公司的案例说明了价值创造及评估的要点。以下是价值创造及评估的五点主要启示：①在真实市场，价值创造是通过获取高于资本机会成本的投资收益实现的。②高于资本成本收益的投资越多，创造的价值就越大（即只要投入资本收益率超过资本成本，业务的扩展就能创造更大的价值）。③选择能使预期现金流量现值或经济利润现值（无论选择这两个中的哪一个，结果都相同）最大化的战略。④股市上公司股票的价值等于其内在价值，内在价值以市场对公司未来绩效的期望为基础，但市场对公司未来绩效的期望可能不是一种公平的估计。⑤期望值的变化对股票收益的决定作用，超过了公司的实际绩效所起的作用。

（资料来源：王化成主编. 财务管理教学案例[M]. 北京：中国人民大学出版社，2001.）

【课外阅读文献】

1. [美]汤姆·科普兰，蒂姆·科勒，杰克·歌林著，郝绍伦等译.价值评估：公司价值的衡量与管理[M]. 北京：电子工业出版社，2002.

2. [美]Aswath Damodaran 著，荆霞译.公司财务——理论与实务[M]. 北京：中国人民大学出版社，2001.

3. [美]Aswath Damodaran 著，林谦译.投资估价：确定任何资产价值的工具和技术[M]. 北京：清华大学出版社，2004.

4. [美]Aswath Damodaran 著，张志强等译.价值评估：证券分析、投资评估与公司理财[M]. 北京：中国劳动社会保障出版社，2004.

5. 财政部.企业价值评估指导意见[M]. 北京：经济科学出版社，2005.

6. 黄良文.投资估价原理[M]. 北京：科学出版社，2002.

7. 傅元略.财务管理[M]. 厦门：厦门大学出版社，2003.

8. 财政部注册会计师考试委员会办公室.财务成本管理[M]. 北京：经济科学出版社，2007.

第六章 价值转移理论

【学习目标】
- ➢ 了解价值转移的基本形式与影响因素；
- ➢ 掌握价值转移的基本内涵与规律；
- ➢ 掌握顾客接触成本、超文本组织等关键概念的基本内涵；
- ➢ 了解从顾客偏好角度分析价值转移；
- ➢ 熟悉价值转移中经营策略的构建；
- ➢ 作为价值转移的核心策略，应掌握以客户为中心价值转移设计的基本思路。

【重点名词】

价值转移　价值转移机制　消费者偏好　客户系统经济学　顾客接触成本
顾客决策系统　顾客权利指数　经营策略程序　核心盈利顾客　集中式顾客营销
体系　顾客定位　超文本组织

【案例导入】

价值在不同客户之间的转移

传统营销理论认为企业只要将所生产的产品销售出去，服务就已经完成。随着客户重要性的增加，企业与客户之间已经不再仅仅是产品销售关系，而更多的是一种服务关系。企业不仅要向现有客户提供有关产品使用及维修服务，而且更要为吸引潜在的顾客而提供优质服务，即以客户价值为导向的企业产品生产和服务。由于不同的客户需求不同，企业向不同客户提供产品和服务的成本差距很大，因而不同的客户为企业所创造的价值也相差很大。不同顾客之间的利润差距表现在企业的绝大部分利润主要来自少数的核心顾客。

查尔斯·威尔逊发现，一家欧洲特许零售商52%的销售利润和最终全部利润来源于10%的顾客，一家美国银行17%的顾客产生全部的利润。表6-1反映的是四家公司在20世纪80年代和90年代前5%的顾客占公司利润的比例。这种现象并不是个别的，而是已非常普遍存在着。由此可见不同的顾客给企业带来的利润存在很大的差距，并且这种差距在进一步地扩大。

表 6-1 前 5%的顾客占公司利润比例的变化

公司（总营业额）	前 5%顾客占公司利润的百分比 （20 世纪 80 年代）	前 5%顾客占公司利润的百分比 （20 世纪 90 年代）
英国杂货零售商（1 亿美元）	29	38
资金设备制造商（0.3 亿美元）	33	42
英国外购代理（0.1 亿美元）	58	63
欧洲特殊化学品公司（0.3 亿美元）	60	77

另外，企业的经营管理重心也从传统的生产管理向为客户提供优质服务转移。如果按照传统的价值管理模式，企业为追求生产规模和市场份额而向所有可能的顾客提供产品与服务，则企业创造价值的能力将因此受到损害。今天任何单纯建立在产品或服务创新基础上的企业竞争优势都是短暂的，迈克尔·波特的"竞争优势"理论不能从根本上解决企业长盛不衰的问题。相反与客户建立长期甚至休戚与共的关系，才是企业在瞬息万变的市场竞争中获胜的关键。

（资料来源：王化成主编. 财务管理教学案例[M]. 北京：中国人民大学出版社，2001. ）

第一节 价值转移理论概述

一、价值转移形式

1. 价值在不同生产经营管理模式之间的转移

回顾企业生产经营管理的历史可以发现，从传统的手工业生产管理到知识经济条件下的现代化生产经营管理，企业的生产经营管理模式大致经历了四个不同的发展阶段：单件生产、批量生产、大规模生产和大规模定制。

（1）单件生产。早期单件生产经营管理模式的主要特征是使用手工工具，以手工劳动和手工技艺为主。每件物品都是由拥有必要的材料、工具和技能的工匠手工制作而成。单件生产模式有三个基本的特征：①生产过程以拥有特殊技能的工匠为中心，生产什么、生产多少、如何生产完全依赖于工匠的私人技能和他的爱好与兴趣。②生产过程借助于简单的工具，依靠简单的手工劳动完成，因而每一件产品都相当于一件工艺品。③不存在专业分工，产品的整个生产过程基本上由工匠一个人，或者由工匠带领几个学徒亲自完成，由此必然导致生产过程缓慢。由于工匠的技能是非常有价值的诀窍，这种诀窍完全是依靠口授身传的方式，由师傅向学徒传授的，因而不仅拥有技能的工匠非常稀少，而且不同的工匠所掌握的诀窍也各不相同，这也就决定了市场上产品稀少，而且每一件产品都互不相同。

（2）批量生产。19 世纪工业革命产生了以机械为基础的"工厂模式"，并被英国、美国及其他一些欧洲新兴工业国所普遍采用。19 世纪中叶，美国工厂模式独树一帜，正是这种模式推动了美国经济的飞速发展，并随后被世界其他国家所模仿与采用，成为经济发展的一种普遍模式，即"批量生产经营管理模式"。这一生产经营管理模式主要特征有以下几个方面：①可互换的零件。可互换的零件大大简化了生产过程，并节约了大量的劳动力，更重要的是使产品维修和保养变得更容易。②专用的机器。可互换零件导致了按严格要求加工零件所需要专用机器的产生，以取消手工修配。以上述两个主要特征带来的革新极大地提高了产品的质量、一致性和生产率。③对供应商的信任。这是使用专用机器所必需的。④以生产过程为中心。以生产过程为中心最终导致了劳动分工。一旦生产标准化、规范化，工人就可以集中精力干一项工作，这极大地提高了工作效率。机器的使用一方面使生产逐步实现了自动化，另一方面由于机器的使用提高了工人的知识技能，从而造就了很多有技术的工人。

（3）大规模生产。进入 20 世纪，批量生产经营管理模式的上述特征已不足以支持许多大企业的成长，企业开始寻找一种方法，以满足地理上日益分散的经济模式要求。19 世纪末开始形成的直到 20 世纪 20 年代才在美国得到充分发展并得益于批量生产模式的大规模生产模式引起人们高度关注。大规模生产模式是批量生产模式的直接产物。可互换的零件、专用的机器、以生产为中心、劳动分工等在大规模生产中尤为重要，并被提升到新的高度。大规模生产具有以下基本特征：①流水线生产是大规模生产模式的首要原则，这个原则的内容包括物料和工件的自动移动。②在流水线生产的影响下产生的以低成本、低价格为目标。大规模生产正是满足装配流水线所需的追求低成本的核心。③规模经济。企业越大，产量越高，成本就越低。维持这个良性循环需要开发和制造标准的产品，因为任何复杂性或定制工作都将会扰乱生产过程，导致成本更高。因此大规模生产的一个永恒原则是面向统一的市场生产标准化产品。福特汽车公司的成功就是这一模式的典型代表。表 6-2 揭示了福特汽车公司的生产规模与价格之间的关系。

表 6-2　福特汽车公司 T 型车生产规模和价格

年 份	零售价（旅游车） 单位：美元	T 型车销售量（辆）
1908	850	5986
1909	950	12292
1910	780	19293
1911	690	40402
1912	600	78611
1913	550	182809
1914	490	260720
1915	440	355276
1916	360	577036

（资料来源：杨雄胜等. 财务管理咨询[M]. 北京：华夏出版社，2002.）

与大规模生产经营模式相对应的企业经营策略是争取最大的市场份额。市场份额是传统企业竞争是否成功的主要标志。一般认为，拥有了最大市场份额的企业一定是经营最为成功的企业。这一生产经营模式的一个前提是，企业无须为其所生产产品的销售投入过多的精力，只要企业能够以较低的成本将产品生产出来，就能将产品销售出去。因而企业的价值就在于能以大规模的生产向市场提供最大量的产品。

（4）大规模定制。工业技术的改进、企业设计的创新、全球竞争的激化、信息技术的巨大进步大大改变了传统市场竞争规则。这些变化使得传统的以大规模生产取胜的竞争规则已经不再有效。而且由于对市场份额的努力追求和客户力量的增强，已经使得很多经营活动和产品的利润下降，甚至是整个行业的利润率下降。从20世纪80年代开始，把市场份额作为最终目标和企业成功保证的流行观念开始受到一些范例的侵蚀。例如，IBM、DEC、通用汽车公司、福特汽车公司、美国联合航空公司、美国钢铁公司等，它们全都在市场份额上处于领先地位。然而到20世纪80年代，所有这些市场份额的领先者们都发现，它们的利润开始下降，市场份额的支配地位并没有阻止这种情况。在1985~1995年，尽管具有强有力的市场地位，这些市场份额的领先者们的业绩仍明显低于S&P500股票指数。许多企业拥有很高的市场份额，但是盈利和股东价值却很低。相反原来一些规模不大，市场份额不高的企业，例如微软公司、DELL电脑公司等，却获得了很高的利润率，取得了快速的增长。在各行各业中，现在的竞争形势已与过去的大规模生产时代完全不同，因此按照旧的方式运作已不能保证效率和盈利。通过新技术和新管理方法的应用，现代企业已经找到了一条通向新的生产经营管理模式的途径：通过灵活性和快速响应实现多样化和定制化。这种新的生产经营管理模式就是大规模定制。

大规模定制是两个长期竞争管理模式的综合：个性化定制产品与服务的大规模生产。在大规模生产中，低成本主要是通过规模经济来实现的，而在大规模定制中，低成本主要是通过范围经济实现的。相对于大规模生产而言，大规模定制是以客户需求为中心，根据客户的多样化需求组织生产和提供服务。而大规模生产中的客户只能从企业所生产的多样化产品中选择一款最接近自身需求的产品。只有最能符合市场需求变化的企业才可能赚得客户，企业的市场价值已经对此做了最好的反应。今天，企业的价值与其规模之间的关系已经淡化，而与其是否有快速应变客户需求变化的能力密切相关。亚德里安·J.斯莱沃茨基（Adrain J.Slywotzky）以1994年美国四大钢铁公司为例，说明了企业规模与市场价值之间的关系，即企业规模并不必然与其市场价值相一致，[①] 两者之间甚至可

---

① [美]亚德里安·J.斯莱沃茨基著，凌郑主译. 价值转移——竞争前的战略思考[M]. 北京：中国对外翻译出版公司，1999.

能存在一种反向关系，见表6-3。

表6-3　企业规模与市场价值的关系

公司名称	销售收入（亿美元）	市值（亿美元）	市值规模比值
美国钢铁公司	61	47	0.77
伯利恒公司	48	27	0.56
内陆公司	45	23	0.51
纽科公司	30	50	1.67

（资料来源：[美] 亚德里安·J. 斯莱沃茨基著，凌郑主译. 价值转移——竞争前的战略思考[M]. 北京：中国对外翻译出版公司，1999.）

由表6-3可以看出，前三个钢铁公司规模较大，但市值比纽科公司小，表明纽科公司的成功并不是依靠市场规模或市场份额取胜的。

2. 价值在不同客户之间的转移

随着客户重要性的增加，企业与客户之间更多的是一种服务关系。企业不仅要向现有的客户提供有关产品使用及维修服务，而且更要为吸引潜在的顾客而提供优质服务，即以客户价值为导向的企业产品生产和服务。由于不同的客户需求不同，企业向不同客户提供产品和服务的成本差距很大，因而不同的客户为企业所创造的价值也相差很大。不同顾客之间的利润差距表现在企业的绝大部分利润主要来自于少数的核心顾客。另外企业的经营管理重心也从传统的生产管理向为客户提供优质服务转移。今天任何单纯建立在产品或服务创新基础上的企业竞争优势都是短暂的，迈克尔·波特的"竞争优势"理论不能从根本上解决企业长盛不衰的问题。相反与客户建立长期甚至休戚与共的关系，才是企业在瞬息万变的市场竞争中获胜的关键。

二、价值转移的因素分析

1. 价值转移的外部环境

随着顾客需求的改变，价值可以从企业的各个职能部门流失；也可能在各种产品中转移；还可能在各种市场领域中发生变化。此外在企业的经营策略模式之外也会出现类似的转移。造成上述价值转移的原因，从企业外部来看，主要有以下几个方面：

（1）在许多行业中，顾客的购买决策已日趋成熟，如果市场上有更加质优价廉的产品出现，他们就不一定还愿意出高价购买老牌产品，而且由于产品生命周期的缩短，这也使得顾客处于更加理性的地位，他们可以耐心等待真正的最佳购买时机。

（2）竞争范围扩大，越来越多的国际化与创业性竞争者在竞相创新经营策略，以期为顾客提供更多物超所值的产品和服务。顾客有更多的选择机会，也就给了他们更多的选择权。

（3）技术的飞速发展使得生产低成本的替代品变得更为容易，它们取代了许多制成品与零部件，从而引发了更多的跨行业、跨部门之间的竞争。竞争的加剧，必然会进一步缩小行业之间的利润差距，降低企业的利润空间。

（4）许多经营业务不再依靠其规模优势，低成本信息的获取、外部资源的广泛运用以及制造密集程度的降低等因素都减少了进入一个新行业的难度。

（5）由于信息技术的发展，顾客更容易获得有关产品的相关信息，由此降低了他们在选购其他产品时所需支付的转换成本。与此同时，信息技术的发展使得企业获取顾客的详细信息成为可能。企业为获取竞争优势，必然要加强对企业信息的获取、分析和利用，这实际上进一步提高了企业竞争的透明度，获得信息优势的一方将赢得竞争优势。而信息优势的转移比产品、技术等优势的转移节奏更快，从而导致企业竞争态势日趋激烈，价值在不同行业、产品和企业间转移现象频繁发生。

（6）新的竞争者更容易得到资金，这使原有企业拥有的巨额资金优势不复存在。

2. **价值转移的内部原因**

企业内部也存在引发价值转移的因素，这些因素主要包括以下几个方面：

（1）客户中心地位的丧失。顾客是企业一切工作的中心，只有不断满足顾客的消费需要，企业才能生存和发展。但随着企业的成长以及不断取得成功，企业所关注的焦点逐渐模糊。顾客似乎不再是企业的核心要素，大量繁杂的内部事务则逐渐挤占了企业管理者的主要时间和精力。此时企业内部的统一规范、价值观念和行为模式已经逐渐标准化地融入到非人格化的组织结构和具有思维定式的企业文化之中。

（2）经营策略的墨守成规。和产品或企业一样，任何经营策略也都有其生命周期。由于环境总是在不断变化，面对变化的环境，即使是过去被证明非常成功的经营策略也可能会失效。但是由于企业的经营策略相对固化，尤其是企业管理者已经逐渐远离顾客，当企业的经营策略已经不适应顾客的偏好时，企业并不能及时认识，甚至即使认识到了也可能会漠然置之，因而企业就难以对传统的不再适宜市场需求变化的经营策略进行及时准确的调整。因此当市场需求的动态变化与企业经营策略的相对稳定开始出现不适应时，企业总是固守原来被证明是成功的经营策略，或者没有准确把握市场需求变化的规律而导致新制定的经营策略不适应市场需求的变化，这是企业价值转移的内部原因。

（3）组织要素活力不足。在企业成长与发展阶段，由于企业拥有巨大的市场价值，因而有足够的财力支持自身不断向外扩张。但当企业的经营策略开始不适应客户动态决策模式的要求时，企业的业绩会出现下滑，进而公司市值开始减少，技术及管理骨干纷纷离开公司，资金筹措困难，现金流降低。此时企业将陷入一个业绩不断下滑的恶性循环之中。公司内庞大的规模、人员及其他相应设施已经不能带来价值增长，而只能造成成本增加。而当公司着手进行旨在削减内部管理费用的精简运动时，又势必引起企业士气的下降，并使得优秀员工离开本企业而投奔竞争对手。

第二节　价值转移的基本规律

一、价值转移概念

由于行业中规模最大的企业都是最成功的企业，因而人们形成一种思维定式，认为企业要获得成功，就必须做大。这一认识缘于这样一种事实，即销售额最大的公司总是沿经验曲线移动得最快，因而拥有成本优势。较低的成本必然导致较高的利润，而较高的利润又导致较高的投资能力，较高的投资能力又进一步推动成本的降低，从而形成良性循环。另外顾客也愿意为市场领先企业的声誉多付钱，最优秀的人愿意为最大的公司工作。因此成为行业领先者的关键就是获得超过所有竞争对手的市场份额。要获取和维持最大的市场，就必须确保企业能够及时向最大市场份额提供其产品，这就决定了企业必须加大对生产规模的投资，以满足及时生产大规模产品的能力。当我们观察各个行业时，规模与市场价值总是相关的。销售额最大的公司也就是市场价值最大的公司，有关这方面的例子不胜枚举。在企业价值及市场规模的时代，获得市场份额等于获得了市场价值。

随着市场需求的快速变化和日趋激烈的竞争，许多昔日非常强大的公司今天已经变得不再强大，甚至消失了；相反许多昔日比较弱小，甚至刚刚诞生的企业，今天的实力已经大大超过了竞争对手。在市场中价值在不断地发生转移，从不再适应市场环境变化的企业向适应市场环境变化的企业转移。此外在企业内部，不同的经营策略模式之间也会出现类似的价值转移现象。在价值转移过程中，市场中的总价值并没有消失，甚至是增加了，但是各企业之间在分享市场价值的过程中却表现各异。导致各企业价值变化的主要原因，是市场的价值在各企业之间发生了转移，从而使各企业的价值发生了变化，即价值以倍数效应转移到那些更能满足顾客需要且拥有更强获利能力的新作业、新技能及经营策略上去了。

综上所述，价值转移就是在企业经营策略已经不能适应外部市场和客户偏好的变化时，客户为满足自身偏好而从原有企业或产品／服务转向更能满足其偏好的企业或产品／服务，伴随着客户的转移，价值也就从原来的企业或产品／服务向新的企业和产品／服务转移。直观地看，价值转移表现为价值流入、稳定和流出。由此可见价值转移中的"价值"，是指市场总价值中企业的价值份额，即营业收入与利润。用传统的会计理论定义，价值转移是指市场需求和顾客选择的变化，导致企业营业收入变动而影响企业利润水平的变化。

对于企业而言，成功经营策略的标志是，价值流入不断增大，主体价值流日益稳定，最大限度推迟价值流出时间并减少其流量。价值一般会从过去守旧的经营策略向新的模式转移，消费者需求由此不断地得到最大程度的满足。企业经营策略，究其根本无非是为企业不断选择合适的顾客、界定业务范围及特色、明确经营目标、供应商群体、资源调配、客户关系及为顾客创造最大效用，最终持续获得高水平利润等行为。

二、价值转移的主要阶段

对于特定的行业、企业及产品而言，其经营策略处于价值转移的不同阶段，反映着这一策略的市场创造能力和获得长期利润的潜力。价值转移一般分为三个阶段：价值流入阶段、价值稳定阶段和价值流出阶段。

1. 价值流入阶段

这是价值转移的第一阶段。在此阶段，公司由于经营策略能充分适应顾客的需求，因此能从其他行业、企业、产品中吸收顾客，从而导致价值流入本企业。一般而言，引起价值流入的企业往往会运用某种新的、尚未被竞争对手发现和重视的经营策略。由于这类新策略能以其优越的经济性和亲和力为顾客带来最大的满足，价值会流向它们。

2. 价值稳定阶段

在这个阶段，由于企业的经营策略较好地适应了顾客需求，市场竞争格局也处于相对平衡状态。这个期间的长短，取决于消费者需求变化的速度及新的、更有效的经营策略出现的频率。在此期间经营策略保持相对稳定的价值。但是期望企业未来价值适度增长的主观愿望会阻碍新的价值流入企业。

3. 价值流出阶段

在这个阶段，企业的经营策略开始不能真正地适应顾客需求，价值逐渐流向其他更有效的经营策略，这种价值流出的速度，取决于经营策略陈腐的程度。但一般开始相对较慢，因此不易被企业所觉察，但随后会逐渐加快。必须强调在企业利润战略管理中，顾客需求是一个基本的导向。众所周知任何企业的建立都是基于一定的顾客需求，任何企业经营策略的建立与调整，也完全取决于对顾客需求的正确把握。只有不断满足顾客需求，企业才能生存发展。但随着企业经营的巨大成功，一些经营者开始遗忘了这一点，甚至变成了强迫顾客适应企业的产品，经营策略进入了因果倒置的误区，价值流出就此出现了。

三、价值转移的判断标准

任何企业的经营策略总是处于价值转移的某一个发展阶段。不同的发展阶段要求企业采用完全不同的经营策略，才能避免企业价值流失，或确保企业价值得到最大的增加。虽然在理论上可以很明确地区分价值转移的三个不同发展阶段，但是在实际操作过程中，要准确把握企业究竟处于价值转移的哪一个发展阶段，并不是一件轻而易举的事情。而这又是企业必须首先需要加以解决的问题。

亚德里安·J.斯莱沃茨基在《价值转移——竞争前的战略思考》中给出了判断企业价值转移各阶段的标准。[①]

斯莱沃茨基认为，企业的收入指标可以作为企业某项经营策略的总量指标，而市场价值是可以用来衡量企业经营策略在创造与获取价值方面能力的一个重要指标。市值收入比率指标则可以用来评价经营策略所处阶段。市值收入比率指标反映了经营策略当前收益与预期收益（市值）的总体情况，可以提供一个判断经营策略竞争力是上升还是下降的信号。当市值收益比较高时，投资者将看好企业的获利前景。

对于一个有效的资本市场而言，上市公司的市场价值就是其股票价值；而对于非上市公司，由于不存在一个相对客观有效地评价其市场价值的有效市场，因此没有现存可用的市场价值指标。但是企业可以根据账面价值进行调整、与可比公司进行直接比较、利用折现现金流进行折现等价值评估方法，估算出企业的市场价值。

一般来说，企业的市值收益比越高（通常大于 2.0），其处于价值流入阶段的可能性就越大。在稳定阶段，这个比率如果维持在 0.8~2.0，则显示出对于未来利润增长的预期值将有所下降。在流出阶段这个比率会随着经营策略获利能力的下降而跌至 0.8 以下。因此市值收益比是衡量经营策略竞争力度的有用指标。价值转移三个阶段特征如图 6-1 所示。

---

① [美] 亚德里安·J．斯莱沃茨基著，凌郑主译. 价值转移——竞争前的战略思考[M]. 北京：中国对外翻译出版公司，1999.

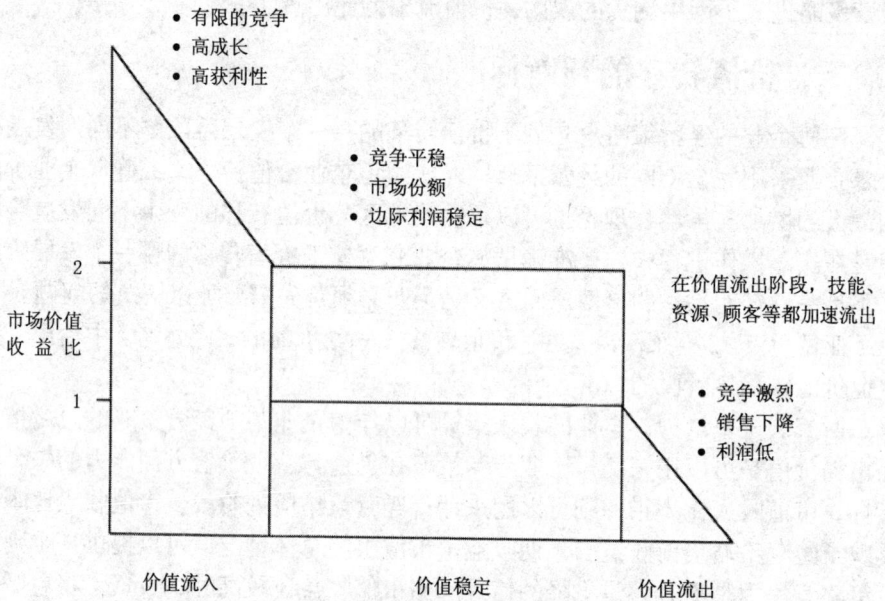

图 6-1　价值转移三个阶段特征

（资料来源：[美]亚德里安·J.斯莱沃茨基著，凌郑主译.价值转移——竞争前的战略思考[M]. 北京：中国对外翻译出版公司，1999.）

第三节　价值转移的基本策略分析

一、了解客户偏好

要把握价值转移规律，企业的首要任务就是弄清楚价值转移的方向和速度。否则企业的所有努力都将由于方向失误而前功尽弃，并将错失价值增长的良好时机。因此为了更好地迎接价值转移的挑战，企业管理者应该了解企业所处行业的盈利区域、变化、变化的原因和企业可以采取的应对策略。这些问题实质上就是要求企业了解消费者的现实需求、潜在需求以及有效需求将如何变化，何种经营策略才能最有效地适应这种变化。

消费者是根据自身需要来选购产品的。这些选购行为实际上也就为产品所对应的企业经营策略提供了潜在的价值。在一定时期内，顾客的选择决定了各种经营策略所蕴涵的价值格局。当市场需求发生变化或者出现了新的经营策略时，消费者就会重新选择，市场价值就会重新分配。事实上正是这种需求的动态变化以及新兴竞争者创造的对于需求变化的适应方式，激发、促进并推动着价值转移的发生。

1. 客户经济时代

21 世纪是"客户经济"时代，客户经济时代的到来，使沿用至今并一直为人们引以自豪的经典管理理念、制度、方法等均面临着挑战，这种挑战绝不只是概念性的，而是带有根本性的，表 6-4 就可见一斑。

表 6-4　客户经济时代理念的变迁

现 行 做 法	未 来 走 向
企业掌握一切	客户拥有决定权
企业掌握信息	网络信息随手可得
实体组织运作	虚实组织合一
以产品为中心的经营模式	以客户为中心的经营模式
考虑单一产品收益率	客户终身价值
产品生命周期	客户生命周期
产品经理	客户生命周期管理经理
产品为导向的关系	财务需求分析
大众营销	一对一营销
产品服务营销	生命周期营销
以单一标准迎合全部客户	客户制、量身定制
仅在经营时间内服务客户	24 小时服务、终身服务
单一的市场占有率	考虑企业占其客户一生关系中的比重

（资料来源：杨雄胜等. 高级财务管理[M]. 南京：南京大学出版社，2000. ）

其实上述挑战不仅对金融企业，对所有行业都是存在的。因此我们必须革新现行的管理理论与方法，运用"客户中心"的理论来指导企业管理实践。

2. 顾客决策系统

了解客户的偏好并不仅仅意味着掌握顾客需求。需求是指消费者对其欲购商品功能和特征方面的追求。大多数市场调查都是围绕需求而进行的。但是顾客需求是在复杂系统决策基础上产生的，它会受到许多因素的干扰，如图 6-2 所示。在做出决策时，消费者首先会按照严格的标准对这些要素进行反复权衡和比较，然后再逐一确定出满足自身偏好的优先顺序。因此理解消费者需求决策系统的组成以及由此产生的偏好，实质上构成了对顾客进行策略透视的基本内容。

3. 影响消费者偏好的因素

任何产品或服务的价值就在于能够很好地满足客户的某种偏好。所谓客户偏好（customer priorities）是指客户希望得到满足的某种愿望，这种满足能够通过消费某种商品或服务得以实现。因此当客户不能从某个企业那里得到这种满足其愿

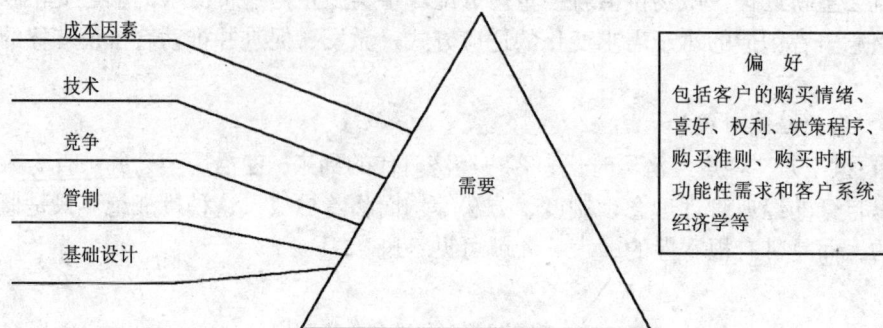

图 6-2　顾客决策系统

（资料来源：杨雄胜等. 高级财务管理[M]. 南京：南京大学出版社，2000.）

望的物品时，他将转向别的供应商。客户偏好由一系列不同的要素共同组成，具体包括客户购买时应遵循的准则、客户购买时的情绪、客户的个人喜好、客户所拥有的权利、客户购买的决策程序、购买的时机、具体的购买行为、功能性需求和客户系统经济学等要素，如图 6-3 所示。客户在选择供应商时，图 6-3 中左侧的每一个要素都会影响客户偏好。因此为了满足客户需要，企业就必须进行充分、详细、科学的市场调查、研究和分析，从而能够比较深入地认识客户。

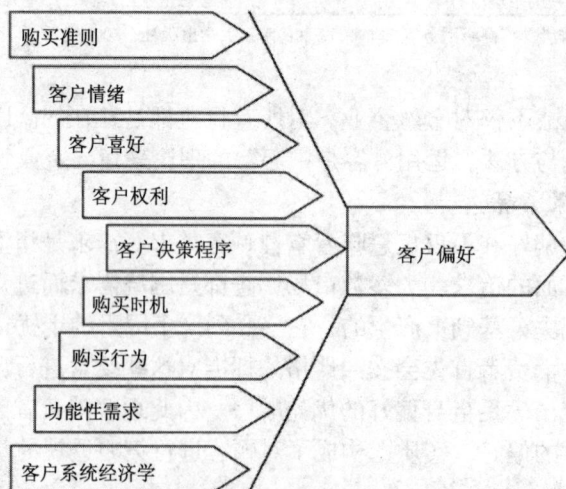

图 6-3　消费者偏好图

（资料来源：周首华等. 财务理论前沿专题[M]. 大连：东北财经大学出版社，2000.）

4. 把握客户偏好

客户的偏好可以分为两大类：一类是客户能够意识到并能够表达出来的偏好；另一类是客户自身没有自觉意识到的潜在偏好，这类偏好不会表达出来。对企业而言，前一类客户偏好比较容易获得，也比较容易满足。企业通过市场调查、研究和分析往往就能获得顾客已经表达出来的需求，但是后一种偏好却不容易被发现，而正是这种还没有表达出来的客户偏好往往能为企业带来巨大的价值。企业未来的价值源泉，不再是仅仅满足客户已经表达出来的需要，而更主要的是如何发现和满足客户的潜在需要。这也是现代企业核心竞争力所需要解决的问题。因此企业需付出很大努力去发现那些顾客没有说出来的需求。客户系统经济学分析就是用来了解和分析客户没有表达出来的偏好并进行预测的系统分析方法。

客户系统经济学（customer's systems economics）实际上是一个系统的分析方法，它主要是要将客户购买过程进行详细分解，以确定影响客户购买决策的各类货币性与非货币性影响因素。客户系统经济学主要包括：①为购买产品与服务支付的货币。②产品的使用费用、存储费用和处置费用。③购买时所花费的时间，为熟悉使用方法所花费的时间。④在整个过程中必须承受和付出的困扰。

客户系统经济学中有一个重要的假定，即长期的老客户能给企业带来稳定和较高的利润水平。安讯资讯公司提供的统计数字表明：98% 以上的商品折价券被消费者丢弃；从新客户身上比从老客户身上赚钱的成本要高出 10 倍；客户留住比率每提高 5%，获利规模就提高 60%~100%；通过电话服务中心提供客户服务的成本是通过因特网成本的 6 倍。[①] 因此企业必须吸收新客户留住老客户，持续培养长期客户作为经营管理的出发点和归宿。事实上长期客户对于企业而言有以下特性：更容易挽留、每年买得更多、每次买得更多、买较高价位的产品、服务成本比新客户低得多、会为公司免费宣传从而给公司介绍新客户。正是从这个意义上西方公司最近几年把增加客户价值作为企业经营的重要目标，其一系列的管理重心都是围绕客户价值展开的。这种客户关系管理的价值如图 6-4 所示。

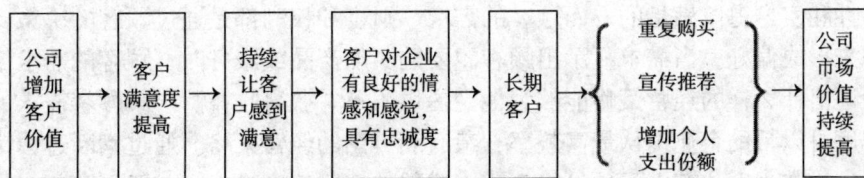

图6-4　客户关系管理的价值

（资料来源：周首华等. 财务理论前沿专题[M]. 大连：东北财经大学出版社，2000.）

---

① ARC 远擎管理顾问公司. 客户关系管理深度分析[M]. 北京：清华大学出版社，1999.

实现上述所描述的公司价值创造图景，企业就必须正确、及时、全面地感知并实时满足不断变化的客户偏好。为了全方位和及时获得顾客的偏好信息，并做出相对准确的预测，企业应当充分利用现有的客户渠道，并根据市场和技术的发展趋势，建立一个特殊的和专用的信息流系统或客户数据库。信息流来源于主要客户，或者市场中各个部分具有代表性的客户，以及竞争对手和环境变化各方面。

5. 预测顾客偏好

在价值转移过程中顾客是最主要的决定者。为了能够较早地获得顾客偏好转移的信息，可以检查顾客在三个方面的变化趋势，即财富、权利及需求的成熟度。

（1）顾客的财富。顾客财富的变化创造着新消费热点和新价值增长机会。然而尽管顾客财富的不断增长能够增加企业的总收入和利润，但如果因此就认定顾客财富的增加一定会平均地导致企业利润的增加是一种危险的观念。

（2）顾客权利。当顾客对于某一类供应商的关注程度增加，而且在这一类供应商所提供的差别化服务下降时，顾客就获得了相当的选择权。衡量顾客手中的权利不是一门精确的科学，表6-5是一个粗略衡量顾客权利的指数。如果企业不能以加强顾客权利为前提来采取一些富有新意的行动，那么价值的流出将势不可当。

表6-5 顾客权利指数

产品（特点）	顾客（特点）	供应商与顾客影响力对比
独特的	高度分化的	90/10
高度差别化的	分化的	70/30
差别化的	适度集中的	50/50
微弱差别化的	集中的	30/70
纯粹普通商品	高度集中的	10/90

（资料来源：汤谷良主编. 高级财务管理[M]. 北京：中国财经出版社，2001. ）

（3）顾客需求的成熟度。关注顾客需求的成熟程度旨在改变顾客需求的种种规划，能够使企业拥有有关价值转移的预见能力。顾客的需求是依靠产品或服务的特性和实惠得以满足的，而顾客的需求、财富和权利都是通过顾客的决策支持系统来形成偏好。当需求显示出顾客想要购买的产品或服务时，顾客的需求偏好就验证出什么样的经营策略能够为他们提供服务并获得收益。了解顾客需求的成熟程度可以帮助企业确认最富效率、最有利可图的经营策略。通过判断过去市场需求的成熟程度，有助于预见将来需求成熟的变化速度特点。一般而言，当需求刚出现时，顾客关注的是产品的性能；当需求成熟时，顾客关注的则是低成本。因此对于成熟的需求，投资于性能的改进将是一无所获的；如果在降低成本方面进行开发，则可能为投资者带来惊人的回报；在需求刚刚出现的阶段，对产品性能的改进进行投资也能产生巨大的收益。

二、构建经营策略

为了保持自身的竞争力，企业必须明确其经营策略处于不同阶段时的特征及表现，即流入阶段的价值获取力、稳定阶段的价值持续性以及在流出阶段企业价值容易受损的程度。了解了这些基本情况，企业才能决定下一步的行动，如果企业决策者能够识别自己及竞争对手经营策略所处的阶段，他就能预测价值转移的发生，保证企业当前的价值免遭侵蚀并获得未来的价值增值机会。而那些对经营策略变化反应迟钝的企业，则无法抓住获利良机而成为市场角逐中的失败者。这类企业常常不能发现其迫在眉睫的风险威胁，从而最终失去原有的价值地位。

1. 经营策略构建的要素

构造一套完整的经营策略，必须在诸多方面进行抉择。而要使经营策略获得成功，一方面必须保证其内部各组成要素与消费者最关注的需求相适应；另一方面又要协调各组成要素之间的关系，以确保企业的经营策略成为一个相互联系、相互促进的有机体。

（1）经营策略的假设前提。任何形式的经营策略都是建立在一整套关于消费者和策略经济性的基本框架基础之上的。由于这些假设前提决定着整套策略的作用力度和有效性，因此经营策略的创建者必须仔细检视这些假设条件的合理性和正确性，同时还要使之界定清楚、明白无误。如果经营策略与其基本的假设前提不一致，就必然导致经营策略的失败。如果假设条件本身就有错误，则建立在其上的经营策略也就毫无价值。创建一套富有效力的经营策略是一项极具挑战性的工作。企业经营决策者首先应该明确三个问题：①顾客将发生怎样的变化？②顾客的需求偏好是什么？③企业经营利润的源泉在哪里？

（2）经营策略的组成要素。一旦经营策略的假设前提得到明确，下一步就要确定与顾客偏好相适应的策略组成要素。企业可以从顾客定位、所提供产品与服务的范围、所提供产品与服务的独特性及盈利方式四项内容来选择经营策略，如表6-6所示。

表6-6　经营策略的组成要素

内　容	关　键　问　题
顾客定位	企业将以哪类顾客为主要服务对象，哪些顾客将是企业的获利源泉
范　围	企业欲提供何种产品服务，哪些配套保障准备工作可以自己做，哪些需要借助外部力量
差　别	企业独特的价值理念是什么，为什么顾客想要购买我们的产品/服务，企业主要的竞争对手是谁，怎样让顾客相信我们是与众不同的
盈利方式	顾客将为我们提供的服务付出怎样的报酬，股东又将如何补偿我们为顾客创造的价值

（资料来源：周首华等. 财务理论前沿专题[M]. 大连：东北财经大学出版社，2000.）

2. 分析本行业所处发展阶段

弄清企业所处行业价值转移的状况是企业经营的首要步骤，它可以提供分析一个企业经营策略优劣与否的行业背景，并有助于测定企业经营策略在行业中的获利能力及水平。由于所需信息随处可见，行业定位因而往往比较容易。处于价值成长阶段的行业可以为企业带来众多的盈利良机。在这种成长性行业中，许多企业都拥有价值不断增长的经营策略。处于稳定阶段的行业，价值增长的机会则属于既能改善经营效率又能满足市场需求的企业。其中有些企业的经营策略因顺应潮流而获得了成功，有些企业则被淘汰出局。处于衰退阶段的行业则获利机会非常少。在这种环境中能实现价值增长企业的数量非常少，此时企业应努力削减成本，调整结构，寻找市场缝隙或者干脆撤退。

3. 分析本公司经营策略所处阶段

在建立了行业价值转移的背景框架后，企业就应检视自身经营策略所处的具体发展阶段。

（1）单一经营策略的公司。在那些只有一种经营策略或者以某一类业务为主的企业，关于经营策略的价值状况可以有较多的可供参考的判断依据，其中市值收益比就是一个准确而真实地反映经营策略所处阶段的综合指标。

（2）多种经营策略公司。对那些有着多种经营策略的企业来说，只有将各种策略区分开来才能正确地评价其所处的价值地位。尽管现实中不存在统一的评估标准，但是有一个因素却可以反映任何一种经营策略的竞争潜力，这就是价值的创造者——顾客。只要紧紧追随顾客需求的变化，企业就能够准确地判断出价值之所在。企业分析消费者行为，有助于揭示其经营策略是否适应顾客的偏好，即经营策略是处于非常有利的地位（价值流入），还是二者基本一致（价值稳定），或是经营策略已无法满足目前的市场需求（价值流出）。通过不断地观察消费者的购买行为，企业能够分辨出顾客所选择的经营策略处于价值转移的哪一阶段。一般来说，小企业通常只有一种经营策略，而大公司却往往有较多的经营策略。对每一种经营策略都应该做认真细致的评估，以明确企业正在赢得和失去哪些类型的顾客，并找出市场的突破口。

4. 制定经营策略的程序

企业经营管理的基本目标就是使公司的价值得到增长。随着经营策略生命周期稳定阶段的缩短，对管理者而言，制定适应未来的经营策略变得至关重要。企业可通过以下流程来制定适应未来发展的经营策略，如图 6-5 所示。

要确保所制定的经营策略有效，企业必须遵循以下几项基本原则：

（1）将顾客直接纳入到战略制定过程中。顾客是企业价值的源泉，企业经营策略的制定就是为了满足顾客的需要，以稳定和增加企业的价值。因此企业应该把对顾客需求的分析纳入企业战略制定过程中，使顾客需求真正成为企业经营策略所追求的目标。

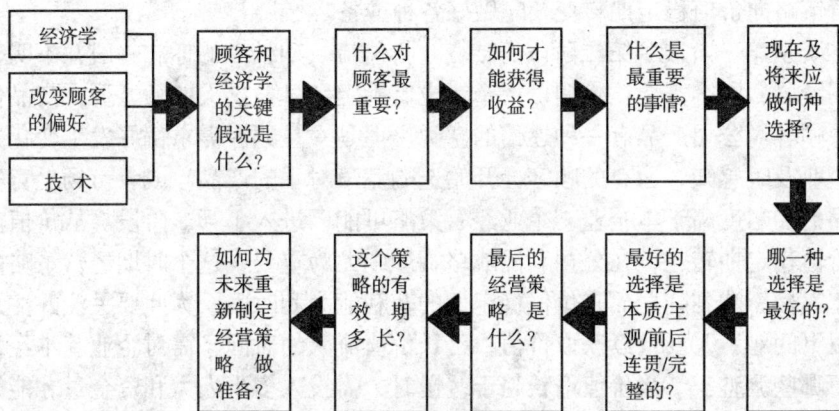

图6-5　经营策略程序

（资料来源：杨雄胜等．高级财务管理[M]．南京：南京大学出版社，2000.）

（2）借鉴其他行业和企业的成功经验教训。制定经营策略是一个既严密又具有创造性的过程。通过借鉴其他行业和公司的经验教训，可以节约公司的大量时间与经费。

（3）尽快树立企业新的核心能力。企业从原有经营策略转向新经营策略，需要企业拥有新的能为顾客所认可的核心能力。这对企业来说是一种挑战，但却是企业新经营策略成功的关键。

（4）保护新制定的经营策略。由于新的经营策略往往反映着不同于以往的规范和价值，因此在未来的工作中，也需要采取不同的方式。当新的经营策略与现有的框架混杂在一起时，由于企业习惯于以往的规范和价值，因此新的经营策略的实施往往面临很大阻力。要确保新的经营策略有效实施，企业就必须有策略地保护新制定的经营策略。

5. 经营策略的构建

企业利润战略管理的基本目标，就是保证企业持续地处于价值增长期。要实现这一目标，必须把握相机经营策略原理，根据企业经营策略所处的价值转移阶段采取积极的对策，力求扩大价值流入期，延长价值稳定期，转化价值流出期使之尽快进入价值稳定期和价值流入期。

（1）第一阶段。价值流入期经营策略关注并应解决好以下重点问题：①价值流入量将有多大？能维持多久？我们应采取何种行动才能促进和维持价值的流入？②企业是否具备了实现价值最大化的条件，并为此做好了各种准备？③其他哪些企业正从这种价值流入中获益？它们所采取的是何种策略？这些竞争对手对本企业价值流入的威胁多大？④价值流入期结束的标志是什么？企业真正地解答了这些问题，不仅可以建立最大限度满足顾客需要的经营策略体系，而且也可以为经营策略向价值稳定期转变及时做好各种准备。

（2）从第一阶段到第二阶段的转变。价值流入期结束的标志一般并不明显。在第一阶段，顾客需要比较明确，企业也有确定和日益扩大的顾客群，产品供不应求，顾客对公司产品有一种迷信的感觉。但是一旦顾客需求偏好发生变化并且不为企业及时感知，原有的顾客会开始选购竞争对手的产品，或者市场上竞争对手产品的知名度高于本企业，企业经营策略可能已进入了第二阶段。从价值流入期向价值稳定期转化，在公司利润战略管理中尤为重要。这个时期经营策略的调整，将直接影响到随之而来价值稳定期的获利能力和时间。为此要关注并注意解决好以下问题：①要继续获取价值，延长价值流入的时间，需对企业基本经营策略进行哪些调整？②当价值增长趋于缓慢时，需投入多少人力和资金量才能维持企业的获利能力？③企业与哪些顾客建立了特殊关系？哪些顾客最有可能脱离与企业的联系？

（3）第二阶段。价值流入期的成功，往往导致不少企业进入价值稳定期后经营策略的"刚愎自用"，盲目的乐观、自信，对周围的变化甚至是竞争对手的突然强大也不屑一顾，最终使企业很快进入价值流出期，甚至出现"猝死"悲剧。因此在第二阶段，企业首先要尽快调整自我感觉良好的心态，正确认识自己在市场竞争中所处地位的变化，并解决好以下问题：①如何调整现有的经营策略？主要解决的问题有：哪种流程优化方法可以改善现有经营策略的获利能力？如何改变有关财务预算，尤其是改变资本预算的决策以适应变化后的顾客需求？各种衡量经营业绩的指标及标准值应如何调整？②怎样抓住下一轮价值增长的机会？主要解决的问题有：什么样的行动可能使市场格局发生变化？有哪些竞争对手准备采取这些举措？本企业也能这么做并做得更好吗？顾客需求变化提供了哪些具有经营策略的导向性信息？企业是否把握这些价值转移时机并及时做好准备？一旦价值转移开始，企业应采取哪些措施以赢得竞争优势地位？

（4）从第二阶段到第三阶段的转变。如果说第一阶段进入第二阶段不易为人们所觉察，那么从第二阶段向第三阶段转变，对此往往会出现企业"视而不见"现象。面对价值转移的现象，管理者不会立即敏感地意识到应调整经营策略以恢复消费者对本企业的信心，而是一味地去削减成本，提高效率，从而以更低的价格争取更大的市场份额。但是企业一旦面临着向价值流出期的转化，消费者对企业的信心开始动摇，原来忠诚的老客户迟早也会离开企业而转向其他的竞争对手，此时低价销售只会在消费者心目中加速自毁形象，而不会在赢得市场份额方面取得什么好的效果。我国的不少企业恰恰陷于这样的困境，结果是生产越多，价格越便宜，积压越多，损失越大，亏损越严重，最终造成破产。为此企业应明确并解决以下问题：①与竞争对手相比，本企业的劣势是什么？这些劣势能否克服？克服这些劣势应采取哪些措施？②对顾客群及其需求满足方面，企业定位是否恰当？企业哪些方面忽视或怠慢了顾客？应采取哪些措施纠正？③企业重新赢得价值优势的条件有哪些？尚缺少哪些基本条件？如何采取切实有效的措施避免企业进入价值流出期？④就企业经营与作业层面看，哪些经营措施和作业是企业价值的主要源泉？哪些经营措施和作业是侵蚀企业价值的根源？企业采取哪些措施实行作业优化、流程重组、经营革新？

（5）第三阶段。在价值流出期，企业现有经营策略已毫无优势可言。因此承认现行经营策略的彻底失败是经营者首先要做好的一件事，只有经营者有巨大的勇气才能真正地做好这件自我否认的尴尬事。只有这样，才能在企业形成全面彻底检讨现有经营策略的风气。为此应围绕以下问题进行深入研究，从而彻底否定现有经营策略，尽快制定出新的经营策略：①价值转移给企业带来了多大的威胁？这些威胁主要来自哪些方面？企业解除这些威胁的措施是什么？②如何才能保护企业的价值？如果实在无力经营，企业该以多快的速度和怎样的方式进行经营撤退？③应进行什么项目的投资才能建立起重新赢得企业价值的经营策略？④企业怎样尽快地恢复价值稳定期并进入价值流入期？

三、加强顾客管理

顾客是企业价值的源泉，要增加和稳定价值流入企业的过程，就必须加强对顾客的管理。查尔斯·威尔逊提供了运用 7 个步骤来加强对顾客管理的模型。[①] 第一步是确认顾客并评估他们目前和将来的价值，然后锁定和发展核心盈利性顾客。因为失去一位核心盈利性顾客造成的损失是 10 位新顾客也无法弥补的。在确保核心盈利性顾客的情况下，企业要关注增加收入。在充分了解顾客目前和潜在的利润之后，企业应将管理重点放在最小化顾客接触成本上。企业必须确信一线部门以最低的成本、最快速的反应为顾客提供及时、周到的服务。但是公司不应将更多的时间和成本花费在不适宜的顾客或提供不适宜的服务方面，否则企业会把机会让给竞争者，使他们以更有效的方法"挖掘"盈利性顾客，而本企业将面对非盈利性顾客。企业需要不断改进顾客关系生命周期管理，即从最初获得顾客到合作终止这一整个过程进行有效管理。

1. 客户价值：新经济赋予企业经营的核心指标

工业经济向信息经济或知识经济的转变，是我们所处时代的一个显著特征。这种转变给企业带来种种革新的一个重要标志，就是衡量公司价值的方法正在发生彻底变化。长期以来人们习惯以利润指标来衡量一个公司的价值。后来由于这

① [英]查尔斯·威尔逊著，王莹等译. 营利性顾客[M]. 桂林：广西师范大学出版社，2002.

种导向在实践中产生日益明显的缺陷，实务中又尝试用"现金流量"、"股东价值"、"市场价值"等指标，作为利润指标的替代或补充指标，使之更正确地衡量公司价值，从而对公司经营做出正确的价值导向。但至今公司价值衡量尚未找到一种公认实用的方法。图6-6表示通过顾客管理增加公司价值的7个步骤。

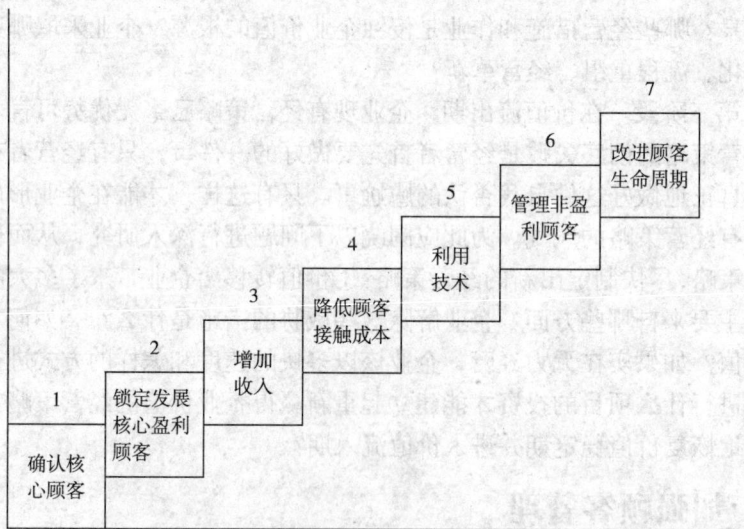

图6-6 通过顾客管理增加公司价值的7个步骤

（资料来源：杨雄胜等. 高级财务管理[M]. 南京：南京大学出版社，2000.）

2000年1月10日，美国在线（ADL）收购时代华纳，显示了新经济条件下公司价值衡量方法的大体框架。美国在线年收入为50亿美元，时代华纳年收入为280亿美元。前者怎么能够收购后者呢？因为美国在线的股票价值为1640亿美元，而时代华纳的股票价值只有970亿美元；前者拥有2200万网上用户，后者拥有2275万用户。美国在线每个客户的平均价值为7455美元，时代华纳则仅为3495美元。这就决定了美国在线可以凭其市场价值和客户价值收购资产与年收入远远大于自己的时代华纳。这一交易的成功，揭示了公司价值评价标准崭新的一页，客户价值成为评估公司价值的核心指标，成为未来经济资源配置决策的一个重要依据。

2. **确定客户价值**

在加强顾客管理之前，企业应先了解当前和未来的利润所在。由于顾客行为难以预测，因此准确理解顾客的未来价值并不可能，但是企业可以利用"顾客预期盈利能力分析"模型来评价不同顾客或顾客群体的相对吸引力。这种方法有助于量化顾客当前和预期的总价值。表6-7显示了"顾客预期盈利能力分析"的计算方法。顾客预期盈利能力不是一种准确的分析方法，需要大量的估计和判断。不过通过严格分析顾客盈利能力的各组成部分，企业应能更清楚地了解盈利机会之所在。

表 6-7　计算预期顾客利润

计算每位顾客（交易渠道）年销售额	说　明
年销售收入	最近财政年度的销售（包括售后收入）
总收入 –	［折扣后的净收入 –（产品成本 + 间接费用但不包括接触成本）］
接触成本	市场营销、销售、分配、服务、管理、仓储、顾客定制、促销等用于顾客的费用
= 净顾客利润（NCP）×	总收入 – 接触成本
预期顾客关系生命周期	顾客忠诚度的维持时间
= 预期顾客盈利	净顾客利润 × 预期顾客关系周期（净资本内部成本计算在内）

（资料来源：陆正飞等. 高级财务管理[M]. 杭州：浙江人民出版社，2000.）

企业确定了每位或每类顾客的价值之后，就可将顾客划分成不同的群类，并根据其贡献度，采取对应的客户关系管理与营销策略。

3．锁定核心盈利顾客

对于大多数企业而言，名列前 15% 的顾客通常给其带来 30%~100% 的利润。如果失去这些顾客，将对企业的利润底线产生毁灭性的影响。对企业来说，就必须认真分析和准确把握给其带来主要利润来源的核心盈利顾客。因此企业管理中应优先满足核心盈利顾客的需要，首先锁定这些核心盈利顾客，并在此基础上不断发展和扩大核心盈利顾客的规模和范围。由于各种复杂因素，企业可能会疏于管理其核心客户，最常见的原因可能是它们没有真正识别出其核心客户，它们把顾客忠诚度与顾客惯性混为一谈，认为顾客对公司没有任何抱怨，就说明他们很满意。但当一个更好的竞争者出现，这些惯性客户将迅速转向竞争者。这种敏感性意味着顾客对企业的忠诚度不是理所当然的，它需要企业认真分析导致客户忠诚的原因并为客户的忠诚度做出更大的努力。

以下是几种锁定核心顾客的方法：①为顾客所提供的服务达到和超过顾客的当前预期。②加强顾客关系。③将顾客与供应商联合起来。④为未来需求变化做准备。⑤管理衰退中的顾客。⑥奖励忠诚度等。

4．增加收入

对企业而言，增加收入的途径很多，而且随着环境的变化和实践的积累，具有创造性的能增加收入的方法更是多种多样。其中一些方法属于战略性的，一些方法属于战术性的；一些方法对利润产生短期影响，而另一些方法则对利润具有长期影响。

（1）针对现有顾客的现有产品或服务，企业可以通过经常与客户保持联系、了解和把握客户的购买决策、通过推荐等方式鼓励客户再购买、缩短产品开发周期和加快进入市场的速度、为顾客提供及时高效的支持性服务等方式来充分挖掘现有顾客的消费份额。

（2）针对现有顾客的新产品或服务，要增加企业新产品或服务对现有客户的吸引力，企业新产品或服务必须有助于增加客户的价值。例如，通过延长客户的产品生命周期、降低客户的产品操作费用、节约顾客购买和使用产品或服务的时间、降低客户的财务成本等方式帮助客户降低成本与风险；或者是企业的新产品或服务必须有利于帮助客户增加销售额、引入新产品或服务。

（3）吸引新的可盈利性客户，企业必须时刻留意可能会成为企业核心盈利性客户的各种机会。企业应该调查和分析是否正在失去可盈利性客户，竞争者是否已抢走了市场中最具吸引力的顾客，是否有被忽略的顾客，这些顾客在未来是否可能成为可盈利性顾客。

（4）可供企业采用的有效定价措施主要有：依据产品或服务对客户的价值进行定价；根据产品或服务对不同客户的不同价值进行特定定价，而不是对所有客户采用统一定价；根据不同阶段的顾客进行定价，而不是在企业所有发展阶段保持不变定价；根据产品或服务对客户成功的相关性进行定价。

5. 降低顾客接触成本

在评估增加收入的范围后，企业必须找到销售和服务顾客的最佳效费比，所谓最佳效费比就是企业以最低的成本为客户提供最及时、周到服务的能力。企业可以通过逐步分析以下几个方面的问题来降低顾客接触成本，增加企业对顾客的吸引力：销售渠道、销售活动、营销体系、营销定位、销售实施部门的优化。

（1）销售渠道。企业可以直接向顾客销售，或者利用中间商进行销售。即使是对同一顾客同一产品的销售，其销售渠道也可能有很多种，并且相互竞争。不同销售渠道具有不同的成本、风险和收益。企业自身相互竞争的销售渠道虽然可以为客户提供较多的选择，但是这种相互竞争的销售渠道容易使顾客感到困惑，并使企业为顾客的服务成本上升。为使风险最小化，企业应集中交易渠道，同时考虑各渠道的战略重要性。

（2）销售活动。人们往往把销售看做一种整体行为，但是销售活动可以拆分为几个组成部分。不同的顾客对销售活动各组成部分活动的要求不同，或者需要特殊技巧和专业知识。这种趋势要求企业细分销售活动，根据不同的消费区域或者客户需要，评估这些销售活动的相对重要性，以便每种功能的发挥能利用最佳成本效率的资源。

（3）营销体系。企业的营销体系不仅直接影响到客户对企业的认识，进而影响到企业对顾客的吸引力，而且直接影响到企业的营销成本及效率。传统的企业营销系统包括服务、销售和市场营销等几个环节或部门。这种营销体系的运作方式一般是：先投入巨额的费用进行广告宣传，以吸引顾客，产生顾客需求；然后利用销售活动完成销售。这种营销体系非常浪费资源，市场营销可能对几十个人、上百人产生影响，而其中只有一个成为顾客。市场营销部门、销售部门和服务部门应该把大量时间用在寻找潜在顾客身上。不仅如此，因为一线部门在努力覆盖大范围的潜在顾客，结果可能对可盈利潜在顾客的需求反而缺乏明确理解，导致成功率不高。利用客户数据库，以及低成本通信技术的发展，使企业可以重新考虑构建更加高效的营销体系。企业可以确认和锁定可能成为潜在顾客的顾客。这种体系不仅可以减少努力，而且可加强与具有吸引力顾客的沟通。

（4）营销定位。不同客户会有不同的需求，企业应分别针对不同的顾客提供不同的服务，以最佳的资源配置来实现客户价值，从而保证企业的最大盈利。由于不同客户所产生的利润不同，企业应优先保证核心盈利性顾客得到最好的服务。

（5）销售实施部门的优化。在确定将要实施的活动以及哪些顾客将得到何种服务之后，接下来企业应对销售点和服务功能进行认真分析，以确保实施的活动由成本效率最高的人员来完成，同时尽可能消除重复性销售渠道以优化销售渠道与客户的匹配，以保证企业有效地利用现有资源，完美地实施已制定的盈利性销售计划。

6. 管理非盈利性顾客

对于任何企业来讲，非盈利性顾客总是存在的。即使是已经开发了所有途径以增加收入并提高了企业效率，非盈利性顾客的比例有明显的缩小，但仍会有一部分非盈利性顾客。非盈利性顾客存在的原因是多方面的，有些是因为顾客的需求规模过小而不足以分摊企业为其所提供的服务成本；有些是客户价值过低；有些是企业本身管理不当造成对客户服务成本上升。如果顾客仅仅是因为规模过小而使其变为非盈利性顾客，则企业可以考虑通过利用小额订单或调整价格结构的方式来刺激这些顾客的需求，或者通过进一步改进服务和降低顾客接触成本，或者把小顾客联合起来以降低销售与管理费用等多种途径来使非盈利性顾客转变为盈利性顾客；对于价值过低的客户，企业可以将这部分非盈利性顾客转让给有战略关系并可能盈利的第三方；如果这类顾客既不可能创造盈利，也不能转让给其他第三方，企业就必须评估终止与这类顾客关系对企业的影响，并采取适当措施终止与这类顾客的关系。

7. 利用技术

计算机和信息技术的发展为企业实时了解客户需求的变化、加强客户关系管理提供了现实条件。随着知识经济时代的到来，企业客户范围和需求变化已大大超过传统企业处理能力。因此为及时了解、把握和满足客户需求的变化，分析不同客户需求对企业盈利能力的影响，应充分利用现代先进技术。在技术革命不断发展的今天，利用基于顾客的管理系统将成为提高顾客管理和降低成本的关键。可供企业利用以改善客户关系管理的先进技术有：控制系统（如计算机化客户数据库、销售订单处理系统等）、各种信息通信技术和智能化服务系统。新技术具备改变顾客和企业之间关系的巨大潜力。由于新技术的运用，企业可以建立集中统一的客户数据库和一体化的营销管理系统，有利于企业加强对客户的及时了解和管理，优化企业的管理流程，提高工作效率。

8. 管理顾客生命周期

对企业而言，顾客生命周期分三个阶段：吸引期、发展期和衰退期。顾客关系的不同生命周期阶段对企业利润底线会有不同的影响。即使是对处在顾客生命周期相同阶段的不同企业之间也会有巨大的差别。企业应认真分析和加强对顾客生命周期的理解和管理。对企业而言，应通过制定有吸引力的策略，加强企业对现有和潜在顾客的吸引力，改善顾客发展阶段，减缓衰退阶段来提高企业的盈利能力。

四、以客户为中心的企业设计

20 世纪 80 年代以前，由于客户需求超出供给能力，客户在一个买方市场中的地位并不重要，大型垄断公司处于支配地位。这些供应商根据自己的资源和生产能力生产它所能生产的产品。因此这时候的企业设计都是内向型的以生产管理为中心的组织结构，市场上客户需求及其变化不可能在企业设计中得到反映。由于市场竞争的加剧，客户需求的多样化和快速变化及其选择权的增加，供应商的权利已经转移到客户的一方。高度竞争的市场和大量的信息已经使客户处于企业管理的中心。在新的环境中，成功的企业是那些以客户为中心进行思维、认识到客户的关键需求并以新的企业设计来满足这种需求的企业。

传统的价值链开始于公司构建起来的核心能力和资产，然后转向投入要素和原材料，定价与出售，销售渠道，最后才是客户。这个价值链开始于资产，然后使用某种方法将这些资产转化为产品和服务。为了应对环境的变化，使企业在市场竞争中实现价值增值，企业设计就必须以客户为中心，建立以客户需求为导向的市场驱动型组织。这种市场驱动型组织要求企业必须改变传统价值链的方向。因此传统的价值链必须颠倒过来，转向以客户为中心的价值链设计。以客户为中心的思维起点是客户，从关注客户的需求和他们所关心的问题开始，去发现可能的方案，以更好地满足客户的需求和关心的问题，后面的各个环节均以客户需要来驱使。企业管理者应当考虑的因素主要有：①客户的需要和偏好是什么？②何种方式可以满足这种需要和偏好？③最适合于这种方式的产品和服务是什么？

④提供这些产品和服务的投入要素和原材料是什么？⑤使用这些投入要素和原材料所需的关键资产与核心能力是什么？

由于市场竞争环境及客户需求总是在快速变化，因此为确保企业组织适应外部环境及客户需求的变化，组织设计的持续变革将是一个永恒的主题，市场的每一次变化必然会对组织形式的相应变革提出挑战，传统的稳定组织设计已经不再适应快速变化的环境。随着信息技术的持续发展，信息共享更加方便，一种新型的、能快速适应市场变化的组织结构——超文本组织（hypertext organizations）[①] 已经出现。超文本组织有着互相连接的各个层次，就像计算机超文本程序的各个文本一样，通过一个文本可以获得其他文本的更多内容，并使其容量扩充。它是一种反应灵活的自学习型组织结构。

超文本组织的顶层是两个项目团队，在这里有多个团队分别管理着水平型的业务流程，如知识创新、新产品开发、设计新的互动战略业务流程团队等。在执行某项任务期间，从不同职能部门或地区调集成员组成团队，当任务完成后他们必须返回原来的职能部门。超文本组织的中间层是按功能进行结构化的业务体系。主要是开发必需的专业知识以支持职能层战略，并为职能团队提供人才储备。该层也能从事远程工作并为职能性专业知识的共享创造机会，从而使得所有团队之间的学习成为可能。另外由于有许多团队需要特殊的技能，因此具有这方面知识的专家就可以长期设立在该层次上。这些业务体系是相互连接的，并且通过信息技术，而不是传统的业务联系与业务流程相连。

超文本组织的根基是"知识基础"层，组织长年积累的知识都沉淀在这一层。该层并不以一种明显的组织形式存在，它主要由两种知识组成：一种是包含在企业远景和文化中的无形知识，另一种是包含在信息系统中明确的知识。但外部环境发生变化时，超文本组织的成员可以随时从一种层次向另一种层次进行转移。但是在一个确定的时点上，一个成员只能隶属于一个层次。

【本章小结】

价值转移就是在企业经营策略已经不能适应外部市场和客户偏好的变化时，客户为满足自身偏好而从原有企业或产品／服务转向更能满足其偏好的企业或产品／服务，伴随着客户的转移，价值也就从原来的企业或产品／服务向新的企业和产品／服务转移。因而直观地看，价值转移表现为价值流入、价值稳定和价值流出。价值转移中的"价值"，是指市场总价值中企业的价值份额，即营业收入与利润。用传统会计理论定义，价值转移是指市场需求和顾客选择的变化，导致企业营业收入变动而影响企业利润水平的变化。本章从价值转移的现实表现形式为

---

① [美]乔治·S.达伊著，白长虹等译. 市场驱动型组织[M]. 北京：机械工业出版社，2003.

切入点，在分析价值转移的内外因素、价值转移的主要阶段、价值转移的判断标准等基本理论的前提下，从了解客户偏好、构建经营策略、加强顾客管理、以客户为中心的企业设计四方面深入探讨了价值转移的基本策略。

【复习思考题】

1. 如何理解价值转移的基本内涵？
2. 价值转移的表现形式有哪些？影响价值转移的因素是什么？
3. 价值转移的基本规律是什么？
4. 应从哪些方面来了解不同客户的偏好？
5. 作为价值转移策略的一个方面，经营策略应如何科学构建？
6. 如何降低顾客接触成本？
7. 超文本组织的基本内涵是什么？
8. 以客户为中心的企业设计应包括哪些内容？

【阅读资料】

从制造业向分销业价值转移

从 20 世纪 80 年代中期到 90 年代末，正当许多传统的百货公司市场价值面临停滞或滑坡时，采用特许经营、直销和网络营销的沃尔玛、戴尔公司，却猛增了3000 多亿美元的市值。1989 年美国市值前 10 名的企业清一色全是制造业。1995 年以前，人们说到全球 500 强还往往是指制造业的 500 强，令人惊奇的是，在制造业500 强和服务业 500 强合并排名后的第五年——1999 年，销售商沃尔玛的销售总额竟然已经名列全球第二。商界的种种变化在昭示：价值正在从制造业向分销业悄悄转移。

1. 谁为中国彩电业制定价格？

1988 年，四川长虹挑起彩电业界第一次降价大战，从而确立了其在彩电业的龙头地位，自此以后，长虹连续多年成为中国电子百强第一名，荣登沪市股王的宝座。1996 年，长虹又一次掀起降价大战，迫使彩电业其他厂商应战，再一次确立了其在彩电行业的垄断地位。2000 年，彩电业界又掀起一场降价风暴，几乎波及全部彩电厂商。然而令人惊奇的是，这一次降价的旗手并不是彩电界的长虹、康佳、TCL 或任一家彩电大厂，而是一家销售电器的连锁店——北京国美电器。为什么电器销售商竟然会走向前台，引导彩电业的价格动向？让我们来看一下以前不为人所知的国美电器。

1999 年 7 月 3 日，北京市场销售额排名第一的家电销售商——北京国美电器杀进天津，天津 10 大同业商场联合抵制，引发天津商界的大震动和全国媒介的热烈关注。不到1年时间，这次抵制风潮以天津10大商场联盟的失败而告结束。2000年4月，根据国家信息中心的统计数字，天津国美电器已在彩电、空调、洗衣机、微波炉、VCD、DVD等家电产品的销售上名列天津市场首位，其中彩电销售在天津市场占有率已接近50%。2000年，国美电器总经理张志铭宣布由于市场开拓情况好于预期，国美电器决定当年在西南地区——成都和重庆大规模拓展连锁店。至此国美电器加快了在全国迅速扩张的步伐。目前，国美在全国已有分店25家，2000年销售额将接近40亿元。国美电器已经成为消费者在购买家电时首先想到的品牌。更令人吃惊的是，国美电器在消费者心目中的知名度、品牌形象增长速度以及全国分店的开张速度，几乎和长虹彩电在沪市的市值下跌速度一样快。

1998年，四川长虹利润高居沪市上市公司之首，高达26亿元，成为中国民族企业的一杆大旗，然而正是这样辉煌的公司，1999年业绩迅速下滑，以致2000年销售额和利润率低到无法配股，不得不远走香港股市。长虹的价值下滑与国美电器价值骤升形成了鲜明对比。

国美电器在天津击败了传统大商场，然而国美电器绝不仅是挑战传统大商场，而是挑战传统的家电制造厂商。彩电业乃至整个家电业正在悄悄地涌现着一股还不为人所知的巨大的价值转移浪潮，价值正在从家电厂商中转移出来，并且悄悄转移到分销业当中去。这就是从制造业到分销业的价值转移。过去市场上最有价值的品牌、最能创造销售额和利润的企业都来自制造业，然而今天价值正在从制造业企业中流出，悄悄流向销售企业。

2. 沃尔玛以连锁销售崛起为全球第二大公司

随着全球生产过剩的趋势越来越明显，怎么产的文化正在向怎么销的文化发展，谁掌握了通向市场的通道，谁就掌握了制空权。传统百货商店的销售形式正在面临越来越严峻的挑战。以亚细亚为代表的商场倒闭之风绝不仅是由于管理问题，它的失败代表着一种经营形态的失败，同时也代表了一种新经营时代的来临。

与亚细亚相比，美国的零售企业沃尔玛公司近年来持续高速成长，打败了百货业老店西尔斯，并于1999年成为全球第二大公司，销售额达到1650亿美元，已经占据美国零售市场的1/3。沃尔玛成长的价值源泉在哪里？归根到底在于消费者偏好的变化而带来的巨大价值转移。在过去的20年间，美国人消费观念发生了很大的变化，顾客对于价格越来越敏感。而且随着工作节奏的加快，居民的生活方式发生了根本性的变化，光顾商场的时间也大大减少。所有这些都有力地推动了沃尔玛公司经营策略的转变。

沃尔玛公司推行的低价策略产生了巨大的影响，而且丰富的商品和便捷的购物方式，使顾客用于购物的时间每周缩短了两个小时。沃尔玛在全美国建起了数千家商店的经营网络，同时采用先进的电子数据交换系统，使得商品售价低于每一家传统商号。沃尔玛专门针对价格极其敏感的顾客设立了山姆俱乐部，以批发的方式销售商品，商场中不设销售柜台和导购服务，但这却为沃尔玛公司带来了忠诚的顾客，山姆俱乐部也因此得以在市场角逐中地位稳定，令对手无可奈何。沃尔玛的供货与采购模式以及服务消费者需求的创新策略已经彻底改变了零售业的历史。当西尔斯等采用传统销售模式的商业公司陷于困境而苦苦挣扎的时候，沃尔玛公司却独领风骚。沃尔玛1999年度市值为2861.52亿美元，从1998年度的全球第9位跃升至第5位。沃尔玛所创造的销售收入1999年度达到1650亿美元，占到了整个美国零售业创造销售额的1/3。事实上沃尔玛不仅在改写着零售业的历史，也在颠覆着传统制造业的价值基础。早在80年代早期，沃尔玛公司就已经成为一个能左右货品价格的大买家。沃尔玛的低成本分销战略直接影响着制造商的经营策略，迫使他们必须降低成本，否则就要冒失去大量销售渠道的风险。

可以说在许多行业，中间环节的崩溃动摇了传统销售模式的基础，而采用低成本销售策略的新兴公司创造了新的价值转移——价值从传统百货业和传统制造商那里转移到新兴的低成本销售公司那里。

3. 消费者的需求变化导致价值从制造业流向分销业

在20世纪的大部分时间里，制造商们一直是商界的主角。汽车大王亨利·福特创造的大规模生产方式极大地促进了生产力的发展。同时产品成本的急剧下降，使巨大的消费市场得以不断发展。几十年来制造商们的诸多创新以及产品营销改善，推进着价值的持续增长。而经营活动中的下游环节，比如产品销售，则一直被视为是次要的活动。人们普遍认为在价值链中，只有生产制造才是创造价值的中心环节。20世纪70年代以后，美国市场从卖方市场转向买方市场，而我国也在1996年前后进入买方市场阶段。这时消费者的偏好发生了巨大变化，面对丰富的商品，他们有更多的选择余地，他们现在对产品的信息了解更多，对商品更挑剔，同时更希望价廉物美。在消费者偏好的引导下，价值开始在传统制造业和销售商之间发生转移。

众所周知，任何产品都有一个从成长到衰亡的过程，但是人们很少认识到企业的经营策略也会经历一个由盛而衰的经济变化过程。在企业的经营策略中，消费者对产品或服务的需求偏好是最重要的因素。这种需求偏好具有不断求变的内在属性，而经营策略则趋于相对固定。因此当公司的经营策略与消费者需求偏好结构之间的适应机制被打破时，价值便将开始转移。

4. 把握价值转移发现利润区

纵观长虹彩电与国美电器的兴衰交替，沃尔玛与西尔斯的此消彼长，可以看到过去产品从原料到消费者之间的供应链中是以制造商为主体的，而现在制造商已经不再是这个价值链上最具优势的价值点。近20年来，从制造环节向分销环节的价值转移形成了全球商界的一个重要景观。事实上，在这个价值链的每一个环节都可以形成品牌。任何一点都可形成核心的资源优势。从制造业向分销业的价值转移集中地体现了近20年来的市场变化。对企业而言，不断地研究如何把握住这样的历史趋势，同时能够敏锐地洞察消费者的不断变化，找寻到价值在价值链中不断转移的规律，发现最大利润区和价值流，将是一件永恒的工作。

（资料来源：宋献中，吴思明主编. 中级财务管理[M]. 大连：东北财经大学出版社，2002.）

【课外阅读文献】

1. [美]亚德里安·J.斯莱沃茨基著，凌郑主译. 价值转移——竞争前的战略思考[M]. 北京：中国对外翻译出版公司，1999.

2. [美]亚德里安·J.斯莱沃茨基著，凌晓东等译. 发现利润区——战略性企业设计为您带来明天的利润[M]. 北京：中信出版社，2002.

3. [美]亚德里安·J.斯莱沃茨基著，张星等译. 利润模式[M]. 北京：中信出版社，2002.

4. [美]乔治·S.达伊著，白长虹等译. 市场驱动型组织[M]. 北京：机械工业出版社，2003.

5. [英]查尔斯·威尔逊著，王莹等译. 营利性顾客[M]. 桂林：广西师范大学出版社，2002.

第七章　现金流量理论

【学习目标】
  ➢ 了解现金流量的基本内涵；
  ➢ 掌握现金流量的构成要素及计算方法；
  ➢ 计算自由现金流量时，能正确区分随意性资本支出与随意性日常经营支出；
  ➢ 能分别用直接法和间接法正确计算自由现金流量；
  ➢ 掌握现金流量内部控制制度及现金流量管理的自动化；
  ➢ 能正确进行现金流量的基本预测。

【重点名词】
  自由现金流量　公司自由现金流量　股权自由现金流量　经营现金净流量
现金流量自动化　现金流量内部控制　现金收支平衡表　随意性资本支出
随意性日常经营支出　资金运用表　资金变动表　直接法　间接法

【案例导入】

> ### 作为管理理念及实务工具的现金流量

现金流量既是一种管理理念，也是一种管理工具。作为一种管理理念，人们已经可以听到"现金为王"这样的说法。理智的企业管理者、股东、债权人和外部分析师，都已经不再将目光锁定在利润指标上，而是认识到现金流量可能才是最具有价值相关性的分析指标。管理理念的价值在于能够在各种可供选择的管理工具中做出选择、将各种具体的管理方法统一在某一个共同的管理目标上。然而如何将这种理念运用到具体的财务分析和企业管理控制中去，如何将原有管理理念基础上形成的信息系统和管理方式转变为以现金为基础的信息系统和管理方法，需要一系列具体的新工具。正是因为现金流量的这些计算和管理方法既能够渗透到企业具体经济业务的分析与管理中，又能够与公司的未来发展和价值相联系，现金流量的管理理念才得到越来越广泛的认同，成为现代财务管理的基础理论之一。因此现金流量管理理念及计算的基本方法，对企业内部和外部的信息使用者而言，都成为有实用价值的理论基础。

  （资料来源：杨雄胜等. 财务管理咨询[M]. 北京：华夏出版社，2002. ）

第一节 现金流量概述

一、现金流量的基本概念与发展

1. 现金流量的内涵

在市场经济条件下，企业所有交易活动都必须借助于货币的一收一支才能完成。企业交易活动中客观存在的货币收支，反映着企业经济活动的规模及趋向，对企业经营管理与决策活动的过程、结果起着综合反映与控制。我们把这种客观存在于企业中、能动态反映经济活动并对其起保障与控制作用的货币收支，称为现金流量。严格地讲，这里的货币并不简单地指现金，是现金及其等价物的总和。所谓现金等价物，在实务中一般是指期限短、流动性强、易于转换为确定金额现金、价值变动风险小的各类非现金形态的投资。简言之现金流量，是企业现金及其现金等价物流入及流出的总和。对该概念可从如下几方面来理解：

（1）现金流量要素。现金流量的基本组成要素有四个：流量、流程、流向和流速。

1）流量。包括流入量、流出量及其流入与流出的差额即净流量。流量综合反映了企业每一项财务收支的现金盈余，是企业经济效益的最直观体现。分析企业现金流量构成及其盈余状况，能对企业核心能力及其获利能力做出较为客观的评价。

2）流程。涉及现金流量的组织、岗位、授权及办理现金收支业务的手续程序。企业的现金流量几乎是与生产经营活动同步实现的，而生产经营活动一般是由分散在多部门、层次甚至是不同地点的企业员工分别进行的，具有分散性特点，因此现金流量的分布也必然是分散的。现金流量的组织必须与企业组织结构相适应。企业应把现金流量按其生成、流出的方向，确定相应的业务、管理及控制岗位，以使现金流量的组织具有严密的内部控制制度，确保现金流量这一企业"生命源头"领域少出差错、杜绝舞弊。为此应赋予各现金流量业务管理、控制岗位以相应的职权，保障其充分有效地履行职责。同时规定，任何一次现金收支业务的办理必须履行申请、审批、记录、支付、检查等必要手续才能完成，以确保现金收支的合法合理。总之现金流程决定现金流量的安全性。

3）流向。现金流量流向表示企业现金流量的趋势。总的来看，现金流向分为流入量与流出量两方面。流入表明企业现金流入量的主要来源，可以对企业竞争能力的构成及未来走向做出大致判断。流出表明现金支付的主要用途，可以综合反映企业经营战略及未来创造价值的能力。现金流向主要解决现金流量中的平衡问题，主要包括流入与流出数量、时间及币种三个方面的全面平衡。对一个特定企业而言，现金流向会存在一个相对恰当的标准结构，这种标准结构是现金流量管理非常有用的工具，成为调控企业现金流向的有效手段。

4）流速。对于某一具体的现金业务而言，流速是指从支付现金到收回现金所需时间的长短；对于整个企业而言，流速是指资本投入到回收的速度。在实际工作中，衡量流速一般采用周转率指标，从而产生了全部资产周转率、流动资产周转率、应收账款周转率、存货周转率等具有不同功用的多类周转率指标。从国际趋势看由开始全面关注这些周转率指标，逐步锁定为重点关注"应收账款"与"存货"两个周转率指标，随着社会信用及银行结算监督制度的高度发达，西方企业开始只考评"存货周转率"指标。在我国由于社会信用与银行结算监督制度尚未完善，应收账款周转率还是绝对有必要纳入考评流速的指标之中。存货与应收账款的周转速度，综合反映了企业经营效率和流动资产质量，对企业未来发展具有决定性影响。

考察评价企业的现金流量，必须全面客观深入地分析其现金流量的四个基本要素后，才能得出较为恰当的结论并实施行之有效的管理。

（2）现金流量的具体含义。企业现金流量，从基本面看主要是指企业与出资人之间的现金往来关系，这也是最初意义上的财务含义——融资活动。其又具体分为债权人与企业之间的现金流和股东与企业之间的现金流。由于现金在财务上属于非生产性资产，因此在投入生产经营即购买支付前，公司为了提高企业的获利水平，一般将这些现金作短期投资，形成企业的金融资产；而当企业生产经营所需要的现金支付超出股本投入时，公司又会去负债借入资金，以满足日常支付的需要。这样就构成了基本的现金流量。

（3）产品生命周期与现金流量。现金净流量有时并不能准确地说明企业经济的本质。因为高成长企业可能是负的净流量，而衰退期企业可能有大量的正净流量。一个公司处于成长期，经营现金流量通常很低，因为市场接受企业需要一个过程；而进入衰退期的企业，虽然现金流入减少，但由于投资减少，因此净流量反而增加。从理论上分析，经营活动中的现金净流量与投资活动中的现金净流量之比较，永远是一个企业的融资净流量。若前者大于后者，表示应支付给股东或还债数额，即融资活动是负净流量；如前者小于后者，表示股东投入现金或增加负债，即融资活动是正净流量。由此可见融资活动在某种意义上是调节经营活动现金流量与投资活动现金流量平衡的手段。

（4）现金流量表与现金流量类型。一个公司的现金流量信息，一般由会计定期编报现金流量表提供，它是现代公司对外必须公开的三大报表之一。现金流量报表描述了三种一般类型的经济事项或活动：经营活动、筹资活动和投资活动。

经营活动现金流量是指企业中影响现金的持续经营活动；筹资活动现金流量是指影响企业财务结构的事项；投资活动现金流量是指影响企业长期资产的事项。有关经营活动现金流量的信息指出了企业经营业务产生现金的能力。有关投资现金流量的信息指出了企业如何为资本项目而使用（或收到）现金，或者清理资产以在不利形势下继续生存。有关筹资现金流量的信息指出了企业如何为其扩张筹集资金或者向股东分配股利。如果一个筹资事项不涉及现金（如优先股转换为普通股），这个信息将在报表附注中单独披露。

（5）现金流量计算方法。现金流量的计算有两种方法，即直接法和间接法。直接法提供的现金流量表直接按照经营活动、投资活动和筹资活动以及每类活动的具体业务类型反映现金的流入、流出和净流量。间接法的基础是会计恒等式：净收益 = 收入−费用。通过检查各项收入和费用，剔除那些非现金的收入或费用，以及那些不是由经营活动导致的收入或费用，即：

$$经营活动现金净流量 = CR - CE = 净收益 + NCE - NCR \tag{7-1}$$

式中，CR 代表经营活动产生的现金收入，NCR 代表非现金的收入或非经营活动现金流量的收入，CE 代表经营活动产生的现金费用，NCE 代表非现金费用或包括在费用中的非经营活动现金流量。

在我国财务会计准则要求使用直接法提供现金流量表，但应以间接法制作附表。最近的调查显示，97%~99%的美国公司使用间接法来报告经营活动产生的现金流量。由此可见，当公司投资于海外市场时，可能只能得到根据间接法提供的现金流量表。然而间接法提供的经营活动现金流量仅反映了现金流量的净额，并不能很好地满足具体分析的要求。人们并不仅仅对现金流量的金额本身感兴趣，而是认为从中可以反映出各项公司活动（包括经营活动、筹资活动和投资活动这三大类经济业务，以及每大类经济业务中的具体业务类型）中可能存在的潜在问题，这些问题将影响公司未来现金流量和价值，这才是现金流量信息的价值所在。所以有必要将按照间接法提供的经营活动现金净流量，还原成经营活动现金流量的各个组成部分。其方法主要是利用利润表上经营活动和事项的信息，以及间接法提供的现金流量表上关于账户余额变动的信息来进行调整。

2. 现金流量的功用

现金是企业生命的血液，正如血液在支撑着人身体所有组织活动一样，企业要实现经济的健康快速发展，必须有恰当量与质的现金流量来支持。现金流量的功用主要有三个方面：

（1）实现企业的流动性。一个企业的流动性，表明企业资源运作的效率，决定着企业成败；而丧失流动性的企业，就意味着企业生命即将终结。现金流量是企业提高流动性的基础，改善现金流量就可以增强企业资源的流动性，从而提升公司的竞争力。

（2）赋予企业发展能力。企业发展首先取决于能否具有自我积累的能力。自我积累能力的高低，集中表现在经营过程结束后现金净流量的大小。经营活动现金净流量越大，企业投资扩张培植未来竞争优势的能力就越强。

（3）调控经营行为。现金流量过去发生的各种情形，可以为企业规划未来提供极好的指导。虽然长期以来，会计利润指标成为企业经营活动关注的主要内容，但由于会计利润在确认与计量方面容易受实务操纵的致命弱点，使得比较客观的现金流量指标，在反映企业过去业务情况与预见未来盈利能力方面，比会计利润指标更为实务界接受。此外，企业现金流量的状况，直接决定公司的财务支付能力。企业一旦在财务支付方面出现问题，则对企业未来的影响极可能是灾难性的。现金流量较好地表明了企业支付能力的大小，为各种经营措施的执行指明了方向。

二、自由现金流量概念的提出与计算方法

1. 自由现金流量概念的提出

（1）自由现金流量概念的提出是人们逐渐认识到利润、经营活动现金流量在用于财务分析时存在局限性。为了弥补这种分析上的不足，才提出了这个更具有相关性的概念。自由现金流量指除了在库存、厂房、设备、长期股权等资产上所需投入的资金外，企业能够产生的额外现金流量。如果在持续经营的基础上，企业除了维持正常的资产维护外，还可以产生更多的现金流量，那么该企业就有正的自由现金流量。企业可能将自由现金流量以股利的形式派发给股东，或者将自由现金流量留在企业中产生更多的自由现金流量。由此推断，具有较高自由现金流量的企业在以后的生产经营中就可以产生越来越多的净现金流量，从而其市场价值应当逐步升高。也就是说，自由现金流量也可以作为投资选股的重要参考指标。人们对于自由现金流量指标的一个发展是周转率（recovery rate）指标，即自由现金流量与总市值的比率，它通常被作为选股的标准。

（2）用自由现金流量指标作为评价公司未来价值的依据时，必须注意如何分析市场的反应。也就是说，如果简单以股票的市场表现作为衡量股票投资价值的指标，可能会得出与自由现金流量理论相反的结论。这种情况出现的原因在于，当公司处于高速膨胀期，即公司在销售和经营现金流量两方面都表现为高增长率，而且未来也可能保持较高的增长率时，这类公司通过增发股票来扩张并不困难，此时其自由现金流量可能出现负值。当这样的公司出现自由现金流量为正值时，此时从经营活动产生的现金流入足以应付维持现状所需的资金，当然就没有必要再进行融资，自由现金流量自然也就为正值。这样的公司甚至可能因为找不到更好的投资项目，不得不以股票回购的形式提高股票对股东的价值。从长期来看，一个公司持续产生负的自由现金流量，同时又没有具有吸引力的项目用于增发新股，那么它将面临清算或破产的可能。

2.　自由现金流量的计算

在介绍自由现金流量的具体计算方法之前，有必要再次强调计算自由现金流量的目的。当期的自由现金流量可以用于分析公司目前的资金状况，同时也被用于预测将来的自由现金流量，从而用于公司价值的评估。所以，自由现金流量的计算不仅要考虑到在现有报表中取得数据的可能性，还应当考虑如何才能较为方便合理地进行预测。计算和预测自由现金流量的方法有两种，即直接法和间接法。在直接法下现金流量分析师通过估计经营现金流量的构成，然后估计其中酌量部分（discretionary），再分析和预测主要的固定资产投资及其中的随意部分；在间接法下现金流量分析师从当期现金的变动开始，对影响自由现金流量的各种事项进行调整，将那些不是为了企业持续经营的现金都从现金变化中剔除，通过这样的调整得出自由现金流量。具体的计算方法为：

（1）直接法计算自由现金流量。

1）计算公式。按标准普尔的定义，自由现金流量是税前利润减去资本性支出，但在美国大多数投资者一般使用这样的公式计算自由现金流量：自由现金流量＝税前利润＋折旧和摊销－资本性支出。应当注意，这种自由现金流量的简单定义运用了经营现金流量的粗略估计，即净利润加上折旧和摊销。经营活动产生的现金流量和对利润有影响但对现金无影响的数据，人们只能用大致的估计方法。而自由现金流量计算的难点在于资本性支出及其随意性部分，以及经营活动现金流量中随意性部分的确定。

2）随意性资本支出的计算。关于资本支出有三点需要明确：第一，企业所有的酌量支出中，最需要谨慎处理的就是资本支出，因为资本支出通常是现金流量表中最大的现金使用项目，而且资金的收回往往要经历多个会计期间，这就要求投资者必须仔细审查企业的资本支出是否必要。实际经营过程中，在自由现金流量计算公式中扣减的资本支出仅指那些必需的支出。第二，如果热衷于考查"维持性"资本支出的项目，则表明这是一种错误的观点，因为任何资本预算都应该考虑到企业将来的需求。第三，在考虑公司将来发展需要的前提下，确定合理的资本支出限额对于公司而言意义重大，因为如果超过了合理的限度进行投资，可能会造成公司在正常经营活动过程中资金不足，被迫削减当前的生产能力，这会使得公司的现金状况进一步恶化。

由于资本支出依赖于经济、行业、企业的自身条件，更有赖于其经营业务的预期增长率，这就使得预测资本支出非常困难。实践中可行的预测资本支出的一种方法就是将销售成本增长率同资本支出的增长率相比较。假设为了维持某一特定的销售成本增长率，资本支出应该以大致相同的增长幅度增加。如果发现在某一会计期间内资本支出的增长率明显高于销售成本的增长率，那么有理由认为出现了投资过度，并且这个过度投资就是随意性资本支出，它可以被看成是自由现金流量。表 7-1 列示了一个简单的例子。

表 7-1 随意性资本支出的计算

项 目 \ 年 份	2003	2002	2001	2000	1999	1998	1997	1996
① 资本支出（百万元）	56.6	77.6	124.7	109.1	155.9	87.8	153.3	56.0
② 资本支出三年平均增长率（%）	-19.6	-20.7	12.4	-10.7	40.7	—	—	—
③ 产品销售成本（百万元）	758.8	673.2	723.3	722.1	661.8	605.8	549.9	503.6
④ 产品销售成本三年平均增长率（%）	1.7	0.6	6.1	9.5	9.5	—	—	—
⑤ 资本支出过度增长率（②-④）	0	0	6.3	0	31.1	—	—	—
⑥ 随意资本支出（①×⑤）	0	0	7.9	0	48.5	—	—	—

（资料来源：[美] 阿斯瓦斯·达摩达兰著. 应用公司理财[M]. 北京：机械工业出版社，2004. ）

首先，估计出最近三年资本支出和产品销售成本的年平均增长率。以 2001 年资本支出为例，与 1998 年比较，三年资本支出增长了 0.4203[（124.7-87.8）/ 87.8] 倍，平均每年增长 0.1401（0.4203/3）倍，因此，三年平均增长率为 14.01%。用同样的方法计算出销售成本的年平均增长率。之所以采用四年的数据是为了均衡两种误差：一方面随着时间的变化，企业的变动可能很大，选择过长的时间范围可能导致不当的比较；另一方面时间过短则有可能不能包含一个完整的周期，不能剔除掉一些由经营周期导致的合理波动。

其次，用资本成本增长率减去销售成本增长率得到资本支出过度增长率，也就是应当计入自由现金流量的资本支出。如果为负数则记为 0。理想情况下应该使用一个能够准确度量企业输出能力的指标来考查所需投入的增长率，在这里选择了销售成本作为度量企业产出的增长指标，因为它包含了产品成本的所有组成部分。假设投入和产出的价格波动情况一致，那么销售成本和资本支出的增长率就能很好地代替实际产出和投入的增长。

最后，用过度增长率乘以当年的总资本支出，得到随意资本支出。例如 2001 年为 7.9（124.7×6.3%)百万元，1994 年为 0，认为没有随意资本支出。根据这些计算，用经营现金净流量减去总资本支出，再加上随意资本支出，可得到估计的自由现金流量。

3）随意性日常经营支出的估算。与投资一样，公司日常运营中也可能存在一些随意支出，而随意支出中的一个主要组成部分就是公司的日常管理费用。因此在计算自由现金流量时，有必要估计和预测这种随意性的日常经营支出。实际上真正决定多数开支水平和开支比率的是公司增长率及预期增长率，而产量增长（而不是收入的增长）是更为合理的指标。其原因在于，收入的增长包含价格变动的影响。如果可能的话，还应该将企业的产量增长同行业的产量增长进行比较，这时可以用行业的物价指数来消除通货膨胀对企业销售成本的影响。如果公司日常经营支出的增长率连续多年高于销售成本的增长率，尤其是高于行业增长率时，就有理由认为这些费用太高了。具体的计算方法与随意性资本支出的计算过程一致。

（2）间接法计算自由现金流量。间接方法估计自由现金流量就是跟踪会计期间的现金变化过程，在此基础上进行调节。该方法基于以下理论推导：假设现金来源和运用完全相等。用公式表示为：

$$OCF + NetDebt + NetEquity = Div + Invest + ChangeinCash \qquad （7-2）$$

式中，OCF 代表经营现金净流量，NetDebt 和 NetEquity 分别代表通过举债和发行股票收到的净现金，Div 代表公司支付的现金股利，Invest 代表用于资本支出和类似投资的现金投资，ChangeinCash 代表期末和期初的现金变化。上式经变换得：

$$OCF - Invest = Div + ChangeinCash - NetDebt - NetEquity$$

等式的左边是自由现金流量的传统定义，即经营现金净流量减去该期间的净投资。净投资主要是资本支出。用 DiscOCF 来表示这些可随意支配的现金流出，用 NonDiscOCF 表示营运中非随意支配现金，DiscInv 表示随意性资本支出，NonDiscInv 表示非随意性资本支出。上式可表示为：

$$(NonDiscOCF + DiscOCF) - (NonDiscInv + DiscInv) = Div + ChangeinCash - NetDebt - NetEquity$$

经简单变换得：

$$NonDiscOCF - NonDiscInv = Div + ChangeinCash - NetDebt - NetEquity - DiscOCF + DiscInv \qquad （7-3）$$

上式左边就是前面定义的自由现金流量，即某会计期间由持续的企业营运所产生的现金，减去在资本支出中的必要投资以及其他必要的支出。等式的右边表示一种估计来自经营自由现金流量的方法。这种方法产生了自由现金流量的另一种估计方法，即用间接的方法来估计自由现金流量。

3. 平均自由现金流量与自由现金流量的稳定性

以上介绍的估计自由现金流量的方法以一年为单位，然而由于经济条件、企业条件和企业决策的变动会使得每年的自由现金流量出现波动。当分析公司的自由现金流量用来评价公司价值时，考查几年的平均数可能更具有指导性。基于这种考虑，通常通过计算四年期平均自由现金流量，再分析平均自由现金流量的变化趋势，用于发现问题和预测。

现金流量分析不仅应当考虑一段时间内的平均现金流量状况，而且应当考虑现金流量的波动状况。自由现金流量稳定性越高，发生财务困难的概率越低，破产的概率也越小。因此现金流量变动幅度很大的公司对于厌恶风险的投资者来讲是不可取的。为此通常可以设定一个稳定指数，用四年平均自由现金流量除以每年自由现金流量的标准差来度量。以表 7-2 中的三家公司为例：

表 7-2　自由现金流量稳定性比较

公司 （1）	四年平均自由现金流量 单位：百万元（2）	每年自由现金流量标准差 单位：百万元（3）	稳定指数 （第 2 列除以第 3 列）
A	184.5	53.7	3.43
B	312.1	127.5	2.45
C	93.2	150.3	0.62

（资料来源：[美] 阿斯瓦斯·达摩达兰著. 应用公司理财[M]. 北京：机械工业出版社，2004. ）

从表 7-2 可以看到，三个公司中 A 公司的平均自由现金流量最稳定，而 C 公司最不稳定。这可能是由于三个公司所处的行业不同引起的。如果 A 公司生产日常消费品，其消费弹性是三个公司中最低的，因此它具有较为稳定的自由现金流量；而 B 公司可能提供的是与宏观经济关系密切的服务，它具有较强的周期性；C 公司产品的销售可能具有很强的季节性，或受到外部经济环境的影响巨大，因此它的平均自由现金流量及利润是三者中最不稳定的。

4. 公司自由现金流量与股权自由现金流量

公司自由现金流量扣除与债务相关的现金流量、利息支付、本金归还和新债发行以及其他非股权性利益要求权，得到股权自由现金流量，即：

$$FCFE = FCF - 利息 \times （1 - t） - 本金归还 - 优先股股息 + 新债发行$$
$$= FCF - A \tag{7-4}$$
$$A = 利息 \times （1 - t） + 本金归还 + 优先股股息 - 新债发行 \tag{7-5}$$

其中，FCFE 为股权自由现金流量，FCF 为公司自由现金流量，A 为所有与债务相关的现金流量等内容。公司自由现金流量的增长率与股权自由现金流量的增长率不同，其中主要原因是杠杆作用的存在。相对于公司自由现金流量而言，杠杆作用主要是促进了股权自由现金流量的增长率，即：

$$\frac{\Delta FCFE}{FCFE} = \frac{\Delta FCF}{FCFE} = \frac{\Delta FCF}{FCF - A} \tag{7-6}$$

在公司不发行新债的情况下，A > 0，所以：

$$\frac{\Delta FCFE}{FCFE} = \frac{\Delta FCF}{FCFE} > \frac{\Delta FCF}{FCF - A} \tag{7-7}$$

具有稳定自由现金流量的公司较之其他同类公司，可以利用较高的财务杠杆，这样的公司也更倾向于减少内部资本，增加外部资本。相应地具有负自由现金流量特征的公司只能具有较低的财务杠杆。但对于低成长却具有大量和稳定自由现金流量的公司，分析师则希望其能降低债务、回购股票或增加股利。原因在于具有大量自由现金流量的公司将自由现金流量转作偿还债务或回购股东权益时并不影响未来发展。因此自由现金流量代表了预期增长之上的增长机会，或者是无法获得的增长机会，可以用于减少不必要债务和不必要股东权益的现金。

第二节　现金流量分析

不同的信息使用者进行现金流量分析的目的不同。外部人对企业的评价机制将对内部行为起到导向作用，因此那些受到外部人关注和分析的指标，也将成为内部人关注和着力改善的目标。在本节主要介绍出于证券分析目的而进行的现金流量分析，它用于评价和预测对企业价值有重要影响的现金流量情况。其中很多分析和计算思路都能够用于公司内部的现金流量管理，同时也将介绍公司内部用于分析现金流转情况的方法，其中有些分析方法的基础是公司外部无法获得的信息。

一、现金流量表中各项目分析

如前所述，直接法提供的信息更加符合现金流量分析的需要，间接法提供的信息也需要还原成经营活动的各具体类型的现金流量信息才有助于现金流量分析。本节将着重讨论直接法中各项现金流量的具体含义，说明通过对它们的分析能够得出什么样的分析结论。

1. 对经营活动现金流量的分析

（1）经营活动现金净流量。经营活动产生的净流量意味着公司能够从持续经营活动中产生的，或者需要花费的现金数。最理想的情况是，公司在每一期间，都能从经营活动中产生现金。现实中，许多财务状况良好的公司在大多数期间能从营业活动中产生现金。但对于某一些特殊的时期，其经营活动现金也可能出现净流出的现象。为此，首先要考虑企业所处的生命周期；其次应当考虑企业生产和销售的季节性；最后就是生产长期合同产品的制造商，必须在生产初期投入资金进行机械改进以适应新产品的生产，并购进存货。但是无论如何，从长期来看经营活动产生的净现金流量还应是正的，所以如果经营活动产生的现金流量长期为负，则现金流量分析者应予以仔细审查。

（2）经营活动现金流量构成。在这一分析过程中，应收账款、存货等对于流动性影响较大的项目应成为重点，因为它们将直接影响经营活动的现金流入、流出量和时间。同时应当区分可持续的项目和意外项目，这对于预测未来的现金流量极为重要。具体分析如下：首先，实际现金流入主要来源于应收账款的现金收回，因此，企业收回应收账款的难易程度是其财务灵活性的重要决定因素；其次，如果发现现金净流量的减少是因为支付给职工和供应商的现金大幅上升，已经超出了来自客户的现金流入增加的比例，那么现金流量分析师应查明公司是否处于不良的经营形势；再次，存货周转率降低也是引起现金净流量减少的重要因素，其原因可能是企业的产品不是顾客所需要的，或者产品本身没有问题，而是销售方式出了问题，或是其生产成本可能相对而言远远高于同行业；最后，对于关心预测未来现金流量的分析师来说，他可能还应该仔细检查其他经营现金流量是否在未来继续存在。

2. 对投资活动现金流量的分析

在投资活动现金流量项目下，公司披露在资本支出、公司收购、金融工具上的投资、对未合并子公司的投资等每项投资活动也可能有反向的投资活动。具体项目分析如下：

（1）现金流量分析师应调查研究公司在会计期间的资本支出以及固定资产的报废。

（2）公司在其未来的扩张上，除了通过资本支出实现内部扩张，还可以通过收购来投资于其他企业的现有业务。

（3）现金流量分析师应该检查对未合并子公司（公司拥有其50%股票的公司）的追加投资、对联营企业的投资，以及对其他金融工具的投资，分析投资的理由，并评价这些投资的潜在未来现金流量后果。

（4）虽然现金流量表的编制准则已经逐步完善，但是报告要求仍然存在模糊的地方，这导致了实践中会有不同的处理方法。

（5）大多数情况下不仅要关注交易的现金部分，还要关注非现金部分和未来可能形成的现金部分。

3. 对筹资活动现金流量的分析

经营活动产生的净现金流量减去投资活动使用的净现金流量再减去现金余额的增加，决定了筹资活动产生的净现金流量。筹资活动产生的现金流量的构成仍具有很高的相关性。

（1）对于债务融资决策的分析，现金流量分析师通常希望判断公司在债务融资上的增长是否可取。

（2）债务融资的动因可能有多种。

（3）债务的构成也是现金流量分析应当关注的内容，包括长短期债务的组合情况、债务的利率、本息支付计划安排是否合理。

（4）对于权益融资，现金流量分析师应检查发行的权益是引起债务与权益比率脱离还是移向最优水平。

（5）大多数人都认为现金股利的支付是一个重要的信号机制。当现金股利增加时，管理层暗示其预期未来现金流量较好，因此能发放较高水平的股利。当公司减少其现金股利时，市场把它解释为有关未来现金流量的不利信号，未来现金流量预计不能够负担现有水平的现金股利。

二、基于现金流量的财务分析

企业进行现金流量管理的目标是获得最大的现金流量，并最有效地使用这些现金盈余，因此基于现金流量财务分析的目的是为了在现金管理过程中，寻找需要注意或者采取控制措施的经济活动领域，而不是简单地为了提供几个事后分析的数字。这些现金流量的分析能够体现企业的现金循环周期、流动性、偿债能力、再投资能力以及收益能力等方面的情况。

1. 现金循环周期分析

（1）现金循环周期与现金流量管理的关系。现金循环周期反映经营活动现金流量的时间流程。现金循环周期将直接影响营运资金的占用，营运资金是指一个企业维持日常经营所需的资金，即：

营运资金 = 流动资产–流动负债 = 现金 + 存货 + 应收账款–应付账款

与现金流量循环密切相关的概念是交易循环，交易循环是指从购买原材料到销售产成品之间的时间长度，现金循环是指从第一笔现金支出到最后的销售收入收取之间的时间长度，二者在时间上相互重叠。不同类型的企业都有自己交易循环和现金循环的特点，制造企业以最简单清晰的方式展示了这一流程。由于交易循环各项目持续时间不同，现金循环的流程也随之发生变化。现金循环周期的变化会直接影响所需营运资金的数额。存货在使用或出售前库存时间的延长、生产周期的延长、客户付款时间的延长，以及向供应商付款时间的缩短都会导致现金循环周期的延长。

任何缩减现金循环周期的措施都可以在现金流量方面产生巨大利益，假设某公司每年有 1 亿元的销售收入，年利率为 10%，只要缩减 1 个星期的现金循环周期，就能使年利润增加 19 万元（1 亿元 ÷ 52 × 10%）。但缩短后的现金周转期应确保在可预见的未来具有可持续性，不会破坏企业的经营效率。如果企业通过减少存货或增加对供应商的欠款等手段来缩短现金周转期，那么缩短后的现金周转期可能会无法持续或对经营产生不利影响，最终将因不得不重新延长现金周转期而丧失所有的现金流收益。而当现金周转期再次延长后，如果企业没有现金或无法获得商业信用，它将面临流动性危机并可能被迫退出交易。

（2）现金循环周期的计算。现金循环周期的计算方法有抽样测试计算和比率计算两种。

1）抽样测试计算是一种很耗时的方法，但在计算应收账款与应付账款的周期时可以得出比较准确的信息。通过抽取应收账款的样本，可以得出平均收款期，这一收款期可以是针对所有客户的，也可以是针对不同类别的客户组的。同理通过对供应商付款抽取样本进行测试，则可以得到从收款到发票到支付货款的平均周期。这些抽样可以根据供应商的特征分为不同的组，如分为供应商要求在开发票后10日内付款、在30日内付款等。

2）比率计算是计算分析现金循环周期的一种更快捷的方法，通过对资产负债表和利润表进行比率分析得到，包括存货周转期、应收账款的平均回收期、应付账款的平均付款期。虽然计算的结果是个近似值，但对于分析和控制经营活动的现金流量而言，其精确性已经足够了。假设一年为365天，且已知销售收入和销售成本，比率计算公式如下：

存货周转期＝存货平均余额／年销售成本×365天

应收账款回收期＝应收账款平均余额／年销售收入×365天

应付账款付款期＝应付账款平均余额／年销售成本×365天

存货、应收账款、应付账款的平均余额可以由它们的期初和期末余额的平均值来估计，期初和期末余额则可以从资产负债表中得到。根据企业的类型和经营的季节性，一年中会存在季节性的波动。制造企业的存货周转期可以分为以下三个方面：

存货周转期＝原材料周转期（原材料库存年平均余额／年销售成本×365天）＋在产品周期（在产品库存年平均余额／年销售成本×365天）＋产成品周转期（产成品库存年平均余额／年销售成本×365天）　　　　　　　　　　　　　　　（7-8）

在计算存货周转期和应付账款的平均收款期时都用到了年销售成本。这是因为销售成本可以很容易地从企业年报中得到。如果可以从企业的内部管理报告中得到更详细的数据，那么更精确的计算公式如下：

原材料周转期＝原材料库存平均余额／本期购买的原材料成本×365天

生产周期＝在产品平均余额／本期的生产成本×365天

应付账款付款期＝应付账款平均余额×本期赊购成本×365天

比率计算是一种对平均值的估算，仅能提供一个对特定现金循环的估计值。单独的计算现金循环周期并不能解决任何关键的管理问题，但是如果持续使用同样的计算方法和口径，那么在比较分析各年间的变化趋势方面，这些信息是很可靠的。据此管理人员判断现金循环周期是否过长，是否应该缩短现金循环周期以减少投入的营运资金；或者现金循环周期是否过短而且不稳定，是否意味着需要在未来增加营运资金的投资。

（3）基于现金循环周转期分析的经营活动管理。通过计算现金循环周转期，可以分析评价企业提供商品和劳务全过程的效率，从而形成有效的促动。为了合理地缩短现金循环周转期，就必须从整个交易循环中可能影响现金流转速度的因素着手，包括加强存货管理、加快供货速度、确定合理的信用政策和高效的信用审批程序、优化开单和收款过程、规范付款程序等。从这些方面获得的效率提高，代表着企业在经营活动过程中竞争能力的提高，而其对于企业经济效益的影响可通过对现金循环周转期的影响来计算和评价。

2. **现金流量结构分析**

现金流量结构分析可以借助三张内部报表来完成，每张报表都有自己反映的侧重点。

（1）现金收支平衡表。现金收支平衡表用于将一定周期内（一年或者一个月）的现金（包括银行存款）收支情况，按照收入、支出的类别进行分类和统计，目的在于调整资金缺口、把握资金周转情况。关于现金收支平衡表的样式，并没有明确的规定，只要符合公司自身的经营特点和战略发展计划即可。通过编制现金收支平衡表，可以一目了然地了解公司的资金平衡情况。该表侧重的是经常性项目的收支情况，可以用于分析应收账款的回收情况和应付账款的周转情况，还提醒分析人员注意存货的规模是否得到合理的规划和控制，而投资计划则必须根据现金收支情况慎重选择。

（2）资金运用表。资金运用表是将前期资产负债表和本期资产负债表进行对照，将各科目金额增减情况，从资金运用与资金筹集两个方面体现出来的一张定期（通常为一年）资金流动情况的报表。现金收支平衡表能够直接表示出资金收支情况，却不能体现资金运用与资金筹集的基本资金结构。资金运用表能够反映企业近期的偿付能力，这一点可以从资产负债表的示意图中表现出来。在对资金运用表进行分析时，首先应当着重考察那些长期资本项目的收支情况，因为这些长期资本项目的收支如果存在缺口，就意味着需要用营运资金进行补足，企业的资金营运就会非常困难。因此，分析时应当注意支付的税款和红利是否在纳税前本期利润范围内、设备投资是否在"保留盈余＋折旧＋长期贷款＋增资"范围内，以及偿还长期贷款是否在"保留盈余＋折旧"范围内。同时也要分析销售债权和存货是否异常增加，短期贷款以及贴现票据等增减原因等。

（3）资金变动表。资金变动表利用前期期末与本期期末两期资产负债表，以及本期利润表编制。它可以弥补现金收支平衡表和资金运用表的缺点，显示资金的整体结构以及资金流动的整体情况，也将企业的利润表和现金流动结合起来，在分析时能够明确盈利能力与实际取得现金之间的关系。同时也可以看出各项目的收支缺口，便于分析各项目的收支是否控制在合理的范围内。特别应当强调的是在该表中，经常性收支比率，即经常收入比经常支出应当大于 1。如果该比率出现小于 1 的情况，应当分析是暂时的、短期的还是经常性的现象，如果是经常性现象则应引起特别注意。

这三张内部报表的编制与下文将要提及的现金流量预测的三种方法相对应，对它们的分析对于现金流量的预测具有非常重要的作用。

三、基于自由现金流量的公司价值分析

公司价值分析对于投资者而言，提供了对某一公司证券吸引力的评价，对公司而言又意味着能否筹集到资金。同时投资者通过将评估价值和证券的现行市价进行比较，可以根据两者之间的差距做出投资决策。如果现行市价与评估价值相近，投资者可以继续持有这种证券；如果评估价值低于现行市价，投资者可以决定卖出；如果评估价值高于现行市价，投资者就可以买入。

1. 传统方法——股利增长模型

（1）假设条件。①股价模型假设证券的价格等于投资于该证券将来所获股利的贴现值。②随着未来股利的类型不同以及估计这些股利的方法不同，估价模型也随之变化。③假设折现率不变。

该类评估模型的公式为：

$$P_t = \sum_{i=t+1}^{\infty} \frac{E(D_t)}{(1+r)^{1-t}} \tag{7-9}$$

式中，P_t 代表企业在 t 期末的市价，r 代表投资于企业所需要的回报率，D_t 代表在时期 t 的股利。该等式对从 t + 1 至无穷大的时期内所有股利求和。

在股利增长模型中，假设股利以稳定速度 g 增长，因此企业如果在时期 t 支付 D_t 的股利，则在时期 i 的股利将为：

$$D_t(1+g)_{i-t} \tag{7-10}$$

于是得出固定增长模型的计算公式为：

$$P_t = \sum_{i=t+1}^{\infty} \frac{D_t(1+g)^{1-t}}{(1+r)^{1-t}} \tag{7-11}$$

因为 D_t 与指标 i 无关，而且在每一时刻都相等，所以该式可以简化为：

$$P_t = \sum_{i=t+1}^{\infty} \frac{(1+g)^{1-t}}{(1+r)^{1-t}} \tag{7-12}$$

通常 r > g ，根据无穷等比数列求和公式，上式可以推导为：

$$P_t = D_t \frac{(1+g)}{(r-g)} \tag{7-13}$$

（2）在运用式（7-13）时，股利的增长比率比较容易估计。一般预测股利的方法是，先预测公司利润每年的增长，然后预测股利发放比率，从而间接计算出股利。股利发放比率通常被假设为长期内稳定不变，以过去五年的平均股利发放率为预测数据。

2. 基于现金流量的评估模型

这种模型仍然假设上市公司的市场价格等于其未来股利的折现，然而为了估计未来股利，采用了现金流量而不是利润基础。如果认为上市公司通常只有两个

资金来源，即持续经营产生的现金流量和新增负债产生的现金流入；也只有两项现金流出，即支付股利和新增资本支出。可以表达为以下公式：

$$CFO_t + BOR_t = D_t + CAPEXP_t \qquad (7-14)$$

式中，CFO 代表经营活动现金净流量，BOR 代表上市公司的负债净增加额，CAPEXP 代表新增资本项目形成的净现金流出。如第一节中所定义的自由现金流量(FCF)，等于经营现金流量减去资本支出（CFO−CAPEXP），假设企业未来的新增借款为 0，式（7−14）就转变为：

$$D_t = FCF_t \qquad (7-15)$$

上式表示，上市公司在任何时期将其全部自由现金流量作为股利分配给股东，都不会影响其市场价值，因为上市公司没有依靠额外的负债来维持现有的增长水平。将式（7−15）代入式（7−9）中得：

$$P_t = \sum_{m=1}^{\infty} \frac{E(FCF_{t+m})}{(1+r)^{-m}} \qquad (7-16)$$

如果假设上市公司的自由现金流量处于比较稳定的时期，那么每年的自由现金流量不变，用过去四年平均自由现金流量（AVGFCF）来测量，公司的市场价值为：

$$P_t = AVGFCF \sum_{m+1}^{\infty} \frac{1}{(1+r)^m}$$
$$= AVGFCF / r \qquad (7-17)$$

调整上式得：

$$P_t / AVGFCF = 1 / r \qquad (7-18)$$

式（7−18）的左边被称为自由现金流量乘数，利用该公式可以甄别市场上被错误估价的股票。当自由现金流量乘数大于必要收益率的倒数时，表明证券的市场价值被高估；而自由现金流量乘数小于必要收益率的倒数时，证券的市场价值被低估。

同样，如果自由现金流量以每年一定比例增长，通过与股利增长模型一样的推导过程，可以得到：

$$P_t = \frac{FCF_{t+1}}{(r-g)} \qquad (7-19)$$

实证研究表明，自由现金流量乘数是比市盈率更好的甄别股票的指标，依据自由现金流量指标选择的投资组合将取得比依据市盈率指标选择的投资组合更高的收益。也就是说，自由现金流量在评估公司价值方面更为有效。[①]

① [美] 肯尼斯·汉克尔，尤西·李凡特著，张凯等译. 现金流量与证券分析[M]. 北京：华夏出版社，2001.

第三节　现金流量管理

一、现金流量管理的必要性

1. 财务管理与现金流量管理的关系

财务管理的范畴主要包括投资管理、筹资管理、营运资金管理、外汇管理等方面。所有这些职能都与企业现金流量有关。营运资金管理中的现金管理自然是现金和银行存款的日常管理和控制，信用管理将直接导致经营活动现金的收付情况，目标在于保持充分的流动性；外汇管理涉及与外汇银行账户、国外银行筹划以及外汇借款、外汇兑换的有关政策；筹资管理包括筹资活动和现金获取，而筹资活动的基础——筹资决策则依赖于准确的现金预测，确保满足企业预期经营规模的资金需求；投资管理则是利用过剩的现金为企业寻求新的增长点并盈利。

随着企业的进一步国际化和许多较复杂的金融工具（如套期保值、互换、期权）的引入，现金管理已经与财务管理的其他领域紧密地结合在一起，而且它们之间存在相当大的重叠，不可能将现金管理与其他财务管理完全分离开来。因此将现金管理视同财务管理可能会更有益，但需做出以下区分：①常规经营性现金管理和非常规现金管理。常规经营性现金管理包括账款的收付、开具发票、小额短期盈余资金的投资等。非常规现金管理包括外汇业务、政策制定、筹资和长期大额投资的战略规划。②分权经营与集权经营情况下的现金管理。当现金管理职能被集中后，现金管理的职责需要在总部的财务中心与各分部的财务部门之间进行分配。分部财务总监将保留地方分部的常规经营性现金管理，而总部财务中心将主要对非常规现金管理负责。做出这样的区分也有助于人们对于现金管理有较为全面的认识，不再将对现金管理的理解局限在常规性的现金和银行存款的收付和保管，从而充分认识现金流量管理的必要性。

2. 现金流量控制不力的后果

如果现金管理的组织与控制很薄弱，其后果可能是公司为此付出巨大的代价。

（1）最常见的后果是由于缺乏适当的控制，现金或银行存款可能被盗用。例如客户的现金付款被不诚实的雇员侵吞；或者付款在没有授权的情况下进行，未经授权的付款可能是欺诈造成的，但更可能的情况是不必要的或未经仔细考虑的支出。

（2）缺乏流动性，无论是临时性的还是长期的，都意味着无力履行已到期的付款义务。如果是临时缺乏流动性，企业可能延期支付，也可能采取诸如借款、发行股份或处置某些资产等紧急措施来偿还未付清的债务。但如果持续很长时期，就会丧失诸如银行资金融通等融资渠道，企业将陷入无力偿付的境地。

（3）导致企业支付高昂的成本，或是放弃潜在的收入机会。例如在存在较长的资金浮游期与现金回收期的情况下，未经认真的分析，在获准的信用期到期前向供应商付款，导致本可用于减少银行透支或进行投资的资金全部投入了营运，增加了银行借款的成本。

二、现金流量管理的含义

正因为无效的现金流量管理将带来非常严重的后果，有些经营管理的论著甚至将营业现金流动最大化作为企业唯一的目标。实现这一目标的方法有：增加销售；缩短收入票据以及赊款贴现周期；延长支付票据以及赊购款的兑现周期；减少库存等。尽管如此真正意义上的现金流量管理是有计划地管理现金，并使其价值最大化的行为。为此有两点必须明确：

第一，现金剩余过多是低效率的表现，而不是现金流量管理的真正目标。高效率的现金流量管理不是将现金积攒起来，而是意味着利用营业现金流量获取更多的现金，然后再将其作为投资现金流量进行有效的对内或者对外投资。也就是说，现金的取得和现金的使用都是现金流量管理的内容，这才能够实现现金流量管理的真正目标，即公司价值的持续增长。投资现金流量表明经营者对于未来的展望及其事业发展的思路。投资是多方面的，投资现金流量不只是采购机器设备、建立什么样的子公司、在实验研究方面投入多少资金也都包括在其中。人事费用，通常是划归营业现金流量的，但对于培养或引进管理人才和技术人才的现金支出，划归为投资现金流量更为妥当。同样运用在公司的组织结构完善和发展的资金也应视为必要的投资，因为组织结构决定了组织的活力和适应能力。

第二，作为使现金流量最大化的手段，必须建立能够即时收集相关信息的系统。现金流量管理建立在大量信息的基础上，ERP（Enterprise Resource Planning）软件的出现，努力实现信息的"即时收集"和"共同享有"，为现金流量管理提供了技术支持，使之成为可能。现金流量信息的收集，不仅需要收集有关现金流量方面的信息，还需要建立能够即时收集所有相关信息的系统，并在这些信息间建立联系，从而实现有意义的信息共享。因为只对现金流量信息本身进行各种各样的分析是无法使其在经营活动中起任何作用的。此外过去的现金流量分析是对结果进行评价确实重要，但只靠这种分析无法对未来进行预测。要对销售、人事、商品按计划采取合理行动，如果做不到有效的现金流量预测，就无法突破现状。预测未来的现金流量就要像前面所说的那样，根据"营业现金流量"、"投资现金流量"、"财务现金流量"三大分类，分析其规律性，并据此编制出至少两年的预测表。表的形式可以根据所要达到的目的和企业的实际情况酌情而定。ERP 就是用标准化应用软件构筑起来的生产管理、财务管理、人事管理等系统，能够对财务、物流、生产、库存、客户关系和供应链等进行全面集中管理，使公司所有的经营资源得到有计划的充分利用，从而能够在收集公司制定战略政策所需的信息方面做贡献。

三、培养现金管理意识和建立现金管理系统

因为现金流量管理与公司整体财务管理紧密相关，无效的现金管理将导致极为不利的财务后果，因此现金管理非常重要。实现有效的现金管理离不开两个方面的基础：一是贯彻公司上下的现金管理意识；二是有效的现金管理系统。

1. 培养现金管理意识

现金管理意识是指企业良好的财务状况取决于有效的现金流量与对流动性现金管理的认识。培养现金管理意识本身可能是比规定和推行某些现金管理的方法更基础的工作，这一意识必须来自于管理层。现金管理意识首先要求每项支付都应有充分的理由。在授权支出之前，需要考虑三个问题：对这一项目的支付是否必要？我们是否能以更少的花费得到我们所需要的东西，即是否还存在着同等质量而价格更低的选择？支出是否必须现在进行，能否延迟？现金管理意识还要求提高收益意识。根据会计惯例，当销售完成后利润立即赚得。然而在收到现金以前，收入、利润并没有完全取得，仍存在坏账的风险，这一风险可通过积极的收账政策予以降低。企业必须收回现金以便进行支付，并且收款应尽快存入银行来减少利息支出或赚取利息收入。同样在投资活动过程中也要以能否收回足够的现金收入以弥补资金投入为决策的依据。

2. 建立现金管理系统

由于良好的现金流量对于企业极其重要，管理层应建立一套现金流量控制系统，该系统重要组成部分包括：

（1）组织。为了在公司各层级和广泛的地理分布上分配现金管理的权利与责任，必须对现金管理进行适当的组织。

（2）信息。有关现金流量和现金余额的信息对于促进管理层迅速行动十分必要。没有这些信息和对信息的分析，管理和控制便无从谈起。每个企业的管理层根据所选用的生产、营销、采购、投资、筹资和研究与开发等决策的方法，确定需要哪些信息，以及应向哪些人提供这些信息。可以说现金流量信息在公司的各种信息中建立起联系，并为公司各个领域的信息分析和决策建立了一个统一的基础。

（3）计划。控制必须指向一个计划或目标，只有当实际的结果偏离了预期的进程时，经理们才能够判断出所需的控制活动。以现金流量为基础，公司的各项

活动目标可以得到统一，以统一目标为出发点制定的各项决策必须以计划的形式
进行细化和落实，从而使企业各项具体业务对于现金流量的影响得到明确，为及
时控制提供了信息。

（4）政策。虽然企业各分部对现金日常管理负有责任，但现金管理的政策应
该由企业集中制定。对现金管理的不定期检查也可以发现现金流量控制是否存在
效率低下和规章制度不健全的情况。

四、现金流量预测

1. 现金流量预测的种类

所有的企业都应该对未来的现金状况进行预测。预测必须有目的性，并且预
测所提供的信息也必须有使用价值。如果没有目的和用途，编制预测就没有任何
意义。根据环境的不同，现金预算的目的也各不相同。如果预测为赤字，企业可
以据此做出筹资安排；如果预测为盈余，企业可以对如何应用盈余现金做出计划。

（1）现金赤字的预测。现金预算的重要性在于保证企业在需要的时候，以可
接受的成本筹集到足够的现金。现金预算也可以通过估计以下四个方面的因素，
对所存在的流动性问题做出早期预测，即需要多少现金、什么时候需要、需要多
长时间，以及是否可以从期望的来源获得现金。现金流量的时间与它的数量一样
重要，因为这是企业决定何时安排筹资、安排多长期限筹资的依据。

1）企业必须为预测到的现金赤字进行筹资。如果企业不能够弥补现金赤字，
包括不能重新安排已到期的债务，那么它就面临破产的危险。现金预算可使管理
层有时间与银行协商筹资计划。如果企业已经事先做好了计划，那么就可以在需
要借款时比较从容地做出决策，甚至还可能获得一个较低的利率。如果企业是为
了避免现金危机而匆忙采取应急措施，此时，企业的信用等级可能已经急剧降低，
信用风险提高，要想获得额外的资金非常困难。有的情况下，银行会对资金使用
进行限制并提高利率，甚至出现任何的利率水平都无法筹到资金的情况。

2）因为现金预测将对筹资决策产生影响，预测应该尽可能地准确。但是要使
预测完全准确也极为困难，因而一个企业应该拥有自己的或有资金筹资渠道。对
非银行企业来说，用于满足或有资金需求的渠道可以是盈余现金余额、短期投资或
是银行信用额度。由于不同企业的现金循环周期不同，现金流量规划所使用的方法
不同，每个企业所需的或有资金的额度也各不相同。对于银行来说，或有资金应该
是可以从其他银行或央行获得的资金，尽管要为此付出一定的费用。

（2）现金盈余的预测。如果预测有现金盈余，并知道盈余的数额和持续时间，
将有助于对现金盈余做出最佳投资决策，规划合理的资金使用组合，并及时地把
握各种有利的投资机会。如果企业能够准确地预测未来现金净流入，并合理地规
划这些现金流量的使用、预测相应的收益，当把这些信息提供给证券市场上的分

析师和投资者时，将对公司股票的市场反应起到积极作用。

2. 编制现金流量预算的基本要素

管理层必须为现金预算的编制建立一个组织结构和方针。虽然制定各种类型预算的方针在一定程度上各不相同，但应考虑的基本要素是：

（1）预算的密度。现金预算的密度包括三个方面的内容。①时间跨度，指预算能涵盖多长时间。②间隔时间，指多长时间编制一次现金预算，可以是日现金预算、周现金预算、月现金预算、季度现金预算、年度现金预算。通常预算的时间跨度越长，预算的时间间隔就越长。③预算的空间范围，当企业的经营业务领域在两个以上不同的国家投资时，可以分别编制一个经营单位的现金预算、集团的合并现金预算，或是一个币种的现金预算等。企业之间现金预算的密度不同，它取决于管理层认为需要什么样的信息。影响因素可以是企业规模大小、地理范围、经营币种的数量、现金管理集权的程度以及现金流量的大小和规划周期等。

（2）准确性与假设条件。在现金预算中总存在一些收入或支出的要素要比其他要素更易被预测，这些要素根据企业的情况不同而各不相同。然而即使是收入与支出中的可预测项目通常也不可能被完全准确地预计出来，因此任何预测都必须能明确预测编制所依据的基础。通过一个明确说明的假设，可以对预测数值进行仔细的验证，如果假设是模糊不清的，则应该尝试其他的可选假设。这样当现金预算与实际现金流量存在差距时，企业就可以更容易地找到原因。实际现金流量总是不可避免地与预算存在差距，管理层应该可以确认什么时候实际现金流量与预算产生了差距，产生差距的原因，以及需采取什么样的措施来保证企业的流动性。企业为保证预算的准确性、相关性与及时性，应该对预算进行修订。例如每月对下三个月的预算进行修订，或在临近预算年度的期末时每月或每季对预算进行修订。经过修订的预算，更有利于进行差距分析，从而寻求原因和解决办法。

（3）企业集团中的预测结构。在企业集团中，现金预算应该在对企业业绩和管理负有责任的管理层指导下进行操作。如果企业实行现金集权管理，则总部财务中心应该编制出分部一个短期的现金预算。通常最初的现金预算应由分部进行编制，但必须经过总部的协调与批准。此外战略规划小组应该对现金战略预算负责。

（4）现金预算模式。企业常见的做法是以电算化模式编制现金预算。对一个大型企业来说，已选定的软件应是整个财务系统软件包的一部分，这样能够取得共享的信息基础。而小型企业通常仅建立一个电子表格模型。显然前者在灵活性、可选假设的验证、实际现金流量与预算的差异比较与分析，以及修订现金预算或编制新的滚动预算等方面，具有更多的优势，但是后者对于小型企业而言可能更经济实用。当然对电算化模式和手工模式来说，现金预算的原则都是相同的。

3. 现金流量预测的方法

现金预测可分为三大类：以现金流量为基础的预测、以资产负债表为基础的预测，以及以利润为基础的预测。

（1）以现金流量为基础的预测。指对预测所覆盖的每个时期的现金流入、流出、净现金流量以及现金余额变动的数额和期间做出预测。以现金流量为基础的预测包括涵盖一年或更短时期的现金预算和仅涵盖几天的短期预测。

以现金流量为基础的现金预算说明了预算期内的现金流入与流出情况。现金流入可以来自现金销售、应收账款的回款、固定资产的处置、新股或债券的发行以及外部投资的股息和利息的收取。现金流出可能是为了购买股票、支付工资或其他费用、资本性支出以及支付利息、股息和税款。编制时应当考虑到并非所有的支出都是损益账户项目，如购置固定资产或支付税款。现金流入与流出和销售收入与成本也并不相等，因为损益账户中的一些成本不是现金支出项目，而是会计惯例中规定的成本，如处理固定资产的收益和损失、固定资产折旧。同时，现金流入与流出的时间与损益账户中相关收入和成本入账的时间并不一致。为编制现金预算，应逐个考虑现金流入与流出中的项目，并为每一个项目编制现金预算。由此可见，以现金流量为基础的预测更适合于对具体经济业务类型进行分析和控制。

（2）以资产负债表为基础的预测更适合作为战略预算。在为资产负债表的其他项目做出预算之后，现金盈余或赤字就是它们的余额。战略现金预算涵盖一个较长的时期，但是战略经营规划仍然应以量化方式而不是定性化的方式来编制，从而描述企业或集团在采纳了特定的战略之后，其未来资产负债表的表现形式。战略规则应考虑为实现特定的战略所需资金数额、所需资金的来源（包括内部产生的现金流量）、战略对流动性和资本结构的潜在影响。此外它还可以被用来检验以现金流量为基础的预测可行性。将资产负债表预测中的估计因素考虑进去后，预测资产负债表应与现金预算中的净现金变动大体相等。也就是说，现金流量的预算应当符合战略规划的基本要求。

基于资产负债表的预测有以下几点局限性。首先，由于必要假设的相关范围有限并且预测的时期过长，它们的精确性受到限制，通常它们只能粗略地估计出未来的筹资需求和现金盈余；其次，与基于现金流量的预算不同，它不能用于操作和控制；最后，跨国集团很难编制这种预测。集团的资产负债表可以根据各个分部的资产负债表来编制，但当涉及若干个国家的货币时编制集团的资产负债表就很困难，因为分部和总部所使用的记账货币之间的汇率不能确定。对集团中不同国家的分部或子公司之间现金划转的预测也存在困难。如果预计有盈余现金的分部或子公司不愿把盈余现金转入总部以帮助集团的其他分部，那资金缺口可能就会比预期的大。

（3）以利润为基础的预测也很适合 1~2 年期的战略规划。用年度利润的估计数，估算预算期内现金流量变化的大概情况。在这种方法下，现金预测以息税前利润（EBIT）预测为基础，将经营利润预测转化为付现支出预测。方法之一是将每年的非付现费用加回去，再扣除其他（非经营性的）现金流量，包括利息支出、股息和资本性支出，并根据预期的负债变动（如偿还到期债务或到期债券）进行调整。据此企业管理层可以大略地估计出未来现金流量是否能满足今后需要。

4. 现金流量预测用于管理控制

因为现金是很关键的资源，为实现现金流量管理，现金目标也是业绩目标的一个部分。这个现金目标是企业整体现金预算的结果，用于明确经理们所负责的领域应该怎样增加现金流量，并通过实际现金流量与预测值的差异，分析目标是否能被实现及其原因在哪里。实现现金目标的责任应该交给处于控制现金流量最佳位置的经理。现金目标的一个好处就是所有负责实现现金目标的分部经理与总部经理同样会更多地意识到现金及其管理的重要性。作为现金意识管理文化的一部分，所有经理都应该完全理解现金流量与流动性之间的联系以及企业对流动性的需要。有人甚至认为，企业应该将现金流量业绩作为年度红利计划的基础，并应该根据经理为企业所带来的或节约的现金来发放红利，而不是根据太过抽象的利润。

现金目标必须是可计量的，这样实际完成情况才能与目标进行比较。通常为各经营部门或分部设定以下现金目标：

（1）每期的净现金流量。现金流量目标既强调要求管理层控制流动性，也强调要求创造利润。对分部或子公司来说，净现金流量的目标在很大程度上与利润目标是相同的。如果分部创造出利润，那么也会从中创造出盈余现金。造成现金流量与收益不同的原因包括：资本性支出、计入损益却不是现金支付项目的折旧、营运资金中的额外现金支出（占用）。通常，业务的持续获利能力依赖于持续的资金投入，如果仅强调利润指标，可能对持续发展能力造成不利的影响。此时企业可以通过设定包含对资本性支出和营运资金进行控制的现金目标来提醒管理层注意，目标中既包括对资本性支出的控制责任，也包括对营运资金的控制责任。

（2）月末的现金余额。企业应该逐月建立净现金流量目标，或者是为截至每个预测期末的现金余额设定目标，如截止到每月末。这种方法提供了年度内的累积目标，通过这种方法，各月间的波动、预算与实际现金流量之间的差异有望在一年的进程中得到平衡。

（3）向总部转入资金的目标。在一个大集团中，包括跨国公司，很大部分的现金管理可以授权给子公司，但是通常同时订立向总部转入资金的目标，即一定的期间内或在一定日期前须将目标数额的资金转入总部，在每一个子公司中，管理层负有确保目标得以实现的责任，实现目标的手段要符合企业的限制条件。例如不允许子公司为了实现向总部转入资金的目标向当地银行贷款。

（4）平均盈余资金或未使用的贷款余额。盈余资金或未使用贷款余额的目标属于流动性目标。它们有别于每月净现金流量目标或月末现金余额目标，因为它们还涉及了企业的筹资水平。这些目标更适合于负责筹集额外资金或投资盈余现金的管理。例如可以为月末的盈余现金或未使用的贷款余额设定一个最小目标额，以确保能够借助应急资金避免潜在的流动性危机。

（5）利息费用目标。对于过度借款企业的分公司来说，设定最高利息费用目标非常有用。例如可以将目标设定为利息费用不能超过贷款总额的一定比例。如果企业利用外币贷款来进行国内投资，那么币种间的汇率波动所带来的任何利得或损失都应该包括在内。

（6）浮游期目标。企业收到客户付款与该笔款项实际进入企业银行账户之间的时间差为浮游期。企业应该为此设定目标。在大多数情况下，这一目标被用做应收账款部门的业绩目标。

五、现金流量内部控制

1995 年，以美国注册会计师协会为首的几个权威机构设立的专门委员会——美国反虚假财务报告委员会的赞助组织委员会（COSO），通过广泛的调查研究后出具了一份报告，对内部控制提出了一个新的定义：内部控制是受企业董事会、管理层和其他职员的影响，旨在取得经营效果和效率、财务报告的可靠性、遵循适当的法规等而提供合理保证的一种过程。内部控制包括五个方面：第一，控制环境（control environment），指对企业控制的建立和实施有重大影响的一组因素的总称，包括管理哲学、经营方式、组织结构、人力资源政策与实务、董事会等。第二，风险评估(risk appraisal)，包括风险辨识和风险分析。第三，控制活动(control activity)，指为保证企业目标的实现而建立的政策和程序，包括业绩评价、信息处理控制、实物控制、职务分离等。第四，信息与沟通(information and communication)，对与财务报告目标相关的信息进行系统的记录，包括确认、记录所有有效的经济业务，以便适当归类，提供会计报告、采用恰当的货币价值计量经济业务、确定经济业务发生时期，并保证在合理会计期间记录经济业务、在财务报告中恰当揭示经济业务。第五，监督（monitoring），通过检查控制活动来实现对控制系统的监督。

根据这个内部控制的定义，现金流量的内部控制也应当包括以上几个方面的内容。一方面在本章前面的部分已经对现金流量管理的组织、提高现金管理效率和效益的分析方法等内容作了详细的介绍；另一方面由于现金资产的特殊性，管理人员必须非常小心地保护公司的现金资产，并力争使公司的职员（包括他们自己）免受各种诱惑。所以这里关于现金流量内部控制的内容，主要从保护企业现金资产安全性的角度出发，介绍几种行之有效的现金流量内部控制手段。

1. 雇用诚实廉洁的人员

或许一家公司为防范舞弊诈骗活动，避免滥用现金或乱记现金账等问题的出现，所能采取的唯一最重要的措施就是雇用诚实廉洁的人，并将他们广泛地安排在各个岗位。对诚实廉洁的人来说，即使内部控制不得力，他们也不会从中捞取好处。诚实的人既不会串通起来对付内部控制或钻内部控制不完善的空子，也不会将他们在管理中出现的问题隐藏起来。一套控制系统只有当具备了一大批认真贯彻执行各项规章制度的职员才可能行之有效。有些公司要求所有在重要岗位的人员均应交纳一定数额的保证金。一笔保证金就相当于一份为了弥补由于职员盗窃造成损失的保险单，当然职员交纳保证金不能完全替代良好的内部控制。

2. 不相容的岗位相互分离、制约和监督，明确业务流程

分清责任是一种预防性控制，通常如果一项行动需要职员间的相互串谋，则此行动就很难实施。因此，某些相互之间有利害关系的职责就不能分配给同一个人。一旦这些有利害关系的职责分开并分配给两个人，那么就需要两个人相互勾结才能掩盖错误、偷盗财产。通常同一职员不允许既负责收取客户的货款又负责记录客户的账户余额、既负责签发支票又负责调整公司在银行的存款余额、既负责对付款进行授权又负责支票的签字、既负责邮寄已签发的支票又能接触现金或现金账、既负责签发支票又有撤销支票的权力等。通过界定职责和明确流程，不但可以保证与现金流量有关的各项工作相互监督，而且可以提高现金流转的效率。

3. 使用预先标明序号的文件

所有与资金收付有关的凭证、赠券和其他的各种文件应被预先标明序号。如果文件被预先标明了序号，管理人员就可以控制它们的使用，并可要求职员说明他们所持有的全部凭证的使用经过。通常使用预先印好序号的文件既是一种预防控制也是一种发觉控制。如果职员知道经理掌握了所有文件的使用情况或存在这种可能，也许他们就不会再滋生偷盗的念头了。

4. 每日将现金存入银行

每日将全部现金存入银行，意味着当日任何一笔现金收入都不能再以现金形式支出。如果客户使用邮件寄来支票或汇票，查阅这些邮件的人应是一个既非公司出纳也非簿记员的职员，他还应当将所有支票或汇票抄列清单。此外这个职员应当将清单复印三份：一份留存，一份给出纳，一份给簿记员。每日的现金存款凭条都需要与清单中列示的已收到付款的现金收据总数、收入记录条或现金销售收据的总数核对相符。现金存款必须与每日收款数额一致，如有不符应立即调查。

5. 所有付款均使用支票

除了为方便处理公司的小金额支付而建立的备用金外，当所有的现金支付均使用支票时，银行提供的对账单的金额必然与公司的会计记录相同。因为发现很多的现金失窃案都是使用伪造的发票支付出去的，因此通常认为对现金的支出加以控制比对现金的收入加以控制更为重要。所有的支付都必须经过指定的经理授权，且必须以发票或订单为依据，付款后应在凭证上加盖"已付款"印记，防止

重复付款。

6. 实行轮岗和强制休假

轮岗和休假既是一种预防控制也是一种发觉控制，因为各类不法图谋都需要犯罪分子时刻关注实施的过程。轮岗和强制休假可以让另外一个新人接手每项工作，这样欺诈行为就无法被隐瞒了。

7. 定期评价内部控制有效性

公司的审计人员，包括内部的和外部的审计人员，应当监测并定期评价控制系统。一般情况下，外部审计人员的审计通常每年进行一次，作为审计的基础工作，必须先评价内部控制系统的有效性。作为专业人士，外部审计给出的评价和建议通常非常有价值。内部审计人员与外部审计人员一样，也审核经营的效率、效力和经济性。但是内部审计人员进行经营审计更主要针对以下问题，即管理部门是否已建立了管理目标、管理部门为达到目标是否设计了适当的控制机制、管理部门的控制机制为达到目标是否正在运转、管理部门的目标是否已达到。为了使内部审计人员具有独立性，这名审计人员应当独立于被查实体或机构之外，检查的结果由内部审计部门直接向公司的最高领导或董事会做审计报告。

六、现金流量自动化管理

大型企业，特别是企业集团更需要有效的自动化现金流量管理系统。现金管理自动化系统会根据使用目的和设计不同而变化。其中一些自动化系统在企业内部建立，而另一些则由银行向其客户提供。

（1）企业可以在内部建立自动现金管理系统，以提高现金管理的速度和灵活性。例如建立在电算化模型上的现金预测。企业可以使用一个与企业分类账直接连接的在线支付系统，开具支票或银行转账支付的要求可以从一个遥远的终端输入到中央计算机。每个要求都应被确认以便确保该交易由已获得授权的人员办理且支付手续完整。之后相关的经理人员会对付款进行在线授权，由系统自动打印支票，或发送银行转账指令。

（2）银行向大中型企业提供自助银行服务系统，可以使企业财务人员通过自己办公室的个人电脑终端进入电算化信息系统以及银行的支付系统。各银行系统的特色会有所不同，并且所提供的服务可以根据企业的需求与规模定制。电子银行系统主要提供余额报告与交易报告、资金划转、决策支持等服务。

（3）电子银行系统的优点源自于它的速度和信息的有效性，并且以更低的成本获得更高的准确性，同时银行提供专业理财服务，可以帮助企业对现金进行更好的决策和控制。

电子银行系统所花费的成本应小于该系统带来的收益。除偶然情况外，对于那些现金流量均能够较好地预测的企业来说，余额信息与当日交易信息可以在每天较早的时间通过电话从银行处取得。这是获取全部所需信息的一种成本较低的方法。

【本章小结】

　　现金流量既是一种管理理念，也是一种管理工具。作为一种管理理念，其价值在于能够在各种可供选择的管理工具中做出选择、将各种具体的管理方法统一在某一共同的管理目标上。然而如何将这种理念运用到具体的财务分析和企业管理控制中去，如何将原有管理理念基础上形成的信息系统和管理方式转变为以现金为基础的信息系统和管理方法，需要一系列具体的新工具。正因为现金流量的计算和管理方法既能够渗透到企业具体经济业务的分析与管理中，又能够与公司的未来发展和价值相联系，现金流量的管理理念才得到越来越广泛的认同，成为高级财务管理的基础理论之一。

　　本章在介绍现金流量的基本内涵与具体内涵、过程因素、功能作用、自由现金流量、公司自由现金流量、股权自由现金流量、经营现金净流量、随意性资本支出、随意性日常经营支出、现金收支平衡表、资金运用表、资金变动表、现金流量自动化、现金流量内部控制等现金流量理论最基本理论的基础上，以现金流量计算与管理的基本方法为主线，系统探讨了（自由）现金流量计算的直接法与间接法、现金流量表各项目分析、基于现金流量的财务分析、基于自由现金流量的公司价值分析、现金流量预测、现金流量内部控制、现金流量自动化等内容，其目的在于使作为管理理念与管理工具统一体的现金流量对于企业组织内部和外部的信息使用者而言，都能成为有实用价值的一种分析工具。

【复习思考题】

　　1. 如何理解现金流量的基本内涵？

　　2. 现金流量的过程因素有哪些？其功能体现在哪些方面？

　　3. 提出自由现金流量的目的是什么？自由现金流量的现实价值体现在哪些方面？

　　4. 自由现金流量的基本计算方法有哪些？

　　5. 如何进行现金流量表中各项目的分析？

　　6. 如何进行基于现金流量的财务分析？

　　7. 如何进行基于自由现金流量的公司价值分析？

　　8. 如何理解现金流量管理的必要性？

　　9. 现金流量预测包括哪些内容？

　　10. 如何进行现金流量的内部控制？

【阅读资料】

集团现金流量管理

集团现金流量管理有别于单一企业现金流量管理的特点，因为它除了考虑各个分公司的现金流量管理效率外，更重要的是如何利用集团优势，更加充分地实现现金流量的价值。在集团现金流量管理中，以下两个方面的问题需要处理：

一、集权管理与分权管理的选择

集团公司在现金流量管理方面，首先需要做出的选择是管理权限的划分。通常情况下，集团公司会选择集权的现金流量管理方式。在集权式管理中，有关现金及现金需求的信息被传递给中心财务部，由其决定分配可动用现金及满足资金需求的最佳方法，并负责对开立及结清账户、在账户之间进行转账等做决策。但现金管理的集权并不意味着所有的付款均由总部承担，信用检查、向客户开具发票及其他日常事项属于分部财务总监的职能，应由分部财务部门处理，尽管有关这些项目的整体政策是由总部集中决定的。一些财务经营活动也可能被委派给分部管理层，例如短期现金盈余（即在 7 天以内）的投资。

1. 现金流量集权管理的优点

首先，现金集权管理的优点之一是中心财务部门的财务专家对现金及其价值的关注和理解。分部的财务总监通常认为自己的职能是为分部的运营提供支持，如从客户手中收款、支付购货款，而中心财务人员更倾向于认为自己的职能是优化企业的财务资源。例如，一个子公司会在每月的月底结账。这种月末会计核算会占用 3 个工作日，在这期间职员不能开出任何发票。总部的财务委员会认为这种处理方法延迟了收款，从而导致公司要承担大额成本，同时建议公司应改变这一程序，无论是否结账，都应尽快开出发票，在靠近月末时开出的发票可以在几天之后再记入账簿。在这种情况下，分部财务总监关心的只是会计处理程序便利性，而总部财务专职人员则看到了现金管理中存在的资金占用及成本，并推荐了一种可以顺利实施的解决方案。

其次，从整个集团角度来说，可以提高集团资金的使用效率，降低资金成本。因为集团中一个部门的盈余现金可调配到现金短缺的其他部门，从而避免向外部筹资。同时盈余现金可以被集中起来进行大规模的投资，以获取更高的收益率。分部的经理可能会认为他们也能使自己的现金盈余获得与总部相同的收益率，但是即便如此，由总部财务专家集中进行投资业务所需的成本，通常比雇用几个地区分部经理分别为各自子公司完成同样任务要低得多。

最后，一些跨国公司将总部财务中心设为利润中心，它在集团中作为其他部门的银行，以商业利率进行借贷和其他金融交易，即企业总部的财务中心从外部借款，然后加上一定边际利率后贷给子公司以赚取利润。这样安排的好处是它能帮助分部经理更充分地评估自己的财务成本，同时它也是对总部财务中心的一种监督，以保证总部财务中心能为集团提供一种体现货币价值的服务。但它的缺陷是集团中其他部门的管理层可能会有机会以更优惠的利率从地方银行中借款，或将盈余资金存入银行。这种失去业务的风险可以促使总部财务中心提供更具竞争性的利率。

2. 现金流量集权管理的缺点

现金管理集权式控制的缺点是高高在上的总部专家与处于基层的经理之间可能存在紧张关系。例如中心财务部门拒绝在分部要求的日期向供应商付款，可能导致分部的经理指责企业在供应商方面的信誉正在受到损害。如果分部经理不负责现金，他们将会更加重视经营问题，而不是现金管理问题。这对于提高集团的现金管理效率极为不利，毕竟现金管理只有在整个系统一直努力时，才能够实现真正的高效率。因此在企业集团中，现金管理职责通常应在总部与分部之间进行合理分配，以便既能得到集权管理的益处，又不会丧失各分部对现金管理的责任感。如果企业可以很好地组织职责分配，企业就能够收到现金管理的双重好处。

二、银行结构的选择

拥有两个或更多银行账户的企业或企业集团，可以在账户间进行相互的资金划转。比较典型的是，企业内每个分部和子公司都有一个独立的账户。账户间的资金划转可能是由于分部或子公司间进行交易需要付款而引起的，因此可能存在集团内部股利支付和贷款利息支付，或存在其他的交易。银行账户可以是在同一个国家以同一种货币开立，也可以是在不同的国家（国外子公司）以不同的货币开立。如果分部有自己的银行账户，但借款及投资现金的职责集中于总部，企业或集团将不得不为其银行业务筹划配置一套结构系统，以提高现金流量在内部转移的效益。

1. 净额结算

净额结算是指企业并非对每项交易进行常规的付款，即从一个账户划入另一个账户，然后再从另一个账户中划回，而是每隔一定期间，如每个月或每个季度，将账户间应付的净额进行划转。净额结算又可以分为双边净额结算和多边净额结算。净额结算只适用于有大量贸易往来的企业。使用同种货币的企业之间进行净额结算的优点主要是质量方面，而非数量方面，它规范了集团内子公司间的债务结算原则，由于有固定的结算日期，集团内的公司能够更为准确地预测它们的现金流量。同时通过减少公司间为结算债务而进行付款的数量和预留的资金总量，使管理更加简单。

对于跨国多边净额结算，则既有质量方面的好处，又有数量方面的好处，包括：因为跨国支付大大减少了，从而减少了银行划转费用；可以与净额结算银行安排更短的跨国浮游期；减少了外汇兑换；对于大数额的货币，可能获得更好的汇率。如果企业有一个内部系统负责净额结算,那么净额结算中心必须搜集付款信息,发出付款指令,并且在实行跨国净额结算时安排外币交易。如果集团内的一家公司有现金盈余,净额结算中心可以要求它提前付款,而不是享受给予全部正常的信用期。同样地,现金余额较少或出现透支的公司可能获准延迟支付已到期的款项。

2. 重开发票与代理收付款

当跨国公司为现金合并与净额结算设立了中心财务职能时,它们可能还会引入重开发票系统或代理收付款系统。

在跨国集团中,为协助现金管理和外币敞口管理,应建立作为子公司的重开发票中心。重开发票中心通常设立在能够获得税收利益的国家,在那里没有外汇管制。集团内的子公司与其他子公司进行的跨国货物或劳务的转让或者向外部(非集团)客户出口时,向重开发票中心开出发票,之后重开发票中心再向购入货物或劳务子公司或外部客户开出另一张发票。

通过将集团内公司的全部跨国销售业务重开发票,该中心可以集中组织大规模的外币交易。其优点包括:减少了外币交易的银行收费;通过大批量的货币交易,可以从银行处取得更为优惠的汇率;可以更有效地管理集团内的流动性。同时集团内子公司应收、应付的净额结算付款额可以通过重开发票进行安排。虽然净额结算不是建立重开发票中心的目的,但它是重开发票中心能够提供的一项功能。

3. 集中账户

集中账户(抵销协议)是现金合并的一种形式,但它不必让现金从一个账户移到另一个账户。根据集中银行账户的结构,企业的所有账户必须在同一个银行开立。并且所有账户中的余额将被汇总,以便计算利息;已结转的贷方余额将抵销已结转的借方余额,并且仅就净余额计算利息。这一协议避免了每天在账户间进行现金划转、对这些划转进行账簿记录,以及对这些划转收取银行手续费。比较简单的集中账户结构会涉及同一个分支机构的几个不同账户。最复杂的结构会涉及不同国家和几个不同币种的账户。

(资料来源:王化成主编. 财务管理教学案例[M]. 北京:中国人民大学出版社,2001.)

【课外阅读文献】

1. [美]肯尼斯·汉克尔,尤西·李凡特著,张凯等译. 现金流量与证券分析[M]. 北京:华夏出版社,2001.

2. [美] Franklin J . Pleha, George T . Friedlob 著,李桂荣译. 全面理解现金流量[M]. 北京:清华大学出版社,1999.

第八章　风险管理理论

【案例导入】

神州数码"预警系统"分析

2002 年，当全球 IT 产业遭受前所未有的"寒冬"（增长率为 -3%）时，神州数码却在快速发展。2002 财年（2002 年 4 月至 2003 年 3 月）上半年，神州数码集团整体营业额达到 57.9 亿元港币，同比增长 10.83%。这一成绩的取得，用集团财务部总经理贺军的话说，公司的财务运作——细致的全面预算、独到的风险管理、多样化的资金管理，对于神州数码的快速发展具有重要的支撑作用，而最让贺军津津乐道的是神州数码独特的风险管理机制。快速成长的企业，其利润增长越快，风险也就越大。神州数码集团从 2000 年成立开始，便以一套完善的风险管理体制有效地规避了各类风险。

神州数码集团首先建立了完善的现代公司治理结构，真正做到了责任明确到人。从公司董事会到 7 大事业本部、16 个职能部门，形成了一个严密的网络。同时公司建立 116 个责任中心，确定了风险控制的目标责任。在确定收益增长、业务创新等目标的同时，还特别明确了资产周转、现金流量、投资回报等具体的财务指标,使风险控制细化到了基层部门,公司每个员工都承担了风险控制的责任。为了更有效地防范风险,神州数码集团还组成了一支6人团队专事风险管理。神州数码集团根据风险的不同情况,制定了不同的风险管理策略,如全部承担策略、部分和全部转移策略、退出消除策略、建立保障机制策略以及风险责任追究机制等,以便根据不同情况具体处理。

为了使风险管理更具有可操作性,神州数码集团在客户筛选、合同审查、信用发放、交易执行、定期评估、信用检查、不良淘汰、后期处置等环节建立了一套细致规范的业务流程,并由业务部门协助集团财务部处理。另外神州数码集团还建立了以 ERP 应用管理系统为基础的高效集成信息系统,对各种风险进行跟踪监测。

（资料来源：中国财经报[R]. 2003 – 1 – 22. ）

第一节　风险管理的理论基础

一、风险、企业风险、风险管理

1. 风险

风险（risk）指人们对结果的期望值与客观实际结果发生差异的不确定性。基于风险分析、风险管理的需要,有必要先对风险加以分类。

（1）静态风险和动态风险。威利特、海恩斯、梅尔和赫奇斯等人,[①] 将风险分为静态风险和动态风险。静态风险指由于自然力的不规则作用,由于人们的错误或失当行为而招致的风险,是在社会经济正常情况下存在的一种风险,所以称为"静态风险"。动态风险指以社会经济的变动为直接原因的风险,通常由人们欲望的变化、生产方式和生产技术以及产业组织的变化等所引起。

（2）纯粹风险和投机风险。按照是否有获利机会,风险可分为纯粹风险和投机风险。这种分类方法是受威利特关于静态风险与动态风险划分的启发,由莫布雷最先提出,以后得到众多学者赞同和采用。纯粹风险是指那些只有损失机会而无获利可能的风险。投机风险是指那些既有损失也有获利机会的风险。

（3）基本风险和特种风险。按照风险所涉及的范围,风险可分为基本风险和特种风险,这种划分最早由库尔普提出。基本风险是指特定的社会个体所不能控制或预防的风险,其形成通常需要较长时间的孕育过程,而这种风险一旦形成,

---

① [美] 艾伦·C. 夏皮洛. 跨国财务管理基础[M]. 北京：中信出版社, 2002.

任何特定的社会个体都很难在较短的时间内遏制其泛滥和蔓延，必须采取阶段性的措施加以预防和克服。特种风险是指与特定的社会个体有因果关系的风险，与基本风险相比，特种风险的风险事故相对较小，一般可以采取措施进行控制和预防。

（4）主观风险和客观风险。格林和道尔夫曼等将风险分为主观风险和客观风险。客观风险是指不以人的意志为转移的客观存在的风险，它可以借助历史资料，按照大数法则的原理，采用统计方法进行分析测算。主观风险是指由于精神状态和心理状态所产生的风险。

（5）财产风险、人身风险和责任风险。按照损失形态，风险可以分为财产风险、人身风险和责任风险。财产风险是指财产发生毁损、贬值的风险。人身风险是指由于人的死亡、残疾、衰老及丧失劳动能力等所造成的风险。人身风险通常又可分为生命风险和健康风险两类。责任风险是指由于社会个体（经济单位）的侵权行为造成他人财产损失或人身伤亡，依照法律负有经济赔偿责任，以及无法履行合同致使对方受损而应负合同责任所形成的风险。

（6）自然风险、社会风险、经济风险和政治风险。按照损失形成的原因，风险可以分为自然风险、社会风险、经济风险和政治风险。自然风险是指由于自然现象、物理现象和其他实质风险因素所形成的风险。社会风险是指由于反常的个人行为或不可预料的团体行为而形成的风险。经济风险是指生产经营过程中，由于相关因素的变动而估计错误导致产量减少或价格涨跌的风险。政治风险是指由于种族、宗教、国家之间的冲突、叛乱、战争所引起的风险。

2. 企业风险

企业风险指企业在实现自身投资和经营目标的过程中，由于企业内外各种不确定性或不可控因素的影响，从而使得企业生产经营的未来实际结果与企业预期基本目标之间产生差异的可能性。企业风险存在的根本原因在于：首先，企业是一个典型的灰色系统；其次是企业的求利本能。由于收益与风险是对称的，追求高收益必然要承担高风险。因此企业风险的存在是必然的。对企业风险形态进行科学的分类，可以清晰地把握企业风险的各种征兆。

（1）系统风险和非系统风险。

1）系统风险来自整个经济系统影响供应的共同因素，如战争、经济周期波动、通货膨胀、利率的变化，又被称为不可分散风险、市场风险。

2）非系统风险是由个别公司的经营特点所造成的，又被称为可分散风险、特有风险。企业可以也应当通过分散投资项目降低可分散风险，但其仍然不能完全消除风险，因为还存在市场风险。

（2）经营风险、财务风险和资本市场风险。

1）经营风险是指企业进行商品产、供、销等作业活动所带来的风险。主要表现为市场风险（产品供求量、价格在不断变化之中）、企业经营战略风险和企业经营行为风险等。

2）财务风险指财务成果和财务状况的风险。财务风险有狭义和广义之分。狭义财务风险是由企业负债引起的，具体地说是指企业因为借入资金而增加的丧失偿债能力的可能和企业利润（股东收益）的可变性；广义财务风险是指企业的财务系统中客观存在的由于各种难以或无法预料和控制的因素作用，使企业实现的财务收益和预期财务收益发生背离，因而蒙受损失的机会或可能。

3）资本市场风险具体包括两种：一种是以市盈率（PIE）来衡量的，市盈率高表明市场对企业的预期较好，但市盈率过高时，市场和投资者给予企业未来盈利情况过高的期望，一旦企业的经营业绩无法满足这种期望，则企业在资本市场上将面临降价的风险；另一种是以 q 指数（企业股价／企业重置价值）来衡量的，q 指数高表明市场高估企业的价值，q 指数低表明市场低估企业的价值，企业未来的盈利情况较好，但 q 指数太低，有未来发展前景的企业将面临被收购的风险。

（3）财务风险的进一步分类。

1）按内容分类。按内容分类，财务风险包括以下几类风险：①负债（杠杆）风险。这种风险既包括不能偿还到期债务本金的风险，也包括公司偏离最佳资本结构而导致资本成本上升的风险。②支付能力风险，指公司现金流不足以满足必要经营支出和投资支出项目的风险，这类风险也叫现金流风险。③投资风险，指投资决策失误和投资过程控制失灵招致的投资失败，是现代企业最大的财务风险。④信用风险，指企业不能按期足额收回应收款项的风险。⑤利率风险，指由于利率的波动性导致公司收或支的利息高（低）于预期值。⑥外汇风险，也称货币风险，指汇率变化而产生的资金回收与盈利方面的不利影响。

2）从管理角度分类。从管理角度，财务风险可分为财务制度风险、财务业绩风险以及财务流动性风险。①财务制度风险表现为制度实际执行偏离规范要求的程度。"上有政策、下有对策"是制度失灵的标志，是风险的导火线。②财务业绩风险表现为实际业绩偏离目标、预算等标杆值的程度。③财务流动性风险表现为企业的偿债能力或支付能力不足时，其现金流不足以偿还到期债务或维持当前运营水平所需的必要支出而导致的一种风险。

3. 风险管理的概念

风险管理（risk management）是经济单位通过对风险的确认和评估，采用合理的经济和技术手段对风险加以控制，以最小的成本获得最大安全保障的一种管理活动。理解这一概念，需要把握以下几点：

（1）风险管理的主体是经济单位，即个人、家庭、企事业单位、社会团体和政府部门，以及跨国集团和国际联合组织等。

（2）在风险管理过程中，风险确认和风险评估是基础，而选择合理的风险控制手段则是关键。

（3）风险管理的目标是以最小的成本达到最大的安全保障。

（4）风险管理是一门新兴的管理学科。在其形成和发展的过程中，由于对风险管理出发点、目的、手段和管理范围等强调的侧重点不同，学者们对风险管理提出了各种不同的学说，其中较有代表性的是美国学说和英国学说。美国学者通常狭义地解释风险管理，他们把风险管理的对象局限于纯粹风险，且重点放在风险控制上。英国学者关于风险管理的定义，则把重点放在经济控制方面。关于风险管理较为全面而又确切的定义，最早是由美国学者威廉斯和汉斯提出的。他们在其著作 Risk Management and Insure 中指出，风险管理是通过对风险的识别、衡量和控制而以最小的成本使风险所致损失达到最低程度的管理方法。

（5）关于企业风险管理的对象，有纯粹风险说和全部风险说两种观点。纯粹风险说认为风险管理的基本职能是对威胁企业生存和发展的纯粹风险的确认和分析，并认为风险管理的目的是以最小的费用支出，使纯粹风险的不利影响最小化。美国学者在初期研究阶段多数持这一观点。德国学者和英国学者一般主张全部风险说，他们认为企业的风险管理不仅限于将纯粹的不利性降低到最小限度，还应包括将投机风险的收益性达到最大，因而防止通货膨胀、提倡技术革新、研究避免风险、价格政策、商品销售等都成为风险管理的内容。

需要指出的是全部风险说下的企业风险管理不同于企业经营管理。原因在于：其一，经营管理重在"创业"，风险管理重在"守业"，二者性质不同，不可混淆，也不能相互替代。其二，经营管理与风险管理殊途同归，二者最终目的一致，但出发点和具体形式不同。前者出发点是企业盈利或增值，后者则重在控制和减少损失，增加获利机会；前者通过具体的经营计划的制定和实施来获得"正效益"，而后者则通过经济和技术手段，以"负效益"的投入最终产生"正效益"。其三，风险管理活动是企业全部经营管理活动的一部分，由于风险存在于企业业务活动的各个环节，因此风险管理贯穿于企业管理过程的始终。

二、风险管理的理论基础

1. 财务学理论

现代财务学理论中，企业管理者追求的是企业最大价值。企业价值是由其净现值决定的。净现值是公司未来现金流量的折现值，可用以下的数学公式表达：

$$V_j = \sum_{j=1}^{t} \frac{E(NCF_{jt})}{(1+r_{jt})} \qquad (8-1)$$

式中，V_j 代表公司的现值，$E(NCF_{jt})$ 代表该公司未来预期的现金流量，r_{jt} 代表公司的资金成本。该公式表明要达到使公司现值最大化可由两方面着手：提高公司的现金流量以及降低公司的资金成本，因风险管理能够帮助公司实现这两方面目标，所以被企业广泛应用。

（1）代理人理论。用代理人理论首先可以解释企业为什么需要风险管理。代理人理论是指由于现代大型机构的所有者（股东）和管理者往往并非同一批人，所有权和经营管理权是各自独立的。如果公司通过投资高风险的项目赚钱，所有者（股东）便可以从红利或资本利得中分享利益。反之如果这些高风险的项目失败的话，经理很可能面临被开除的危机。所以风险成为管理阶层（经理人）和投资者（股东们）发生利益冲突的重要原因之一。若能通过风险管理降低风险，把项目风险值变成一个较为肯定的值，参与风险比较高的项目也意味着公司将来有机会获得更高的回报，使公司的价值趋向最大化，这是现代大机构的管理阶层进行风险管理的主要原因之一。

（2）破产成本学说。该理论说明现代机构需要风险管理的原因，是因为考虑到公司的破产成本。破产成本理论中有直接的破产成本和间接的破产成本。公司要面对的间接破产成本非常庞大，公司为了降低破产成本，便绝对有兴趣控制企业风险从而降低破产的可能性，令公司的间接破产成本大大降低。当公司经营成本随着破产风险的下降而减少时，净现金流入便会相对增加。从计算公司价值的公式中，可以见到破产成本的降低有利于公司整体价值的提升。

（3）企业融资成本理论。这是从公司负债和融资成本角度解释为什么需要对公司进行风险管理。如果公司风险降低，公司不能偿还利息的机会亦会相应降低，公司可以较容易地估计自己的负债比率来避免公司倒闭。研究显示企业的发展速度与风险管理有密切关系。如果公司正处于发展迅速的阶段，相对于公司的投资者来说，这些公司的经理拥有较多有关公司状况和发展潜力的信息，而投资者为了保障自己的利益便会提高对该企业的风险溢价。因此风险管理有助于提高公司以外投资者对公司的信心，减少投资者的损失机会，增加公司的价值。

（4）内部融资与外部融资理论。当一家公司计划融资时，若采用外部融资方式其成本会较使用公司内部融资为高；如果公司进行了风险管理以降低风险，使公司可有更多的内部保留资金，经理便会愿意选取一些资产正净值的项目，帮助股东赚取最大的利益。而其他因素导致的投资不足效应同样可以通过风险管理解决。通过各种风险管理手段，将项目风险或者是整个企业的风险控制在一定的水平，就算项目收益发生亏损也不足以影响管理者的利益，所以他们会愿意进行风险较高的项目，为股东争取最高的回报，增加公司的价值。

（5）税率曲线论。用税率曲线原理同样可以解释为什么现代公司需要风险管理。公司希望将赚钱较多年度的利润拨到业绩较差的年度里，将每年的盈利保持在一个确定的水平，以降低公司整体的税务负担。因为要控制每年的盈利在一个小的幅度内波动，公司一定要通过风险管理才能达到可以控制的预期效果。总体而言，在有税率曲线的商业环境中，风险管理使公司的盈利维持在一个稳定的水平，从而降低公司的税务开支，增加公司的现金流量，帮助企业达到其最大的价值。

2. 经济学理论

经济学理论认为传统风险管理是对纯粹风险的管理。纯粹风险是指那些只带来损失而不带来收益的风险，在处理纯粹风险的时候，购买保险是一个最有效的方法。传统风险管理理论以个人回避风险的行为为基础，配合边际效用递减定律来解释风险管理的原理。因为个人不喜欢风险，所以每一个有回避风险倾向的个人都会选择一个肯定的价值，而不会选择一个带有不确定性或是有风险的价值。如果两个期望值是一样的话，对于一个回避风险的个人来说，一个确定价值一定优于有风险的价值，他会选择一个确定值而不会选择一个有风险的期望值。购买保险就是通过风险管理使投资者得到一个肯定的财富值。正因为通过保险可以达到肯定的财富值，而不使用保险的公司或投资者只可以获得一个附有风险的期望值。二者选其一，回避风险的投资者一定会选择购买保险以获得一个肯定的期望值。

3. 决策理论

Vaughan 认为边际效用理论不足以解释为何要进行风险管理，[①] 所以他认为以决策理论来解释风险管理更为实际。决策理论处理问题的基本方法是首先列出所有方案，以及所有在未来有可能发生的事件，再通过比较每个方案的期望值或最小最大损失等方法，选定最理想的风险管理策略。为此风险管理界发展了三项风险管理定律作为风险决策的基本原则：一是不要冒无法承受的风险。二是考虑可能性。三是不要为了一点利益而冒很大的风险。这三项原则配合基本的决策理论方法，使决策者可通过利用决策理论来解释风险管理决策。

4. 投资组合理论在风险管理方面的应用

以上从三个不同的角度——财务学、经济学和决策理论，分析了现代企业为什么需要风险管理。针对每一项目进行风险管理可以十分有效地降低该项目的风险，但企业整体风险却不一定得到完善管理。可见从微观角度对风险进行管理，存在以下三个缺点：一是成本昂贵。二是法律限制。三是忽略风险分散效应。投资组合风险分散理论的兴起使人们认识到公司的每一个产品可能有其独特的风险。虽然可以对每一产品进行独立风险管理，但在进行风险管理之前将所有产品的风险和它们的收入加在一起，便会发觉由于风险分散，得出来的风险可能会比把产品的风险分开来处理小。所以最有效的处理风险方法就是将不同部门风险、不同产品风险、不同国家附属公司风险完完全全地加在一起，作为一个整体风险来管理。由于风险分散，很多的风险会相互抵消，剩下的风险可能会比处理每一个单独的风险小得多。公司进行整体风险管理，让可以相互抵消的风险通过投资组合风险分散的方法消除，避免不必要的资源浪费。

---

① [美] 艾伦·C. 夏皮洛. 跨国财务管理基础[M]. 北京：中信出版社，2002.

第二节 风险管理的主要内容

一、风险确认

1. 风险的性质及影响因素

风险管理的第一步是风险确认。风险确认是一个过程，在此过程中，将使企业明确其所面临风险的性质和暴露于该项风险的可能程度。在企业中，风险确认与量度是风险管理的主要工作，要确认企业所面临的风险，应由企业内部人员和外部的专家合作进行方能做好。企业面临的各种风险可归纳为由以下五大类环境或因素引发：自然环境；社会经济环境；政治及法制因素；营运环境；意识及沟通因素。

2. 风险暴露的确认

企业面临的种种风险均源于上述任何一种环境。尽管从广义来说，整个企业本质上就是在风险里生存，然而为了更有效地确认风险暴露的本质，将风险暴露分类如下：

（1）实质资产风险暴露，指一些实质资产（如机器、厂房）和无形资产（如政治资源）如暴露于风险之下，可能导致企业损失或得益。

（2）金融资产风险暴露，指一些债务的拥有权，如普通股、抵押品等将会导致金融资产的暴露，随着市场环境的改变，金融资产的风险暴露有可能产生得益或招致损失。

（3）法律责任风险暴露，暴露的法律责任是由法律系统的约束所造成的，这种暴露的责任有别于资产的暴露，法律责任暴露的产生只是一种纯粹风险。

（4）人力资源风险暴露，企业的资产一方面来自实质资产，另一方面包括企业的人力资源。最为常见的人力资源暴露如员工受伤、上司或员工死亡、罢工等都会直接影响人力资源的管理。

3. 风险确认工具

一般而言，风险确认工具包括风险分析问卷、项目检查和保险列项等，这些工具对于确认风险非常有帮助。风险分析问卷及项目检查是风险确认的重要工具。企业通常会设计一系列系统而又具洞察力的问题来发掘风险所在，以便把那些可保和不可保的风险分类。由于风险包括的范围比较广泛，这种工具未必能有效地区分特殊的风险暴露和可能导致企业受财务损失的所在。风险分析问卷和保险列项制定一般是通过文件整理、面谈和检验以获得有关分析风险性质和来源的资料。企业在风险确认时，可充分应用以下工具：

（1）财务报表方法。财务报表资料往往能反映企业的实质资产、负债情况、财务预算、生产资源应用等。通过仔细分析，风险管理人员可以较为客观地掌握企业承担风险的程度。

（2）流程方法。这种方法是通过研究企业的业务范围及操作流程，从而确定其操作是否需要承担某些风险，此方法往往与风险分析问卷一起使用。

（3）现场视察。这是所有风险管理人员必须进行的过程，通过实地视察，他们可以掌握企业设施及其操作情况的第一手资料。

（4）与其他部门交流。风险管理人员通常会与企业内部其他部门保持紧密联系，通过正式（如定期会议或报告）和非正式（如电邮或口头）方法，以得到一些风险来源的资料，包括资产及人力风险暴露。

（5）合约分析。企业在经营业务的过程中经常与第三者签订不同形式的合约，这些合约界定了双方的权责范围，有效的合约制定可使企业把可能发生的损失转移给第三者。

（6）损失记录分析。从过去的损失记录中，风险管理人员可以分析损失发生的原因、性质、程度以及影响范围。

（7）事故报告。企业需建立有效的风险管理机制，把日常损失及伤亡事故详细记录下来，以便风险管理人员能准确掌握整个事故的全面资料。

总而言之，在确认公司将会面对的风险时，可以用几个方法得出结论，分别是运作方向的确认、文件分析、面谈和检查。首先要确认公司运作的方向，充分掌握其目标及量度表现的基础。然后利用公司内部和外部文件作进一步的分析，从而取得所需的信息，其中包括资产负债表、利润表、各业务流程图、组织结构图、会议记录及公司指南等文件。另外是面谈，可以从业务经理、法律顾问以及主要财务人员中得知公司各方面的状况，从而更深入了解到公司当前面临的问题。

二、风险评估

当风险确认后，接着要做的工作就是风险评估。风险评估就是对风险确认后所存在的风险作进一步的分析和度量，然后再作进一步的管理，从而将公司的损失降至最低。风险评估通常是以重要性排序，而损失暴露案例的排序可从两个层面进行：损失的可能程度和可能频率或损失概率。

1. 风险暴露和损失度的重要性

风险暴露是指当企业从事某类投资性行为以期获得利润时，该企业同时承担着各种程度的风险，而风险负面结果将会导致企业蒙受损失的一种可能性。风险管理的基本定律是：不要冒一些无法承担损失的风险。对于一项特殊的暴露，应该量度可能损失的大小，而量度可能损失的原因有两个：一是对风险分类的幅度有一些认识，决定是否要将特殊暴露归类。二是须衡量可能损失的幅度，以决定在决策时是否要转移该风险，其中主要包括风险分类和决定购买保险的金额。

2. **风险量度**

风险量度指公司通过建立一套标准去量度企业的风险重要性，然后利用这些基准去分析风险。而这些量度方法主要应用于被指定的范围内。

（1）风险损失程度。在评估一些财务意外时，直接代价是较为明显的，但对于间接代价也不可忽视，因为间接代价也可成为直接代价。以下五项有助于量度风险的重要性：①风险的重要性取决于潜在损失的严重性和相对损失的次数是否过多。②在决定潜在损失的严重性时，必须要将所有后果都计算在内。③一件事情可导致多种损失，所以千万不可忽视风险的重要性。④最终的财务影响有可能超过实际量度到的错误。⑤评估损失的严重程度时，必须包括损失持续的时间长短和损失的规模大小两个方面。大规模的直接与间接损失即使持续的时间很短，其后果往往也会难以承受；而小规模的损失累积一段长时间后，其严重性也不容忽视。对于每一个可能损失，风险管理人员应同时估计两类损失数据：最大可能损失（MPL）和可能的最大损失（PML）。最大可能损失是在最坏的情况下，将会发生的最大损失；而可能的最大损失，是最可能发生的最大损失。在评估企业风险的重要性时，如果没有进行预算，有价值的资料可能出现巨大的损失，这可称为风险可能带来的最大损失，亦即会有多大的损失可能出现。

（2）量度资产损失暴露。资产损失有两类：直接损失和间接损失。直接损失通常较容易确认及估计，损失程度也较少，而间接损失则较难确认和较难量度其损失程度。

1）直接损失暴露的量度。直接损失的损失幅度可以从不动产、内部估价、构建成本指数、个人财产暴露、存货、原料及文件等去量度。从风险管理者的角度来看，有两种可以量度不动产的方法，分别是财产的实际现金价值和取代成本。实际现金价值是用目前重置成本减掉折旧价值，因此它作为风险管理者对价值的量度。

2）间接损失暴露的量度。间接损失是由因毁坏或损毁所导致的其他财务损失所组成。间接损失一般分为两类："非时间要素"和"时间要素"。"非时间要素"间接损失保险项目包括了不同形式的间接损失，例如当配件毁坏时所引致生产停顿的损失。"时间要素"暴露是那些损失金额为时间函数的间接损失暴露，包括企业停顿、额外费用和租用权益暴露。

（3）继续营运的费用。一些企业如无法在危机发生后停止其营运，而需在其他地点继续营运，成本将无可避免地增加。

（4）租用权益暴露。租用权益是指一个人或组织享受较佳租赁契约时所存在的资产价值，当所租用的资产受损毁时，该项权益就可能会因此而终止，而租用人或组织可能随之而承受财务损失，特别是在租约中指定的租金低于目前市场价值的时候。

（5）量度犯罪损失暴露。此风险是指因员工的不诚实而引致公司遭受不必要的损失。

3. 风险损失频率

风险损失频率估计风险带来损失的次数，预期损失次数可根据统计以往记录来进行评估，但该方法并不考虑损失的严重程度，所以损失次数多，并不代表损失频率低的风险比频率高的风险较易接受。在风险损失频率的估计中要涉及随机变量、期望值、标准差和变异系数等概念。

4. 风险价值（VAR）

VAR 指在某段时间内，在某种量度标准下最大的损失。风险价值的应用体现在以下两个方面：

（1）比较风险。VAR 可以应用于不同的风险项目并且保持量度的稳定性和一致性，令不同项目的风险都可以直接比较。这种特性突破了以往只能针对每种产品个别进行风险管理的限制，为整体风险管理提供了基本工具。只要把每种工具的可能最大损失相加，得出的总和就是企业面对的整体风险，因而整个企业的风险可以被归纳在整体风险管理 VAR 的结果当中，这使企业对其所面对的整体风险有更深入的了解。

（2）测定资金充足程度。VAR 量度的"可能的最大损失"是以货币为单位的，这也为企业管理者带来新的启示：公司要承受最坏情况时所需要的资本。VAR 的概念和金融机构风险管理的方法大同小异，银行资本充足比率所希望做到的功能也就是在危机发生情况下银行的资本可以应付损失。同样的逻辑和原理也被应用在衍生工具交易的保证金制度当中。近年来越来越多的金融监管机构把 VAR 的方法和概念引入不同的行业法规和指导性文件中。

三、风险控制

1. 风险控制的定义

风险控制是风险管理过程中的最后一个步骤，也是整个风险管理成败的关键所在。风险控制的目的在于改变公司所承受的风险程度，而风险管理的主要功能是帮助公司怎样避免风险、避免损失、降低损失的程度，以及当损失已无可避免的时候，追求尽量降低风险对公司所带来的不良影响。控制风险的工具可以分为以下几个重要类别：风险回避、避免损失、降低损失程度、信息管理、风险转移，以及风险保留等技巧。

2. 风险控制、风险评估和风险确认

风险管理的理论把风险管理分为三个部分：风险确认、风险评估及风险控制。在理论上，每个部分都有其完整的概念以及独立的功能，但在实际的应用上，这三个步骤的关系是密不可分的。当确认了风险存在以后，很自然便会评估它的重

要性和严重程度。在风险确认和评估的过程中，对风险的确认和获取的资料其实已经为风险控制提供了重要的指引。例如一家公司通过风险确认，发现在其营运过程中，员工有受伤的潜在风险，接着要做的便是对这种潜在风险进行评估。而风险评估所得出的结果可能是员工受轻伤的机会比较大，或者结果相反，受重伤的机会大于轻伤。无论如何根据这些资料，公司便立即可以了解到究竟如何控制这项风险。比方说是应该选择用财务性风险转移工具以赔偿受轻伤的员工，还是通过对风险的控制以避免员工受重伤。从这个例子可以看到，风险管理的三个步骤是非常连贯的，绝不能将其分割独立处理。

3. 事前风险控制和事后财务性补偿

主动地控制风险，希望回避风险的负面影响，把损失降至最低，是风险控制的真正意图。而财务性风险转移工具是在负面的结果发生后，以赔偿的形式去补偿风险带来的损失，从而将损失降至最低。事后补偿是通过转移风险的方式或是自己保留风险的方法来进行。如果可以通过风险控制，减少40%的风险以降低其影响的话，那么其余的60%则可以通过事后补偿来解决。所以在这种关系下，决定进行多少风险控制的同时，也就相对地决定了事后补偿的重要性。这两种风险管理的方法是相辅相成的。如果风险控制降低了损失的严重程度和可能性，这意味着剩余的风险也相对降低，如此一来事后补偿的成本也随之减少。所以风险控制和事后财务性补偿的关系是非常紧密的，两者都有其独特之处。在决定集中使用哪一种风险管理工具时，也需要同时考虑该方案的成本和效益。

4. 风险控制工具

（1）风险回避。回避风险的方法可以分为预防性风险回避和完全放弃两种。前者是将风险的来源彻底消除；后者是以完全放弃形式去回避风险。回避风险是一种控制风险的有效方法，但反过来回避风险也会令公司失去有关风险带来的可能利益。

（2）避免损失。避免损失指公司对风险过高的项目采取预防措施，把风险带来的损失降至可接受水平。控制损失主要的预防策略是把项目的规模缩小，使风险相对降低；同时应小心控制发展项目的速度，务必对公司发展变化中带来的边际风险预留充足的时间加以监管及处理。避免损失主要是通过以下方法进行：改变或修改风险的来源、改变风险来源所存在的环境、介入风险来源和环境互相影响的过程或投资组合理论应用等。

（3）降低损失的程度。该方法指要降低潜在损失的严重程度。这与其他控制风险的方法不同，是在损失出现以后才施行的策略。风险管理人员可通过以下途径来降低风险的程度：①救助酬金，指风险管理者通过救助酬金以降低损失的程度。②损失取代，当意外发生后，投保人有权向保险公司索取赔偿。③危机／灾难应变计划，它是公司在对一切有可能发生的危机和灾难做出评估后，所制订的应变计划。④备份，指当资产因损毁而不能再用时，所使用的后备零件或后备机器。⑤风险隔离，它主要是将损失和其他事物加以隔离。

（4）风险转移。风险转移可以分为财务性风险转移和非财务性风险转移两种。

1）财务性风险转移。财务性风险转移又可分为保险类风险转移和非保险类风险转移两种。财务性保险类风险转移是指通过保险合约去对冲风险，以投保的形式将风险转移到其他人身上。财务性非保险类风险转移是指通过商业上的伙伴，如通过银行以贸易信贷的形式或其他方法将风险转移给商业上的伙伴。

2）非财务性风险转移。指公司可以选择将一切与风险有关的业务或项目转到第三者身上，或者以契约的形式把风险转到其他人身上，同时也能够保留会产生风险的业务或项目。

（5）风险保留。风险保留指遭遇损失的个体自我承担由风险所带来的财务损失，而其所用的货币大多来自公司本身。风险保留又可以分为主动的和被动的及有计划和没有计划的两大类。当企业风险管理人员没有意识到风险暴露的存在而没有为这些可能出现的损失做准备的时候，这些风险保留均被归纳为被动或没有计划的风险保留。当风险经理考虑了所有处理风险的可行办法后，决定放弃选择把可能出现的损失转移时，这种风险保留便是主动或有计划的风险保留，而自我保险或全资附属保险便是一种有计划的风险保留。自我保险是指公司认为有足够的资源去承受风险所带来的损失。风险保留的资金来源可从多方面加以吸纳：①没有事前做出准备。②为可能出现的损失做准备。③自保公司。

（6）风险信息管理。风险管理部门通过风险沟通发放的信息主要包括风险控制效用的报告及未来计划等活动。

1）风险沟通。将风险管理的信息带到其他部门以及收集来自企业内部各部门有关风险管理资讯的活动称之为"风险沟通"。风险沟通希望通过增加对风险管理的认识和了解，从而促使风险管理能融入企业的日常运作。风险沟通需由教育开始，并且集中在基本的概念和原则。

2）风险管理报告。一般风险管理报告通常强调两方面的主要表现：财务表现和操作表现。财务表现指那些用货币为量度单位的表现；操作表现涵盖了有关风险管理活动的结构、程序、管理政策和活动控制的成效内容。风险管理部门主要负责的报告有以下四类：第一类是为期一年的财务和操作报告；第二类是损失分析报告；第三类是项目请求报告；最后一类是与其他部门进行沟通的文件。

对于内部风险管理部门来说，首先，必须认清以下几个问题：风险管理的工作需要什么信息才能顺利运作？这些基本的因素可从哪里获得？这些信息在什么时候是必需的？如何适当地处理、储存和分析这些信息？其次，当所有问题解决后，要做的是考虑风险管理信息系统在对外沟通时必须注意哪些人需要这些信息？他们需要的是什么形式的信息？在什么时候通过什么途径发放？最后，风险管理系统需要解决的问题就是针对企业本身的特点，把风险管理信息系统融入整个企业的运作当中。

第三节　风险管理的基本模式与方法

一、风险管理系统

1. 风险管理系统的基本原则

（1）全面风险管理原则。全面风险管理是针对公司各层次的业务单位，各类风险的全面控制和管理。这种管理原则要求把公司所有经营活动都纳入风险控制范围之内，把营运流程中不同类型的风险，把公司不同管理对象纳入统一风险管理范围，并将承担上述业务管理的责任人也纳入统一的管理体系中，并根据全部业务的相关性对风险进行控制和管理。全面风险管理原则要求公司在风险管理上不能留有任何"死角"。

（2）全员风险管理原则。全员风险管理原则指公司每个岗位都是风险管理岗位，每位员工都应该具有风险管理的义务和责任，自觉在业务和管理活动中执行公司的制度。在风险管理中必须让所有的员工认识到：风险控制不仅仅是风险管理部门的工作，无论是董事会还是管理层，无论是风险管理部门还是业务部门，每一位员工在处理每一项工作时都要考虑风险因素。

（3）全程风险管理原则。该原则要求对风险的管理不仅仅是事后的查漏补缺，而要贯穿于所有业务的每一个过程。全程风险管理原则要求在制定风险管理制度和执行细则时，要"细致入微，面面俱到"而不能"只重结果，不重过程"。

2. 风险管理系统的基本内容

行之有效的风险管理系统主要涉及以下四个方面：

（1）培植成熟的风险管理理念。要充分认识到现代企业经营实际上是风险经营，风险管理是公司核心竞争力之一。因此要培植科学、成熟的风险管理理念，必须要把风险管理上升到战略层面以及核心竞争力的高度来认识。应该把风险管理理念和企业经营战略目标统一起来，谋求发展速度、盈利水平与风险控制的动态平衡，形成协调的企业风险管理文化。

（2）架构健全的风险管理组织体系。在公司的风险管理系统中建立健全的组织结构指公司必须有完整的、独立于业务之外的风险管理组织，独立开展风险预警和控制工作。只有建立起健全的组织结构，才能落实风险管理中的权责关系，才能保障风险管理活动的正常开展。具体而言：①成立董事会直接领导的风险管理委员会，负责监控总经理及业务领导班子的管理运作风险。②成立独立的风险控制和稽核部门，接受风险管理委员会的领导，对公司各业务和管理环节进行独立的风险控制和内部稽核。③在日常风险管理上，应设立专职的风险总监，配合总经理一起领导各级风险控制小组进行日常风险控制。

（3）采用先进的风险预警模型或风险分析工具。

（4）采用闭环型的、权变式的风险管理流程。

二、企业财务预警系统

1. 企业财务预警系统概述

（1）企业财务预警系统的内涵。企业财务预警系统（financial indicating system），就是通过对企业财务报表及相关经营资料的分析，利用及时的数据和相应的数据化管理方式，将企业已面临的危险情况预先告知企业经营者和其他利益相关者，并分析企业发生财务危机的原因和企业财务运营体系隐藏的问题，以提早做好防范措施的财务分析系统。

设立和建立财务预警系统，对财务运营做出预测预报不仅会帮助经营者预防风险，也是企业各利益相关者关注的焦点。经营者能够在财务危机出现的萌芽阶段采取有效措施改善企业经营，预防失败；投资者在发现企业的财务危机萌芽后及时处理现有投资，避免更大损失；银行等金融机构可以利用这种预测，帮助做出贷款决策并进行贷款控制；相关企业可以在这种信号的帮助下做出信用决策并对应收账款进行有效管理；注册会计师则利用这种预警信息确定其审计程序，判断该企业的前景。总之企业财务预警系统应该是企业预警系统的一部分，它除了能够预先告知经营者、投资者企业组织内财务营运体系隐藏的问题，还能清晰地告知企业经营者应朝哪一个方向努力，以便有效地解决问题，让企业把有限的财务资源用于最需要或最能产生经营成果的地方。

（2）财务预警系统的功能。

1）监测功能。监测即跟踪企业的生产经营过程，将企业生产经营的实际情况同企业预定的目标、计划、标准进行对比，从中发现产生偏差的原因或存在的问题。当危害企业财务的关键因素出现时，可以及时提出警告，让企业经营者早日寻求对策，以减少财务损失。

2）诊断功能。诊断是根据跟踪、监测的结果进行对比分析，运用现代企业管理技术、企业诊断技术对企业营运状况的优劣做出判断，找出企业运行中的弊端及其病根所在。

3）纠正功能。通过监测、诊断，判断企业弊病、找出病根后，应对症下药，更正企业营运中的偏差或过失，使企业回复到正常运转的轨道。发现财务危机时，经营者既要阻止财务危机继续恶化下去，也要寻求内部资金的创造之道，还要积极寻求外部财源。

4）改进功能。通过预警分析，企业能系统而详细地记录财务危机发生的缘由、处理解除危机的各项措施，并处理反馈与改进建议，作为未来类似情况的前车之鉴。企业如同细胞，具有自动记忆功能，一旦发生过某类错误或失败，企业能够将其发生的原因总结起来，并根据其危险程度不同加以分类，转化成企业管理活动的规范，以免重犯同样或类似的错误，从而不断增强企业的免疫能力。

2. 企业财务预警系统组织结构框架及相应机制

（1）企业财务预警系统组织结构框架。

1）为使预警分析的功能得到正常、充分的发挥，企业应建立健全预警组织机构。预警管理组织结构应与完善的公司治理结构相匹配。上至公司的审计委员会、风险管理委员会，下至各具体业务单位，均为公司的预警管理组织结构的成员。预警管理组织结构的主体应由相关的专业委员会、内部控制部门、风险管理部门构成。严格意义上讲，公司风险管理委员会应直接受董事会领导，负责监控总经理及业务领导班子的管理运作风险，对公司重大风险管理事项进行决策，制定公司风险管理和考核制度，而独立的风险控制和稽核部门应接受风险管理委员会的领导，对公司各个业务和管理环节进行独立的风险控制和内部稽核；在日常风险管理上，应设专门的专职风险总监，配合总经理一起领导各级风险控制小组进行日常风险控制。只有建立健全的组织结构，才能落实风险管理中的权责关系，才能保障风险管理活动的正常开展。

2）预警组织机构的两种设置模式：一种是预警组织机构相对独立于企业组织整体控制。预警组织机构的成员是兼职的，由企业经营者以及企业内熟悉管理业务、具有现代经营管理知识和技术的管理人员组成，同时要聘请一定数量的企业外部管理咨询专家。预警机构独立开展工作，但不直接干涉企业的经营过程，它只对企业最高管理者（管理层）负责。另一种是预警组织机构的日常工作可由现有的某些职能部门（如财务部、企管办、审计部）分别承担，但是必须安排一个具体部门集中处理和安排有关事宜。预警组织机制的实施使预警分析工作经常化、持续化，并且具体到人。

（2）财务预警系统相关机制。企业财务预警系统要发挥预期的作用，形成良性的动态循环，必须从机制上进行系统设计，通过其监测、诊断、纠正进而达到改进的功能。从系统的构成来看，必须致力于以下机制的建立：

1）对财务预警信息的收集、传递机制。预警系统要在实践工作中实现理论上的功能，需要建立起计算机辅助系统，这样一套系统必须借助于现代计算机的数据库技术、专家系统技术，结合现代风险管理的具体方法与手段，融数据库管理、模型管理及财务专家知识于一体，使企业财务风险管理计算机化、智能化，为企业管理走向科学可控提供依据。计算机系统可以处理大量的数据，进行大范围的分析比较，包括同企业、同集团，甚至同行业。此外由于计算机的具体应用，还可以为企业财务预警管理提供"标杆"作用，一旦实际值超过警戒值，辅助系统（计算机）就会自动向主管人员或者经营者发出警报，促使经营者及时解决企业出现的问题，防范不必要的风险。

2）对财务风险的分析机制。财务预警分析系统一般包括两个要素：先行指标和扳机点。先行指标是用于早期评测不佳运营状况的变动指标。扳机点是指控制先行指标的临界点，也就是预先所准备的应急计划必须开始启动之点，一旦评测指标超过预定的界限点，则应急计划便随之而动。扳机点的敏感度强弱取决于所选指标是否能对企业的资产安全性、投资回报率、盈利稳定性或其他一些风险关注点产生先兆性及决定性影响。

监控指标应针对企业的各主要经营业务和重要风险事项设立。具体监控措施可设计如下：若监控指标发出的预警信号是"黄灯"，即监控值幅度的 5% < 监控指标实际值 < 监控值幅度的 15% 时，表示有可能发生风险，内部审计部门应严密监控；若监控指标发出的预警信号是"红灯"，即监控指标实际值高于监控值幅度的 15% 时，表示监控指标已处于风险状况，极有可能发生风险，内部稽核部门在严密监控的同时，应及时向责任主体负责人质询，并判断是否有必要进行干涉，查明或证实波动的原因。内部稽核部门对确证的问题写出专项报告上报董事会审计委员会、风险管理委员会和其他相关高级管理人员，审计委员会在评估确认后，督促高级管理层落实、整改。

3）对财务风险的处理机制。在财务风险分析清楚后，就应立即制定相应的预防、转化措施，尽可能减少风险带来的损失。企业财务预警制度若要能够有效运作，就必须要有正确、及时且符合企业需要的各种管理资讯系统，提供及时完整的经营结果数据，使经营者及各部门负责人能以实际经营状况数据体系来与财务指标数据相比较。当有超出或低于指标数据的情形发生时，就表示企业财务状况将有不健全的症状产生，经营者应早日依数据所代表的经营内涵做进一步深入判断，找出蛛丝马迹，对症下药，以防财务恶化。

4）财务风险责任机制。财务风险责任机制是风险预警机制能否正常连续运转的重要条件。必须明确企业的经营者全盘负责本单位的财务风险管理，并且要将风险的责任具体落实到每个人，一旦发生问题能够及时寻找负责对象，并结合有效的奖惩制度，促使负责人提高警惕，在未来的经营期间不再重蹈覆辙。

三、财务预警分析的技术方法

1. 财务预警分析的基本类型

（1）单变量与多变量预警分析。按分析时利用指标或因素的多少，预警分析可划分为单变量预警分析和多变量预警分析。单变量预警分析指通过对每个因素或指标进行分析判断，与标准值进行比较，然后决定是否发出警报以及警报的程度；多变量预警分析则是根据不同指标、因素的综合分析结果进行判断。

（2）指标判断和因素判断。按分析判断时采取的主要依据，可分为指标判断和因素判断。指标判断是建立风险评价指标或指标体系，划定指标预警标准及警报区域，然后根据指标值落入警报区域的状况来确定是否发生警报以及警报的程度；因素判断则是以风险因素是否出现或出现的概率作为报警准则。

（3）定性分析和定量分析。按预警分析所采用的分析方法，分为定性分析和定量分析。定性分析是根据分析者对企业财务运行状况、组织管理的综合评判得出预警结论。定量分析的方法具体包括财务指标分析、财务杠杆系数分析、敏感性分析等。

2. 定性预警分析

（1）标准化调查法。标准化调查法又称风险分析调查法，即通过专业人员、咨询公司、协会等就企业可能遇到的问题加以详细调查与分析，形成报告文件供企业经营者使用的方法。这种报告文件从一两页到上百页不等。之所以称其标准化，是指它们所提出的问题具有共性，对所有企业或组织都有意义并普遍适用。普遍适用性是这种方法的优点，但换个角度来看，对特定的企业而言，标准调查法形成的报告文件无法提供企业的特定问题和损失暴露的个性特征，并且报告文件是专业人员根据调查结果，以自己的职业判断为准对企业的情况给予定位，这有可能出现主观判断错误的情况。另外该类表格没有要求对回答的每个问题进行解释，也没有引导使用者对所问问题之外的相关信息做出正确判断。标准化调查表如表8-1所示。

表 8-1　标准化调查表

项 目	调查内容	备注
业 绩	1. 现状：好、一般、不好 2. 前景：增长、下降、稳定、不明 3. 交易对象、行业前景：增长、下降、稳定、不明 4. 对外资信：高、一般、低、不明	
同行业比	1. 规模、地位：大、中、小、独立 2. 同行业间的竞争：激烈、一般、无 3. 销售实力的基础：销路、主顾、商标、商品组织、广告、特殊销售法	
经营上的问题与原因	1. 销售不振的原因：不景气、竞争激烈、行业衰退、销售力弱、产品开发慢、生产率低 2. 收益率低的原因：价格低、成本高、高利率 3. 生产率低的原因：效率低、人力不足、管理不善、现代化程度低、多品种少量化 4. 成本高的原因：材料费高、开工不足、工资等费用高	
前 景	1. 方针：扩大、维持现状、转换、不明确 2. 扩大方向：整体规模、新增范围、人员 3. 具体方法：多样化、新产品、新销路、专业化 4. 重点基础：产品开发、设计、设备、技术、增强销售力、劳务人事、成本、质量	

（资料来源：[美] 范霍恩著. 财务管理与政策教程（上）（第10版）[M]. 北京：华夏出版社，2000.）

（2）"三个月资金周转表"分析法。这种方法的实质是企业面临的理财环境是变幻无穷的，要避免发生支付不能的危机，就应当仔细计划，准备好安全度较高的资金周转表，假如做不到，说明这个企业已经呈现紧张状态了。这种方法的判断标准：①如果制定不出三个月的资金周转表，这本身就已经是个问题了。②倘若已经制好了表，就要查明转入下月的结转额是否占总收入的20%以上，付款票据的支付额是否在销售额的60%以下（批发商）或40%以下（制造业）。这种方法的理论思路是当销售额逐月上升时，兑现付款票据极其容易。反过来如果销售额每月下降，已经开出的付款票据也就难以支付。而且经济繁荣与否和资金周转关系甚为密切，从萧条走向繁荣时资金周转渐趋灵活，从繁荣转向萧条尤其是进入萧条期后，企业计划往往被打乱。销售额和赊销额的回收都不能按照计划进行，但是各种经费往往超过原来的计划，所以如果不制定特别细致的计划表，资金的周转就令人担忧。

（3）流程图分析法。企业流程图分析是一种动态分析，这种流程图对于识别企业生产经营和财务活动中的关键点特别有用。在流程图中，每个企业都可以找到一些财务控制关键点。哪些关键点上容易发生故障、损失的程度怎样、有无预先防范的措施等，这是一种潜在风险的判断与分析。当然企业还可以把类似流程图画得更详细一些，以便更好地识别可能的风险。一般而言在关键点处采取防范措施，才可能降低风险。流程图分析法有其明显的局限性，它建立在过程分析的基础上，是一种防范手段，应与识别损失的其他方法同时使用。

（4）管理评分法。即所谓阿根蒂管理评分法，其理论基础是：由于管理不善所导致的企业灾难，其各种表现比财务反映提前若干年就可以发现。从评价项目可知，管理评分法基于这样一个前提：企业失败源于企业的高级管理层。这种管理评分法试图把定性分析判断定量化。这一过程需要进行认真的分析，深入企业及其车间，细致地对企业高层管理人员进行调查，全面了解企业管理的各个方面，才能对企业的管理进行客观的评价。美国的仁翰·阿根蒂调查了企业的管理特性以及可能导致破产的公司缺陷总结出三类缺点：第一类缺点与企业的管理结构存在的问题有关；第二类缺点与会计信息、财务控制方面有关；第三类缺点与企业经营方面有关。在错误方面主要是过度举债经营、过度发展和过度依赖大项目三方面因素。过度举债使得企业的资本结构风险偏大；而过度发展通常是以牺牲利润率来追求市场份额的扩大，会给企业带来巨大的风险；对大项目的依赖并不是大项目本身的错误，很可能是对大项目的管理方式和策略。

在对管理评分法（manage score card）的分类思想和标准了解的基础上，用管理评分法就企业经营管理给企业打分，每一项分要么是零分要么是满分，不容许给中间分。所给的分数就表明了管理不善的程度。分数越高，则企业的处境越差。在理想的企业中，这些分数应当为零。如果评价的分数总计超过25分，就表明企业正面临失败的危险；如果得分总数超过 35 分，企业就处于严重的危机之中；企业的安全得分一般小于 18 分。因此在 18～35 分构成企业管理的一个"黑色区域"。如果企业所得评价总分位于"黑色区域"之内，企业就必须提高警惕，迅速采取有效措施，使总分数降低到 18 分以下的安全区域之内。

3. 定量预警分析

（1）单变量模式。单变量模式是威廉·比弗（William Beaver）在比较研究了 79 个失败企业和相同数量、相同资产规模的成功企业后提出的，指运用单一变数，用个别财务比率或现金流量指标来预测财务危机的模型。按照这一模式，当企业模型中所涉及的几个财务比率趋势恶化时，通常是企业发生财务危机的先兆。

1）财务比率法。单变量模式所运用的预测财务失败的比率，按其预测能力分别为：债务保障率、资产收益率和资产负债率。其计算公式分别为：

债务保障率＝现金流量／债务总额×100%

资产收益率＝净收益／资产总额×100%

资产负债率＝负债总额／资产总额×100%

根据这一模型，跟踪考察企业时应对上述比率的变化趋势予以特别注意。单变量模式选取的预测指标可以采用上述的三个指标，也可以根据企业所处的阶段、行业及其特点，选用其他的财务指标，包括速动比率、流动比率、资本结构比率、存货周转率、收入结构比率、资本回报率、利润边际率、资产周转率等，并且在静态指标的基础上，还可引入动态指标，如销售变动率（应收账款变动率／销售变动率）等。

2）企业股市跟踪法。这种方法适用于上市公司。一般而言，企业的外部相关利益主体无法像企业内部经营者一样熟知并获取企业的全部真实情况，由于很可能发生的会计信息失真，相关利益主体更愿意以企业发行的股票价格为分析因素。尤其对于小股东或小债权人，在考虑监督成本必须小于收益的原则下，可以简单地认为企业股票价格的持续下降是企业经营失败的前兆。当然这种方法具有简单易行的优点，其缺点也是显而易见的。首先，它只适用于上市公司，不具普遍性；其次，股票价格波动的影响因素太多，经营状况的好坏只是其中的一个主导因素，如果市场有效性较弱，股票价格就更加不能反映企业的真实财务状况和经营成果。

在进行企业财务预警分析时，单变量模式分析尽管有效，但局限性明显：①对于那些同样是最重要的预测指标，分析者可能会得出不同的结论。②尽管对较长一段时期进行的单变量比率分析可能说明公司正处于困境或未来可能处境困难，但这不能具体证明公司可能破产以及何时会破产。③单变量比率分析得出的结论可能受通货膨胀因素的影响。④公司的管理部门认识到公司正面临财务困难时，往往采取造假账的"创造性会计方法"来掩盖公司实际财务状况。

（2）多变量模式。多变量模式就是运用多个财务指标或现金流量指标来综合反映企业的财务状况，并在此基础上建立预警模型，进行财务预测。

1）企业安全率的计算。通过计算企业的安全率，可了解企业财务经营结构现状，并寻求企业财务状况的改善方向。企业安全率是由两个因素交集而成：一是经营安全率，二是资金安全率。

经营安全率用安全边际率表示：

安全边际率＝安全边际额÷现有（预计）销售额

　　　　　＝（现有或预计销售额–保本销售额）÷现有（预计）销售额

资金安全率的计算方法是：

资金安全率＝资产变现率–资产负债率

其中：资产变现率＝资产变现金额／资产账面金额

资产负债率＝负债额／资产总额

则有：资金安全率＝（资产变现值–负债额）／资产账面总额

在计算资金安全率时，所谓的"资产变现金额"，就是企业立即处置其所有资产后可以变成现金的总数。在计算资产变现值时，要以资产负债表所列的各项资产加以估算加总而得。

【例 8-1】ABC 公司明年预计销售额 2500 万元，变动成本率 60%，固定成本 800 万元，则：

保本销售额＝800/(1–60%)＝2000（万元）

安全边际率＝(2500–2000)÷2500＝20%

【例 8-2】接上例，公司资产账面价值为 1000 万元，经仔细核定确认将企业资产按变现价值估算约为 900 万元；他人资本 600 万元，自有资本 400 万元，则：

资产变现率＝9000000／10000000＝90%

资产负债率＝6000000／10000000＝60%

资金安全率＝90%–60%＝30%

2）单变量模式与多变量模式的区别。从理论上分析，单变量模式与多变量模式的差异体现在：①着眼点不同。单变量模式分析模型中，过分强调了流动资产项目对企业财务危机的影响；而多变量模式分析模型则更注重企业盈利能力对企业财务危机的影响。②二者采用的预测方法不同。单变量模式分析模型是以单个财务比率的分析考察为基础的，财务比率按其预测能力有先后顺序之分；而多变量模式分析模型则是以多种财务比率的分析考察为基础的，为使该模型的预测能力达到最大限度，一般需要对各种财务比率进行加权。③预测的内容也有区别。单变量模式分析模型所预测的财务危机包括企业的破产、拖欠偿还账款、透支银行账户、无力支付优先股股利等。

值得注意的是，多变模式预测能力的准确性主要取决于权数选择的合理性。各个模型的权数一般来自经验数据或者是历史数据的回归分析所得，统计结论受样本选择的限制，模式本身不具备万金油的功能。在实际运用中，企业采用多变模式来综合评判财务状况和危机发生的可能性，但使用某种多变模式时首先应考察权数的适用性，考虑该种权数的选取是否适合企业内所有的母子公司以及相关部门，实际上不同行业的企业的预警指标以及警戒值就不尽相同，同一行业的不同企业其标准和风险防范的态度也不一致，即使是在同一企业内部也不适合"一刀切"。因此，多变模式的选择一定要充分考虑其权数的确定是否恰当，是否符合本企业的预警要求。

（3）Z 计分模型。最初的 Z 计分模型是由美国的爱德华·奥特曼（Edhard Altman）在 20 世纪 60 年代中期创造的，用以计量企业破产的可能性，后来 Z 计分模型被作为一种方便的综合经营业绩的评价方法被普遍使用。该模型运用五种财务比率进行加权汇总后，以产生的总判别分（称为 Z 值）来预测企业财务危机，其判别函数为：

$$Z = 0.717X_1 + 0.847X_2 + 3.11X_3 + 0.42X_4 + 0.998X_5$$

其中：Z 值为判别分；X_1 = 营运资金／资产总额，用于衡量企业流动资产净额相对于资产总额的比例；X_2 = 留存收益／资产总额，用于衡量企业一段时间内的累计获利能力，其中"留存收益"数字来自资产负债表；X_3 = 息税前收益／资产总额，该比率剔除了税收和杠杆因素的影响，用于衡量企业资产的生产能力；X_4 = 股东的权益资产／负债总额，用于衡量企业在负债超过资产，企业无偿债能力之前其资产可能的跌价的程度，其中权益由全部股份（优先股及普通股）的价值（最好取市值）构成，而债务则包括流动负债及长期负债；X_5 = 销售额／资产总额，用于衡量企业资产取得销售收入的能力。Z 计分模型中的财务比率 X_1、X_2、X_3、X_4、X_5 以绝对百分率表示，例如，当"营运资金／资产总额"为 30%时，X_1 则表示为 30 。

按照这一模式，Z 值越低，企业就越可能破产。通过计算某个企业连续若干年的 Z 值就能发现企业发生财务危机的先兆。回归分析结果表明：当 Z < 1.20 时，企业属于破产之列；当 Z > 2.90 时，企业属于不会破产之列；当 1.20 < Z < 2.90 时，企业属于"灰色区域"或"未知区域"之列，也就是说难以简单地得出是否肯定破产的结论。

【例 8-3】表 8-2 甲、乙公司 2006 年度财务报表相关数据。

表 8-2 甲、乙公司 2006 年度财务报表

项　目	甲公司	乙公司
营业收入	3200	2820
营业成本	2440	2190
息税前利润	192	86

续表

项　目	甲公司	乙公司
利息	44	66
税前利润	148	20
现金	100	258
应收账款	1488	2100
存货	580	80
流动资产	2168	2438
非流动资产	1262	3490
总资产	3430	5928
流动负债	2030	3080
营运资金	138	−642
长期借款	220	480
长期应付款	140	350
长期负债	360	830
实收资本	824	898
留存收益	216	120
净资产	1040	1018

根据以上资料可得：

$$Z_甲 = \frac{138}{3430}\times0.717 + \frac{216}{3430}\times0.847 + \frac{192}{3430}\times3.11 + \frac{1040}{3430}\times0.420 +$$

$$\frac{3200}{3430}\times0.998 = 1.31$$

$$Z_乙 = \frac{-642}{5928}\times0.717 + \frac{120}{5928}\times0.847 + \frac{86}{5928}\times3.11 + \frac{1018}{3910}\times0.420 +$$

$$\frac{2820}{5928}\times0.998 = 0.57$$

$1.20 < Z_甲 < 2$ 表明企业属于"未知区域"之列，不能简单地判断其是否破产。而 $Z_乙 < 1.20$，表明企业属于破产之列。

需要说明的是：受 Z 计分模型选取企业样本和国家经济环境等因素的限制，其统计结果可能不适合我国企业的情况。对此可采用差别比较分析法，即在同一行业的企业中，投资者计算可能的被投资企业的 Z 得分，尽可能选取得分高的企业，因为低分值的企业比高分值的企业更容易走向破产。在本例中投资者的首选当然是甲公司。

（4）模糊综合评判法。财务风险的分析预测是一个多因素的过程，反映其本质特性的指标很多，除可直接量化的指标外，还有大量难以用数值确切表达的指标，同时在指标体系或变量模型中，还存在着特征、口径不一致的问题，缺乏可比性。这些问题可借助模糊数学的方法来加以解决。模糊综合评判法基本步骤如下：第一步，确定评判因素（评价指标）集。设定企业财务预警指标体系为评价指标集合，记为：$S= \{ S_1 \quad S_2 \quad S_3 \quad S_4 \cdots S_n \}$。第二步，确定评价指标的权重集。即根据各个指标因素的重要程度对各指标赋予相应的权数，其大小应与影响因素对总体影响程度大小相一致，从而组成评价指标因素的权重集合，记为：$A = \{ a_1 \quad a_2 \quad a_3 \quad a_4 \cdots a_n \}$。具体可根据专家评定或管理者、财务经理的职业判断或实际经验来确定。第三步，设定评价结论，并确定各个评价结论的数值区域。在模糊集合中，其中的元素与模糊集合存在一定的隶属度。隶属度的取值区间 V 属于（0,1）。在财务风险预警管理中，指标体系中的各指标与风险之间关系用隶属度来表示。隶属度的取值集合就是各指标的风险等级档次集，记为：$V = \{ V_1 \quad V_2 \quad V_3 \quad V_4 \quad V_n \}$，式中 V_j（j=1,2,3,…,n）可视为 S 中各指标对不同级别风险档次的隶属度，j 的值可根据实际情况而定。第四步，对预警指标评价结论值进行模糊统一。某个指标的评价结论值是该指标在某一时期内各个月（年）的结果在这个评价结论的数值区域内所出现的比例。其计算方法是先统计某个指标在某个时期内各个月（年）的结果在各个评价结论数值区域的次数，然后用该次数去除以该时期所包含的总月数（年数），所得的值即为该指标的各个评价结论值。同一指标的结论值之和等于 1。第五步，模糊综合评判决策。其方法是进行模糊变换，做出综合评价结论。也就是按照模糊数学中的最大隶属度原则，分析综合评价结论值，选取评价结论值最大的评价结论作为标准进行报警，并据以决策。

第四节　基于 EWRM 的风险集成管理系统

一、企业风险管理的演化

　　EWRM 实践是对风险驱动因素的变化和新风险管理工具出现的反应过程。图 8-1 具体描述了将风险管理的价值取向提高到战略水平的进化过程。下面介绍这一进化过程中关键性的三步。

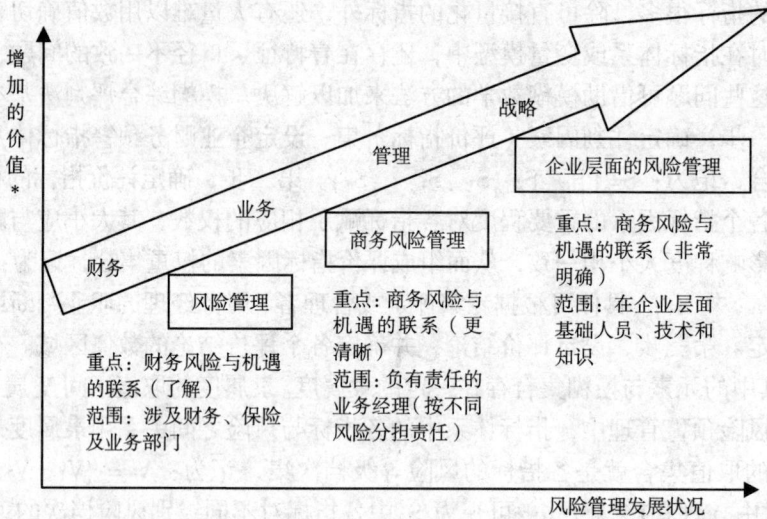

图 8-1　风险管理向战略性过程水平的进化

（资料来源：[美]马杜拉著. 国际财务管理[M]. 大连：东北财经大学出版社，2000.）

1. 风险管理

由于"风险是坏事"这一范式的指导，传统风险管理模式通常是利用衍生产品、嵌入性衍生条款（指合同中规定的，作用类似衍生产品的条款，如供货合同中的价格指数化调节条款或外汇风险分摊协议）、保险政策、免责合同或类似的手段，力求减少由于各种相互独立或密切相关的事件带来的潜在负面影响。这些工具通常是利用与财务风险暴露金额相同、方向相反的独立交易来平衡暴露在风险下的财务收益。另外内部控制手段也被用来管理企业内部的操作风险，它的首要目标是防止风险事件的出现。在新经济理论视域中，传统风险管理方法的应用范围已明显不足，尤其是它存在下述缺陷：

（1）风险管理责任往往呈割裂状态。只关注特定财务风险的狭隘态度将导致这样的理念：风险管理只是由一小组人员针对成本问题进行的管理活动，而不是要求全体人员参与的企业层面的管理活动。尽管各自分立的风险管理部门在使用这种割裂的方法尽力提高本部门业绩的时候，会在短期内保护某些合同免受一些分散性风险的困扰，但它仍然存在问题，即传统风险管理模式建立在这样一种观点基础之上：无论是风险的类型、出现风险的各业务单位，还是产生风险的各种业务活动，它们之间都是互相隔绝的。这一观点忽视了在企业层面上各种风险相互抵消带来的收益。

（2）风险管理不是一种产品，也非一项交易。公司不可能"买"到风险管理，也不可能把风险管理工作指派给"那边那几个人"，风险管理必须成为整个企业文化的一部分，为此大公司的经理们已经开始重新审视下列问题：①对待风险的态度（例如是否把合同风险和运营风险分割开来）。②收集与分析风险信息的过程。③对承担风险管理责任提供报酬的形式。

2. 商务风险管理

近年来，非金融领域中严重的风险事件损害了企业的业绩。这些事件的发生，使管理者认识到这些风险因素中的绝大多数能够得到管理但却没有得到有效的管理。因此这些公司通过实施更加系统的风险评估过程、改善风险责任的配置、应用各种验证的管理过程与技术管理所有关键性风险，发展出一套商务风险管理方法。在此情况下商务风险管理方法意味着风险经理和业务经理都在尽最大努力去"接近"风险来源。风险经理们需要了解业务，业务经理们需要了解风险。这样风险与商务活动就变得密不可分了。

3. 企业层面的风险管理

（1）当风险管理发展到商务风险管理这一步时，管理的对象仍然主要局限于单个风险或各组相关风险。通常在管理细节、报告形式、管理手段和指导方针上仍然缺乏全企业范围内的一致性，这样企业领导层很难估计各种风险对全企业的整体影响，由于EWRM方法具有预见性和前瞻性，它能帮助企业利用其经营模式创造价值。因而引入EWRM方法在所难免。在EWRM方法中，企业经营模式决定的商务机遇确定了风险管理的内容，即帮助企业管理其面临的不确定性，促使企业成功执行其经营模式。作为一种方法引入EWRM的价值在于：①引入了一套共同语言，便于企业的内部及对外沟通。②提供了用于汇总风险测度结果和相关信息的统一报告体系。③通过一套识别所有企业风险的系统性方法，使管理层树立起对风险管理的信心。④通过对风险进行严格排序，促使资源优化配置。⑤通过风险的抵消与合并减少风险转移成本。⑥创立了一种结构完整的、有序的重大决策制定过程，如：接受／拒绝风险——合并风险以便于度量——选择风险战略——决定改善风险管理。

（2）EWRM将商务风险管理行为和战略管理、业务计划制定过程结合在一起，从而使企业能够：①在确切了解企业外部环境真实状况基础上，识别那些具备最佳风险／回报权衡的创造价值的机遇。②设计出反映上述机遇的经营模式。③对风险有一个全盘的、企业层面的了解，这些风险或是存在于企业用以执行其经营模式的资产和过程中，或是存在于企业据以做出决策的信息当中。④具备有效管理公司经营模式中固有风险的能力，包括专业技术人员、有效的过程以及技术支持。⑤收集、分析并综合处理相关的内部及外部数据以便为企业提供可靠、及时的风险管理信息。⑥通过事先创立一个有利而又得到有效控制的环境，帮助业务单位实现企业目标。采用EWRM的趋势已经出现，虽然并非所有企业都会采用EWRM的所有要素，但毕竟EWRM已成为许多公司的长期发展方向。

二、企业整体风险管理（EWRM）的含义与价值

1. 企业整体风险管理（EWRM）的含义

风险是现实生活的一部分，人们需要一种新的战略性风险管理方法以便识别和管理所有的风险和机遇。一切机遇都蕴涵着风险，因此风险管理可以说是连接战略思想与成功实施的桥梁，因而企业层面的风险管理（EWRM）就应运而生了。

EWRM 的特征是，一方面结合了企业目标与广泛协作，即所谓"战略性控制"；另一方面仍然提供了在确定范围内的行动自由。它为在一个充满不确定性的世界中管理风险提供了便利，导致了机遇、风险、增长与资本的优化组合；它促进了持续的反馈与评估，充分利用了当今技术与知识共享方面的巨大发展。EWRM 是一种结构完整、规则明确的方法。它将战略、过程、人员、技术及知识与企业在创造价值的同时估价和管理各种职能、部门甚至文化之间的障碍联系起来，意味着采用一种真正全局性、一体化、前瞻性的方法去管理所有关键性的商务风险与机遇，而不仅仅是金融风险，从而使企业全面实现股东权益最大化的目标。实施EWRM 的理想企业是这样一个机构：它了解自己面临的机遇与风险并不断对其进行重估；它的领导、员工及业务程序都把重点和目标放在不断改进其经营战略与战术上，以便得到更好的业绩；它知道如何对其风险与机遇"定价"，从而可以明智地配置资本，无论是金融资本还是其他资本；它具有成员共享并共同发展的视角、清晰的经营目标，其内、外部联系处于最佳状态；它的运作得到"控制"，同时其员工又有充分的自由在他们的目标与能力允许的条件下施展才能。

2. 企业整体风险管理的价值

EWRM 重新界定了风险管理的价值取向，通过为企业提供相应的风险管理程序与手段，它使企业在评估、承担与管理风险方面变得更有预见性、效率更高，同时也使企业得以为其股东创造可持续价值并树立竞争优势。由于 EWRM 为企业决策提供了更好的信息，因此它在优化机遇的同时降低了企业业绩的波动与潜在损失。EWRM 的这些功能至少带来了两大益处：其一，它使企业管理层能够以更强有力的、与众不同的方式实现与投资者的沟通，这反过来又会提高股票的市盈率；其二，它使企业能以更快的速度、更高的技巧和更强的信心去追求实现战略性增长的机遇。因为经理们知道，企业当前行为中隐含的风险已经得到有效管理，同时他们也将其风险评估与管理技能传授给新的合作伙伴。

总之，企业层面的风险管理方法令企业的经营模式与众不同，在企业的客户、供应商、雇员及资本市场面前树立起企业的形象和信誉，所有一切对维持企业的成功都具有至关重要的意义。在当今时代，风险比以前任何时候都更加重要，但又更少被人们所理解。这就是为什么经理们需要一种更具系统性的方法来进行风险管理，因为创造价值的动态过程正在发生变化，重新定义风险管理的价值取向

有着至关重要的意义。

3．企业整体风险管理的基本内容

EWRM 是结构完整、规则明确的方法，它将企业的战略、业务程序、人员、技术、知识与企业评估、管理不确定性的目标紧密结合在一起，使企业将资本保值的需要与获取收益的愿望结合起来。当企业发展其 EWRM 能力时，它们会集中其资源，进行以下七方面工作：

（1）树立目标、建立监督体系。EWRM 是建立在明确的企业监督框架和适当的人员责任分配基础之上的，其目标是使风险成为企业文化的内在有机组成部分。风险管理一定要和企业的技术及战略管理结合起来，这样它牢牢地与上述过程联结在一起。要在全企业范围内明确宣布风险管理目标与计划，并将其与企业业务、战略及业绩目标结合起来，由一个全企业层次的集体支持风险管理层次。

（2）评估企业风险。在 EWRM 方法下，高级经理应清楚地认识到，风险关系到企业的每个成员，管理风险人人有责，否则企业的主要要素之一（普通员工）就会失去参与管理风险的机会。风险评估包括三大基本要素——技巧熟练的风险责任人；一套风险管理的共同语言；识别、分析、度量风险与机遇的一种前瞻的、持续的过程。在企业内，应用这些要素可以做到：①了解影响经营业绩的关键性风险性质，避免出现意料之外的损失。②确定产生风险的根本原因，以便提供度量、控制并监控风险的基础。③根据风险资本、风险收益与风险现金流的价值确定单个风险和总风险的货币价值。④建立风险参数与限制，在此基础上进行风险与收益权衡、评估不同战略的效率，将风险引入成本——收益分析。⑤更好地分析在不同的风险、投资、产品和业务单位形式下的运营绩效。⑥在争取经济资源、支持实现增长的新机遇永恒竞争中区分"愿望"和"现实"。一旦这种持续的风险评估体系发展起来并投入实施，就能够进行风险的比较与汇总，资本的配置也就变得更有意义。

（3）发展风险管理战略。风险战略的选择是建立在对企业目标和风险的全盘了解而非惯例的基础之上。通过大量的、富有激励性的讨论，对所有可供选择的风险管理战略进行评估，进而从整个企业的角度选择能够实现风险／收益最优化组合的那种战略，在总体风险的层次上评估转移或承担风险的决策。这一做法会导致：通过更加深入地了解并开发多样化的机会，可以节约保值成本；与风险承担者建立更密切的联系。

（4）设计、完善风险管理能力。随着企业文化中风险敏感程度的提高，企业最优秀的人员就会进一步掌握最有效的风险管理能力。这些优秀人员，也就是"风险责任人"，负责推进过程、提供报告、贯彻相应的方法、构建适当的体系以实施既定的风险战略与政策。有限的资源被有效地配置在最重要的风险领域里，从而消除了过剩的或不必要的风险控制。

（5）监控业绩。企业通过测度业绩以监控风险管理过程与风险控制的实施。相应地要收集可用的业务单位信息，并在一个统一标准上对其进行评估与汇报，最终向董事会和适当层次的经理提出正式报告。还要实施一套评估过程以便确保目标的实现、战略的成功执行与管理风险的"成功经验"所体现的政策保持一致。

（6）不断改进风险管理能力。不断改进风险管理能力的计划要与 EWRM 的最后完成密切相关。测定基准、教育与培训都应摆在第一位，从而使关于风险的知识和信息在企业内实现纵向和横向的流动，最终帮助不同层次的风险管理者提高他们的管理技巧。

（7）为决策提供信息。对于与业务过程有关的风险信息，包括对不同风险的度量，要把它们定期地汇总起来，成为一个组合的框架以便为决策提供信息。风险责任人要收集有关风险管理能力的有效性以及风险控制过程的有关信息，并通过人工或电子手段把它们传送给一个核心组织，以便进行分析与汇报。

实现 EWRM 的这七个基本步骤能使企业提高其管理风险的能力。EWRM 最重要的利益就在于使董事会、总裁和管理层具有更大信心及相关信息，使风险和机遇在企业层面上被系统地识别、精确地分析和有效地管理，并与企业创造价值的经营模式结合在一起。

三、企业实施 EWRM 的步骤

1. 基本步骤

企业实施 EWRM 的主要步骤：①采取一套共同语言。②树立全盘的风险管理目标、建立监督体系。③实施评估企业风险的统一过程，发展风险管理战略。④设计并完善风险管理能力，以便执行既定的风险管理战略。⑤不断改进针对各种风险的战略、过程与评估体系。⑥汇总对多种风险的评估结果。⑦将汇总的风险评估结果与企业业绩联系起来。⑧完善上述各方面能力以确立企业层面的风险战略，进而培育新的风险管理能力。图 8-2 标明了企业从商务风险管理模式向 EWRM 过渡的步骤，其中每一步都提高了企业的风险管理能力。

2. 分阶段改进强化

"分阶段改进强化"的思想是与实施 EWRM 的理念一脉相承的。EWRM 不可能一蹴而就，对于改进企业的风险管理能力而言，有秩序不断地演进是很有必要的。通过长期分阶段改进强化 EWRM 能力的过程如图 8-3 所示，风险管理能力的加强也增加了 EWRM 的收益，其具体内容如图 8-4 所示。

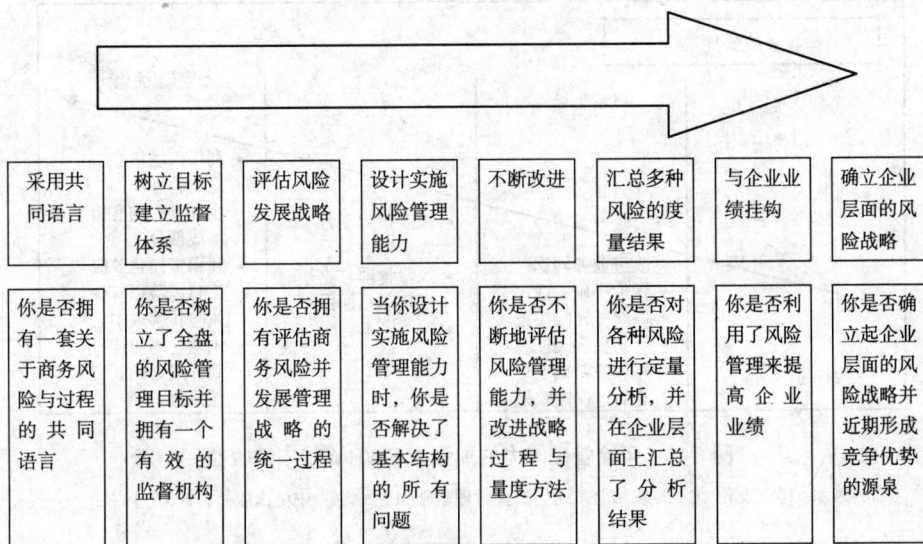

采用共同语言	树立目标建立监督体系	评估风险发展战略	设计实施风险管理能力	不断改进	汇总多种风险的度量结果	与企业业绩挂钩	确立企业层面的风险战略
你是否拥有一套关于商务风险与过程的共同语言	你是否树立了全盘的风险管理目标并拥有一个有效的监督机构	你是否拥有评估商务风险并发展管理战略的统一过程	当你设计实施风险管理能力时，你是否解决了基本结构的所有问题	你是否不断地评估风险管理能力，并改进战略过程与量度方法	你是否对各种风险进行定量分析，并在企业层面上汇总了分析结果	你是否利用了风险管理来提高企业业绩	你是否确立起企业层面的风险战略并近期形成竞争优势的源泉

图 8-2　从商务风险管理模式向 EWRM 过渡的步骤

（资料来源：[美]马杜拉著. 国际财务管理[M]. 大连：东北财经大学出版社，2000.）

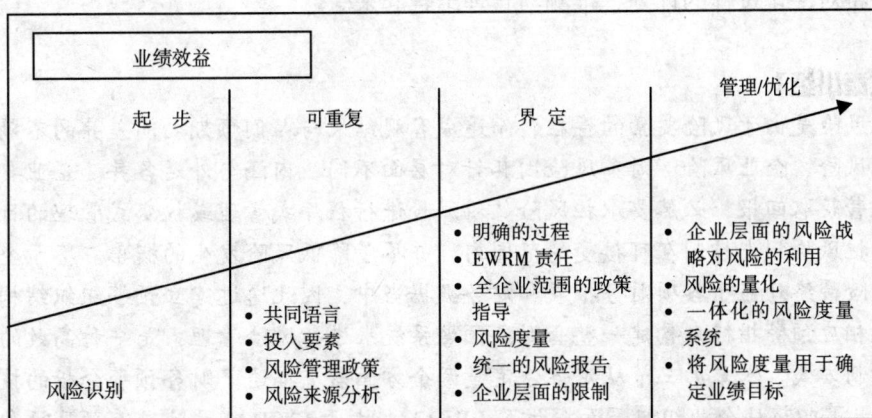

图 8-3　通过长期分阶段改进强化 EWRM 能力的过程

（资料来源：[美] 艾伦·C. 夏皮洛著. 跨国财务管理基础[M]. 北京：中信出版社，2002.）

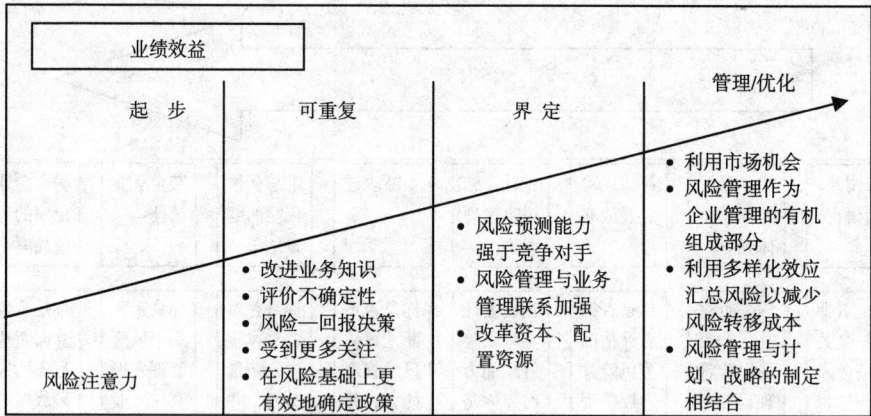

図 8-4　风险管理能力的加强为 EWRM 带来的收益

（资料来源：[美] 艾伦·C．夏皮洛著．跨国财务管理基础[M]．北京：中信出版社，2002．）

3. 持续提高风险管理能力

　　企业风险管理能力的提高需要持续的努力，同时整合战略、过程、人员、技术和知识以提高 EWRM 的能力，需要一套企业层面的方法。这一企业层面的方法是由企业的组织结构、文化理念和经营管理哲学共同决定的。虽然可以运用多种方法来实施 EWRM，但许多公司成功的经验表明：成功实施 EWRM 的前提条件就是将对变化过程的计划、推测与管理结合起来。

【本章小结】

　　风险是由于风险要素的存在，而造成客观结果与人们预期之间差异的不确定性。风险、企业风险、财务风险因其针对层面不同，内涵与外延各异。企业要通过经营获取回报，必然要承担风险。对风险进行程序式管理或权变式管理的目的在于把风险损失控制在可接受的范围内，并尽量降低风险发生的概率。鉴于企业的风险最终外显于各项财务报表和财务数据当中，因此通过建立预警组织结构，筛选相应预警指标来构建一整套财务预警系统来进行风险管理，是一种高效的风险控制方式。本章第三节从定性、定量两个方面着重描述了财务预警分析的技术方法。第四节从企业组织层面探讨了 EWRM。由于 EWRM 方法具有预见性和前瞻性，它能帮助企业利用其经营模式创造价值并促使企业成功执行其经营模式，因而引入 EWRM 方法在所难免。整合战略、过程、人员、技术和知识以提高 EWRM 的能力，需要一套企业层面的方法。这一企业层面的方法是由企业的组织结构、文化理念和经营管理哲学共同决定的。而许多公司成功的经验表明：成功实施

EWRM 的前提条件就是将对变化过程的计划、推测与管理结合起来，同时企业实施 EWRM 的原因决定了每个企业都对 EWRM 的收益做出自己的评价，并由此确定它要在实施 EWRM 的路上到底走多远。作为一般性原则，一个企业如果从执行风险管理所使用的人员、过程、辅助性方法与技术来看，其风险管理能力越成熟，那么它在实现 EWRM 的道路上就会走得越远。

【复习思考题】

1. 风险管理的基本理论有哪些？
2. 如何理解风险、企业风险、财务风险？
3. 如何理解企业的风险管理与风险预警之间的关系？
4. 定量化财务预警系统有哪些局限性？
5. 财务预警系统为何要以预警组织结构的构建为起点？如何构建预警组织结构？
6. 简述 EWRM 的内涵、价值及演进阶段。
7. 简述企业整体风险管理的基本内容。
8. 企业实施 EWRM 的基本步骤有哪些？
9. 如何理解 EWRM 是企业风险管理发展的必然趋势？

【阅读资料】

诺基亚公司风险管理

一、解读风险管理

"风险"一词在诺基亚公司被认为是那些会导致经营目标（包括短期和长期经营目标）受损的相关不确定性。由于诺基亚公司控制企业经营风险的出发点非常明确，即为股东创造最大价值，因此，根据股东价值模型股东价值＝公司利润／公司风险，可知利润越高股东价值越大，风险越大股东价值越小。如果企业管理者进行了很好的风险管理和控制，风险可以转化为成本，那么在这种情况下股东价值等于公司利润。基于此，诺基亚公司风险管理目标就是：通过减少纯粹风险的成本而使股东的商业价值最大化；通过风险管理，确保企业在任何情况下都能经营继续下去。

由于风险管理并不是一个独立的程序或行动，而是融于日常商业交易和管理活动实践中，因此诺基亚公司在其《风险管理政策》一书中清楚地描述了风险与风险管理措施应用于实际工作的指导方针，具体原则如下：①通过采用最基本的、系统的方法，管理来自商业交易活动、支持平台和运作流程中的各种风险。②风险管理是诺基亚公司的管理层和所有员工的基本责任，包括对自己职责和经营范围内可预见的风险，有责任（并且是作为风险管理的第一责任人）提醒他人和管理层注意。③积极地预见和管理风险，在机会中获取直接的利益，并管理潜在的危险。

二、驾驭风险管理

风险管理者就是要在管理层给出风险偏好的基础上，在平衡风险管理成本和承担风险所受的损失中给出原则以及具体措施和行动方案。诺基亚公司对于风险的偏好（容忍度）是：对于商业活动本身存在的内在风险，诺基亚准备接受风险并获取最大的回报，理解并利用、管理和化解那些已经风险化的事件中不利的影响，而在下列方面，公司是厌恶风险的：影响人身安全的；危及公司的生存和关键资产的（比如商标）；会导致触犯法律法规的。在了解公司风险偏好的基础上，诺基亚对风险实施了可能的应对措施。技术上诺基亚的风险管理平台由两部分组成——政策平台和系统平台。政策平台是关于组织与个人在处理风险中的原则、角色和责任的哲理体系；系统平台则是一系列在日常工作的流程与业务活动实践中贯彻风险政策的做法和工具。系统平台的内容包括程序、参与人以及改进与发展。此外诺基亚公司对风险管理的程序循环从定义职责与实际操作开始，包括了目标的审核、风险的识别、风险的分析、风险的管理、风险的监控五个步骤。在实践中这个流程被用做完成风险管理任务的指导和参照的模型，它由业务与信息的流程、参与风险管理的员工角色定义、完成风险管理的原则以及好的实例或者说榜样等要素组成。

三、让风险管理落地

为了实现上述目标，在诺基亚公司最有价值的一环就是将这些战略、要求和体系落地的工具。其风险管理方面的工具包括政策、理念、流程、工具以及参与人，通过创新风险管理理念和完备的控制手段，诺基亚公司真正为股东实现了价值。此外，在诺基亚公司对风险管理中一个值得我们借鉴的地方是其完善的风险管理和应急机制并没有耗费过多的成本，也没有庞大的风险管理部门来支撑这项业务。它的成功之处在于将其风险管理的意识和政策灌输落实到了每个管理者和员工的心里并融于日常工作中。

（资料来源：张延波主编. 企业集团财务管理[M]. 杭州：浙江人民出版社，2002.）

【课外阅读文献】

1. 郑子云，司徒永富著. 企业风险管理[M]. 北京：商务出版社，2002.

2. [美]詹姆斯·T. 格里森著，宋炳颖等译. 财务风险管理[M]. 北京：中华工商联合出版社，2004.

下 篇

高级财务管理基本实务

第九章　财务战略管理

【学习目标】

➢ 熟练领会财务战略管理的流程及执行程序；
➢ 掌握财务战略执行的各种方法、适用范围、优缺点；
➢ 理解财务战略管理的基本理论及层次；
➢ 掌握各种投资战略决策分析方法的关系及应用；
➢ 掌握各种筹资战略决策分析方法的关系及应用。

【重点名词】

战略执行　财务战略　财务战略管理　财务战略评价　公司层战略　业务层战略　职能层战略　防御收缩型战略　价值链　标杆法　平衡计分卡　波士顿增长——占有率矩阵法　五力模型　宏观政策导向法　筹资能力估算分析法

【案例导入】

飞利浦（中国）公司财务战略增长计划

1998 年飞利浦（中国）公司与全球公司一起开始尝试实施平衡计分卡（BSC），经过近 5 年的不断改进和完善，已使这套系统成为公司最重要的管理工具之一。在正式实施 BSC 之前，飞利浦（中国）公司用了近 3 年的时间对集团公司和在中国 30 家合资及独资企业、60 多个办事处的 1.8 万名员工逐层进行辅导。最为烦琐但最关键的是工作规则的制定，即将战略目标量化为数字指标。第一层分解发生在公司最高层，中国区总裁和各个分管工作的副总裁如 CTO、CFO 以及各个职能部门的负责人，根据自己的职位和以往业绩，结合公司的战略目标，确定本职位本部门 3 年内的长期发展目标和 1 年内的短期目标，要达到这个目标的关键成功指标（CSI）也按照重要程度一一列举，而要完成每一个 CSI 的关键绩效考核指标（KPI）必须逐一量化。

由于直接关系到自身考核、加薪、升迁等利益指标的设定，每个相关人员都非常慎重。飞利浦的做法是首先让利益相关人将自己预定达到的目标指数和 KPI 罗列出来，然后将此反馈到委员会。委员会进行讨论，如果觉得有增减和修改部分的，和相关利益人反复进行沟通，直至达成双方都认可的一个结果。"所有的指标都尽可能量化。"徐承楷(飞利浦电子中国集团公司负责人力资源管理的副总裁)介绍说。每个指标的分解都是逐层进行，直至每个员工，而在每一层分解中，财务结果、客户满意度、组织管理流程和组织及个人能力这四个基本方面都必须包括在内。当所有的分解完成之后，一幅飞利浦中国的战略全景图就清晰可见了。"员工再也不会觉得自己和公司战略有着遥远的距离感，每个员工都明白，自己的工作和业绩表现情况，不仅关系到自身的利益，更关系到公司的发展。"徐承楷说。而这种"牵一发而动全身"的关联性使得公司的凝聚力和团队精神得到了最充分的体现。"BSC 就像一台精密的仪器，随时可以告诉各个领域各方面的进展情况和遇到的问题,这样管理层可以根据 BSC 反馈过来的信息和数据对公司战略做出及时和适当的调整。"徐承楷说。在飞利浦，BSC 有着一个持续的循环系统：计划（Plan）——执行（Do）——核查（Check）——改善(Act)，简称为"PDCA"循环圈。从管理层到员工各个层级的 KPI 被确立的同时，每个 KPI 的 PDCA 周期也同时确定下来。在公司每个月的管理峰会上，BSC 都是一个例行话题。管理层都会抽出时间专门察看各个部门 KPI 被执行的情况。

为了显得直观，飞利浦采取了交通信号灯来衡量每个 KPI 的执行情况，绿灯表示优秀，黄灯表示非常接近目标，红灯就意味着非常糟糕了。"这样，整个部门的业务状况和员工表现通过灯的颜色就可以表现出来。管理层只要进入每个部门的 BSC 系统，一眼就可以感觉到各个 KPI 在这个部门的执行情况。"徐承楷介绍说。对于 BSC 的核查并不是简单停留在察看的层面，对于每一个红黄绿灯的背后，管理层更希望发现"为什么"。比如对于比较刺眼的红灯，那就要研究究竟是 KPI 的设计不够科学还是执行的问题，如果问题出在 KPI 本身，那么就必须做出分析和判断，根据实际情况做出调整；如果问题是出在执行上，那么相关的负责人将会被要求在 3 天内做出解释，并给出改善方案。

（资料来源：摘自段晓燕. 21世纪经济报道[R]. 2003 – 3 – 13. ）

第一节　战略管理基本理论

一、战略管理理论综述

1. 公司战略的常规理论

常规性公司战略指预先定义公司目标并且在实施战略之前确定主要要素的战略。常规性战略从寻求一致的目标开始，然后分析组织所处的外界环境以及为组织未来所做的规划，并对构成组织战略计划的背景进行预测。为实现公司既定的目标提出不同战略选择，然后选定一个能最好地实现组织目标的战略，并组织实施。常规性战略通常用于中期公司计划，这个过程利用逻辑思维方法和充分宣传的战略概念而得出结论。只要采用同样的设计理论、同样的逻辑和相同的事实作为依据，那么对于不同规模的公司来说都可能得出类似的战略。广义上，有关常规性战略的理论主要表现在四个方面，以下分别予以介绍。

（1）利润最大化：基于竞争理论的战略。对于公司来说，盈利是显然目标，因此公司战略的内容就是如何实现这个目标；就长期而言它通常比其他目标都重要。利润是通过在市场上竞争获得的，公司将主要（但不是唯一的）受到利润最大化的驱使（这些利润对于股东而言更为重要）。学者们主要争论的是公司战略目标是否应当定为比竞争对手获得更多的持续竞争优势。尽管这些观点已被著名的麦肯锡咨询公司日本分部的总裁凯尼琪·奥赫马认可，但威尔克斯指出它们在定位上存在很大程度的西方性和英美倾向。[①] 它们主要关心利润，而不太考虑社会、文化、政府以及其他因素。

（2）基于资源理论的战略。基于资源的理论认为组织所拥有的关键资源是公司战略成功的根基。竞争优势的源泉就在于组织掌握的资源，同时基于资源的战略观把对于任何公司都可以获得的一般资源如会计技巧和基本技术，和那些特殊的以及可能是组织特有的资源作了区分。它认为只有这些特殊的资源才能产生持续竞争优势。该观点的最新发展就是把组织的知识看做关系的资源。争论认为组织拥有的知识，它的工作程序、技术诀窍以及它与组织外部的联系，对许多公司来说都将产生竞争优势。一些战略家甚至认为类似知识是产生持续竞争优势的唯一资源形式。

（3）基于博弈论的战略。博弈论战略的理论基础就是计量选择模型和机会理论。博弈论从研究一个简单的"最好"战略抉择将会对其他公司的影响开始，而当时公司自己所做的最初决策对其他公司的影响是未知的，然后这个理论就努力预测这样决策的影响，并且在博弈过程中逐渐随外界变化而修改这项抉择，该理论认为在此过程中筛选和抉择规范模型变得更加复杂。它包括与其他组织谈判，预测竞争性反应以及寻求最佳方法。通过这个理论可以找到使所有竞争者在市场上都赢的途径，并且还可能产生新的战略，而它已经超出了其他传统规范方法所能得到的决策结果。

（4）社会文化理论战略。社会文化理论寻求清晰描述的常规性战略，但它强调社会文化框架的重要性以及认为某一国的信仰是战略发展的出发点。研究者认为，所有公司和它们的管理者都深受社会和文化体系的影响。经济活动不能与它所处的社会分开。现存的社会网络将会阻碍、引导并且影响所有组织的战略，不

---

① [美]托马斯·沃尔瑟. 再造金融总裁：从财务管理到战略管理[M]. 北京：商务印书馆，2000.

仅包括国家层面，还会更多涉及当地的道德、宗教和其他社会团体。常规性战略可能会被很好地设计，但将包括比利润最大化更多的内容。

2. 公司战略的自发性理论

自发性公司战略是指最终目标不明确及所包含要素是在战略实施过程中逐渐丰富和发展的一种战略。20 世纪 70 年代全球石油危机造成的不确定性，使得常规性战略面临极大的挑战。许多研究者认为，公司战略应该是一个自发性过程。当公司战略从一个特定环境中出现而不是预先规定时，它包括的长期战略计划更富于弹性，即使当组织所面临的问题更加清楚和公司所处环境发生改变的情况。自发性战略理论主要有三种不同观点，以下分别介绍。

（1）基于生存理论的战略。基于生存理论的战略是从达尔文的"适者生存"理论中引用的。持这样观点的理论家认为战略主要是在市场上决定其成败。公司战略就是关于如何在一个迅速变化的环境中生存的战略。对于复杂的常规性方法并没有什么意义；应更好地避开和迎合市场变化，使战略在公司发展过程中逐渐形成。随着竞争的加剧，市场上激烈竞争将毫不留情地淘汰效率低下的公司；在这样的环境中需要采取基于生存理论的战略，那市场情况比一个特定的战略更加重要，因此有关生存的最佳战略必须是真正高效率的。除此之外，公司只能依靠运气。

（2）基于不确定性理论的战略。基于不确定性理论战略利用概率论的方法来说明公司战略的发展是一个复杂的、不稳定的以及常常会遭受重大波动的过程，因此，预先作出任何有益的预测都是不可能的，战略应当是自发生的并且将会随外界环境的波动而发生改变。20 世纪 70 年代有关组织外界环境发展的预测方面存在重大困难，结果有人认为一些理论家研究长期战略设计是徒劳无功的。这个方法导致不断寻求最终可能是基于不确定性的战略，最后也找到了这种战略，同时自 20 世纪 60 年代以来，应用混沌理论和富于变化的数学模型预测科学实验的结果表明，在不确定性的环境中，早期较小的变化将会导致后期重要的变异，就像宏观经济学中的乘数效应。现代公司就处于一个非常不稳定的环境中，根本不可能准确预测一个五年或十年新计划的获得情况；因此准确的现金流量和现金计划几乎都是伪造的。最后公司战略是自发性的，而不是为了实现常规性战略所认为的错误确定性而制定的目标。

（3）基于人力资源理论的战略。这种战略理论强调战略发展中人的因素和重视激励、组织政策和文化以及个人的欲望，尤其注重引进新战略时可能出现的困难以及面对员工形成的变革和不确定性。组织是由个人和团体组成的，他们都会影响战略或被战略影响；他们将会对战略有所贡献、默许战略或者甚至抵抗公司战略，当然他们也会受其影响。尤其是在面对不确定性日益增加的竞争环境，企业要适应外部环境的变化，必须注意建立学习型组织，因此人力资源在现代企业战略中的地位就日趋重要。

二、战略管理层次

战略在经营过程中一般可分为三个层次：公司层战略、业务层战略和职能层战略。公司层战略主要关注整个公司的经营范围，从结构和财务的角度来考虑如何经营，如何在几大项业务中分配资源，如何与公司的投资人或投资机构进行沟通等。业务层战略主要涉及如何在市场中竞争，因此其主要关心应开发哪些产品或服务，以及应将其提供给哪些市场。公司战略涉及组织的整体决策，而竞争战略或业务战略则更关心组织内的某个战略业务单位。职能层战略关心公司的不同职能，即营销、财务、生产制造和人力资源部门如何为其他各级战略服务，以实现其他各级战略的目标。

1. 公司层战略

公司层战略（corporate-level strategy）是一家业务多元化公司整体上的管理策略规划。公司层战略涉及整个公司，它包括公司为在其涉足的各个不同行业之中确立其业务地位而采取的各种行动，以及公司用来管理其多元化业务群的方法途径。业务多元化公司制定公司战略涉及多种行动：

（1）采取恰当的行动，确立各个业务领域的市场地位，真正达到多元化的目标。对于一家业务多元化的公司来说，公司战略的关键问题是：公司应该涉足多少不同的业务领域，应该涉足什么样的业务领域，特别是公司应该进入什么样的行业，公司进入该行业的方式是从头开始做还是购并该行业的一家公司。

（2）采取恰当的行动，提高公司所涉足的各个多元化业务的联合业绩。一旦公司确立了在既定行业中的市场位置，公司战略的制定就集中在寻找各种有效的途径来加强公司的长期竞争地位和公司所投资业务的盈利能力。

（3）寻找恰当的方式和途径，建立相关业务之间的协同作用，并将这种协同作用转化成公司的竞争优势。业务间有相关性的多元化往往会给公司带来很好的机会；而这其中的任何一个机会都可以成为一个竞争优势的源泉，都可以成为提高公司总体盈利能力的基石。

（4）确定公司的投资优先序列，将公司的资源导向最有吸引力的业务单元。从追加投资的角度来看，多元化经营的公司其下面各个不同业务通常并不具有同等的吸引力。公司战略制定工作的这一特点要求公司将资源导向潜在收益高的业务，退出潜在收益低的业务，业务剥离实际上腾出了那些没有效益的投资，用来投向那些有前途的业务，或者为兼并其他业务或公司提供资金。

2. 业务层战略

业务层战略（business-level strategy）寻求回答这样的问题：在公司的每一项事业领域里应当如何进行竞争？对于只经营一种业务的小企业，或是不从事多元化经营的大型组织；业务层战略与公司层战略是一回事。对于拥有多种业务的组织，每一个经营部门会有自己的战略，这种战略规定该经营单位提供的产品或服务，以及向哪些顾客提供产品或服务等。当一个组织从事多种不同的业务时，建立战略业务单位更便于计划和控制。战略业务单位（Strategic Business Unit，简称SBU）代表一种单一的业务或相关的业务组合，每一个战略业务单位应当有自己独特的使命和竞争对手，这使得每一个战略业务单位有自己独立于组织的其他业务单位的战略。业务战略的主要责任落在负责该业务领域的管理者身上。业务战略的核心是解决下面这一问题：如何建立并加强公司在市场上的竞争地位。为了达到这个目的，业务战略主要包括：①对业务所在行业、宏观经济形势、宏观管理及政治形势以及其他相关领域中的变化做出积极反应。②制定恰当的竞争行动方案和市场经营策略，以获取持久的竞争优势。③建立有竞争力价值的公司能力。④协调和统一职能部门的战略行动。⑤解决公司具体业务领域所特有的问题。

决定业务战略强弱的一个因素是战略家是否能够制定一系列能够带来持久竞争优势的行动方案和经营策略。制定一个能带来持久竞争优势的业务战略有三个层面的问题：①确定产品和服务的特性（成本低、价格低、质量高、产品线宽、客户服务卓越），立足某一小块市场以赢得产生竞争优势的最佳机会。②开发技巧、专门技能以及竞争能力，同竞争对手区分开来。③尽量避开市场竞争对业务产生的不良影响。

3. 职能层战略

职能层战略（functional-level strategy）是管理者为特定的职能活动、业务流程或业务领域内的重要部门所制定的策略规划。公司的每一个与竞争有关的业务活动和组织单元都需要有一个职能战略，如 R&D、生产、市场营销、客户服务分销、财务、人力资源、信息技术等。职能战略的首要作用是支持公司的整体业务战略和竞争策略。执行得力的职能战略能够为公司带来具有竞争价值的能力和资源优势。财务领域中的职能战略包括：为支持业务战略和完成财务部门的目标和使命，应该如何管理财务活动。每一个重要业务职能及流程职能的战略制定，主要责任通常由各个职能部门的领导和业务活动经理来承担，当然这是在业务单元层次的领导不施加强大影响力的情况下。最理想的情况是：在战略制定时，某一特定业务职能或业务活动的经理同其下属进行紧密的合作，经常与其他职能的经理人员和业务领域接触。如果职能经理或业务活动经理只顾独立地制定自己范围内的战略，而不顾及其他经理和业务领域的话，那么互不协调或彼此冲突的职能战略就会"应运而生"。制定协调一致、彼此支持、相互加强的职能战略具有非常重要的意义，因为这样可以使业务战略取得最大的效应。

4. 战略层次的一致性

虽然从不同的层次来看，公司的战略可以分为公司层战略、业务层战略和职能层战略，但公司上述三个层次的战略是内在一致的。公司的高层战略指导低层战略，并通过低层战略得以实现；低层战略是高层战略的基础，并服从高层战略的统一要求。公司越大，公司需要采取战略行动的战略点越多。公司管理层确定公司发展方向的工作要做到使公司各个层次战略统一成一个一致性强、支持性强的模式后才算有一个完整的结果。最理想的情形是，战略的各层面和各个层次之间就像图形魔方那样拼合得天衣无缝。如果战略的制定和目标体系的设置过程缺乏指导，各个相关经理只是各行其是，那么所制定的目标和战略就不会统一。

第二节　财务战略概述

一、战略与财务战略

1. 公司战略与公司战略管理

"战略"一词来源于军事领域，其含义为对战争全局的筹划和指导。美国管理学家钱德勒（A. D. Chandler）于 1962 年最先将战略一词用于管理领域，并将其定义为"企业长期基本目标的确定，以及为贯彻这些目标所必须采纳的行动方针和资源配置"。[①]美国学者安索夫（H. I. Ansoff）1965 年出版的《企业战略论》一书，是最早的一部系统阐述战略管理的理论著作。迄今为止，许多管理学家和战略学家曾对"战略"从不同角度给出了不同的定义，学术界对此尚未达成共识。综合各种观点，可将战略这一概念概括为以下几方面：①在空间上，战略是对企业全局的总体谋划。②在时间上，战略是对企业未来的长期谋划。③在依据上，战略是在对企业外部环境和内部环境深入分析和准确判断的基础上形成的。④在重大程度上，战略对企业具有决定性的影响。⑤战略的本质在于创造和变革，在于创造和维持企业的竞争优势。

公司战略指规划公司目标以及为达到这一目标所需资源的取得、使用和处理策略，它是企业为了适应未来环境的变化，寻求长期生存和稳定发展而制定的总体性和长远性的谋划。公司战略管理是一系列决定公司长期绩效的管理决策和措施，是为了公司长期的生存和发展，在充分分析内部和外部环境的基础上，基于公司的优势与劣势，为了更有效地应对环境中的机会和威胁而开发的长期规划。

[①] [美] 亚瑟·A.汤姆森，A.J.新迪克兰迪著，段盛华，王智慧主译. 战略管理——概念与案例（10 版）[M]. 北京：北京大学出版社，2000.

它包括明确公司使命、树立企业文化与发展理念、确定公司达到的目标，形成公司战略，从而确定相应的 CSF 和 KPI 指标、相应的岗位职责以及年度经营管理计划。关键成功因素（Core Success Factors, CSF）是对公司擅长的、对成功起决定作用的某个战略要素的定性描述。CSF 由 KPI 进行计算和测量，通过 CSF 和 KPI 使战略目标得以分解，压力逐层传递，同时使战略目标的实现过程得以监控。

　　2. 财务战略

英国学者凯斯·沃德（Keith Ward）在《公司财务战略》一书中对财务战略（financial strategy）的定位是，"为适应公司总体的竞争战略而筹集必要的资本，并在组织内有效地管理与运用这些资本的方略"。因此公司财务战略是基于公司总体战略，并支持或者配合其他战略的一个子战略。具有以下基本特征：

　　（1）动态性。财务战略必须保持动态的调整。尽管战略立足于长期规划，具有一定的前瞻性，但战略又是环境分析的结果。环境变动的经常性使得战略的作用必须以变制变。这种以变制变的结果表现为：当环境出现较小变动时，公司一切行动必须按既定战略行事，体现战略对行动的指导性；当环境出现较大变动并影响全局时，经营战略必须做出调整，财务战略也随之调整。

　　（2）支持性。公司财务战略的基本作用表现为对经营战略的全面支持，它与生产战略、营销战略等一起共同形成支持公司经营战略的支持系统。财务战略支持性表现在它是经营战略的执行战略。经营战略是全局性的决策战略，侧重通过分析竞争对手来确定自己的经营定位，为其职能战略的制定提供依据；财务战略则是局部性的、执行性的，它从财务角度对涉及经营的所有财务事项提出自己的目标。因此财务战略必须目标明确，行动上具备可操作性。

　　（3）全员性。任何可行的财务战略都是在公司最高管理层与相关职能部门之间、总部与事业部之间、事业部总经理和三级财务管理人员之间，进行交流后选择决策的。财务战略的全员性体现在：①从纵向看财务战略制定与实施是集团公司高层主管（如财务副总裁）、总部财务部门主管、事业部财务及下属各子公司或分厂财务多位一体的管理过程。②从横向看财务战略必须与其他职能战略相配合，并循着公司（集团公司）的发展阶段与发展方向来体现各职能战略管理的主次，财务战略意识要渗透到横向职能的各个层次，并最终由总部负责协调。财务战略的全员性意味着财务战略管理应以经营战略为主导、以财务职能战略管理为核心、以其他部门的协调为依托进行的全员管理。

　　（4）互逆性。尽管财务战略对公司战略的支持在不同时期有不同的支持力度与作用方式，但从战略角度看，投资者总是期望公司在风险一定情况下保持经济的持续增长和收益的提高。因此财务战略随着公司经营风险的变动而进行互逆性调整。这种互逆性是财务战略作为一极与经营战略作为另一极相互匹配的结果。

二、财务战略分类

根据企业环境变化、企业所处的生命周期差异以及企业对风险的偏好不同，企业通过合理的规划投融资战略形成企业财务战略。由于风险承受态度不同、内容不同，企业可形成不同的财务总体战略。

1. **根据财务风险承受态度不同，可分为快速扩张型财务战略、稳健发展型财务战略、防御收缩型财务战略**

（1）快速扩张型财务战略。指以实现企业资产规模的快速扩张为目的的一种财务战略。为了实施这种财务战略，企业往往需要在将绝大部分乃至全部利润留存的同时，大量地进行外部筹资，更多地利用负债。企业资产规模的快速扩张，也往往会使企业的资产收益率在一个较长时期内表现为相对的低水平，因为收益的增长相对于资产的增长总是具有一定的滞后性。快速扩张型财务战略一般会表现出高负债、低收益、少分配特征。

（2）稳健发展型财务战略。指以实现企业财务绩效的稳定增长和资产规模的平稳扩张为目的的一种财务战略。实施稳健发展型财务战略的企业，一般将尽可能优化现有资源的配置和提高现有资源的使用效率及效益作为首要任务，将利润积累作为实现企业资产规模扩张的基本资金来源。所以实施稳健发展型财务战略的企业的一般财务特征是低负债、高收益、中分配。

（3）防御收缩型财务战略。指以预防出现财务危机和求得生存及新的发展为目的的一种财务战略。实施防御收缩型财务战略的企业，一般将尽可能减少现金流出和尽可能增加现金流入作为首要任务，通过采取削减分部和精简机构等措施，盘活存量资产，节约成本支出，集中一切可以集中的资源用于企业的主导业务，以增强企业主导业务的市场竞争力。高负债、低收益、少分配是实施这种财务战略企业的基本财务特征。

随着企业经营环境的日益复杂，组织形式的变化、金融工具的创新、企业自身发展所处阶段的不同，从不同的角度分析，企业呈现的总体财务战略可以是以上三种中的任意一种，也可以是某一种局部修正或者创新。

2. **根据财务战略的具体内容，可分为投资战略、筹资战略**

财务战略从具体内容上进行分类，又包括投资战略、筹资战略两大部分。在这里将利润分配战略和外部融资战略结合起来考虑，作为总体筹资战略。一般而言，投资战略是整体战略核心内容，筹资战略是为了配合投资战略而制定的，两者之间相辅相成：

（1）在制定投资战略之前，对企业的外部宏观环境进行分析，列出影响企业经营行为、财务状况、融资成本、所在行业发展前景变化的因素，列出简表作为本年度分析、制定和调整财务战略的依据。

（2）对企业现有的投资关系进行梳理，按照有关行业竞争分析法进行产业筛选和再评价，从而进行相关的产业整合。对于不具备核心竞争力、没有发展前途的业务和资产，通过出售、剥离等方式退出，将资源整合到核心业务和增长业务中去。通过向"标杆"企业学习或企业战略部署，考虑并购或进入新的增长行业。在业务整合过程中，应处理好核心产业、增长产业、种子产业和收缩产业四类产业之间的关系。

（3）根据初步确定的投资战略需要资金规模，进行筹资规划，尽可能支撑公司战略发展，尤其是战略扩张的资金需要，并测算不同筹资方式下的加权资金成本，作为筹资战略决策的依据。筹资战略的一个核心问题是资金成本，另一个核心问题就是通过股利政策的确定处理好控股股东和中小股东的利益关系，保障企业的持续发展。

（4）如果在中长期滚动分析中，筹资成本大于投资战略的新增效益，考虑调整投资战略。

三、财务战略管理

1. 财务战略分析决策

在公司最高决策层建立长期经营目标，并选择实施特定战略之后，财务战略制定的过程所要解决的问题包括：结合对环境的考察和对企业所处生命周期阶段的认识，企业应该选择稳健、扩张，还是收缩的财务战略？在企业进入产业和放弃产业时应采用哪些财务安排？选用哪些融资方式、融资渠道能最有效地降低资本成本？企业在进行重大资本性支出时应考虑哪些因素？企业应如何调整资本结构和股利政策使其更接近合理状态？由于没有任何企业拥有无限的财务资源，更重要的是财务资源的占用必然带来机会成本，财务战略制定者必须确定哪一种财务资源配置方式最有效率，并能够给企业带来最大收益。

（1）实施步骤。要实现上述目标，财务部门应当准备以下工作：

1）对企业的财务状况和发展前景进行战略分析，主要目的是评价影响企业目前和今后发展的关键因素，并确定在财务战略选择步骤中的具体影响因素。财务战略分析主要是环境分析，包括外部宏观环境分析、行业竞争分析和内部条件分析。这一任务主要由财务部门承担。

2）制定财务战略选择方案。在制定财务战略过程中，企业可以从对整体目标的保障、对中下层管理人员积极性的发挥及企业各部门财务战略方案的协调等多个角度考虑，选择自上而下的方法、自下而上的方法或上下结合的方法来制定财务战略方案。

3）评估财务战略备选方案进行决策。对财务战略的评估最终还要落实到财务战略收益、风险和可行性分析的财务指标上。

（2）实施方法。如果由于用多个指标对多个财务战略方案评价产生不一致时，最终财务战略选择可以考虑以下几种方法：①根据企业目标选择财务战略。②聘请外部机构。③提交董事会或者股东大会审批。财务战略分析决策将对公司未来相当长一段时间内的财务状况和资本结构起重大作用。经营战略决定了企业的长期竞争优势。作为其辅助系统的财务战略管理体系对企业也有持久的影响，与企业主要经营活动的成败息息相关。

2. **财务战略执行**

财务战略执行实际上就是将财务战略转化为行动，并采取一些措施或者手段保证既定的财务战略目标得以实现。主要涉及以下一些问题：采用何种管理手段来落实财务战略；如何在企业内部各部门和各层次间分配及使用现有的资源；为了实现企业目标，还需要获得哪些外部资源以及如何使用；为了实现既定的财务战略目标，需要对组织结构做哪些调整；如何处理可能出现的利益再分配与企业文化的适应问题；如何进行企业文化管理，以保证企业财务战略的成功实施等。企业财务战略管理的实践表明，一个良好的财务战略仅仅是财务战略成功的前提，有效的企业财务战略执行才是企业财务战略目标顺利实现的保证。

3. **财务战略评价**

财务战略评价就是通过评价企业的经营业绩，审视财务战略的科学性和有效性。在阶段性地推进财务战略实施之后，管理者需要了解该财务战略是否在企业得到了有效实施，以及该财务战略本身是否需要调整。财务战略调整就是根据企业情况的发展变化，即参照实际的经营事实、变化的经营环境、新的思维和新的机会，及时对所制定的财务战略进行调整，以保证财务战略对企业经营管理进行指导的有效性，包括调整公司的财务战略展望、公司的长期发展方向、公司的目标体系、公司的财务战略以及公司财务战略的执行等内容，其活动主要包括：①在评价之前，重新审视内部与外部因素，这是考评现行财务战略是否合理实行的基础。②度量企业业绩，并进行绩效考核。③采取纠正措施，调整下一期的财务战略决策分析。

第三节　财务战略决策分析

一、财务总体战略决策分析方法

企业的生产经营受各个方面因素的影响，主要包括政治法律、经济环境、社会文化环境、技术环境等多个方面的影响，企业只有从不同角度运用多种决策分析方法，深入分析和认识外部环境，结合企业自身特点，才能在财务战略问题上做出最佳的选择。

1. 宏观政策导向分析法

经济体制是一定经济制度所采取的具体组织形式和管理制度，属于生产关系的具体实现形式。我国社会主义市场经济体制的基本结构主要由三个部分构成，包括现代企业制度、市场经济的培育和发展、完善的宏观调控系统。社会经济结构是指一个国家经济中各产业的比例构成情况，其中行业结构对企业财务战略的制定最具影响力。一般而言，国家通过税收、财政补贴、优惠政策等方面的政策引导产业的调整，企业应当保持对政策的敏感性，及时收集、整理相关信息，形成报告分析程序，评价国家新出台的相关经济政策对企业自身的影响，尤其是对企业所在行业空间的变化、未来盈利能力等做出评估，指导具体财务战略的决策。

2. 经济周期分析法

经济周期是总体经济活动的一种波动过程，是经济运行的规律性反映，它通常分为繁荣、衰退、萧条和复苏四个阶段。表 9-1 为西方财务学界总结的经济周期各阶段企业的一般财务战略决策。

表 9-1　经济周期各阶段的企业财务战略决策

繁　荣	衰　退	萧　条	复　苏
1. 扩充厂房、设备	1. 停止扩张	1. 建立投资标准	1. 增加厂房设备
2. 继续建立存货	2. 出售多余设备	2. 保持市场份额	2. 实行长期租赁
3. 提高价格	3. 转让一些产品	3. 缩减管理费用	3. 建立存货
4. 开展营销规划	4. 停产不利产品	4. 放弃次要利益	4. 引入新产品
5. 增加劳动力	5. 停止长期采购	5. 削减存货	5. 增加劳动力
	6. 削减存货	6. 裁减雇员	
	7. 停止招聘雇员		

（资料来源：[美]艾伦·C. 夏皮洛. 跨国财务管理基础[M]. 北京：中信出版社，2002.）

需要说明的是，经济发展的周期波动不仅有短程周期、中程周期和长程周期之别，而且还有总量周期波动与产业及行业周期波动之异。所以表 9-1 中经济周期各个阶段应采取的财务战略的实施时间选择、力度以及持续的时间安排，还应以具体经济周期特征分析为前提。

3. 标杆法

标杆法（benchmarking）是许多世界著名企业经常使用的竞争对手分析方法，也是企业培养竞争优势的有效方法之一。标杆法起源于 20 世纪 70 年代末 80 年代初，在美国企业学习日本公司的运动中，首先开辟标杆管理先河的是施乐公司。标杆法的使用范围已从最初度量制造部门的绩效，发展到不同的业务职能部门，并被西方企业认为是改善企业经营绩效、提高全球竞争力最有效的一种管理工具。

（1）标杆分析法主要分为战略性和操作性两种。

1）战略性标杆法，是在与同业最优秀的公司进行比较的基础上，从总体上关注企业如何竞争发展，明确和改进公司战略，提高公司战略运作水平。战略标杆管理是跨越行业界限寻求绩优公司成功的战略和优胜竞争模式。战略性标杆分析需要收集各竞争者的财务、市场状况进行相关分析，提出自己的最佳战略。

2）操作性标杆管理，是一种注重公司整体或某个环节的具体运作，找出达到同行最好的运作方法。从内容上，标杆可分为流程标杆和业务标杆。流程标杆是从具有类似流程的公司中发掘最有效的操作程序，使企业通过改进核心过程提高业绩；业务标杆是通过比较产品和服务来评估自身的竞争地位。

（2）标杆分析法的基本程序。

1）标杆分析法包括如下基本业务流程：①确定标杆的内容是什么。②确定把谁作为标杆。③建立标杆企业的信息采集分析系统。④对本企业关心的方面做研究。⑤寻找与标杆企业的差异，并进行分析做出企业自身的战略决策。

2）在这一流程中，最重要的一步工作就是建立信息采集分析系统。其步骤如下：①建立标杆企业信息采集分析系统。信息系统的内容包括很多方面，不同的企业应当根据企业自身的实际情况进行设计和操作。在资料搜集过程中，对手资料范围也可以根据实际情况给予增加或减少，每一个方面的资料和数据内容可以进行细化，并加以初步分析。分析的结果可以是从资料中直接获得的数据或证据，也可以是根据基本资料做出的判断。②利用标杆企业信息资料进行财务战略决策。企业应当通过对标杆企业产品分析、市场营销策略和国际化经营的规模和范围等因素，以及最终对财务指标的影响，来进一步分析企业自身的相应现状，做出相应的决策。当然标杆企业成功运用的经验并不一定适用于特定企业，因此在采用标杆法时，一定要审慎。如果同时是同一国家内同行业的标杆企业，同时又是企业的竞争对手，有时通过对竞争对手的全方位分析，在投资战略上可以采取相反的策略。

4. SWOT 矩阵分析法

优势——弱点——机会——威胁（strenghs-weaknesses-opportunities-threats, SWOT）矩阵分析法是帮助管理者制定如下四类战略的重要匹配工具：优势——机会（SO）战略、弱点——机会（WO）战略、优势——威胁（ST）战略、弱点——威胁（WT）战略，其中优势——机会战略，是一种发挥企业内部优势而利用企业外部机会的战略。企业通常首先采用 WO、ST 或 WT 战略，而达到能够采用 SO 战略的状况；弱点——机会战略的目标是，通过利用外部机会来弥补内部弱点。适用于这一战略的基本情况是：存在一些外部机会，但企业有一些内部的弱点妨碍它利用这些外部机会；优势——威胁战略，是利用本企业的优势回避或减轻外部威胁的影响；弱点——威胁战略，是一种旨在减少内部弱点同时回避外部环境威胁的防御性技术，具体见表 9-2。

建立 SWOT 矩阵的过程包括如下步骤：①列出公司的关键外部机会。②列出公司的关键外部威胁。③列出公司的关键内部优势。④列出公司的关键内部弱点。⑤将内部优势与外部机会相匹配，记录作为结果的 SO 战略。⑥将内部弱点与外部机会相匹配，记录作为结果的 WO 战略。⑦将内部优势与外部威胁相匹配，记录作为结果的 ST 战略。⑧将内部弱点与外部威胁相匹配，记录作为结果的 WT 战略。

表 9-2　某经营良好公司的 SWOT 矩阵分析

	优势-S 1. 流动比率增长到 2.52 2. 盈利率上升到 6.94 3. 员工士气高涨 4. 拥有新的计算机信息系统 5. 市场份额提高到 24%	弱点-W 1. 存在待决法律诉讼 2. 设备利用率下降到 74% 3. 缺少战略管理系统 4. 研发支出增长了 31% 5. 对经销商的激励不够有效
机会-O 1. 西欧的联合 2. 用户选购商品时对健康的关注 3. 亚洲自由市场的兴起 4. 对汤料的需求年增长率为 10% 5. 美国与墨西哥自由贸易协定	SO 战略 1. 收购欧洲的食品公司（$S_1/S_5/O_1$） 2. 在墨西哥新建分厂（$S_2/S_5/O_5$） 3. 开发新的健康汤料（S_3/O_2） 4. 组建在亚洲销售汤料的合资企业（$S_1/S_5/O_3$）	WO 战略 1. 建立在欧洲销售汤料的合资企业（W_3/O_1） 2. 开发新的产品（$W_1/O_2/O_4$）
威胁 - T 1. 食品销售收入每年仅增长 1% 2. 竞争对手以 27.4% 的市场份额居于领先地位 3. 不稳定的亚洲经济 4. 罐头盒不能被生物降解 5. 美元贬值	ST 战略 1. 开发新的产品（$S_1/S_5/T_2$） 2. 开发新的可生物降解的汤料包装（S_1/T_4）	WT 战略 1. 停止在欧洲的不利经营业务（$W_3/T_3/T_5$） 2. 多元化经营，进入非汤料食品市场（W_5/T_1）

（资料来源：[美]阿斯瓦斯·达摩达兰著. 应用公司理财[M]. 北京：机械工业出版社，2004.）

5. 企业生命周期分析法

每个企业的发展都要经过一定的发展阶段。最典型的企业一般要经过初创期、发展期、成熟期和衰退期四个阶段。不同的发展阶段应该有不同的财务战略与之相适应。企业应当分析所处的发展阶段采取相应的财务战略。

（1）企业初创期的财务战略。企业生命周期初始阶段的经营风险是最高的，从经营风险与财务风险的互逆关系分析，较高的经营风险必须辅以较低的财务风险，因此要求采用稳健财务战略，具体体现为：

1）一体化投资战略。企业组建初期基于各种因素考虑，应当实施一体化的投资战略。即投资决策权全部集中在集团总部，所有子公司不具有投资决策权；母公司提出未来投资发展的方向，它类似于产业政策，由母公司对未来将要投资的领域提出优先级，以给子公司在项目选择时提供战略上的指导；对于子公司提出的投资项目及所需的资本，在经过管理总部审批确认后，由总部负责资金的分配；项目所需资金的分配必须严格按照项目资本预算的数额确定，由母公司负责预算的审批与资本的拨付。

2）权益资本型的筹资策略。对创业企业而言，其投资价值是由未来预期现金流量的现值创造的，这种现金流量来自产品的成功开发、投放和成长。此时债权人要求以较高的风险报酬为前提，因此初创期企业采用权益资本融资方式。在权益资本筹资过程中，由于这一时期企业的收益能力不高、不确定性很强，因此风险投资在其中起了很大作用。

3）零股利分配政策。新设立的高风险企业如欲新募集权益资本，必然面临着非常高的交易成本，如法律费用、手续费用和咨询费用等等。通过筹集新的权益资金来分配股利显然是不合逻辑的。因此在初创阶段，公司应采用零股利分配政策。

（2）企业发展期的财务战略。对大多数公司而言，进入发展期间后所有竞争战略的执行都需要公司相当大的投资，而这些要求在财务上的可行性有赖于对未来销售增长的预期，因此企业经营风险的程度依然很高，公司必须采用适当的融资渠道将财务风险控制在低水平，这就意味着需要继续使用权益资金；在高速成长时期，基于完全合理的利润水平之上的高销售额将产生比创业阶段更充裕的现金流，这最终导致股利支付率保持在低水平上。

1）权益筹资战略。当企业对资金的需求远大于企业的供给能力时（可容忍的负债极限能力），负债筹资不能成为企业集团发展期的首选融资方式（由于高经营风险所带来的外显式高资本成本）。因此资本不足的矛盾主要通过两条途径来解决：一是公司向现有股东增发新股；二是将大多数收益留存企业。这种权益性的筹资战略，尤其是留存收益再投资战略是企业发展壮大的基石。这种战略要求企业：第一，确定合理的利益分配与留存比例，最好采用不分股利政策；第二，如果是集团公司，应该明确对外筹资的集权性管理，统一调度资金，利用盘活内部资金等等。

2）适度分权的投资战略。企业应当采取适度分权的投资战略（总部集权重大项目决策、严格中小项目审批）；投资所需资本采取集中供应与自主筹措相结合；合理测定集团增长速度，防范过度经营；强化立项审批制度，合理投资规划、严格项目法人负责制与项目责任人负责制。

（3）企业成熟期的财务战略。一旦产业稳定，销售情况良好而稳定且利润空间合理的成熟阶段开始出现，企业将呈现这些财务特征：市场增长潜力不大，产品均衡价格形成，竞争转向成本效率；账款不断收回，形成较大现金净流量；股东报酬期望高等。在这个阶段，企业将采取以下财务战略：

1）激进型筹资策略。进入成熟期，意味着企业高盈利水平和低资本性支出时期的到来，企业此时选择激进型的筹资策略，更多地运用债务融资是较佳选择。首先利用债务融资可获取增加潜在税收的期望现值；其次在经营中所涉及的资产这时处于价值最大化的时期，此时企业财务状况良好，债务融资成本较低；再次经营风险的降低能通过举债带来的财务风险增加来平衡，运用负债手段可以放大资本杠杆所产生的正效应，进一步增加股东价值。

2）以技术改造与资产更新为重点的投资战略。

3）以强化成本管理为核心的内部财务管理战略。

4）高支付率股利分配政策。

（4）企业衰退期的财务战略。除非企业能创造巨大的市场，并能无限制地持续下去，它在成熟期创造的正现金流量不可能永远持续下去，因为市场对产品的需求最终将逐渐衰退，原有行业已成夕阳，需要进行大幅度市场结构与经营结构的调整。在这一阶段公司应当考虑以合适的价格出售某些分部，退出这一行业并集中财务资源，投资已确定要进入的领域与行业。如果退出阶段得到的高现金流量并没有新的投资战略，可以实行高支付率股利分配战略。

二、投资战略决策分析方法

投资战略决策包括对内投资和对外投资，其核心在于产业筛选。企业在进行投资战略决策分析时，重点要从项目投资决策程序转向对行业的分析决策。企业在总体财务战略下，进行投资战略决策分析的目的就在于了解企业所在行业的总体状况，进行行业选择，寻找所在行业中存在的威胁和机会，把握竞争态势，确定自己在行业中的地位。在此基础上，做出投资进入、扩大或退出的决策。主要分析方法包括：波士顿增长——占有率矩阵法、通用电气经营矩阵分析法、波特行业结构分析法、产品生命周期法、产业链分析法、价值链分析法。

1. 波士顿增长——占有率矩阵法

波士顿增长——占有率矩阵法（Boston Consulting Group Matrix, BCG）是描述企业各分部在市场份额和产业增长速度方面差别的投资战略决策分析方法。BCG矩阵使多部门企业通过考察各分部对其他分部的相对市场份额地位和产业增长速度而管理其业务组合。相对市场份额地位可以定义为分部在本产业的市场份额与该行业领导企业的市场份额之比。业务组合则定义为一个企业的各自主经营的分公司或分部（利润中心）结构。

BCG 矩阵的 X 轴代表相对市场份额地位。X 轴的中位值一般设定为 0.5，表示公司的市场份额为本产业领先公司的一半。Y 轴是以销售额增长百分比代表的产业增长率。Y 轴的产业增长百分比范围为-20% ~ 20%，中位值为 0。以上数值范围为常用的 X 轴和 Y 轴数值范围，但必要时也可自行调整。由 X 轴与 Y 轴数值范围组成的平面区域常被分为如下四个区域：第一区域称为"明星"。此区域中的战略经营单位（SBU）不仅位于高增长行业中，而且拥有较高的相对市场占有率，可为企业提供长期利润和增长的可能性。第二区域称为"问号"。此区域内的 SBU 具有较低的相对市场份额和较弱的竞争能力，但它们所依托的行业是高速增长的行业，因此为企业提供了长期获利和发展的机会。如果得到适当的帮助，注入大量的资金，"问号"就可以转变为"明星"。第三区域称为"现金牛"。尽管处于低增长率行业，但占有的相对市场份额较高的 SBU 被称为"现金牛"。它们是行业中的成本领先者，位于学习曲线的右下方。这种状况可以使 SBU 保持高利润，能够产生大量的正现金流量。不过行业的低增长率预示着缺少未来的发展机会，因此不能向其进行大量的投资。第四区域称为"瘦狗"。处于低增长行业，同时市场份额也低的 SBU 被称为"瘦狗"。它们所在的行业没有吸引力，本身又缺乏竞争能力，因此对企业的贡献不大。

利用波士顿矩阵分析法，制定最佳投资战略应该考虑以下几方面：①应该把有希望的"问号"转变为"明星"，巩固现有的"明星"的地位作为企业的长期目标，这就需要把来自"现金牛"的大量资金用于对某些"问号"的开发和未来"明星"的资助上。②对远景不明的"问号"应减少或停止投资，以避免或减少企业资金资源的浪费。③完全停止对"瘦狗"的投资，退出所在行业。④如果缺少足够的"现金牛"、"明星"和"问号"，就应采取兼并或退出等战略对整个组织加以全面调整。一个企业拥有足够的"明星"和"问号"，才能确保利润和发展；拥有足够的"现金牛"才能保证对"明星"和"问号"的资金支持。

2. **通用电气经营矩阵分析法**

该方法如图 9-1，要把整个组织分为若干个 SBU，并从两方面进行评估：一是行业吸引力；二是 SBU 在本行业中的竞争力。该方法是基于产业长期吸引力和业务优势竞争地位分成九个方块。它的产业吸引力包括市场增长率、产业盈利性、规模、定价以及其他可能的机会与威胁。竞争地位包括市场占有率、技术地位、盈利性、规模以及其他可能的优势和劣势。该方法认为处于 F、H、I 区域里的经营活动或 SBU 应减少或停止投资；对于 A、B、D 区域里的经营活动或 SBU 应予必要的资金资助；对处于 E 区域的应给适当的观察；对处于 C、G 区域的应充分利用其强有力的竞争地位，使之尽可能提供利润和现金。其具体评价方法如下：

（1）分别列出产业吸引力和竞争地位各自的关键因素。关键因素总数在 10 个左右。产业吸引力的关键因素包括影响产业的各种机会与威胁。竞争地位的关键因素包括企业的各种优势和劣势。

（2）产业吸引力主要是指某个产业的市场潜力和整体盈利状况，是一种基于对外部市场的判断。从产品生命周期、产业增长率、产业盈利性、市场规模、市场价格以及其他可能的机会与威胁因素等方面进行评价。

（3）竞争地位主要指本企业在该产业的竞争地位和获利能力，是一种基于对自身能力的判断。包括相对市场占有率、技术地位、盈利性、规模以及其他可能的优势与劣势因素。

		强	中	弱
行业吸引力	强	领先地位 A	不断进化 B	加速发展 C
	中	发展领先地位 D	密切关注 E	分期撤退 F
	弱	收获现金 G	分期撤退 H	不再投资 I

竞争地位

图 9-1　通用电气经营矩阵分析图

（资料来源：[英]加里·哈殷，[美]C.K.帕拉哈莱德等著，朱戎，段盛华等译.战略柔性：变革中的管理[M]. 北京:机械工业出版社，2000.）

（4）赋予每个关键因素以权重，其数值为 0（不重要）~1（非常重要）。权重确定的依据是这些关键因素对企业在产业中取得成功的影响程度，所有关键因素的权重总和必须等于 1 。

（5）按照企业现行战略对每个关键因素及其分项特征进行评分，各分项特征的计分范围为 1~5 分，分值越高，则产业吸引力越大或竞争地位越强。

（6）用每个关键因素的权重乘以各分项特征的评分，即得到每个关键因素的加权分数。

（7）将所有关键因素的加权分数相加，即分别得到产业的产业吸引力和竞争地位加权值。

（8）根据产业吸引力和竞争地位各自的加权值，对企业各个产业进行矩阵定位，筛选出公司应重点关注的产业及相应的战略发展方向。

（9）根据上述矩阵图，可以将 A、D 定位为核心产业；B 和 E 定位为增长产业；C 定位为种子产业；F、G、H、I 定位为撤退产业。

以上步骤的评价和判断由战略规划部和财务管理中心在 CEO 和 CFO 指挥下组织完成，并按授权由战略预算委员会、董事会或股东大会决定。

3. 波特行业结构分析法

（1）"五力模型"。迈克尔·波特对于管理理论的主要贡献，是在产业经济学与管理学之间架起了一座桥梁。在其经典著作《竞争战略》中，他提出了行业结构分析模型，即所谓的"五力模型"（five forces model）。根据波特的理论，特定产业的竞争性质可由如图9-2中五种力量决定。

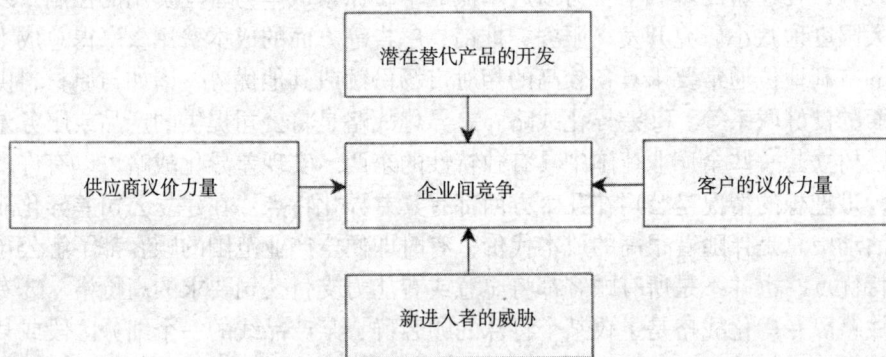

图9-2　五力模型示意图

（资料来源：迈克尔·波特著，陈小悦译. 竞争战略[M]. 北京：清华大学出版社，2005.）

1）企业间竞争。企业间的竞争往往是五种竞争力量中最为重要的一种。只有那些比竞争公司的战略更能带来竞争优势的战略才可能是成功的战略，同时公司战略的变化可能会招致竞争对手的对抗性报复行动。

2）新竞争者的威胁。每当新竞争者可以容易地进入某特定产业时，该产业内的竞争程度将提高，尽管存在众多的进入壁垒，新的公司往往还是能够以更高的产品质量、更低的价格、强大的营销力量进入产业。因此战略家的任务在于，识别潜在的可进入市场的公司，监视这些公司的战略，必要时进行反击以及充分利用现有优势和机会。

3）潜在替代产品的开发。在很多产业，企业会与其他产业生产替代产品的公司开展直接的竞争。替代品的存在为产品的价格设定了上限，度量替代产品竞争优势的最好尺度是替代产品进入市场后所得到的市场份额，以及竞争公司增加生产能力和加强市场渗透的计划。

4）供应商议价力量。供应商议价力量会影响企业的竞争程度，尤其是当存在大量的供应商，优质的替代原材料少，或者改用其他原材料的转换成本很高时更是如此。

5）客户的议价力量。当客户分布集中、规模较大或大批量购货时，他们的议价能力将成为影响产业竞争强度的一个主要因素。对于标准化的或非差别化的商品，客户拥有更强的讨价还价优势。在这种场合下，客户将在销售价格、保修范围、配件提供等方面提出更为苛刻的要求。

（2）五力模型竞争分析方法与企业投资战略的制定。

由于各产业竞争程度有很大的不同，在与五种竞争力量的抗争中，蕴涵着三类成功战略思想：①总成本领先。战略成本领先要求坚决地建立起高效规模的生产设施，在经验的基础上全力以赴降低成本，抓紧成本与管理费用的控制，以及最大限度地减小研究开发、服务、推销、广告等方面的成本费用。赢得总成本最低的有利地位通常要求具备较高的相对市场份额或其他优势，诸如与原材料供应方面的良好联系等。②差异化战略。差异化战略是将公司提供的产品或服务差异化，树立起一些全产业范围中具有独特性的东西。实现差异化战略可以有许多方式，最理想的情况是公司在几个方面都有其差异化特点。在建立公司差异化战略的活动中总是伴随着很高的成本代价，有时即便全产业范围的顾客都了解公司的独特优点，也并不是所有顾客都将愿意或有能力支付公司要求的高价格。③专一化战略。专一化战略是主攻某个特殊的顾客群、某产品线的一个细分区段或某一地区市场。低成本与差异化战略都是在全产业范围内实现其目标，专一化战略的整体却是围绕着为某一特殊目标很好地服务这一中心建立的，它所开发推行的每一项职能化方针都要考虑这一中心思想。这一战略依靠的前提思想是公司业务的专一化能够以较高的效率、更好的效果为某一狭窄战略对象服务，从而超过在较广阔范围内竞争的对手。专一化战略必然地包含着利润率与销售额之间互以对换为代价的关系。

波特认为这些战略的目标是使企业的经营在行业竞争中高人一筹。在一些行业中，这意味着企业可取得较高的收益；而在另外一些行业中，一种战略的成功可能只是企业在绝对意义上能赢得微利的必要条件，同时波特认为每一个公司必须明确选择战略，徘徊其间必然影响公司的战略地位。

4. 产品生命周期分析法

产品生命周期矩阵分析法是根据企业各项业务所处的产品／市场生命周期阶段和业务的大致竞争地位决定战略类型的方法，如表9-3所示。

表9-3　生命周期矩阵分析法

阶　段	竞争能力		
	强	中	弱
引进阶段	盈利	问号	亏损
发展阶段	盈利	盈利或问号	可能亏损
成熟阶段	盈利	盈利	亏损
衰退阶段	盈利	亏损	亏损

产品生命周期矩阵分析法对企业制定投资战略具有如下的指导作用：①对处于引进阶段的盈利业务一般采取迅速扩大规模和提高差别化程度的投资发展战略。②对发展阶段的盈利业务还应争取使其具有成本优势。③处于成熟阶段的盈利业务有能力将市场上其他竞争对手驱赶出去，因此还能在该产业中继续经营下去，但不宜过多投资发展。④处于衰退阶段的盈利业务虽然通过集中于某个细分市场在目前尚可有盈利，但由于市场在逐渐消失，所以仍应及早做好撤退的打算。⑤处于发展阶段和成熟阶段的业务有两个出路：一是在盈利业务的资金支持下提高竞争地位而成为盈利业务；二是通过紧缩或退出战略，将转移出来的资金用于支持处于发展阶段的盈利业务或发展新的业务。⑥处于引进和发展阶段的亏损业务尚有提高市场竞争地位的可能，只是需要追加大量的资金。⑦处于成熟和衰退阶段的亏损业务多数只有撤资退出一条出路。

5. 产业链分析法

产业链的本质是用于描述一个具有某种内在联系的产业群。产业链中大量存在着上下游关系，上游和下游之间相互交换，上游环节向下游环节输送产品（可以是有形的物质产品，也可以是技术或服务等特殊商品），下游环节向上游环节反馈信息和价值。一条产业链上的所有环节共处在一个产业生态系统之中，如果有一个环节发生了变化（如技术），就会导致其他环节的连锁反应。产业链的整合往往蕴涵着新的机会和空间。

（1）研发——生产——营销型产业链。就世界范围而言，产业链发展经历以下几个历史性的改变：20世纪60年代前期忽视生产；60~80年代对生产进行全方位的改进，包括TQC（全面质量管理）体系的完善和MRP/ERP系统的出台和改进；80年代末90年代初，欧美企业开始重新认识产业链前后两端、关注重点转向研发和销售环节；90年代末至今，流行专业化分工和行业整合。贯穿这些变革的是一个不变的主题：实现企业价值最大化，使企业在激烈的竞争中立于不败之地。

（2）原材料——制造——批发——零售——消费型产业链。如果某企业所处行业很有发展前途，而且企业具备足够的资本运作实力、现金流和管理整合能力，那么企业在供、产、销等方面实行一体化能提高效率，获得规模效益，企业应通过并购、重组等方式来实现一体化增长战略。如壳牌在中国真正开展业务始于20世纪70年代，而今天的壳牌在中国拥有了一个完善的产业链。

（3）关联产业链分析。企业发展到一定的规模后，增长模式会发生新的变化，企业利用产业价值链的优势寻找机会进入关联产业，打造跨产业的产业链运动。企业可以利用现有的技术、特长、经验发展新产品；或者利用原有市场，采用不同的技术来发展新产品形成相关多元化投资模式。

6. 价值链分析法

（1）企业特有的价值链是形成竞争优势的基础。对企业内部价值链的分析是进行财务战略决策分析的最末端、最核心的环节之一。价值链就是企业用来进行设计、生产、营销、交货及维护其产品的各种活动的集合，所有这些活动都可以用图 9-3 表示出来。财务部门对企业价值链进行积极的分析，不仅可以使企业进行成本战略控制，还可以为领导者决策提供支持，帮助企业重组业务流程，为企业对内、对外投资或一体化并购决策提供强有力的支撑。从企业基本价值链可以看出，企业行为可以分成九种相关活动。这些活动可以分为两大类：基本活动、辅助活动。基本活动是由投入到产出的转化，是产品或服务在实质上的创造，并把它提供给买方以及进行一些售后服务。辅助活动支持基本活动和其他辅助活动，由企业职员来完成，包括常规管理、财务、计划、房产管理、质量保证等基础结构，该基础结构支持了整个价值链，帮助或阻碍成本竞争优势的形成。

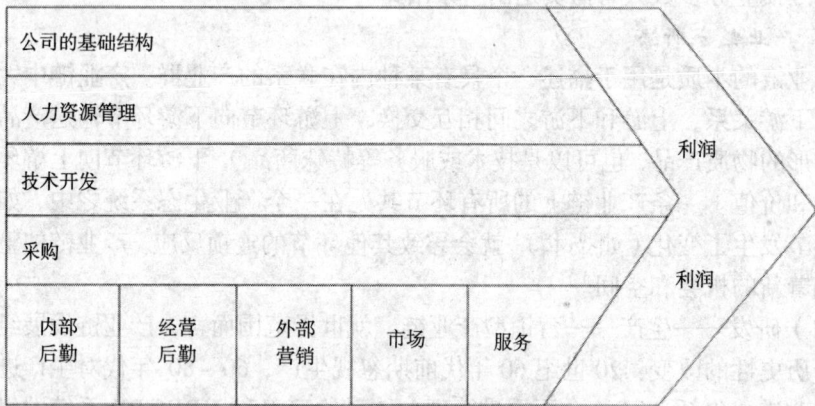

图 9-3　企业价值链九种基本价值活动

（资料来源：迈克尔·波特著，陈小悦译. 竞争战略[M]. 北京：清华大学出版社，2005. ）

　　细化的企业竞争力指标如下：①内外部后勤，主要考察企业的及时供货率。②生产作业，主要测量产品生产周期、变更品种所需时间和生产能力利用率。③销售和服务，主要考察质量管理、产品质量水平和售后服务网点。④人力资源管理，主要分析员工素质、员工培训和员工流动性。⑤技术开发，主要研究技术开发的目标、技术开发的方式、研发和技改投入及新产品的试制周期。⑥企业基础设施，在波特教授的研究框架中，企业基础设施除了企业的各种物资设备外，还有企业获取低成本资金的能力。

　　（2）无论是投资者还是经营者，通过价值链分析，可以利用价值链来消除不增值作业，提高资源的利用效率。企业价值链中常存在许多不增值的作业。如成品水泥用纸袋包装送达用户，用户拆包使用，这一包一拆的过程就属浪费作业，通过价值链分析后改进为利用罐装车直接向用户运送散装水泥，不仅方便了供需双方，还节约了社会资源。同时出资者或经营者可以通过价值链分析，寻求利用上、下游价值链以降低成本。例如通过与上游供应商共同协商降低供应商产品成本的途径并付诸实施，通过供应商及时供货降低存货及采购成本；通过与下游分销商一道协商降低销货成本，利用零售商了解顾客消费倾向及对产品的要求，降低产品生命周期成本。出资者或经营者还可以通过对竞争对手价值链分析，了解竞争对手的成本情况、市场份额，使管理当局能借此评价其与竞争对手相比的成本态势，客观评价自己在竞争中的优势与劣势，从而制定取得竞争优势的竞争战略。

（3）公司为了分析自身的价值链，以确定收购或合并什么样的企业，并以此为依据制定其战略，需要：①识别价值链活动。②识别每一项价值活动的成本动因。③通过降低成本或增加价值建立可持续竞争优势。为此企业必须考虑：识别竞争优势（成本领先性或差异性）；识别增加价值的机会；识别降低成本的机会。

三、筹资战略决策分析方法

1. 筹资战略决策分析基本原则

（1）筹资规模决定于投资战略。筹资规模尽可能支撑公司战略发展，尤其是战略扩张的资金需要。保证企业及时实施战略计划与投资战略的资金需求决定了新增筹资规模必须配合具体的募资投向，即投资资金需要量决定新增筹资规模。

（2）筹资方式多元化战略。企业筹资战略的一个重要特点就是不贪图一时的低成本或低风险的资金来源，也不局限于单纯满足企业当时的资金需要，而是从长计议以战略观点设计、保持和拓展筹资渠道，广泛运用各种可行的融资方式并在政策允许和控制融资风险的前提下，鼓励利用衍生金融工具融资方式。为保持集团财务稳健，集团筹资遵循先内部后外部、先留存后借款再股本的筹资顺序，其目的在于保持随时再筹集到足够数量资金的能力。

（3）股利战略要有利于企业长期发展。依据企业战略的要求和内外环境状况，对股利分配进行全局性和长期性的谋划。与通常所说的股利决策或股利政策相比，股利战略具有以下特点：①股利战略是从企业的全局出发，从企业战略的整体要求出发决定股利的分配。②股利战略在决定股利分配时关注股利分配对企业长期发展的影响。

（4）低资金成本与低筹资风险原则。企业筹资不仅是单纯从数量上满足企业需求，而是应该能够以较低的资金成本筹集到足够数量的资金用于供应企业所需，而且还要考虑如何降低筹资风险，把筹资风险控制在可以接受的范围之内，这也是资金质量目标的一个重要方面。对此需要长期关注通货膨胀的可能变化和金融环境的变化。通货膨胀会带来企业原材料价格上涨，资金占用大量增加，资金需求膨胀；企业利润虚增，资金流失严重；政府紧缩银根，银行信贷风险增大，资金供给相对不足；消费行为改变，产品销路不畅等。对此企业必须关注通货膨胀率的变化和预期，合理预计通货膨胀的发生时间，调整融资战略，积极运用金融工具，规避通货膨胀风险。

金融环境的状况对于企业资金流动具有至关重要的影响。其具体内容包括金融机构的种类和数量、金融业务的范围和质量、金融市场的发展程度、金融传统、人们的金融意识、有价证券的种类等等。企业财务战略必须适应金融环境的变化与要求，充分利用这些变化对企业筹资和投资提供的机会，降低企业融资成本，控制财务风险，促使企业资金均衡、有效地流动。

2. 筹资方式特征分析法

企业在从战略角度选择筹资渠道与方式时，应该对各种不同筹资渠道与方式所筹资金的特点进行详细的分析，在此基础上结合企业战略目标分析，即可对筹资渠道与方式做出合理的战略选择，不同融资方式的财务特征见表9-4。

表9-4　不同融资方式财务特征

项目	资金成本	方便性、对经营权的影响	对利润的影响、利用时间的长短、利用额的大小
内部留成	• 在财务计算上没有成本 • 作为机会费用有一定的成本	• 如果没有利润也无法留成 • 对经营来说是最安全的资金 • 分红后可以自由支配	• 没有使用期限
股票	• 可以根据利润情况确定分红 • 按市价发行时，由于发行后的股票还原，使成本提高	• 发行种类较多，可以相互组合 • 手续多、时间长 • 根据股份稳定程度不同对经营权有不同程度的影响	• 无期限资金 • 可以大量筹措 • 由利润处理确定股利
贷款	• 成本低于普通公司债 • 有时银行将强制提高提取存款比率	• 手续简单 • 有时不需要担保 • 需要支付利息和还本 • 经营不佳时，成本较高 • 在有些情况下经营权利受到干预	• 金额可大可小 • 有长期贷款，但以短期为主 • 费用就是利息
公司债券	• 由于是固定利息，所以在低利息时发行较为有利 • 在兑换公司债券或发行附带"新股份接受公司债券"时利息更低	• 一般需要担保 • 手续较多、时间长 • 需要支付利息和还本 • 经营不佳时，难以筹措 • 类型较多，利用范围较广	• 期间长、数额大 • 费用就是利息
赊购款	• 表面看没有成本，但实际上这些购置成本有时加在价格里，另外价款在采取现金折扣制度时，也有成本 • 比购买设备的成本高	• 容易筹措 • 不必担心经营权受干预 • 在急需时可以筹措到一定限度的资金	• 短期 • 只能利用购入金额部分
租赁		• 只能利用相当于租赁设备资金 • 手续简单 • 不需要担保 • 如果拖延支付租赁费，对方将提出支付全部价格	• 折旧快 • 金额可大可小 • 贷款期间由租赁设备的使用年限决定

（资料来源：[日] 中央会计师事务所编. 风险企业的财务战略[M]. 北京：中国经济出版社，1986.）

3. 筹资能力估算分析法

筹资能力指企业从各种资金来源获得资金的能力，它集中表现为在一定时期内，企业能够筹集到资金的数量和质量。在筹资战略的制定和实施过程中，预先分析企业大概资金筹措能力十分必要。首先，筹资能力的大小是企业制定筹资战略的重要依据。良好的资金筹措战略与筹资能力之间应该保持一种合理的平衡关系，以保证它既切实可行又行之有效。其次，资金筹措战略的实施过程实质上就是综合运用企业资金筹措能力的过程，只有全面分析了企业的资金筹措能力，才能更加主动、有效地利用它，使潜在的优势转化为现实的优势，保证资金筹措战略的顺利实现。企业的资金来源可分为企业内部资金来源与外部资金来源两大类。企业内部资金来源是指企业通过自身生产经营成果的积累而形成的可用资金；而企业外部资金来源是企业通过不同筹资方式从企业外部获得的可用资金。它又分为两种主要来源：一是筹集负债资金；二是筹集权益资金。企业从这些渠道筹集资金的能力构成了企业的总体筹资能力。

（1）内部资金筹措能力估算。企业内部资金来源就是企业将其所获得的收入和利润的一部分重新投入到企业生产经营过程中，参加资金再循环的那部分资金。所以企业内部资金筹措能力主要决定于企业的收入水平、盈利能力及有关财务政策等因素。企业内部资金筹措能力可大致估计如下：

预期未来几年内的收入水平 × 税后目标销售利润率 = 税后净收益 − 现金股利 = 留存盈余 + 折旧 = 经营产生的内部资金 − 银行贷款和长期负债还款总数 = 净内部资金来源

（2）负债资金筹措能力估算。企业负债资金来源就是企业通过借债的方式所能获得的资金。企业的负债筹资能力主要取决于企业的盈利水平与资金来源结构。一定的盈利水平是企业偿还借款本息的重要保证，而资金来源的结构则反映了企业财务风险的大小。一般情况下，只有这两方面的情况良好，潜在的债权人才会有信心把资金贷给企业，企业才能以合理的利率和条件得到所需的借款。现在假设企业的盈利能力是有保证的，则企业的负债资金筹措能力可大致估计如下：

估计的未来股东权益总数（目前的股东权益 + 预期新的股东权益 + 税后净收益 − 股利）× 行业平均负债 ÷ 股东权益比率 = 总负债能力 − 现有总负债 = 新的负债能力

总负债能力可以是银行承诺的最大贷款金额，也可以用参照行业平均的方法进行估计。

（3）权益资金筹措能力估算。权益资金来源即企业通过发行新股或以其他方式增资获得资金的能力。股东或潜在的股东们投资于某一企业，主要目的是期望得到较高的利益回报。因此权益资金筹措能力主要取决于企业的盈利能力及给股东的回报。所以企业要想增加新的股权资金，在可能的情况下应选择经营情况和金融市场状况最好的年份发行新股，力求在这一年里使企业的利润和每股盈余有一个较大幅度的增长，为新股发行提供基础，使之不会被稀释而降低。企业权益资金筹措能力可大致估计如下：

净收益（最好增长年份）－净收益（正常增长年份）＝额外净收益（Δ净收益）÷EPS（正常预期水平）＝潜在可发行新股股数×预期股票发行价格－估计发行成本＝发行新股可得资金

因此，企业总的资金筹措能力是其内部资金筹措能力、负债资金筹措能力和权益资金筹措能力的总和，但不能视为上述三个估计的简单算术和。这是因为上述三种能力之间是互相联系、互相影响的，而且资金筹措能力还受到企业其他多方面因素的影响，具体可分为内部因素和外部因素，所以上述计算只是对筹资能力的大致估算。

第四节　财务战略执行分析

一、财务战略执行的管理控制系统

管理控制系统的目的在于贯彻财务战略。不同的企业，控制与战略之间关系有所不同。建立管理控制系统应当考虑如下几个方面：

（1）不同的战略在不同的组织体系中运行，可以使用的财务战略手段不同。

（2）为了更有效地执行公司整体战略，不同的战略需要不同的优先顺序、按照不同的关键性成功因素、不同的技巧来行动。但由于企业目标通常表现为财务结果，因此企业整体战略的核心是某财务业绩的实现，财务部门在保证财务业绩实现方面要发挥主要作用，财务战略在设计管理控制系统时是其中的主要方面，管理控制系统必须便于财务战略的执行。

（3）控制系统有别于控制手段的根本点是战略控制系统产生行为的导向作用，影响被评价员工行为，从而使全部员工行为趋向企业的战略，这通过具体的战略执行方法得以实现。

（4）在对实现企业战略包括财务战略的管理控制系统进行设计和通盘考虑时，必须始终关心该管理控制系统下诱发的行为是什么。

综上所述，战略执行的方式取决于公司对战略执行的管理控制系统的选择。关于现代企业组织结构与战略关系的研究，可直接追溯到古尔德（Goold）和坎贝尔（Campbell）等人的模式研究。他们将管理控制模式分为财务控制型、战略控制型和战略计划型三种，这三种不同模式可用表 9-5 概括描述。[①]

表 9-5 三种不同的管理控制模式

项 目	战略计划型	战略控制型	财务控制型
行业类型	高速变化、快速增长或竞争激烈	成熟产业、稳定的竞争环境	多种产业
总部任务	高度介入业务单位的计划和决策的制定，方向明确	业务单位制定计划，总部检查、评估和监督	强调由业务单位制定所有决策
业务单位任务	经营计划要征得总部及其业务单位的同意 （符合战略目标）	有责任制定决策、计划	独立经济体，有时相互合作，追求共同利益
组织结构	强大的中心功能部门，共享服务部门	权力下放，重点是单个业务单位表现，总部作为战略控制者	总部人员最少，总部的工作重心是支持和财务控制
计划程序	按长期战略要求分配资源，总部对计划的影响很大	财务和战略目标相结合，总部对计划的影响程度中等	无正式战略计划，管理程序注重业务单位的年度预算和财务指标，总部对计划影响小
控制程序	不看重对月度财务结果的监督，总部的管理较灵活	依据计划，定期监督实际的财务和非财务指标，总部进行战略控制	只关注财务指标和结果（约定的），总部的控制仅仅是财务上的
价值创造重心	为了长远经济发展创立新的业务单位	业务单位的长期战略和目标（促进＋协调）	运营改善和财务控制

（资料来源：[美]安德烈·阿·德瓦尔. 绩效管理魔力[M]. 上海：上海交通大学出版社，2002.）

显然三种模式的区别在于：总部控制与管理下属单位的程度不同，影响下级单位的程度也不同。在不同的战略、管理组织与管理结构下，企业财务战略的执行过程和权力层级也会相应不同。

二、财务战略的执行过程

一般而言，企业组织整体战略目标往往非常概括、抽象，财务战略只是企业财务方面的因素，那么如何使得财务战略和其他职能战略相互配合，共同实现企业的整体战略？平衡计分卡为公司经营战略实施计划的诊断和事后结果的评估提供了一套系统化的思路，是对公司高层关注的战略管理问题与基层关注的运营控制问题的一个对接和整合。其流程如图 9-4 所示。

---

① [美]安德烈·阿·德瓦尔. 绩效管理魔力[M]. 上海：上海交通大学出版社，2002.

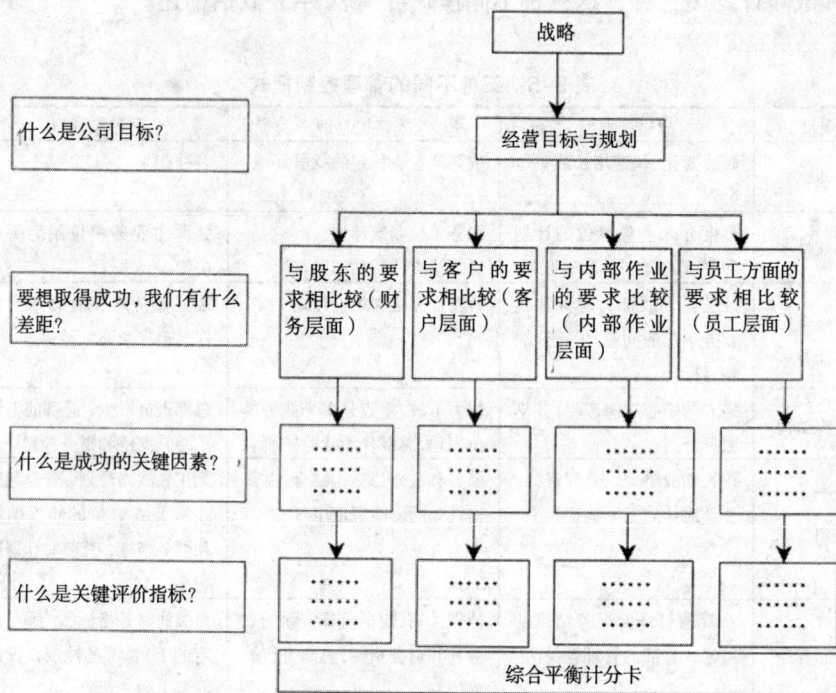

图 9-4　平衡计分卡

（资料来源：芝加哥大学商学院，欧洲管理学院等编著，王智慧译.把握战略：MBA 战略精要[M].北京：北京大学出版社，2003.）

1. 平衡计分卡

平衡计分卡（the balanced score card）是由美国著名管理大师罗伯特·卡普兰和复兴方案国际咨询企业总裁戴维·诺顿在总结了 12 家大型企业业绩评价体系的成功经验基础上，提出的战略管理工具。平衡计分卡把企业的使命和战略转变为可衡量的目标和方法，这些目标和方法分为四个方面：财务、客户、内部作业、创新与学习，各部分被细化为若干指标。通过这个全面的衡量框架，它能帮助企业分析哪些是完成企业使命的关键成功因素，哪些是评价这些关键成功因素的指标，促使企业员工完成目标。

（1）财务方面。平衡计分卡的财务绩效衡量方面显示企业的战略及其实施和执行是否正在为最终经营结果的改善做出贡献。常见的指标包括：资产负债率、流动比率、速动比率、应收账款周转率、存货周转率、资本金利润率、销售利税率等。

（2）客户方面。平衡计分卡的客户方面衡量包括客户的满意程度、对客户的挽留、获取新的客户、获利能力和在目标市场上所占的份额。

（3）内部作业方面。内部作业衡量方法所重视的是对客户满意程度和实现组织财务目标影响最大的那些内部过程。平衡计分卡方法把革新过程引入内部经营过程之中，要求企业创造全新的产品和服务，以满足现有和未来目标客户的需求。这些过程能够创造未来企业的价值，推动未来企业的财务绩效。

（4）创新与学习方面。组织的创新与学习有三个主要的来源：人才、系统和组织程序。平衡计分卡能揭示人才、系统和程序的现有能力和实现突破性绩效所必需的能力之间的巨大差距，从而改进投资。

同许多传统业绩管理方式相比，平衡计分卡确实具有一些突出的优点，如平衡计分卡能够始终将公司整体的战略目标作为核心目标等；但平衡计分卡这种"多元化的目标管理方法"在继承了传统目标管理方法优点的同时，也继承了目标管理方法的缺点，如在应用平衡计分卡技术的过程中，公司整体的战略目标以及通过逐层分解得到的员工个人目标的设定本身就是一个难以解决的问题。

2. 战略执行图

一般而言，设计平衡计分卡的首要任务就是将组织整体战略目标分解为更为具体的、可执行的、易于衡量的具体行动目标。如上所述，平衡计分卡所提供的分析框架就是从财务、顾客、内部作业及创新与学习四个角度将整体战略进行分解，而由卡普兰和诺顿所倡导的以企业战略执行图（strategy executive map）为基础的分析框架则更具操作性和逻辑性。所谓战略执行图，就是全面、明确勾勒出企业战略目标与日常经营活动目标之间逻辑关系的一个框架图，它是一种自上而下的战略描述方式，不同的企业应根据自己的战略或目标来绘制相应的执行图，以明确企业各项活动之间及与目标之间的逻辑关系。该战略执行图的基本逻辑是企业的基本目标是为股东创造更多的价值，企业为股东增值的两个基本战略就是增加收入和提高生产效率。企业在四个方面均衡增长，财务战略贯穿在这四个方面，例如信息系统的投资建设是对企业创新与学习方面的支持，参见图9-5。

3. CSF 及 KPI 指标

成功关键因素（CSF）是对公司擅长的、对成功起决定作用的某个战略要素的定性描述。CSF 由关键绩效指标（KPI）进行定量计算和测量。使用 CSF 和 KPI，使得战略目标得以分解，压力逐层传递，同时得以监控战略目标的实现过程。

KPI 指标包括财务性业绩指标和非财务指标，财务指标一般选用能够代表公司或部门获利能力的指标，是对公司战略和经营策略的概括性衡量。低于预期水平的利润，表明公司的战略或策略没有实现预计的结果，因而有可能是不合适的。非财务性指标，如质量不仅解释了目前的销售水平，还可以用于预测未来的销售水平。

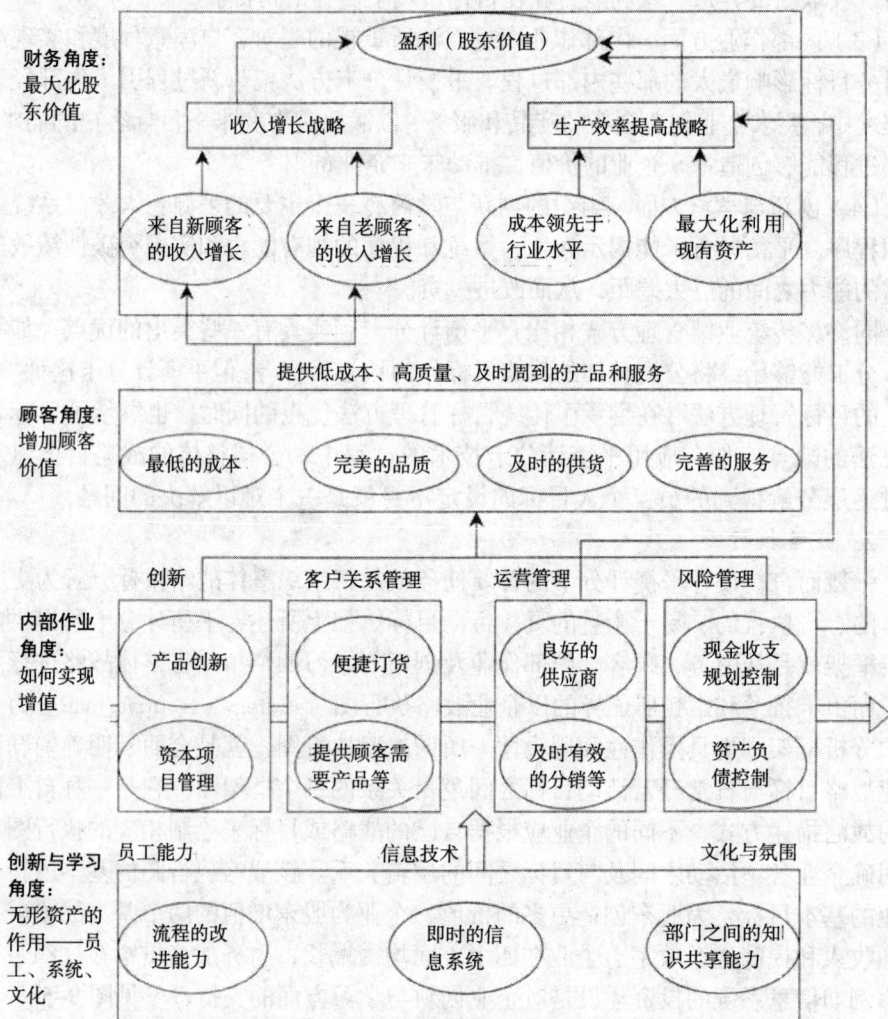

图 9-5 以股东价值最大化为目标、强调企业平衡发展的战略执行图

（资料来源：[美]道格拉斯·R. 爱默瑞等著. 公司财务管理[M].北京：中国人民大学出版社，2005.）

KPI 指标能够把企业的注意力集中到问题的关键，即迫使组织成员都可以集中认识并思考对组织来说成功的含义是什么，日常的运营最终对财务指标的影响结果是什么。这一过程同样要结合企业的组织形式和特定情况进行分析。企业要将战略落实到具体的 KPI 指标上，最终形成企业的目标指标体系，通过将指标体系的目标下达到业绩合同中去，激励经营者努力实现业绩目标，从而保障了战略的实现，战略年度的指标体系见表 9-6 。

表 9-6 战略年度指标体系

指 标	历史1	历史2	历史3	战略年度 20××			20××			20××			20××			20××			备注
				O	P	ML	O	P	ML	O	P	ML	O	P	ML	O	P	ML	
营业收入																			
其中：境内																			
境外																			
其中：产品1																			
产品2																			
产品3																			
产品4																			
产品5																			
研发费用																			
培训费用																			
广告费用																			
财务费用																			
EBITDA																			
EBIT																			
税前利润																			
净利润																			
其中：产品1																			
产品2																			
产品3																			
产品4																			
产品5																			
新增固定资产投资规模																			
新增现金性股权投资																			
新增营运资金																			
新增有息负债																			
净资产																			
资产负债率																			
投资回报率																			
净资产报酬率																			
经营现金流量																			
FCF																			

注：①O＝乐观；P＝悲观；ML＝最可能；②按照会计口径，而非统计口径；③ EBITDA（息税前利润＋折旧）＝净利润＋利息费用＋所得税＋折旧；④EBIT(息税前利润)＝EBITDA－折旧；⑤FCF（自由现金流）＝经营性现金流量－新增固定资产和对外投资－营运资本净增加；⑥投资回报率＝EBIT/资产平均余额。

说明：①指标体系的选择试图通过这些指标显示符合集团公司价值的实现程度。②趋势分析根据各个指标历史（前五年）平均数据的一定百分比确定，同时基于各种环境因素做出相应调整。③战略规划期为未来五年分年度设计，对每个指标都制作出乐观、悲观与最可能三种情况下的推测值。以年度安排，提倡滚动预算。④此表通过描绘整个集团和主导产业未来发展蓝图，也是公司整体战略规划的核心内容。⑤财务管理中心的责任之一是会同有关单位每年编制本表。⑥备注栏的内容为一些关键指标的国际标杆数据。

（资料来源：[美] 肯尼斯·汉克尔，尤西·李凡特著. 现金流量与证券分析 [M]. 北京：华夏出版社，2003.）

【本章小结】

公司战略管理是一系列决定公司长期绩效的管理决策和措施，它是为了公司长期的生存和发展，在充分分析内部和外部环境的基础上，基于公司的优势与劣势，更有效地应对环境中的机会和威胁而开发的长期规划。财务战略是为适应公司总体的竞争战略而筹集必要的资本，并在组织内有效地管理与运用这些资本的方略。本章主要分析了财务战略中的投资战略和筹资战略，介绍了多种具体的投资战略决策分析方法和筹资战略决策分析方法，并提出财务战略的有效性还需要依赖于财务战略的执行过程，提出依靠新型的管理工具平衡计分卡将企业战略落实到企业的各个方面，促进企业平衡发展，并进而确定相应的 CSF 和 KPI 指标及目标指标体系，使企业可以方便地与预算管理相连接，并作为业绩评价的依据。成功关键因素是对公司擅长的、对成功起决定作用的某个战略要素的定性描述。CSF 由关键绩效指标进行定量计算和测量。使用 CSF 和 KPI，使得战略目标得以分解，压力逐层传递，同时使战略目标的实现过程得以监控。

【复习思考题】

1. 如何理解财务战略与公司战略的关系？

2. 如何理解投资战略与筹资战略的关系？

3. 相对而言，你认为财务战略的分析决策更重要，还是财务战略的有效执行更重要，或者说哪一步更难？更难的原因是什么？

4. 如何把财务战略和财务预算连接，你认为其中最关键的步骤是什么？

5. 公司财务战略的基本理论有哪些？

6. 如何理解公司财务战略管理的层次？各层次的基本内容和特征分别是什么？

7. 投资战略决策分析的基本方法有哪些？

8. 筹资战略决策分析的基本方法有哪些？

【阅读资料】

解读刘永好"新希望"产业链

2003 年，对乳业来说依然是"激情燃烧的岁月"。2002 年，刘永好挟资本而令诸侯，一口气收编了全国 11 家乳品企业，组成了"新希望乳业联合舰队"，还通过一系列协议，策略性地解决了乳业发展的瓶颈——奶源问题。据统计，到 2002 年底这支舰队的累计净资产 5.6 亿元，总资产 10 亿元，销售收入 11 亿元。这样刘永好一举坐上"西南乳王"的宝座，与伊利、光明等巨头平分江山。对于 2003 年，刘永好踌躇满志："预计 2003 年总销量不低于 30 万吨，总销售收入不低于 15 亿元，净利润不低于 1 亿元。"乳业市场跑马圈地，诱惑新希望的是该领域丰厚的利润。目前我国人均乳品消费不到世界均值的 1/12。据国家统计局的信息，2002 年上半年全国城镇居民平均每人每月乳品消费比 2001 年前三季度增长了 22.9%，加上国家多项政策的刺激，乳业必将保持高速增长。

"新希望"内部人士说："饲料业已是一个很成熟的产业，已基本达到饱和成为一个微利行业，'新希望'要获得快速发展，显然不能依靠饲料以及相关的肉食品等行业的发展。"所以，这种"转型"与饲料有着千丝万缕的联系。其实被刘永好誉为"生命产业"的乳业更是属于大农业范畴的朝阳产业。这种转型的基本线路，就是以新希望自身的饲料产业为基点，然后连点成线顺流而下，扩大公司产品价值链的空间，从而占据更有利的地形攫取更多利润。在进军乳业之前，"新希望"已经完成了"饲料——种植——肥料（资源）"的产业链雏形，再考虑刘永好后来向零售业"入侵"的事实，乳业就成为整个产业链承上启下的环节。乳业一环除提供乳品及其深加工产品外，还为肥料、种植业和养殖业等环节提供了巨大的空间，而由此带动的养殖业又促进了其旗下的高科技板块产业（如兽药等）的发展。霸占乳业地盘不但可以从乳业本身获取利润，还可以为其上下游提供渠道和增值空间，这样"新希望"就真正盘活了整个大农业。从其上市公司的 2002 年年报中可看到这种战略已初见成效。

2002 年 12 月，"乐客多（Nextmart）连锁超市"宣告成立，"新希望"和银泰投资公司联手投资，并列该公司第一大股东，他们将与银泰旗下的银太百货和台湾的量贩品牌 NextMALL 组建策略联盟进军零售业。耐人寻味的是牵手银泰的是"新希望"的地产事业部，对此业界的分析是，刘永好"向前一步走"是受了"万沃"（万达—沃尔玛）模式的启迪。2001～2002 年，万达在北京、重庆等 14 个城市开发建设用做大型商业广场的商业地产，之后按照协议万达将商场交给其策略联盟沃尔玛等商业连锁企业来经营，这样既可以为零售商（场地）提供定制化服务（customizing）使成本最小化，又可以消化开发商的商品（商场），还可以聚集人气，带旺销售快速回笼资金。

从产业链角度分析，房地产和食品、乳业同处一个"环节"，共同的"下家"就是零售业。房地产可以为其下游的零售业提供"容身之所"；而食品和乳品环节将直接为零售业提供充足的"原料"。零售业不但是一个庞大的利润中心，还是市场的"晴雨表"。因此争这种意义上的"下游"，完全是一种向上的进取。可以想象，随着刘永好精心打造的大农业产业链的整合完毕，各式产品会像潮水一般涌来，打通其自主控制的"出海口"，不但可以快速有效地疏导"潮水"，汇集大量现金流，稳定企业的生产加工能力，降低借道别人的成本和受制于人的被动，还可以与消费者直接沟通，更快地应对市场的变化。然而"条条蛇都咬人"，被"新希望"寄予新希望的零售业，随着外资的加入其竞争的白热化程度比乳业有过之而无不及，然而乳业的毛利率却是它的两倍。行业权威人士估计，2002年全国平均毛利润率更是低至10%。布局已经完成，而市场则只等待结果。接下来的问题是，刘永好能否真正将"大农业产业链"整合为"生产"财富的"流水线"呢？

（资料来源：李雪松编著. 企业财务管理咨询与诊断[M]. 北京：中国经济出版社，2003.）

【课外阅读文献】

1. [英]Richard Lynch 著，周煊等译. 公司战略[M]. 昆明：云南大学出版社，2001.

2. [美]亚瑟·A.汤姆森，A.J.斯迪克兰迪著，段盛华，王智慧主译. 战略管理——概念与案例（10版）[M]. 北京：北京大学出版社，2000.

3. [英]加里·哈殷，[美]C.K.帕拉哈莱德等著，朱戎，段盛华等译. 战略柔性：变革中的管理[M]. 北京：机械工业出版社，2000.

4. 芝加哥大学商学院，欧洲管理学院等编著，王智慧译. 把握战略：MBA 战略精要[M]. 北京：北京大学出版社，2003.

第十章　财务战略规划

【学习目标】

- ➤ 理解财务战略规划与企业战略的关系及财务战略规划在企业战略中的地位；
- ➤ 理解使股东权益增值的最佳负债与权益资本的组合；
- ➤ 掌握企业管理人员考虑新的投资计划时，应采取的最佳筹资方式；
- ➤ 正确理解研究与开发资金投入的一般规律；
- ➤ 能够正确进行股利规划战略的生命周期分析；
- ➤ 了解环境变革对财务战略规划提出的挑战及积极应对这一挑战的可行措施；
- ➤ 理解从多角度、多视域培育公司的边缘竞争优势。

【重点名词】

　　财务战略规划　财务战略参数　内源融资　外源融资　直接融资　间接融资　股权融资　债权融资　市场信号传递　进攻型项目　防卫型项目　边缘竞争　无序边缘平衡　时间边缘平衡　时间节奏平衡

【案例导入】

西门子公司研发资金投入财务规划

　　西门子公司的成长始终是与技术创新联系在一起的，由于坚持科技领先战略，西门子公司才会走在世界电器工业的前列，而在研发资金投入模式上，西门子公司既有与其他公司相似之处，又有自己的个性特点。

　　1. 西门子公司研发资金投入的三个阶段

　　在西门子公司的发展史上，其研发资金投入分为三个阶段。1850~1900年为"先期工匠式企业"阶段，研发经费投入占销售额的比例比较低；1950~1990年为"系统公司"阶段，研发经费投入占销售额的比例已经开始逐步提高；1990年以后为"服务性公司"阶段，研发经费投入占销售额的比例则大幅度上升。下表是西门子公司1970~1996年研发经费情况。

年份	销售额 （亿马克）	研发经费 （亿马克）	研发经费占销售额的比例 （％）
1970	118.4	9	7.6
1985	546	48	8.8
1988	594	65	10.9
1991	730	78	10.8
1996	1000	81	8.1

很显然，西门子公司研发经费投入占销售额的比例同西门子公司的不同发展阶段及其战略密切相关。

2. 西门子研发资金在总部与分公司之间的分配

西门子的研发工作分两个部分进行，一部分在西门子技术中心，另一部分则在各集团子公司或工厂的研发部门。技术中心是西门子公司研发体系中的中央部门，主要把精力集中在核心技术上，也就是那些有长期创新潜力，能对公司价值有很大贡献的技术。各集团子公司的研发部门则主要进行一些产品和工艺方面的改进，将新技术产品推向市场，关注市场的联合研发，从而保证了集中研发和分散研发的互动作用。在资金分配上，西门子将大部分研发资金投入到同市场密切相关的技术研发方面，同时也保障了基础研究和长期核心技术研究所需的资金要求。如1998～1999年的102亿马克研发费用中，95％用于各集团子公司、关联公司开发产品、系统和制造工艺，5％用于公司技术中心进行的研究、基础开发和高级产品技术。

3. 西门子研发资金在短期、中期和长期项目间的分配

西门子公司严格控制研发资金在短期、中期和长期项目间的分配，以保证公司当前和未来的竞争力。在研发任务上，西门子公司技术中心着眼于核心技术和将来的技术、第二代产品和系统，而各集团子公司开发部的任务是准备将下一代产品投入市场。由各个集团首席技术长官组成的西门子创新和技术委员会根据技术对各个业务单位未来影响的潜力，决定哪些技术属于核心技术，并不断地调整核心技术以适应新的知识和变化的市场。技术中心则负责核心技术的研发和提供针对长期需求的战略远景，将更多的资金投资于中期和长期研发项目，各集团子公司则将大部分资金投资于短期研发项目。公司用一种称为"战略性愿景"的机制把现在的研究项目和着眼于未来的情景研究很好地结合起来。

（资料来源：伍中信等编著. 高级财务管理理论[M].上海：立信会计出版社，2002.）

第一节　财务战略规划概述

一、财务战略规划的内涵及内容

1. 财务战略规划的内涵

企业在进行财务战略规划时首先必须要明确企业的财务目标，然后分析企业目前财务状况与既定目标之间的差距，最后指出企业为达到目标应采取的行动。财务战略规划就是为企业未来的发展变化制定方针，它系统地阐述了实现财务目标的方法，具有两个特征，即时间性和综合性。所谓时间性，是指财务战略规划是对未来工作所作的安排。大多数决策在实施前都有很长的准备期。在不确定的条件下，决策制定要远远超前于具体实施。长期的财务规划，通常跨2～5年。所谓综合性，是指财务战略规划汇集了企业每一个项目的资本预算分析。实际上，财务规划要将企业每一个经营单位较小的投资计划合在一起，使之成为一个大的项目。同时财务战略规划要求就各种可能的情况做出假设：

（1）最差的情形。要求对公司产品和经济形势可能出现最糟糕的情况做出假设，甚至包括可能陷入的破产清算。

（2）一般的情形。要求对公司发展和经济形势最可能出现的情况做出假设。

（3）最好的情形。要求每个部门按最乐观的假设做出一份计划，可能包括新产品发展和公司扩展的内容。

2. 财务战略规划的作用

公司需要花费大量的时间准备计划，并在此基础上编制财务规划，因此有必要先弄清楚财务规划的基本作用。

（1）明确相关关系。财务规划必须明确企业不同经营活动的投资计划与企业可行的融资选择之间的关系。

（2）提出备选方案。财务规划使企业能够清楚各种投资和融资选择。在财务规划所列出的各种方案中，企业需要了解何为最优，因此要对各种方案进行评估。

（3）分析可行性。不同的计划必须适应于公司总目标，即股东财富最大化。

（4）避免意外变动。财务规划必须指出如果某一特定事件出现将会发生什么情况，即财务规划的目的之一是避免意外变动。

3. 财务战略规划模型的主要组成部分

由于各个公司的规模和产品不同，其财务战略规划也不可能会完全相同，但在某些方面是共同的，这些共性的地方就是财务战略规划模型的主要组成部分。

具体而言包括：

（1）销售额预测。销售取决于未来的经济状况，而未来的经济状况又是不确定的，因此，要完全准确地预测销售额是不可能的，企业可借助于宏观经济中的专业化分工以及产品发展规划来进行销售预测。

（2）试算报表。财务战略规划还要求编制试算的资产负债表、利润表和资金来源与运用表。这些报表称为试算报表，或预计报表。

（3）资产需要量。财务战略规划确定计划的资本性支出以及计划的净营运资本支出。

（4）融资需要量。财务战略规划还要进行融资安排，包括股利政策和债务政策等。如企业如果要通过发行新股来增加权益，财务规划就应考虑发行何种证券，以什么方式发行。

（5）追加变量。如果财务规划编制人员假设销售收入、成本和利润将按一个特定的比率 G_1 增长，又要求资产和负债按照另一个不同的比率 G_2 增长，那么必须有第三个变量来进行协调，否则这两个增长率将无法相容。我们把发行在外股票的增长率作为"追加变量"，即选择发行在外股票的增长率来使利润表项目的增长率和资产负债表项目的增长率相适应。

（6）经济假设。财务规划必须明确企业在整个计划期内所处的经济环境，并据此做出相应的假设。

二、财务战略规划在企业战略中的地位

1. 财务战略规划与企业战略的关系

财务战略规划应当与企业战略相协调。财务战略是指在企业战略统筹下，以价值分析为基础，以促使企业资金长期均衡有效地流转和配置为衡量标准，以维持企业长期盈利能力为目的的战略性思维方式和决策活动。对于财务战略规划与企业战略的协调性必须注意：

（1）在组织关系中，财务战略规划从属于企业战略。一方面财务活动是企业活动的一个职能领域，是企业战略的一个子战略；另一方面财务职能是企业发展的中坚力量，企业所有的经营活动都离不开资金的流转，离不开资本的运营，这就决定了财务战略规划必然会影响企业战略的方方面面。因此财务战略规划既从属于企业战略，又制约和支持企业战略的实现。

（2）在战略分析上，以一定环境因素和制度背景下的价值分析为基础。企业战略规划与财务战略都要进行环境因素和制度背景分析，两者紧密联系，但考察的角度不同。财务战略规划的环境因素和制度背景分析不仅要单独考察每一种环境因素和公司治理结构对企业战略中各备选方案价值的影响，还要综合考察对企业整体价值的影响。

（3）在决策标准上，财务战略规划以促使资金长期均衡有效地流转和配置为衡量标准。资金是企业的血液，只有资金能长期均衡有效地流动、合理地配置，才能为企业带来整体价值的增加，才能行之有效地实现企业的战略目标。

2. **财务战略规划在企业战略中的地位**

财务战略规划主要关注战略决策的财务方面，这意味着它与股东的利益以及资本市场是紧密相关的。一个合理的财务战略规划必须将公司内外所有利益相关者的利益考虑在内。财务战略规划指引企业通过采用最适当的方式筹集资金并且有效管理所筹资金的使用，包括企业所创盈利再投资或分配决策，它的一个主要目标是增加价值。"最适当的方式"是由企业的全局战略和主要利益相关者的利益权衡决定的。

（1）增加股东价值。现金流量贴现法评价投资项目的主要原理在于：只有在投资的预期未来现金流入量的准确贴现值大于投资现行成本的条件下，才能说股东价值增加了，仅达到投资者预期或要求的收益率是不创造价值的。事实上投资由两个阶段组成，具体产品市场的投资是由第二阶段开始的。起初投资群体（股东、银行等）将资金投入一个公司，然后由这个公司将资金运用于一系列项目，包括特殊市场的个别产品项目。使公司投资者的组合最佳、培育投资者对投资项目的风险意识以及为投资者寻求期望财务回报的各种方法，构成了财务战略规划的基本内容。

（2）财务风险与经营风险的搭配。从财务战略规划的角度看，研究经营风险和财务风险的目的应着眼于企业的筹资及所筹资本的投资上。尽管股东投入公司的权益资本风险很高，但从公司的角度来说，权益融资财务风险却较低。根据风险程度的不同，比较各种融资方式的特点，对财务风险的分类总结见表10-1。

表 10-1　财务风险的分类

摘　要	公司财务风险低	公司财务风险高
融资性质	权益融资	债务融资
时间跨度	短	长
代价类型	变动成本	固定成本
成本习性	酌量性（弹性大）	约束性（弹性小）

经营风险是指与特定经营所实施的具体竞争战略相关的内在风险。财务风险与经营风险可以产生多种结合模式，以供不同类型的企业进行理性的财务战略选择。如果高经营风险与高财务风险相配合，那么企业总体风险将非常高，这样的公司也许会投机成功，但最有可能的是彻底失败然后瓦解。因此这种战略组合方式不太恰当，对企业长期成功运作是不利的，有着高经营风险的企业应该运用低

风险的财务策略，也就是说权益风险资本应该尽量使资金占用成本有弹性、可变性。因此经营风险和财务风险应该采取反向搭配战略。通常情况下，公司的核心业务趋于成熟或者转向其他领域时，经营风险会下降，相应地财务风险开始相应增大。不管是外部环境的变化还是内部竞争战略的改变都会导致经营风险骤然增加。这时应当降低财务风险，恢复公司原有总风险，如通过发行新股筹资，并使用所筹资金来偿还公司部分债务的方式来实现。

（3）财务战略规划如何服务于企业战略。运用经营风险和财务风险反搭配，可以制定适应产品生命周期各个阶段的财务战略规划，见表10-2。

表 10-2　产品生命周期与财务战略规划

产品生命周期阶段	经营风险	财务风险	融资来源	股利支付率	未来成长展望	市盈率	每股净利	股价/波动幅度
引入期	非常高	非常低	权益资本（风险资本）	零	非常高	非常高	几乎没有	未知/高度易变
成长期	高	低	权益资本（增加的投资者）	一般	高	高	低	增长/易变
成熟期	中等	中等	债务与权益资本（留存收益）	高	中等偏低	中等	高	稳定/稳定
衰退期	低	高	债务	100%	负数	低	下滑	下滑/易变

（资料来源：[美] 阿斯瓦斯·达摩达兰著.应用公司理财[M].北京：机械工业出版社，2004.）

表 10-2 表明：①在产品开发与引入期的高风险阶段财务风险很低，对大多数公司而言，这时的经营风险比财务风险重要。毕竟再好的融资方法也无法使不健全的经营战略取得成功；如果企业的基本业务注定经营不长，最好的财务战略规划也只能是延缓它不可避免的灭亡。②当产品进入成熟期时，经营风险相应降低使公司可以承担中等财务风险。同时也开始出现大量正的现金净流量。这一系列变化使公司开始可以举债经营而不单单使用权益融资。由于再投资增量水平降低，很有可能报酬递减规律就开始起作用了。③当步入衰退期时，产品很显然会渐渐退出市场。处于衰退期的公司，其主要融资渠道是借款，因此具有高财务风险，但可以部分与最后发展阶段的较低经营风险相抵消。这一阶段强劲的现金净流量会减弱，利润会减少。④当产品经历其生命周期时，股东期望总报酬中的股价上涨成分在减少，任何特定公司的未来成长期望和适当的市盈率之间存在紧密的关系。公司市盈率反映了已融入股价中的每股净利润未来期望增长水平，因此股价只随期望成长性的变化而变化，或者公司业绩显示出高于或低于当前投资者为股票愿意支付的价格时股价也会变化。从股东角度来说，每股净利高度增长的持续期很重要。在公司引入期和成长期，几乎其所有的财务回报都来自于股票价

格上涨引起的资本利得，这时公司采用很低的股利支付率。在公司的引入期和成长期，每股净利增长率应该能推动股价上涨，从而达到股东对年总回报率的要求。

（4）企业生命周期不同阶段的财务战略规划。

1）创业经营期的财务战略规划。企业生命周期初始阶段的经营风险是最高的，这种高经营风险意味着与这一阶段相关的财务风险应尽可能降低，因此最好使用权益资本。由于在创业初始阶段只有现金流出不可能分红，这种高回报将以资本利得的方式给予投资者，这些结果见表10-3。

表 10-3　创业经营期的企业财务战略规划参数

经营风险	高
财务风险	低
资金来源	风险投资
股利分配	零分配
未来成长预期	高
市盈率	高
现实收益	名义上的或负的
股价	高速上涨，但高波动

2）成长期企业的财务战略规划。较之创业阶段，销售高速成长时期所蕴涵的经营风险有所降低，但在绝对数值上依然是高的。因此必须采用适当的融资渠道，将财务风险控制在低水平，这就意味着需要继续使用权益资金。这样大多数投资者所预期的回报只有通过股价上涨来实现，这意味着公司必须在这一高速成长时期实现扎实的收益增长，见表10-4。

表 10-4　处于成长期的企业财务战略规划参数

经营风险	高
财务风险	低
资金来源	成长类的权益投资者
股利分配	名义上的股利支付率
未来成长预期	好
市盈率	高
现实收益	低
股价	上涨，但高波动

3）成熟期企业的财务战略规划。在此期间，战略重点转移的一个方面就是保持现有的市场份额和提高效率，通过负债融资而提高的财务风险可以用降低的经

营风险抵消。同时伴随着当前每股高现金净利润率，股利支付率必然提高。在这个阶段由于收益质量的提高，每股净利应当较高而且有轻微的增长，于是每股较高的净利润弥补了市盈率的下降。其结果是，投资者期望的回报更多是通过股利分配而不是通过早期阶段占主导作用的资本利得来满足，股票价格就更加稳定，见表10-5。

表10-5　成熟期企业财务战略规划参数

经营风险	中等
财务风险	中等
资金来源	留存收益加负债
股利分配政策	高支付率
未来成长预期	由中到低
市盈率	中等
现实收益（每股净利）	高
股价	稳中带小幅度震荡

　4）衰退期企业的财务战略规划。在衰退期，唯一存在的重大风险是在有利可图的前提下，经营还能持续多久。低经营风险可以同相对高的财务风险互补，因此企业应实施高额股利分配政策。经营发展前景的暗淡必然表现在股票的市盈率上，在此阶段必然会经历每股净利润的下降趋势，股价将不可避免地降低，见表10-6。

表10-6　衰退期企业财务战略规划参数

经营风险	低
财务风险	高
资金来源	负债
股利分配政策	全额发放
未来成长预期	不好
市盈率	低
目前盈利状况（每股净利）	低且呈下降趋势
股票价格	下降且波动大

第二节　融资与股利财务规划

一、融资财务规划

1. 融资的分类与特点

融资方式是企业获取资金的形式、手段、途径和渠道。由于划分的标准不同，企业融资方式的类型就不一样。按照融资过程中资金来源的不同方向，可以把企业融资方式分为内源融资和外源融资；按照融资过程中资金运动的不同渠道，可以把企业融资方式分为直接融资和间接融资；按照融资过程中形成的不同资金产权关系，可以把企业融资方式分为股权融资和债权融资。此外还有其他一些分类方法。

（1）内源融资与外源融资。按照融资过程中资金来源的不同方向，可以把企业融资方式分为内源融资和外源融资。内源融资是企业创办过程中原始资本积累和运行过程剩余价值的资本化，即财务上的自有资本及权益。在市场经济体制中，企业的内源融资是由初始投资形成的股本、折旧基金以及留存收益（包括各种形式的公积金和公益金、未分配利润等）构成的。外源融资是企业通过一定方式向企业之外的其他经济主体筹集资金，包括发行股票和企业债券、向银行借款。从一定的意义上说，企业之间的商业信用、融资租赁等也属于外源融资的范围。内源融资具有自主性、有限性、低成本性、低风险性等特征。同内源融资相比，外源融资具有高效性、有偿性、高风险性、流动性等显著特点。

（2）直接融资与间接融资。按照融资过程中资金运动的不同渠道，可以把企业融资方式分为直接融资和间接融资。这种划分的核心是储蓄向投资转化是否经过银行这一金融中介机构。直接融资是企业自己或通过证券公司向金融投资者（即储蓄者）出售股票和债券而获取资金的一种融资方式。直接融资借助于一定的金融工具（股票、债券）直接沟通最终出资者和最终融资者的资金联系，资金供给者与资金需求者直接见面融通，双方都清楚对方是谁，不需要通过银行这个金融机构的媒介。间接融资是通过银行（包括各种信用社）中介职能，把分散的储蓄集中起来，然后供应给筹资者，筹资者通过银行间接获取储蓄者资金的一种形式。间接融资是银行信用的体现。

1）直接融资的主要特点有：①直接性，就是筹资者从储蓄者手中获取资金，并在两者之间建立直接的融资关系。②长期性，通过直接融资方式获取的资金，其使用期限一般都在一年以上。③流通性，由于直接融资的工具主要是股票与债券，而股票和债券是可以在证券市场上流通的，因此直接融资具有流通性。④不可逆性，对于直接融资中的股票来讲，通过售卖股票所取得的资金不需还本，储蓄者欲取回本金只能借助流通市场，与发行者无直接关系。

2）间接融资的特点有：①间接性。在间接融资过程中，企业是直接从银行获得贷款，因而资金供给者与资金需求者之间是一种以银行为中介的间接关系。②短期性。在发达的市场体系中，银行贷款一般以中短期为主，因此间接融资具有短期性。③非流通性。银行对企业的债权不能像股票和债券那样在证券市场上流通，只能作为抵押品向中央银行借款。④可逆性。银行贷款到期要还本付息，因此企业就不可能无限期地使用银行贷款。

（3）股权融资与债权融资。按照融资过程中形成的不同资金产权关系，可以把企业融资方式分为股权融资和债权融资。股权融资也称所有权融资，是企业向其股东（或投资者）筹集资金，是企业创办或增资扩股时采取的融资方式。股权融资获得的资金就是企业的股本，由于它代表着对企业的所有权，故称所有权资金，是企业权益资金或权益资本的主要构成部分。而债权融资则是利用发行债券、银行借贷方式向企业的债权人筹集资金，它可以发生于企业生命周期的任何时期。债权融资获得的资金称为负债资金或负债资本，它代表着对企业的债权。

股权融资具有以下特征：首先，它是企业的初始产权，是企业承担民事责任和自主经营、自负盈亏的基础，同时也是投资者对企业进行控制和取得利润分配的基础。其次，股权融资是决定一个企业向外举债的基础，企业安全负债的规模要受股本大小的制约，故具有"财务杠杆性"。最后，股权融资形成的所有权资金分布特点，即股本额的大小和股东的分散程度，决定一个企业控制权、监督权和剩余索取权的分配结构，反映一种产权关系。

债权融资的基本特征：第一，债权融资获得的只是资金的使用权而不是所有权，它在形式上采取的是有借有还的借贷方式。因此负债资金的使用是有代价的，企业必须以支付利息方式向债权人交纳资金使用费，并且债务到期要归还本金。第二，债权融资能够提高企业所有权资金的资金回报率，具有财务杠杆作用。第三，与股权融资相比，债权融资一般不会产生对企业控制权问题，只有在一些特定情况下才会带来债权人对企业控制和干预问题。

（4）企业融资方式的其他分类方法。

1）按照资金来源的国界，可以把企业融资方式分为内资融资与外资融资。凡是国内政府、经济组织或个人向企业融出资金的都属于内资融资；凡是国外的政府、经济组织或个人，以及国际经济组织向本国企业融出资金的都属于外资融资。在当今世界经济一体化大趋势下，企业同时利用国内外资金进行生产经营已是一种必然趋势，尤其是在国际金融市场上融资更成为企业实力的象征。与内资融资相比，外资融资面临的环境更复杂，风险也更大。

2）按照融资的具体业务形式，可以把企业融资方式分为：①商业信用融资，包括企业的应付账款、应付票据和预收货款等。②银行贷款，包括长期贷款和短期贷款，以及票据贴现、支票透支等。③证券投资融资，主要指发行股票和企业债券。④财政资金融资，包括财政拨款、所得税返还、政府补贴等。⑤租赁融资，包括融资租赁、回租租赁等。⑥个人和社会集资、企业间信贷等。

上述对企业融资方式的分类都是从某一方面进行的，具有相对性。事实上这些不同的分类之间存在交叉和重叠。如内源融资和外源融资的划分就与直接融资和间接融资的划分有交叉和重叠，而后者又与股权融资和债权融资的划分有交叉和重叠。也就是说对于企业的某个融资项目，其融资方式并不是唯一的。

2. 企业融资政策

在评估企业资本结构进而确定其融资政策时，一般会面临这样两个问题：第一，从长期考察使股东权益增值的最佳负债与权益资本组合是什么？第二，从短期考察如果企业管理人员正考虑新的投资计划，应该采取何种筹资方式？针对这两个问题，下面将分别做出分析。

（1）长期最优负债与权益资本组合。

1）财务杠杆作用的优点。财务杠杆作用产生的主要利益一般包括节税效果和激励管理方面的改善。具体而言：第一，减少所得税额。在美国和其他许多国家，税收政策为负债筹资提供一种政府补助，而权益资本筹资则不享有此项优惠。从收益中扣除债务利息，减少了应税收益数额，从而减少所得税数额。支付股利和留存收益均不享有此项优惠。所以负债筹资比权益资产筹资对企业更有利。因负债产生的节税效果给债权人和权益资产所有者提供额外收益，这一收益使利用财务杠杆作用的企业较没有利用财务杠杆作用的企业更能实现权益增值。这样，如果一个企业实际税率较高，而又没有其他方面能够取得税收优惠，这家企业便会加大财务杠杆作用，改变资本结构。相反如果一家企业可用其他方式取得税收优惠，如折旧或营业亏损结转，预期不必支付税款，这家企业便使其资本结构的主要构成为权益资本。第二，激励企业领导层增加收益。负债筹资的另一个好处是能使企业管理人员关注企业效益，从而减少管理人员与股东之间的利益冲突。当公司存置大量现金但又缺少收益高的投资项目时，这些企业的股东一般希望将富余现金作股利发放，或者用这笔资金回收股票，但这样做会减小公司规模和企业管理人员所支配的资产。因此，企业管理人员即使不能得到股东支持，也要将这些活动现金投入新项目中，或者将资金用于公司津贴。企业债务何以能激励管理人员不滥用资金呢？首要的一个办法就是减少企业管理人员可用于这类支出的资金。同时财务杠杆作用较大的企业必须赚取足够的现金用于支付利息和偿还债务，这对管理人员也是一种激励。

2）财务杠杆作用的弊端。企业加大财务杠杆作用的同时也加大了企业陷入财务困境的可能性，从而使企业无法向债权人支付本金和利息，这会迫使企业宣布破产，或同意进行债权重组。陷入财务困境的企业可能要付出很大代价，这是因为进行企业债权结构调整会发生昂贵的法律费用和谈判支出。陷入财务困境的企业欲想投资有利可图的新项目时其筹资成本也提高了，同时财务风险的存在强化了股东与企业债权人之间的利益冲突，使负债筹资成本加大了。具体体现在：第一，财务风险引起的法律费用。当一个企业发生严重的财务风险问题时，很可能进行企业债权重组。这可以通过正式破产程序实现，也可以通过其他程序实现。债权调整一般代价很高，因为有关各方必须雇用律师、银行业者、会计师。如果存在正式法律程序时企业还需支付诉讼费用，这些诉讼费用成为财务风险的直接费用。第二，丧失的投资机会。当企业陷入财务困境特别是破产时，即使存在有利可图、对企业各方权益人均有利的投资机会，该企业这时也很难筹集资金。第三，债权人与股东之间的冲突。当一个企业效益不错时，债权人与股东之间的利益便会是一致的。双方都想让企业管理人员不放过每一个有利可图的投资机会。但当企业出现财务困难时，债权人就担心企业能否如期还本付息；股东则担心如果企业不能保证未偿债务的资金需要，他们的权益会转移到债权人那边去。所以企业管理人员便会在决策上受到压力。企业管理人员一般都要做出有利于股东的决策，而不是兼顾各方利益的需要。如果债权人对企业管理人员的这一做法无能为力，他们便在企业负债筹资时减少其支付额，从而增加了企业股东的筹资成本。

上述财务风险的各种影响很可能抵消了负债筹资的税收优惠和促进企业管理人员改善管理所带来的好处，所以那些可能陷入财务困境或易受上述财务风险影响的企业应减小财务杠杆作用。如果企业的商业风险很高，就很可能陷入财务困境。如果企业销货收入和利息前收益随经济波动的敏感度很高，该企业的商业风险也高。如果一个企业的资产容易在陷入财务困境时遭受损失，该企业的财务风险成本就大。如拥有人力资本和品牌等无形资产的企业特别容易在财务困境中遭受损失，因为不满足的雇员和顾客会离开它，去寻找其他企业和供货商。相反拥有有形资产的企业则可在陷入财务困境时变卖资产，从而增加了债权人利益的安全性，并降低了财务风险的成本。因此，拥有无形资产企业的财务杠杆作用会小于拥有有形资产企业的财务杠杆作用。

3）长期最佳负债和权益资本组合。从上面分析可以看到，企业的最优负债和权益资本组合可通过权衡负债在节省公司所得税和促进企业改善管理方面的好处与负债所带来的财务风险成本这一弊端中估算求得。随着企业财务杠杆作用的不断加大，财务风险成本将超过负债所带来的税收优惠和监督管理的好处。在估算一个企业的最佳负债和权益资本组合时，会遇到若干实际问题。问题之一是评价财务杠杆作用的利弊。如评价预期财务风险成本或监督企业改善管理的好处并非易事，可采用的最佳办法是用定性分析方法评估企业是否存在活动现金流量问题，是否面临高商业风险，以及是否存在出现财务困境时容易损失的资产。这些定性分析得出的结果经过容易量化的因负债产生的税收优惠调整后，可用来评估企业是否需要加大、减少或者保持介于两者之间水平的财务杠杆作用。决定财务杠杆作用水平遇到的另一个难题是如何量化财务杠杆的高、低或中等水平的问题。解决这一问题的方法之一是运用财务杠杆作用的指标，如负债对权益资产比率，比较整个行业的这一指标，从而判断财务杠杆作用的水平。

（2）新投资项目的筹资。企业的融资政策还要解决企业是如何进行新项目资金筹集决策的。资本市场上的短期干扰因素可能使资本结构偏离其长期最佳组合。由于存在信息不对称，企业管理人员要比外部投资者更了解企业未来的绩效状况。这可能导致企业管理人员在寻求新项目、进行筹资决策时偏离企业的长期最优资本结构。

外部投资者与企业管理人员之间的信息不对称是怎样导致市场不完全性并影响企业短期资本结构决策的呢？企业管理人员打算投资于一个他们认为有利可图的项目时可选择若干筹资渠道。一种筹资方法是利用留存收益抵补投资所需支出。如果企业目前不存在可以使用的留存收益，该如何选择呢？也许该企业会采取减少发放股利数额的办法帮助筹集资金，但投资者一般认为股利的减少表明企业管理人员预期企业未来绩效不佳。因此，股利的减少可能会导致股票价格下跌。另一种筹资方法是通过负债筹集资金，如果该企业的负债率已经很高了，因负债而产生的税收优惠可能会非常少，而潜在的财务风险却加大了。这样，负债筹资的优势便会很不明显。可选择的最后一种筹资方法是发行新股票。但如果投资者认为企业管理人员掌握了更多的关于企业价值的信息，他们便把发行股票当做是股票价格高于企业价值的表示。因此企业宣布发行股票便可能导致企业股票价格下跌，从而增加企业的资本成本，并可能导致企业管理人员最终放弃一个有利可图的投资项目。

从上面的分析可得出这样一个结论：如果一个企业拥有可以使用的内部现金流量，或者企业负债率不高，企业可以很方便地为新项目安排融资，否则考虑到减少股利、发行股票或举借新债的成本，企业管理人员必须在决策新投资项目的筹资方案中权衡利弊。采用这些方法筹集资金的信息成本要求企业管理人员在为新投资项目融资决策中遵循一个择优程序：企业首先考虑用内部现金解决投资所需的资金问题，当这种决策不可行时，才可以考虑采用外部融资策略。其次，如果企业必须运用外部筹资渠道，企业管理人员首先考虑负债筹资。发行股票的筹资方法由于存在投资者理解筹资策略方面的种种困难，是作为一项最后的选择而被企业管理人员采用的。

综上所述，企业管理人员与外部投资者之间的信息不对称性会使企业管理人员不愿意采用新增权益资本的方法为新投资项目筹资。短期内这会导致企业管理人员偏离长期最优负债与权益资本的组合。

3. 融资工具的选择

上述内容从财务杠杆的利弊出发分析了长期最优负债与权益资本的组合，并分析了短期内新投资项目的筹资为什么会导致企业管理人员偏离长期最优负债与权益资本的组合的原因，本部分内容则着重讨论如何针对某个具体的筹资决策选择最适当的筹资工具。

（1）财务灵活性。财务灵活性，是指今天的决策不会危害到未来的筹资抉择。如果给定一个公司过去相对较低的偿债比率，那么该公司现在发行债券很可能造成未来的几年内，只要不增加相应比例的权益，公司就没办法再筹集到数量可观的新债务。因此，一旦达到公司的负债极限，那么在以后的几年里，公司本身任何的新增外部资金都要依赖于股票市场。这是一种危险的状况，因为如果在需要时股票无法以合理的价格取得，公司就会由于缺乏现金而被迫放弃有利的投资机会。因此，出于为未来增长提供筹资的目的，公司应该马上发行股票，以此来维持财务的灵活性以满足未来的应急之需。

（2）市场信号传递。对未来财务灵活性的关心一般会导致偏爱现在进行股票筹资。然而股票市场的反应则可能是反对现在进行股票筹资，这就是所谓的市场信号传递。如果高层管理者对公司的未来极为乐观，则他会选择负债筹资。因为现在负债可以产生较高的 EPS ，而且使公司进入更急剧的增长轨道。但如果管理者对公司的前景相当担忧，担心未来的 EBIT 很可能会减少，这时股票筹资由于在较低经营水平上能有超强的偿债能力和较高的 EPS 而成为管理者的首选。如果投资者很清楚公司在前景光明时将会举债筹资、在前景不妙时将会发行股票筹资，那么股票发售就会向市场传递一个信号说管理者对公司的未来很担心，所以选择了最为安全的筹资抉择。这样股票价格在公告日就会下跌。基于市场传递的信号，管理者为防股价下跌，通常偏好举债筹资。由股票再购回的公告所传递的市场信号则正好相反。高层管理人员对公司未来前景相当乐观，他们觉察到公司现有的股票价格被低估。因此，股票再购回公告向投资者传递了好信息，股票价格要上升。

（3）筹资工具的选择和可持续增长。在选择筹资工具时，管理人员应当认识到维持财务灵活性的必要性以及决策对股票价格的影响。对财务灵活性的关心习惯上会偏好股票筹资，而对股票价格的关心则会偏好举债筹资。如何在这两者之间取得一个平衡呢？答案就在于把筹资决策归入管理增长的大范围内。

1）快速增长和保守筹资策略。快速增长的公司面临双重的挑战：维持财务灵活性以及尽可能地避免新股发售公告的负面信号。在增长型企业中，创造价值最好的方法就是新的投资，而不是可能伴随着负债筹资的利税减免或股票收益的杠杆效应。因此，最适当的筹资策略就是那种最能促进增长的策略。在选择筹资工具时，可以采用以下的方针：①维持一个保守的财务杠杆比率，它具有可以保证企业持续进入金融市场的充足借贷能力。②采取一个适当的、能够让公司从内部为企业绝大部分的增长提供资金的股利支付比率。③把现金、短期投资和未使用的借贷能力用做暂时的流动性缓冲品，以便于在那些投资需要超过内部资金来源时能够提供资金。④如果必须采用外部筹资的话，那么选择举债的方式，除非由此导致的财务杠杆比率威胁到财务灵活性。⑤当其他所有方法都行不通时，就把发售股票或减少增长当作最后一招。

2）低增长和积极筹资策略。低增长企业的主要财务问题在于摆脱多余的经营性现金流量，而对财务灵活性和反向市场信号传递则很少关心。由于低增长企业没有多少吸引人的投资机会，而且出于利用负债融资为股东创造收益的动机，企业可以利用良好的经营性现金尽可能多地借入资金，然后再利用这些资金赎回股票。低增长企业的这种筹资策略可以向股东保证至少有三种可能的报酬：①增加利息避税，减少所得税，把更多的钱留给投资者。②股票再购回可以产生积极的市场信号。③高财务杠杆比率可以提高管理人员的激励动机，强制管理人员创造足够的利润以支付高额的利息。

二、股利财务规划

1. 股利政策的制定原则

高股利支付率政策有利于增强公司股票的吸引力，有助于企业在公开市场上筹措资金，但由于留存收益的减少，又会给企业资金周转带来影响，加重企业财务负担；大比例的股票股利可能会适合个人股东的需要，有利于以后的扩股融资，但却给公司未来经济效益的增长带来沉重压力；各利益主体对股利政策的态度常常不同，有的要求企业支付现金股利，有的则更愿意获得股票股利。可见股利政策不仅会影响股东的利益，也会影响企业的正常运营以及未来的发展，甚至会影响到整个证券市场的健康运行。因此合理地进行股利政策规划就显得尤为重要。一般来说，企业在制定股利政策时应遵循以下原则：

（1）合理定位股价。稳定股价对于企业的正常生产经营具有重要意义。企业股票在市场上价格过高或过低都不利于企业的正常经营和稳定发展。股价过高会影响股票的流动性，并留下股价急剧下跌的隐患；股价过低必将影响企业声誉，不利于今后增资扩股或负债融资，还可能引发被收购和兼并；股价时高时低的频繁波动，将会动摇投资者的信心。而股利政策对股票价格有着直接的影响，维持股票价格的合理定位就必然成为制定股利政策的一个原则。如果企业认为目前的股价定位适当，能够很好地满足流通性的要求，则无须人为地进行转增股本，这反而会造成股价下跌。每股收益下降的错觉对公司形象不利。如果股价明显过高，影响流通性时则可考虑转增股本或发放股票股利，将其股本扩张使其价格稀释，从而将价格降在一个更为合理的水平上，在增加了流通性的同时，使公司股票被更多的公众持有，防止股票被恶意收购，从而有助于大股东控股。

（2）保持股利政策的连续性和稳定性。一般来说，股利政策的重大调整会在两个方面给股东带来影响：一方面股利政策的波动或不稳定，会给投资者带来公司经营不稳定的印象，从而导致股票价格的下跌；另一方面股利收入是一部分股东生产和消费的资金来源，股利的突然减少会给他们的生活带来较大的影响。因此，他们一般不愿意持有这种股票，最终导致需求减少价格下跌。所以公司应尽量避免削减股利，只有在确信未来能够维持新的股利水平时才适合提高股利。

（3）股东财富最大化。制定股利政策的首要原则就是最大限度地保证股东财富最大化。满足财务目标的要求，这是制定股利政策的前提条件和根本出发点，无论采取何种政策、方案，决策者都要预见它对股东财富的影响。在企业资本结构合理，经营规模适当，尚无更好投资机会时，则可派发现金股利。如果未来现金流入稳定，可采取较固定的股利政策。如果未来现金流入不稳定，则可采取较低水平的股利政策，否则一旦削减股利，传递给投资者的信息则是公司未来盈余将较目前减少，导致公司股价下跌。在以下两种情况下，公司才会考虑股票股利政策：①当且仅当公司有良好的投资机会及经营效率时，公司才可采取股票股利政策，将留存收益用于再投资，反之如果其投资报酬率低于股东以现金股利用于其他投资所得的报酬率，则公司分配股票股利对股东较为不利。②为避免股东被征缴股利所得税，也是采取股票股利的一个重要因素，股票股利一般不认为是一种所得。在一个由少数股东控股的企业中，个人所得税税负可能很高，因而宁愿采取股票股利的方式而将股利保留在企业里；反之对于持股众多的大型企业，股东可能对较高的股利支付更感兴趣。

（4）股东短期利益与企业长远发展的平衡。股利政策的制定实际上是企业利润中股利和留存收益的分割比例问题。就企业发展而言，提高留存收益比例有利于企业当前的财务运作，减少外部融资，降低融资成本。但提高留存收益比例即意味着降低股利支付率，减少股东的现时收益，从而影响企业形象和投资者信心，增大企业未来的融资成本和融资难度。因此，股利政策的基本任务之一是通过股利分配，平衡企业和股东面临的当前利益与未来利益、短期利益与长远利益、分配与增长的三大矛盾，有效地增强企业的发展后劲，促进企业的长期稳定发展。

（5）优化资本结构。股利发放方式对企业资本结构有直接影响。良好的股利政策有助于改善资本结构，使其趋于合理。如果企业的资产负债率过高，则应考虑将股利留在企业或配股增资，以改善资本结构，增强其财务力量，降低财务风险；反之如果资产负债率过低，则应派发现金股利，同时考虑增加负债提高财务杠杆利益，或回购一部分企业股票。如果企业有良好的投资方案，在确定投资方案所需资金的基础上，按照最佳资本结构，相应确定应留存在公司的盈余及相应的负债。

2. **股利政策规划的内容**

公司管理层在进行股利政策规划时一般应重点考虑以下几个方面：股利支付率政策，即确定合适的分红比例；股利支付形式政策，即确定合适的分红形式（现金股利、股票股利、通过回购股东股票发放现金等）；股利支付率增长政策，即确定公司未来股利的增长速度，它将制约某一时期股利支付率的高低、选择什么样的股利发放政策、股利发放日期的确定等，下面将分别予以说明。

（1）确定股利支付率。一般来说公司发放的股利越多，股利的分配率越高，对股东和潜在投资者的吸引力就越大，也就越有利于建立良好的公司信誉。但这个问题要从两方面来理解：一方面由于投资者对公司的信任，会使公司股票供不应求，从而使公司股票市价上升，对公司吸引投资、再融资越有利。另一方面过高的股利分配率政策，除了会使公司的留存收益减少外，如果公司要维持高股利分配政策而对外大量举债，还会增加资金成本，最终必定会影响公司的未来收益和股东权益。因此，公司进行股利决策时，首先要清楚公司在满足未来发展所需的资本支出需求和营运资本需求后，还可用于发放股利的现金量，然后考察公司所能获得的投资项目的效益如何。如果现金充裕，投资项目的收益率又高，则应少发或不发股利；如果现金充裕但投资项目效益较差，则应多发股利。

1）可用于发放股利的现金量。可用股权自由现金流量指标来衡量公司能发放给股东的现金数额。所谓股权自由现金流量，是指满足所有需要（包括债务清偿、资本支出和营运资本）之后剩下的可作为股利发放的现金流量。为了估算股权自由现金流量，从净利润开始，按下列方法将之转化成现金流量。考虑到净资本支出、营运资本变化以及债务水平变化对股东现金流量的影响，可计算出可用于发放股利的股权自由现金流量。其计算公式为：

股权自由现金流量＝净利润－（资本支出－折旧）－非现金营运资本的变化＋（发行的新债－清偿的债务）

式中：净资本支出和营运资本变化所需现金既可以由公司自有资金提供，也可以由负债提供。

假定 M 是净资本支出和营运资本变化中债务融资的比例，则：

由资本支出引起的股权自由现金流量＝－（资本支出－折旧）×（1－M）

由营运资本引起的股权自由现金流量＝－非现金营运资本的变化×（1－M）

相应地，满足资本支出和营运资本需要后股东可获得的现金流量为：

股权自由现金流量＝净利润－（资本支出－折旧）×（1－M）－非现金营运资本的变化×（1－M）

2）投资项目效益。公司的股权自由现金流量是否全部都发放给股东，取决于公司拥有的投资项目收益的高低。在其他条件一样的情况下，公司投资项目的经济效益越好，它在确定股利政策、反对股东要求更多股利方面就有更大的灵活性。

效益好的项目就是报酬率至少等于最低可接受收益率的项目，当现金流量根据股权估计时，最低可接受收益率等于股权成本；当现金流量是在清偿债务前的基础上进行估计时，最低可接受收益率就等于资本成本。同样可以估计公司进行投资的每一项目的预期现金流量，并计算出每一项目的内部收益率或净现值，以此来评估项目质量的好坏。不过对于公司外部分析者来说，要获取评估所需的信息是十分不容易的。衡量投资项目效益好坏的另一种方法是利用过去项目投资收益的会计指标。将投资收益的会计指标与股权成本或资本成本进行比较，以决定投资项目的收益是否高于最低可接受收益率。当然利用项目投资收益的历史数据实际上是十分不可靠的，特别是当公司正从生命周期的一个阶段过渡到另一阶段，或者正进行重组时，此时新项目的投资收益率完全可能与过去的历史数据有很大差异，因此有必要仔细审查过去的收益率并分析将来的可能趋势。一旦公司发放股利的能力和项目质量得到了度量，就可以确定公司的股利支付率。通过对股利支付能力的度量，可以知道公司发放的股利是否超过其股权自由现金流量，通过对投资项目质量的度量，可以分析出公司投资项目的收益是否良好。

（2）选择股利发放政策。一般来说，公司股利的发放应保持连续性，以便股东据以判断其发展的趋势。在实际工作中，通常有下列几种股利发放政策可供选择：①稳定增长的股利发放。②固定比率的股利发放。③剩余股利发放。④低正常股利加额外股利政策。

公司对股利政策作出选择时应借鉴其基本决策思想，综合考虑各种因素的影响，制定最适合公司实际情况的股利政策。其中居主导地位的影响因素是公司目前所处的发展阶段。因为这种对发展阶段的定位决定了公司未来的发展取向，并会间接地带动其他诸多要素相应地变化。因此，公司应根据自己所处的发展阶段选择相应的股利政策。具体而言：①初创阶段。处于初创阶段的公司，经营风险高，融资能力差，同时该阶段是一个现金净流出阶段。为降低财务风险，公司应贯彻先发展后分配的思想，此时剩余股利政策为最佳选择。②高速增长阶段。进入高速增长阶段后，公司的产品销量急剧上升，为防止其他竞争者进入，公司要迅速扩大生产能力，达到规模优势。这意味着公司要进行大量的投资，不宜分派股利。同时由于公司已渡过了初创阶段的艰难，并已有了某种竞争优势，投资者往往有分配股利的要求，此时，应采用低正常股利加额外股利政策，在支付方式上应尽可能采用股票股利的方式而避免现金支付。③稳定增长阶段。该阶段的显著特征是，产品的市场容量、销售收入稳定增长，生产能力扩张的融资需求减少，广告费开支比例下降，现金流动表现为净现金流入，EPS值呈上升趋势。这些均表明，公司已具备持续支付较高股利的能力。因此该阶段理想的股利政策应是稳定增长的股利政策。④成熟阶段。公司一旦进入成熟阶段，市场趋于饱和，销售收入不再增长，利润水平稳定。另外，发展至该阶段，公司通常已积累了相当的盈余和资金，此时公司可考虑由稳定增长的股利政策转为固定比率的股利政策。但在确定股利支付的起点标准时不宜太高，应留有余地。⑤衰退阶段。有些公司经过成熟期后可能进入衰退阶段，尤其是产品单一的公司更是如此。此时公司如果不被解散或被其他公司所重组与兼并，就要投资进入新的行业和领域，以求新生。这意味着公司的投资需求增加。另外，此时产品销售收入减少、利润下降，公司已不具备支付股利的能力，应采取剩余股利政策。

最后有两点需要说明：①公司发展阶段的划分是相对的，有时公司的经营阶段具有相互重叠和交叉的特征。②公司在某一个发展阶段上也可以采用两种以上的股利政策，相互替换使用。

（3）确定股利支付形式。确定了股利支付率后，公司管理者面临的下一个问题就是采取何种股利支付形式。确定科学、合理的股利支付形式，是公司在制定股利政策过程中的一项重要工作。常见的股利支付形式有现金股利、股票股利、财产股利、负债股利和股票回购。不同的股利支付形式对股东的股利收入、公司的留存收益、现金流量、财务状况、公司的股票价格以及将来的发展都将产生重大影响，必须予以足够的重视。公司在选择股利支付形式时，既要考虑法律制度的限制，又要考虑公司在不同时期的财务状况，还要考虑股东的意见和要求等。选择股利形式时主要考虑以下因素：

1）市场信号。根据股利信号学派的观点，每一种股利形式都有明显的信息效应。但是各种股利形式的信息效应大小不同，这取决于其承诺的具体程度。如增加普通股利的支付承诺大于股票回购，因为前者必须保持到将来时期。

2）股本规模。公司股本规模的大小对股利形式的选择有着十分重要的影响。股本规模对股利发放形式的影响是双方面的。一方面大规模公司的营运状况较小规模公司好，筹措资金较易故可支付较高的现金股利，因此公司规模的大小与现金股利支付呈正相关；另一方面大规模公司由于公司的规模效应，容易引起消费者群体和主管机关的注意，从而被要求承担较多的社会成本。为避免公司 EPS 太高引起政府部门注意而产生政治成本和员工加薪的压力，规模大的企业往往又会发放股票股利借以降低 EPS。不论规模大的公司偏好现金股利还是股票股利，可以肯定股本规模确实会影响公司的股利发放形式。

3）公司生命周期。同公司生命周期影响股利发放政策相似，公司的股利发放形式也随公司生命周期的变动而变动。上市公司在确定股利分配形式时，应根据公司发展的不同阶段而采取不同的形式。

4）股东税负。每种股利形式都会对股东的税负产生影响，包括股东纳税的税率以及纳税的时间。不同类型的股东，如个人和机构、纳税者和免税的投资者其税收影响也不同。公司在选择股利发放形式时，必须了解股东的构成情况，考虑到股利形式对股东税负的影响。

　　处于初创阶段的公司，由于公司面临的经营风险和财务风险都很高，公司急需大量资金投入，而且公司很难获得外部融资，即使获得了外部融资，资金成本也很高。因此内部融资便成为其主要的资金来源，在股利政策上应最大限度地保留盈利，尽量少发放股利。对处于成长发展阶段的公司，由于公司销售的急剧增长和投资机会的快速增加，其资金需求量大而紧迫，现金流量表现为巨额的净流出，同时公司由于发展前景相对明朗，已较易于进入公开市场筹措资金。但由于资产的流动性差，出于降低财务风险的考虑，公司一般应采用股权融资方式，成本较低的留存收益融资方式仍为公司的最佳选择。因此在成长发展阶段，公司往往采用股票股利的方式，这样既节约了现金支出又可传递经理人员关于公司发展前景的利好信息。当公司发展到成熟时期，生产经营较为稳定，有较为宽裕的营运资金，并有足够的留存收益，此时公司可决定和宣告发放现金股利。

　　（4）股利发放日期的确定。在制定股利政策规划时，还必须明确一些必要的日期界限。

　　1）分红预案公布日。上市公司分红时，首先要由公司董事会制定分红预案，具体确定本次分红的数量、分红的方式，安排召开股东大会或临时股东大会的时间、地点及表决方式，以上内容由公司董事会向社会公开发布。

　　2）分红方案及批准宣布日。董事会制定的分红预案必须经过股东大会或临时股东大会讨论。如果未能通过就要重新修改分红预案，如果讨论通过获得批准，则要公开发布分红方案及实施的时间，按规定股东大会讨论分红预案，其公司股票要停止交易一天。公司公布分红方案，其公司股票要停止交易半天。

　　3）股权登记日。这是由公司董事会在分红时确定的一个具体日期。凡是在此指定日期收盘之前取得了公司股票，列入公司股东名册的投资者都可以作为老股东，享受公司分派的股利。在此日之后取得股票的股东则无权享受股利。显然股权登记日是十分重要的。

　　4）除息（或除权）日。上市公司的股票在分红之前其股价中包含着股利因素，因此叫做含息股（或含权股）。在公司分红时应当通过一定的技术处理将股价中的股利因素扣除掉，这种技术处理叫做股票的除息（或除权）。公司分派现金时要进行除息处理，送红股时也要进行除权处理。股票进行除息（或除权）处理一般是在股权登记日的下一个交易日进行。股票进行除息（或除权）的这一天就叫做除息（或除权）日。按规定除息（或除权）日分红的股票应当以除息（或除权）指导价作为开盘价（除息股系在股票代码前加"XD"以示区别，除权股票在代码前加"XR"标志）。计算该开盘价的公式为：

　　除息指导价=股权登记日收盘价 – 现金股利（即每股派现额）

　　除权指导价 = 股权登记日收盘价/（1 + 平均每股送股数量）

　　公司采用送红股分红除权后，股价高于除权指导价时叫做填权，股价低于除权指导价时叫做贴权。填权可以使投资者获利，贴权则使投资者亏损。不管是获利还是亏损，都具有一定的放大效应，因为送股后投资者持有股票的数量比分红前增加了。

5）送股交易日。沪市规定公司所送红股在除权日开盘前就通过计算机打入股东的股票账户，当日即可与老股一起进行交易；而深市规定除权日只有老股可以进行交易，除权后的第三日为送股交易日，在这一日开盘前计算机将所送红股打入股东的股票账户。

6）股利发放日。股利发放日是指将股利正式发放给股东的日期。在这一天，证券交易所电子计算机系统自动将公司分派的现金红利（扣税后）打入股东的资金账户。

第三节　研究与开发财务规划

研发资金是完成研发战略的关键要素。现代企业的竞争体现为一种优势竞争，企业为了增强竞争优势、形成自己的核心竞争力，在研发上的投入越来越多。为了确保这些投入能得到有效的产出，很有必要对研发的资金投入进行科学的规划管理。研发工作需要大量的资金，如何清楚地把握研发资金的投入规律，分配好现有的资金，发挥资金的最大效益是研发财务规划的重要环节。本节首先介绍研发资金财务规划的基本理论，然后具体分析企业研究与开发的财务规划。

一、研发资金投入的适当比例关系

研发的资金分配，首先要服从于企业的经营战略。根据企业战略的不同，要求研发资金有不同的投入比例。具体来讲，要处理好以下几种比率关系。

1. 企业不同发展阶段的关系

企业在不同发展阶段的研发资金投入比例是不相同的。在企业发展早期，资金匮乏使得企业只能进行一些试验项目，而当企业跨入超常规发展期，相对资金较多，就可将较多份额的资金用于大规模科学技术和系统的基础研究与应用研究。

2. 近期、中期、远期项目之间的比例关系

研发资金在近期、中期和远期项目之间的分配，是企业研发管理的重要战略问题。研发资金过多地集中于近期项目，虽能满足企业现时的竞争需要，但从长期发展来看，企业发展后劲乏力；而研发资金过多地集中于中期和远期项目，企业则很难保持现时的竞争优势，对于竞争实力并不很强大的企业来说，更是如此。因此，必须保持研发资金在近期、中期和远期项目间的平衡。在很多研发单位里，

存在着一种把资金集中于短期研发项目的倾向。造成这种情况往往是由于以下两个原因：一是这种短期项目可凭借已有科技理论与知识来解决问题，技术风险小；二是短期项目容易出成果，能够迅速得到回报。这种过多集中于短期项目的倾向，在企业经济状态欠佳时尤为显著。这种做法的最大危险是使研发工作脱离企业的战略目标，影响到企业今后的长远发展与成长。为了保证长短期项目的全面安排，有条件时可以采用两套班子的做法。除了保证足够的科技力量从事集中短期的研发任务外，还应保持一定的科技力量用于长远的基础性科研项目。

3. 公司总部与分公司之间的比例关系

研发资金在公司总部和分公司之间的分配同公司的发展战略、技术创新体系密切相关。一般说来，公司总部的技术中心主要开展一些同公司业务相关的核心技术、共性技术难题和基础领域方面的研究工作，一般周期较长；而各分公司的技术中心则更多地从事同当前项目及业务有关的产品和工艺开发，周期相对较短。不同分公司的技术中心所从事的开发项目可能有很大的差异性，它们都应用公司总部技术中心所提供的研究成果。由此看来，除了保证公司总部技术中心有足够的研发资金外，应将更多的研发资金分配到各分公司的技术中心，以促进公司总部技术中心研究成果的产业化，保持公司在市场上的竞争力。

4. 基础研究与应用研究之间的比例关系

研发资金在三类研发之间的分配比例是动态发展的，这取决于外部环境（政治、经济、政策、环保要求等）与企业战略的变化。基础研究作为长期投资，往往要 30 ~ 50 年后才能对生产力的突变发生影响；试验发展是短期投资，两年内可能见效；应用研究作为中期投资，一般 5 ~ 10 年，多则 20 年内对社会生产力发生重大影响。为保证企业在今后 20 年中持续发展，必须在应用研究中有足够的投入，根据企业的中、远期战略基础结构，形成企业的技术核心能力，这是 20 世纪 90 年代以来世界著名企业成功的关键。

5. 进攻型与防卫型项目之间的比例关系

防卫型的研发项目是用来抵御来自竞争方面的压力，以保持企业的现有市场；进攻型的研发项目是为了改进企业在市场上的地位或是开拓新市场。如果缺乏长远规划和明确的战略目标，任其自流，那么企业的研究项目中将充斥大量"救火型"的防卫型项目。"救火型"的防卫型项目是需要有一定数量的，但决不能占主导地位，否则企业就没有活力，没有生气，没有发展前途。两种类型研究项目的比例是同企业所采用的技术战略分不开的。当企业采用"技术领先"战略（第一个进入市场）时，就应有更多进攻型研发项目；而当采用"紧随领先者"战略时，企业要有一支强有力的研发力量，能快速从事防卫型研发。

6. 产品研究与工艺研究之间的比例关系

由于新产品关系到企业的生存与发展，企业习惯于把绝大部分研发力量投放到产品的研究与开发方面，而忽略了对工艺的研究与发展。在产品研究与工艺研究上力量分配不当，不但不利于企业提高产品质量，也不利于保证新产品的质量和提高企业的盈利水平。

二、不同行业研发资金投入的差异性

由于不同行业的技术复杂性、技术进步难易度和技术信息来源具有差异性，所以不同的行业在研发资金投入方面存在巨大差异，如纺织类的劳动密集型行业需要大量的熟练劳动工人，而像制药等技术密集型行业则需要投资于新产品研究与发展。不同行业研发资金投入的差异性包括两个方面的内容。第一方面是指多元化经营的企业在不同经营领域上的研发资金投入差异；第二方面是指不同行业的企业在研发资金投入方面有重大差异。从美国自然科学基金会发布的 1998 年各类行业研发经费占其销售额的比重来看，技术密集型产业的研发支出普遍偏高，制药业的研发经费占销售额的比例为 10.4%，属最高行业，其次为计算机、通信设备、电子元件和光学行业。这些技术密集型产业的研发经费占销售额的比例远远高于美国产业研发费占销售额比重的平均水平；而像食品、烟草等劳动和资源密集型产业的研发经费占销售额的比例极低，仅处于 1% 以下。

三、企业规模与研发资金投入的相关性

企业规模不同，研发资金投入也有显著差异。在激烈竞争的市场环境下，小企业由于自身技术水平、人员素质及资金等约束，在研发资金投入方面明显处于劣势，尤其是在高额投资、高风险的研发条件下，情况更是如此。相反大企业拥有多年的产品研发经验，积累了相当的技术储备、人才、资金，同时大企业还可以运用资本市场为研发筹集资金，因而大企业更有可能投入较多的研发资金，但当企业规模过于庞大时，由于替代效应的作用，大企业的研发投入强度有可能小于规模相对较小的竞争对手。

第四节　竞争与发展财务规划

一、环境变更对战略提出的挑战

1. 变革管理

传统的战略研究重点放在"制定企业发展目标"上，它强调企业应选择一个具有吸引力的市场，占据独有的战略位置，并制定一整套相应的竞争策略，还需

要对未来具有独特的见解。当然也只有在这样的前提条件下，如何达到企业的发展目标才能变得顺理成章。但对于面临着高速且不可预测的持续变化的企业来说，传统的战略模式常常濒临崩溃。这主要是因为传统的战略方法过分地强调企业对行业、竞争、战略位置以及各种情况持续时间的可预测性，同时对制定战略及随后战略执行的重要性和挑战性缺乏足够的重视。这并不是说传统的战略模型是错误的，而是说这种模式下的企业并不需要面对紧张、高速、持续不断的环境变革。变革是当代商业领域的最显著特征。变革是毋庸置疑的，它存在于任何行业中，任何地区内，任何企业里。假设变革是可以预测的，那么如何管理变革便成了关键性的战略挑战。就如何管理变革而言，究竟哪一种战略才能够适用于充满不可预测的、持续高速变化的行业呢？答案是一种称之为"边缘竞争"的理论。边缘竞争理论把战略定义为创造一系列独立的竞争优势的过程。将这些独立的竞争优势综合起来，便形成了一种固定式的战略方向，使得这种战略充分显示出业绩的关键动力即应变能力。衡量成功的标志是生存的能力，应变的能力，这些最终将随着时间的推移不断地改造企业的能力。边缘竞争战略有五个基本要素：即兴发挥、相互适应、再造、实践及时间节奏。从本质上讲，边缘竞争能够解决变革环境下的战略难题，尤其是在不可预测的高速变化的市场环境下，它提倡不断地调整企业的竞争优势。边缘竞争战略的总体目标是根据一系列不相关的竞争力来彻底地改造企业优势组合。

战略挑战的焦点集中在变革管理，从最基本的层面上讲，变革管理意味着对变革做出反应。如针对竞争对手推出的新产品，相应地推出更好的新产品；又如根据政府的新政策，推出某项新颖的服务，从而领先于整个市场。从第二个层面上讲，变革管理意味着对变革的预测。通过预测，能够更好地了解未来可能发生的情况，并为公司未来的定位做好充分的准备。最后，管理变革的最高层次便是领导变革。通过领导变革，迫使市场的其他公司做出反应。领导变革的具体措施有多种，如开发新市场、提高整个行业的服务水平、重新定位客户的期望值，或者是加快行业中产品的生命周期等，领导变革意味着走在变革的前面，三者关系见表10-7。

表 10-7　产品战略性挑战的变革管理

变革的层次	事　件	战　略
领导变革	• 创造新技术及新产品 • 开发新市场 • 提高行业的服务水平 • 重新定位顾客的期望值 • 加快整个行业的产品生命周期	• 迫使市场上其他公司采取跟随战略

续表

变革的层次	事　件	战　略
预测变革	• 产品市场的全球化 • 开发新的细分市场 • 全新概念的新技术的出现	• 提前准备好各种资源（例如，确定投资合作伙伴，雇用适合的、具有跨文化背景的员工，熟练掌握金融贸易技巧等） • 开发相应的市场渠道 • 在技术上留出变化的空间
对变革做出反应	• 竞争对手推出新产品 • 政府的新政策 • 顾客的潜在需求	• 推出更好的新产品 • 利用变革时机，推出新的服务项目 • 重新包装现有产品

（资料来源：[美] 弗兰克·J. 法博齐著，周刚等译. 投资管理学[M]. 北京：经济科学出版社，1999.）

综上所述，高速变化且不确定因素较多的行业中的战略挑战便是：必要时对变革做出反应；在任何情况下尽可能地预测变革；并在合适的时机领导变革。当面临这种战略挑战时，边缘竞争模式将十分有效。

2. **边缘竞争理论**

边缘竞争理论认为战略是公司不断调整组织结构形式进行变革，并与该组织结构相适应而采取半固定式战略趋向的一种必然结果。换句话说，边缘竞争方法是一种不断地寻找新的战略目标以及实现战略目标的方法。半固定式战略趋向是边缘竞争战略方法与所谓传统战略方法的最主要区别。边缘竞争的具体特征表现在以下六个方面：

（1）不确定性。边缘竞争战略是一些意外事件的结果，它并不是预先制定的，其发展方向也不是预先可知的。对于不确定的未来发展变化来说，那些精确的细节是绝不可能准确了解的。

（2）不可控性。高速变革过程中的诸多不确定因素使得任何个人的能力都不可能发挥有效的控制。

（3）低效率。边缘竞争总是与重复尝试、得到不适合的结果、不断犯错有关。边缘竞争战略在任何时候都不可能使公司成为市场上最有效率的公司，它是利用变革的时机，彻底地改造公司的业务，以谋求公司的发展，并在将来带来丰厚的利润。

（4）前瞻性。边缘竞争不是消极地观察市场上的变革，也不是坐视竞争对手在自己采取动作之前的抢先行动。边缘竞争提倡尽可能早地预测到变革，并在可能的情况下领导变革。

（5）连续性。边缘竞争是一组连续的行动，而不是一些分散的措施。

（6）多样性。边缘竞争战略是一系列形形色色不同规模、不同风险程度的变革行动。因此成功的边缘竞争战略并不是某个战略、某种竞争力或是某一次惊人的举措，而是一系列强有力的、多种多样的战略的总和。边缘竞争的战略模型如表 10-8 所示。

表 10-8　边缘竞争与各种不同战略模型的比较

项目	五种力量	核心竞争力	博弈理论	边缘竞争
前提	稳定的行业结构	具有多方面竞争力的企业	处于卖方市场中的企业	高速变革且变革不可预测的行业
目标	防守位置	连续的竞争优势	暂时的竞争优势	不断获得竞争优势
驱动力	行业结构	独特的竞争优势	恰当的举措	变革的能力
战略	挑选合适的行业，选择合适的战略位置，采用合适的组织结构	创立特有的理念，开发企业的竞争力以实现该理念	制定恰当的竞争策略和合作策略	把握时机控制节奏，制定半固定式的战略方向
效果	盈利	长期的市场垄断	短期获利	持续的革新

（资料来源：[美] 罗伯特·C. 希金斯著，沈艺峰等译. 财务管理分析[M]. 北京：北京大学出版社，1998.）

3. 三个核心概念

具有以下三个特征的组织结构适用于连续不断的变革，即无序边缘平衡、时间边缘平衡和时间节奏的平衡。

（1）无序边缘平衡。无序边缘平衡是指有序和无序之间的一种自然状态，它是井然有序的组织结构与变化频繁的组织结构之间的一种努力折中的结果。无序边缘平衡的组织结构是那种当变革发生时，公司的组织结构能够把有效的战略及相关的结构组织起来实现变革的结构，而不是由于组织结构过于严谨以至阻碍变革发生的结构方式。一方面太过于无序的组织将很难协调以完成变革，在这样的结构中，很难达成足够的共识，缺乏共同行动的一致性，竞争优势由于公司内部的混乱而逐步丧失，组织也将最终破裂。另一方面组织结构过于死板也会阻碍公司的进步，在这样的组织中，公司的战略将变得十分脆弱，容易引起公司的意外瓦解。

（2）时间边缘平衡。制定变革战略的同时也必须考虑不同时间区域的问题。成功的变革战略应该是这样的：吸取以往的经验，主要关于当前的发展状态，同时放眼未来。归纳起来就是时间边缘的平衡：立足于过去，关注现在和未来。时间边缘将有助于发现时间移动的趋向，有利于识别变革战略所处的时间区域；已经过去了还是正在发生、发展，或是将来会发生，这将有助于管理人员投入合适的精力来管理变革。事实上，过多地关注过去会使得公司的战略与组织结构顽固地停留在过时的竞争模式状态；而过多地关注未来会使得公司的战略和组织结构太过于超前，管理人员将无暇顾及当前的事务。时间边缘平衡是关于"专注于今天，兼顾过去和未来"的一种概念。时间边缘的制定能够有助于捕捉到那些复杂的、但却是自动适应系统的内在行为，这种行为出现在时间进程中的平衡地带。

在这一时期管理人员将能够向后获得过去的经验、向前能够展望将来，同时将注意力集中在现在。

（3）时间节奏平衡。时间节奏概念讲述变革是随着时间的推移而发生发展的，并不是受某个个别事件的触发而产生的。

二、边缘竞争战略的原则①

边缘竞争的原则和规律涉及战略和组织结构、领导职能三个方面。

1. 战略和组织结构方面

（1）竞争优势只是暂时的。把所有的战略都视为暂时性的战略。应用边缘竞争战略的管理人员必须明白，竞争优势只会暂时存在，因此，必须不断地开发能创造竞争优势的新途径。

（2）边缘竞争战略的多样性、突发性和复杂性。采用多样的战略行动。边缘竞争战略并不是简单的一次性市场行动，它由各种紧密相连的战略行动所组成，并统一在公司半固定式战略方向的大旗下。

（3）以不断创新为永恒的目标。应用边缘竞争战略的管理者总是在不断地寻求业务创新机会，然后从中获取丰厚的利润。

（4）以当前的业务运作为工作重心。应用边缘竞争战略的管理人员应当尽可能地减少组织的结构化特征，而更关注其他的非结构化组织结构。有经验的管理者仅制定适量的组织结构维持公司的完整性，进而保持公司业务变革的灵活性，并时刻提醒管理人员保持对新机会的高度警觉。各业务之间，管理人员们也会适当地协作，但也并非全面的协作。

（5）继承"昨天"的资源。在追逐新的市场商机的时候，"昨天"的资源往往就是最大的竞争优势所在。合理地利用现有的资源不仅能够避免不必要的风险，还能够减少资源的重复占用，使公司有更多的机会实践创新和变革。

（6）向"明天"前进。应用边缘竞争战略的管理者所管理和关注的时间范围远远超过其他管理人员。他们坚信未来发展的不确定性，于是他们会针对各种"有用无用"的市场或技术而推出更多的试验性产品或服务，建立更多的策略联盟，以及聘用更多的战略构想咨询专家。

（7）时间节奏式的变革旋律。应用边缘竞争战略的管理者不仅针对市场突发事件做出变革自身的业务，他们同时还依据常规事件来规划变革战略。他们往往给公司设定一定的节奏频率：每年推出一定数量的新产品或新服务，或者是每季度新开一定数目的商店，或者是有规律地扩大生产能力等。

---

① 周首华等著. 财务理论前沿专题[M]. 大连：东北财经大学出版社，2000.

2. 领导职能方面

（1）培养和发展战略。应用边缘竞争战略的管理人员懂得公司的业务需要不断地培育和发展，边缘竞争战略具有"成长"的特性，它并不是各个战略的简单堆砌。管理人员十分关注战略成长的顺序并从当前业务着手，然后利用现有的资源发展未来的新领域，最终形成运作的节奏韵律。

（2）从业务部门的层级上着手发展边缘竞争的战略。在高速变革的市场中，战略的制定不能采用由上而下的驱动方式。公司的成功已在很大程度有赖于业务部门快速、灵活、熟练的战略行动。

（3）将业务与市场重新对应并予以整合。在变革缓慢的市场条件下，思路清晰的组织结构图甚至可以把各个业务部门与特定的市场一一对应起来，而且一劳永逸、固定不变。在高速变革的市场环境下，这种固定对应的方法缺乏可行性。在新的市场不断出现又消失、不断冲突而又分离地不停变化时，任何业务与市场的对应关系都毫无实际意义。市场的不断变化要求管理人员不断地检查公司的各个业务与市场之间的对应关系。

【本章小结】

本章从三个方面对财务战略规划的基本理论与实务进行了探讨。基础理论部分主要解释了财务战略规划的一些基本概念，分析了财务战略规划与企业战略之间的关系，并讨论了股东价值与企业价值两者之间的选择。在讨论融资财务规划时，通过分析财务杠杆的利弊来确定企业长期最佳负债与权益资本组合，并指出管理者在为新投资项目筹资时不愿意采用新增权益资本的方法，这在短期内会导致企业管理人员偏离长期最优负债与权益资本的组合。在选择筹资工具时，管理者对财务灵活性的关心习惯上会倾向于偏好股票筹资，而对股票价格的关心则会偏好举债筹资，只有把筹资决策归入管理增长的大范围内，才能在两者之间取得一个平衡。在企业研究与开发的财务规划中，探讨了企业研发资金投入的适当比例关系、不同行业企业研发资金投入的差异以及企业规模与研发资金投入的相关性。通过关注研发资金的投入规律和分配情况，以期发挥资金的最大效益。在进行股利政策规划时，提出股利政策规划在遵循股利分配政策基本原则的前提下，应重点对股利支付率、股利发放政策、股利支付形式和股利发放日期进行规划，最后分析了就那些面临着高速且不可预测的持续变化企业而言，边缘竞争理论与这些企业财务战略的规划问题。

【复习思考题】

1. 如何理解财务战略规划与企业战略的关系？
2. 财务战略规划在企业战略中处于什么地位？

3. 财务战略规划是怎样服务于企业战略的？

4. 从长期考察，使股东权益增值的最佳负债与权益资本的组合是什么？

5. 就短期而言，如果企业管理人员正考虑新的投资计划，应该采取何种筹资方式？

6. 如何正确理解研究与开发资金投入的一般规律？

7. 股利规划战略的制定原则、内容是什么？

8. 如何进行股利规划战略的生命周期分析？

9. 环境变革对财务战略规划提出的挑战体现在哪些方面？如何积极应对这一挑战？

10. 如何培育企业的边缘竞争优势？

【阅读资料】

惠普公司拓展新加坡市场的成长启示

1970 年，惠普公司（美国首屈一指的跨国公司）宣布了计算机产品新加坡公司（CPS）的成立。成立该公司的目的是切入东南亚市场，这也正是公司全球化战略的一个组成部分。CPS 的目标是开设亚洲的设计和研发中心，并最终发展为公司的核心部门。30 年后，当年的投资已经变成了今天惠普在全球最有生气的设计、研发和制造中心，CPS 是如何做到这一点的呢？

第一步，以当前的业务为出发点，大力鼓励和提倡 CPS 的员工们提高自己的制造技能。CPS 刚成立的时候，被界定为低成本的制造运作中心。主要执行的任务都是一些最简单的生产与制造，以及劳动密集型的器件组装，所生产的主要产品也都是最简单的产品。CPS 生产的第一批元器件是计算机主存储器，第一批产品则是 WP-35 型计算器，其用于生产的所有工艺及设备都是从美国本土的惠普工厂移植过来的。尽管 CPS 生产的产品都很简单，但是惠普的计划是把 CPS 构建成为名副其实的生产运作中心。CPS 的员工们逐渐从组装生产的工作中积累了丰富的经验，CPS 也因此具备了生产高端产品的能力，同时随着员工们专业技能和生产效率的提高，CPS 还取得了更低的生产成本。随着 CPS 制造能力的逐步提高以及逐步取得的其他成功，惠普总部也逐渐把更多的产品从美国本土转移到新加坡制造。20 世纪 70 年代末，CPS 不仅能够生产计算器，而且还生产计算机键盘、显示器等大量计算机配件。就这样，CPS 建起了自己的第一个制造平台。随后 CPS通过类似的活动，进入了制造平台的扩展阶段。

第二步，当前业务的丰富化。20 世纪 80 年代初，CPS 由单纯的组装生产逐渐向成本设计领域延伸。为了进一步降低成本，CPS 开始对现有产品的设计提出一些简单的革新方案。由于惠普总部始终坚持贯彻提高新加坡员工技能的方针，因此 CPS 向设计领域延伸的做法得到了公司的大力支持。WP-4IC 的成本设计就是这方面的一个很好的例子。WP-4IC 是一种复杂的高级计算器，CPS 的管理人员制定了一个雄心勃勃的成本设计目标：把 WP-4IC 的制造成本降低 50%。而实现该目标的唯一途径便是更新含集成电路板及电路板上的所有设计。CPS 从新加坡派出了大约 20 名工程师和技术人员，前往美国学习，最终使 WP-4IC 计算器的成本降低了 50%。在制造与成本设计的基础上，CPS 进一步介入到更多产品的二次设计中，同时 CPS 也开始了大批量生产的运作。起初负责制造键盘的部门开始介入更复杂的产品生产如打印机。随着对大批量低成本制造工艺和管理技能的不断提高和熟练掌握，CPS 也不断地降低了制造成本。一个典型的例子就是 TWinkjet 激光打印机。该产品在当时是惠普的战略重点。在美国首次发布 4 个月后，该产品的制造任务便交给了 CPS。一年后 TWinkjet 激光打印机的制造成本就成功地降低了 30%。最后 CPS 开始介入到产品的研发领域，并使其成为 CPS 的一个固定业务部门。在美国高级经理的指导下，新加坡的设计部门逐步具备了设计和研发的能力。CPS 再次以计算机键盘为突破点，于 1986 年成为惠普公司计算机键盘的唯一供应者，至此 CPS 囊括了包括设计和生产在内的完整的计算机键盘业务。

　　第三步，继承现有的经验，探索未来的发展。在已经高效地运作现有计算机键盘业务情况下，CPS 的管理层开始了对未来发展的思考，以及关于如何创新当前业务的规划。CPS 的管理层一致认为，CPS 的合理决策是围绕亚洲市场来发展。于是 CPS 以亚洲市场为战略核心，开始计划进军亚洲的打印机市场。Capricorn型打印机便是在这样的背景下，完全由 CPS 研发并制造的第一批产品，也正是该产品成为 CPS 进入日本打印机市场的敲门砖。为了快速地进入市场，CPS 的管理人员充分地利用了现有的 Deskjet 打印机产品的设计，以及他们在合作研发其他惠普打印机项目中的经验。然而 CPS 还是遇到了极大的设计难题，为了满足亚洲市场的需求，新型打印机必须在体积上比惠普现有的打印机小。此外 CPS 的管理人员还意识到了在日本市场上树立品牌形象的重要性，而公司推出的第一项产品必将对此产生重大影响。于是 Capricorn 最终成了 CPS 介入亚洲市场的第一个探索试验。

　　第四步，时间节奏。CPS 推出了一系列相互关联的战略举措，实现了与亚洲市场的同步发展。CPS 的管理人员清楚地知道，从长期来看只有具备了持续不断的新产品研发能力，CPS 才有可能作为惠普的一个独立部门存在。经过周密的思考，CPS 的管理人员采取了一系列战略行动，逐步建立了与日本市场需求紧密相连的新产品研发战略以及节奏鲜明的研发计划。第一个战略行动便是 Capricorn打印机的发布，它为惠普进军日本市场搭建了立足点。

　　继 Capricorn 之后，CPS 的管理人员迅速推出了一种彩色打印机（代号为

Scorpio）。该打印机再次利用了美国本土类似产品的设计方案，使得 CPS 能够快速地向日本打印机市场推广新产品。与 Capricorn 相比，Scorpio 提供了一项定制明信片的独特性能，这一特征对日本市场充满了诱惑力。CPS 还意识到公司必须在日本市场上"频频露面"（因为日本的消费者习惯于高频率的新产品推广模式），因此仅仅在 Scorpio 发布后 9 个月，公司便将 Scorpio I 推出。Scorpio I 获得了出人意料的成功。CPS 至此也在日本市场上牢牢站稳了脚跟。下一步 CPS 便可以把精力集中在全面满足日本市场需求的定制设计方面。为此 CPS 采取了与日本供应商合作的形式，开发了一种全新的产品，即便携式 Deskjet 打印机。Scorpio I 发布后的第 5 个月，该打印机便引入了日本市场，同时这也是惠普的产品首次先于美国本土或欧洲市场而在其他市场发布。该便携打印机引起了全日本的轰动，并很快推广到了美国市场。在亚洲市场立住了脚的 CPS，随后囊括了全球惠普便携打印机产品的所有订单。至此 CPS 真正成为惠普的一个独立业务部门。

（资料来源：[美] 艾伦·C. 夏皮洛著. 跨国财务管理基础[M]. 北京：中信出版社，2002.）

【课外阅读文献】

1. [美] 弗兰克·J. 法博齐著，周刚，王化斌等译. 投资管理学[M]. 北京：经济科学出版社，1999.

2. [美] 罗伯特·C. 希金斯著，沈艺峰等译. 财务管理分析[M]. 北京：北京大学出版社，1998.

3. 李常青. 股利政策理论与实证研究[M]. 北京：中国人民大学出版社，2001.

第十一章 财务预算管理

【学习目标】

➢ 理解财务预算管理的内涵与外延；
➢ 领会财务预算管理模式的基本观点、计算方法及应用；
➢ 熟练掌握各种财务预算编制方法，并理解各种方法的适用范围及优缺点；
➢ 掌握各种财务预算控制方法，并理解各种方法的适用范围及优缺点；
➢ 理解财务预算管理中行为问题产生的原因及可行的解决对策。

【重点名词】

预算　预算规划　预算控制　预算程序　预算考评　预算调整　预算余宽
零基预算　滚动预算　作业预算　参与制预算　授权控制

【案例导入】

解读东风公司 "二版财务预算管理"

在搬迁武汉、人事安排等方面的变革渐趋平缓时，东风公司正在进行一场旨在压缩财务预算、被内部称为 "二版财务预算" 的管理计划。对于东风公司，这是一次积极但同时也是一次压力巨大的行动。东风公司新的预算指标，涉及东风公司几乎所有的零部件企业（未列入考核利润的企业要从成本角度进行考量）、商用车等众多板块。一份来自东风公司内部的材料显示，其零部件事业部下属某零部件子公司的 "一版预算" 利润指标仅为 3300 万元，净资产利润率需保持在 9.5%；在实行新的标准后，二版预算确保利润提高了近 82%，达到 6000 万元，净资产利润率也改为 17.29%，而东风公司商用车公司给车架厂下达新的利润指标是 1.72 亿元，降成本指标为 4500 万元，压力同样巨大。在东风公司湖北襄樊的一家零部件企业中，一位高层表示这次实行新的预算标准对企业的要求非常严格，按照现在的标准 2002 年其所在公司的盈利在 1.65 亿左右（公司历年最高水平，2003 年的盈利任务则定在 3 亿元左右）。

在这场变革中，对未列入考核利润的企业实行另一种考核方式。作为东风公司商用车生产的成本中心，总装配厂是唯一一家只考核成本的生产单位，但按照新的标准该公司仍承担一定的风险。据总装配厂厂长陆国林提供的资料：总装配厂作为成本控制单位，2003 年 1～8 月统计可控制费用比预算下降 368.24 万元，下降率为 17.89%；变动成本比预算下降 71.77 万元，下降率为 1.72%；流动资金占用比预算减少 300 万元，下降率为 8.6%；主要成本指标都控制在二版预算之内。但在剩下的 3 个月中，必须保持才可能完成全年的任务。

这次财务预算展示了东风公司与日产合作后有了更大的野心。"这也是东风公司寻求改变自己在三大集团中位置的计划之一，尤其与商用车最近承受的压力也有极大的关系。"东风公司这位高层说："也许这对我们是一次考验，挺过这一关就好了。"

（资料来源：摘自 21 世纪经济报道[M]. 2003 - 10 - 20. ）

第一节　预算管理概述

一、预算管理基础

1. 预算管理的内涵与外延

预算与预算管理的概念分析。"预算"（budgeting）一词首先出现在各级政府部门新一年财政年度的报告中。现代政府预算制度起源于英国，其初衷是控制王室的支出。随后美国在"进步时代"（the progressive era, 1880～1920）对预算制度的引进和发展深化了现代政府预算的内涵。预算管理在政府部门变成了一种实施集权与分权的工具和制度，预算的这一机制性作用后来在企业组织中得到了体现。对于现代企业预算，存在着多种表述方式，下面列举几种较能全面体现现代企业预算特点的定义：①一般《管理会计》教科书认为，预算是对企业未来一定时期预计经营活动的数量说明。广义上的预算是指全面预算，它是所有以货币及其他数量形式反映的有关企业未来一段期间内全部经营活动，各项目标的行动计划与相应措施的数量说明，包括专门决策预算、业务预算和财务预算三大类。②美国会计学家齐默尔曼认为：预算体系是公司会计系统的一部分，也是公司计划的一个组成部分，预算是对某一组织在未来一段时间内有关经营活动的正式管理性定量标准，预算要对所有可能发生的交易进行总体的预测。预算同时还是公司组织结构的一部分，它能够对决策权进行划分，并进行相关的行为控制。③安达信公司"全球最佳实务数据库"中的定义："预算是一种系统的方法，用来分配企业的财务、实物及人力等资源，以实现企业既定的战略目标。企业可以通过预算来监控战略目标的实施进度，有助于控制开支，并预测企业的现金流量与利润。"[①]

---

① [美] 杰罗尔德·L. 齐默尔曼著，邱寒等译. 决策与控制会计[M]. 大连：东北财经大学出版社，2000.

综上所述，预算管理是指在企业投资计划和运营计划的指导下，为企业各项业务以及执行各项业务的责任主体确定明确的目标，以之作为其工作开展和业绩评价的财务参照标准，从而实现公司战略、经营计划和日常业务执行紧密结合的有效管理工具。

2. 两种基本的预算观

预算观指企业管理当局在进行预算管理和创新时所遵循的逻辑思维方式和基本观念。通常情况下，预算观可以分为两种：任务导向的预算观和结果导向的预算观。

（1）任务导向的预算观。任务导向的预算观是许多企业在预算管理实践过程中所采用的基本观念，它从企业日常经营管理工作出发，并在此基础上做出资源分配决策和评价相应责任中心的工作业绩。

1）任务导向预算观的特点。任务导向的预算体系更大程度上表现为一套预算指标，它以企业管理当局设定的企业目标为起点，在此基础上形成整个企业的预算目标，并自上而下将其层层分解为各基层责任中心的工作任务和预算目标。总的来说，它更多体现的是行政命令式自上而下的目标下达过程。

2）任务导向预算管理的一般步骤。一般来说，任务导向的预算管理应大体遵照如下的流程：①了解市场状况，并以企业设想的目标来设立预算期企业经营的总目标和战略规划。②围绕企业经营目标和战略规划确定企业整体的预算目标。③确定各基层部门的任务目标和预算目标，并加以综合平衡。④对预算的完成情况进行阶段性的检查评估。⑤阶段性评估工作结果的反馈。

（2）结果导向的预算观。结果导向的预算观从企业价值创造的根源即顾客需求的满足和顾客价值的创造出发，设定各责任中心的绩效指标，并在此基础上确定其预算目标，经企业综合平衡后即下达执行。

1）结果导向预算观的特点。结果导向预算观关注的重点是企业最终价值的创造，它要求企业各级责任部门树立顾客价值导向的理念，在其预算目标设定和执行过程中始终以顾客价值的创造为导向。从这一意义上讲，它将顾客价值创造的理念以预算的形式纳入组织运作过程中。一般来说，参与式预算和上下结合的预算制定方式较能支持此种预算观念的落实。

2）结果导向预算管理的一般步骤。一般来说，结果导向的预算管理应大体遵照如下的流程：①从顾客的角度出发确定顾客价值创造的重点。②分析各责任中心有可能影响顾客价值创造的各类因素，并确定其预算期内的工作重点和改进目标。③制定具体的任务业绩目标，并提出支持顾客价值创造和部门任务业绩的预算草案。④企业最高管理当局综合平衡各部门预算草案，并以顾客价值创造为标准对之进行综合平衡并下达执行。⑤对预算执行过程和结果进行定期评估，并适时进行调整。

3. 预算的内容

从预算构成内容的角度看，短期预算又可以分为业务预算、财务预算、未来状态预算、责任预算和措施预算。

（1）长期预算和短期预算。从预算所涵盖的时间范围来看，主要分为长期预算和短期预算，通常它们的区别以一年为界限。

1）短期预算主要是指预算期间在一年以内的预算，又称年度预算。年度预算制度往往从上一年度开始，公司要对计划销售的各种产品的产量、价格以及相应的成本和需要筹集的资金情况制定详细的计划，并将这些计划以预算的形式落实为各个责任中心的经营目标。从长期预算在公司经营中的地位来看，它是制定公司战略性计划过程中的一个关键内容。战略性计划主要解决的问题是选择企业的总体目标以及实现这一目标的具体方式，其中既涉及进入哪个市场、生产何种产品的问题，也涉及应采用怎样的价格、数量组合的问题以及如何安排研究与开发、资本性支出及财务结构等支持公司目标实现的问题。在长期预算的制定过程中，也需要管理人员像年度预算制定那样对其未来事件的预期状况进行交流。

2）长期预算和短期预算相比，最根本的差异在于其内容和精细的程度上。在短期预算中，关键的计划假设在于对数量和价格的预测，组织中的每个部门都必须接受这些年度的关键性假设，一般来说较为精细并可作为日常营运的控制标准；而在长期预算中，关键的计划假设主要涉及应进入哪一个市场以及应获取何种技术的问题，它是对未来公司进行的财务整体规划，因此相对来说不需要特别细致。通常情况下，短期预算和长期预算的制定可以合并为一个过程，具体可以采用长期预算以滚动方式和年度预算相结合的方法。

（2）年度预算的构成内容。年度预算应综合反映一家企业不同层级、不同部门在预算期间内应实现的目标和完成的任务。总的来说，年度预算应包含业务预算、财务预算、未来状态预算、责任预算和措施预算五类具体的内容，不同类型的预算为不同的目的服务。

1）业务预算。业务预算是整个预算体系的基础，它将预算期间内企业各项业务开展情况的预测以货币形式进行表示并将之作为业务执行的标准。具体来说，业务预算包括销售、生产、材料、人工、制造费用、财务费用和管理费用预算。其中材料预算又分为材料耗用预算、存货预算和采购预算。业务预算的最终结果通常是利润。

2）财务预算。财务预算又称收支预算，它对预算期内财务收支情况进行规划并在业务开展过程中进行控制。财务预算包括日常收支预算和资本性支出预算。其中日常收支预算包括经营收支预算和营业外收支预算；资本性支出预算包括固定资产投资预算、权益性投资预算、研究与开发预算等。

3）未来状态预算。未来状态预算是指对预算期末公司财务状况以及预算期内经营成果和现金流量状况进行的预算，具体包括预算资产负债、预算利润表和预算现金流量表。一般来说，财务报表预算建立在业务预算和财务预算的基础上，是在既定假设前提下对业务预算和财务预算结果进行的综合。

4）责任预算。责任预算是对业务预算和财务预算的分解。在指标分解过程中，既应按照组织的层级进行纵向分解，又应按照组织的部门及其管理权限进行横向分解，应保证事权、财权和预算责任的一致性。在各责任单元内部，应针对其负责的不同预算项目分项进行预算的编制，在组织的层面汇总各责任主体的项目预算，即重新得到业务预算和财务预算。

5）措施预算。措施预算又称保障预算，是对前述各项预算目标提供的具体措施，具体包括完成预算应采取的具体措施及该措施的可行性。

二、预算管理流程及组织

1. 预算管理流程（预算管理循环）

总体而言，在预算管理过程中必须遵循以下几个步骤，即预算编制、预算控制、预算调整和预算分析及考评，见表 11-1。

表 11-1　预算管理基本环节表

内　容	预算程序	工作内容
预算编制	目标编制	• 各责任中心编制预算期预算目标
	目标下达	• 预算归口管理部门审核各责任中心预算目标 • 预算管理委员会确认预算初步目标并下达责任中心
	草案编制	• 各责任中心根据下达的预算目标编制预算草案，并逐级上报
	执行编制	• 预算归口管理部门和预算管理委员会审核预算草案
预算控制	预算控制	• 在各级责任中心的协助下，预算归口管理部门编制预算执行值 • 预算管理委员会审核并下达预算执行值 • 业务实际执行过程以预算为标准进行监控
预算调整	预算调整	• 需增加或减少预算执行值的部门填写调整申请 • 有关责任中心对调整进行处理
预算分析及考评	预算分析及考评	• 预算归口管理部门针对本期预算实际执行情况进行差异分析 • 针对不同业务按照既定的考评原则对各责任中心进行业绩评价

（资料来源：李伯龄著. 现代企业财务管理技巧[M]. 北京：文汇出版社，2000.）

（1）预算编制。预算编制是预算管理的基础工作，也是预算能否有效发挥作用的关键所在。主要包含以下几个方面的内容：①定额。定额是用于控制产品实际生产费用的一项管理方法，它从技术经济的角度对生产过程各环节设定指标，具体包括数量定额和价格定额。②原始记录。预算的编制离不开基础资料，即使是零基预算编制，也需要建立在业务经验数据的基础上。③确立预算观念。预算编制的准确性还取决于各责任中心对待预算管理的态度，这就要求企业在预算管理推行过程中应注意将其全面化、全过程化和全员化，并且严格倡导预算和管理行为的联系，只有这样管理人员才会重视预算管理工作，预算编制的准确性和科学性才能得到保证。

（2）预算控制。预算控制是预算管理过程中最核心的环节，它的实施效果最终决定着预算管理作用的发挥。预算的控制形式包括：①主动性控制，即在编制预算和审批预算时，对预算项目及估计执行情况的控制。②约束性控制，这是指预算执行值下达后，在实际执行过程中进行的控制。约束性控制应采用如下步骤：首先必须将实际发生的业务与每一预算项目相联系；其次将实际业务的发生情况归集到该预算项目；再次通过预算控制将预算情况与实际情况进行对比，比较绝对差异和相对差异；最后找出形成差异的原因，以便进一步执行和控制。

（3）预算调整。重要预算项目调整的工作流程应和预算编制的工作流程相一致；对于不重要的预算项目调整来说，应本着成本—效益比较的原则，采用适当的调整流程。但预算调整的审批权限必须赋予企业最高管理当局或由其组成的预算管理委员会。在预算管理过程中，对预算调整也应进行控制，主要集中在对预算调整频率和调整幅度的控制上。

1）调整频率的控制。对调整频率的控制应分项目进行，其程序如下：①根据企业经营管理的重点和各业务的特点，将所有预算项目划分为重点预算项目类和非重点预算项目类。②对于非重点预算项目类，设置预算调整限定总次数，并严格将其制度化、强制化，严格按此总次数对预算调整频度进行控制。③对于重点预算项目类，同样设置类似的限定次数对其调整频率加以控制，它与非重点预算项目类调整的区别在于当它达到限定次数时，预算仍可进入调整程序，但必须经过更加严格的调整流程。

2）调整幅度的控制。调整幅度即预算调整额与该项目原先执行目标的差异。对它的控制是和调整频度的控制结合起来进行的，其原则为：当调整频率限定较松时，可以选用较小的预算调整幅度，反之则可适当放宽调整幅度，从而达到控制调整总额的目标。

（4）预算分析及考评。预算分析及考评应遵循以下原则：①奖励、注销、结转下期使用的比例，应在期初就予以明确，但每年初可以根据实际情况对之进行修正。②考评公式：责任差额＝预算批准值＋预算调整值＋上期预算考评结转到本期的值－预算管理项目的实际发生额；结转金额＝责任差额×转出比例；注销金额＝责任差额－结转金额；奖励金额＝注销金额×奖励比例。③考评结果中奖励和注销金额不能结转到下期使用，考评结转下期使用的部分应增加下期该预算项目的预算控制值。

2. 预算管理组织

预算管理的最高决策机构是预算委员会，它应由企业的最高管理当局和各职能部门负责人组成，必要时应借助外部专家系统来实现预算管理的科学化。一般来说，预算委员会应为预算归口管理部门编制预算提供目标和合适的建议，并应承担对各项预算进行审核批准的责任。预算委员会通常下设预算管理常设机构，即预算管理归口部门，其职责是审核并汇总组织各个层次所提出的预算，并为批准预算或修改预算提供方案和建议。预算委员会通过运用自己修改预算以及批准预算的权力，可以对组织行动的方向施加决定性影响。

三、预算管理制度基础分析

1. 预算管理制度的内容

（1）预算组织制度。这是与一个公司治理结构、管理体制相关的，致力于明确、规范公司股东大会、董事会、预算委员会、经理层等预算工作组织和指标管理的权限、责任及程序的制度。大多数企业都成立预算委员会来管理预算事项。它由企业的高级管理人员组成，典型的预算委员会由董事长、总经理、一个或多个副总经理、战略经营单位负责人、财务总监等人组成。委员会的大小取决于企业的规模、预算所涉及人数、预算过程中内部单位的参与程度及总经理的管理风格等。预算委员会是经董事会授权的企业内涉及预算事项的最高权力机构。预算委员会设定企业及主要经营部门的预算目标，解决预算编制过程中可能出现的冲突和分歧，并在预算期末评价经营成果，预算委员会还审批预算期内对预算的重大调整。

（2）预算指标体系。预算管理通常会涉及三类指标，即核心指标、约束指标和考评指标。核心指标反映着预算期战略重点，它是预算编制的逻辑起点，对预算编制和执行具有统领作用。约束指标的设置是为了保障企业在追求战略目标和实现核心指标的同时，从资产运营的安全性、有效性和可持续性角度，对企业的财务风险和资产周转等进行的目标约束，预算执行的其他财务结果不应超出预算约束指标的"底线"。考评指标则是为确定年度（或中期）预算管理业绩、实施预算激励而设计的指标体系，它包括预算核心指标、预算约束指标及其他指标，年度考核可以利用平衡计分卡的基本思路来设置，从而将过程驱动指标、非财务指标纳入考评中。

（3）预算编制程序与方法制度。这项制度规定预算编制的流程与方法，致力于提高公司预算编制工作效率，尽量减少预算编制中的讨价还价现象，规范编制工作标准，减少预算指标形成的随意性，探讨设计调整预算、滚动预算、零基预算、弹性预算等方法在公司中的运用。

（4）预算监控与调整制度。该制度与预算实施相关，包括公司重大事项分项决策、签署权限一览表，旨在明确、规范股东大会、董事会、高层经理、部门经理、各分公司等在投资、融资担保、合同、费用开支、资产购置等方面的预算权限划分。

（5）预算报告制度。预算报告制度与责任会计相关，致力于建立反映预算执行情况的责任会计体系，包括账簿、报表、流程、报告规范（包括预算报告的内容、格式、时间安排、程序）等。

（6）预算考评制度。预算考评制度致力于解决很多公司业绩考核与预算脱节的问题，设计预算的考评指标、考评方法与程序，如投资中心的考核指标与方法、利润中心的考评指标方法等，并将考评结果作为奖惩依据，与薪酬计划衔接。

2. 预算管理制度功能及其负面效应

（1）预算制度的基本功能。预算是以定量形式表示的详细经营计划，它对预算期内财务资源的来源及其使用进行了详细规划。一般来说，预算制度有以下几个主要功能：

1）计划功能。预算就是将企业的长期战略计划在公司运营层面进行的定量化管理，它还引导组织内部各个层级的管理人员提前对自己的工作做出计划，并和企业整体的目标进行充分协调。

2）沟通与协调功能。对有效运作的组织来说，组织各职能部门的经理人员都必须清楚其他经理人员制定的计划。预算从财务侧面汇总了各职能经理的计划，有助于组织内部的沟通与协调。

3）分配资源功能。组织的资源是有限的，资源在不同用途上表现出的效率也是不同的。所以需要在组织内部提供一种资源分配的有效方式，使得组织目标和资源运用的效率能够同时得到保证，同时预算为在相互竞争用途上的资源提供了一种分配方法，既照顾了组织目标的实现，又兼顾了财务资源运用的效率。

4）控制利润及经营行为功能。预算是事前对经营活动做出的财务计划，因此在预算期末，可以将预算的实际执行结果与目标值进行比较，从而为管理人员提供基本的行为导向。

5）评价业绩及激励功能。预算的实际执行结果与目标值进行比较的过程还能够帮助管理人员对个人、部门或者整个公司的业绩进行评价，同时也能够被用来对那些业绩较好的部门或人员提供激励。

总而言之，预算制度能使企业的生产与销售以及财务运作三者协调一致，并能够按照要求对成本和费用进行适当的控制。

（2）预算制度的消极作用。预算管理的消极作用主要体现在以下几个方面：

1）预算的目标偏差。预算最明显的消极作用在于它忽视了一些重要的因素，它能够反映出花费在客户服务上的财务资源，但却不能反映出这种服务为客户带来的价值。

2）预算的导向偏差。由于预算的执行评价是各部门业绩评价的主要内容，因此，一方面各部门和管理人员常常被预算所控制；另一方面这种评价也阻碍了企业务各部门之间以及企业和其客户之间在价值创造方面的沟通和联系。

3）预算的效率偏差。如果需要在限制性资源内做选择性决策时，预算有可能失去效率，这在选择预算评价作为管理人员业绩评价的主要工具并据此进行激励时表现得尤为明显。

第二节　预算管理方法与模式

一、预算管理的基本方法

1. 固定预算

固定预算又称"静态预算"，是指根据预算期内正常的可能实现的某一业务活动水平而编制的预算。固定预算的基本特征是：①只按照预算期内计划预定的某一共同活动水平为基础确定相应的数据。②将实际结果与按预算期内计划预定的某一共同活动水平所确定的预算数进行比较分析，并据以进行业绩评价、考核。固定预算一般适用于实际业务水平和预期业务水平差异不大的企业，否则按照预期业务水平编制的预算很难为财务控制服务。对于企业经营发展比较稳定或对经营发展能够进行较为准确预期的企业，固定预算较为适用；而对于经营活动经常发生变动的企业，一般应采用多个业务水平基础之上的预算模式。

2. 弹性预算

（1）弹性预算是指根据可预见的不同业务活动水平，分别设定相应目标和任务的预算。弹性预算的基本特征是：①它针对不同预算期在某一相关范围内的多种业务活动水平基础上确定不同的预算额，也可按实际业务活动水平调整其预算额。②预算期末，将实际执行指标与实际业务量对应的预算额进行对比，使预算执行情况的评价与考核建立在更加客观可比的基础上，从而更好地发挥预算控制作用。

（2）一般来说，弹性预算的编制和成本性态的科学划分密不可分，其一般程序如下：①确定某一相关范围，预计预算期内业务活动水平在这一相关范围内变动情况。②根据成本与业务量之间的依存关系将企业的成本分为固定成本、变动成本、半变动成本三大类。③将半变动成本分解为固定成本和变动成本。④确定预算期内各业务活动水平。⑤如果企业事后在生产量水平已知情况下编制弹性预算，可按实际业务水平编制弹性预算；如果企业事先编制弹性预算，则可利用多栏式表格分别编制对应于不同经营活动水平的预算成本。

3. 滚动预算

滚动预算又称"连续预算"，是一种经常稳定保持一定期限的预算。其基本做法是当预算执行一阶段后，即对下一个周期的预算进行顺延编制。比如说以年为周期进行滚动预算的编制，在预算执行 1 个月后，即应根据当月预算执行过程中表现出来的与预算编制假定不一致的信息，对其余 11 个月的预算加以修订，并续编 1 个月，重新形成 1 个年度的预算。这种做法的优点是能够使企业管理当局对未来一年的经营活动进行持续不断的计划，并在预算中经常保持一个稳定的视野，而不至于等到原有预算执行快结束时，仓促编制新预算。但是这样做也会带来预算编制和管理成本较大、耗时较长的问题，只有当滚动预算对企业经营管理所带来的效益较大时，才可以考虑采用此种方式。

4. 零基预算

预算编制离不开业务水平作为基础。如果业务水平变化较大，或技术经济条件发生较大变化，预算编制就不能再以现有费用水平作为基础，而应以零为起点，对每个项目成本费用的大小及必要性进行认真反复分析、权衡，并进行评定分析，据以判定其开支的合理性和优先顺序，并根据生产经营的客观需要与一定期间内资金供应的实际可能，在预算中对各个项目进行择优安排，从而提高资金的使用效益，节约费用开支，这就是零基预算的做法。其基本程序是：首先划分基层预算单位；其次对基层预算单位业务活动计划的目的性以及需要开支的费用逐项进行考核；再次由基层预算单位对本身的业务活动作具体分析，并编制业务方案汇总表，然后对每项业务活动计划进行效益分析，权衡得失排出优先顺序，并把它们分成等级；最后根据生产经营的客观需要与一定期间内资金供应的实际可能，判定纳入预算中费用项目可以达到几级，并对已确定可纳入预算中的费用项目进行加工、汇总，形成综合性的费用预算。零基预算可以使管理人员认识到那些总成本超过总利润的费用，并消除这些成本从而达到公司价值的最大化。

5. 产品生命周期成本预算

指在产品投入生产之前即对整个产品生命周期所发生的所有成本进行计划。产品生命周期成本具体包括以下几个阶段的成本发生，即产品计划与概念设计、初步设计、详细设计与测试、生产以及分销与客户服务。为了使产品的引进合理化，在其生命期间所产生的收入必须足以抵减所有这些成本，从而规划这些生命周期成本在做出引进新产品的决策中是很重要的一步。产品生命周期成本预算见表 11-2。

表 11-2　五年期产品生命周期成本预算表　　　　单位：元

生命周期阶段	第一年度	第二年度	第三年度	第四年度	第五年度
产品计划与概念设计	390000				
初步设计	130000				
详细设计与测试		780000			
生产		390000	260000	3510000	1560000
分销与客户服务		65000	975000	1300000	1300000

二、预算管理模式

不同的预算管理模式决定着预算编制的核心、程序和方法，而预算模式必须与企业发展战略、经营理念相吻合，必须反映企业年度经营目标的要求。因此有效而且可操作的战略规划和预算应该能较准确地回答三个问题：第一，企业的远景和核心竞争能力是什么？第二，本年度最为基本的经营目标及其基本策略是什么？第三，需要配置的财务资源是怎样的？预算模式的选择应该体现不同类型企业战略重点的差异。

1. 以销售预算为起点的预算模式

（1）预算编制程序。以销售预算为起点构建预算体系是一种较为传统的预算模式，它是以销售预测为基础，根据销售预算考虑期初、期末的存货变动制定生产预算，最后综合各项经营预算形成汇总的年度财务预算。在该模式中，销售预算是整个预算系统（包括生产预算、营销预算、费用预算等）的基础，是运用了所有可以得到的相关数据（外部的和内部的）而形成的最重要的预算。该模式的基本程序如下：①由负责销售预算的各销售主管以适当的详细程度（按产品、销售人员或销售区）提供计划年度的销售预算。②由预算管理部门汇总上述资料，形成公司销售总预算。③预算管理部门对所提出的各项销售预算，就其可接受性与合理性进行讨论和确认。④当销售预算得到初步认可（一个反复的过程）后，需要这些数据的其他单位就可以根据销售预算编制各自的年度预算，这一过程可能要几经反复才能达到一个协调一致的经营预算。⑤将经营预算与资本预算同相关财务报表结合起来，并检验其财务可行性等。⑥全面预算报经董事会批准后，各项预算就成为计划期各责任单位和相关人员的承诺，需按预算来行事。

（2）预算编制的重点与方法。在以销售为起点的预算模式中，预算编制的重点就是科学、准确地预测销售水平，从而保证既不错失市场良机，又不会因生产过剩而浪费资源。一般来说，进行销售预测时必须同时考虑外部和内部两种因素。外部因素指不能被个别公司所控制的但仍然能大致说明销售潜力的影响因素；而内部因素与企业的内在条件有关。以下是几种估计销售水平的常用方法：

1）数学／统计方法。一般来说，运用统计方法对一系列的相关数据进行加工，可得出一个行业或公司的销售预测结果。然后用销售活动与促销活动等的预期结果修正预测，做出公司的销售预算。常用的数学方法有两种，即：①时间序列分析。通过计算机程序或使用常用的最小平方法，可以从现有的一系列数据中发现隐含的趋势，并推断出未来某个时期的情况，由此估计出计划期的未来销售额。②相关分析。这种方法是通过确定一系列看来与公司的销售或特定产品系列销售相关或同时变化的因素及其关系模型，根据相关因素的变化来预测销售量的变化。该方法的假定前提是能够很容易并及时得到相关因素的数据。

2）销售人员判断法。销售预测的一种方法就是依据销售人员的信息和经验来确定未来销售水平，一般由销售经理（销售人员报告的呈报对象）与销售人员共同参与销售预测。通过共同的讨论和相互检验，可以取得可信的估计。

3）客户调查法。在没有其他可信的或具体数据对销售做出估计时，经常采取通过询问客户以估计销售量的做法。在销售人员与客户之间的关系比较融洽，同时客户数量有限且购买量大时，可以使用这种方法。

4）其他方法。在编制销售预测或计划时还有其他的一些方法，有些可以单独使用，也可以与其他方法结合起来使用，简单介绍如下：①市场份额法。有些类型产品的市场总额是已知的，除了行业总量及货币量外，增长率也能够计算出来，经常还有次年或下两年的估计销售量，在这种情况下采取简单的市场份额法是最为恰当的。②最终使用分析。这种方法依赖于对公司产品最终使用市场的合理估计。③市场模拟。这种方法通常涉及计算机的使用以及市场数学模型的建立。它通常是由市场研究部门开发的，是帮助获得比较现实的销售计划的另一个有用工具。

（3）销售预算编制与战略意图。在编制过程中，以销售预算为起点的预算模式主要通过销售预算将年度计划或战术性计划与长期计划或战略计划连接起来，其具体方式是在估计销售水平时，一般从三个方面分别考虑：①向现有客户销售的现有产品和（或）提供的现有服务。②向新客户销售的现有产品和（或）提供的现有服务。③向现有客户和新客户销售的新产品或提供的新服务。其中后两个方面是战略意图在年度内的体现，是为了避免现有市场的自然萎缩，保持销售持续增长的战略措施。在实践中，往往由销售人员或销售部门在对企业战略不甚明了的情况下做出销售预测，因此编制销售预算时既要考虑现有维持性销售活动，还要考虑到战略性销售活动，以保证预算对战略提供充足的资源支持，保持预算与战略的一致性。相比较而言，以规模为导向的预算模式主要适用于创新期和成长期的企业。

2. 以成本预算为核心的预算管理模式

在企业步入成熟期后，由于市场环境与企业应变能力都有不同程度的改善，其经营风险相对较低，但成本压力却逐渐加大，因为企业收益能力的大小基本取决于成本这一相对可控因素。因此，成本控制成为这一阶段的战略重点。以成本预算为核心的预算管理模式也就理所当然地成为这一阶段企业预算管理的主导模式。以成本预算为核心的预算管理模式的内在逻辑在于：既然市场价格基本稳定，企业欲获取期望收益只能在成本上进行挖潜，用公式表示：

目标成本＝现实售价－期望利润

对于成熟期产品或企业而言，利润实现高低基本上取决于成本管理策略。

可见以成本预算为核心的预算管理模式，强调成本管理是企业管理的核心与主线，其实施重点包括两方面：①以企业期望收益为依据，以市场价格为已知变量来规划企业总预算成本。②以总预算成本为基础，分解到涉及成本发生的所有责任单位或管理部门，形成约束各预算单位管理行为的分预算成本。

3. 以现金流量为核心的预算管理模式

收益实现中一个重要的质量表现即现金流状况，因此现金流日益成为众多企业管理战略中的关注重点。与此相对应，企业的预算管理也通常采用以现金流量为核心的模式。此时现金流量预算旨在解释：①企业及其各部门的现金从哪里来？用到了何处？②在某一时点上可被运用的现金余额是多少？③企业将在未来何时需要现金？④如何筹资以用于到期的现金支付？⑤现金支出的合理程度有多高？⑥如何通过预算方式来避免不合理的现金支出？⑦如何通过现金预算抑制自由现金流量被滥用？⑧与预算管理相对应，企业应采用何种现金管理模式，是现金收支两条线，还是采用备用金制度？⑨是采用现金的内部结算周转信用制度，还是采用集团内的财务公司制度？所有这些问题都与现金预算管理模式相关。显然，以现金流量为核心的预算管理模式并不完全等同于现金预算。现金预算只是财务预算的一部分，它旨在降低支付风险，协调现金流动性与收益性的矛盾，而以现金流量为核心的预算管理模式要求企业管理必须围绕现金的收回与合理支出为核心，它以防止自由现金流量被滥用为目的，同时也为下一轮新产品的开发和新的经济增长点积蓄资本潜力。

4. 以目标利润为核心的预算管理模式

以目标利润为起点的预算模式是指以出资者的目标收益为起点，根据市场预测，倒挤出内部责任预算目标，并形成详细预算的过程，该模式的重点是通过内部管理改善，充分挖掘潜力以保证出资者收益目标的实现。近年来，随着企业经营环境的变化，竞争的日趋激烈以及对股东价值最大化的强调，以目标利润为起点的预算模式已得到越来越广泛的运用。

（1）目标利润模式的特点。与以销售为起点的预算模式相比，目标利润模式具有以下特点：①能够更好地保障出资者权益。在该模式中，提出目标利润的主体必须是出资者，任何出资者投入资本都具有其风险偏好及其相应的报酬预期。因此由出资者提出两权分离企业的预算目的，不仅能够反映出资者进行投资的目的，也是保障出资者的基本权益及对经营者约束的一种方式。②目标利润模式以目标成本管理为核心，能够促进绩效的持续改进。目标成本管理的本质就是一种对企业未来利润进行战略性管理的技术，其做法就是用产品的预计售价扣除目标利润而得到目标成本。整个目标成本管理的枢纽部分是确定产品层次的目标成本。

（2）编制步骤。以目标利润为起点的预算编制步骤如下：①由出资人（通常授权董事会和预算委员会）根据预算编制方针及对企业的有关预测、决策，分析确定目标利润，提出预定期间内企业各部门的具体目标。②由经营部门以市场需求预测为基础编制销售预算，由目标利润转向销售预算，意味着使目标利润转化为一个市场可实现过程。③以改善内部管理为基础编制成本费用预算，这里存在着两种可能前提：一是销售预算无法实现目标利润，其差额成为成本费用预算必须考虑的降低目标，这一目标又成为目标成本费用，责任单位应通过提高效率以实现目标成本；二是销售预算已经能够实现目标利润，这时编制成本费用目标就不再是一个被迫降低的过程，而是一个主动寻求降低的过程。④预算管理部门汇总各单位预算，进行细致的审查，反复协调平衡，并将经营预算与资本预算同相关财务报表结合起来，并检验其财务可行性，通过多次试算形成最终的全面预算方案。⑤全面预算报经董事会批准后，各项预算就成为计划期各责任单位和相关人员的承诺，需按预算来行事。

预算编制可能要经过自上而下和自下而上的多次反复，这样才能使最终的预算既满足出资者的收益期望，同时又符合各部门的利益，避免由于决策层的主观决定造成脱离实际的结果。在以目标利润为起点的预算模式中，作为整个预算系统的起点，目标利润一旦确定就成为管理的导向，对执行预算的全过程产生制约作用，因此其合理性、可行性决定着预算运行的实施效果。目标利润既要反映出资者的必要报酬，同时还应兼顾企业的现实条件以及预算执行者的自身利益，也就是要平衡出资人和经营者之间的利益关系。目标利润制定得过低，难以激发企业潜力，容易给企业带来大量无效成本；而过高的目标非但没有激励效果，反而会使经营者失去实现目标的动力，因此确定合理的目标利润是实施以目标利润为导向的企业预算管理的一个关键环节。实际上，虽然名义目标利润是出资者的目标利润，但要使目标利润转化为真正可实现的结果，它的确定应该是公司股东、董事会、经营者等各方利益相互协调的过程，或者说是一个不同利益集团之间讨价还价的过程。首先由股东根据市场或行业平均利润率提出目标利润率，构成企业目标利润的基础；其次由董事会对其目标进行调整；最后由总经理根据目标利润实现的可行性及客观限制方面对预算目标进行评价，做出接受或者进一步调整的决策。

（3）目标利润预算实例。

1）年度利润预算的制定。利润是企业经营的基本目标。一般要根据这一时期本行业的平均利润水平和本企业的实际条件来考虑利润目标。为增强其操作性，依据利润构成及其总量，可以把年度利润计划分解为一些具体的计划，如表11-3所示。

表11-3 年度利润预算　　　　单位：万元

	计划项目	今年计划	去年实绩
1. 未分配利润	（1）前期结存利润	50	50
	（2）税前利润	157	130
	（3）所得税	52	43
	（4）税后利润	105	87
	（5）未分配利润=（1）+（2）-（3）=（1）+（4）	155	137

续表

	计划项目		今年计划	去年实绩
2. 利润分配计划	（1）外部分配	①股东分红	52.5	63.3
		②董事监事奖金	5.25	6.3
		①＋②	57.75	69.6
	（2）内部分配	①盈余公积	10.5	8.7
		②公益金	10.5	8.7
		①＋②	21	17.4
	（3）转入下期利润		76.25	50
	（1）＋（2）＋（3）＝1		155	137

（资料来源：[美] 威廉森等著，阎达五等译. 现代主计长手册[M]. 北京：经济科学出版社，2001.）

在年度利润预算表中，项目 1（未分配利润）和项目 2（利润分配计划）应是相等的。项目 1 是前一期结存利润和本期税后利润之和，经过利润分配计划，分解为外部分配利润数、内部分配利润数和转到下期的利润数。

2）年度事业发展预算的制定。在实际制定预算时，可先根据目标利润和本量利关系确定出销售增长率，然后再倒算出为实现销售计划所必须达到的增长率，如表 11–4 所示，从第 1～5 项各项目所应有的增长率。一般来讲，第 6 项销售增长率高于第 1～5 项的增长率。第 7 项计划必须与利润计划相吻合。

表 11–4　年度事业发展计划表　　　　　单位：万元

计划项目	去年实绩	本年度计划增长率（%）	本年度计划数额
1.　人员预算	2.5	5	2.625
2.　固定资产预算	1132	9.5	1244
3.　总资本预算	1800	3	1858
4.　销售成本预算	1285	10	1412
5.　销售管理费	138	8	149
6.　销售额	1679	14	1914
7.　税前利润	130	21	157
8.　自有资本预算	900	16	1044

（资料来源：[美] 威廉森等著，阎达五等译. 现代主计长手册[M]. 北京：经济科学出版社，2001.）

3）年度损益预算的制定。年度损益预算中，许多科目可以直接从事业发展计划表中取得数据，如销售额、销售成本、销售费用和管理财务费用的总和、税前利润等。其他有的科目须参考实绩分析结果来估计，有的则利用前后的计划数值相互抵减后得出，如表 11–5 所示。

表 11-5　年度损益预算表　　　　　　　　　　单位：万元

项　目	计划表	附　注
1. 销售额	1914	由表 11-4 中的第 6 项转入
（1）期初产成品盘存	362	期末数额转入前数额
2. 销售成本 （2）本期产品制造成本	1250	销售成本＋期末产成品盘存－期初产成品
（3）期末产成品盘存	200	参考期初产成品盘存来估计
（1）＋（2）－（3）	1412	由表 11-4 中的第 4 项转入
3. 销售毛利	502	销售额－销售成本
4. 销售费用	149	参考实绩后得出
5. 管理及财务费用	196	同上
6. 营业利润	157	计算后得出
7. 营业外收支净额	0	参考实绩估计
8. 税前利润	157	由表 11-4 中第 7 项转入

（资料来源：[美] 威廉森等著，阎达五等译.现代主计长手册[M]. 北京：经济科学出版社，2001. ）

4）年度制造成本预算的制定。年度制造成本预算是损益预算的成本明细计划，一般来说如果是商业、服务业、运输业企业，只要编制前面的损益预算表就可以了，但如果是工矿企业或建筑企业，就必须有损益预算的明细。年度制造成本预算要以损益预算中确定的产品制造成本计划为依据，在这个范围内计划各种成本。在该预算下还应有有关材料、人工、制造费用的进一步详细计划，如表11-6所示。

表 11-6　年度制造成本预算表　　　　　　　　　单位：万元

科　目	计划数	制定方法
1. 材料费	271	（1）＋（2）－（3）
（1）期初材料盘存数额	23	期末数转入前数额
（2）本期材料采购	280	估计，与计划生产量配比
（3）期末材料盘存	32	根据（1）估计得出
2. 直接人工	469	表 5-2 中第 1 项及以往报酬率、人工效率
3. 制造费用	520	以下（1）＋（2）
（1）直接制造费用	372	参考实绩结合生产预算估计
（2）间接制造费用	148	参考实绩并结合事业发展预算估计
4. 计划期产品制造总费用	1260	本表项目 7＋6－5＝1＋2＋3
5. 期初半成品盘存	150	期末数转入前数额
6. 预计期末半成品盘存	160	参考第 6 项估计
7. 产品销售成本	1250	由表 11-5 第 2 项第（2）点转入

（资料来源：[美] 威廉森等著，阎达五等译. 现代主计长手册[M]. 北京：经济科学出版社，2001.）

5）年度预计资产负债表的编制。在年度资产负债表的计划中，一些主要项目的数值来自年度事业发展预算表。在年度资产负债表的计划中，各大科目下的明细科目须在大科目的范围内参考实绩制定，各明细科目的计划值必须符合各个预算表中每个合计值的要求，如表 11-7 所示。

表 11-7　年度预计资产负债表　　　　　　　单位：万元

资　产	制定方法	计划数	负债及所有者权益	制定方法	期末数
流动资产：			流动负债：		
货币资金	参照实绩	362.1	短期借款	参照实绩	120
应收票据	同上	24.9	应付票据	同上	4
应收账款	同上，并结合计划期销售规模	250	应付账款	同上	296
减：坏账准备	同上	1	预提费用	同上	115
存货	依据制造成本预算中各类期末结存	285	流动负债合计	上述 4 项合计	535
流动资产合计	上述各项之和	921	长期负债：		
长期投资	参照实绩	40	长期借款	参照实绩	180
固定资产原价	由事业发展计划表第 2 项转入	1244	长期应付款	同上	100
减：累计折旧	计算得出	497	长期负债合计	上述 2 项合计	280
固定资产净值		747	所有者权益：		
无形资产	参照实绩	70	实收资本	视有无增资而计划	600
递延资产	同上	80	资本公积	参考实绩	80
无形递延资产合计	上述两项之和	150	盈余公积	前期末结余 + 内部分配计划	220
			未分配利润	前期滚存 + 利润分配计划	143
			所有者权益合计	表 11-4 第 8 项	1043*
资产合计	表 11-4 第 3 项转入	1858	负债及所有者权益合计	表 11-4 第 3 项	1858

注：＊在实际计算过程中，有四舍五入误差。
（资料来源：[美] 威廉森等著，阎达五等译. 现代主计长手册[M]. 北京：经济科学出版社，2001.）

第三节　预算管理创新

一、作业基础预算

1. 作业基础预算的基本含义

预算编制所依赖的基础信息多种多样，它和预算管理目标紧密相关。其中从预算执行结果的角度考察，预算结果和引致成本发生的基本活动有关，这种基本活动即通常所说的作业。从投入产出及生产转换的过程来看，作业是构成企业转化过程的最基本元素，每个企业都有诸多作业将资本、材料和购入的服务转化为市场所要求的产品和服务。这些作业是企业运行的基本要素，也是企业价值创造的核心。竞争以产品和服务的市场表现为基础，并为生产、制造和提供产品和服务的流程及构成这些流程的作业所驱动。从本质上说，企业在投入资源和产品差异不大的情况下，竞争优势和绩效的差别就来自于作业及作业的组合效率。作业决定着企业生产什么、生产多少和如何生产的关键因素。从这一意义上讲，作业是企业资源消耗和价值创造的基本单元。因此，作为资源分配基本工具的预算管理即可建立在作业基础之上，也就是所说的作业基础预算。

2．作业基础预算的一般原理

作业基础的预算观点认为，作业是资源消耗的直接动因；产品直接消耗的不是资源，而是服务于转换过程的作业。因此，企业可根据各作业所消耗资源动因的情况确定作业成本的标准，作为预算制定的基础数据。由于企业拥有或者控制的资源是有限的，而不同作业的效率存在差异，并且作业的不同组合方式对企业价值创造的贡献也存在差异，因此，需要在企业目标的指导下对作业及其组合方式进行优选，最终确定其恰当的组合。在选定作业组合的基础上，企业就可以根据事先确定的作业成本标准对下期企业资源分配方案做出计划，从而形成一整套预算方案。

3．作业基础预算的流程

（1）作业分析。作业分析的主要目标是寻找企业内部所执行的作业并对之进行定义。在作业分析过程中，分析者应注意避免两个极端：一是将作业定义得过于具体，使得需要说明和定义的作业数以千计，给管理人员带来了巨大的工作量和工作困难；二是将作业定义得太概括，这会使得作业信息对预算决策的支持作用大打折扣。一般来说，作业的定义应选取那些企业内部关键的作业来进行，具体可参照如下标准：

1）顾客的认知，即外部客户可据以认识并对企业做出判断和评价的作业应予以定义。

2）高成本作业，通常情况下消耗大量资源的作业或能引起其他高成本的作业属于关键作业。

3）核心功能作业，即提供组织产品或服务所必需的基本作业是关键作业。

4）支持目标作业，即对企业、部门或任务目标实现具有支持功能的作业应予以定义。

5）具有潜在竞争优势的作业，即能提供潜在竞争优势的作业应被视为关键作业。

在作业分析的过程中，必须寻找合适的切入点对关键作业进行定义和分析。对一个企业来说，企业首先是由处于不同层次的业务流程组成的，各业务流程进而可以分解为若干作业。一般来说作业分析可采用如下两种方法进行：其一，自上而下法，即首先详细说明业务流程，然后再对各业务流程确定关键和重大作业；其二，自下而上法，即先说明作业，对各作业所涵盖的部门和领域以及投入和产出作详细定义，在此基础上将各作业联结为业务流程，在与企业业务流程实际情况进行对比后对作业定义再进行修正。

（2）制定作业成本标准。首先应将企业相关的成本分配给作业。企业全部的成本分为两类：一类是和最终产品密切相关的直接成本，此类成本往往不分配给作业，而直接划归产品成本；另一类是间接成本，它们往往和作业密切相关。就后一类成本而言，它们又可以分为两类：一类可以划归直接服务于产品制造或劳务提供的作业，称之为直接经营作业；另一类则只能归属于企业内部提供经营支持的作业，它们为直接经营作业提供支持。根据作业成本的分类结果，应将企业的成本划分为三类，即产量相关直接成本、基本经营作业成本和经营支持作业成本，后两者则成为作业基础预算的核心内容。其次在将企业所有成本进行分类后，可以根据企业的历史数据测算各作业的成本情况，并根据技术变化和作业改进的目标制定相应的作业成本标准。经过此次分配后，就可以得到直接经营作业成本的历史数据，进而确定作业成本的标准。

（3）建立最终产品与作业的关系模型。在明确了作业及作业消耗资源的标准后还必须明确最终产品与作业之间的内在联系。由于产品引发作业，所以能够明确确定提供某一产品或产品组合的作业数量以及作业所耗费的成本。在具体分析过程中，仍然可以通过历史数据测算或作业改进目标来确定产品制造过程中作业消耗的数量。

（4）进行资源分析，确定产品组合。由于企业拥有的资源是有限的，而在有限资源基础上可做出的生产经营决策却多种多样，因此，只有在对产品组合进行决策的基础上才可着手编制预算，而作业正是资源消耗的直接因素，它也直接构成了企业能力的基础，因此，可以在分析企业资源状况的基础上，通过作业组合的成本收益状况对产品组合方案进行决策。具体来说，在若干种产品组合方案中，可以通过前面的产品与作业关系模型确定各方案的作业组合，并进而确定各方案的收益及作业成本状况，结合企业目标分析各方案的价值创造及竞争优势情况，最终确定预算期内的产品组合。

（5）在产品组合的基础上制定预算。在确定最终产品组合方案后，企业需要为最终结果制定详细的计划，具体应包括作业组合及数量、部门承担的作业计划、作业进度及成本目标。在前述产品与作业关系模型以及作业成本标准的基础上，就能够较容易地对既定产品组合方案制定出详细的作业计划、成本方案及其责任部门，在此基础上即可形成具体的预算方案。

二、限制基础预算

1. 限制基础预算的基本含义

企业生产经营所需的资源多种多样，缺一不可。但这些生产资源的数量有可能并非是完全配套的，有的资源相对充裕，而有的资源则相对紧缺，构成了生产经营的资源"瓶颈"。限制基础预算就是在一种或多种资源存在紧缺限制时的预算管理方法。限制理论认为，当企业生产运作的链条受限于某一资源"瓶颈"时，应针对该"瓶颈"产生的具体原因和情况，采取必要的措施，使得短期内贡献毛益最大化、投资成本和营运成本最小化。具体来说，企业必须在资源限制的情况下进行短期产品组合决策，决定应优先生产哪些产品或订单，应拒绝哪些产品或订单。在产品组合决策的基础上，企业即可展开进行预算编制、分析及控制。

2. 单一资源限制下的预算管理方法

在生产资源未受到限制的情况下，管理人员只要致力于产销那些单位贡献最大的产品，便可使企业总边际贡献最大化；但当某项生产资源受到限制时，为使总边际贡献最大，此时必须产销的则是那些每单位稀有资源生产边际贡献最大的产品，而预算体系则在此基础上予以展开。其步骤如下：

（1）确定受限资源。受限资源即生产过程中稀缺的资源。这里的"稀缺"不是指绝对数量的稀缺，而是指在生产过程中不能及时配合整个生产进度而产生的资源稀缺。也就是说，当生产过程的某个工序转化原始资源需要较长的时间而难以满足生产顺利进行时，该项原始资源即为受限资源。从这一意义上说，即使某项资源的效率较高，但如果它仍阻碍了企业整体的产出，它也可能成为受限资源。

（2）计算单位受限资源边际贡献。单位产品边际贡献的计算应以产品单价减去单位变动成本，而单位受限资源边际贡献则应以各产品单位边际贡献除以单位产品耗用受限资源的数量为准。计算完毕后，企业应选择单位受限资源边际贡献最大的产品进行生产。

（3）制定预算方案并落实施行。在产品决策的基础上，即可展开编制预算并下达执行。值得说明的是，在预算方案中应着重对受限资源的成本发生及进度作详细说明，并应以进度预算的形式对受限资源在生产进程中的转化状态予以确定，确保在预算方案中各资源能够协调运作，实现预算期内的企业目标。

3. 多重资源限制下的预算管理方法

若企业有多重生产资源同时受到限制，其预算管理程序同前述单一资源限制下的预算程度基本相同，只是在确定产品组合方案时不能简单地采用计算单位受限资源边际贡献的方式进行，而应利用线性规划方法。具体来说计算步骤如下：首先确定企业目标函数和相应的限制条件，其中企业目标函数可采用边际贡献最大化或成本最小化等形式来表达，限制条件则是将企业在生产资源数量或生产时间等作业上的制约条件以数学等式或不等式加以表达；其次求出以产品组合形式表示的驻点；最后比较各驻点及限制条件端点上目标函数的结果，选取对企业最为有利的产品组合即可展开进行预算的编制工作。举例如下：

如果某食品企业的目标是成本最小化，预算期内计划生产 45 万千克食品，原料 x 和 y，其单位成本分别为每千克 16 元和 30 元。在生产过程中，x 和 y 混合后需要 10xy 的生产管理费用，并且原料 x 最少投料 20 万千克，最多投料 25 万千克，y 用量则不能低于 15 万千克。据此可建立下列线性方程式：

成本 $C = 16x + 30y + 10xy$

式中：限制条件：$x + y = 45$　　　$20 \leq x \leq 25$　$y \geq 15$　　　　　（11-1）

构建拉格朗日函数 $L = 16x + 30y + 10xy + m(x + y - 45)$，分别对 x、y 求偏导：

$$\frac{\partial L}{\partial x} = 16 + m + 10y = 0 \tag{11-2}$$

$$\frac{\partial L}{\partial y} = 30 + m + 10x = 0 \tag{11-3}$$

根据（11-1）、（11-2）、（11-3）式可求出驻点（x，y）为（21.8，23.2），此资源组合的成本为 6102.4 万元。再对端点的资源组合成本方案进行求值，得出资源组合分别为（20，25）和（25，20）的生产成本分别为 6070 万元和 6000 万元。因此，采用投入 x 为 25 万千克，y 为 20 万千克的资源投入方案对企业最为有利，预算也应在此基础上进行编制。

三、标杆基础预算

1. 标杆基础预算的基本含义

在企业预算管理的实践中，除了采用投入和转换过程的观点外，还可以从产出效率角度对预算管理进行考察。从产出效率的角度进行考察，就需要对预算项目设立一定的标准，这一标准一般应先采用代表先进效率的指标"标杆"。也就是说，通过对各预算项目设立先进的标杆，并在此基础上明确达到标杆的方法和步骤，即可以实现预算管理绩效的持续提高，这就是标杆基础预算。总的来说，标杆基础预算并不仅仅重视预算目标的设立，更重视对预算目标达成的保障措施。在标杆基础预算的体系中，措施预算必不可少，并且应成为整个预算体系的核心内容。

2. 标杆基础预算的流程

（1）明确必须设立标杆的预算项目。标杆基础预算管理的首要问题便是清晰地界定出企业应对何项目设立标杆，所有的标杆预算活动都是围绕这些项目进行的。在项目确定的过程中，可以采用不同的标准：①流程标准。企业可以选择关键流程作为标准，这将有助于企业直接获得竞争优势。②作业标准。设立作业预算的标杆有助于企业获得竞争优势的基础。③成本或资本项目标准。企业可以针对具体的成本项目或资本项目预算设立标杆，从而持续地提高经营绩效。一般来说企业不一定对所有的流程、作业或项目设立标杆，但对关键的因素必须设立标杆。只有这样才能抓住企业价值创造的关键因素，才能有助于预算管理持续地发挥积极作用。

（2）明确标杆项目的具体内容。在这一过程中，应对标杆项目的具体内容进行清晰的定义，为标杆数据的收集打好基础。一般来说如果以流程作为标杆设立的标准，则其相应需要定义的预算内容较多；如果以作业或成本项目作为标准，预算内容的定义则较为简单。值得注意的是，在这一阶段就应分析和确定影响绩效的关键因素，为此后分析比较和措施预算的编制打好基础。

（3）收集标杆项目的内部数据。在对标杆项目所包含的预算内容进行详细定义后，企业即可着手在企业内部实施数据收集工作。一般来说内部数据通常存在于管理会计信息系统、技术报告或研究分析报告中。

（4）收集标杆项目的外部信息。内部数据反映的是企业标杆项目的实际情况，而外部信息反映的则是企业在这些项目应实现的目标。在收集预算标杆的外部信息时，应注意以下几个渠道：外部公开发表物；行业领袖情况；外部专家；合作伙伴的情况和其所掌握的信息。

（5）确定改进性措施方案。在对各标杆项目企业实际情况和目标情况进行比较之后，就能清楚地发现自身与标杆目标之间的差距，并进而分析原因，确定可以改进的具体方案，为措施预算的编制打下基础。

（6）制订预算方案。企业在确定预算项目的标杆目标和改进性措施方案后，则应集中精力制订预算目标方法，并为预算目标的实现提供措施预算方案。值得注意的是，在预算方案的制订过程中，应注意吸纳基层部门对改进措施进行详细论证的意见，确保组织变革和预算目标的实施。

（7）实施持续的标杆预算管理。在预算期内，企业应实时监控、分析预算的执行情况；预算期末，应对整个预算期的标杆预算执行情况进行分析，主要内容应集中在标杆目标的实现上。本期未能消除的标杆差异，在下期标杆预算的制订过程中应继续关注。与此同时，企业应时刻注意通过各种渠道发现新的标杆数据，随时更新预算标杆数据库，持续地实施标杆预算管理。

四、预算管理创新比较

上述几种预算管理创新方法并不是完全互相排斥的，它们可以结合使用。比如说，当企业存在某种限制资源时，首先应选用限制基础的预算管理方法，确定产品组合和资源组合后，进而确定生产过程中的具体作业，以作业作为预算控制的基本方式；与此同时对每项作业可以设置作为先进标准的标杆，引导预算管理工作持续发挥效力。但是这三种创新方法毕竟建立在不同的基础之上，它们之间的差异是非常明显的，主要表现在以下几个方面。

1. 适用的范围不同

通常来说，作业基础预算较适用于间接成本和费用比例较大的企业，只有这样将作业引入预算系统才具有经济效应；限制基础预算则适用于企业比较依赖某种或某几种投入资源的情况，这些资源运用效率的高低将直接决定企业的经济效益和竞争优势；标杆基础预算则适用于企业的竞争优势建立在某几项业务或流程基础之上的情况，如果企业经营缺乏特色，或者竞争优势建立在多项业务综合开展效率的基础之上，标杆基础预算的实施效果可能不会十分明显。

2. 依赖的假设不同

三种预算管理创新方法对资源组合的假设具有明显的差异。限制基础预算管理假定产品生产需要大量的设备投资，此类设备投资没有在预算体系中表现出来，预算体系考虑的是设备投资后的运营成本，对设备投资本身缺乏考虑，需要在实务工作中加以注意；作业基础预算管理则没有对资源的类型做出假定，它仅从作业分析的角度将作业划分为劳动密集型作业和设备密集型作业，并对不同类型的作业赋予不同的成本标准；标杆基础预算管理则没有相应的限制和假定，它可以按照不同的标准对预算项目设置标杆，并加以持续改进。

3. 实现的目标不同

比较而言，限制基础预算的目标比较明确，就是通过产出最大化或成本最小化等手段实现企业的目标，它所涵盖的范围包括了整个生产制造系统；作业基础预算则主要从企业基本运作的单元出发，为预算编制提供准确的基础，同时为预算分析和决策提供可靠的信息；标杆基础预算则是从改进当前预算管理绩效的目标出发，探讨企业当前影响预算绩效的诸多因素及其改进措施，始终瞄准标杆，实现持续的预算管理创新。

4. 管理的重点不同

作业基础预算的管理重点是减少或重新安排间接成本，这些间接成本很多都属于固定成本的范畴，其管理重心在于生产转换过程中的产出成本；限制基础预算的管理重点在于打破或缓解资源"瓶颈"，以缩短使用受限资源产品的生产周期并达到更大的产出量，其管理重心在于资源的使用效率；标杆基础预算的管理重点在于实现预算绩效的持续改进，瞄准先进做法不断地实施改善，其管理重心在于对现有预算工作方式的不断更新。

第四节 预算管理中的行为及引导

预算发生在组织网络中，它实际上影响着组织中参与预算管理的每个人，具体包括预算编制者、使用预算进行决策的管理人员以及那些以预算执行作为业绩评价指标的管理人员，所以必须要考虑人的行为因素对其效果的影响。实际上预算管理的主要目标之一就是使管理人员和业务执行人员能够表现出企业所需要的管理行为。但管理人员的行为是受预算制度具体机制影响的，不同的制度会引致不同的行为，同一制度在不同的环境和背景下也会导致不同的结果；人们对预算制度的不同反应能够带来截然不同的组织整体有效性。另外，在摸清预算行为影响因素及其作用机制基础上，企业管理当局可以设置更为合理和恰当的管理机制，从而对预算行为进行引导。

一、影响预算行为的主要因素

在许多情况下，管理人员的行为并不总是和预期一致；他们的反应可能受预算编制的方式、参与预算编制的程度、沟通交流的方式、他们所接受的教育与培训、预算实施的方式等方面的影响。具体说来，这些主要影响因素见表 11-8。

表 11-8 预算行为影响因素内容

影响因素	内 容
认知 （perceptions）	认知是指管理人员关于预算目标的理解以及管理政策的认识，这是由于不良沟通和缺乏参与造成的
个人目标 （personal goals）	管理人员不仅须实现预算目标，还要实现其个人目标；这些个人目标可能与预算目标相冲突或抵触，此时个人目标的实现必然会影响预算目标的实现
参与 （participation）	管理人员缺乏对预算编制的参与程度，这通常会导致管理人员不会全力支持预算的制定并给予充分的配合；在预算制定过程中，他们不会共享其拥有的信息和知识，从而提高了预算编制的成本
愿望层次 （aspiration levels）	预算的实现被视为成功，而预算的未实现则被视为失败；这种导向可以影响到员工的士气和管理人员较高层级需求的实现
目标 （targets）	如果预算目标设定得太高，管理人员可能缺乏实现预算目标的动力；如果预算目标设定得太低，管理人员可能会因为害怕遭到预算目标制定不合理的责罚而主动降低生产率
成见 （obsession）	管理人员，特别是高层管理人员往往认为预算应不惜代价来完成，而忽视了预算只是估计值这一事实
借口 （an excuse）	预算之外事情的处理往往以预算目标的完成为借口，因此下属管理人员往往对预算充满敌意

续表

影响因素	内　　容
资源配置 （resource allocation）	在有限资源的约束下，管理人员之间必然会存在资源利用方面的冲突和矛盾，在部门目标的驱使下，管理人员会通过谈判、讨价还价来控制更多的资源
强加 （imposition）	如果管理当局"自上而下"强加以预算，业务执行人员可能会抵触它们，不给予支持，或缺乏完成预算目标的激情
监督 （scrutiny）	如果缺乏外部的监督和观测，再严密的引导机制也很难完全发挥作用；在存在外部监督的情况下，管理人员通常会更有效地工作

（资料来源：[美] BRIGHAM 等著. 财务管理理论与实务[M]. 北京：中国财政经济出版社，2003.）

二、预算行为中可能出现的不良倾向

1. 虚报预算

预算面临的一个共同问题是人们虚报预算的倾向。预算编制所需的信息部分来自于处于中低管理层的员工。当部门实际发生的成本低于预算制定过程中被夸大的成本预测时，企业高层管理者往往会认为该成本中心的成本控制方法较为有效、业绩较为突出。以上低估收入或者高估成本的事例都属于虚报预算的行为，它不仅会导致错误的评价，更会带来组织内部的种种矛盾。

2. 讨价还价

预算编制过程中，基层责任中心往往可以表达自身的意见。在表达意见的过程中，较为常见的现象就是提出自身的种种困难并以此为理由要求放宽预算标准。在目标成本主导的预算体制中，组织可能要求各责任中心自主协商确定内部转移价格，并依次作为预算制定的基础数据；在这种情况下讨价还价就容易发生。此时制定出的预算更能反映各责任主体的讨价还价能力，而与业务实际情况可能会发生较大的偏离。讨价还价的关键在于它是否对公司组织的整体协调性和预算指标的科学性带来较为明显的负面影响。讨价还价可以促进信息在企业内部的沟通，但这种信息的共享是选择性的。各责任中心都倾向于表达对自己不利的信息，对于有利信息可能会加以故意隐瞒。从这一角度讲，预算体系的设立应避免这种讨价还价情况的发生。

3. 歪曲预算信息

预算的效率取决于预算过程所产生信息的真实性，无论是在预算制定、执行，还是在预算考评中都是如此。在预算制定过程中最容易导致的行为倾向是虚报预算，而在预算执行和考评中最容易产生的倾向则是歪曲信息。在成本预算执行过程中，责任中心往往倾向于隐瞒经济业务的实质而使用不属于该业务应耗用的预算项目。虽然预算期末该责任中心的实际成本发生可能并未超出成本预算总额，但这种跨项使用预算项目的行为实质上只能从产出角度对业绩进行目标管理，从而失去了预算作为提高企业每一项作业效率和效益的意义所在。这种做法使得在下期预算的制定过程中，对各项预算指标的核定仍然缺乏基础，制定出的指标也不会十分准确。

4. 抵制预算和控制

在组织的预算管理实践中，财务部门往往是预算指标的平衡、确定和考核部门，虽然企业最高管理当局授权财务部门实施预算管理程序，但各业务职能部门会对此实施抵制。一方面业务部门不愿意接受和自己处于同一管理层级部门的监控；另一方面任何责任中心都具有不愿接受外部施加控制的倾向。在实践中，这一抵制预算管理的现象有可能直接表现为财务部门和业务部门的激烈冲突，还有可能表现为业务部门的消极抵制，在预算制定、考核过程中不配合财务部门进行信息的沟通并推动工作的完成。这种抵制预算的现象会使企业的整体协调性大为降低，在企业内部人为设置了许多障碍和鸿沟。实际上这也正是许多企业高级管理层最终放弃预算管理的重要原因所在。

三、预算管理方式与预算行为

1. 预算目的与虚报预算

预算的一个重要目标就是依据预算进行控制并奖惩。如果预算的主要目的在此，则容易导致虚报预算情况的发生。虚报预算在以下两种条件都具备时尤其容易发生：下属人员占有信息且信息具有专用性；上级领导出于计划与控制的目的需要该信息。虚报预算属于预算制定过程的道德风险问题，它会在管理者的相关信息不容易被观察或观察成本很高的情况下发生。在这种情况下，管理人员会被已虚报的信息所控制，并导致错误的评估结果。这种状况发生的根本原因在于，处于控制目的的预算体系在实施过程中需要清晰的信息，这些专门的信息同时又掌握在作为控制对象的责任中心手中；虚报预算的道德风险总是会出现在这样的组织中。

2. 预算中止与成本决策

预算中止是指各责任中心在年末尚未用完的预算余额不能转入下年继续使用，同时也不能预支下一年度预算期的预算额度。一般来讲，预算中止会使管理人员倾向于将其预算期内的预算额度全部用完。这是因为管理人员预期到预算中止方式不仅会使其损失未使用预算所能带来的部门或个人利益，更为重要的是本期未使用的预算额度很可能从下期预算的额度中扣除。通常来说，预算中止能够对管理人员提供更为严格的控制，但它会使管理人员降低追求成本节约的动力，因为他们节约下来的金额将不再归他们所支配。

为了完成预算金额，管理人员通常会提前购买下一预算期需要购买的产品，但这种方式将会导致较高的采购成本，更会带来额外的大额仓储成本。这意味着，预算中止有可能使管理人员不能迅速调整以适应不断变化的经营条件。如果不采用预算中止的方式，管理人员可能会在其预算中保留相当金额的余额。在结束其职业生涯或在同一公司中转换职位之时，这些管理人员会运用其以前的预算额度积累支出大量的费用。通常来讲，这种集中消耗预算方式往往不能带来公司绩效的提高，只会带来无效率的成本；在这种情况较为严重时，公司则应考虑采用预算中止的办法。

3. 参与型预算与预算责任

参与型预算指的是在形成预算的过程中企业中低层管理人员充分参与并发挥重要作用的预算体系。一般来说，由下到上和上下结合的预算过程最能体现参与型预算的特征，它能够使得参加该过程的业务执行人员对所形成的预算负有更大的完成责任。参与型预算能够很有效地调动业务执行人员的积极性，但同时也会由于广泛地参与和讨论带来预算制定效率的降低，这种情况在参与预算的管理人员意见存在重大冲突和不一致时表现得尤为明显。

在参与型预算制度下，除非对预算编制的精度进行激励，否则虚报预算的问题会十分严重。一般来说，参与型预算通常采用处于较低管理层级的管理人员编制预算并提交给上级机构审批的形式，通常更多地体现了决策管理的内容。而与之相对的由上而下的预算体制中，公司高级管理层确定预算目标并下发执行部门作为控制目标，这更多地体现了决策控制的影响。虽然参与型预算也具有控制功能，但从预算指标确立的角度看更多地属于决策的范畴，其后实施的控制是在决策基础之上的控制，更多体现的是对决策结果的按计划执行。

在参与型预算体系下，预算是在低层管理人员与高层管理人员不断地协调、磋商过程中制定的。低层管理人员会倾向于将目标定得比较低，从而确保他们能实现预算指标，并获得有利的报酬；而高层管理人员则会倾向于将目标定得较高，从而激励低层管理人员付出额外的努力去实现这些目标。

4. 业绩评价与道德危机

如果在企业内部将部门或分支机构的预算执行情况作为评价管理人员业绩的基础，并据此对管理人员进行奖惩时，往往会引发严重的道德问题，最常见的就是虚报预算的行为。一般来说，虚报预算存在三个原因：其一，管理人员通常认为如果他们能够在预算制定过程中对预算指标进行"压缩"的话，其预算执行的业绩在高层管理者看来会较好，而一般来说以预算作为业绩评价的基础通常很难避免这一评价的倾向；其二，在预算执行的过程中，通常会出现不确定的情况，而管理人员预期这些情况对于预算的调整可能得不到高层的批准，所以通过虚报预算的方式对非预期因素进行克服；其三，在预算分配方案的决定过程中，预算成本计划经常被削减，但部门的任务往往不会削减，对其进行业绩评价时也往往不会考虑这些因素，因此，管理人员采用虚报预算的方式对付成本削减计划。以上三种虚报预算的动机都是由于业绩评价的导向而带来的，因此，解决这一问题也只能从业绩评价的机制着手。在实践中，这一机制可以通过要求管理人员提供精确的预算超支计划及其合理说明，并对精确进行预算指标制定的管理人员进行奖励的方式来实现。

5. 预算行为动机与信息封锁

综上所述，预算过程中所有的行为问题与信息的不对称分布存在着密切的联系。信息在企业内部的分布是不均匀的，不可避免地出现各种预算行为的道德问题，这些道德问题的产生反过来会进一步加强信息封锁的局面。信息封锁的一个典型表现就是组织内部有价值的真实信息难以在组织上下管理层级之间以及组织横向进行传播；更严重的是当管理者已经明白自己做了错误决策的时候很可能会拒绝对其做出修正，因为修正的过程会使被修正的错误成为一项重要的负面业绩评价信息而在组织内部进行传播，相反不对错误进行修正则可以不被人知。由于固有的不确定性和外部观测的高成本，企业高级管理层很难弄清楚一个异常的结果是由于低层管理人员的信息封锁，还是源于偶然发生事件的影响。

四、预算行为的引导

正如前面所述，预算行为中道德问题的产生和组织内信息不对称的状况密切相关。信息问题的本质是管理人员决策一般都是以自身利益作为出发点的，企业管理当局不能期望在要求他们提供真实信息的同时，做出不利于自身的行动。这就要求在各种预算管理机制的设计中，应以引导预算过程中真实信息的显示为着眼点。其中对预算管理的目标、评价方案的设计和激励方案的设计应成为预算行为引导机制设计的核心内容。

1. 对预算管理进行准确的定位：决策管理和决策控制的综合体

（1）现实世界中信息的收集是有成本的。企业管理当局正是出于节约信息成本的考虑而赋予下级管理人员相当大的决策自主权，并通过预算体系将公司目标和管理人员的个人目标进行连接。因此预算的作用在很大程度上体现了公司管理当局和基层管理人员之间的关系，也直接影响到了公司目标的实现。从这一意义上讲，公司管理当局对预算管理作用的定位就会直接影响到预算体系的实际效果。

（2）关于预算作用的定位，理论界和实务界的两种说法。一是认为预算是控制的工具；二是认为预算更多地体现管理决策的功能。实际上预算在执行过程中综合体现了以上两种作用。在企业内部控制系统中，预算过程是进行行为控制的重要手段；对于管理决策过程来说，预算又是一种有效分配资源的工具，在预算制定过程中，某些高级管理人员考虑更多的是对当前企业资源的配置而非对配置结果进行事后的控制。

（3）对预算作用不同的定位会产生不同的行为效果，需要解决的行为问题也会存在较大差异。当预算更多体现为决策管理活动时，它更多担负着信息交流的功能，因此，此时需要重点解决组织中信息流动障碍的问题；预算更多承担控制功能时，它和业绩评价体系结合得就更为紧密，更需要解决信息虚假的问题。由于预算体系要为几种不同的目标服务，因此，在设计一个预算体系以及当一个预算体系发生变动时，必然会产生一定的相互影响和相互替代作用。在对预算管理的作用进行定位时，应避免完全使用预算作为控制工具。这就需要对预算的决策功能和控制功能进行定位。这种定位在财务管理的实践中往往由首席执行官直接进行决策，这有利于预算效率的提高。究其原因，首先它体现了预算过程的重要性；其次企业的首席执行官通常掌握着企业整体的专门知识和信息，并能从整个组织的角度制定适当的相互替代职能，从而解决企业各个部门之间由于关键性计划假设或活动协调而造成的争议。在许多企业内，除了让企业的首席执行官直接管理预算过程以外，还设置了预算委员会来参与预算活动，其主要工作就是使公司内专门知识信息的交流更为方便，并使各部门就关键计划假设达成一致。

2. 业绩评价方案设计

行为理论的基本原理显示，人的行为源于其动机，而动机则源于其需要；业绩评价体系则从导向的角度影响管理人员的内在需要，进而影响其动机和行为。因此业绩评价体系的设计是预算行为引导中一个非常重要的内容。

（1）业绩评价方案设计的一般原则。在对部门业绩进行评价时，必须综合考虑其收益和资本成本因素。直观地讲，如果以公司的业绩而不是以部门的业绩作为业绩评价的基础则会使部门管理者乐于在组织内分享信息并与其他部门开展合作，但这就不能对管理者提供充分的提升个人业绩的激励。因此，新的评价指标必须建立在部门业绩和公司整体业绩的基础之上，只有这样才能既激励管理者最大限度地付出个人努力，又同时激励管理者更广泛地在组织内部共享有价值的信息。

（2）格罗夫斯机制。格罗夫斯机制通过将部门实际利润和公司其他部门期望利润之和作为业绩评价基础指标的方式来实现预算行为优化的导向。其业绩评价指标具体如下所示：业绩评价基础指标＝部门实际业绩＋其他部门预期利润合计；由于部门实际业绩＝部门预期业绩＋预算执行差异，因此上式可调整为：业绩评价基础指标＝公司所有部门预期利润之和＋管理者所在部门的预算执行差异。实际上格罗夫斯机制提供了部门在做申报预算决策时充分考虑使用资源机会成本的功能，这一机会成本主要表现为其他部门使用该资源所能获得的效益。在这一机制作用下，部门会积极主动地进行准确预测。此外由于对公司每个部门的作用机制都是相同的，因此所有的部门都不会关心其他部门的预测情况，因为如果其他部门预测不准，所有的后果都由该部门承担。

综上所述，格罗夫斯机制是一种有效地激励管理人员提供真实信息并努力提高工作绩效的方式，它能够带来如下三个重要的积极结果：组织内每个部门都试图将其实际利润最大化；每个部门都独立提供自己的准确预测，而不考虑其他部门的预测或是认为其他各部门都在估计自己的预测；每个部门的业绩评价都独立于其他部门已实现的（或实际的）利润及经营有效性。可见，格罗夫斯机制有效地避免了传统业绩评价方法的不足。

3. 激励方案设计

恰当的业绩评价可以引导管理人员进行准确的预测，避免虚报预算的问题。但这一机制要发挥作用，还必须和激励方案结合起来；只有这样评价的导向才能真正转化为管理人员的内在需要，才能够影响其动机并引导其行为。由于管理人员的具体需求具有多样化的特性，因此很难对其设立一般性的激励模型。而经济激励普遍适用于各种情况，因此可对单纯的经济激励设立模型。企业在实务工作中可以结合管理人员的特殊需求，在经济激励模型的基础上加入其他激励因子，从而使得激励方案更能引导管理人员的预算行为。

（1）激励模型。为引导管理人员做出准确预测，并提供真实、正确的信息，需要在激励模型中对设定产出目标过低的管理人员进行惩罚，同时也必须对付出努力实现超产的管理人员提供正向激励，为此在激励模型中提供三项激励因子：第一项是基本工资 S_0，它给管理人员提供了基本的收入保障，降低了个人可预测风险和工作压力；第二项是鼓励管理人员公布较高业绩预测结果的因子，从而减弱虚报预算带来的影响；第三项是对管理人员超产的奖励或对未完成预算的惩罚。如果以 S 表示管理人员实际能够得到的报酬总额，则上述激励方案可用如下公式表示：

当 $y > y_w$ 时，$S = S_0 + n_y + m(y - y_w)$；当 $y < y_w$ 时，$S = S_0 + n_y - t(y_w - y)$

式中，m，y，n 是三个数值为正的参数，其中 $0 < m < t < n$。管理者公布预算产出水平 y_w 可使其获得奖金 n_y，它会促使管理者公布较高的预算产出水平；如果实际的产出水平 y 高于预算 y_w，则付给管理者额外的奖励 $m(y - y_w)$。由于 m < t，所以管理人员不会隐藏信息和虚报预算，因为虚报预算的结果会使自己的收入降低，这就使得管理人员制定预算时不会有意压低目标以便其日后超额完成预算。如果实际 y 低于预算 y_w，则会从奖金中扣除 $t(y_w - y)$ 作为惩罚，由于 n > t，所以管理人员也不会在事前浮夸预算以获得奖金 n_y。总的来说，上述激励方案能够激励人们在公布预算信息时披露实际、准确的情况，并且一旦目标设定，管理人员会努力实现或超过目标。上述方案的关键在于必须保证 $0 < m < t < n$。一般来说，t 至少应比 m 大 30%，n 至少应比 t 大 30%。

（2）激励模型的局限性。上述激励方案有助于按照管理者拥有的信息、知识、技术、能力和实际业绩提供报酬，但也存在一些应用方面的局限性。

1）运行的高成本。由于组织内的资源是基于管理人员预测的预算产出水平进行分配的，而由于各种客观原因和不确定性的存在，管理人员的预测和实际情况不可能完全相符，这就使得资源配置的结果和各部门实际运用资源的效率不完全一致，这直接导致了该激励方案运行的高成本。

2）参数预测的困难。由于薪酬计划需要进行事前规定，而上述计划中三项参数的确定往往比较难。一般认为，薪酬计划中确定的部分不应使员工承担额外风险，所以上述激励方案中 $S_0 + n_y$ 部分应和市场均衡工资一致；而员工个人努力可以影响的业绩水平风险应由员工个人承担。参数 m、n、t 可基于准确预测的相关数据、产出超过预测的收益和没有完成预算产出成本的基础上设定。

3）棘轮效应。上述激励方案属于静态的计划，没有考虑到多期间决策的影响。这是因为管理人员一般会预期到下一个预算期产出的目标水平是本期目标水平的函数，而且这种目标水平具有只升不降的刚性特征，对管理者未来收入会存在负面影响。这就是常说的棘轮效应。实际上，棘轮效应最初就是针对苏联计划经济制度的研究而提出的。在计划体制下，企业的年度生产指标根据上年的实际生产情况不断调整，企业的业绩指标越来越高，企业好的业绩表现反而由此受到惩罚，因此聪明的经理人用隐瞒生产能力来对付计划当局。预算也是如此，聪明的管理人员会在确定当期的预算产量和实际产量时，根据当期的预算产量和实际产量对未来奖励基金的影响情况，求解多期间最优化问题。在这种情况下，上述模型对信息真实性和准确性的保证机制将难以奏效。为了避免这种混乱情况的发生，企业管理当局必须使管理人员确信：任何现时的联系不会影响未来标准或奖励基金的设定。

4）难以适应管理者所有的风险偏好。激励方案的设计是建立在管理人员风险中性假设基础之上的。但如果管理人员是风险厌恶型的，他所公布的预算信息必然会包含其对风险的态度。也就是说，管理人员可能会寻求承担风险和获得报酬之间的平衡，选择公布较低预算业绩目标；虽然这可能会影响管理人员的收入水平，但另一方面也满足了其对风险规避的要求。

【本章小结】

预算管理就是通过事先确定的一系列以财务指标为主的目标，实现对过程的控制，并以预算目标为依据对结果进行评价。它是一种具有会计数字管理特性的组织内部控制机制，是会计管理权力和功能的集中体现。现代企业预算管理发展至今已有近百年的历史，经历了起源、成长、成熟、分化四个阶段，其管理对象从最初以存货和现金流为主的财务资源，扩大为包括人力资源、信息资源等在内的整个组织资源；其管理功能从一种单纯的计划与控制功能，发展成为兼具计划、控制、协调、激励、评价、组织学习等多个功能的经营机制，从而使其处于企业内部控制系统的核心位置。长期以来，预算管理一直是现代工商企业管理的标准作业程序，它对提高企业组织的协调效率，促进企业组织规模与范围的发展起到了极为重要的作用。

预算管理是一种战略规划和控制机制。预算管理在战略管理的计划、实施与评价三个环节中都起着重要作用。静态地看，年度预算是企业计划体系中不可或缺的一部分，它以长期战略规划为前提，既是对当前经营活动细节的描述，也是战略计划第一年度的支持和补充计划；动态地看，预算实施是对既定战略的执行和控制，通过预算的反馈报告与分析系统可以将组织行为控制在战略轨道上，预算管理主要通过规划和控制两种手段来实现上述功能。

预算规划是指通过编制预算对组织资源进行合理协调、配置的过程，预算规划模式是指在预算编制中各预算项目之间的逻辑关系，其核心问题是预算编制逻辑起点的确定，现代企业中最为常见的两种预算编制模式是以销售预算为起点和以目标利润为起点。预算规划的方法是指在既定的预算模式中编制单项预算的原则和步骤。近年来出现的更具战略性的预算方法包括：零基预算、滚动预算、作业预算和以平衡计分卡为基础的预算等。这些创新方法能够增强预算与战略的联系、提高预算与环境的适应性、促进组织业绩的持续改进。

预算控制的概念有广义和狭义之分，广义的预算控制是将预算管理系统作为一个全过程的控制系统；狭义的预算控制仅指预算管理的事中和事后控制，是以既定的预算为依据和标准，通过定期的反馈报告来分析实际与预算的差异，评定业绩、实施奖惩。预算控制的基本方法包括预算执行与调整的制度、预算业绩反馈报告、预算差异分析、预算考评与报酬设计等。

【复习思考题】

1. 预算管理在企业组织中的主要功能是什么？
2. 预算与组织战略的逻辑关系是什么？如何增进传统预算的战略性？
3. 企业预算管理行为问题产生的原因、表现形式及解决方法是什么？
4. 如何理解预算管理流程与预算管理循环之间的关系？
5. 预算管理制度基础包括哪些基本内容？有何优缺点？
6. 在作业预算管理中，企业应抽象为怎样的模型？
7. 影响预算管理行为的主要因素有哪些？这些因素与预算行为中可能出现的不良倾向有何关系？
8. 基于格罗夫斯机制，如何正确引导预算管理中的不良行为？

【阅读资料】

中石油如何实施符合国际规范的全面预算管理

中国石油天然气股份有限公司（以下简称中石油）经过重组改制后，为实施全面预算管理创造了有利的条件。具体而言，股份公司按照现代企业制度的要求建立了规范的法人治理结构；股份公司以专业公司为利润中心，以地区公司为内部利润和成本中心，做到资源统一配置、生产统一组织、统一核算、资本投资统筹决策、市场营销统一管理；股份公司建立了"实施全面预算管理，实行资金、债务、会计核算三集中"的新财务管理运行体制。

1. 中石油实施全面预算管理的十个特点

这次重组改制后，中石油学习借鉴国外大公司的管理经验，在中石油天然气股份有限公司设计和实施了一套全新的财务管理体制和运行机制，即全面预算管理，建立起符合国际规范的财务管理体制。全面预算管理的主要特点是：①股份公司的预算目标要追求效益最大化。②建立投资资本回报机制。③预算需经过董事会批准。④预算的管理覆盖面扩大。⑤重视现金流量预算，按照预算组织现金收支。⑥按预算目标考核业绩，建立了比较完善的激励机制。⑦实行分级预算管理。⑧编制预算的内容各有侧重。⑨实施全方位的预算管理。⑩严考核、硬兑现。

2. 将全面预算管理贯穿于企业生产经营的全过程

（1）中国石油天然气股份有限公司在实施全面预算管理中，将其贯穿于企业生产经营全过程，主要办法是：①预算内容覆盖了企业生产经营的全过程。预算包括生产预算、销售预算、成本预算、投资预算、筹资预算、现金流量预算等，基本上包括整个预算内容。②股份公司和各专业公司每月对财务预算执行情况进行分析，时时跟踪各地区公司利润目标完成的情况，监督地区公司成本削减计划措施的实施，以保证预算利润目标的实现。管理层对预算分析也非常重视，在预算实施中进行监督检查。③半年要对预算完成情况进行预考核，年底对预算完成情况进行全面考核和兑现。公司的想法是，上半年结束以后，通过财务决算情况、通过会计公司对审计时各项指标落实的情况进行预考核和预兑现，年终财务决算之后进行全面考核和全面兑现。

（2）这种新的财务管理体制比较好地解决了过去财务、资金管理中的几个难点问题：①解决了预算与执行两张皮的现象。使大家认识到预算一经决定就要执行，不能强调其他方面的客观因素，体现了股份公司预算执行的严肃性。②解决了预算考核不严格，约束了软化的问题。做到了严考核、硬兑现。③解决了预算执行责任不落实的问题，层层建立了业绩考核责任制。④解决了预算外项目、超预算借款等问题。所有项目都必须按照预算来安排，超预算是不允许的，任何资金的变动都必须有充分的理由。

3. 全面预算管理制度的进一步完善

新建立的这套财务管理机制总体上是好的，但也存在不完善的地方，需要在以后的工作中逐步完善。表现在：①如何建立一套激励机制，促使企业主动追求效益最大化，积极地完成预算目标而不是讨价还价，是公司需要考虑的一个问题。

②需要建立一套浮动成本机制，解决地区公司因为受成本控制目标的影响，不积极主动地调整产品结构，追求效益最大化的问题。③需要建立弹性预算，根据市场的变化，随时调整预算收支。

（资料来源：汤谷良等. 全面预算管理的理论与案例[M]. 北京：经济科学出版社，2004. ）

【课外阅读文献】

1. [美]杰罗尔德·L.齐默尔曼著，邱寒等译. 决策与控制会计[M]. 大连：东北财经大学出版社，2000.

2. [美]罗伯特·S. 卡普兰，安东尼·A. 阿特金森著，吕长江主译.高级管理会计[M]. 大连：东北财经大学出版社，1999.

3. [美]威康·L. 麦金森著，刘明辉译.公司财务理论[M]. 大连：东北财经大学出版社，2002.

4. [美]罗伯特·S. 卡普兰等. 高级管理会计[M]. 大连：东北财经大学出版社，2000.

5. [美]威廉森等著，阎达五等译. 现代主计长手册[M]. 北京：经济科学出版社，2001.

第十二章　财务业绩评价

【学习目标】

➢ 理解业绩评价的内涵及构成要素；

➢ 掌握企业业绩评价的各种模式与具体方法；

➢ 熟练掌握平衡计分卡的基本原理与运用；

➢ 理解 TEMP 方法与企业活力之间的关系，并能在实务中加以应用；

➢ 理解绩效棱镜与企业创新之间的关系，并能在实务中加以应用。

【重点名词】

业绩　业绩管理　业绩评价　企业绩效衡量制度　功效系数法　综合判断法
矩阵分析法　评核尺度法　检查表法　强迫选择法　特殊事件法（重要事件法）
绩效棱镜

【案例导入】

方正电脑公司的绩效管理与考核

1999 年方正电脑公司的第一套全面考核体系正式实施，至今已经发展到第三版。第一套体系的贡献在于建立起绩效考核的观念；2000 年第二套考核体系则提高了绩效指标与工作的相关性，进一步提高了考核的有效性；2001 年在公司规模扩大与业务细分的情况下，单一的绩效评估已不能满足公司的发展需要，绩效管理作为连接企业战略和成果的一个重要环节，随着公司的发展第三套版本开始建立起来。

方正电脑公司绩效管理目的明确，首先是客观评价员工工作绩效，帮助员工提升自身工作水平，从而提升公司整体绩效；其次是加强员工与管理人员就工作职责、工作期望、工作表现和未来发展方面持续的双向沟通；最后给员工与其贡献相应的激励。在这个体系中公司全体成员都扮演着重要的角色：高层管理者是倡导者和核心；人力资源部是体系构架者、宣传者与维护者；部门经理是设计者和执行者；员工则是参与者与反馈者。在这个体系中，工作表现考核表列出了公司核心价值观的五个指标，即严格认真、主动高效、客户意识、团队协作、学习总结。这张表是员工的行动纲要，它体现的主要是引导职能。公司希望每个员工将价值观融入到血液中，落实到行动中。

绩效计划考核表列出了季度主要工作项目、考核标准、权重及资源支持承诺。每个季度之初，员工依据《岗位说明书》、部门工作目标，按照 SMART 原则制定本季度个人的绩效计划。如销售人员、产品经理主要通过销售收入、客户的评价、库存、毛利等因素来评价；研发人员主要通过项目的时效性及创造性来评价。绩效计划将作为本季度的工作指导和考核依据。考核由员工自评及员工上级评价分别进行，通过面谈交流并达成一致。这张表实际上就是一张目标设定和评估表，它体现的是监督职能。季度末以部门为单位将员工的考核结果进行排序，按照一定的比例分布归入七个等级。绩效评估结果直接影响员工的绩效工资。为了加强激励作用，不同性质的岗位，绩效工资比例大小不同，而且加大了不同等级业绩表现间奖惩力度。绩效管理体系随着公司的发展也需要不断更新，应让管理者掌握绩效管理的理论并主动参与到绩效体系的设计中，并能够从不同的业务角度和管理高度对绩效管理体系提出具有建设性的改进建议，以保证企业目标的顺利达成。因此在积极推动现有绩效体系的同时，更应积极寻求绩效体系的下一个完美版本。

（资料来源：摘自黄晓光. 总裁[R]. 2003 - 6 - 11. ）

第一节　绩效评价理论概述

一、业绩、业绩评价与业绩管理

1. 业绩的内涵

业绩（performance）是经营或管理行为的结果与表现。业绩作为结果或表现，是一个多维概念，通常涉及以下几组相关概念：

（1）经营业绩与管理业绩。经营业绩是直观反映由企业经营活动而带来的整体财务状况与经营成果，它以真实公允的会计报表作为主要依据，在业绩评价过程中它不考虑可控或不可控因素。经营业绩是针对公司状态的静态评价，客观反映事实，不应有主观色彩。管理业绩反映高级管理层努力程度所带来的结果与状态，是对管理者的主观能动性进行评价。由于难以完全区分可控与不可控因素，考核时侧重于可控因素范围内的努力程度及其综合结果；同时由于管理活动所带来的业绩表现具有时滞性，因此管理业绩考核除了考虑现时财务业绩表现外，还需要考虑其他非财务业绩因素。管理业绩在很大程度上属于综合业绩，财务业绩表现只是其重要内容之一。

（2）财务业绩与非财务业绩。财务业绩是从财务数据（定量）的角度来评价经营状况及努力程度。它要求以财务指标体系的方式来评价，如销售增长、投资增长、投资报酬、每股利润或每股现金流、净资产收益状况、利息保障倍数等。非财务业绩是从经营属性（定性和定量）来评价经营状况及努力程度。这些定性因素影响未来结果，主要有客户关系、员工素质培养与学习、创新等。从业绩评价角度看，财务业绩是一种结果体现，其指标大多属于滞后性指标；非财务业绩大多是一种过程或先导指标，但它影响未来结果。

（3）过去业绩与未来业绩。过去业绩是一种事实；未来业绩是一种可能。在业绩评价时，不仅要关注过去业绩，而且还要关注未来业绩。为了平衡过去与未来两种属性，必须保持这两者的协调。

（4）所有者业绩与利益相关群体业绩。所有者业绩关注的焦点是具有报表属性的净资产报酬率（ROE）、税后净利润等财务指标，或者具有市场属性的每股市价、经济增加值（EVA）指标，它反映最终给股东所带来的价值增值；而利益相关群体（包括股东、债权人、供应商、员工、政府及社会等）业绩则从更广泛的角度，关注企业为利益相关群体整体所创造的价值或回报，如总资产报酬率、含折旧费用摊销利息的利润总额（EBITDA）、利息保障倍数、纳税及捐赠情况等。

2. 业绩管理与业绩评价

（1）业绩管理定义。业绩管理（performance management）是依据组织体系，通过总部与责任中心、责任中心与员工之间达成的业绩合同或协议的履行、双向互动沟通及评价而进行的管理。其中业绩合同主要指预算业绩合同或预算计划，协议主要指责任中心职责描述、员工工作职责、工作业绩衡量办法等。业绩管理是事前计划、事中管理、事后考核三位一体的管理体系。在业绩管理体系中，业绩评价是其核心内容之一。

（2）业绩评价定义。业绩评价（performance evaluation）在本质上是一种管理控制手段，它是将已发生的结果和预先确定的标准进行对比，判断现在状况的好坏，供管理者在采取下一步管理活动时参考。业绩评价是通过收集企业经营成果的相关信息，将其和特定的标准进行比较的过程，在现实工作中也称为"考核"、"考评"。业绩评价一方面为业绩计划、业绩沟通提供依据，同时也为薪酬计划制定与实施、人事决策与调整等一系列管理行为提供支持。业绩评价是否全面客观，对企业未来发展和管理科学化具有重要影响。以不同标准为比较基础的业绩评价为管理者进行决策提供不同的信息，具有以下三个基本功能：

1）激励与约束功能。业绩评价具有激励与约束功能，对于评价下属单位经理人员的工作成绩，进行调配、提升、奖励等决策提供有力的支持，具有重要的参考价值。正是在这个意义上，管理者可将业绩评价视为一种最有用的人力资源管理工具。

2）资源再配置功能。大型企业集团和跨国公司往往同时经营不同的行业或同一行业内几个不同的产品线，这就要求在其涉及的所有行业都具有一定的竞争优势。这时将企业所涉及的行业或产品的业绩水平与相同行业的主要竞争对手进行对比，可以使企业认清自己在哪些行业或产品具有竞争优势，并根据这些信息对原有资源配置进行重新调整，增强其他行业及产品线已有的竞争优势，或重新选择新的经营方向。

3）战略管理功能。业绩评价在战略管理中发挥着重要作用，战略管理可分为战略设计与战略实施两大阶段，在战略设计阶段，业绩评价可以发挥项目再评估功能和资源再配置功能，为形成最优战略提供信息；在战略实施阶段，业绩评价可以发挥其人事管理功能，以激励各级人员努力实现战略目标。业绩评价是联系战略管理循环的纽带。

二、企业业绩评价系统的构成要素

企业业绩评价系统作为企业整个管理控制系统中一个相对独立的子系统，由评价主体与评价对象、评价目标、评价指标、评价标准、评价报告等基本要素构成。

1. 业绩评价主体与评价对象

根据不同的业绩评价主体和评价对象，可以将业绩评价分为四个基本层面：

（1）政府管理部门从行政管理和社会公众利益代表的角度对企业进行的社会贡献评价。评价的内容主要包括企业所提供的税金、就业机会，以及对职工的社会福利保障、环境保护等责任义务的履行情况。

（2）潜在投资者从投资决策角度对于企业业绩的评价。总的来说这一类评价是以企业价值为分析、比较的对象，评价的目的是为投资决策提供依据，因此也叫企业价值分析。

（3）企业所有者对于企业经营业绩的评价。这一层面的业绩评价是所有者从委托代理的角度对其所投入企业的资源保值增值情况的关注，是对作为代理人的企业经营者在企业价值创造中贡献的评价，它经常是将企业作为一个整体进行评价。

（4）企业经营者对企业内部各部门管理者的评价。这一层面的业绩评价作为企业内部控制系统的有效组成部分，一直受到企业经营者的关注，长期以来不仅形成了较为完善的责任会计理论和方法，而且仍然在不断地发展。

2. 业绩评价目标

业绩评价目标是整个系统运行的指南和目的所在，它服从和服务于业绩评价主体。不同的企业业绩评价主体具有不同的评价目标。业绩评价系统的目标是为管理者制定最优战略及实施战略提供有用信息。在战略制定阶段，通过业绩评价反映各部门的优势与弱点，有助于企业最佳战略的制定；在战略实施阶段，业绩评价的反馈信息有助于管理者及时发现问题，采取措施以保证预定战略的顺利实现。因此不同的业绩评价主体决定着评价的不同目标。

3. 业绩评价指标

业绩评价指标是根据评价目标对评价对象的相关方面进行衡量。作为战略管理工具，业绩评价系统关心的是评价对象与企业战略成败密切相关的方面，即所谓的关键成功因素，而它们则具体表现为评价指标。关键成功因素有财务方面的，也有非财务方面的，所以业绩评价指标也分为财务评价指标和非财务评价指标。如何选择业绩评价指标，使其能够准确反映企业的关键成功因素，是企业业绩评价系统设计中最重要的问题。

4. 业绩评价标准

业绩评价标准是指判断评价对象业绩优劣的基准。业绩评价标准具有规划、控制、考核等功能，评价标准的选择取决于评价的目的。企业业绩评价系统中常用的标准通常有以下五种：

（1）公司的战略目标与预算标准。战略目标与预算标准也称计划（目标）标准，是指本企业根据自身经营条件或经营状况制定的预算标准。在经济分析时必须检查预算标准的质量，对那些脱离实际的预算标准在分析过程中加以调整。

（2）历史标准。指以企业过去某一时间的实际业绩为标准。采用历史标准具有较强的可比性，不足之处在于它只能说明被评估企业或部门自身的发展变化，在外部环境变化巨大时，仅用历史标准是不能做出全面评价的。

（3）行业标准或竞争对手标准。指某些评价指标按行业的基本水平或竞争对手的指标水平，是业绩评估中广泛采用的标准。尽管企业的情况不完全相同，但借助于这些标准作为比较的基础，对评价企业在同行业中的地位和水平还是有一定参考价值的。

（4）经验标准。它是依据人们长期、大量的实践经验检验而形成的。其实经验标准只是对一般情况而言，并不是适用于一切领域或任何情况的绝对标准。以流动比率为例，因行业或时期不同而各异，战后日本流动比率就比战前大幅度降低，而且各行业降低幅度也不一样。因此财务评价在应用经验标准时，必须结合具体情况进行判断。

（5）公司制度和文化标准。在业绩评价中，经常使用一些非财务指标，这些指标的标准往往表现在公司的规章制度中，还有一些融合于企业文化判断中。

以上五种标准均各有利弊，预算标准最具适用性，但是预算确定的前提是客观公正。在业绩评价时可以综合利用各种标准从不同角度对企业经营成果进行考核，以保证对企业经营业绩做出公正合理、准确可信的评价。

5. 业绩评价报告

业绩评价报告是业绩评价人员以业绩评价对象为单位，通过会计信息系统及其他相关信息系统，获取与评价对象有关的信息，经过加工整理后得出业绩评价对象的评价指标数据，再与预先确定的评价标准进行对比，分析差异产生的原因、责任及影响，得出评价对象业绩优劣的结论后形成的，其格式与写法因不同的评价对象与内容而不同，不应有统一的规定。

以上五个要素共同组成完整的业绩评价系统，它们之间相互联系、相互影响。不同的目标决定不同的对象、指标和标准的选择，因而其报告形式也不完全相同。

三、业绩评价基本原则

在综合业绩考评中，无论是在评价体系建立还是具体评价指标设定上，都必须考虑下述原则：

1. 目标一致原则

目标一致原则指长期目标和短期目标相一致。经验表明企业要想在未来取得成功，必须集中注意包括善待顾客、获利能力、质量、创新、灵活性、管理者目标与企业目标一致等关键因素。

2. 战略符合性原则

企业管理是一种战略性管理，它必须以长期发展的眼光来看待业绩评价，从而为实现战略目标服务。战略性原则是业绩评价体系建立时必须考虑的另一重要方面。它对业绩评价的要求是：

（1）注重财务指标与非财务指标间的平衡。企业应该强调对引起收入和成本的作业进行管理，而不是等到作业发生之后再对收入和成本本身进行解释，基于这一原因较高层财务业绩通常服从其非财务业绩，从而做到财务业绩与非财务业绩的均衡。

（2）注重盈利性指标与流动性指标、结果性指标与过程性指标之间的均衡。

（3）反映长期利益与短期利益、整体利益与局部利益的关系。为此需要评价主体从战略的角度来评价管理业绩，在这一层面上评价是主观的，它反映评价主体的主观意志和战略目的。

3. 可控性原则

可控是指直接受管理者控制的事件与区域，这一区域可以是成本中心，也可能是利润中心，从总部看则是投资中心。将业绩评价区分可控与不可控，是出于对管理者责任范围限定的需要，它是相对的。成本中心的可控对象是其成本，管理者只对其成本负责；利润中心的可控对象是其利润，管理者只对现有资产的规模和使用效能与实现的盈利负责。由于可控与不可控的界限很难区分，因此在管理组织的设计与业绩评价的依据上，需要对其进行重新定位。

（1）从组织设计上，为了保证组织内的可控界限明确合理，因此需要对可控范围内的管理事项进行完全放权，即做到彻底分权。

（2）如果是由于外部市场环境变动而导致的不可控因素，则要求在业绩评价上剔除环境变动对业绩产生影响的因素，将管理者可控的业绩进行报告与评价。

4. 协调性原则

协调性是指在评价管理业绩时要注重评价体系与评价指标间的协调。不协调性会在很大程度上损害甚至抵消业绩评价的功能，是企业管理所不允许的。因此它要求评价主体必须站在战略角度，从宏观上对管理业绩进行评判，做到目标的唯一性，考核的唯一性，只有这样才能使得管理业绩评价作为目标与激励的桥梁，发挥其应有的功能与作用。

5. 公正与公平原则

业绩评价本身是主观行为，但主观行为必须以客观事实为依据，只有这样才能公正、公平。为此应当：①强化业绩评价的市场性，增加市场本身对业绩评价不失为一种可行的方法，它要求在评价指标设计上加大市场的含量，减少人为水分。②在市场不能完全作为评价依据时，需要从内部机制设置上保证评价的公正与公平，即要让外部董事在业绩评价中充当"计票人"角色。

四、业绩评价基本理论综述

业绩评价是组织管理控制系统的重要构成部分，在 19 世纪的管理文献中就有记载。在会计研究领域，约翰逊和卡普兰（1987）提到，[①] 从150 年前对远离总部的生产部门成本和效率的评价，到 20 世纪初杜邦等综合类组织中分部投资效益的评价，业绩评价一直是管理会计的重要内容；齐默尔曼（2000）认为，[②] 组织内部会计系统最终的目的在于为组织的计划和经营决策提供必需的资料，以更好地对组织的员工进行激励和管理。近年来业绩评价问题也特别受到实务界和学术界的关注。业绩评价的理论吸收了管理学中很多其他理论的思想，主要有委托—代理理论、激励理论、控制理论和战略管理理论等企业管理理论，这些理论研究的结论成为业绩评价的理论基础，对业绩评价方法的设计提出了指导性要求。

1. 委托—代理理论

委托—代理理论是研究组织业绩评价问题的基础。委托—代理理论认为，社会中委托—代理关系是普遍存在的，委托人与代理人明确地或隐含地订立契约，授予代理人某些管理决策权并代表其从事某种经营活动。在信息不对称的情况下，契约是不完全的，往往会出现道德危机（即契约后代理人利用信息不对称而不为委托人的最大利益努力工作）和逆向选择（即契约前代理人利用信息不对称有意选择有利于其自身利益而有损于委托人利益的决策行为），导致代理成本增加。组织内部业绩评价系统被看做委托—代理关系中降低代理成本的有效工具。一方面

---

① [美] H.托马斯·约翰逊，罗伯特·S. 卡普兰著，侯本领等译. 管理会计的兴衰[M]. 北京：中国财政经济出版社，1992.

② [美] 齐默尔曼著，邱寒等译. 决策与控制会计[M]. 大连：东北财经大学出版社，2000.

科学严密的业绩评价系统可以及时反馈代理人的工作状况，降低信息不对称的程度，从而阻止代理人的道德危机和逆向选择行为。另一方面通过业绩评价系统，可以传递组织战略目标与具体任务，引导代理人的生产经营行为与委托人的目标协调一致，从而降低代理成本，提高管理效率。同时以此为基础建立激励机制，按照利益共享、风险共担的原则鼓励管理者既为自己也为组织谋取最大利益。

2. 激励理论

在经济发展的过程中，劳动分工与交易的出现带来了激励问题。激励理论是行为科学中用于处理需要、动机、目标和行为四者之间关系的核心理论。行为科学认为，人的动机来自需要，由需要确定人们的行为目标，激励则作用于人内心活动，激发、驱动和强化人的行为。激励理论是业绩评价理论的重要依据，它说明了为什么业绩评价能够促进组织业绩的提高，以及什么样的业绩评价机制才能够促进业绩的提高。

激励理论中的过程学派认为，通过满足人的需要实现组织的目标是一个过程，即需要通过制定一定的目标影响人们的需要，从而激发人的行动，包括弗洛姆的"期望理论"、洛克和休斯的"目标设置理论"、波特和劳勒的"综合激励模式"、亚当斯的"公平理论"、斯金纳的"强化理论"等，其中最具代表性的是弗洛姆（V. W. Vroom）的"期望理论"。在弗洛姆之后，美国管理学家洛克（E. A. Locke）和休斯（C. L. Wuse）等人又提出了"目标设置理论"。概括起来主要有三个因素：①目标难度。应把目标控制在既有较大难度，又不超出人的承受能力这一水平上。②目标的明确性。目标应明确、具体，而能够观察和测量的具体目标，可以使人明确奋斗方向，并明确自己的差距，这样才能有较好的激励作用。③目标的可接受性。只有当职工接受了组织目标，并与个人目标协调起来时，目标才能发挥应有的激励功能。为此应该让职工参与组织目标的制定，从而提高目标的激励作用。

这些关于需要和目标的研究，都成为设计业绩评价体系必须考虑的因素，特别是激励过程理论中提出的若干要求，对设计有效的业绩评价体系具有指导意义。

3. 控制理论

控制理论认为，任何系统的控制过程都包括以下三个基本环节：①确定系统运行目标。②根据目标衡量系统运行情况。③分析偏离目标的差距并在约定时机以约定方式进行矫正。这可以概括地表述为控制的事前准备、事中反映和事后判断。这里说的事前、事后是针对控制循环中一小段运行过程而言的，对一个持续运行的系统而言，所有的控制环节都在事中循环不断地进行。在控制系统中，依施控系统作用于被控系统根据的不同，管理控制的方式可分为反馈控制和前馈控制。反馈控制带有本身不可能消除的局限性，即延迟性和滞后性。相应地，前馈控制的局限性也就突出地表现在它的可靠性差和风险性大上。在控制系统运行过程中，要克服和避免反馈控制的延迟性和滞后性，需要借助于前馈控制；反馈控制是对于前馈控制失误和局限性的补充。因此反馈控制与前馈控制的关系恰恰是一种互补的关系，在实际控制工作中必须将反馈控制和前馈控制这两种控制方式有机地结合起来。

4. 企业管理理论

组织内部业绩评价的发展深受组织管理思想的影响，并随着经济和管理的发展而逐步发展和完善。早在 20 世纪初，泰罗的科学管理原理强调通过为工艺流程的计划提供标准的信息，即利用实际成本和标准成本之间的差异控制企业的经营。这种管理思想影响了随后几十年的业绩评价系统。在此基础上，标准成本、预算控制和差异分析等方法被广泛地使用。

随着企业规模的扩大和资本市场的发展，投资者对于企业投资回报能力的要求受到了越来越多的重视。为此大多数企业采用销售利润率作为业绩评价指标，而后逐渐发展成为投资报酬率（ROI）和剩余收益等评价指标。随后逐步形成了以预算与实际利润比较、投资报酬率、现金流量等财务指标为主的业绩评价方法体系。随着行为研究的发展，人们开始认识到业绩计量指标不仅能够衡量经营活动的结果，而且不同的业绩评价类型会对组织人员的行为产生不同的影响，以至于对业绩产生影响。20 世纪中后期，由于日本和欧洲对美国经济的挑战和经济全球化影响，出现了许多新的管理理念：竞争战略、核心竞争力、扁平化组织、虚拟公司、集成制造、价值链分析、适时制、质量成本分析、作业管理等。这些管理思想对业绩评价都产生了影响。作为传统业绩评价核心的会计指标，在组织控制实践的变化中受到人们的怀疑。实践中，许多公司已经注意到非财务指标对评价业绩的作用，生产率、市场占有率、客户满意度、企业学习和成长能力、与政府的关系等非财务指标开始受到重视。

5. 美国企业绩效衡量制度

美国会计人员协会（National Association of Accountants，简称 NAA）于 1986 年发布了管理会计公报第四号，主要目的是为了规范管理会计衡量绩效行为。NAA 认为绩效衡量的方法要视不同环境而定，不能千篇一律。NAA 在公报中讨论的重点，在于管理人员如何才能正确衡量企业的经营绩效。

（1）计量指标选择。NAA 根据实务操作的要求，分别提出了下述指标作为衡量一个企业绩效的综合指标：①净利与每股盈余。该指标的优点是：依据 GAAP 计算而得，具有客观性；指标计算简单，便于使用。缺点为：未考虑资产贬值因素；忽视无形资产价值；作为向导指标，容易使企业出现行为短期化倾向。②现金流量。该指标有两大明显的优点：可用以衡量企业绩效，以及评估偿债能力及流动性；可帮助企业了解经营、投资及理财活动的动态层面情况。现金流量指标的缺点也非常突出，仅现金流量一个指标不能充分揭示企业经营绩效的全貌。③投资报酬率（ROI）。该指标的优点为：可用以综合反映企业运用资产的效率；

可用于衡量企业资产管理与经营策略是否有效。缺点是：计算口径复杂，必须前后一贯，但不易做到，结果计算容易产生误解并缺乏前后及横向的可比性；过分强调 ROI，对管理当局的决策将产生负面影响。如放弃高于资金成本却低于企业平均报酬率的投资方案。

（2）企业成长阶段与业绩评价指标的选择。NAA 建议在评估企业财务绩效时，管理人员应注意企业所处的不同阶段，以选择比较合理的评价指标。

1）企业创始阶段。此时企业发展取决于非财务事项，因此创始阶段的企业，如何以有限的资源获取市场上的有利地位，通常是最关键的因素，收入的增长及经营的现金流量成为企业特别关注的指标。

2）企业成长阶段。此阶段除了仍必须关注收入增长外，还应同时考虑获利率与资产的管理效率，以实现收入与报酬的平衡。

3）企业成熟阶段。此阶段的核心指标是资产及股东权益的投资报酬率。企业必须有效监控所有的财务性绩效指标，这样才能使企业拥有活力，避免衰退。

4）企业衰退阶段。这个时期现金流量特别重要，成为衡量企业绩效的中心指标，而一些长期性的绩效指标已变得不那么重要了。由此可知，企业绩效评价体系因企业所处环境及发展阶段不同而调整。所以任何单一的财务绩效指标，均不足以衡量所有阶段的财务绩效。恰当的做法是应考虑建立一套整合性的绩效衡量方法，这样才能适应企业的发展与社会需求。

（3）非财务性绩效衡量指标。非财务性指标与传统财务性指标相比，具有以下明显差异：①非财务性指标直接衡量企业各种创造股东财富的活动，因此具有很强的绩效衡量诊断功能。②由于非财务指标是直接用以衡量企业各种生产性活动的指标，因此可以较准确地预测未来现金流量的方向。进一步讲运用非财务性绩效衡量指标，可协助管理人员改进其各部门的绩效成果与作业方式。从长远的角度看，可能会比短期的历史性财务绩效指标更能反映企业的价值创造能力。

（4）NAA 的建议与汇总。NAA 认为目前很多的绩效衡量方法，不是不够完整，就是过于狭隘，未能形成比较全面性的衡量标准；此外许多衡量方法局限于财务会计思维及数据，不能应对经济环境急剧变化的挑战。因此 NAA 对于绩效的衡量提出以下几点建议：

1）企业所采用的财务性绩效指标应具有代表性，并应同时包含收入成长率、利润、现金流量及投资报酬率等在内。

2）在企业生命周期的不同阶段，各种绩效指标各有其不同程度的重要性，在强调任一指标的同时，不应排除使用其他有意义的指标。

3）在运用多项财务指标来衡量绩效时，应结合运用预算与实际差异，以提高绩效衡量的效用。

4）受通货膨胀影响的企业，不应完全以历史成本为基础的会计数字来衡量绩效。

5）企业应同时考虑采取与各个经营层面（如生产、销售、新产品开发及人力资源等）有关的非财务性绩效指标，以提高评估经营绩效的正确性。

五、业绩评价体系的实施步骤

完整的业绩评价体系包括下列五个步骤：

1. 战略开发

业绩评价首先是为了测量战略目标和行动计划完成情况，因此作为业绩评价计划的起点必然是战略开发，它建立在彻底理解以取得竞争优势为目标的价值驱动因素基础上。在战略开发程序中，不仅应当计算追求未来财务结果，而且应当强调对价值创造活动做具体计划；不仅应当向内看注重内部的改善和提高，而且应当考虑到环境发展，重视与竞争对手相对优势的变化情况。

2. 制定预算

这一程序将战略目标细化为具体经济业务和过程的目标，并通过预算形式分配资源。制定预算必须考虑经营环境的易变性，通过弹性预算、滚动预算等形式将变化纳入预算的范围内，从而使得预算具有更好的可操作性，能够成为衡量业绩的标准。

3. 绩效计测

这一程序及时收集、处理和归集与绩效有关的数据和信息，为有效执行后续子程序奠定基础。信息的相关性、可靠性、及时性都影响业绩评价的效果。造成业绩评价无法顺利进行的原因之一就是人们对经济业务所产生的信息无法产生一致的认识，因此收集的信息应当能够体现经济业务发生的轨迹，并按照责任归属进行归集和汇总，以避免在考评时发生不必要的争执。

4. 绩效检查

这一程序及时检查实际绩效与目标差距，并进行必要的预测，以确保及时采取更正性和预防性行动，保证公司向着预期目标前进。随着技术的发展和人们对于预测和绩效评估质量要求的提高，差异分析可以及时进行，时效性提高，预测也以科学的模型和高速的数据处理为基础开展，可靠性得到提高。这样的业绩评价能够更好地实现控制的作用。

5. 激励性报酬

在前四个环节中，任意环节的工作缺乏有效性，激励性报酬程序都不能够对人们的行为形成正确的引导。但如果前面四个环节的工作都做好了，这一程序没有能够提供相应的报酬或者惩罚措施，那么将降低人们完成战略目标和计划的积极性。通过一种报酬和福利相结合的平衡政策，激励性的报酬计划把具体的运营行动和影响战略目标实现的关键价值驱动因素联系起来。

最后应当强调的是，信息技术是提高业绩评价体系运行效果的重要工具，它对于实现信息透明化、实时化、集成化至关重要，使管理人员能获得满意的管理信息，有效的业绩评价系统离不开有效的信息系统的支持。

第二节 功效系数法与综合业绩评价

一、功效系数法及其应用

功效系数法又叫功效函数法，它是根据多目标规划原理，对每一项评价指标确定一个满意值和不允许值，以满意值为上限，以不允许值为下限，计算各指标实现满意值的程度，并以此确定各指标的分数，再经过加权平均进行综合，从而评价被研究对象的综合状况。运用功效系数法进行业绩评价，企业中不同的业绩因素得以综合，包括财务的和非财务的、定量的和非定量的。利用功效系数法进行综合业绩评价的具体做法有很多种，每个企业可以根据自己的实际情况进行设计，也可以参照一些较为通用的模型。在这一节中，将介绍两种可供企业参考的具体方法。

1. 综合判断法

综合判断法是功效系数法的一种具体做法，它的特点是能够区别对待正指标、负指标和状态指标。具体分数的计算方法为：正指标得分 = 指标的标准评分值 × 指标的实际值/指标的标准值；负指标得分 = 指标的标准评分值 × 指标的标准值／指标的实际值；状态指标得分 = 指标的标准评分值 × (2 × 指标的标准值–指标的实际值）/指标的标准值。具体算法见表 12–1。

表 12–1 综合判断法

指 标	标准评分值	标准值	实际值	实际得分
一、偿债能力指标				
1. 流动比率	8	4	2.11	$8 \times (2 \times 2–2.11)/2=7.56$
2. 利息保障倍数	8	4	4	$8 \times (2 \times 4–4)/4=8$
3. 所有者权益率	12	0.4	0.44	$12 \times (2 \times 0.4–0.44)/0.4=10.8$
二、盈利能力指标				
1. 销售利润率	10	8%	9%	$10 \times 9\%/8\%=11.25$
2. 投资报酬率	10	16%	18%	$10 \times 18\%/16\%=11.25$
3. 所有者权益报酬	16	40%	41%	$16 \times 41\%/40\%=16.4$

指　标	标准评分值	标准值	实际值	实际得分
三、周转指标				
1.　存货周转次数	8	5	4	$8 \times 4/5 = 6.4$
2.　应收账款周转次数	8	6	5	$8 \times 5/6 = 6.67$
3.　所有者权益报酬	12	2	2	$12 \times 2/2 = 12$
四、其他指标				
大专以上职工比率	8	30%	40%	$8 \times 40\%/30\% = 10.67$
合　计	100	—	—	101

（资料来源：　[美] BRIGHAM 等著. 财务管理理论与实务（2003 会计类原版教材影印系列）[M]. 北京：中国财政经济出版社，2003.）

2. 矩阵分析法

矩阵分析法的分析思路也是功效系数法，只是在数据处理上与综合判断法不同。具体的计算步骤为：首先将企业财务及管理划分为若干指标区域，每一指标包括若干因子，确定各因子在不同状况下的得分；其次确定各因子对指标的重要程度，求各指标的综合得分系数；再次建立各指标对总指标（评价对象）的重要系数，求总指标综合得分系数；最后建立总指标不同状态得分值标准，求总指标得分。

二、企业综合业绩评价模式

近年来出现了一些各具特色的以非财务指标为主的综合业绩评价系统，下边仅讨论具有代表性的四种。

1. 德鲁克以重组为核心的观点

根据德鲁克的观点，评价一个企业改革的出发点不能仅从其自身业绩出发，而应仔细评估其所处行业在一定时期内的重组，以及企业在重组中的地位和作用，他强调业绩评价系统必须首先突出管理部门的思想意识，通过设计一系列特定性质的问题，提醒雇员注意真正需要重视的方面，再提供一个内在的组织机构，使雇员能够重视并发现这些方面可能存在的问题。德鲁克的观点虽然没有形成一个完整的理论模型，但他对竞争与改革的理解为非财务指标进入业绩评价系统提供了基础。

2. 霍尔的"四尺度"论

罗伯特·霍尔（Robert Wall）认为评价企业的业绩需以四个尺度为标准，即质量、作业时间、资源利用和人力资源的开发。

（1）质量尺度。霍尔把质量分为外部质量、内部质量和质量改进程序三种。外部质量是指顾客或企业组织外部的其他人对其产品和服务的评价，它是产品和服务的精髓，具体指标包括：顾客调查情况、服务效率、保修及可靠性等；内部质量代表企业组织的运营质量，包括总产量、生产能力、检验比率以及残品和返工率等；质量改进程序是企业组织采用的确保高水平内在和外在质量的程序或一系列公式化的步骤。需要注意的是，今天的质量改进就是明天的内在、外在质量。

（2）作业时间尺度。霍尔认为作业时间是把原材料变为完工产品的时间段，具体包括工具检修时间、设备维修时间、改变产品和工序设计的时间、项目变更时间、工具设计时间和工具建造时间等。

（3）资源利用尺度。该尺度用以计量特定资源的消耗和与此相关的成本，如直接人工、原材料消耗、时间利用和机器利用情况。前两项指标是制造产品和提供劳务的直接成本，后两项既包括直接成本因素，又包括间接和机会成本因素。

（4）人力资源尺度。霍尔提出企业需要有一定的人力资源储备和能恰当评价和奖励雇员的管理系统。

霍尔把质量、时间和人力资源等非财务指标导入企业的业绩评价系统，并认为企业组织可以通过对上述四个尺度的改进来减少竞争风险。该理论在人力资源开发方面没有提出更具体的建议，这也是其缺陷所在。

3. 克罗斯和林奇的等级制度

凯尔文·克罗斯（Kelvin Cross）和理查德·林奇（Richard Lynch）提出了一个把企业总体战略与财务和非财务信息结合起来的业绩评价系统。为了强调总体战略与业绩指标的重要联系，他们列出了一个业绩金字塔。通过业绩金字塔可以看出，战略目标传递的过程是多级瀑布式的，它首先传递给单位水平，由此产生了市场满意度和财务业绩指标。战略目标再继续向下传给企业的业务经营系统，产生的指标有顾客满意程度、灵活性、生产效率等。前两者共同构成企业组织的市场目标，生产效率则构成财务目标。最后战略目标传递到作业中心层面。他们由质量、运输、周转时间和耗费构成。质量和运输共同构成顾客的满意度，运输和周转时间共同构成灵活性，周转时间和耗费共同构成生产效率。由此业绩信息渗透到整个企业的各个层面。当这个信息向组织上层运动时，目的是逐级汇总，其最终目的是使高层管理人员可以利用该信息为企业制定未来的战略目标。

克罗斯和林奇的业绩金字塔着重强调了组织战略在确定业绩指标中所扮演的重要角色，反映了业绩目标和业绩指标的互赢性，揭示了战略目标自上而下和经营指标自下而上逐级重复运动的等级制度。这个逐级循环过程揭示了企业持续发展的能力，为正确评价企业业绩做出了意义深远的重要贡献。业绩金字塔最主要的缺点是，在确认组织学习的重要性上是失败的，而在竞争日趋激烈的今天，对组织学习能力的正确评价尤为重要。因此虽然这个模型在理论上是比较成型的，但实际工作中采用率较低。

4. 卡普兰和诺顿的平衡计分卡

平衡计分卡是 20 世纪 90 年代初期由罗伯特·卡普兰与其合作伙伴戴维·诺顿创建的一套旨在扩展管理者关注点的新管理方法，它的产生基于当时两大背景：一是人们对传统财务评价指标的不满和批评日渐增多，要求增加能够反映企业未来盈利潜力的战略性指标；二是人们对战略的关注点已从战略规划逐步转向了战略实施，因为很多企业都存在着计划中的战略与正在实施的战略相去甚远的问题，因此如何通过与战略密切相关的指标将组织的战略意图导入组织的不同层级，以保障战略被正确的领会与实施，成为当时众多企业的迫切需求。

与其他包括非财务指标的战略评价系统相比，平衡计分卡的独特之处在于：①它在一个评价系统中通过因果关系链整合了财务指标和非财务指标，因而既包括结果指标也包括驱动指标，使其自身成为一个前向反馈的管理控制系统。②平衡计分卡突出强调评价指标的战略相关性，要求部门和个人业绩指标要与组织的整体战略密切关联，从而超越了一般业绩评价系统而成为一个综合的战略实施系统。③平衡计分卡通过非财务指标的三个维度准确反映出近 10 多年来企业技术及竞争优势变化的实质，即无形资产（如客户关系、创新能力、业务流程、员工素质、信息系统等）已成为了企业竞争优势的主要来源。

正是上述鲜明的特点，平衡计分卡的概念一经提出就受到了理论界、企业界及咨询业的广泛认同和接受。一个设计优良的平衡计分卡能够满足企业组织的使命、战略和内外部环境的需要。卡普兰和诺顿的平衡计分卡在帮助企业改进和强化管理部门的计划和控制能力方面取得了实际效果。许多企业已开始采用平衡计分卡作为其业绩评价标准，如苹果电脑、石水（Rock Water）公司、新西兰电信公司等。下节将对平衡计分卡进行详细阐述。

第三节　平衡计分卡法与战略业绩评价

一、平衡计分卡的基本原理

平衡计分卡是由哈佛大学的卡普兰和诺顿率先提出的。针对传统的以财务指标为主的业绩评价系统，它强调非财务指标的重要性，通过对财务、顾客、内部作业、创新与学习四个各有侧重又相互影响方面的业绩评价，来沟通目标、战略和企业经营活动的关系，实现短期利益和长期利益、局部利益与整体利益的均衡。

由于每个企业的战略目标不同，所采取的具体战略不同，所涉及的关键因素不同，导致其各自平衡计分卡的具体内容和指标都不相同。近期由罗伯特·S.卡普兰和戴维·诺顿所倡导的以企业战略执行图为基础的分析框架则更具操作性和逻辑性。所谓战略执行图就是全面、明确勾画出企业战略目标与日常经营活动目标之间逻辑关系的一个框架图，它是一种自上而下的战略描述方式，不同的企业应根据自己的战略或目标来绘制相应的执行图，以明确企业各项活动之间以及与目标之间的逻辑关系。在明确了目标与行动的因果关系，并将总目标分解为各个层次的子目标以后，可以按照平衡计分卡提供的四个层次寻找关键成功因素和相应的关键绩效指标，最终形成平衡计分卡指标体系，以衡量和监控目标的完成情况，并及时根据环境的变化对目标进行适当的调整。常见的平衡计分卡指标如下：

1. 财务方面

财务衡量在平衡计分卡中既是一个单独的衡量方面，而且也是其他几个衡量方面的出发点和落脚点。一套平衡计分卡应该反映企业战略的全貌，从长远的财务目标开始，然后将它们同一系列行动相联系（这些行动包括财务、客户、内部作业和创新与学习），最终实现长期经营目标。处于生命周期不同阶段的企业，其财务衡量的重点也有所不同。在成长阶段，财务衡量应着重于销售额总体增长百分比和特定顾客群体、特定地区的销售额增长率；处于维持阶段的企业应着重衡量获利能力；在收获阶段的财务衡量指标主要是现金流量，企业必须力争实现现金流量最大化，并减少营运资金占用。

2. 客户方面

在客户方面，核心的衡量指标包括市场份额、老客户回头率、新客户获得率、客户满意度和从客户处所获得的利润率。这些指标存在着内在的因果关系：①客户满意度决定新客户获得率和老客户回头率。②后两者将决定市场份额的大小。③上述①、②中的四个指标共同决定了从客户处获得的利润率。④客户满意度又源于企业对客户需求的反应时间。

指标设计中最根本的指标是关于客户满意度的衡量。可把客户方面的衡量指标分为过程指标和结果指标两类。所谓过程指标指如果成功地实现，就会支持其他行动指标的指标。对于顾客而言，主要关心的是高质量、低成本和及时供给等；而结果指标指对于一个组织的战略目标而言最关键的指标体系。对顾客而言，主要有顾客满意度、市场份额等。两者有时是重复的。对于财务人员来说，关键是要找到二者之间的联系，以便找到一个合适的过程指标组合来实现最优的结果指标。表12-2 列出了一般顾客绩效衡量指标。

表 12-2 一般顾客绩效衡量指标

过 程 指 标				结 果 指 标		
成本	质量	准确性	及时性	客户忠诚度	吸引新客户能力	市场份额
顾客购买成本	退货率	可靠营销	快捷的营销	老客户回头率	新客户比率	占总额的百分比
顾客分销成本	评价机构的结果	准时销货比率	对顾客订货的时间	背叛客户人数	新客户人数	占客户总消费百分比
顾客安装成本	市场调查反应	产品中断次数	完成合同时间	挽留客户成本	吸引客户成本	占总产品百分比
顾客维修成本			产品生产周期			

（资料来源：[美] 彼得·F. 德鲁克等. 公司绩效测评[M]. 北京：中国人民大学出版社，哈佛商学院出版社，1999.）

3. 内部作业

内部作业指的是企业从输入各种原材料和顾客需求，到企业创造出对顾客有价值的产品（或服务）过程中的一系列活动，它是企业改善其经营业绩的重点。内部作业指标的主要经营过程是创新、经营和售后服务。创新指标与企业产品或服务的设计和开发费用的衡量有关；经营以及衡量指标主要用于衡量企业的经营过程；售后服务主要包括质量保证书、维修服务、退换货的处理和支付手段的管理。内部作业表明，业绩指标的传统方法与平衡计分卡存在两个基本的不同点：①传统方法是监督和改进现在的经营过程，而平衡计分卡是在为达到企业财务目标和客户要求而必须做好的方面确定全新的过程。②传统的业绩指标系统着重于交付今天的产品和服务给今天客户的过程，未考虑生产全新的产品和服务来满足未来客户的需要，而平衡计分卡则把创新过程结合到了内部经营过程上，它在内部经营过程方面结合了长波型的创新循环和短波型的经营循环的目标和指标。表12-3 列出了内部作业的评价指标。

表 12-3 内部经营评价指标

项 目	创新过程	营业过程	售后服务过程
成本指标	每项新产品研发成本	单位成本水平	每次服务成本
	研发成本回报率	组别成本水平	产品退货率
		生产线成本	对顾客首次要约回应次数
质量指标	每项设计的修改次数	每百万废品数	消费者调查反应
	新产品销售收入百分比	顾客服务差错数	
及时性指标	研制时间	投产准备期间	订货、交货时间
	设计周期	生产周期	保修期限及维修天数

4. 创新与学习

在创新与学习方面，最关键的因素是人才、信息系统和组织程序。企业管理观念的转变使人力资源在企业中的作用越来越受到重视。人们认识到，公司若想超越现有的业绩，取得学习和成长的收获，获得未来持续的成功，那么仅仅墨守公司上层制定的标准经营程序是不够的，还必须尊重、重视和尽可能采纳第一线员工对改善经营程序和业绩的建议和想法，因为他们距离企业内部的工序和企业的客户最近。正如福特汽车的一个修理厂厂长所言：职工的任务是思考问题，确保质量，而不是看着零部件生产出来。在此职工被看成问题的解决者，而不是可变成本。此外要促进企业的学习和成长，还必须加强对员工的培训，改善企业内部的信息传导机制，激发员工的积极性，提高员工的满意度。表 12-4 列出了创新与学习的指标体系，包括过程指标和结果指标两部分。

表 12-4　创新与学习评价指标

	过 程 指 标			结 果 指 标		
	雇员能力	信息系统	组织结构能力	雇员忠诚度	雇员满意度	雇员生产力
成本指标	人均在岗培训费用	计算机系统投入成本	评价和建立交流机制费用	雇员离职率	雇员满意度	人均产出
	人均脱产培训费用	研发费用占系统总费用比率	统一各部门行动目标费用	雇员平均工作年数	调查表雇员获提升几率	人均会客时间（服务业）
	新等级或资格证书数	相对竞争者的信息系统能力	信息覆盖比率	女性管理者人数	管理者内部提升与外界聘用比率	人均新设想或专利
质量指标	受培训职工比率	接触个人电脑的员工比例	每个员工提出建议的数量	雇员平均年龄	工作团队成员彼此的满意度	雇员被顾客认知度
			被采纳建议比例			
			采纳建议后成效			
时间指标	年均受培训时数	个人电脑的平均生命周期	团队工作时间与个别工作时间比			
	完成某任务受培训时数	系统更新所需时数	传达信息或接受反馈的平均时间			

（资料来源：[美] 彼得·F. 德鲁克等. 公司绩效测评[M]. 北京：中国人民大学出版社，哈佛商学院出版社，1999.）

二、平衡计分卡的核心理念与特点

平衡计分卡的核心理念是因果关系平衡，财务与非财务指标以及利益相关者目标的平衡。因果关系链条的起点是财务角度，也是出资者的角度，企业首先关注的是出资者的期望是什么？如何用财务指标来衡量？其次从顾客角度设定能够保证实现出资者目标的指标和目标;再次选择能够实现出资者和顾客目标的内部流程及作业的关键业绩指标和目标；最后是选择能够管理、实施先进流程与作业，进而实现出资者和顾客期望的员工业绩指标和目标。平衡计分卡所包含的这种层层递进的因果关系也就是企业战略与战术的关系、目标与手段的关系。平衡计分卡正是通过这一独特的设计思想而具有了明确的战略、目标导入和执行功能，因此设计平衡计分卡的一个极为重要的内容就是找出各项组织活动之间明确的因果关系，并对其进行管理。作为综合业绩评价系统，平衡计分卡的特点和意义主要体现在：

1. 将目标与战略具体化，加强了内部沟通

平衡计分卡的设计要首先分析企业目标和基本战略对经营活动各方面的基本要求，并由此确定各方面工作的重点，有利于保证目标与战略在具体经营活动中的体现。另外，由于从业绩评价体系构建的方法上加强了内部沟通，也就使各个层次的具体职员能更好地理解企业的目标和战略，有助于促进内部决策目标的一致。如石水公司以第一类顾客为发展重点，其竞争战略是通过产品和服务质量来增强竞争优势，而这些都通过"顾客调查名次表"、"顾客满意度调查"，以及在内部作业过程中考核对产品和服务质量的强调得以具体表达。

2. 以顾客为尊，重视竞争优势的获取和保持

顾客是企业的重要资产，显然如何确认、增加和保持这项"资产"的价值，对于企业竞争优势的获取和保持是非常重要的。平衡计分卡将顾客的服务满意程度作为单独的一个方面来加以考核，并通过内部过程、学习与创新来保证和促进这一业绩，不仅从观念上促进了企业内部各个层次对于顾客"价值"的重视，而且提供了贯彻企业竞争战略的具体方式。如上述案例中，通过"顾客服务业绩"方面几个指标的设计，既清楚地反映了企业对于顾客特性的基本认识，也明确地表达了不同的竞争战略：价格竞争或服务质量竞争；而关于"内部作业"的考核指标设计，提供了具体地获取和保持这种竞争优势的途径：与顾客保持更密切的关系、更快更好地满足顾客的要求。

3. 重视非财务业绩计量，促进了结果考核和过程控制的结合

传统的业绩评价大多是财务业绩评价，即根据财务结果来评价工作业绩，这种评价利用了财务指标所具有的综合性、可比性，以及财务结果对于股东的意义，因而在业绩评价中有重要地位。但财务指标只是对于结果的评价，难以实现对过程的控制。平衡计分卡在业绩评价体系中综合运用财务指标和非财务指标，有效地促进了结果考核和过程控制的结合，使业绩评价更具业绩改进意义。如上述案例中，资本收益率、现金流量、项目盈利能力的提高无不需要从其他三方面的具体改进中获取。事实上，越来越多的企业开始重视非财务指标在业绩评价中的应用。除了以上

提及的非财务指标外，还有产品退货率、顾客抱怨次数、废品率、存货周转率、各项存货平均持有时间、准时交货率、一定时期新产品推出数量等。具体考核指标要根据特定行业及所考核环节的生产经营特征来选择。这些指标往往和同行业的竞争对手相比较，使竞争优势的分析进一步具体化。

4. 利用多方面考核所具有的综合性，促进了短期利益和长期利益的均衡，特别强调激励机制

企业战略目标往往具有长期性，而财务业绩评价，特别是采用单一指标进行业绩评价时，往往容易使具体的经营管理人员更多地关注短期利益，不重视甚至损害长期利益。平衡计分卡利用非财务指标与财务指标的结合，以及几个方面综合考核所具有的相互制衡作用，促进了短期利益和长期利益的均衡。传统业绩评价系统强调对行为的控制；而平衡计分卡强调的主要内容是目标，鼓励管理者和员工创造性地完成目标，即该业绩评价系统强调的是激励。这样一方面可以简化指标体系的设置，只以成功经营企业需关注的关键问题为设计依据，抓住企业发展的核心，减轻企业管理者过重的信息负担；另一方面还能发挥管理人员和企业员工的能动性，有效激励其提高企业业绩的积极性。

三、平衡计分卡在战略管理中的用途

平衡计分卡的设计，相对于简单的比率分析及前述功效系数法而言，具有非常显著的优点。它将公司为增强竞争力而应办的事项中看似不同的部分同时反映在一份管理报告中，迫使高级经理人员把所有的重要绩效指标放在一起考虑，从而使其能注意到某一方面的改进是否以牺牲另一方面为代价，从而减少了次优决策。平衡计分卡的优势使其成为战略管理的一种有效工具。具体而言，平衡计分卡可以在战略管理的以下环节发挥作用：

1. 使目标和战略具体化

平衡计分卡四个角度的内容设计，有助于经理们就组织的使命和战略达成共识。诸如"成为出类拔萃者"、"成为头号供应商"或者"成为强大的组织"之类的豪言壮语很难转化为具有行动指南意义的业务术语，而平衡计分卡将组织的目标和战略细化为客户、内部程序、学习与创新和财务四个方面，形成一系列为高层经理认可的测评指标和目标值，充分描述了为实现企业的长期战略目标应当注意的成功推动因素。

2. 促进沟通和联系

平衡计分卡使经理能在组织中对战略上下沟通，并把它与各部门的目标联系起来。在传统的业绩评价方法中，对各部门根据各自的财务业绩进行测评，个人激励因素也只是与短期财务目标相联系。平衡计分卡使经理能够确保组织中的各个层次都能理解长期战略，而且使各部门和个人目标与之相一致。

3. 辅助业务规划

平衡计分卡使公司能够实现业务规划与财务规划的一体化。在变革的环境中，几乎所有的公司都在实施种种改革方案，每个方案都有自己的领导者、拥护者和顾问，都在竞相争取高级经理的时间和资源支持。经理们发现，很难把这些不同的新举措组织在一起，从而实现战略目标。这种状况常常导致各个方案实施结果都令人失望。但当经理们利用依据平衡计分方法制定的战略目标作为分配资源和确定优先顺序的依据时，他们就会只采用那些能推动自己实现长期战略目标的新措施，并注意加以协调。

4. 增强战略反馈和学习

平衡计分卡赋予公司一项新的能力，即战略性学习能力。现有的反馈和考评程序都注重公司及其各部门、雇员是否达到了预算中的财务目标。当管理体系以平衡计分法为核心时，公司就能从另外三个角度，即顾客、内部流程和学习与创新，来监督短期结果，并根据最近的业绩评价战略实施情况。因此平衡计分卡使公司能够修正战略，以随时反映学习所得。

实务中很多公司在最初实施平衡计分卡时，并没有打算开发新的战略管理体系。但在每家公司中，高级经理都发现，平衡计分卡为许多关键的管理程序提供了一个框架，从而也提供了一个中心。如果仅将平衡计分卡作为一种业绩评价措施，而不与公司的其他领域相联系，可能收效甚微，可当公司扩大平衡计分卡的适用范围时，它将成为一体化的、循环往复的战略管理体系基石，并将整个组织的力量集中于实施长期战略方面。

第四节　TEMP 方法与企业活力

一、TEMP 方法开发背景分析

企业在激烈的竞争环境中，从获得生存能力开始，向具备国内竞争能力发展，再向具备国际竞争能力进军，逐步走向世界级水平，这是一个企业活力逐渐提高的过程。在此过程中，人们必须对企业活力进行评价，以评价为基础才能实现活力水平的提高。通常企业活力依据企业对"速度"和"复杂性"驾驭能力的不同来划分。简单而言，可以分为三个区：①驾驭低的速度和复杂性。②驾驭中等的速度和复杂性。③驾驭高的速度和复杂性。到目前为止，已经有各种各样的公认评价体系，用于更加详细地评价企业目前的水平，如 ISO 认证、戴明奖、美国的国家质量奖、欧洲质量奖、德国质量奖等。企业可以通过参加各项质量奖的评审测评自己的活力。

一项在德国开展的研究显示，如果以 1000 分表示最高的活力，那么得到 ISO 认证的企业活力相当于 150 分的水平，获得德国质量奖的企业活力相当于 650 分的水平，而欧洲质量奖则相当于 750 分的水平。大部分的德国公司得分在 50～150 分之间，以这样的水平参加德国质量奖或者欧洲质量奖的评选，可以发现公司活力上的差距，但是这种巨大的差距造成评价结果作用于改进的现实意义不大，而且参加评选的耗费太高。TEMP 方法的发明正是在这项研究基础上进行的，填补了从 ISO 认证到德国质量奖之间的活力空缺。发明这种方法的 Tempus 公司通过使用这种新的方法，在各个方面都做得非常的出色，最终在 1997 年获得了德国联邦经济部部长颁发的"最佳企业奖"。从那时起，Tempus 公司开始使用 TEMP 方法为其他公司走上成功之路提供咨询服务。

二、TEMP 方法的四项成功因素

TEMP 方法评价企业所应用的四项成功因素，对企业的整体发展起着决定性作用。利用这种分析和评价方法，可以指出企业的优势和弱势，并指导如何克服公司的弱势。四项成功要素为：领导者（T）、客户需求（E）、员工（M）和工作流程（P）。

1. 领导者

企业大多有一位或几位建立企业或者是对其有重要影响的企业家，他们要组织团队队员并起带领作用，与这个团队一起使企业始终朝向一个长期的目标迈进，因此成为企业活力提高的决定性因素。TEMP 方法显示企业该如何优化这一管理中的决定性因素。

2. 客户需求

企业适应客户是第二个成功因素。客户，也只有客户，能够决定企业是否有权利在市场上立足。因此必须尽力让客户满意，或者更好的是使他成为企业的"发烧友"。TEMP 方法帮助公司不断地给客户带来新的惊喜，并用这种方式把客户与公司长期联系在一起。

3. 员工

为了满足客户不断增长的愿望，公司需要聘用能够高水平且又灵活地满足这些需求的员工。除了企业外的顾客，企业的员工也是企业内的客户，他们也有自己的需求。如果公司一直使用 TEMP 方法，有助于使企业得到充满活力的员工，自觉地为企业获得成功做贡献。

4. 工作流程

每个产品和每种服务在提供给客户前，都有一定的制作过程。这一过程必须要尽可能地无误、低成本，还要毫无延迟。过程的质量决定这项费用是否可以带来利润。使用 TEMP 方法，可以帮助企业改善工作流程，从而降低成本，提高企业的效益。

三、影响企业活力的行动范围与活力评价

以上四个部分都围绕着企业的成功因素，为了指明企业应该具体采取的行动，每项成功因素又分为 7 个行动范围。这些行动范围指明了每个要素具体的运作范围，公司可以在对这些行动范围的现实水平进行评价时，判断企业在这一行动范围内的活力水平。在此基础上，行动范围帮助经理人员确定需要专注于哪个方面的改进，这会使公司的日常工作有清晰的脉络，减少将宝贵的精力消耗在不必要的地方。对各行动范围的活力评价可以延续前述三个区间得分法，但这种方法非常粗略。要想更准确地判断，还需要把每个区再进行划分，可以按照一定的标准将企业活力评为 1~6 分。

四、雷达图与提高活力的关键行动

企业可以通过绘制雷达图（如图 12-1 所示）的形式将 TEMP 关键因素和行动范围的得分情况形象地表达出来。

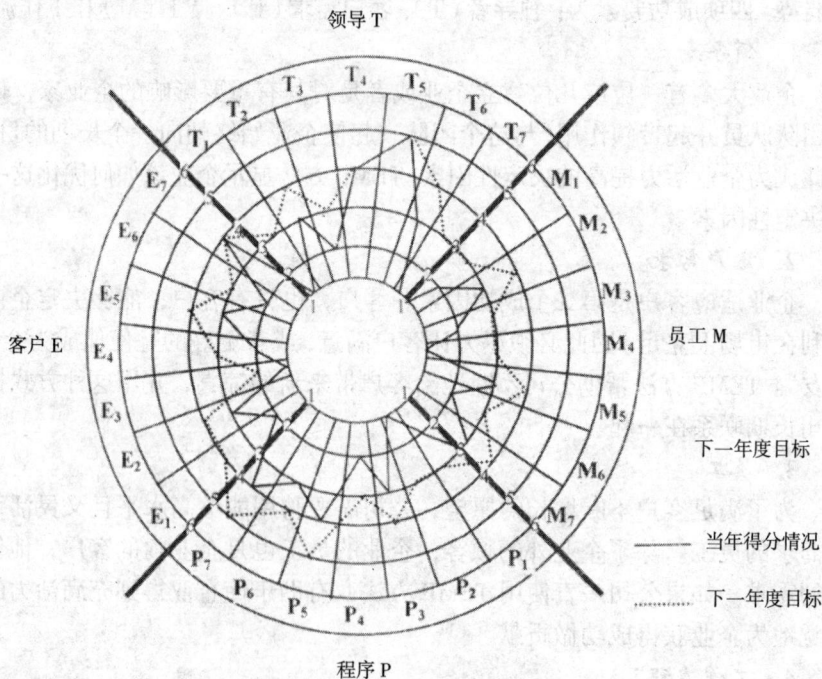

图 12-1　企业活力雷达图

（资料来源：[英] 安德烈· A. 德瓦尔著，汪开虎等译. 绩效管理魔力——世界知名企业如何创造可持续价值[M]. 上海：上海交通大学出版社，2002.）

单项的行动不能给企业带来成功，正如约束理论所说，往往是企业最薄弱的环节决定了企业的整体活力水平，那些相对比较有优势的环节也因为弱势环节的存在而无法对企业整体活力产生应有的影响。因此企业需要考虑全部 28 个行动范围，用整体的计划实现企业活力的提升。企业将每个行动范围的得分填入图中，借助雷达图可以清楚地看到自身的弱点和优势。特别是明确了弱点以后，就可以有针对性地对问题区域采取行动，这些行动将成为提高企业活力的关键行动。

第五节　绩效评估方法与企业创新

一、绩效评估方法

1. 过去导向评估法

过去导向评估法的特点是对已实现的绩效加以衡量和考评。评估技术有下列几种：

（1）评核尺度法（rating scale）。一般是将员工所担任工作的各项特性、要求或因素，作为绩效评估的项目，如人格、诚实、持续力、特质、创始（创新）力、想象力、可靠性、勤奋、热忱、态度、领导能力、进取心、适应力、判断力、忠诚、仪表、合作性等。每一项目分别用 5、4、3、2、1 五等分数，或超、优、中、次、劣五等级式评语，排列在评估表上。评估者对被评估者属于何种程度首先做出判断，然后在每一项目的尺度上做出登记，即可得到评定项目的分数，各项分数加总即得总分。评核尺度表见表 12-5。

表 12-5　评核尺度法——评核尺度表

注意：在下列各项绩效因素上，请指出你所评估的员工在表上的位置				
员工姓名：_____　　　　　　部门：_____				
评 估 人：_____　　　　　　时间：_____				
非常好	良好	中等	普通	不太好
5	4	3	2	1
1. 独立性				
2. 自主性				
3. 工作态度				
……		……		
……		……		
20. 工作品质				
合　计　　+	+	+	+	+

（资料来源：[英] 安德烈·A. 德瓦尔著，汪开虎等译. 绩效管理魔力——世界知名企业如何创造可持续价值[M]. 上海：上海交通大学出版社，2002.）

（2）检查表法（checklist）。评估者并不考评员工的绩效，而只是报道其状况。评估者只需对评估表上的事实做出报告，对每项因素的性质可不加判断。企业可将每件事实陈述句加上权数，总分仍可加以计算以了解总体表现，见表12-6。

表12-6　检查表法——绩效检查表

注意：检查下列每一绩效项目	
员工姓名：_____	部门：_____
评　估　人：_____	时间：_____
权数：	检查：
1. 必要时员工会加班	……
2. 员工把工作站保持得很有条理	……
3. 别人需要帮忙时，他会很合作地给予帮助	……
……	……
……	……
20. 员工听从他人的建议，但很少实行	
权数总计	

（资料来源：[英] 安德烈·A. 德瓦尔著，汪开虎等译. 绩效管理魔力——世界知名企业如何创造可持续价值[M]. 上海：上海交通大学出版社，2002.）

（3）强迫选择法（forced choice method）。强迫选择法的基本目标就是强迫评估者在几个看似同值的文字叙述题中做一选择，以避免或减少评估者的主观偏见。评估者必须在两题中选择最适于描述被评估者特质的一题，即使评估者认为两题都适合或两题都不适合，他都只能被迫选择较接近被评估者的一题。

（4）特殊事件法（重要事件法）（critical choice method）。此种方法是由主管或专门人员针对各种不同工作，予以详尽地分析研究，而认定若干具有代表性的行为可辨别出人员在工作上的成效。主管必须记载或查核一些曾在被评估者工作中发生的事件，这些事件都必须是重要事件，如5月6日对工作厌烦或愤怒；9月12日拒绝帮助同事；11月19日对工作方法提出一项改善建议。透过对现职人员工作行为的研究，可找出若干特别的重要事件。评估者必须同意其中若干行为形态是重要的，然后将这些收集到的事件，按其出现的次数与重要性依序排列，就可得到数字的比重，成为评估分数的基础。

（5）行为评核尺度法（behaviorally anchored rating scales，简称BARS）。BARS是行为评核尺度法与重要事件法的合并，它要求对任何特定的工作上或工作种类都必须有明确的绩效评估要求，评估者要决定哪一个描述或哪一个行为例子最能描述出员工的绩效，并且在评估表上为每一个行为的绩效给予分数，见表12-7。

表 12-7　行为评核尺度法（BARS)

绩效		
非常好	7	有很好的销售业绩并和顾客维持良好的关系
良好	6	可以主动增加业绩
高于平均	5	可以保持存货整理得很好
平均	4	可以保持整洁有序
低于平均	3	主管提醒后会帮忙整理存货
不好	2	存货管理得不好
非常差	1	通常会延长休息时间

（资料来源：[英] 安德烈·A. 德瓦尔著，汪开虎等译. 绩效管理魔力——世界知名企业如何创造可持续价值[M]. 上海：上海交通大学出版社，2002.）

2. 未来导向评估法

未来导向评估法主要是评估员工的潜能或制定未来的绩效目标，包括：

（1）自我评估法（self-appraisals）。如果评估的目的在于进一步地自我发展，则让员工用自我评估的方式来评估自己是很好的评估技术。自我评估时，防卫性的行为不太会发生，因此也容易达到自我改进的目的。

（2）目标管理（management objective，简称 MBO）。

1）MBO 首先是由 Drucker 提出的。他认为：理想中的 MBO 在实施时应包含下列五个程序：①每位员工都与他的直接主管讨论其工作范围与内容。②设立短期的绩效目标。③与上级讨论达到目标的进度。④建立测量进度的检查点。⑤在所定期间终了时，上级与下属检讨其工作的成果。在上述建立目标的过程中，重要的一点是，各人员的负责目标并非由上级单位以命令方式赋予，而是由前者研究讨论后提出。

2）在实施 MBO 时，一般希望能达到下列目标：①测量及评判绩效。②将个人的工作绩效与组织目标连接起来。③确定应做的工作与期望获得的成果。④协助下属工作能力的增进及成长。⑤增强上级与下属之间的沟通。⑥作为核算薪资及升迁的一种基础。⑦激发下属的工作动机。⑧作为组织控制及整合的一项工具。

（3）评估中心（assessment center technique）。此种方法，是将一群人员集中某地两至三天，在这期间，除采用面谈、测验等方法外，还举行若干实际的演习活动，如专题讨论、企业模拟、企业竞赛、角色扮演等，这样做的目的是尽量多方面观察评估对象，除了客观的成绩外，还可以就其自信心、领导及行政能力等加以评估。这种评估方法有五种：

1）个人评估法。每次只个别评估某位员工而不与其他人相互比较。除包括前述之强迫选择法、目标管理、特殊事件法、检核表、行为评核尺度法外，还包括评述法（essay evalution），即由评估者将员工的绩效予以书面陈述。譬如主管要描述出在过去一年中他的工作成绩、需要改进之处、工作数量与品质、进一步的潜能等。

2）多人评估法。评估员工绩效时，同时与其他人员相互比较，包括：①排列法（ranking）：将受评者与全部其他人员比较，而决定其在排列次序中的位置，再依次序之高低而定其成绩之优劣。主管首先要选出最佳及最差的员工予以分列两个极端，然后再就剩下的其他员工找出最佳与最差的，依次予以排列而定绩效之高低。②成对比较法（paired comparison）：通常仅就单一特质（现职胜任能力）加以评等，必要时亦可适用于其他特质。程序是在卡片上写被评估的两位员工姓名，每一位员工与另一员工加以成对比较。评估者只要在每张卡片上就某一特质选出一位较优者即可。③强迫分配法（forced distribution）：强迫分配法就是规定各个被评估者成绩所占的比例。如规定最优者应占总人数的 10%，次优者占 20%，中等者占 40%，次劣者占 20%，最差者占 10%。评估者由于必须将被评者按比例分配，所以需慎重地判断其人员的工作优劣。

3）行为观察尺度法。具体步骤为：①收集许多与问题主体（如成本）相关的行为叙述。②员工以 5 个尺度来加以判断。③在所有项目中累计总分。④用统计分析找出最佳与最差的人员。本法的优点是：①可从一系统性的工作分析中发展出来。②可单独使用或配合工作规范使用，以使员工知道工作上的哪些行为是公司所需要的。③有相当的内容效度可区分出有绩效与无绩效的员工。④可促进明确的绩效回馈，对员工的优缺点可提供双方有意义的讨论。

4）点数分配法。评估者设定一总分，分配给某一群体的员工，表现较好的员工给予较多的分数，而评估者也可了解到员工之间的相对差异。

5）群体评估法。指以整个工作群体、单位作为评估的对象，而不以个人来进行评估。员工为了使自己得到奖酬，就会以群体的利益为着眼点，而使整体的绩效最大化。本节介绍的各种绩效评估方法，主要适用于个人绩效评估，但对各单位或各部门的绩效衡量也有直接参考价值。

二、企业创新与绩效棱镜

1. 能力式创新与业绩评价

在当前瞬息万变的时代，只要你一成功，马上就会有人跟进，模仿你的特长，并想尽办法与你瓜分地盘。因此要想成功，并保持成功的不变地位，唯一的办法就是求变，并且还要以迅雷不及掩耳的速度不断改变。创新被要求成为一种持续不断的过程，而不是一个阶段性的成果，这需要企业内部具有完善的促进创新的机制，这样的创新被称为能力式创新。能力式创新由能力的五个要素所组成，具备了这些要素，企业才有可能不断地创新和发展。这五个要素包括：

（1）战略要素。有了战略，才能决定组织该何时、何地与如何运用创新。有些公司只有在遇到危机时才会运用创新，如公司的一位大客户表示，如果公司没办法在今天把货送到，他就要中止合作关系，如果此时才积极地寻求企业内部关于生产和配送上可以创新的地方，这种被动创新的层次并不足以让公司与竞争对手产生区别，顶多只能延缓灭顶的时间。创新必须无所不在、持之以恒，达到每个人随时随地都在创新的境界，并成为公司的主流。

（2）评估要素。创新就像其他任何能力一样，必须有办法评估。企业不应当以负面的方式去评估创新，把它当做无法解决难题时的借口和解释，而应当把它当成核心指标，据以判定公司内每个人的工作进展与奖赏。

（3）流程要素。可持续的创新不是随机行为，而是有标准的模式可用来锁定、产生与挑选创新的想法。并且在汇总出最好的想法前，各种不同的意见都应得到重视。这就需要企业设计鼓励创新的工作流程，而且需要企业提供鼓励创新思考与合作的环境。

（4）人员要素。当公司现在的文化是得过且过，大家以怀疑的态度看待创新，创新的技能是被当做少数充满好奇心的精英所具有的特质，在这样的环境中企业很难真正重视创新。[①] 只有把创新视为成功的必要条件，让员工认识到创新人人有责，并且感到创新是组织内最受重视的事情，此时创新才有可能成为一件众人拾柴火焰高的事情。

（5）科技要素。科技在促进创新的过程中能够扮演重要的角色。

理解能力式创新的构成要素对于业绩评价有两点意义。首先在这五个要素中，业绩评价是重要的一环，业绩评价是促进创新和保证创新沿着期望的轨道开展的重要工具。其次促进创新的业绩评价应当能够对这五个要素中的其他要素进行评价，它们或者是创新的直接动力和来源，或者是创新潜力的表现。

2．绩效棱镜

绩效棱镜是埃森哲和格兰菲管理学院经营绩效中心开发的以促进创新为目标的业绩评价模式。这种业绩评价方法设计基于这样一种思想，即公司应当找出特定办法后的成因，并对此加以检讨和质疑，然后决定是要废除还是保留。然而当企业试图改变做法时，有时候对做法背后的基本框架视而不见，这是创新的最大阻碍。这些假设在组织里早已根深蒂固，因此组织成员都习以为常，察觉不出有何异样。但企业必须找出这些规则与假设，并分析有没有办法把它们破除，如果可以破除，就可能发现有哪些新的契机因此而出现。所以绩效棱镜也是一种战略性思考的方法，它评价企业创新的可能来源，同时评价公司创新的潜力。

---

① [美]斯蒂芬·M. 夏彼洛著，高颖，陈可等译. 永续创新——变革时代企业求生与制胜蓝图[M]. 北京：电子工业出版社，2003.

绩效棱镜共有五个面。① "利益关系人的满意度"与"利益关系人的贡献"构成棱镜上下两端的三角形，"战略"、"流程"和"能力"则是连接三角形的三个矩形面。绩效棱镜对组织提出五个基本问题：①谁是主要利益关系人？他们想要和需要的东西有哪些？②要用什么样的"战略"才能满足这些要求与需要？③要用什么样的"流程"才能达到上述的"战略"？④所需要的"能力"有哪些？⑤公司如果要维持及发展这些能力，需要哪些"利益关系人的贡献"？这些问题依据一定的次序提出和回答。

（1）"利益关系人"是棱镜的第一面（也是最后一面），它的次序要在战略之前。利益关系人正逐渐变成公司绩效中愈来愈重要的部分，因为公司发现假如它们亏待顾客、员工、供应商或周围的社团，他们就无法长期满足股东的需要。此外各利益关系人的重要性也正与时迁移。如随着公司把愈来愈多的非核心业务外包出去，它们对供应商的依赖也愈来愈深。最显著的互赖现象出现在电子商务领域。在这个领域中，交付售出产品或服务所需要的销售和物流工作往往与中间人有很密切的关系，甚至创造了一种新的利益关系人，即所谓"互补业者"（complementor）。互补业者就是联盟伙伴，专门为企业提供产品服务，以扩展企业本身的产品价值。可以预见，电子商务正逐渐成为一种非常重要的交易模式。有一点必须明确，利益关系人对组织的要求与需要可能会和组织对关系人的要求与需要产生冲突与紧张关系。换句话说，企业要求利益关系人做出的贡献不一定对利益关系人本身有利，所以两者必须分开评估。绩效棱镜的做法可以把这种变动的紧张关系纳入考虑之中，并以合理的方式量化以便组织评估满意度。

（2）棱镜的另外两面是"战略"和"流程"。但"流程质量"的概念其实并不容易界定，因为它不像产品一样可以直接看到缺点。就某个程度来说，如果要判断流程质量，可以观察流程所产出的产品或服务质量（输出），以及它们是否让顾客觉得满意（成果）。此外管理阶层也可以直接评估一些与流程有关的要点，如数量、运转次数、成本等。

（3）棱镜的第四面是"能力"，也就是能力式创新的五个要素。"能力"是指结合不同的要素，通过不同的运营层面为组织的利益关系人创造出价值。这些要素可能包括公司员工的技能、作业方式、优异的技术，以及实体基础结构等。公司如果想要在现在与未来的竞争获胜，这些要素都是不可或缺的基石。

（4）棱镜的最后一面又回到利益关系人，它反映利益关系人的贡献。有一点要注意的是，在设计评估架构时，在前面所提到的五个基本问题中与利益关系人有关的两个问题可能必须在一开始就同时解决，以便让管理团队更加了解利益关

---

① [美]斯蒂芬·M. 夏彼洛著，高颖、陈可等译. 永续创新——变革时代企业求生与制胜蓝图[M]. 北京：电子工业出版社，2003.

系人之间的相互关系有多重要。等到界定完必备的"能力"后，通常必须再次回到贡献的问题上，整个循环才算完成。

3. 绩效棱镜方法对业绩评价的影响

绩效棱镜提供了一种业绩评价的分析思路，它将对创新能力的评价融入到一个战略框架中去，在此框架下综合了更多需要评价的内容。这种综合不是毫无关联的，而是建立在对棱镜五个面相互联系与次序理解的基础上。这样业绩评价内容的扩大并未造成评价体系变得庞杂而无重点和导向性，相反它能够更好地服务于提高企业创新能力这一目标。只有通过这样战略性的分析和评价，才可以深入理解隐藏在现实活动过程背后的那些假设，并分析这些假设是否成立、需不需要摒弃，在此基础上创新才成为可能，创新也才能服从于公司的整体战略。通过绩效棱镜的分析方法，业绩评价成为企业整体创新机制中有力的一环，可以更有效地作用于企业持续创新的过程。

【本章小结】

业绩评价在本质上是一种管理控制手段，企业业绩评价系统作为企业整个管理控制系统中一个相对独立的子系统，由评价主体、评价对象、评价目标、评价指标、评价标准和评价报告六个基本要素构成，而评价指标的设置是评价系统的核心部分。依据评价指标的特点，业绩评价系统或模式通常被分为两大类，即单一指标业绩评价模式和综合指标业绩评价模式。综合指标业绩评价模式的典型代表是平衡计分卡，该方法从财务、顾客、内部作业、创新与学习四个方面对组织业绩进行综合评价，能够有效地将业绩评价、业绩管理、战略管理有机地联系起来，平衡组织的长期与短期目标。目前平衡计分卡在组织中日益得到广泛运用。

业绩评价必须与激发企业活力、促进企业创新相联系。用 TEMP 方法评价企业活力的关键在于对四项成功因素的正确理解与应用，它们对企业的整体发展起着决定性的作用。利用这种分析和评价方法，可以得出企业的优势和弱势，并指导如何克服公司的弱势。埃森哲和格兰菲管理学院经营绩效中心开发的以促进创新为目标的业绩评价模式——绩效棱镜提供了一种业绩评价的新思路，它将对创新能力的评价融入到一个战略框架中去，在此框架下综合更多需要评价的内容。只有通过这样战略性的分析和评价，才可以深入理解隐藏在现实活动过程背后的那些假设，并分析这些假设是否成立、需不需要摒弃，在此基础上创新才成为可能，创新也才能服从于公司的整体战略。

【复习思考题】

1. 如何理解业绩、业绩管理、业绩评价的内涵及三者之间的关系？
2. 平衡计分卡是如何将组织的日常经营活动与战略相联系的？

3. 业绩评价的理论基础、设计原则、基本程序分别是什么？

4. TEMP 方法与企业活力之间存在什么关系？准确理解这种关系的关键是什么？

5. 什么是绩效棱镜？包括哪些最基本的内容？

6. 绩效评估的基本方法有哪些？正确应用这些方法的前提是什么？

7. 战略性业绩评价是怎样整合绩效管理的？

8. 应用所学平衡计分卡理论，请为全球第三大石油公司——美孚（Mobil）石油公司进行业绩设计与评价。

【阅读资料】

美国 FMC 公司应用平衡计分卡建立基于战略的绩效评估体系

FMC 公司是美国业务最多样化的公司之一，其 27 个分部在 5 个业务领域中生产 300 多种产品：工业化学制品、日用化学制品、贵金属、防卫系统、机械设备。在过去很长的时间里，FMC 公司像多数公司一样，每月都要检查各个业务部的财务绩效。每年年底，对实现了预期财务绩效的分部经理进行奖励，这使得各分部成功地取得了连续的短期财务业绩。进入 20 世纪 90 年代后，FMC 的高层管理人员意识到他们为了获取短期财务业绩而放弃了一些长期成长的机会。为此公司决定改变绩效评估体系，以便与公司发展战略保持一致。1992 年初，FMC 成立了一个工作组，研究新的评估体系，引导经理们超越内部目标，在全球市场上寻求突破。新的体系关注对客户服务、市场地位，以及能够为企业创造长期价值的新产品进行评估。小组把平衡计分卡作为讨论的核心。公司选定了四个评价维度：财务、客户、内部、创新，选择了 6 位分部经理，让他们在明确公司战略的基础上提出平衡计分卡中的 15～20 个评估指标，要求具有该组织的特色，能够清楚表明短期评估指标与达成长期战略目标一致，并且要求评估指标是客观的和可量化的。

循环周期是一个常见的内部过程评估指标。下面是几个分部对循环周期进行评估的例子。①对于防御设备业务而言，提前交货不会产生什么额外收益，因此这个部门的绩效战略目标就应该是实际现金结余额，而不应是存货减少或者循环周期缩短。②对于农业机械业务，缩短生产周期成为关键战略指标。如果一部分或全部生产计划的制造周期都能缩短到少于订货集中的那段时间，就会有突破性的进展。该分部可以按订单拟订生产计划，从而消除按预测进行生产造成的供应过剩。③在锂厂，设计平衡计分卡时从客户角度出发，将及时交货率作为一个关键的战略目标。锂厂的及时交货率在过去两年里达到了 60%～70% 的水平。但是当使用了平衡计分卡，并将这个指标纳入其中时，立刻发现有很多可改进的地方。

现在公司从生产过程着手进行整个公司的及时交货管理。不能及时交货部门的信息将被张贴在整个部门的公告板上，部门的业绩不再仅仅以销售额作为考核。

在 FMC 公司完成平衡计分卡的过程中，每位成员都清晰地了解了公司的远景目标，并掌握了实现这一目标的方法。由于试点的成功，FMC 已在它所有的 27 个分部中实行了平衡计分卡。整个公司的管理层正在开发一个新的评估系统，该系统能够在短期财务绩效和长期发展机会之间取得平衡。过去 FMC 公司有两个部门负责监督业务单位的绩效：公司的发展部负责制定战略；财务部保存历史记录，编制预算和评估短期绩效。发展战略专家们制定出 5 年和 10 年计划，财务部制定一年预算方案，并进行短期预测，两个群体之间不存在什么联系。而现在平衡计分卡在二者之间架起了一座桥梁。财务指标是在由财务部执行传统职能的基础上建立起来的，其他三个维度的指标使发展部的长期战略目标具有了可评估性。战略开发和财务控制的强有力结合，为经理们提供了有效的业绩衡量工具。

（资料来源：李萍莉. 经营者业绩评价——利益相关者模式[M]. 浙江：浙江人民出版社，2001. ）

【课外阅读文献】

1. [美] W. 托马斯·约翰逊，罗伯特·S. 卡普兰著，侯本领等译. 管理会计的兴衰[M]. 北京：中国财政经济出版社，1992.

2. [英] 安德烈·A. 德瓦尔著，汪开虎等译. 绩效管理魔力——世界知名企业如何创造可持续价值[M]. 上海：上海交通大学出版社，2002.

3. [美] 彼得·F. 德鲁克等著. 公司绩效测评[M]. 北京：中国人民大学出版社，哈佛商学院出版社，1999.

第十三章　财务流程再造

【学习目标】

➤ 了解财务流程再造提出的历史背景；

➤ 领会财务流程再造提出的逻辑起点并掌握财务流程再造的基本原则；

➤ 结合实际领会并掌握财务流程再造的程序与方法；

➤ 结合实际领会并掌握财务流程优化的方法，特别是系统化改造法；

➤ 结合实际领会并掌握价值空间构建的基本方法、程序及原则。

【重点名词】

业务流程　财务流程　财务流程描述　绩效表现——重要性矩阵　学习五角
星　系统化改造法　全新设计法　公道价格价值空间　超值价格价值空间　容
易接近价值空间　迅速响应价值空间　培养关系价值空间

【案例导入】

上药 ERP：跨过数据整合与业务流程再造关

"整个集团最晚要在 2006 年进入资本市场，我们只有两年的时间。试点的系
统这时候才上线，给人感觉压力很大。" 上药集团的财务总监赵大川在上海医药
集团抗生素事业部 ERP 实施阶段性成果汇报会上如是说。上药集团在 2003 年请
麦肯锡的专家做了公司发展的战略规划，并在董事会上郑重提出建设 ERP 系统
后，决定在抗生素事业部采用 ERP 供应商 SSA Global 的 BPCS 系统进行试点。但
试点项目的实施时间比计划多出近半年时间。

一、跨过数据整合关

原始数据是企业信息化的源头，数据的质量关系着信息化建设质量的优劣。
在上药集团抗生素事业部信息化进程中，由于该事业部是由三家药厂合并而成，
原始数据的整理工作变得异常烦琐。在 BPCS 系统项目签约时，作为合同甲方的
新先锋药业有限公司就是原来的上海新先锋药厂。但是后来新亚药业、上海新先
锋药厂、上海第四药厂经过调整合并成立上海医药集团抗生素事业部。合并之前，
这三家药厂都是国有企业，而且采用的 IT 系统完全不一样。其中上海第四药厂用
的是浪潮财务软件；新亚药业使用了金蝶公司开发的软件；新先锋药厂使用的是

奇胜财务软件。如何成功整合来自不同软件系统的数据成为原始数据整理工作成败的关键。另外三家药厂的 IT 系统数据库中存在一定比例的重复信息,如客户信息。由于三家药厂的客户集合之间存在交集,而不同厂家的客户信息数据录入规则有很大差异,从而造成某两条数据记录相差一个字,但事实可能就是同一家客户的状况。

原始数据的整理工作面临着两种选择:一是将所有的数据记录原封不动地导入新系统的数据库中,这种方式较简单,但如此一来数据的质量难以得到保证,系统上线后应用的效果就要大打折扣。二是一条一条地核对与整理数据记录,去掉重复的部分,然后输入到新的 BPCS 系统。这显然需要耗费掉大量的时间,但是保证了原始数据的质量。据抗生素事业部此项目负责人沈凌云介绍,为了提高 BPCS 系统的应用效果,项目组决定采用的是第二种办法。对三家工厂的 4000 多条原始客户数据记录逐条地进行核对和筛选,提高了原始数据的可靠性。不可否认,这个任务工作量非常大,项目组在数据整理上花去了足足六个月的时间,这也是造成项目延期的最主要原因。

二、完成业务流程再造关

在 ERP 项目中,业务流程的再造是重中之重。目前国内 ERP 项目中有两种实施方式,有的是完全按供应商的产品流程改变企业的业务流程,其余则按照企业原有的业务流程,由供应商来做定制开发。两种方法各有利弊:前者能够帮助企业带来先进的管理理念,但具体业务环节可能并不非常适合企业实际情况;后者虽然能够保证具体业务环节的应用效果,但有"墨守成规"之嫌。

沈凌云介绍,上药抗生素事业部 BPCS 系统项目采用两种方式相结合的实施过程。SSA 的 BPCS 系统在全球制造行业中有着良好的声誉,功能非常强大,在制药行业应用非常普遍。但企业在业务流程方面有着个性特点。因此 BPCS 系统项目中有些采用了 BPCS 中所蕴涵的先进业务流程理念,有些流程则根据国家的硬性规定对产品中的业务流程进行了改变。如在销售方面,作为公司运作很重要的一个环节,医药销售渠道的发货处理具有其特殊性。项目组既要参照 BPCS 原有的业务流程模型,还必须在系统中体现医药行业的个性化配置。

(资料来源:杨淑娥,胡元木主编. 财务管理研究[M]. 北京:经济科学出版社,2002.)

第一节　财务流程再造的基本理论

一、财务流程再造的提出及基本内涵

1. 财务流程再造提出的历史背景

财务流程再造的提出是顺应时代发展的结果。人类社会经历了从农业经济时代到工业经济时代的发展，正在进入一个以知识作为经济发展主导因素的经济时代。工业时代的商业规则很难完全适用于新经济形态下企业的发展，企业所处的商业环境已经发生了根本性的变化，最为突出的因素来自顾客（customer）、竞争（competition）和变化（change），简称为"3C"。

（1）顾客。20 世纪 80 年代至今，买卖双方的关系发生了重要变化，市场已经完成了由卖方市场向买方市场的转变。适应传统经济形态的经营理念是"销售企业生产出来的产品"，而在新经济形态下这一经营理念应转向"生产顾客需要的产品"。

（2）竞争。自第二次世界大战以来，世界经济从国际化（internationalization）向全球化（globalization）演变的趋势日益明显。全球经济一体化使得原本激烈的市场竞争变得更加激烈，国际竞争同时推动了国内市场竞争程度的日益加剧。企业每时每刻都受到来自市场激烈的竞争压力。

（3）变化。上面提到的顾客和竞争两股力量的演变，其实是企业经营环境变化影响的必然结果。从这个意义上讲，顾客在变化，竞争也在变化，变化是"3C"当中最本质的内容。信息时代的到来更是加快了变化的节奏。

正是在这种时代背景下，20 世纪 90 年代开始了以"流程再造"为核心思想的一场新管理革命。流程再造最初于 1993 年由哈默教授提出，后来哈默教授与 CSCindex 首席执行官詹姆斯·钱皮于 1993 年发表了《公司重组：企业革命的宣言》，详细阐明了流程再造的思想和基本方法。他们指出："一整套两个多世纪之前拟订的原则在 19 世纪和 20 世纪的岁月里对美国企业结构、管理和实绩起了塑造定型的作用……我们说，现在应该淘汰这些原则，另订一套新规则了。对于美国公司来说，不这样做的另一条路是关门歇业。"[①]这里哈默和钱皮所说的新规则就是流程重组。此后，流程再造作为一种新的管理思想，像一股风潮席卷了整个美国和其他工业化国家，在世界范围内产生了深远的影响。

---

① 中国会计学会. 财务管理卷 (会计研究文献 1997～1999)[J]. 大连：东北财经大学出版社，2002.

在企业经营过程中，财务绩效导向的思想也日益深入人心，企业经营管理过程中的财务中心地位也日益得到巩固。值得说明的是，这种财务中心地位是指财务理念在企业管理过程中的中心地位，并且传统的财务管理工作也日益分解到业务部门中去，业务部门在日常工作过程中也逐渐自觉或不自觉地参与到财务计划、预算控制、分析和考核工作中去。在企业业务流程的管理中，以财务为中心的观念越来越突出，财务流程在企业流程中的地位也越来越显著。企业往往以财务流程再造为突破口全面重组企业的业务流程，财务流程再造越来越受到企业家的重视。

2. **财务流程再造的基本内涵**

要理解财务流程再造，就必须理解什么是财务流程。财务流程有广义和狭义之分。从狭义的角度来看，财务流程是指局限于财务部门内部的工作流程，是业务流程内部财务职能的体现；广义地讲财务流程和企业业务流程紧密相关，凡涉及企业资金运动、资源消耗和会计处理的业务流程均属于财务流程的范畴。本章所指的财务流程指广义的财务流程。

（1）业务流程和财务流程。关于业务流程的定义，不同的人对其有不同的定义。迈克尔·哈默认为，业务流程是把一个或多个输入转化为对顾客有价值的输出活动；T. W. 达文波特认为业务流程是一系列结构化的可测量的活动集合，并为特定市场或特定顾客产生特定的输出；A. L. 斯切尔指出，业务流程是在特定时间产生特定输出的一系列客户——供货商关系；W. J. 约翰逊则认为，业务流程是把输入转化为输出的一系列相关活动的结合，它增加输入的价值并创造出对接受者更为有效的输出；R. B. 克普莱和 L. 默多克指出，业务流程是一系列相互关联的活动、决策、信息流和物流的集合。

这些定义虽然角度不同，但它们都包括了输入资源、作业、作业的相互关系（即内部结构）、输出结果、顾客和价值等六个因素。综合以上的论述，可得出业务流程是指为了完成顾客价值的增值从而实现企业自身价值不断提高的目标，在企业内部进行的一系列具有逻辑相关关系作业的有序集合。企业财务流程的范围比业务流程的范围要窄。虽然绝大多数业务流程都和资金运动、资源消耗和会计处理相关，但仍然有少数业务流程和财务流程不具有相关关系，如人力资源管理流程中的人员岗位轮换调度业务，它并不涉及薪资调整、资源耗费，不属于财务流程的范畴。

（2）财务流程再造。财务流程再造是指在对企业财务流程进行分析的基础上，对其进行改进或重新设计以获得绩效重大改善的活动。财务流程再造的基本思路是通过重新设计组织经营及财务运作的流程，使得这些流程的增值最大化，相关的成本费用以及风险最小化，从而获得绩效的改进。这种做法既适用于单独一个流程，也适用于整个组织。其中从整个组织角度进行的财务流程重组能够给企业带来革命性的变革，这就要求在再造过程中不能存在因循守旧的思想，认为只要略加修改现有流程就可以了。反之，财务流程再造必须在企业变革的过程中，针对切实需要跳出传统做法的束缚，不是为了解决"如何把我们现在正在做的事情做得更好、更快、更省的问题"，而是首先决定"我们应该做什么以及怎么做"①。

财务流程再造能够给企业带来绩效的提高可能是非常惊人的。福特公司财务付款流程再造是一个非常著名的财务流程重组的例子。通过流程重构，福特公司成功地将负责货款支付的人员由 500 人减少到 125 人，精简了 75% 的货款支付作业人员，部分分公司在货款支付上耗费的营业费用甚至减少了 95%，极大提高了作业的效益。其改造前后的流程如图 13-1 所示。

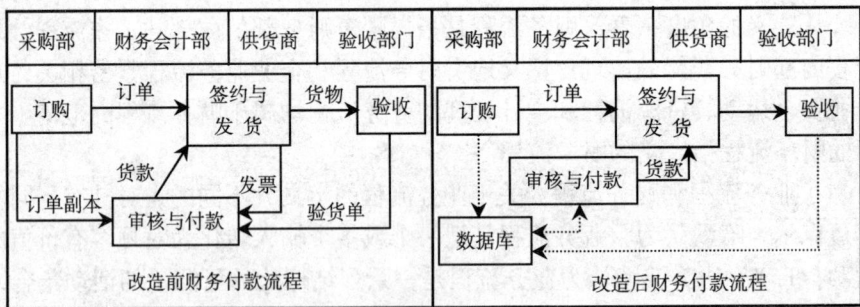

图 13-1　福特公司财务付款流程再造示意图

注：改造后的流程借助计算机网络实现。当采购部发订单给供货商的同时将资料输入计算机联网的数据库；货物到达时，验收部门利用计算机查询货物是否与资料一致，如一致，则将相关信息输入计算机并签收货物；计算机在接收货物验收信息后即会自动通知财务部门，财务人员据此签发发票。这一流程与原先流程相比，减少了若干信息传递的程序，提高了货款支付的工作效率。

（资料来源：[美]布里格姆等著. 财务管理基础 (第 9 版)[M]. 北京：中信出版社，2002.）

与其他企业经营管理理念和方法相比，财务流程再造的思想与理论和其有共通之处。每种曾经流行过的经营理念都会包含一些能够经得起时间考验的基本要素，财务流程再造正是在此基础上建立起来的适应当今企业经营环境的经营理念，并与其他经营理念具有结构上的不同。这些经营理念的主要区别见表 13-1。

表 13-1　业务流程再造与其他经营理念比较表

要素	全面质量管理	适时生产制	并行工程	时间压缩管理 快速反应周期	业务流程再造
主要目标	顾客对质量的态度	降低库存、加快流通率	缩短到达市场时间、提高质量	缩短时间、降低成本	减少无增值作业流程
改进模式	持续、渐进式	持续、渐进式	激进式	激进式	激进式

① [美] 哈瓦维尼等著. 财务管理：创造价值的过程[M]. 北京：机械工业出版社，2000.

续表

要素	全面质量管理	适时生产制	并行工程	时间压缩管理 快速反应周期	业务流程再造
组织 侧重点	共同目标 所有职能	"单元"与团队	研究与开发人员与生 产人员组成一个团队	基于流程	基于流程
顾客 侧重点	满足内部与外部 顾客	行动发起者生产	内部伙伴关系	快速反应	"结果" 驱动
过程 侧重点	简化改进度量 与控制	工作流/流通量 效率	同时进行研究开发和 生产开发	缩减各个流程中 的时间	"理想化" 整顿
主要 技术	流程图 标杆瞄准 统计质量控制 控制图	可见性 看板 小批量 快速机器调整	项目组 计算机辅助设计 计算机辅助制造	流程图标杆瞄准	流程图 标杆瞄准 自我评价 信息技术 创造性思路

（资料来源：[美]J. 佩帕德，P. 罗兰著，高俊峰译.业务流程再造精要[M]. 北京：中信出版社，2003.）

二、财务流程再造的理论基础

1. 财务流程的逻辑基础

企业是由各式各样的流程组成，不同的流程组合形成了不同的企业。财务流程是企业的主要流程之一，甚至可以称之为企业的核心流程，这是因为财务流程关系到企业价值的创造和各类资源的消耗，而企业的目标正在于此。但财务流程毕竟还是比较笼统的概念，为此必须弄清楚流程产生的基础以及流程是如何与员工的各项工作联系起来的。

企业财务流程是由分工导致的，而分工的基础是工作的可分性，也就是说工作本身是由独立可分的作业按照一定的顺序结合而成的。广义地讲，企业财务流程中包含的工作内容可以抽象为服务于价值创造的各项作业，在一定的条件下，这些独立的作业分解至不同的部门来完成，这就构成了完整地服务于价值创造的财务流程。也就是说，企业财务价值创造的各项工作被分解为许多作业，并交由不同的人来共同完成，他们完成具体作业的工作方法有可能不同，但其工作顺序一般来说是不会变化的。这种固有的工作顺序就是作业之间的逻辑关系，这种逻辑关系决定了分工所形成的流程形式。作业之间不同的逻辑关系即构成不同的财务流程。

财务流程逻辑产生的特性，决定了在设计和执行财务流程时必须遵守活动之间的这种内在逻辑。这些逻辑的内在关系必须符合企业管理的基本原理和财务价值创造的内在规律性特征，任何违反这些原则的流程设计或执行都将带来混乱的企业秩序和低下的流程绩效。

2. 财务流程的基本构造和分类

企业的每一个财务流程都包含一些最基本的成分，这些成分组合方式的变化会导致不同流程的产生。我们知道，财务流程是分工的产物。原本一个人从事的工作，经过多次分工，所形成的各项作业交由不同的人来共同完成，通过这些人的共同协作完成整个流程的任务。这些作业以一定的方式连接，构成了完成该项工作的特定流程。由此可以看出，作业是组成流程的一个基本要素。组成流程的作业并非简单的叠加，而是通过一定的方式连接起来，作业之间的连接方式不同，形成不同的流程，因此作业之间的逻辑关系成为财务流程的另一基本要素。财务流程中的任一作业都必须由人来完成，作业的承担者构成了流程的第三个基本要素。此外作业的承担者往往可以借助不同的技术和工具或采用不同的方式来完成作业，也就是说，完成作业的方式构成了财务流程的第四个基本要素。由此可以看出，企业任一财务流程都包含作业、作业间逻辑关系、作业的承担者以及作业的执行方式四个要素。这四要素中的任何一个要素发生变动都会导致一个新流程的产生。

从流程在企业财务价值创造过程中的不同地位来看，财务流程可以分为以下三类：①财务战略流程，通过这些流程组织、规划和开拓它的未来，包括财务战略规划、产品／服务开发以及新财务流程的设计等。②财务运营流程，通过这些流程组织实现其日常功能，例如，"赢得"顾客、满足顾客、顾客支持、现金与收支管理、财务报告等。③财务保障流程，这些流程是为财务战略流程和财务运营流程的顺利实施提供保障的流程，如人力资源价值管理、管理会计、财务信息系统管理等。上述三个组织流程具有相互衔接的关系，前一个流程可以向下分解，具体分为下一层次的流程，后者还可以继续分解，直到到达具体的单项作业。财务流程再造就是要重新设计这些流程，从而显著地改善组织的财务绩效。

3. 财务流程再造的组织理念

在传统劳动分工影响下，财务流程被分割成各项简单的作业，并根据作业的类别组成各个职能管理部门，经理们将精力集中于本部门个别作业效率的提高上，这可以极大地提高员工工作的效率，这就是传统组织为什么绝大多数都是职能制组织的根本原因，在这种组织形式下，每个职能部门只负责整体工作的一部分，这种结构有许多优点：它能集中专家力量，少数专家即能向较多领域的需求提供服务，这正是取得劳动分工效益的关键所在；同时职能制有利于将特定专门领域的最新思想引入组织内部，帮助组织在该领域快速发展；此外它是专业化发展，促进各专门领域诸如市场营销、生产制造、信息技术、人力资源管理等最佳运作的途径。这种组织形式较好地适应了传统经济时代的需求，在企业内部获得了广泛的运用。但职能制的组织形式也存在一些不足，主要表现在以下几个方面：首先，组织的注意力集中在组织内部，尤其容易产生行政导向的现象，顾客的需要往往被忽视；其次，对于需要部门之间协调的工作缺乏统一的控制和沟通，并且各部门的日程表还经常发生冲突；再次，组织对外的接触点较多，负责经营和管理的各个部门都可能成为客户服务的窗口，但这种服务很难统一并协调一致，如客户需要解决发票问题不能只找和其先前接触的销售部门，必须到财会部门去解决；最后，职能部门之间的界限会导致一些无效工作的存在，许多工作仅仅是为了满足部门内部的需要。

职能制的这些弊端在传统经济形态下表现得并不突出。这是因为在传统经济条件下，企业的技术水平比较均等，客户拥有多样化的需求，但企业很难做出快速调整来满足这种多样化的需求。所以在传统经济时代下产品多是标准化、大批量生产的，大多数情况下是企业引导顾客的需求并满足它，而不是主动适应其多样化的需求并满足它们；但当今的经济时代已经越来越体现出"后工业化"时代的特征，技术的发展使得企业能够实现快速的生产调整，并在此基础上满足顾客越来越个性化的需求。职能制的弊端在这一经济背景下暴露得越来越明显，各部门缺乏从企业整体目标角度考虑问题的意识，也无法以最快的速度满足顾客不断变化的需求。

在新的经济形态下，企业需要在内部业务运作过程中取消不必要的步骤，这样既可以大大节约成本，又能为顾客提供更快的服务，而这必须要打破职能部门之间的界限。财务流程再造就是要对这种"功能"式的思考方式提出疑问，强调组织要把"流程"作为关注的核心；它要求把企业作为一个系统来研究，强调企业整体最优而不是单个环节或作业任务的最优，这就意味着企业要从如何完成顾客订单、如何开发出新产品或者如何实施营销计划的角度考虑问题，而不仅仅局限于职能和分工的界限。

三、财务流程再造的基本原则

1. 从战略的高度来理解和实施财务流程再造

业务流程再造是一项战略性企业重构的系统工程。这是因为企业实施财务流程再造的根本动力和出发点就是企业长期可持续发展的战略需要。达文波特曾指出："流程必须在企业战略范围之内，以未来的理想模式为指导。只有一个明确的战略，才能提供流程再造的内容和实现它的动机，否则，（企业组织）是不可能在没有明确方向的情况下，完成彻底改变的。"①纵观财务流程再造的历史，许多企业实施再造的效果并不理想，其主要原因就在于"将本来是战略层次上的流程再造当做一种管理技术而加以战术运用。"在这种错误做法引导下，财务流程再造与公司战略割裂开来，被认为是企业众多管理技术改进努力中的一个细小分支，结果导致再造成了一系列改进方案群中一座孤零零的小岛，被淹没在管理技术的汪

① [美]J. 佩帕德，P. 罗兰著，高俊峰译.业务流程再造精要[M]. 北京：中信出版社，2003.

洋大海中，从而使寄希望于业务流程再造产生巨大绩效改进的可能性变得微乎其微。这就要求企业高级管理层应亲自领导再造过程，并把它当做企业当期的重要事务，充分认识它在企业财务绩效改进中的重要地位，创造组织环境并为其服务。

2. 财务流程再造的核心是面向顾客价值的业务流程

市场或顾客需求，是企业一切活动的目标和中心。企业组织的使命就是要了解市场和市场上顾客的需要，并有针对性地提供产品与服务，为客户提供价值的增值。应该清醒地认识到，顾客需要的不仅仅是产品，他们最终需要的是消费品的功能以及消费过程为他们带来的效用。因此面向顾客价值增值应是财务流程改造的出发点和归宿。

这就要求在企业各项财务流程再造过程中，应打破原有科层组织中的职能与部门界限，使企业的活动重新构建在跨越职能部门与分工界限的"顾客需要导向"基础上。与此同时，还应对既有流程进行审视，识别企业的核心业务流程和对顾客价值不具有价值增值的作业活动，对其进行简化或合并，并将所有具有价值增值的作业活动重新组合，优化企业的整体业务流程，缩短交货周期，提高企业运营效率。在这一过程中，企业应从中分离出相互独立的能创造价值的财务流程并对之进行分类。通常可以分为如下三类：实现价值增值的核心流程、提高核心流程性能的增强流程以及不直接为客户创造价值但为其他流程提供必要支持的支持流程，在此分类基础上企业就可以按照前述原则进行流程再造。

3. 从职能管理转变为面向流程的管理

传统的劳动分工理论将企业管理划分为一个个职能部门，各职能部门根据级别高低组成一个金字塔式的结构，即所谓的"层级制"管理。财务流程再造把管理的重点放在流程上，实际上是抛弃了官僚体制，使管理变得更加务实。对业务流程的管理以顾客为中心，在财务流程中建立控制程序，其结果是可以大大消除原有各职能部门之间的摩擦，降低管理费用，减少无效劳动，提高对顾客的反应速度。在传统劳动分工的理论指导下，财务流程被分割为各种简单的任务，并根据任务建立各种职能部门。经理们思考的问题是如何提高本部门个别任务的工作效率，而忽视了相互协作和企业整体目标。这种思维方式不利于价值链的整体优化，无法以最快的速度满足顾客不断变化的需求。

4. 以人为本

职能制是工业经济时代的产物。采用职能制管理的企业，员工被局限在某个部门的职能范围内。按照工业经济的管理原理，机器是人类器官的延伸，人是系统的一部分，对人力资源工作绩效的评价指针是他在一定边界范围内工作的效率，这种导向实际上不鼓励创新，冒险和革新在组织内部并不受到欢迎。这种体制极大地限制了个人的能动性与创造性。财务流程再造要求在设计流程时，使每个流程在业务处理的过程中最大限度地发挥个人的工作潜能与责任心，流程与流程之间则强调人与人之间的合作精神。在知识经济时代，个人由"系统人"转变为"社会人"，个人的成功与自我实现，取决于这个人所处的环境和环境中人与人的关系。这种管理理念的变化必然要求企业建立以人为主体的流程化"有机组织"，在以团队为单元的有机组织中充分发挥每个人的主观能动性与潜能。流程作为联系人的纽带发挥着巨大的作用。

5. **信息集成和共享**

企业财务流程再造应通过建立统一的信息系统，实现企业内外信息的共享和集成、在层级制管理主导的管理模式中，各部门是分离的，横向联系和交换信息比较困难。为了工作方便，每个部门都存储和管理自己常用的信息，由于信息的交叉使用，相同的信息往往被不同部门同时存储、加工和管理，于是出现了信息的不一致性。为了实现信息的一致性，在早期计算机应用中，一些企业让计算机专业人员兼管信息的收集和处理。由于专业分工的局限性，这并没有从根本上解决企业所面临的问题。根据财务流程再造的原理，信息共享应该在流程中自然体现出来，即应确保流程中相关信息的唯一性，应在信息产生的源头对流程人员按权限共享信息，确保做到信息一次输入、充分共享。在新流程设计时，要确定每个流程应该采集的信息以及对信息处理的方式，同时还应把信息传递到指定的地点。

四、财务流程再造的程序及方法

一般来说，财务流程再造涉及的面比较广，并且再造的失败率较高，所以需要做好充分的计划和准备工作。在这一过程中，企业应充分借鉴其他企业流程再造成功的经验，吸取他们的教训，并在流程再造计划中对之进行全面考虑。与此同时，企业在可能的情况下可以选择合适的外部专家机构进行指导，尽可能地借助外力推动再造的成功。一般来说，企业可以按照以下程序进行财务流程再造，详见表13-2 。

表 13-2 财务流程再造实施程序表

阶 段	工 作 程 序
计划和 启动阶段	• 识别准备变革的关键业务并评估如果不进行变革将产生的结果 • 识别重组的关键财务流程 • 任命高级主管并成立专门再造委员会 • 获得高层经理人员对财务流程再造项目的支持 • 准备一份项目计划书，定义项目范围，确定可以量化的目标，精心挑选的实施方法以及详细的项目进度计划 • 与高层经理人员在项目的目标和范围上取得一致 • 成立经过挑选的财务流程再造小组 • 精心挑选咨询顾问或外部专家 • 培训业务重组小组 • 启动项目并设计科学的工作程序

续表

阶 段	工 作 程 序
调查研究发现阶段	• 研究其他公司财务流程再造的经验和教训 • 通过初步调研，核心小组识别当前需求及未来需求 • 进行广泛的内部员工与管理人员的沟通与交流，以了解实际业务并通过头脑风暴法获取流程再造的灵感 • 研究相关著作及期刊，以了解财务流程再造的趋势并寻找最佳实践方法；回顾技术改造及可选项 • 和中层管理人员充分交流 • 深入现场或参加学术交流 • 从外部专家和咨询顾问获取有用的信息
设计阶段	• 创新设计财务流程，充分运用创造性思维 • 进行"如果…… 那么"设想，借鉴其他公司的成功经验 • 建立理想的流程场景 • 定义新的财务流程模型并用流程图描述这些流程 • 设计与新流程适应的组织结构模型 • 定义技术需求，选择能够支持新流程的平台 • 将短期成果与长期效益分开
审批阶段	• 代价与收益分析报告 • 明确的投资回报 • 对客户及雇员影响的评估 • 对竞争地位变化的评估 • 为高级经理人员准备实际案例 • 在评估会上向委员会和高级经理人员展示并获得批准（项目实施）
实施阶段	• 财务流程及组织模型的详细设计，详细定义新的任务角色 • 实施的导航方案及小范围的实验 • 与员工就新的方案进行沟通 • 制定并实施变更管理计划 • 制定阶段性实施计划并实施 • 制定新财务流程和培训计划并对员工进行培训
后续工作阶段	• 定义关键的衡量标准以进行周期性地评估 • 评估新财务流程的效果 • 对新财务流程实施持续改进方案

（资料来源：[美] J. 佩帕德，P.罗兰著，高俊峰译.业务流程再造精要[M]. 北京：中信出版社，2003.）

在上述程序中，企业应着重抓好现有财务流程的分析和流程优化、重构两项工作。这是因为只有在充分把握现有流程、对其进行正确理解、摸清其来龙去脉的基础上，企业财务流程再造才有成功的基础，所以应对流程进行详细、科学的分析；同时流程优化或重构的设计工作是新财务流程确立的基础，也是确定新财务流程是否符合企业经营特征及外部环境需要的关键所在，所以这一阶段的工作也应做扎实。当然财务流程再造是一项系统工程，各项工作都不能偏废，应在综合计划的指导下分步进行。

1. **财务流程分析**

财务流程分析的根本目的是要运用多种不同的技术手段，来理解现有的财务流程，从而为组织财务流程再造提供决策依据。通常在流程分析之前，与业务开展过程中所牵涉的企业内外部人员应进行充分的沟通。只有在此基础上，才能准确界定财务流程分析的目标与范围以及流程改进或重构过程中可能遇到的阻力、风险和收益。

财务流程分析通常可以从以下三个层面进行：①外部因素分析，主要分析影响企业价值及其内部活动的各类因素，抓住主要价值波动因素。②内部因素分析，主要分析企业内部流程对外部环境的适应性以及价值创造能力。③针对特殊业务流程对作业的效率及其效益进行分析，从而探讨内部财务流程优化的空间及其和财务战略甚至企业战略的一致性。

2. **流程优化及重构**

随着企业外部经营环境和内部能力的变化，企业财务流程会和环境与经营方式的要求产生不一致性，这就要求在流程分析的基础上对其进行优化或重构。核心能力理论认为，企业只有拥有能够不断发展并适应企业经营环境变化的能力，才能在竞争中立于不败之地，而不断审视自身财务流程并展开持续优化无疑是核心能力构建的一种有效途径。具体的流程优化或重构步骤主要包括：理解和总结企业财务流程的现行做法；面向顾客需要，建立衡量财务流程改进的标准体系；执行改进流程；评估改进绩效；改进财务流程优化方案并贯彻实施；随着企业内外部环境的变化持续进行上述步骤。

第二节　财务流程分析

财务流程分析解决的主要问题是充分理解和把握公司现有流程的特征、基本内涵和缺陷并找出核心的价值创造流程，对其与外部环境的协调性和内部经营管理模式的一致性进行分析，寻找价值提升的再造空间。一般来说，财务流程分析主要包含以下三个步骤：首先对当期财务流程进行全面描述，充分了解现有流程的运作情况；其次对现有流程进行分类和筛选，按照特定的原则寻找需要再造的财务流程；最后对需要再造的流程进行详细分析，充分把握其形成的背景和问题所在，为流程重新设计或优化打下基础。

一、财务流程描述

流程描述是对现有财务流程的基本流转状况进行全面、准确的了解，并形成相应的流程图，它是财务流程再造的基础工作。通过流程描述，我们可以全面了解和梳理企业管理和财务流程的现状和问题，帮助企业诊断识别企业症结，为流程优化与设计寻找切入点。流程描述其实就是对现状进行描述，前期要做好准备工作并了解以下信息：各部门主要业务职责及岗位设置、各项业务流程的总体框架及其层次划分、业务流程所涉及的部门及岗位、完成各项业务流程的时间顺序、各项信息的形成及传递等。了解以上信息，不仅是为了对现状进行描述，更重要的还是为了发现问题为以后更为有效的财务流程建立和运作打下基础。一般来说，财务流程描述应遵循以下几个步骤：

1. 提出财务流程清单

此项工作的目的是确定财务流程的基本体系和流程之间的界限，只有在科学合理的流程体系基础上，流程描述的工作才具有实质性意义。同时财务流程清单是整个再造活动的起点和基础工作，对再造活动能否成功至关重要。一般来说，财务流程清单应由部门领导牵头整理出部门业务流程的主线，界定出关键和核心的业务有哪些，进而确定主要业务流程，并确定这些流程之间的关系。实施财务流程再造的部门或团队对清单进行整理并报送流程再造主管或公司高级管理层进行确认。

2. 财务流程的要素描述

针对清单上的每一流程，流程再造项目组应和业务部门的专职人员及具体经办人员分析并识别现有业务所包含的作业、各作业的执行主体、作业之间的关系、作业需要接受的信息以及所产生的信息及其传送路径等。为此要把精力主要放在抓住核心业务和主要活动点、在流程中突现问题点上，包括部门内外之间的衔接、工作烦琐与反复的环节、成本高与效率低及时间长的环节、任务转手次数多的环节等。

3. 绘制财务流程图

流程再造项目组应根据流程要素描述的结果，自己定义一套业务流程描述符号体系来绘制流程图。项目组人员可以邀请业务部门的相关联络人员修订流程图，并听取业务部门领导及业务人员的意见，保证流程图与现有流程的一致性，最终审核确定所有的财务流程。

二、寻找需要再造的关键财务流程

通常来说，并不是所有的财务流程都需要再造，企业可针对以下业务流程实施再造：不完整的财务流程、对全局工作有影响的核心财务流程、高附加值的财务流程、提供客户服务的财务流程、属于瓶颈的财务流程、跨职能或职能部门的财务流程等。企业管理的"二八"原理揭示，企业80%的价值是由20%的工作创造的。由于流程是建立在每一位员工的工作基础之上的，那么对于流程绩效来说也存在着上面所讲的"二八"原理，即企业80%的价值是由20%的流程所创造的，那么在财务流程再造工作中首先应对那些处于20%范围内的流程进行再造。

1. 寻找再造流程的基本原则

总体而言，企业应对那些对价值创造最为关键的流程、效率低下的流程以及能够改造的流程进行再造。在对需要再造的流程进行寻找的过程中，企业应遵循以下几个基本原则。只有这些基本原则都满足的财务流程才可以成为再造的对象。

（1）位势的重要性。财务流程位势的重要性应以是否对创造顾客价值有重大影响为判断标准。这是因为顾客价值的获得是企业价值获得的基础，企业只有在内部发展出具有为顾客创造价值的核心财务流程，企业的价值才能够获得不断的提升。企业通过流程的运作来满足顾客的需求，但这些流程对外在顾客的重要性并非是相同的。有些财务流程运作的好坏对顾客有相当大的影响力，这种流程自然就是企业中的高位势流程，也就是最重要的流程。它的低效运作会严重地影响其他流程的运作；相反，它的高效运作则会对其他流程的运作产生"乘数效应"。在再造过程中，这类流程也就理所应当成为再造的关键流程。

怎样的财务流程才是对顾客有重大影响力的流程？顾客仅关心企业流程的输出结果，对其输出过程往往并不关心，事实上他们也难以了解到流程的细节，因此这样的询问很难得到令人满意的回答。但顾客总是比较关注不同企业流程的相对重要性，这些可以成为企业对哪些业务流程特别吸引顾客做出判断的依据。企业可以观察和了解哪些问题是顾客最关心的，如产品成本、准时交货、产品的性能等，然后针对这些问题，追踪其在企业内部实现的流程，再把它们与流程进行相关分析，看哪些流程、哪些指标影响最大，从而根据流程位势的重要性大小，排列出再造流程的先后次序。

（2）绩效的低下性。财务流程是通过多个活动的有序集合，从而产生出对顾客有价值的结果。若一个财务流程的运作效率十分低下，对顾客价值的创造贡献非常小，难以产生效益，那么这种流程肯定有问题。财务流程绩效低下的常见弊病在于在职能制组织结构的基础上，处于非常顺畅流转状态下的流程被强迫分裂开来，即本来应由一个流程小组来承担的工作，被强硬地分裂成由不同部门的人来承担。当部门间的协调难以实现时，财务流程绩效的低下就难以避免了。

（3）落实的可行性。企业再造流程需要一定的条件，如再造的技术水平、再造小组成员的素质、再造的风险承受能力等这些因素往往会制约着再造流程的可行性。落实可行性的原则应着重关注如下几个因素：①流程的范围因素。一般来讲，一个流程愈大，所牵连的组织单位就愈多，那么其范围自然愈广，而所要再造流程的范围愈广，相对地再造成功后所得到的报偿就可能愈多；不过再造的成功率就愈低，风险则更大。因此企业在挑选准备再造的财务流程时，就要考虑好再造范围因素。②再造的成本因素。企业再造财务流程需要花费一定的成本，再造的成本越高，就越会降低再造的可行性。因此，一个企业在挑选需要再造的流程时，要量力而行，否则可能会因成本过高、企业无力承担而使再造半途而废。③再造者自身因素。企业的再造流程是由再造小组来承担的，小组成员的能力、素质、再造激情以及流程负责人投入的程度等都会影响到再造的实施。再造还是一个新生事物，有很多方面还不成熟。企业的绝大部分再造小组成员对再造手段、方法等还不是很习惯，如果再造之初就让再造小组去再造很复杂的流程，就会勉为其难，不仅再造小组成员吃力，企业也会面临再造失败的可能。因此，就再造者自身因素而言，也应该量力而行。

2. 寻找再造流程切入点的基本工具

（1）绩效表现——重要性矩阵（performance / importance matrix）。绩效表现——重要性矩阵是一个虽然简单但却非常有用的工具，它可以帮助发现企业财务流程中最需要改进的领域。这个工具可以用在组织的各个层次，也可以用于分析顾客的反馈。财务流程或其运作的结果标在矩阵上的位置代表它们的重要程度以及组织中它们运行的好坏程度。其中财务流程重要性的资料可以以顾客反馈资料为判断基础，绩效资料可以以组织内部资料作为判断基础。对每一个流程都在其重要性和绩效方面设计一系列判断指针，并按不同取值给予 1~5 分的评价，根据最后的综合得分可以将企业所有的财务流程分为如图 13-2 所示的四类，并以之作为再造流程的判断基础。

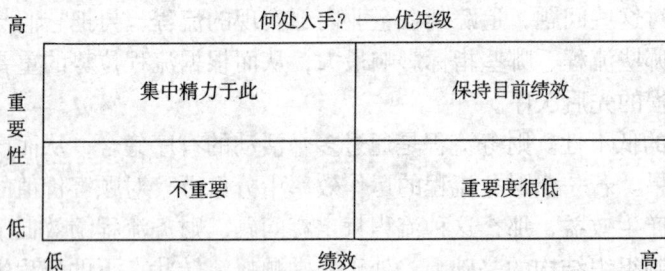

	何处入手？——优先级	
	集中精力于此	保持目前绩效
	不重要	重要度很低

高 重要性 低　　低　　　　绩效　　　　高

图 13-2　绩效表现——重要性矩阵

（资料来源：J. 佩帕德，P.罗兰著，高俊峰译. 业务流程再造精要[M]. 北京：中信出版社，2003.）

（2）学习五角星（learning star）。公司可以从不同的来源学习了解需要改进的领域：顾客、供货商、员工、咨询顾问以及标杆瞄准最佳实践的过程，这五个学习的来源被称为"学习五角星"，如图 13-3 所示。

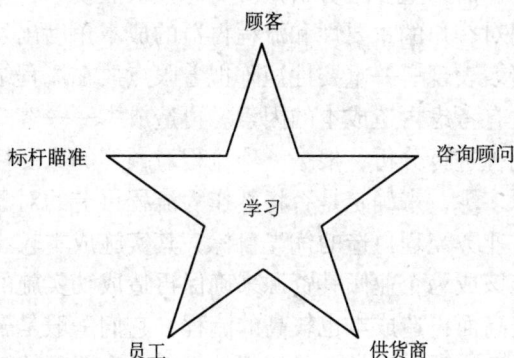

图 13-3 学习五角星示意图

（资料来源：[美] Banwari Mittal，Jagdish N. Sweth 著，戴至中等译. 再造企业价值空间[M]. 北京：机械工业出版社，2003.）

1）顾客和供货商的反馈。顾客是关于组织表现如何信息最为重要的来源。最重要的顾客是最好的入手之处，当然对那些非常有创新性的顾客和世界级运营水平的顾客也有必要包括在内。有些特别挑剔的顾客提出的观点往往可能正是全新设计方式应该考虑的目标。面对顾客的流程（customer facing process）通常会提供最好流程再造的机会，并能极大地提高组织运作的绩效。因此同非面对顾客的流程相比，其影响更大、更快。

2）员工。组织的员工对财务流程有深入的了解，也是改进流程思路的重要来源。利用员工知识和专业技能的主要机制是绘制流程图。

3）咨询顾问。咨询顾问和学术研究人员能够提出有用的外部观察。通常来讲，财务流程再造的实施工作一定要由承受变化的企业员工完成，外部人员可以以合作者或支持者的身份参与。

4）标杆瞄准。标杆是流程再造的理想目标，通过指出财务流程再造可能达到的水平，标杆瞄准可以使需要改进的领域显露出来。标杆瞄准可以在各个层次针对各种对象展开，包括组织中的其他部门或其他事业部、公司所处行业的领袖、其他行业的领先者等。

标杆瞄准可以覆盖各项作业，并且不一定局限在绩效指针和流程上。具体来说可以比较预算或财务绩效、顾客服务提供系统及其度量指针、生产率、技术、计划与项目管理业绩、人力资源管理、财务控制系统等。

标杆瞄准尤其有助于开阔人们的视野，其结果能够成为强有力的激励因素，推进非常需要的财务流程变革。在这一阶段，通过他人已经取得的成就，标杆瞄准还能帮助人们认识什么是能够做到的，以及如何借鉴他人的经验，更好地管理变革。

（3）再造成本——客户重要性分析矩阵。与绩效表现——重要性矩阵方法类似，可以从财务流程对客户的重要性和流程再造的成本角度出发分析流程再造的必要性和可行性。绩效表现——重要性矩阵把着眼点放在流程绩效的表现和其位势的重要性上，但没有考虑再造成本的因素。再造成本——客户重要性分析矩阵主要对绩效低下的流程进行分析，根据一项流程对顾客的重要性和对该流程进行再造所需花费的资源多少，来确定是否将其作为流程再造的对象并以此分为如下几类：第一类流程是业务流程再造的优先目标，其实施成本较小，而对顾客的重要性又较大，因此应该成为企业倾其资源来确保再造成功实施的对象。第二类流程是对顾客重要性较高而再造成本也较高的流程，它们一般是融入了企业核心能力的核心流程，从长远来看，这类业务流程的再造对企业可持续发展意义深远。因此应该结合企业战略规划的要求，有计划地把这类流程的再造项目作为增加顾客满意度的有效手段来实施。第三类流程是对顾客满意度影响不大，而再造成本较低的流程，这类支持性流程可以被作为那些资金充裕企业的再造候选对象；第四类流程对顾客满意度影响不大且再造成本偏高，属于企业应尽早放弃或取消的流程。

三、财务流程的分析与理解

重新设计财务流程之前，必须要充分认识当前的流程，对该流程的功能、绩效及其影响因素进行准确的把握。如果对当前财务流程不能很好地认识，对其运作的关键不能把握，那么对其进行再造就必然成为纸上谈兵，流程再造的效果也很难保证。当然由于再造小组的目标是建立能够创造客户价值的财务流程，所以不能仅仅满足于对现有流程的状况进行分析和了解，而应从战略角度去理解现行流程。在这一过程中要区别好对流程的理解与对流程的分析两者之间的差异，不要落入流程描述的陷阱中去。

1. 分析、理解财务流程的内在含义

财务流程再造应将着眼点放在流程的目标属性上，所以过于关注当前流程、花费过多的时间关注现有流程可能效果并不好。事实上：企业在重新设计新财务流程之前，不应满足于简单的流程分析，而应在流程分析的基础上充分理解它。理解流程意味着对现行流程有一个高着眼点的、目标型的总览，以使对流程有一种整体的把握。简单的流程分析仅能对流程的各个方面获得非常详细的了解，这就要求在流程分析的过程中，不能以获得流程运作方面的细节为目标，而应以掌握流程运作的机制为目标。在流程分析的过程中，应把重点放在流程的理解上，着眼于"流程是什么"和"为什么是这样"，以及"流程做的是什么，它想达到什么目标"。所以在流程分析和理解过程中，必须在以下两个方面对工作进行限制：

（1）应限制花在研究现行流程上的时间。在财务流程再造的过程中，不能在对既有流程研究透彻的基础上再进行再造活动，这是因为由于种种限制因素使得

无法对既有流程做到透彻理解。所以流程分析和理解应在严密的计划下进行，流程再造开始就应计划好这一工作的时间。一般来说，这一阶段的工作时间 4～6 周就足够了。

（2）应限制财务流程分析所整理出的、用于描述流程的资料数量。这是因为在分析流程时，企业会很容易地制造出篇幅巨大的资料，但这不仅对流程的理解帮助不大，还大大加重了流程再造人员的工作量，使他们无法将精力集中在最需要发挥作用的地方。一般来说对流程进行充分的观察，只需要撰写一份篇幅不大的报告就足够了。在报告中，只需要对当前流程是什么、其绩效的好坏、难以发挥作用的原因所在进行准确剖析，不必描绘出流程运作所采用的每一个机制，因为再造的目标在于为流程创造出一个新的运作机制。

2. 分析、理解财务流程的具体方法

财务流程是为满足顾客的需要而存在的。因此要想准确地理解流程，在实际操作中最好是从顾客开始着手，也就是说去了解顾客真正的要求是什么。在实践中，可以采用微软公司发明并推广的用于了解顾客真正需要的技术——基于行为制定计划。基于行为制定计划从对用户行为做系统研究开始，然后根据产品特性在支持重要的或经常用户行为上的重要性来对其进行评价。这样做的优点是对产品特性取舍进行更理性的讨论，对顾客想要做什么可以进行更好的排序，对某个给定产品特性是否提高顾客价值进行更科学的分析。基于行为制定计划的关键点在于按用户行为、产品特性以及行为和特性之间的内在联系来分析产品和公司内部流程的适应性。从实践的角度讲，基于行为制定计划的技术是指到人们和顾客中去，对他们到底在做什么进行研究。也就是说，在了解客户价值的过程中应试图弄清顾客做事的步骤，而不是简单地让顾客提供他们的需求。

值得注意的是，基于行为制定计划的技术用于理解财务流程时，其目标在于了解流程的内容与成因，而不是使它怎样运作。因为在重新设计财务流程时，再造小组关心的是在新流程中将要怎么做，而不是现存的流程究竟如何运作。得知流程的内容和成因后，接下来再造小组便可以着手重新设计流程。

第三节　财务流程优化

一、财务流程优化及重构的基本方法

1. 确定新流程设计的策略

在确定了企业的关键财务流程并对其进行分析、理解之后，首先应考虑的问

题是现有流程是否应该并可以作为新流程的基础。对这一问题的回答将直接决定在新财务流程设计时是对现有流程予以改造还是构建全新的流程取代现有流程。在财务流程再造过程中，由于全新流程与现有的实际工作会存在较大的差异，员工可能无法适应新流程，从而阻碍了新流程的实施；另外在现有流程上进行改造可能会造成新流程易受传统管理模式的约束，难以发挥财务流程再造的巨大潜力。因此在新财务流程的设计过程中，必须在对现有流程进行理解的基础上，再从现有流程中汲取知识与按理想状态设想工作方式之间选定平衡点。

基于此，财务流程再造的基本策略共分为两大类：一是系统化改造法，即在辨析理解现有流程的基础上系统地对现有流程进行优化，并创建提供所需产出的新流程；二是全新设计法，即从根本上重新考虑产品或服务的提供方式，以零为起点设计新流程。与此同时企业在进行新流程设计时，也可以采用两种方式相结合的方式，或对处于不同位势的流程采用不同的策略。以上两类方法的选择取决于组织的具体情况和再造涉及的时间范围。一般来说，系统化改造方式最常用于短期绩效改进，而全新设计方式则是公司开拓中长期竞争优势的有效途径。不论选择哪种方式，都要注意不能过于立足于现有流程，对系统化改造法尤其应该注意这一点。必须明确的是不论用什么方法，财务流程再造的目标都是获得显著的绩效改善。因此应该对新流程而不是对现有流程给予更多的关注，现有流程仅仅是流程改造的起点。

2. 财务流程优化及重构的一般模式及应关注的问题

无论是采用系统化改造法还是全新设计法，都必须经历三个阶段，即计划和了解阶段、初步流程方案设计阶段及流程方案完善阶段。在这三个阶段，实施小组会遇到不同的问题，并应该创造性地对这些问题加以解决。从这一意义上说，在财务流程优化及重构阶段，再造小组应充分做好计划工作，对可能出现的问题事先做好准备，并提出解决方案。只有这样财务流程再造的系统工程才有可能走向成功。一般来说在以上三个阶段，再造小组应该对以下问题进行回答并提出解决方案，具体见表13-3所示。

表 13-3 新流程设计阶段及应关注的问题

新流程设计阶段	应关注的问题
流程分析及理解阶段	• 有哪些相关流程 • 对这些流程，有没有相关的计划？由谁制定、审批？计划的内容是什么？谁应该遵照这些计划 • 现有这些流程里，是哪些部门的哪些岗位，做了哪些活动，活动之间的关系是什么？这些部门和岗位做这些活动，受哪些制度中哪些规定的约束 • 对这些流程，有没有相关的监控要点？谁来监控？谁对监控要点负责？怎么考核 • 对这些流程，有没有相关的报表？谁来提交？提交给谁？是分析报表还是在线查看？报表的内容是什么？接收者能采取哪些措施以保证流程运营 • 这些活动是手工还是IT支撑的？效果怎样

续表

新流程设计阶段	应关注的问题
新流程设计计划和了解阶段	• 有关财务流程管理问题的要点，国内同行业可以做到怎样 • 新的管理理论发展怎样 • 企业的战略要求做到怎样 • 相关领导期望做到怎样？具体执行人期望做到怎样 • 有关这个问题要点，要达到标杆，有哪些改进的前提条件难以达到？有哪些资源难以落实？有哪些观念需要改变？达到标杆可能会引发什么问题
初步流程方案设计阶段	• 流程中，哪些可以清除，哪些可以简化，哪些可以整合，哪些是可以自动化的 • 流程对岗位流程的计划是否完善 • 流程对计划提出什么要求 • 流程对岗位提出什么要求 • 流程对部门提出什么要求 • 流程对制度提出什么要求 • 流程对绩效提出什么要求 • 流程对报表提出什么要求 • 流程对 IT 提出什么要求
流程方案完善阶段	• 企业的战略定位如何通过计划的逐层制定和实施来指导目标流程？目标流程要顺利运营，需要由谁来制定哪些计划？计划的内容如何审批，计划对谁有指导作用 • 目标流程要顺利运营，对岗位知识、能力、态度提出什么新的要求 • 目标流程要顺利运营，需要进行哪些部门职能的调整 • 目标流程要顺利运营，需要由谁来制定和维护哪些制度？制度内容要在现有制度基础上做哪些修订？制度如何审批？对谁有约束力 • 目标流程要顺利运营，需要关注哪些关键绩效指针？计算公式是什么？这些关键绩效指针可能变动的原因是什么？谁对每个关键绩效指针负责？谁来监控？监控者能采取哪些措施来推动流程良性运营 • 目标流程要顺利运营，有必要建立哪些报表？报表的内容是什么？谁来提交？提交给谁？是分析报表还是在线查看 • 目标流程要顺利运营，需要有哪些信息系统？用到这些系统的哪些功能？哪些部门或者岗位要用到这些功能？这些功能如何集成？目标流程要顺利运营，需要哪些基础资料？谁对这些基础资料负责

（资料来源：[美]Banwari Mittal, Jagdish N. Sweth 著, 戴至中等译. 再造企业价值空间[M]. 北京：机械工业出版社，2003.)

二、系统化改造法

1. 系统化改造法的基本特征

相对于全新设计法来说，系统化改造法的风险比较低，但其可能获得的收益也较低，并且这种收益随着时间的推移会越来越小，最后将会到达绩效改进的"拐点"，如图 13-4 所示。

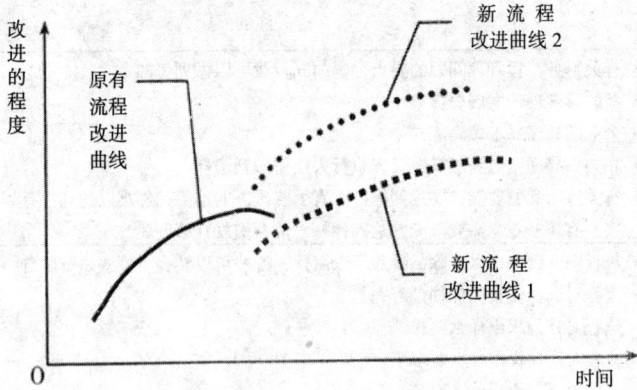

图 13-4　新流程改进与绩效改进转折点

(资料来源：[美] Banwari Mittal，Jagdish N. Sweth 著，戴至中等译. 再造企业价值空间[M]. 北京：机械工业出版社，2003.)

从图 13-4 可以看出，在原有流程的改进曲线中，随着时间的推移，流程绩效得到改进的程度越来越低，甚至会使现有流程绩效变得更低。因此系统化改造法虽然在初期会产生显著的流程绩效改进，但更应强调随着时间推移不断地大量渐进变革。也就是说只有当持续地使用系统化改造，组织的绩效及其与环境的适应性才能够得到保证；系统化改造应该最终成为组织整体生命的一部分。

需要注意的是，系统化改造法下全新设计的流程并不一定立即就能超越原有流程。出现这种情况并不意外，因为组织对新流程需要有适应期，此时重要的是要看新流程是否具有能大大提高中长期绩效水平的潜力。

2. 系统化改造法的具体程序

系统化改造现有财务流程或重新设计现有财务流程的工作重点，应从客户价值出发，消除流程内部的非增值作业和调整核心增值作业，其基本框架可以概括为 ESIA，即清除（eliminate）、简化（simply）、整合（integrate）和自动化（automate），详见表 13-4 。

表 13-4　系统化改造法 ESIA 改造程序

改造程序	工 作 内 容
清　除	清除非增值作业。主要包括：过量生产或过度供应；等待时间；运输；转移和移动；不增值或失控流程中的加工处理环节；库存缺陷、故障与返工；重复任务；信息格式重排或转换；调停、检验、监视和控制等
简　化	在尽可能地清除了非必要性的活动之后，应该对余下的必要活动进行简化：程序和流程；沟通；技术；问题区域等

续表

改造程序	工 作 内 容
整　合	整合经过简化的任务，使之更加流畅、连贯并能满足顾客需要。应注意以下几点：整合后的工作流程应实现面向订单的单点接触的全程服务，即由一位项目员工独立承担一系列任务；整合后的团队以高效满足顾客为前提进行组建，以承担单个成员无法独立承担的一系列任务
自动化	在完成流程与任务的清除、简化和整合基础上，充分运用与发挥信息技术的强大功能，实现流程加速与顾客服务准确性提升的自动化，主要包括：脏活、难活和险活；乏味工作；数据采集、传送与分析

（资料来源：[美] 大卫·辛奇·利维，菲利普·凯明斯基，艾迪斯·辛奇·利维著，季建华等译. 供应链设计与管理——概念、战略与案例研究[M]. 北京：上海远东出版社，2000.)

在以上程序中，清除和自动化工作较为确定，只需要按照既有的程序和方法进行操作就能够实现流程系统化改造的目标，但流程的简化工作需要创造性的思维和灵活的方法，而整合工作必须建立在正确的流程简化工作基础之上，否则经整合后的流程将难以满足创造顾客价值的需要。下文将主要介绍流程简化的具体方法和程序。在实践过程中，通常可以对以下三种流程进行简化：问题流程耗费的时间或成本存在改进可能；与竞争者相比，企业在产品或服务的配送成本或对客户需求的响应速度上存在明显劣势；对满足顾客需要贡献甚微或几乎无贡献的流程或流程中的作业。通过将非增值性作业从财务流程中剔除出去或尽可能地进行压缩，流程简化能显著提高为顾客提供产品与服务的效率与品质，提高顾客价值获得的空间。从流程简化实现目标的角度来进行流程简化的定义，具体分为以下三种方法：

（1）成本导向的流程简化。这是一种最基本的流程简化方法，它旨在通过对特定流程进行的成本分析，来识别并减少那些诱致资源投入增加或成本上升的因素。该方法适用于对产品的价格或成本影响较大的活动，其操作前提是必须避免损害那些确保顾客需要满足的关键流程或活动。

（2）时间导向的流程简化。这是一种在降低产品周转期方面运用得越来越广泛的流程简化方法，其特点是注意对整个流程中各环节占有时间以及各环节之间的协同时间进行深入的量化分析。

（3）再造性流程简化。这是一种立足长期流程能力大幅改进，对整个业务流程进行根本性再设计的方法。该方法强调在企业组织的现有业务流程、绩效及其战略发展需要之间寻找差距与改进空间。其实施要求组织自上而下，制定跨部门的执行计划，相应的资源投入也是非常可观的。

三、全新设计法

1. 全新设计法的基本特征

全新设计法的优点是抛开现有财务流程中所隐含的全部假设，从根本上重新思考企业开展业务的方式。这种方式提供了绩效飞跃的可能性，使得财务流程的绩效飞速地提升。"全新设计"是从目标开始并逐步倒推，设计能够达到要求的财务流程。全新设计法具有相当高的实施风险，所要求的组织变革会相当困难。在实际应用过程中，还可以将全新设计法和系统化改造法结合起来。在新财务流程设计好以后，对实施前后的流程可以遵循持续改进的原则，应用系统化改造方法进行改善。

全新设计法实施之前，必须针对顾客的需要和各类标杆进行分析和思考，对各类客户导向和标杆瞄准的问题予以回答，详见表13-5。

表13-5 全新设计法应关注的问题

集中思考的领域	应关注的问题
客户导向 （5W 模式）	• 什么（what）是我们要满足的需要？都是谁的需求？即"服务任务" • 为什么（why）我们要满足这些需求？这个目标同组织的战略一致吗 • 何处（where）需要我们提供满足需求的服务？顾客家里，商业区里，还是别的地方 • 何时（when）需要我们满足这些需求？我们在什么时间范围经营 • 如何（how）实现上述各项任务？需要什么流程？谁来运营这些流程？有哪些增强流程和人员绩效的技术机会
标杆瞄准	• 作为竞争对手应该怎么做 • 理想的流程应该是什么样的 • 如果新建一个组织，应该是什么样的 • 如果由你承包此项业务，你会如何去做？如果组织将业务承包出去，你如何衡量承包商的表现

（资料来源：[美] J. 佩帕德，P.罗兰著，高俊峰译. 业务流程再造精要[M]. 北京：中信出版社，2003. ）

2. 全新设计法的基本程序

（1）从高层次理解现有财务流程。在全新设计法下，没有必要像系统改造方式下那样了解所有细节，但是必须找出所有核心财务流程。一般来说，企业通常会有 6~8 个核心财务流程。在结束这一阶段之前，应该分析每个流程的关键步骤。这个阶段的工作还包括对现有流程产出结果的分析。

（2）标杆瞄准、集思广益。标杆瞄准对于发现不同的工作方式非常有用，但应注意不能完全以此作为财务流程设计的标准。集思广益，特别是从顾客角度出发的思考，将能激发新流程设计的灵感，同时应避免过快地放弃提出的各种思路。

（3）新财务流程设计。在这一阶段，要对集思广益出来的流程思路细节进行探讨。在将思路转变成设计的过程中，非常重要的是要坚持"全新设计"的立场，应综合考虑客户价值、财务流程的必要性和贡献、人力资源能力以及技术能力和标杆瞄准，确保新流程设计出来后不会再回到传统的管理模式中去，所有这些考虑一方面构成对设计者的约束，另一方面也是对新的可能性的提示。在对多轮设计进行改进完善后，最终设计的财务流程必须满足这些约束。需要说明的是，在设计过程中应对流程进行充分的检讨，在新流程中应用 ESIA 规则，以便保证它是高效措施所需结果的最佳选择。

（4）检验。新流程设计出来之后，应使用流程图对其进行描述，并通过模拟它在现实中的运行对设计进行检验。检验的原则是新流程应能解决绝大多数事件并创造出不同以往的绩效。值得说明的是，在检验过程中并不要求新财务流程能够满足所有的事件需要，只要流程能够处理绝大多数事例，个别意外事件完全可以作为例外管理项目进行处理。

四、新财务流程的实施与运转

新财务流程设计出并经检验后，就可以进入实施阶段。在全面实施之前，在组织内部应先经过一定时期的小范围试验。这是因为经过检验和试验的新流程也许难以适应真实环境的要求，毕竟真实环境比模拟环境要复杂得多；同时技术的运行方式也许和期望并不完全一致，组织成员也可能会抵触新财务流程的运作。在小范围试验成功后，针对试验过程所暴露出来的问题，对新流程方案进行适当调整。经反复论证无误后即可投入企业运行。

财务流程再造是一项系统工程，其实施虽然是众多烦琐工作的最后一步，但却是财务流程再造能否成功的关键。流程再造可能涉及许多企业内部关系的调整，也很可能会涉及既有权利的再分配，可能会遭到组织内部的强大阻力。因此流程再造小组不仅应取得企业最高管理当局的支持，更应在实施阶段请企业最高管理人员亲自主持并监督新流程的运行状况。只有这样财务流程再造才能真正再造出成果，所承担的再造风险也才具有真正的价值。

第四节　财务流程价值空间再造

财务流程再造应以顾客价值的创造为目标，只有在顾客价值不断增值的前提下，企业的经营策略和内部管理才能产生源源不断的利润。考察顾客价值导向的管理思想和理论起源，20 多年前企业管理大师彼得·德鲁克就提出了"企业的目的是要让客户满意"的说法；1982 年，汤姆·彼得斯和罗伯特·沃特曼在《追求卓越》一书中也主张管理阶层应该要"亲近客户"。伴随企业经营环境和经营理念的变化，企业纷纷将经营的重点从纯粹的销售转移到对顾客满意度的关注之上。随着市场竞争的进一步加剧，企业日益察觉到仅关注顾客满意度也是不够的，因为顾客满意度只是客观的表面现象，其根本原因在于企业的经营能够为顾客带来价值。因此财务流程再造作为一种基本的企业变革理念和工具，必须和追求顾客价值的经营理念结合起来，这正是强调财务流程再造应以顾客价值创造为目标的根本原因。

一、财务流程再造与价值空间

财务流程再造应以顾客价值为导向，应着眼于顾客价值的创造来对企业内部流程进行设计。前文已经介绍了财务流程分析再造的一般程序和方法，但并没有回答应该设计什么样的财务流程。这是因为企业经营的模式各不相同，所处的经营环境也大相径庭；虽然企业在财务流程设计上应该遵循一定的原则，但从财务流程本身角度分析不可能存在统一的模式。

另外由于面向顾客价值创造的财务流程设计必须以顾客价值作为参照，那么就带来一个新的问题，顾客的价值到底在哪里？顾客价值是否存在具有一定规律性的模式？只有对这个问题做出正面的回答，才能在财务流程再造的过程中有的放矢，再造成功的可能性也就越大。事实上每一个行业的领导者都非常尊重顾客，认为关注顾客的价值空间是在为企业"寻找价值"。并且这些行业领导者正是通过努力为客户创造价值的方式实现自身价值的提升，创造了企业和顾客双赢的局面。因而顾客的价值空间就成为其真正的需求与价值，也是所有企业经营过程应关注的焦点。需要明白的是，顾客价值空间的开创和扩大是公司保持持续成长的唯一途径，也是公司价值的源泉所在。

二、价值空间的构成及其扩展

1. 价值空间的构成要素及其内在关系

顾客的价值空间由三个基本要素构成，即效用价值空间、价格价值空间和个人化价值空间。其中效用价值空间是指产品与服务所能为顾客带来的基本功能及由此而产生的消费效果和满足感；价格价值空间是指购买产品或服务及相关运输、维修等售后事项所花费的财务成本最小化，顾客消费在产品价格上的价值就是产品或服务的最低终身成本；个人化价值空间是指公司能够提供非常方便、快捷和最大满足顾客个性化需求的服务，这也构成了顾客价值的内容。顾客在购买商品或服务时，就是根据以上三个方面所提供的综合价值进行决策的。在具体决策时，顾客必然希望同时获得这三种价值。以上三项价值空间包含的具体要素各不相同，见表13-6。

表13-6　顾客价值空间的构成要素

价值空间的构成要素	基 本 含 义	关 系 解 读
效用价值空间（由质量、创新、量身打造三个要素组成）	• 质量价值空间分为三层含义：基本层次的质量观是指减少生产产品的缺陷，使产品或服务符合设计规格；第二个层次的质量观是指满足顾客需求及相关服务的所有要求；最高层次的质量观指质量已经成为组织的生活方式，组织会改善内部流程以及每一项作业，进而满足活动服务对象的要求 • 创新价值空间指通过持续不断创新来扩大原有价值空间范围从而为顾客带来额外的效用价值 • 量身打造价值空间是指产品可以针对个人的需要与要求来设计，把一般产品调整或设计成更符合个人的特定需求，从而为客户带来效用价值	• 质量可以带来良好的效用，创新可以把效用提升到更高的层次，量身打造则能带来超越质量与创新的效用价值
价格价值空间（由公道价格、超值价格两个因素组成）	• 公道价格是指顾客根据自己对产品价格的判断而能够接受的价格，顾客对价格的判断依据通常有类似产品价格、替代产品价格、生产成本或能为自己带来的价值增量；公司应尽力提供最低的公道价格，使顾客获得"公道价格"价值空间 • 超值价格是指客户为了获得产品能够带来的价值乐于付出的价格；同样公司也应尽力为客户提供最低的超值价格，从而获得客户的忠诚支持	• 价格价值空间有两股动力：一是目标成本；二是精益运营。其中目标成本特别适用于公道价格，精益运营则特别适用于超值价值
个人化价值空间（由容易接近、迅速响应、培养关系三个因素组成）	• 容易接近价值空间是指顾客能够以简单的方式方便地获得公司的产品、服务以及技术支持，从而提升产品给自己带来的价值 • 迅速响应价值空间是指顾客的交易需要能够得到公司的快速响应，并能够在出现问题时及时进行令人满意的解决或完整补救 • 培养关系是指公司和顾客通过建立核心是要素是"信任"的关系，包括尊重、重视、同情心和人情味，增进顾客的个人化价值空间	• "容易接近"和"迅速响应"是个人化价值空间的基础，能够带来长期客户的稳固关系。"培养关系"必须建立在这两者基础之上，并且将能带来个人化价值空间的飞速增长

注：① 目标成本是开发、制造、配送和销售产品时的成本管理方案，目的是为了把成本控制在固定的范围内，使公司能制定出对客户有吸引力的产品价格，并产生预定的利润。

② 精益运营是在既定设计和制造工艺条件下，对生产流程、管理流程及其相关作业进行持续改进，同时控制相应的管理成本，从而获得组织所需要的运营结果。

（资料来源：[美] Banwari Mittal，Jagdish N. Sweth 著，戴至中等译. 再造企业价值空间[M]. 北京：机械工业出版社，2003. ）

从表13-6可以看出，共有8项要素最终组成了顾客价值空间。其中质量、创新和量身打造共同构成了顾客的效用价值空间；公道价格和超值价格组成价格价值空间；容易接近、迅速响应和培养关系则组成了个人化价值空间。以上价值空间的要素存在层次高低的差别，公司必须首先满足较低层次的顾客价值空间要求，才能考虑为顾客提供更高层次的价值空间。这是因为在客户购买产品和服务时最先要求的是效用，如果产品的效用不能满足要求，顾客根本不会考虑进行购买决策，更不会进行询价；同样只有当效用和价格的价值达到标准后，顾客才会追求个人化的价值。从这一意义上说，效用价值是顾客价值的基础，在此基础上价格价值和个人化价值能够依次强化顾客价值的获得。与此同时顾客价值空间内部各构成要素也有先后次序，具体详见表 13-6。从实践角度分析，公司必须依此顺序构建这些要素。

2. 价值空间的扩展方式

将上面所列出的价值空间构成要素列示于图 13-5 。从图 13-5 中可以看出，最外层圆圈表示的是由价值项目所构成的价值空间扩大方式。价值项目是指能够提高顾客从公司产品或服务中所取得价值的经营方式，具体来说可以通过将效用价值空间、价格价值空间或个人化价值空间各个构成要素中的一个或数个项目加以延伸来实现。如可通过为顾客提供更为个性化的定制扩大其效用价值空间；通过目标成本管理方式提供更为便宜的产品价格扩展顾客价格价值空间；通过扩展售后服务网络的方式提升个人化价值空间。扩展价值空间的经营能够给顾客带来额外的价值，并能使公司的产品具有与众不同的竞争优势。

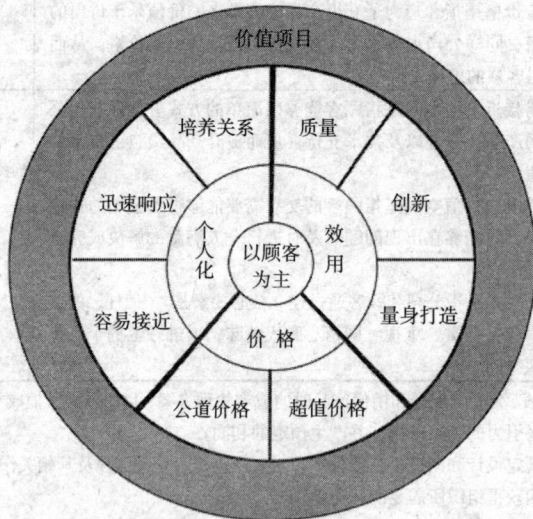

图 13-5　价值空间的扩展方式

（资料来源：Banwari Mittal, Jagdish N. Sweth 著，戴至中等译. 再造企业价值空间[M]. 北京：机械工业出版社，2003. ）

三、价值空间构建方法

企业必须为顾客创造更好的价值空间，只有这样企业自身的价值才能得到源源不断的提升。在价值空间的构建过程中，需要两个前提条件：①企业必须以顾客价值空间的构建与不断创新作为首要任务，公司的所有经营策略和内部运作都必须以之为导向。就财务流程的运作来说，在实践过程中只有不断再造内部财务流程以适应顾客价值空间创造的需要才能保持企业快速成长和持续的市场价值流入。②价值空间的构建过程必须得到企业高级管理层的支持和亲自参与。在这一过程中，企业高级管理层必须就价值空间构成要素中的价值创造事项授权给各执行部门，并努力创造组织环境，为价值空间的构建提供条件。班瓦利·米托和贾格迪青·谢兹在《再造企业价值空间》一书中详细说明了顾客价值空间建造的一般方法，[①] 见表13-7。

表13-7　价值空间及其要素构建方法

价值空间的构建方法	内　容
客户价值的基础程序	• 把客户本位当成企业存活之道；高级管理层支持并参与构筑价值空间；与目标市场资源紧密结合的良好策略
建立效用价值空间（是质量推动、创新推动、量身打造推动的结果）	• 质量推动：以客户的观点来定义质量；建立生产程序与成品的标准；计量每个环节；为质量而部署技术；施行"持续追踪质量进步状况"；对人力资源加以投资；对优异的表现加以奖励与回馈 • 创新推动：勇于创新的文化；鼓励并奖励"小组研发"；研究与实用的结合；强烈的未来导向 • 量身打造推动：深入的客户相关知识；大量定做的产品制程；员工广泛的技术基础与交叉训练；无穷的变化
建立价格价值空间（是公道价格推动、超值价格推动的结果）	• 公道价格推动：为目标成本而设计；较佳的原料来源与向国外采购零件；供货商伙伴 • 超值价格的推动：低成本厂址；资产利用管理；及时出货的生产方式制造程序再设计；自动化与技术进步；大量定做
建立个人化价值空间（是容易接近推动、迅速响应推动、培养关系推动的结果）	• 容易接近推动：无所不在的服务网络；全天候营业；各种接触渠道；高效率的响应和接触 • 迅速响应推动：第一线的信息系统；训练完善、授权充分的客户服务人员；配合强制手段的客户满意度调查；弹性资源 • 培养关系推动：以留住客户为企业导向；将客户数据库信息化的能力；绝不投机的行为伦理标准；社会联结

（资料来源：[美]Banwari Mittal，Jagdish N. Sweth 著，戴至中等译. 再造企业价值空间[M]. 北京：机械工业出版社，2003.）

四、价值空间构建及再造的程序

企业要建立更能创造顾客价值的空间并不断地扩展它，首先必须明白从哪里入手。这就要求首先应明确企业当前为顾客创造的价值空间状况如何以及消费者所需要的价值空间在哪里；只有如此才能清楚努力的方向。在初步评估基础上，

① [美]J. 佩帕德，P. 罗兰，高俊峰译. 业务流程再造精要[M]. 北京：中信出版社，2003.

应对公司情况和顾客理想价值空间的差异进行分析，并做出具体方案对之予以消除。在此基础上，企业就可以开创新价值空间并引导顾客进入这一价值空间。

1. 价值评估

价值评估的首要任务是评估企业自身的价值空间各要素在顾客价值空间中所占的位置以及影响顾客价值空间定位的主要因素，同时也应站在本企业立场和所能获得信息的基础上去评估竞争对手价值空间的状况；最后更重要的是要从客户的角度对其价值空间进行评估。值得说明的是这种评估和顾客满意度调查比较类似，但它们也存在两点根本的不同：首先，不应只评估企业自身的顾客群，还要对竞争对手的顾客群做相同评估；其次，在顾客满意度调查中是针对顾客对产品的各项功能及相关服务做评估，而此价值评估是针对价值空间的基本条件进行评估。在评估过程中应针对顾客价值空间的构成要素进行评估，必要时可以采用打分程序，对企业价值空间的状况进行综合评估，并在此基础上明确企业价值空间再造的重点和方向。

2. 分析差异

通过对以上各项指标的打分，可以比较公司与竞争对手的差异，并将落后于其他公司或理想状态的价值空间进行详细分析，为全面弥补价值空间的差距打下基础。在这一过程中企业必须列出详细的价值空间及其各要素能够改进的方面，这些改进指针已经做了详细的列示。企业高级管理层应针对这些差异进行详细分析，并针对改进计划对下期经营管理计划做出调整。必须注意的是，价值评估和差异分析应是企业高级管理层必须持续坚持的管理方法，并在此方法的框架内不断检验自己对价值空间预设目标的推动情况。

3. 价值空间再造

在差异分析结束后就应该立即转入价值空间再造计划和实施阶段，其中心任务是根据改进价值空间各个要素的状况配置合适的资源并进行再造实施。在此阶段企业中层管理人员必须全面参与进来，参照计划——试验——检查——实施的具体模式，同时对创造顾客价值空间的企业内部财务流程再造进行指导。

【本章小结】

财务流程再造的提出是顺应时代发展的结果。人类社会正进入一个以知识作为经济发展主导因素的知识经济时代，工业时代的商业规则很难完全适用于新经济形态下企业的发展，根本原因在于企业所处的商业环境已经发生了根本性变化，最为突出的因素来自顾客（customer）、竞争（competition）和变化（change），简称为"3C"。在这样的背景下，20世纪90年代开始了以"流程再造"为核心思想的新管理革命。流程再造最初于1993年由哈默教授提出，后来哈默教授与CSCindex的首席执行官詹姆斯·钱皮于1993年发表了《公司重组：企业革命的宣言》，详细阐明了流程再造的思想和基本方法。在企业业务流程的管理中，以财务为中心的观念越来越突出，财务流程在企业流程中的地位也越来越显著。企业往往以财务流程再造为突破口全面重组企业的业务流程，因而财务流程再造越来越受到企业家的重视。本章从财务流程再造的基本理论、财务流程分析、财务流程优化重购、财务流程价值空间再造等四个层面对企业财务流程再造问题进行了详细探讨。财务流程再造应以顾客价值的创造为目标，只有在顾客价值不断增值的前提下，企业的经营策略和内部管理才能产生源源不断的利润。财务流程再造作为一种基本的企业变革理念和工具，必须和追求顾客价值的经营理念结合起来，这正是本章强调财务流程再造应以顾客价值创造为目标的根本原因。

【复习思考题】

1. 如何理解财务流程再造的必要性和必然性？
2. 财务流程再造的逻辑起点、基本原则分别是什么？
3. 从实务角度分析，财务流程再造最基本的程序应包括哪些环节？
4. 如何寻找需要再造的关键财务流程？
5. 什么是系统化改造法？其基本特征是什么？包括哪些具体程序？
6. 系统化改造法与全新设计法有何区别及联系？
7. 顾客价值空间由哪些基本因素构成？如何理解各构成要素的基本内涵？
8. 价值空间构建的基本方法与程序包括哪些基本内容？

【阅读资料】

IT 环境下财务会计流程的再造

财务会计流程是指财务会计部门为实现财务会计目标而进行的一系列活动。它包含数据的采集、加工、存储和输出，是连接业务流程和管理流程的桥梁。因此财务会计流程的设计思想、数据采集效率、加工的正确性和有效性，将直接影响到企业管理活动的质量和效率。

一、传统财务会计流程的缺陷分析

（1）传统财务会计流程是建立在传统分工论基础上的工业社会会计模型，数据之间的联系和控制相对松散。传统会计的奠基人——帕乔利思想的核心是分类系统，即会计科目表。它使用会计科目表把资产、负债和所有者权益的财务度量结果分类汇总，并将汇总的数据提交给用户。随着企业组织规模的不断扩大，经济业务的复杂化，为有效完成财会工作，会计按照亚当·斯密的劳动分工论，将财务会计流程细分为工资核算、原材料核算、固定资产核算、财务核算等相对独立的工作。尽管在 IT 技术得到广泛应用的今天，企业财会人员虽然也利用现代信

息技术，建立了许多独立的子系统，如材料核算系统、账务处理系统等，但这只是实现了财务会计流程的自动化，实质只是操作手段的改变，并没有改变传统信息系统结构的本质。其结果一方面是各子系统或模块之间彼此分隔，另一方面有些软件在开发时采用单项开发，通过转账凭证的方式传递各种信息，无法形成一个有机的整体，使得各子系统之间因缺乏会计数据传输的实时性、一致性和系统性而成为"信息孤岛"，同时各核算子系统所提供的数据与信息，只能满足财务会计部门的需要，而不能满足与之相关的其他职能部门的需要。

（2）传统财务会计流程导致会计信息系统与企业其他业务系统的相对独立，无法使"大会计信息系统"的思想延伸到企业业务流转的全过程，会计信息不能满足管理的需要。由于传统会计的体系结构、思想和技术的制约，在一项经济业务活动中，会计收集数据的依据是判断该数据是否影响组织的财务报表，也就是只采集符合会计事项定义的数据集，只对企业业务事件数据的一个子集（资金流）加以采集，而对于业务活动过程中伴随的物流和信息流却不予考虑。这就使得与同一业务活动相关的数据被分别保存在会计人员和非会计人员手中。由于传统会计体系只关注整个业务流程的一小部分，不仅忽略了大量的管理信息，同时有可能使会计信息系统与其他业务系统数据不一致或重复。

现代企业会计的两个重要领域是财务会计和管理会计。财务会计一般也称为对外会计，它要求有严格的会计流程、记账方法、账簿和报表格式。一方面各种账簿的区别在于对同一数据的汇总方式和汇总程度不同，同一数据以不同形式存放在不同的账簿中，导致数据冗余，同时也不能直观反映一项经济业务的原貌；另一方面对信息使用者来说更强调未来，强调数据的相关性和灵活性，更多地关注非货币数据，因此信息使用者单凭会计账簿和财务报表上所提供的货币数据，希望从多层次、多视角上分析企业的财务状况和经营成果时，信息就明显不足。

（3）传统财务会计流程无法实现企业实时监控的需要。由于一项业务活动中的资金流和物流信息是在业务发生后由不同的人员在不同的时间采集的，传统会计信息系统反映的资金流信息往往滞后于物流信息。将滞后的原始会计数据经过传统会计流程的处理，会计账簿和财务报表的余额已不是阅读时点的数据，使得企业无法对经营活动进行实时控制，也无法应对多、变、快的市场竞争。因此需要建立一个高度集成的信息系统来实现财务业务一体化，实现财务数据与业务数据同时采集，才能满足信息使用者的需要，提高企业的竞争力。

二、构建 IT 环境下的会计流程

（1）建立基于业务事件驱动的财务业务一体化信息处理流程。"事件驱动"是把信息使用者所需要的信息按照使用动机不同划分为若干种事件，如利用事件驱动表而不是账户来登记一项销售业务，应将销售数据记录在销售事件数据和销售——存货事件表中，当发生销售时，将销售收入记入销售表，将销售成本记入销售——存货表。初始设计时，为该事件设计相应的"事件驱动程序"模型，当需要某类信息时，根据不同事件驱动的处理程序，从而提供相应的信息。要充分发挥 IT 技术的优势，必须打破传统财务会计流程，将计算机的"事件驱动"概念引入流程设计中，建立基于业务事件驱动的财务业务一体化的信息处理流程。当业务事件发生时，业务事件处理器按业务和信息处理规则，将企业所有与业务相关的数据集中到一个逻辑数据仓库，数据仓库最大程度地存储了财务系统和非财务系统的数据，企业范围的各类"授权"人员都可以通过报告工具自动输出所需的信息，这一集成的数据仓库足以支持所有信息使用者的要求。由于数据仓库的引入，使得数据来源相同、信息集中，避免了数据的不完整和重复情况的发生，最大限度地实现了企业的数据共享，简化了流程。

（2）实现财务业务一体化信息的实时处理。财务业务一体化的基本思想是：在 IT 环境下，将财务会计流程与经济业务流程有机地融合。当一项经济业务发生时，由相关部门人员录入业务信息，该信息将自动存储在数据仓库中，企业执行业务事件的同时，实时触发多个事件驱动程序，将业务事件信息输入到管理信息系统中，通过执行业务规则和信息处理规则，实时生成集成信息，使物流、资金流、信息流同步生成。如仓库的保管人员处理出库业务，当发货时，将发货单商品的基本信息和确认发货的信息输入管理信息系统，系统根据业务规则和信息处理规则，自动生成库存账和机制凭证，并登记总账。这样财会部门就延伸到企业的各个业务部门，使其可以利用实时信息控制经济业务，如采购业务、销售业务，真正将会计的控制职能发挥出来。

要实现财务业务一体化，不仅需要 IT 环境，而且需要建立一个支持一体化的包括事件接收器、凭证模板、生成器和实时凭证的动态会计平台。其中事件接收器的功能是接受事件信息；凭证模板包括财务会计凭证模板和管理会计凭证模板，用于生成实时会计凭证；生成器的功能是将事件信息和凭证模板自动生成实时凭证，并同时传递到财务会计和管理会计相应的模块中；实时凭证中实时财务会计凭证是形成动态账簿和报表的依据，实时管理会计凭证是生成企业内部动态责任会计账表的依据。信息形成的整个过程均没有人工干预，完全由计算机自动生成。

（资料来源：[美] 阿妮塔·S. 霍兰德，埃里克·L. 德纳，J. 欧文·彻林顿著，杨周南等译. 现代会计信息系统[M]. 北京：经济科学出版社，1999.）

【课外阅读文献】

1. [美] J.佩帕德，P.罗兰著，高俊峰译.业务流程再造精要[M]. 北京：中信出版社，2003.

2. [美] Banwari Mittal，Jagdish N. Sweth 著，戴至中等译.再造企业价值空间[M]. 北京：机械工业出版社，2003.

3. [美] 大卫·辛奇·利维，菲利普·凯明斯基，艾迪斯·辛奇·利维著，季建华等译. 供应链设计与管理——概念、战略与案例研究[M]. 北京：上海远东出版社，2000.

4. [美] 阿妮塔·S. 霍兰德，埃里克·L. 德纳，J. 欧文·彻林顿著，杨周南等译. 现代会计信息系统[M]. 北京：经济科学出版社，1999.

第十四章 财务激励制度

【重点名词】

组织资本 人力资本 人力资本化 财务激励 货币资本结构 传统融资结构 现代融资结构 控制权转移 大股东现象 管理层收购 股票期权 职工持股制度 双因素经济论 分享经济论 经济民主论 专门投资论

【案例导入】

W 集团母子公司财务激励案

客户背景：W 集团成立于 1975 年，目前已经发展成为员工总数达 4 万多人的民营企业集团。W 企业联合会行使董事会职能，W 控股是集团投资与经营的主体。2002 年在"中国企业 500 强"中排名第 100 多位。公司经营产品主要为磁性材料、医药化工和影视旅游等。2002 年利润达 5.1 亿元。公司定位为投资管理型集团，总部有 9 个职能部门，下属子公司 60 多家，孙公司 130 多家，其中控股上市公司 2 家，中外合资企业 6 家。此外，集团还有半紧密型和松散型企业 1000 多家。从人员素质上来说，W 集团人员素质较低，总部大学以上学历仅占 13%，但管理制度体系比较健全。公司新领导上台后，进行了集团内部工资制度改革，但因为子公司所处多个行业，企业规模、效益相差很大，对子公司工资总额的管理，没有经验、没有很好的方案，需要寻求管理咨询机构的帮助。

客户存在的问题：由于过去对子公司通过设定人才等级进行工资总额控制，一是没有控制人数，从而总额没有控制；二是人才等级工资水平远低于市场，不能吸引人才。所以本次咨询项目的内容主要为子公司经营者考核薪酬方案、工资总额管理方案、财务管理体系。

解决方案的主要思路：建立基于 W 集团管理模式的母子公司管理体系，包括预算管理体系、财务控制体系、人力资源管理体系等。解决方案内容包括经营者考核与薪酬方案，丰富基本年薪核算标准；修正过去承包经营模式下单一利润提成方式，引入基于战略的综合业绩考核；工资总额管理方案，引入基于工资总额占销售收入比例的宏观控制理念，修正利润提成。

实施与推进：在方案形成的过程中，征求了高管层的意见和建议，并就母公司的功能定位、母子公司之间责任和权利分配的细节进行了深入探讨和论证，最终使高管层内部就方案达成了共识，并通过深入的沟通取得了下属企业的理解。对于经营者的考核和薪酬方案，在指标的选取、不同激励方式的利弊分析等方面也和高层管理者进行了多角度、深层次探讨，在形成统一认识的过程中也为良好的实施效果打下了坚实的基础。

实施效果：通过建立和实施规范的母子公司管理体系，尤其是子公司经营者的考核和激励机制，目前母公司和子公司之间的责权利已经有了非常清晰的界定，保证了整个集团管理的顺畅，推动了业务的发展和规模的继续扩大。通过基于战略的综合业绩考核和激励机制，集团能够更全面地衡量子公司经营者的业绩并进行激励，对子公司经营者能够更好地优胜劣汰。客户对方案实施的效果给予了高度的评价，并与北大纵横建立了长期的合作关系。

（资料来源：李雪松编著. 企业财务管理咨询与诊断[M]. 北京：中国经济出版社，2003.）

第一节　财务激励概论与融资结构、组织资本

一、财务激励概述

1. 公司绩效与财务激励

现代企业是由各生产要素（包括人力、物力、财务、信息等）所有者形成的一系列契约集，它之所以能取代市场而给各要素所有者带来更大的利益，就在于它能产生比市场更高的效率。在企业中为了确保各要素所有者之间能有效率地协作，就需要建立起一整套协调行为的规则，即要确保各种投入要素的所有者赖以

合作的经济组织要能够发挥其比较优势，必须能克服或解决两大问题：一是计量投入的生产力；二是计算其报酬，并使报酬符合投入的生产力。阿尔钦和德姆塞茨给出的解决答案是，从制度上将企业的产权结构化，形成一种可监督的结构，尤其是使某些人的职能专业化，即专门负责监督其他要素所有者的工作绩效。

如果以监督其他要素成员的努力程度作为自己专业职能的监工（monitors），那么监督的效果就要大打折扣，因为这样的监工也和其他要素所有者一样怀有偷懒的动机。因此，制度的安排必须克服监工与被监视成员在利益和动机上的雷同，要设法使监工的偷懒动机变得对自己没有利，从而达到双方的激励相容性。如前所述，一种有效的制度约束可以充分解决这个监督监工的问题，那就是借助于产权的安排，赋予监工剩余索取权（residual claimant right）。这样通过监工的专业化、职业化，加上享有剩余索取权，就可克服偷懒。这就是现代企业为管理者设计绩效奖励和管理股权激励等与企业剩余索取权相关的报酬制度的理论依据。在知识经济日益重要的今天，企业的中层管理者、技术和业务骨干甚至所有员工都成为企业的重要人力资本，为适应环境的变化，充分发挥所有员工的积极性和创造力，企业就需要在报酬制度安排上提供足够的激励。

2. 影响公司财务绩效的约束机制

（1）产品与服务市场。产品和服务市场对管理具有明显的约束作用。如果公司不能以有吸引力的价格生产有竞争力的产品或服务，它就会疏远买主和失去市场价值，如果情况进一步恶化，公司就会破产并被清算。这是任何管理人员都需要极力避免的处境，因为这种类型的失败会使他们失去工作并损害他们的名声。

（2）资本市场。资本市场对高级管理人员及公司财务绩效表现同样具有明显的限制作用。公司由于不同的原因，总需要进行外部融资。只有具有良好财务状况和较好经营业绩的公司才能以较低的成本在资本市场及时筹集所需资金，其结果就必然会向高级管理人员提供动力，以确保他们公司的运营是有效率的。这就构成了对管理者的有效约束。此外，只要管理者想在将来回到资本市场，他们就必须一贯地接受资本市场的监督。在资本市场，另一个限制经理自由决定权的因素涉及公司中控制权的购买和出售。如果一家公司的资产未被充分利用并且公司实际表现和潜在表现之间有差距，则这类企业就容易引起资本市场上有收购意图的企业或投资者的关注，并因此可能成为收购者的目标。公司一旦被收购，原有管理者就面临被解聘的威胁。管理者为避免被收购，就必须加强管理，努力提高经营企业的绩效。

（3）经理人市场。经理人市场通过评价现有经理人的表现和价值而构成对经理人的约束，进而影响公司的财务绩效表现。企业的高级管理人员都希望能在可以提供更好待遇和声望的公司工作。为加深给其他雇主的印象，经理人员会在现在的职位上好好表现，而这会要求他为现在雇用他的公司做出有效的工作。从劳动力市场的内部视角来看，有两个因素会影响那些高级管理人员或想要成为高级管理人员的人：一个因素是提升的可能性，因为最高管理职位通常是内部而不是从外部任命的；另一个因素是管理队伍成员的自我监督。如果经理们认为他们一位同事的表现不令人满意并限制了他们的发展，他们可能进行抗议并采取矫正措施。即使经理处于公司等级结构的顶点，这种现象也会发生。大多数情况下，公司的高级经理效忠于 CEO，但如果 CEO 的表现明显低于标准，他们可能会向他发出挑战。

3. 货币资本结构与财务激励

不同货币资本来源的风险与成本不同，企业选择融资就需要对不同货币资本来源可能对企业所产生的影响和约束进行认真权衡分析，这从另一个角度来看，实际上就是货币资本融资结构的财务激励功能。在公司运行过程中，货币资本结构与激励机制之间的关系非常复杂和微妙，相关理论分析也非常丰富。但这些理论基本上都是从三个不同的研究视角（即代理成本理论、信息不对称理论和控制权转移理论）出发来探讨公司股东或债权人如何通过融资渠道的选择来约束经理层的自利行为。

（1）代理成本理论。代理成本这一概念是现代企业理论中企业契约理论的基石。詹森（Jensen）和麦克林（Meckling）区分了两种非常明显的利益冲突：股东与经理层之间的利益冲突和债权人与股东之间的利益冲突。[①] 在企业中由于经理层不拥有公司100%的剩余收益，因而由其努力工作所带来的收益必须在经理层与其他所有者之间进行分享，从而产生了股东和经理层之间的利益冲突。债权人与股东之间的利益冲突则主要根源于在股东有限责任的约束条件下，债务契约对股东产生的选择择优投资动机。詹森和麦克林把股东与经理层之间利益冲突所导致的代理成本界定为"外部股票代理成本"，而把债权人与股东之间利益冲突以及与债权相伴随的破产成本界定为"债券代理成本"。詹森和麦克林认为，伴随着股权——债务比率的变动，两种代理成本会呈现一种此消彼长的关系。其中债务的增加对股权代理成本有两方面的影响：一是在经理层投资既定的情况下，债务增加了其持有的股份，进而可减少"股权稀释"产生的股权代理成本；二是债务的本息偿还可以减少可供经理层使用的自由现金流，由此减弱了经理层浪费的可能性。因此在詹森和麦克林看来，公司最优资本结构应选择在两者之和最小的一点上。[②]

（2）信息不对称理论。代理成本理论的分析保留了古典分析的"对称信息"假设，即其对资本结构激励问题（代理成本）的分析并没有考虑到不同主体之间信息不对称所导致的激励问题，因此在客观上具有很大的局限性。Ross 等首先认

---

① ② 周首华等. 财务理论前沿专题[M]. 大连：东北财经大学出版社，2000.

识到这一点，但对不对称信息中资本结构的决定最有解释力的是 Myers 等提出的优序融资理论。当市场存在一定比例的好企业与差企业时，外部投资者仅愿意支付一个平均价格来购买某个公司的股票。当这种情况出现时，差企业的经理会发现外部投资者愿意支付的价格超过了其企业价值，进而会纷纷进入市场发行股票来融资，而好企业的经理则因市场对其定价低于企业实际价值而不愿意通过股票市场融资。这就是由于信息不对称所导致的"柠檬问题"。

由于股票市场"柠檬问题"的存在，作为内部人的经营者，由于其在项目股权投资中可以发挥抵押担保的作用，其比例的高低可作为经理向外部投资者显示项目质量的一个有效信号——随着企业家股权比例的提高，公司财务杠杆的下降使得拥有较差项目的企业家从风险投资项目中获得收益的可能性下降。反过来，如果项目的收益质量不高，企业内部经理为降低个人风险就会降低他在此项目中的股权比例。企业的债务融资也会向市场传递有用的信号。由于债务包含强制偿付约束的存在，高债务比例对公司而言意味着高破产风险，因此当企业经理对其投资项目的质量比外部人拥有更多信息时，相对于低质量项目的经理而言，高质量项目的经理更愿意通过高负债来融资。因此，Ross 认为高质量项目的企业可以通过高负债比例向外部投资者显示其项目质量，减少资金成本。

（3）控制权转移理论。企业经理层从其所持股份和对企业的控制权两方面获益。由于在任经理人员与其竞争对手的经营能力不同，企业价值取决于接管市场竞争的结果。接管市场竞争的结果反过来又受经理人员持股比例的影响。因此随着在任经理人员持股比例的提高，其掌握企业控制权的概率越大收益也越大；另外如果在任经理人员持股比例过高，由此导致更有能力的潜在竞争者接管企业的概率减少而使企业价值及相应的经理人员持股价值下降，因此在任经理人员必须认真权衡其持股收益与控股损失。

在股东和经理层之间的利益冲突约束问题上，Warris 和 Raviv 假设经理层在企业拥有控制权的前提下，认为即使企业运营不佳也不会主动清算。在这种情况下债务的存在能够使公司破产的概率增大，即企业控制权转移的可能性增大，经理层为防止控制权的转移，就会主动减少公司资产被"误用"的情况，因而经理层的机会主义行为被抑制而所有者的价值得到了提高。但由于债权人为了识别资产的误用也必须付出一定的调查成本，因此企业的最优资本结构就是所有者在清偿权利与调查成本之间权衡最佳的结果。

二、融资结构

1. 企业资本类型及其结构安排

现代企业资本主要有两种基本类型：货币资本和人力资本。根据货币资本所承受的风险及其偿还期限，一般将企业中的货币资本分为权益性货币资本和债务性货币资本。权益性货币资本可供企业长期使用，除非企业预先约定经营期限到期清算，或者企业因经管不善而导致破产清算等终止企业的情形发生，否则权益性资本没有到期的限定。因此传统经济理论认为在产权制度安排上，权益性货币资本的所有者就是企业的所有者，他们拥有企业的剩余索取权。债务性货币资本则有规定的到期期限，并且事先约定了一定的资本报酬——利息率。对企业而言，由于权益性货币资本和债务性货币资本的风险不同，因而相应的资本成本和对企业的约束有很大的差异。其实企业融资结构的安排就是在综合考虑权益性货币资本与债务性货币资本的风险和成本对企业价值的影响后确定的融资数额及其结构比例。

传统经济理论及财务管理只注重货币性资本与特定的经济环境相适应，是企业获取竞争优势最稀缺的资源。相对而言企业的经营决策权主要集中在管理者手中，不需要或者很少需要依靠员工的知识和创造性的发挥。因而人的重要性在企业中不可能受到重视。但随着经济的发展和技术的进步，尤其是信息技术的发展，客户需求的多样化发展，顾客消费的日益成熟，这对传统企业的生存与发展形成了巨大的挑战。在新的经济环境中，谁能最快地了解并适应市场环境的变化，谁就可能获得市场竞争的主动权。这种竞争环境决定了企业必须充分利用员工的知识和创造性。因此，人力资源在企业中发挥着越来越重要的作用。在衡量现代企业的市场价值时，企业货币资本价值所占的分量越来越少，人力资源的价值已经越来越得到重视，并在企业价值中通过"无形资产"得到总括性反映。企业的人力资源价值称为"人力资本"或"智力资本"，它不仅包括企业管理者的智力资本，同时也包括企业中所有员工的智力资本，是企业中管理者和全体员工智力资本的总和。因此如果忽视人力资本的影响，而仅仅用传统资本结构理论来分析企业的融资结构及其变化对现代企业价值的影响，所得出的结论必然难以令人信服，甚至与现实完全背离。这是对现代企业融资结构理论发展的一大挑战。

2. 传统融资结构理论

企业融资结构问题直到 20 世纪 50 年代才被主流经济学家所重视。1952 年，大卫·杜兰特提出的净收入理论、净经营收入理论、传统理论是早期企业融资结构理论的正式开端。

（1）净收入理论。该理论假定当企业融资结构变化时，企业发行债券和股票进行融资的成本是既定不变的，即企业的债务融资成本和股票融资成本不随债券和股票发行量的变化而变化；同时债务融资的税前成本比股票融资成本低。因此，当企业通过增加相对于股票融资水平的债券数量来提高杠杆作用时，融资总成本会下降。由于降低融资总成本会增加企业的市场价值，所以在企业融资结构中，随着债务融资数量的增加，其融资总成本将趋于下降，企业市场价值会趋于提高。当企业以 100% 的债券进行融资，企业市场价值会达到最大。因此企业以债务融资方式为主的融资结构调整，无疑也会影响整个企业的融资结构安排。

（2）净经营收入理论。企业融资结构的净经营收入理论假定，不管企业杠杆作用程度如何，债务融资成本和企业融资总成本是不变的。但当企业增加债务融资时，股票融资的成本就会上升。尽管如此企业可以通过增加对成本较低的负债融资的利用而抵消股权以减少融资的成本和风险。因此负债比例的高低将不会影响融资总成本，也就是说融资总成本不会随融资结构的变化而变化。净经营收入理论认为一个企业的市场价值可通过未来预期经营收入的贴现来计量，而该经营收入又与企业融资总成本相关联。同时由于该理论假定企业融资总成本与融资结构不相关，因此企业市场价值与企业融资结构是不相关的。这种企业市值与融资结构无关性结论是以股票和债务融资的边际成本变化所产生的相互抵消作用为条件。

（3）传统理论。杜兰特认为，传统的企业融资结构理论是介于上述两种理论之间的一种理论。该理论认为当企业在一定限度负债时，企业股票和债务融资的风险都不会显著增加，所以股票融资成本和债务融资成本在某点之内固定，而一旦超过该点股票融资成本和债务融资成本就开始上升，逐渐到达定点然后下降。因此根据传统理论，负债低于100%的融资结构可使企业价值最大。

综上分析，早期的企业融资结构理论对企业债务融资成本和权益融资成本以及企业市场价值之间的关系进行了探索性分析，为现代融资结构理论产生与发展创造了条件。

3. **现代融资结构理论**

现代融资结构理论的创立是以 MM 理论的提出为标志的。20 世纪 70 年代的权衡理论及 20 世纪 80 年代的信息非对称理论的出现，极大地促进了现代融资结构理论的发展。

（1）MM 理论。1958 年，美国经济学家莫迪利阿尼和米勒发表了《资本成本、公司财务与投资理论》一文，提出了著名的 MM 理论，成为现代融资结构理论的基石。MM 理论的应用具有严格的假设条件：①企业的经营风险是可以衡量的，有相同经营风险的企业处于同类风险级。②现在和将来的投资者对企业未来的 EBIT 估计完全相同，即投资者对企业未来收益和这些收益风险的预期是相等的。③股票和债券在完善市场上进行交易并没有交易成本；投资者（个人或组织）可同企业一样以同样利率借款。④不论举债多少，企业和个人的负债均无风险。⑤所有现金流量都是年金，即企业的增长率为零，预期 EBIT 固定不变。

在无公司所得税的情况下，MM 理论主要有两个基本结论：

1）企业的价值独立于其负债比率。不论企业是否有负债，企业的加权平均资本成本是不变的。用公式表示为：

$$V_L = V_U = \frac{\text{EBIT}}{K} = \frac{\text{EBIT}}{K_U} \qquad\qquad (14-1)$$

式中，V_L 代表有负债企业的价值；V_U 代表无负债企业的价值；$K = K_U$ 代表适合于该企业风险等级的资本化比率，即贴现率。

2）负债企业的股本成本（即自有资本成本）等于同一风险等级中某一无负债企业的股本成本加上根据无负债企业的股本成本和负债成本之差以及负债比率确定的风险报酬。用公式表示为：

$$K_S = K_U + R_P = K_U + \frac{B}{S}(K_U - K_b) \qquad\qquad (14-2)$$

式中，K_S 代表负债企业的股本成本；K_U 代表无负债企业的股本成本；R_P 代表风险报酬。B 代表企业负债的市价；S 代表企业普通股市价；K_b 代表企业负债的利息率。

该公式表明：随着企业负债的增加，其股本成本也增加。

把上述两个命题联系起来可以看出，MM理论意味着低成本的举债利益正好会被股本成本的上升所抵消，所以更多的负债将不增加企业的价值。MM 理论的结论：在无税情况下，企业的货币资本结构不会影响企业的价值和资本成本。

为了考虑客观存在的公司所得税纳税的影响，MM进一步提出了包括公司税的第二组模型。在这种情况下，他们的结论是负债会因利息的抵税作用而增加企业价值，对投资者来说也意味着更多的可分配经营收入。引入公司税的 MM理论有两个命题。

命题一：企业价值模型。负债企业的价值等于相同风险等级的无负债企业价值加上税收节余的价值。其公式为：

$$V_L = V_U + T_B \qquad\qquad (14-3)$$

从该公式可以看出，引入公司所得税后负债企业的价值会超过无负债企业的价值，负债越多这个差异越大，所以当负债最后达 100% 时企业价值最大。

命题二：企业股本成本模型。在考虑所得税情况下，负债企业的股本成本等于同一风险等级中某一无负债企业的股本成本加上根据无负债企业的股本成本和负债成本之差以及公司税率所决定的风险报酬。其公式为：

$$K_S = K_U + (K_U - K_b)(1 - T) \times \frac{B}{S} \qquad\qquad (14-4)$$

从上述公式可以看出，企业的股本成本会随财务杠杆扩大而增加，这是因为股东面临更大的财务风险，但由于（1 - T）总是小于 1，税赋会使股本成本上升的幅度低于无税时上升的幅度，正是这一特性产生了命题一的结论，即负债的增加提高了企业价值。

MM理论成功地利用数学模型,揭示了资本结构中负债的意义,是对财务理论的重大贡献。但学者们和公司财务经理对 MM 理论的有效性持怀疑态度,都认为假设条件不符合实际情况,这些反对意见为:①MM理论的分析暗含着公司负债和个人负债完全可以互相代替,但一般来说投资于负债的公司比自己举债的风险要小。②MM理论忽略了经纪人费用,但事实上经纪人费用和其他交易成本是客观存在的,这将阻碍套利交易。③MM理论未能考虑盈利的变化情况。实际情况是企业的利润是不断变化的。当盈利多时企业可从负债中得到最大的减税利益,而当盈利少或无利时企业减税利益很少甚至无减税利益。④MM理论假设个人和企业可以以同等利率借款,但实际这并不相同。⑤MM理论假设不论举债多少企业或个人负债均无风险,但实际上随负债增加,风险在不断增加。

(2)权衡理论。既考虑负债带来的利益又考虑负债带来的各种费用并对它们进行适当平衡来稳定企业价值,是权衡理论希望解决的问题。权衡理论也是在 MM 理论的基础上产生的,但因该理论考虑了更多的现实因素,因此更符合实际情况。企业负债过高而带来的主要风险是破产风险的增加或财务拮据成本的增加。破产风险或财务拮据是指企业没有足够的偿债能力,不能及时偿还到期债务。许多企业都要经历财务拮据的困扰,其中一些企业可能会破产。当一个企业出现财务拮据时,可能会出现以下情况:①债权人为避免更大的财务损失,会要求企业归还债务或为债务提供担保,这会进一步增加企业负担,使企业财务状况恶化。②当陷入财务困境企业的客户和供应商意识到企业出现问题时,他们往往不再购买本企业的产品或供应材料从而影响企业未来现金流量能力,这可能会引起企业破产。③当企业出现严重的财务拮据时,为解燃眉之急管理人员往往会出现短期行为,这些短期行为均会降低企业的市场价值。

总而言之,当财务拮据发生时,即使最终企业不破产也会产生大量的额外费用或机会成本,这便是财务拮据成本。财务拮据成本是由负债造成的,财务拮据成本会降低企业价值。因此,企业的负债并不是越高越好,而是需要在负债增加带来的收益增加与财务解决成本增加之间进行权衡。

三、组织资本

1. 组织资本的概念

在企业内部,任何一个企业的价值绝不是其所拥有的人力资本与实物资本单独使用所创造的价值之和。有些企业其价值会超过所拥有的人力资本与实物资本的价值之和;另外一些企业则刚好相反,其价值低于所拥有的人力资本与实物资本的价值之和。企业使用其所拥有的人力资本与实物资本所创造的价值与人力资本和实物资本单独使用所创造价值之间的差额属于组织资本的概念,它因不同企业而异,是由各个企业所特有的知识决定的。因此组织资本既可能产生正的增值效应，也可能会产生负的增值效应。企业中的知识又可分为两大类：一类是与专业化相对应的可物化为劳动工具的知识；另一类是与协作相对应的可物化为组织的知识。前者具有个体性，后者是一种共享的知识。共享的知识不仅协调着个人的行为、个性和动机，成为知识增长的源泉，而且还通过减少个人决策中的不确定性来降低交易费用。共享性知识是组织的一种资源，是与人力资源不可分割的重要组成部分。

Prescott 和 Visscwer（1980）最早从信息角度定义组织资本（organizational capital）。[①] 他们认为有关员工和任务特征的信息是厂商的一种资产，并把这种资产称为组织资本，同时在生产函数中引入了厂商有关员工能力和工作特性的信息作为资本存量的一部分，用来说明调节组织资本存量的成本（即组织资本的投资）如何对厂商的增长率形成约束，以试图解释厂商增长和规模分布中的一些现象。厂商拥有的员工个人信息、群体信息和其特有的人力资本就是其组织资本。厂商对员工个人信息产生需求是因为通过改善工人与工作任务之间的匹配性可以降低生产成本。每个工人的劳动技能以及对各种性质工作任务的态度是不同的，所以组织的效率取决于在多大程度上按比较优势匹配了人员和工作任务。同样在需要若干人进行合作才能完成的场合，有关群体成员特点的群体信息对加强群体内部成员的配合也是非常重要的前提。Tomer（1987）则从人力资本的概念出发，将组织资本定义理解为一种体现在组织关系、组织成员及组织信息的汇集上，具有改善组织功能属性的人力资本。

2. 组织资本的特性

由战略、结构和文化构成的组织作为一种经济性资源，既具有资本属性又与一般资本有着明显的区别。归纳起来，组织资本主要有如下的特性：

（1）组织资本的收益递增性。收益递增规律指的是对于某一特定知识资源的投资来说，随着投资的持续增加，收益不但不会减少，反而会逐渐增加。组织资本在本质上是基本知识的资本，是一种为人们所共享的可物化为组织经济性的知识资源，因而组织资本投资同样遵从收益递增规律。组织资本的收益递增主要是因为：①组织学习效应。②组织网络的延伸效应。③组织的规模经济。④组织形象和声誉的收益递增。

（2）组织资本的激活和催化作用。根据莱布斯太因的观点，X-非效率的存在妨碍了企业达到生产可能性边界，因而组织资本投资就成为激活企业物质资本和纯粹人力资本、克服 X-非效率、使企业现实的经济活动尽量逼近生产可能性边界的重要保证。另外，企业生产可能性边界的位置主要是由它的技术水平所决定，持续的技术创新将会导致企业生产可能性边界外移，从而提高企业的经济效益；

① 周首华等. 财务理论前沿专题[M]. 大连：东北财经大学出版社，2000.

而创新离不开组织资本的催化作用，即只有通过战略、结构与文化的协调作用才能将实物资本和纯粹人力资本调动到实现企业技术创新的方向上来。所以组织资本在一定程度上也是导致企业生产可能性边界外移的催化剂。

（3）组织资本的专用性。由于组织资本主要表现为一种关系资本，因而其专用性就表现为这种关系的参与者没有任何一方对组织拥有绝对的所有权与控制权，任何组织资本投资都属于组织本身，都是专用的。组织资本的专用性一方面表现为它的不可转让性，即不能进入市场交易，即使在企业购并的情况下，组织资本还会成为购并企业进一步投资于组织资本的壁垒；另一方面又表现为组织资本投资的回报必须依赖于企业的总体绩效，难以分解出具体某一项组织资本投资的收益。因而从长期发展来看，组织资本投资回报率高低只能是企业集体成就和个人成就的折中反映。组织资本的专用性说明组织资本投资存在退出壁垒，这对企业来说构成一种特有的抵押，在企业实物资本与人力资本的契约关系中起到促进企业成长、稳定劳资关系的作用。其一它激励员工将自己的个人利益与企业利益联系起来，产生长远预期；其二促使企业的经营活动着眼于长远目标，因为组织资本的形成和积累需要较长的时间，而一旦形成则成为企业核心能力的重要组成部分，不易被模仿，可享有长时期的独占收益。

3. 组织资本与财务激励

组织资本可以理解为使组织对货币资本与人力资本协调和运用所积累的知识。对组织而言，组织资本的作用使得企业的价值必须大于企业所拥有的货币资本与人力资本单独使用所创造的价值，这正是组织存在的必要性。从经济学的角度来看，组织资本就是组织相对于市场所节约的交易费用，因而组织资本与公司战略、组织结构、企业文化及其对各种资源的财务激励有着非常密切的关系。组织的财务激励直接影响到不同的资源所有者，尤其是企业的人力资本所有者对企业贡献，因此可以说财务激励是影响组织资本的一项重要因素。

从组织内部来分析，由于货币资本与人力资本的形态及其在企业中所承受的风险都存在很大的差别，因而对货币资本和人力资本的激励方式也有本质差别。与此同时在组织内部，由于货币资本与人力资本的相对重要性不同，这就决定了不同类型企业对货币资本和人力资本的财务激励会有所不同。从一定程度上来讲，由人力资本与货币资本结构差异所决定的财务激励直接影响了组织资本的增值效应。货币资本在传统的工业制造企业中所处的地位、所发挥的作用明显高于其在服务型与高新技术企业中的地位和作用；而人力资本所处的地位和所发挥的作用则相反。对于一个正处于初创期的企业而言，其人力资本的重要性显然要大于正处于稳定发展期的企业。由于货币资本及其所有者参与企业的方式、所承受的风险与人力资本及其所有者不同，因此，企业的财务激励必须充分考虑其所处的行业类型、所处发展阶段，以及组织战略规划、组织结构及文化等诸方面的影响。

第二节　MBO 与股票期权

一、管理层收购及管理者股票期权的概念

1. 管理层收购（MBO)的概念

管理层收购是指目标公司的管理层利用借贷资本购买其所经营管理公司的股份，改变本公司所有权结构和控制权结构，进而达到重组本公司并获得预期收益的一种收购行为。在实践中管理层收购有两种主要发展形式：一是由目标公司的经理与外来投资者组成投资集团来实施收购；二是管理层收购和员工持股计划或职工控股收购相结合，目标公司的经理和员工一起融资购买股权，从而免交税收、降低收购成本。

2. 管理者股票期权（ESO）

管理者股票期权是在公司不改变所有权结构的情况下，企业所有者出于激励的目的而给予公司管理层部分股票期权的奖励制度。具体而言，管理者股票期权（executive stock option，ESO）是公司股东（或董事会）给予管理者的一种权利，持有 ESO 的高级管理人员可在规定时期内行权（exercise），以事先确定的行权价格购买本公司的股票，在行权前 ESO 持有者没有收益，在行权后 ESO 持有者获得潜在收益（股票市价与行权价之差）。管理者可以自行选择适当时机出售所得股票获取现金收益，它比现金方式的奖励有更大的股份激励作用，并把未来收益与企业发展和股市紧密结合起来。高级管理人员股票期权股份激励机制是企业目前实行的最重要的一种长期股份激励方式，期权本身不能转让。

二、管理层收购的作用

一般认为管理层收购会对管理人员的行为和公司的业绩产生积极的影响。[1]主要原因在于：①MBO 能够给予管理人员大量的所有权利益，这将大大降低管理人员通过额外补贴方式滥用其他股东权利和不考虑收益率片面追求企业规模扩张的风险。②MBO 大幅度提高了管理人员的财富杠杆比率，因此它将对管理人员产生强大的财务激励，使他们在努力实现股东价值最大化的基础上实现个人利益最大化。财富杠杆比率指管理人员个人财富变动百分比与股东财富变动百分比的比值。

---

① 王阳，李斌等. 从员工持股到管理层收购：操作手册[M]. 北京：机械工业出版社，2001.

虽然管理层收购具有激励经理的积极作用，但这一模式同样存在许多缺陷。如由于管理层收购基本上是杠杆收购，债务负担过高反而会增加企业失败的风险。此外，卡普兰（Kaplan）和斯坦因（Stein）在 20 世纪 80 年代进行的一项对 124 起杠杆收购案例所作的研究中发现，1985 年以前收购案中的 2% 和 1984 年以后收购案中的 27% 是由于债务负担而导致收购失败。因此股票期权的主要意义在于，如果使用得当它可以使管理人员产生与纯粹企业家一样的为提高公司价值而努力的动机。

三、管理层收购的主要特征

（1）MBO 一般是在投资银行的总体策划下完成的，是通过企业的资本运作实现的。MBO 操作中不仅涉及国家或企业所有者、经理、员工等各方面的利益，而且涉及企业定价、重组、融资、上市等资本运作事项，其中涉及众多的财务、法律等问题。

（2）MBO 的主要投资者是目标公司内部的经理和管理人员。他们往往对本公司非常了解，并有很强的经营管理能力，通常通过设立一家新的公司，并以该新公司的名义来收购目标公司。通过 MBO，他们的身份由单一的经营者角色变为所有者与经营者合一的双重身份。

（3）MBO 主要是通过借贷融资来完成的。因此 MBO 的财务结构由先偿债务、后偿债务与股权三者构成，这样目标公司的经理应具有较强的组织运作资本能力，融资方案必须满足贷款者的要求，也必须为权益持有人带来预期的价值，同时这种借贷具有一定的风险性。

（4）MBO 的目标公司往往是具有巨大资产潜力或存在"潜在管理效率空间"的企业。通过投资者对目标公司股权、控制权、资产结构以及业务的重组，来达到节约代理成本、获得巨大的现金流入、并给投资者超过正常收益回报的目的。

（5）MBO 完成后，目标公司可能由一个上市公司变为一个非上市公司。一般来说这类公司在经营了一段时间以后，又会寻求成为一个新的上市公司并且上市套现。另外一种情况是当目标公司为非上市公司时，MBO 完成后经理往往会对该公司进行重组整合，待取得一定的经营绩效后再寻求上市，使 MBO 的投资者获得超常的回报。

四、管理层收购的常见方式

1. 收购上市公司

这类 MBO 的目标为股票在证券交易所上市的公司，通常公司被收购后即转为私人控股，股票停止上市交易，所以又称为"非市场化"。根据目的不同，又可以分为下列几种类型：

（1）基层经理人员的创业尝试。MBO 为经理实现企业家理想开辟了一条新途径。他们基于对自己经营企业发展潜力的信心，以高于股票市场价的价格从原股东手中收购股票，以使自己以所有者的身份充分发挥管理才能，获取更高利润。这类 MBO 没有外部压力的影响，完全是经理的自发收购行为。

（2）作为对实际或预期敌意收购的防御。当上市公司面临敌意袭击者的进攻时，MBO 可以提供很有效而又不具有破坏性的保护性防御。经理人员以 MBO 形式购回企业股票，已发展成一种越来越广泛采用的新颖金融技术。

（3）作为大额股票转让的途径。许多上市公司只有一小部分股权流通在外，其余股票则为一些机构投资人或大股东所把持。当他们打算退出公司而转让股票时，让其在交易所公开卖出是不现实的，而且让大量股票外流也会影响公司的稳定，于是 MBO 就成为实现的最好选择。还有一些为家族所控制的上市公司，当业主面临退休而找不到合适的继承人时，利用 MBO 可解决继承问题而不必将控制权交于外人。

（4）公司希望摆脱公司上市制度的约束。各国针对上市公司一般都订有严格的法律法规，以约束其行为，保障股东的利益，特别是对透明度和公开披露信息方面的要求十分严格。一些经理人员认为这些制度束缚了他们的手脚、束缚了企业的发展，于是以 MBO 方式退出股市，转成非上市公司。

2. 收购集团和子公司或分支机构

进入 20 世纪 80 年代，一些多种经营的集团从某些特定行业完全退出以便集中力量发展核心业务，或者是改变经营重点将原来的边缘产业定为核心产业，从而出售其余部分业务（包括原核心业务），这时候最愿意购买的人往往是最了解情况的内部经理。出售决策做出后，卖主要选择具体的买主，选择的重要因素之一是各方出价的高低。外部购买者出价的依据是目标企业的资本结构、经营活动以及与自身业务的协调程度，而内部购买者则拥有关于企业潜力的详细信息，但出价高低并非卖主考虑的唯一因素。

以下几种情况会增强经理购买的竞争能力：

（1）卖主出于非财务目标考虑往往更愿意选择 MBO。

（2）经理已拥有目标公司很大比例的股份，或掌握了不为卖方和外部竞争者所知晓的重要内幕消息。当然经理亦需正确估计其专业技能及地位所赋予的讨价还价能力，若优势不大则应慎重考虑是否参与竞争，否则一旦收购失败他们可能很快会被解雇。

（3）与集团分离后，新独立的企业与原母公司还保持一定的贸易联系（如作为原料供应商或客户）。此时若卖给外部购买者可能形成垄断，对集团利益不利，故卖方往往趋向选择 MBO。因为经理寻求与母公司合作的愿望一般强于外部购买者。

（4）公营部门私有化 MBO。[①] 公营部门私有化有以下几种情况：①将国有企业整体出售。②将国有企业整体分解为多个部分再分别卖出，原企业成为多个独立的私营企业。③多种经营的公众集团公司出售其边缘业务，继续保留其核心业务。

五、管理者股票期权的意义和作用

由于经理实质上掌握了企业的控制权，因此有效地整合管理者的行为，使其利益和企业所有者利益趋于一致的一种有效方式就是让企业管理者参与剩余索取权的分配。股权激励就是让管理者参与剩余索取权分配的一种长期激励方式。由于管理者拥有了公司股票期权，他们为了追求个人利益最大化，就会努力经营确保公司未来股价超过股票期权行权价格，这符合股东追求股价最大化的目标。国外实证研究表明，股权激励水平与公司业绩之间存在着明显的正相关关系。[②] 利用股权激励让管理者参与剩余索取权的分配，能明显提高公司的经营绩效。但股权激励的一个局限是，由于股票价格不仅受公司业绩的影响，同时还受到来自超出经理控制范围的市场因素强烈影响，这势必增加了经理人员报酬的波动，淡化了管理者经营管理业绩与其报酬之间的关系。

ESO 的作用主要体现在它理顺了三种关系：①理顺了公司管理者与股东之间的委托—代理关系。一方面可以使公司持续发展，提高公司业绩，实现公司价值最大化；另一方面给予管理者预期的利益分配，形成共同的利益取向。②理顺了不对称收益与风险关系。股票期权计划可以增加管理者的经营管理风险意识，有利于防止管理者在经营决策过程中的"道德风险"和"逆向选择"问题。③理顺了个人收益与资本市场的关系。由于 ESO 最终是在股市中套现，而在正常的宏观环境下，股价又能够比较客观地反映公司经营业绩，因此管理者在任期和行权期内比较重视优化决策以减少短期行为，提高效率和创新，这种行为对公司业绩有正面作用，从而使股份激励效果显著。

六、股票期权的管理

股票期权的管理主要涉及七个基本要素：股票来源及种类、资金来源、授予对象、授予数量、行权价格、行权时间和考核监督办法。

1. 股票来源及种类
股票期权的来源主要有三种途径：库存股、定向增发和二级市场回购。

2. 资金来源
企业实行管理者股票期权主要有四种资金来源：①管理者的个人资金。②企

---

① 王阳，李斌等. 从员工持股到管理层收购：操作手册[M]. 北京：机械工业出版社，2001.

② [美] 国家员工所有权中心编，张志强译. 股票期权计划的现实操作[M]. 上海：上海远东出版社，科文（香港）出版有限公司，2001.

业以前年度积累的可动用资金。③企业增量资产所形成的资金。④管理者的风险收入部分。

3. 授予对象

一般情况下，股票期权应授予那些对公司资源有主要支配权，或对公司业绩有主要影响力的员工，主要包括高级管理人员及企业核心管理人员、技术骨干人员。

4. 授予数量

期权授予数量直接影响到被授予者的未来收益，直接体现期权激励效果。期权授予数量过多或过少均对企业不利。不同对象的授予数量应拉开档次，否则会失去激励作用。主要考虑岗位、业绩表现、工作年限、工资和其他福利待遇、竞争企业同类人才授予数量、留成的股票数量等。

5. 行权价格

由于股价不仅受公司经营业绩的影响，而且还受到外部市场因素的综合影响。因此制定行权价格就必须设计能公正体现企业业绩的"综合指标"来代替单一的股价指标，同步考察股价和其他因素以减低股价中非市场因素的干扰，使"综合指标"能体现企业的真实业绩，并以此制定合理的行权价格。

6. 行权时间

为避免高级管理人员通过操纵股价来使自己获利，一般对期权的行权时间要做出明确规定。一方面期权在授予后不能立即执行，必须在经过一段时间的等待期后才能行权；另一方面期权的行权必须在某一段特殊的时间内，也就是所谓的"窗口期内"。这样可以降低公司管理人员对股票价格的操纵，防止管理人员的短期行为。

7. 考核监督办法

设立完善的约束制度是期权制度健康运转的保障。企业应该设立薪酬委员会或类似独立机构专职考核监督股票期权的执行。薪酬委员会全权负责管理认股权事项，董事会一般不应直接管理认股权，但有权决定薪酬委员会的成员以及终止和恢复薪酬委员会的工作。薪酬委员会主要由公司的董事组成，也可包括相关职能部门的负责人。为了能代表股东利益，保持公正的立场，薪酬委员会中保持一定数量的外部董事（非公司雇员的董事）是必要的。

第三节　经理报酬制度

一、经理报酬制度概述

根据委托—代理理论，企业经理（代理人）与所有者（委托人）之间存在着三个方面的不对称：①利益不对称，双方各自有自己的目标函数，追求自我效用的最大化。②风险态度不对称。③信息不对称，经理拥有信息优势。不对称的存在使代理人为自我利益而行动，甚至不惜以牺牲股东利益为代价，这样就产生了"道德风险"和"逆向选择"两个基本的代理问题。由于委托人对随机产出没有直接贡献及由于人的有限理性和外部环境的不确定性，代理人的行为不易直接地被委托人观察到，于是委托人通过设计一种激励机制（或约束机制）来奖惩代理人，以诱导（或强迫）代理人为委托人的最佳利益而工作。

在解决代理问题的众多激励与约束制度中，收入制度与组织制度是两种主要制度。前者是通过对经理报酬来激励和约束其行为的一种制度安排；后者是从经理的选择、权力赋予程度、评价、考核和监督等方面对经理行为进行激励和约束的一系列制度组合。收入制度的依据是业绩评价，业绩评价是建立健全对代理人激励与约束的基础，通过业绩评价达到委托人与代理人激励相容目的，使委托人与代理人具有共同利益。这种度量代理人努力程度的业绩评价越准确，就越能提供更多的有关代理人行为选择的信息，并根据观察到的经营业绩来奖惩代理人，从而使约束与激励更加科学有效。在组织制度方面，业绩评价同样发挥着重要作用。对经理的选择、评价、考核和权力赋予等方面，应以业绩评价结果为标准，否则就易导致享有控制权的人并不承担企业的经营风险，出现"廉价投票权"和"内部人控制"的后果。

二、经理报酬激励方式与结构

设计激励方案的目的是使委托人与代理人具有共同利益，实现剩余索取权与剩余控制权在企业经理身上匹配，使经理的目标函数在一定程度上与股东保持一致，从而协调股东与经理的利益冲突，提高整个公司的绩效。有效的经理报酬制度安排，除固定的工资与奖金等收入外，应实现经理报酬收入与其承担的风险相匹配，其中真正具有长期激励与约束作用的正是后者。业绩评价毫无疑问地在企业经理的激励与约束制度中起着重要和基础性作用。

报酬激励结构决定了企业经理的努力程度。西方发达国家已形成一整套比较成熟的经理报酬制度及运行机制，基本上做到了激励与约束相对称、短期与长期相配套。西方国家的经理报酬结构由两大部分及其明细分类组成，见表14-1。[①]

---

① [美] 国家员工所有权中心编，张志强译. 股票期权计划的现实操作[M]. 上海：上海远东出版社，科文（香港）出版有限公司，2001.

表 14-1 西方企业经理报酬制度结构

主要类型	明细分类	风险影响程度	决策影响程度
短期报酬	基薪（base salary）	接近于零	无影响
	年度津贴或奖金（bonus）	短期	较低
长期报酬	经理股票期权(executive stock option)	长期	最大
	业绩股份（performance shares）	长期	最大
	股票增值权益	长期	最大

1. **基薪**（base salary，BS）

基薪是经理收入报酬中的固定部分。

2. **奖金**（bonus）

以年度的业绩评价为基础，常见的是业绩奖金（performance units），即在达到指定业绩标准后得到一定金额的奖励。

3. **经理股票期权**（executive stock option，ESO）

通常局限在以首席执行官（CEO）为首的高级管理层，在某一期限内（通常3~5年）按预定价格（行权价）购买本企业股票的一种选择权。其价值取决于行权价与赋予期权时的股票市场价之差，因而是一种以市场为基础的激励方式。经理的报酬通过企业股票的市场价格与企业的业绩相联系。

4. **业绩股份**（performance shares，PS）

根据不同业绩表现奖励不同比例的股票，目的在于解决经理的短视问题。PS的业绩目标通常与企业整体业绩衡量标准相联系，最普遍的标准是几年期间企业股票 EPS 的累积增长率是否达到目标。这种奖励方式下，经理获得的股票有在一定时间内不得支付等条件的限制，从而增加了经理离开企业的机会成本。

5. **股票增值权**（stock appreciation right，SAR）

股票增值权是一种递延的现金奖励计划，它将股票在奖励日与实际支付日之间的增值部分用现金方式支付给经理，是经理以现金形式获得的期权差价收益无须行使期权，因此又称为现金增值权益。SAR 通常与股票期权 ESO 配合使用，是加大报酬激励的一种补充手段。

现代企业经理的报酬一般是多元化收入结构，基本薪金一般是固定的，因此基本薪金和奖金只能起到短期（以一年为周期）激励作用，并不能达到长期激励的目的。风险收入则与经理人长期努力业绩相联系，真正具有长期激励的效果。典型的报酬激励组合应该是代表保险因素的固定工资和代表激励作用的变动收入的组合，但风险收入在报酬激励总额中所占的比重因行业、企业性质与规模而异，甚至因经理职位而不同。

三、业绩评价指标的选择

将风险收入引入到企业经理的报酬激励制度中，理论与实证研究都已证明要明显优于以基本薪金和固定收入为基础的传统报酬激励制度，但设计合理的报酬激励契约的实施效果，在很大程度上则取决于业绩评价的合理与公正程度。

1. 财务指标与非财务指标的选择

研究表明业绩评价若仅依赖于财务指标并以此作为经理人努力程度的衡量标准，会由于各种主客观环境而出现评价单一、易于操纵和计量不准确的结果，无论哪种情况都会出现不公正评价而使报酬激励制度失效。[①] 财务指标往往是一种结果指标，并不能评价在达到这项结果的过程中经理各项行为的业绩，因此应同时利用过程指标，而过程指标一般都是非财务指标。Kaplan 和 Norton 创立的平衡记分卡有效地将财务指标与非财务指标结合起来，从而在财务指标与非财务指标之间达成平衡。平衡记分卡现已被认为更能反映企业长期潜在的竞争优势和代理人内在的努力程度。相关的实证研究也证明：将非财务指标纳入评价体系后，企业财务业绩与非财务业绩均有所提高。

2. 利润指标与市价指标（股价指标）的选择

在给定股东目标是股票价值最大化的前提下，为实现股东利益最大化，经理报酬激励契约的财务业绩评价应当建立在股价基础上。瓦茨和齐莫尔曼通过实证研究证明，"能够把管理人员的报酬与他们对企业价值的影响直接联系在一起的报酬计划，比单纯建立在盈利基础上的报酬计划更为有效"。[②] 通常来说短期报酬激励更多地依赖于利润指标，而长期激励合约则更多地依赖于市价指标，其目的是使经理报酬计划能在分散风险和提供激励目标之间达成权衡。

3. 会计利润指标与经济利润指标的选择

由于会计利润指标计量所具有的短期行为和易于操纵等缺点，近年来出现了以经济利润替代会计利润的趋势。Stern Steward 和 Chew 提出了以经济增加值或经济附加值（economic value added，EVA）作为企业经理业绩评价指标的主张。EVA 与传统的会计利润相比，最大的特点表现在不但对经营成本而且对权益成本计算的补偿，是一种基于价值管理的新观念，能有效激励企业经理人员进行能为企业带来价值增值的决策。实证研究表明以 EVA 衡量方法可以避免经理的利润操纵，因为利润操纵虽然可以改变各期利润的现值，却不能改变各期的 EVA 现值。

4. 绝对指标和相对指标的选择

绝对指标和相对指标选择问题的实质是为业绩评价结果确立参照系，由于企

① [美] 国家员工所有权中心编，张志强译. 股票期权计划的现实操作[M]. 上海：上海远东出版社，科文（香港）出版有限公司，2001.

② [美] 弗雷德里克·D. 李普曼著，张新海等译. 员工持股计划实施指南[M]. 北京：电子工业出版社，2002.

业的经营业绩不仅受经理的控制和影响，而且还受到许多不受企业经理控制的外部环境影响，因而真正有效的激励契约必须能够在区分经理主观影响和企业客观环境影响的基础上实施，但企业的业绩变化往往是两者共同作用的结果，没有办法在边际上明确区分两者的贡献。Wolinstorm 的相对业绩评价理论认为，由于同行业的经理会面临相同的经济或行业因素，因此应在业绩评价中引入与同行业比较的"相对业绩"概念，通过市场标杆（bench marking）可以剔除企业经理的不可控因素对评价结果的影响，过滤掉业绩指标中包含的噪音以降低评价误差，使经理的努力程度与评价结果更相关从而使基于其上的报酬激励或约束更有效。

四、设计报酬激励计划时应考虑的因素

由于每个企业的经营管理特点及所处的环境不同，没有一个报酬激励计划能有效地适用于所有企业。报酬激励计划取决于分权化程度、重要决策的时间限制、部门间的相互作用程度、公司所面临的不确定性因素、业务活动的性质等因素。在设计报酬激励计划时，尤其应注重考虑以下因素：

1. 企业的规模

企业的规模与经理报酬之间基本是正相关关系。企业的规模越大，任务的复杂性和完成任务的重要性就越高，因此，在设计经理报酬激励计划时应考虑企业的规模。罗森 1982 年还提出了倍增理论，解释大企业的经理为何可获得更高的报酬。

2. 企业的性质

不同行业性质的企业可采用的报酬激励方式也会有所差别。如 IT 行业等高新技术产业，企业的价值更多地取决于研发活动，因而应注重企业的长期业绩表现，可更多地采用 ESO 等长期激励方式，而对于那些成熟产业的经理报酬应更多地使用奖金等短期激励方式的比重适当增大。

3. 外部环境

企业业绩并不完全是经理控制的结果，因此在设计报酬激励方案时应剔除那些经理不可控因素的影响。如 ESO 试图通过股票的市场价格来传递企业绩效信息，但在牛市时股票价格普遍上涨，经理人员即使业绩平平，也可能由于最初的报酬激励计划而获益；而在熊市时尽管经理的努力使得公司业绩良好，股价仍可能下跌，使经理获得的报酬不能充分反映其努力程度，而且股价常受到人为炒作等因素的影响。这些不可控的随机事件，将可能抵消最出色或最差的管理成就，因此不能将企业经营成果的好坏全归结于经理努力的结果。

4. 企业的组织形式

报酬激励方式的采用还会受到企业组织形式的限制。如期权、股票奖金等方式只能在上市公司采用，而对一些小企业和非上市公司则不适合。

5. 企业的相对业绩

企业业绩受外部因素的影响，同一行业中不同企业的经营业绩除受每个企业管理者行为和特有外生因素影响外，也受到某些行业共同因素影响。经济学研究表明企业自身的利润并不是充足统计量，其他企业利润也包含有关该企业经理行为有价值的信息。如果同类企业在类似环境下利润均较低，则本企业的业绩不高就可能是外部因素造成的；如果其他类似企业的业绩好于本企业，则更多的是由于经理绩效较低的结果。因此在设计激励报酬方案时应注意横向及纵向比较。

第四节 职工持股制度

一、基本内涵及理论回顾

职工持股制度是指企业职工通过持有本企业一部分特殊股权，以此参与企业经营管理和剩余利润分配所形成的企业管理体系。国外关于企业职工持股制度的理论研究始于 20 世纪 30 ~ 40 年代的美国，首先在这一领域进行理论研究并提出实施方案的是金融家路易斯·凯尔索。他提出的"双因素经济论"得到了美国政界的支持，并以立法形式推动了这一理论主张的实施。20 世纪 70 年代后，企业职工持股计划得到了广泛的推广；20 世纪 80 年代，马丁·魏茨曼从分配角度出发提出了"分享经济论"；20 世纪 90 年代，人们又从经济民主化角度出发提出了"经济民主论"和"专门投资论"思想。[①] 上述这些主要理论为美国职工持股计划的发展及其对各国的影响起了十分重要的作用。

1. 双因素经济论

双因素经济论的思想最早产生于 20 世纪 40 年代。该理论是路易斯·凯尔索在对资本主义社会 20 世纪 30 年代经济大萧条洞察和分析并提出"充分就业的谬论"思想的基础上，逐步完善和发展起来的。苏联、东欧的瓦解证明了高度集中的计划经济是失败的，但西方现行的自由市场经济模式也不是一种成功的模式。现行资本主义制度不仅没有消除贫困反而有使其扩大的趋势，企图通过税收和再分配手段也没有达到体现社会公平、消除贫困的目的。导致高度集中的计划经济失败、现有资本主义制度无力消除贫困的根源在于"人们在产品生产力服务的提供这一问题上存在着简单而固执的误解"。[②] 以劳动价值论为理论基础的单因素经

① 王斌. 企业职工持股制度国际比较[M]. 北京：经济管理出版社，2000.

② [美]路易斯·凯尔索，帕特里西亚等著，赵曙明译. 民主与经济力量[M]. 南京：南京大学出版社，1996.

济时代已经过去，而资本和劳动共同创造财富的双因素时代已经到来。为此凯尔索认为，必须建立一种民主的市场经济制度。这种制度必须遵循三个原则，即财产权原则、参与原则和限制原则。要实现这一目标就必须建立起使资本主义所有权分散化的新机制，以便使所有人既能分享从劳动中获得的收入，同时也分享从资本中获得的收入。具体方案就是运用雇员持股计划、资本信贷手段为没有资本的人打开一条获取资本所有权的道路。

2. 分享经济论

分享经济论是由马丁·魏茨曼在其 1984 年出版的《分享经济论》一书中针对解决当时发达资本主义国家尤其是美国出现的经济滞胀问题提出的一种经济主张。

马丁·魏茨曼从分配领域出发把雇员的报酬制度分为工资制度和分享制度两种模式，并认为资本主义经济出现滞胀局面的根源在于其现有的工资制度不合理，因此要消除滞胀就必须采用分享经济这种天然武器来直接对付滞胀，把工人的工资与某种能够恰当反映厂商经营的指数相联系。这种分享制度不仅保存了分散决策固有的灵活性优点，而且可能成为失业和通货膨胀的天然死敌。因为：①分享制度与工资制度具有根本不同的动态特点。从长期看这两种制度都趋向于同样的长期均衡，但就短期而言在分享制度下，工人的报酬和工人受雇数量呈反比例。因此实行分享制度企业"天然具有扩大就业和增加生产的偏好"。②分享经济与工资经济相比，在于它偏离均衡时具有更强的返回均衡倾向，因为分享经济中对劳动额外需求的直接强作用力形成导向充分就业的强劲势头。③分享经济比工资经济具有更小的膨胀倾向。因为在分享经济中，任何价格变动都能自动地反馈给劳动成本，因而它总是具有较少提高价格和较多降低价格的倾向，给政府稳定币值以更大的自由，这是一个重要的反通货膨胀内在机制。④分享经济还具有矫正不对称人际关系的微观效应。由于分享制度对劳动的需求要比劳动的供给大得多，所以厂商在自身利益的驱动下，在商品市场上像对顾客那样在劳动市场上对待工人。

要从现行的工资制度转向分享制度，必须是全部或相当多数的企业转向分享制度，经济才会产生平衡的扩张效应。要实现这一目的，首先要制定计划、加强宣传、建立专门的服务机构，让每个公民都了解分享制度的目的和工资制度的危害；其次政府必须帮助企业成立专门机构制定分享制度的标准，并在税收上给予优惠，即对分享收入予以减税，"雇员股份所有制"（ESOP）是实施分享制度的有效途径。

3. 经济民主论

经济民主论是美国著名经济学家大卫·P. 艾勒曼于 20 世纪 90 年代初提出的一种经济主张。他认为人人拥有与生俱来不可让渡的享有自己劳动果实的权利和民主自决权利，但资本主义忽视了这些权利，因此资本主义不是一种理想的经济模式；而国家社会主义只是在公有制优越的名义下，用工人雇佣制代替私有雇佣制，因此也不是一种理想的经济模式。为此他提出了第三种方式的社会经济制度——经济民主制度，即建立在私有制财产中民主和正义基础上的市场经济来替代现行的资本主义经济和国家社会主义经济。在这种经济基础为民主的公司制或以劳动为基础的民主公司里，"雇佣关系"被成员关系所替代，人们共同占有劳动的正面和负面成果。民主公司的表现形式是一种混合型的民主公司，它的基本特征是民主公司应赋予工人选举和剩余索取权，这是一种不可让渡的成员权利，是与传统资本主义和社会主义公司完全不同的一种公司形式，是实现经济民主制度的有效形式。

4. 专门投资理论

专门投资理论是美国布鲁斯研究中心高级研究员玛格丽特·M. 布莱尔博士于20世纪90年代中期提出的一种理论主张。该理论认为公司不是一种实物资产的集合，而是一种法律框架结构。股东并不是唯一的投资者，供应商、顾客尤其是企业雇员也都提供了特殊的投资，同时也与股东一样承担着同样的风险。所以他们应该获得相应的报酬。针对"雇员"这一特殊的专门人力资本投资群体，她认为他们在公司财富创造中是非常重要的。因为长期在同一公司工作的职工会积累重要的专门技能，这些技能使职工具有更高的生产力，他们是企业的特殊人力资本，对公司更有价值，但同时他们承担的风险更大。这些专门知识和技能在相关行业和企业中，在财富的创造中可能是至关重要的。但如果仍然把这些"企业特殊人力资本"的投资不当做创造财富的一部分，损害了他们应得的利益，整个社会将丧失掉投资于企业的特殊人力资本带来的潜在收益。因此必须保护和激励人力资本的投资热情，这就必须提供一种有效的公司治理结构，即能清楚地洞察和确保雇员投资能得到尊重和回报，培育和提高人力资本回报的制度安排。

二、美国的职工持股制度

美国的职工持股计划有不同的表现形式，如雇员持股计划、相互持股计划、消费者持股计划、一般持股计划、个人资本所有权计划、商业资本所有权计划、公共资本所有权计划以及股票期权、利润分享和低价向雇员出售股票。[①] 以下仅以标准的雇员持股计划来介绍美国的职工持股制度。

1. 标准雇员持股计划的主要内容

根据路易斯·凯尔索的设计，标准的雇员持股计划是通过信托使雇员取得本公司股票，它包括以下主要内容：

（1）实施雇员持股计划的基本原则。主要包括：①民主原则，即尽可能地让职工参与该计划，一般要求70%以上的员工参与，体现其共享性。②反垄断原则，

---

① 王斌. 企业职工持股制度国际比较[M]. 北京：经济管理出版社，2000.

即资本不能集中于少数人。③私有权原则，即强调个体分配原则。

（2）基本的规定。主要内容有：①凡在公司工作一年以上，年龄在21岁以上的雇员均可参加。②股份分配以工资为依据，兼顾工龄和工作业绩。③雇员持有的股份由托管机构负责管理。④雇员持有的股份须经5～7年才能取得全部股份，并在满足了规定的时间和条件之后雇员才有权转让其股份，公司有责任收购。⑤上市公司持股的雇员享有与其他股东相同的投票权，非上市公司的持股雇员对公司的重大决策享有发言权。

（3）雇员持股计划的运作程序。第一步，拟实行雇员持股计划的公司一般由雇主和雇员达成协议。雇主自愿将部分股权转让给职工、雇员承诺以减少工资或提高经济效益作为回报。第二步，公司建立雇员持股计划信托基金会。正常情况下该基金会由3～5人组成，其中可以包括一个或一个以上的普通雇员，由董事会任命负责管理基金。第三步，由公司向贷款机构借贷或公司向贷款人做出担保并承诺将向基金会支付足够的款项以归还其贷款本息取得款项交给基金会。基金按股市现值购买公司新近发行的股票，如果是非上市公司，则按财政部和劳工部的规定，根据专家评估的价格成交。第四步，基金会取得股票后，先置于一个悬置的账户上，然后根据雇员归还本息的时间逐步将股票划入雇员在基金会的账户上。第五步，当雇员偿清贷款后才具有表决权；当雇员离职、伤残或从公司退休时，按照已定的条款从基金会中以现金或其他形式退股。

2. 美国雇员持股计划的特点

美国雇员持股计划主要是通过运用信贷使员工获得本企业的股份，以此参与企业剩余利润分配和企业管理，员工以劳动者和资本所有者的双重身份与企业联成命运共同体。主要表现出如下几个特点：①信用和预期劳动支付是雇员获得股份的主要形式。②雇员股份管理专门化。③股权的有限性。④广泛性和公正性相结合。⑤雇员持股与稳定人才相结合。⑥政策支持与雇员持股的比例相结合。⑦雇员持股计划与养老保险相结合。

三、日本的职工持股会

日本的职工持股制度是在本国经济处于高速发展的起步阶段、对外开放逐渐扩大的情况下发展起来的，同时它在许多方面又受到美国职工持股计划的影响，因而二者表现出一定的共性。但由于东西方文化的差异，又使日本的职工持股制度体现出日本企业管理的特色。[①]

1. 职工持股会的实施办法

（1）入会资格规定。实行职工持股制度的企业都要设立职工持股会，参加者

---

① 王斌. 企业职工持股制度国际比较[M]. 北京：经济管理出版社，2000.

只限本企业职工。职工离职或因其他原因失去本企业职工身份者自动退出。本企业职工入会后中途要求退出者可以申请退出，但不得重新加入。

（2）出资办法规定。职工持股会的出资办法主要有两种：一种按月积累，即按月从工资中扣缴；另一种是用奖金积累，即从年中和年末奖金中扣缴。

（3）出资者的收益规定。参加持股会可以得到以下利益：一是奖金；二是资金运用利息；三是分红和资本收益。

（4）股票的取得和管理。职工参加持股会后积累的资金构成"股票购买基金"，用来购买本企业股票。购得的股票列入参加者台账，职工持股会的股票一般以持股会理事长的名义购买。上市公司职工个人持股数达到一个单位（1000股）后，才可以换成本人的名义取出成为个人股票，分红、出售与一般上市股票相同。

（5）退会时股票价格的计算。会员退会时，上市公司的个人持股满1000股的部分，即可提取个人股票，不满1000股的部分则按市场公开买卖的时价计算退还现金。非上市企业的股票全部要折算成现金取出，折算的办法采用红利还原法，即按基准分红率来折算。

2. **职工持股会的管理体制**

职工持股会的组织体制为成员大会。参加职工持股会的人组成全体成员大会，每年开例会一次讨论持股会章程的修改，会员入会、进会，理事的选举和听取工作报告等。理事长、副理事长由理事会选举产生；监事由理事长提名并经理事会同意。理事任期为3年，期满前一个月由理事会推出候选人名单，由理事长用书面方式通知全体会员，对候选人名单有异议者可用书面方式向理事长提出。两周之内如果有异议的会员不超过1/2，该候选人即视为当选。理事长代表股东会参加股东大会行使决议权。

3. **职工持股会的特点**

日本企业在职工持股会的实践中，一方面在职工不掌握股票、股权有限与职工养老保险等方面与美国企业职工持股计划相同；另一方面又表现出自身的特色，主要体现在以下几个方面：

（1）证券市场的交易制度诱发了持股会的产生。日本证券交易以1000股为买卖基本单位，每股面值为50日元，而购买每一单位股票需5万日元，如果按市值计算就是几十万或上百万元，这对一般职工较为困难。通过建立持股会后职工以零星出资购买股票成为可能。因此日本的股票交易制度诱发了职工持股的产生。

（2）持股会建立在企业内部一整套完善的管理制度基础之上。持股会由全体会员组成，是企业特殊的股东，也是企业内部专门管理职工股份的一个受托财产管理机构。它建立了完整的理事会管理制度，包括入会资格、收入分配制度和股票管理权行使制度等并有自己的章程；理事长代表职工在公司行使股票表决权，持股会一般为企业的前十位股东。因此，职工的意志可以通过持股会影响企业的生产经营管理。

（3）出资方式以职工积攒与企业补贴相结合，企业没有赠股。职工持股会的资金来源于持股会的会员工资、奖金及股票红利。

（4）实施职工持股会的企业及参与职工持股会职工的比例较高，但持有公司股份的比例较小。

（5）职工持股会是企业在经济高速增长时对自身利益的一种保护措施，是企业为了适应本国经济的高速增长、吸引人才、增加职工收入、抵制外资的吞并而采取的一种对策，政府基本没有政策上的支持。

4．日本职工持股会的作用

始于 20 世纪 60 年代的日本企业职工持股会在对日本经济的持续发展、企业吸引人才、提高职工的收益、调动职工的积极性等方面发挥了积极的作用。主要表现在如下几个方面：

（1）保证了公司股东的相对稳定，防止了企业被吞并的厄运。20 世纪 60 年代初日本实行资本自由化改革，外资可以自由包买股票，企业存在被吞并的可能性。然而由于日本实行了法人之间相互持股的政策，日本企业法人实际上相互持股已超过 70%，而职工持股会也成为法人间相互持股的一种形式，成为一种稳定因素。

（2）增加了职工的收入，提高了职工的生产积极性和对企业的关切度。职工持股会从 20 世纪 70 年代起，就把职工持股作为形成个人财产的一种重要手段并在持股会章程中明确规定。

四、英国的职工参股制

英国的职工参股制是 20 世纪 70 年代以后兴起的。当时一方面由于石油价格上涨引发的世界性通货膨胀导致了英国历史上最高的通胀率，其对外收支平衡恶化，经济增长缓慢，经济严重衰退，大批企业濒临破产或已超过破产边缘；但英国帝国化学工业公司由于早在 1954 年起就已实行了职工参股制，使之在这场危机中表现出抗危机的活力。另一方面受美国职工持股计划的影响，为了摆脱当时的经济困境，英国政府决定鼓励推行职工参股制。[①] 英国的职工参股主要有三种办法：

1．利润分享制

企业每年用完税前的一部分利润购买股票分配给有资格的职工。利润分享制的具体内容主要包括以下几个方面：①资格规定。1978 年的英国财政法规定，凡在公司连续服务满 5 年的所有全日制职工（包括经理人员）均有资格参与；而非

---

① 王斌．企业职工持股制度国际比较[M]．北京：经济管理出版社，2000．

全日制职工以及服务年限较短的人员能否参加由公司自行决定。一般认为合格的服务年限为 1~3 年，但中间不能中断。②具体实施步骤。公司用不高于税前营业利润的 5%，经投资保护委员会同意后委托单位购买股票（可从现有股东手中购买股票或按市场价格认购新股），然后再把股票分配给职工，作为工资外的一种额外收入。

2. 通过储蓄购买股票的办法

为了鼓励职工购买股票，英国不少公司实行通过储蓄购买股票的办法。1980 年财政法规定，凡工作满 5 年的全日制职工参加此办法，可实行税收减免优惠，但必须同国家储蓄部门或住宅互助协会签订一份"发工资时扣存储蓄款"的契约，同意在 5 年内逐月储蓄一笔固定的金额之后，就被授予一种能认购公司普通股票的权利。如果职工在"发工资时扣存储蓄款"的契约不满 3 年就离开企业，就失去股票购买权；如果满 5 年，就可行使全部或部分购买权。取得股票后可通过银行或股票经纪人在证券市场上出售股票。如果职工放弃行使这种权利，不影响其提取的储蓄本金加红利。

3. 股票购买权

在遵守投资保护准则规定的范围内，由董事会自行决定授予主要经理人员购买股票的权利。如果持股人员取得税收减免资格，从授予之日起 3 年后才能行使，但不能超过 10 年。按所授予购买权购买的股票价格不得低于市场价格。

五、法国的员工持股计划

法国的员工持股计划是通过政府立法和相应的税收优惠政策得以推行的。法国政府于 1973 年颁布了一条法令，主要是对企业（公司）以优惠条件鼓励员工在股市上认购本企业股票或认购本企业股份做出了若干规定，[①] 该法于 1974 年进行了补充和完善并沿用至今。

1. 资格规定

（1）企业的资格。法国政府规定，股份制企业都可以采用员工认股或购股的做法。其条件是：①股份或投资证券须在证券交易所或第二市场公开标价，或允许在非正式交易市场开价。②企业无论是认股还是购股，必须在最近 3 个年度内至少已发放两次股息。③资本的清偿即使法定资本还没有完全付清，企业也可向职工发放股份。④拟增加的资本与本年度和前两年已向员工发股增加的资本之和，不得超过资本的 20%。⑤企业可向参股企业（占 10% 以上股权）、控股企业（占 50% 以上股权）、被参股企业（10% 以上股权）或被控股企业（50% 以上股权）发行员工股。⑥当企业股票在非正式市场交易时，董事会或管委会应将发放条件预先通知交易所业务委员会。此外如果发行员工股的企业集团公司总部设在法国或欧共体内，其员工也可以购买集团公司的股票。

（2）员工的资格。法国政府规定，企业所有员工在本企业工作满半年或3年以上（具体年限由股东大会确定）方可认购或购买企业发行的股票。员工在一年内认购或从股市上购买股票的金额，不得超过计算社会保险税最高限额的50%。员工可以个人或通过企业的"共同投资基金"（员工参加利润分配的积累或参加企业储蓄计划积累）购买，如果通过"共同投资基金"购买，共同投资基金的管理部门必须事先获得基金监督委员会的同意。

2. 实施的办法

（1）企业发行员工股必须经股东大会同意，并确定认购员工的有关资格，认购员工在认购股份时可以分文不付。股份发行一般采取溢价发行，可在3年之后合法、定期地从认购员工工资中可让与、可扣押的部分中提取，但须经认购员在认股申请书中注明同意。

（2）企业可通过补贴金来帮助员工补充清偿，但企业这种支付既不能超过员工的缴款数，也不能高于最高限额即每年3000法郎。

（3）除了员工可要求取消或减少契约义务情况外，如果由于劳动合同中断或其他原因，导致规定的缴纳股款不足，认购者必须按时足额直接到公司缴款。此外假如雇主解除原打算承担补充清偿的义务，发股企业可以要求员工在同一日期支付与补贴金相等的数额。不履行其契约的员工被看做"无力支撑者"，企业可催告无力支撑者在交易所出售股份，在公司登记簿上注销由其负责的抵押权，并从卖股所得中扣除其所欠公司的款额。

（4）员工认购或购买的股份为不记名股票，从认购或购买之日起5年内不能转让。如果员工遇上结婚、解雇、残疾等重大事情可申请取消或减少契约义务。

（5）发行股份的企业应当在3个月之内将增资情况通报给政府有关部门和交易所业务委员会。

3. 员工股的管理

员工认购或购买员工股后，与其他普通股东享有同等管理公司的权利，如参加股东大会，有选举权和被选举权，了解公司内部资料。如果股份由"共同投资基金"认购或购买，这些权利由基金掌管人代表，但选举权由基金监督委员会指定候选人。此外在保留劳动合同和继续领取报酬的同时，员工可以行使监督委员会成员的职权。

4. 政府的相关政策支持

法国政府在政策上为企业发行员工股给予了一定程度上的支持：①向员工发行股份增加的资本可以免费登记。②员工为交纳股份本金而被扣除的工资部分可免征所得税，但每年有最高限额的规定。③企业为员工福利额外支出部分可从征税利润中减免，不纳入工资税，"补贴金"也不纳入劳动法，不作为社会保险集资对象。

六、职工持股制度的国际经验

以美国为代表的企业职工持股制度在各国的实践中尽管表现出了许多不同之处，但各国在企业职工持股制度的基本建设方面却又表现出许多共同点，[①] 主要表现如下：

1. 立法和政策支持是企业职工持股制度发展的基本保证

美国的雇员持股计划在 20 世纪 70 年代前基本停留在理论家们的实践试验阶段，当时全国只有 300 余家企业进行了雇员持股计划。1974 年美国通过《雇员退休收入保障法案》后，有 25 个联邦和 25 个州立法支持这个计划的实施，此后雇员持股计划在全国迅速发展，20 世纪 70 年代初已发展到约 12000 家。英、法等国也以立法和税收优惠政策鼓励和推动职工持股制度的发展。各国的立法和政策优惠实际上形成了各国不同职工持股制度的基本框架。

2. 充分运用信用制度，以非现金性购买为主

以信用制度作为推行企业职工持股的基本手段，以非现金性购买——建立在预期劳动支付的基础上取得职工股是各国实行职工持股的共同点。美、英、法等国基本上通过信用制度鼓励企业职工持股。有的国家还规定实行职工持股的企业可用税前利润的一定比例用于购买股票分配给职工。

3. 建立专门的机构实行统一管理

各国对职工持有的股份基本上建立了一个专门的机构实行统一管理。在美国，实施职工持股计划的企业须设立专门机构——职工持股计划委员会或职工持股计划信托基金会，帮助职工购买和取得本企业的股票。在日本，公司内部设立本企业职工持股会，职工可自愿加入而成为会员。

4. 注重社会财富的公平分配

各国在推行职工持股制度时都重视社会财富的公平分配。主要有两种措施：一是限制高收入。如在美国，职工持股计划须遵守"不歧视"原则。实行职工持股计划的企业须有 70% 以上的雇员参加，且每个雇员从雇员持股计划中收益不超过其年工资总额的 25%；在法国，企业用于补贴职工取得股份的费用不能高于职工自己的缴款数，且不得超过最高限 3000 法郎。二是鼓励职工多持股。如美国规定，企业雇员持股比例达 30% 以上的，出售股票的股东免缴 28% 股份收入所得税。此外对参加职工持股计划的员工，各国都有资格限定，一般规定须在本企业服务半年至数年。

---

① 王斌. 企业职工持股制度国际比较[M]. 北京：经济管理出版社，2000.

5. 作为吸引和稳定人才的措施

美国及其他发达国家是人才高度流动的国家，如何才能吸引和留住人才是每个企业甚至国家保持其竞争力所面临的首要问题。各国运用企业职工持股制度吸引和留住人才是一个非常突出的共同点。首先各国都规定职工股份的取得和转让都受到限制，一般是若干年以后才能取得其全部股份。美国规定为 5～7 年、英国规定为 5 年，在这之前离开的雇员将有较大的损失。其次股票的集中管理。美、日都强调由统一的机构来管理该股票，没有特殊理由不得提前转让；此外该股票不得继承。这样一来，各国在给实行职工持股制度的企业以较大政策优惠的同时，又严格限制该种股票的转让、交易、继承，这对吸引和留住人才起到了相当重要的作用。20 世纪 90 年代以来，在美国推行的股票期权就是针对高度流动的人才而实施的一种"金手铐"。

6. 收入与社会保障相结合

无论是美国还是其他国家，基本上都把实行企业职工持股制度作为一种社会保障计划而予以支持。在美国第一个立法支持职工持股计划的就是 1974 年的《雇员退休收入保障法案》，其出发点就是建立一种退休保障机制；日本以及其他一些国家基本上都把这项制度作为增加员工收入、提高社会保障能力的方法之一，并给予相应的政策支持。

【本章小结】

企业作为市场机制的替代，它的出现是节约交易费用的非市场制度的创新。现代企业的生产关系是各种要素所有者之间的协作关系，他们是作为一个协作群体出现在生产经营管理过程中的。在这一生产经营管理过程中，一个人或一种生产要素所有者的活动和行为（如努力程度）会影响到协作群中其他人的生产力，所以要观察和计量每一个人或某一生产要素所有者的贡献是非常困难的技术问题。因此在协作群生产中，每个人都有一种"偷懒"的动机。要充分发挥企业的效率潜力，必须克服各要素所有者的"偷懒"和"搭便车"这类道德风险。企业的产权结构安排就是为了克服企业内部各种要素所有者之间在协作群生产过程中的"偷懒"和"搭便车"动机而建立起来的契约性制度安排。这种制度的安排必须克服监督者与被监视成员在利益和动机上的雷同，从而达到双方的激励相容性。借助于产权的安排，赋予监督者剩余索取权（residual claimant right），通过监督者的专业化、职业化，加上享有剩余索取权，就可克服偷懒。这就是现代企业为管理者设计绩效奖励和管理股权激励等与企业剩余索取权相关的报酬激励制度的理论依据。在知识经济日益重要、人力资本事实上已成为衡量一个企业未来市场价值主要绩效指标的今天，企业必须在报酬制度安排上提供足够的财务激励，以充分发挥企业的中层管理者、技术骨干和业务骨干甚至所有员工的积极性和创造力，促进企业的可持续发展。本章首先在分析融资结构和资本结构的前提下，系统探讨了货币资本结构激励、管理者股票期权激励、经理报酬计划激励、职工持股制度激励等财务激励制度内容。从组织内部来看，由于货币资本与人力资本的形态及其在企业中所承受的风险等方面都存在很大差别，它们对企业所作贡献的形式也有本质性差异，因而对货币资本和人力资本的激励方式也有本质差别。与此同时在组织内部，由于货币资本与人力资本的相对重要性不同，这也决定了不同类型企业对货币资本和人力资本的财务激励会有所不同。因此财务激励必须充分考虑企业所处的行业类型、所处发展阶段，以及组织战略规划、组织结构及文化等诸方面的影响。

【复习思考题】

1. 与非人力资本相比，人力资本有哪些重要特征？
2. 简述公司绩效与财务激励的关系。
3. 传统融资结构理论有哪些基本观点？现代融资结构理论有哪些基本观点？两者有何区别与联系？
4. 货币资本结构财务融资的理论基础是什么？如何理解我国上市公司货币资本结构财务融资的现状？
5. 管理层收购的作用、主要特征及常见的收购方式有哪些？
6. 如何进行股票期权的管理？
7. 职工持股制度的主要理论依据有哪些？
8. 在比较美国、日本、英国、法国等不同国家职工持股制度的基本内容、管理办法后，可得出哪些基本的职工持股制度国际经验？
9. 组织资本的特征是什么？如何理解组织资本与财务激励的关系？

【阅读资料】

我国上市公司财务激励的现状

我国的上市公司基本上可以分为两大类：国有控股上市公司和民营上市公司。虽然从总体上看，我国上市公司高层管理人员的激励强度处于很低的状态，与公司业绩之间的相关度也非常低，但在国有控股与民营公司两大类上市公司之间也存在着系统性的差异：一是国有控股上市公司高层管理者的物质激励相对而言处于较低的水平；二是国有控股上市公司高层管理者的股权激励明显低于民营上市公司。这种结果与我国上市公司的产生、发展的独特体制背景密切相关。与在市场中逐渐发展壮大的民营公司不同，我国资本市场中大量的国有控股上市公司主要是在传统国有企业基础上改制形成的，因此它们在改制上市后还必须受到现有众多国有资产管理法规的限制。因此从本质上讲，只要国有资产管理体制尚未出现根本性的变革，我国国有控股上市公司高层管理者的激励模式就不可能同民营上市公司那样可以走完全市场化的道路。与国有控股上市公司相反，我国资本市场中众多的民营上市公司却在改革开发的大环境中，以市场为依托得以逐渐壮大，进而其行为表现出较明显的市场导向。具体到资本结构与高层管理者的激励模式而言，也就较为接近市场化国家上市公司的实践。但从总体上看，我国两类上市公司与市场化国家上市公司的实践表现依然还存在较大差异，这可从以下几个方面来分析：

（1）在融资结构问题上，两类上市公司对融资方式的选择，都表现为内部融资：①负债融资。②股权融资。③与优序融资假设相符。在外部融资中，负债是主要的融资来源，其中以约束条件较少的流动负债为主；国有控股上市公司的股权融资比率相对稳定，而民营上市公司则存在一种非常明显的倾向，即利用股权融资取代负债。

（2）在资产规模与财务杠杆比率之间的关系上，国有控股上市公司的资产负债率系统性高于民营上市公司，因而与资本结构理论的相关理论相背离。基于委托—代理理论和信息不对称理论，由于民营上市公司的激励模式是市场取向的，同时由于民营上市公司的高层管理者与公司发展的联系显著高于国有控股上市公司，民营上市公司的高层管理者更有动力追求企业价值最大化的目标。因此从理论上讲，企业资产规模越大，其负债比率越高，而国有控股上市公司由于激励强度不够则一般不愿意举债，但我国上市公司的实际情况却与理论分析相反。

作为我国转轨经济的一个产物，我国资本市场产生、发展的经济背景极为独特。这在客观上导致了我国两类不同股权性质的上市公司中两种性质截然不同的高层管理者激励模式——国有企业的行政取向与民营企业的市场取向。虽然我国上市公司高层管理者激励模式的性质差异从理论上可能预示着两类上市公司资本结构选择存在较大的差异，但实证检验表明实际与理论之间存在较大差异。对于我国上市公司而言，如果国有控股上市公司的所有者不能落实国有股减持、无法实现公司股票发行、上市以及增发等环节，行政性因素的制约问题就无法从根本上加以解决，单纯强调上市公司高层管理者激励模式的市场化改革本身并不能从根本上改变我国上市公司高层管理者的经营目标及行为。

（资料来源：王阳，李斌等著. 从员工持股到管理层收购：操作手册[M]. 北京：机械工业出版社，2001. ）

【课外阅读文献】

1. 王阳，李斌等著.从员工持股到管理层收购：操作手册[M].北京：机械工业出版社，2001.

2. [美] 国家员工所有权中心编，张志强译.股票期权计划的现实操作[M].上海：上海远东出版社，科文（香港）出版有限公司，2001.

3. [美] 弗雷德里克·D.李普曼著，张新海等译.员工持股计划实施指南[M]. 北京：电子工业出版社，2002.

4. [加]弗朗西斯·赫瑞比著，郑晓明等译.管理知识员工[M]. 北京：机械工业出版社，2002.

5. 王斌.企业职工持股制度国际比较[M]. 北京：经济管理出版社，2000.

第十五章 公司并购、重组与紧缩

【学习目标】

➢ 了解公司重组的基本类型与表现形式；

➢ 理解公司并购的主要动机和基本形式；

➢ 掌握公司并购中的估价与定价方法，并购决策中的成本、风险与收益分析；

➢ 理解公司分拆的主要动机及对公司财务的影响；

➢ 理解股票回购的概念、形式及意义；

➢ 掌握公司紧缩的理论原因，特别是从战略理论的角度来分析公司紧缩；

➢ 掌握公司紧缩的基本步骤，并能结合实务适当应用其中的基本原理。

【重点名词】

并购 横向并购 纵向并购 混合并购 现金收购 股票收购 并购完成成本 并购收益 资产剥离 分拆上市 公司分立 企业纵向边界 企业横向边界 协同效应 定向股 自愿清算

【案例导入】

汇丰集团（HSBC）认购中国平安保险股份有限公司股份案

2002年10月8日，汇丰集团（HSBC）与中国平安保险股份有限公司在上海签署《认购协议》，以6亿美元（约人民币50亿元）认购平安保险公司股份，持股比例为10%。此次增资后中国平安保险的净资产将达到人民币120亿元。汇丰集团的前身香港上海汇丰银行有限公司于1865年在香港成立，同年在上海及伦敦开设分行。到2002年6月30日，汇丰集团的资产总值已超过7460亿美元。2001年汇丰集团在全球的保费收入达77亿美元。近两年来，汇丰集团在中国业务重心呈现向内地倾斜的趋势：2001年5月，汇丰中国总部从香港迁至上海浦东；2001年12月29日，香港上海汇丰银行参股上海银行，以6260万美元购买上海银行8%的股份；在不到一年的时间里又再次斥巨资参股平安保险10%的股份，充分体现出这一外资金融巨头对中国市场的看重。汇丰为什么会选择平安保险作为它涉足中国保险市场的第一位合作者呢？

第一是平安保险良好的股权结构和国际化经营管理模式吸引了汇丰。在汇丰入股上海银行签约仪式上，汇丰银行主席艾尔顿讲过这样一段话："汇丰看好上海银行，一方面是上海银行有与外资银行合作的经历合作平台好；另一方面是它的股权结构符合现代企业管理制度的要求，自然会引起汇丰银行的兴趣。"这些特点恰恰是平安保险的优势。第二是平安保险公司在中国内地拥有庞大的网络资源、良好的品牌和声誉。业内人士分析认为，汇丰参股平安的目的不仅仅在于立即赢得利润，而是要尽快实现本土化的目标。因为中资保险公司的网点资源、客户资源都是外资金融机构难以很快建立的，而中资保险公司也需要外资金融机构的资本补充、管理经验和国际优势。第三是两者有一致的经营目标和发展方向。2002年8月份，汇丰银行在中国内地开设了首间卓越理财中心，为客户提供融本地经验和国际网络的一流个人金融服务。无独有偶，平安保险设在上海，为高端客户提供专业理财服务的机构，也被命名为"卓越理财中心"。

从 2002 年下半年起，平安保险在寿险业务员中积极推广顾问式行销，并着手建立一支高素质、具有专业理财服务能力的个人理财规划师队伍。在个人金融服务领域，双方有共同的发展目标。还有一个引人注目的共同点是，双方都对网上业务兴趣浓厚。2002 年 9 月 30 日，汇丰获准在中国内地推出网上银行服务，力求借助汇丰在全球网上银行服务的成功经验，为中国市场的客户提供优质的网上银行服务。同样平安近几年对电子商务的巨额投资让它的保险同行羡慕，科技平台上的优势已经逐渐成为其实现差异化经营的强大后盾。或许正是这些因素让平安和汇丰走到了一起。

（资料来源：中国保险报[R]. 2002 - 10 - 11.）

第一节　公司重组财务管理

一、企业重组概念分析

1. 企业重组的内涵

企业重组（资本经营）是作为与商品经营相对应的一个概念提出并加以利用的。企业重组主要是指出资人（资本所有者）及其代理人为实现企业发展战略和资本增值最大化，通过资本扩张、调整或收缩等方式及其组合，实现企业的股权、实物资产或无形资产和其他各种资源的优化配置来提高资本运营效率、谋求竞争优势的产权经营行为。现代市场经济意义上企业重组的实质，包括三个主要内容：一是资本的直接运作，是企业控制权的扩张、收缩、重整；二是以资本运作为先导的资产重组与优化配置；三是按照企业重组原则进行商品经营。

　　企业重组的核心是资本控制权问题。从经济学的角度看，资本就是通常所说的资产，它侧重于揭示企业所拥有的经济资源而不考虑这些资源的来源特征；从财务的角度看，资本通常表现为两重属性，即自然属性和社会属性。自然属性是指资本的一般价值形态；资本的社会属性则是指资本所代表的出资人的特权——控制权和剩余索取权。企业重组的过程实际上就是一个不断地获取、实现或放弃控制权的过程，从而实现资本收益的最大化，实现资源配置的最优化。

　　2. 从资本变动形式看企业重组的分类

　　（1）所有权结构变更。所有权结构变更的基本形式就是交换发盘，即以债权或优先股交换普通股，或相反地以普通股交换优先级更高的要求权，从而达到调整财务杠杆和资本风险的目的。所有权结构变更的具体形式包括管理层收购（MBO）、员工持股计划（ESOP）、股票回购等多种形式。

　　（2）资本收缩。资本收缩是指将所控制资产转移给能对其进行更有利管理的所有者，是对原有资产控制权的收缩，是对资本扩张风险外化时的一种补救措施，一般出现在资本扩张无法实现的领域，是为下一步的资本扩张做准备。资本收缩包括资产剥离和分立等。其中，资产剥离是指将公司的一部分（资产、产品种类、子公司或部门等）出售给外部的第三方，进行剥离的企业将收到现金或与之相当的报酬；分立则是创造出一个独立的新法律实体，其股份按比例分配给母公司的股东，但控制权被分离。资本收缩一般包括资产剥离、公司分拆、割股上市、资产与负债剥离、股份回购五种形式。

　　（3）资本扩张。资本扩张一般可通过两个途径实现：一是通过企业内部的自我积累；二是通过外部的并购（merge and acquisition）与重组，其主要形式就是并购。经济学意义上的并购就是指资本的合并，是企业实现资本扩张的主要方式。根据并购双方产品和产业的联系，并购又分为横向并购、纵向并购和混合并购等；根据并购的实现方式，并购分为承担债务式、购买式和股份交易式。

二、企业重组与商品经营的关系

1. 企业重组与商品经营的区别

　　商品经营以物化资产为基础，以生产和经营商品为手段，通过不断强化物化资产的管理，提高市场资源配置效率，来获取最大利润的一种经营活动。企业重组一般能跳过商品这一中介，可以以资本直接运作的方式来实现资本增值，或是以资本直接运作为先导，通过物化资本的优化组合来提高其运行效率和获利能力。与商品经营相比，企业重组具有以下几方面特点：①经营者角色方面，企业重组是由出资人及其代理人运作的。②经营对象方面，企业重组的对象是价值化、证券化了的物化资本，或者说是法人资本或法人财产权。③面向市场方面，企业重组者不仅面向商品市场，更面对资本、产权交易等市场。④经营目标方面，企业重组侧重资本的保值增值并着眼于产业结构调整，对企业实施战略性改组。⑤经营方式方面，企业重组表现为存量资产的流动和重组。

2. 企业重组与商品经营的联系

企业重组有其明确的内涵边界和不同于商品经营的若干特点，但仍然属于企业经营的范畴，与商品经营有着不可分割的联系。具体表现如下：①商品经营是企业重组的基础，企业重组是商品经营的强大推动力。②企业重组并不排斥商品经营，也不替代商品经营。③所谓按照企业重组原则进行商品经营，是指将企业重组原则引入企业经营机制之中以使企业经营通过不断提高资本配置和资本运行的效率来实现资本最大限度的增值，以获取尽可能大的权益。因此在任何企业的商品经营过程中，都应体现企业重组的观念，二者是相融合的，并在更高层面上联系在一起。

三、企业重组的财务主体和财务目标

1. 企业重组的财务主体

财务分层管理理论将企业财务按照管理层次分为出资者财务、经营者财务和财务经理财务。它们的管理特征分别为间接控制、长远战略和短期经营，所拥有的权限分别是监督权、决策权和执行权。这对于资产经营或许是有效甚至是必需的。但在企业重组中，无论是兼并、收购，还是剥离、重组，主要都涉及所有者主体之间控制权的市场交易，从这个角度分析企业经营者是在一定的委托—代理关系下经营的资产，企业重组权，特别是资本交易的经营权只能是出资人所有。

2. 企业重组的财务目标

企业重组把资本看做是可以任意转换或控制资产经营的一种可流动价值，通过比较整个社会资产经营的竞争实力和效率，使资本总是投入和控制在经营效率相对较高的资产项目上，这种受利益驱使形成的资本流动就是企业重组。企业重组带来资本收益的最大化，从而决定了资产收益在社会范围或行业范围的最大化。所以企业重组的财务目标可以定义为，在符合企业战略下竞争优势和资本收益最大化。

3. 企业重组的财务评价

重组评价理论一般会涉及谁来评价、评价什么以及如何评价的问题。企业重组的主体是出资者，评价对象是企业重组的效果或业绩，企业重组的效果一般都要经过较长一段时期才能显现出来，特别是在并购活动中。并购公司和目标公司在观念上、组织上、财务上都需要一定时间的协调、磨合。因此对企业重组效果的评价时点经常是在整合期过后。

第二节　公司并购决策的财务管理

公司并购（merger & acquisition，简称 M & A；或 takeover & merger，简称 T&M）是公司兼并与收购的统称。

公司兼并（merger of company），是指两家或两家以上相互独立的公司合并成一家公司。通常由一家占优势的公司吸收另一家或更多的公司。在西方国家的公司法中，公司兼并又可分为两类，即吸收兼并和创立兼并。所谓吸收兼并（consolidation merger），是指在两家或两家以上公司的合并中，其中一家公司因吸收（兼并）了其他公司而成为存续公司的合并形式。在这类兼并中，存续公司仍然保持原有公司的名称，而且有权获得其他被吸收公司的资产和债权同时承担其债务，被吸收公司将不复存在。所谓创立兼并（statutory merger），是指两个或两个以上的公司通过合并同时消失，形成一个新的公司，即新设公司。新设公司接管原来所有公司的全部资产和业务。

公司收购（acquisition），是指一个公司以持有股票或股份等方式，取得另一公司的控制权或管理权，另一公司仍然存续而不必消失。在公司收购中，取得另一公司控制权或管理权的公司被称为收购方或收购公司（acquisition company），另一公司被称为目标公司（target company）或被收购公司（acquired company）。

一、公司并购的历史及规律性分析

1. 公司并购的历史回顾

企业并购浪潮始于 19 世纪末 20 世纪初的美国，100 多年来全球企业已经掀起了多次大规模的并购浪潮。美国是世界上工业化最为发达的国家之一，其工业发展史实际上就是一部企业兼并收购史。总体上看，美国企业历史上先后经历了六次并购浪潮。

（1）第一次浪潮。1897～1904 年。美国第一次并购浪潮发生在 1893 年大萧条之后，1898 年和 1903 年达到顶峰，1904 年结束。这次并购浪潮完成了美国大部分工业的现代化结构，国民经济的集中程度大大提高，出现了美国钢铁公司等特大型公司。衰落的证券市场和微弱的银行体系、严重缺乏并购融资的基本金融要素，这些因素导致了第一次并购浪潮的结束。

（2）第二次浪潮。1916～1929 年。第二次并购浪潮的一个显著特征就是以反托拉斯法变为阻止垄断的主要手段而迫使大公司并存竞争，大公司的纵向并购成为企业并购的主要形式。另一方面公用事业、银行业也进行了大规模的并购活动。

（3）第三次浪潮。1965～1969 年。跨行业、跨国的混合并购成为此次企业并购的主流，出现了企业多元化及产业发展国际化的趋势。混合并购的盛行主要得益于 1950 年通过的塞乐——基福弗法对反托拉斯的限制。第三次并购浪潮虽然并购规模空前，但是不同行业的竞争程度并未改变，这与导致大量行业聚合的第一次并购浪潮形成鲜明对比。

（4）第四次浪潮。1981～1989 年。第四次并购浪潮以超强并购为特征，20世纪 80 年代某些国家最大的公司变成了并购目标；这次并购浪潮的另一显著特征是混合并购所占比重急剧下降，并购对象主要转向与本行业有关的行业；多元化发展的公司将非主导产业分割转让，以提高主导产业的资产质量。

（5）第五次浪潮。20 世纪 90 年代后期开始。一方面从 20 世纪 90 年代初到1993 年，美国经济才开始复苏和回升，这给要求变革的美国大公司提供了巨大的市场机会。另一方面进入 20 世纪 90 年代，随着高新技术应用日益普遍，信息革命的到来，以及世界经济一体化步伐加快，所有这些都适应了企业通过并购集中资本、加强国际竞争力的要求。

（6）第六次浪潮。网络并购。从 1992 年起，美国同时掀起了网络并购的浪潮，人们称之为第六次并购浪潮。第六次并购浪潮打破了人们传统的"大就是好，更大就是更好，最大则最好"的惯性定律，人们已经逐渐意识到卓越企业之所以能够进入卓越行列，在于卓越企业不断地创新。

2. **并购演进的一般规律**

纵观公司并购发展的历史可以看出，企业的并购演进具有以下一些基本规律：①企业并购的时间间隔越来越短，而并购的强度越来越大，见表 15-1。②并购形式趋于多样化。③企业并购形式的变化反映了企业成长的一般规律。④企业并购与产业结构调整密切相关。⑤大公司是企业并购浪潮的推动者。⑥随着全球意识的增强，企业由国内并购走向跨国并购。

表 15-1 公司并购时间间隔及强度比较

次 序	峰值年	被并购企业数（家）	间隔期（年）
第一次	1899	1028	30
第二次	1929	1245	39
第三次	1968	2407	20
第四次	1988	3500	7
第五次	1995	2290	—

二、公司并购方式

1. 一般公司并购与上市公司并购

以目标公司是否上市为标准，将公司并购分为一般公司并购和上市公司并购。

（1）一般公司并购。一般公司并购主要是兼并或收购目标公司，取得目标公司的股份或资产从而控制目标公司。在这一并购方式中，无论是并购方还是目标公司都是除上市公司形式以外的其他性质的公司。一般公司并购是经由磋商达成共识，然后订立合同，进行交接这一基本程序而完成，在这一并购方式中不存在敌意收购的问题，且这类并购活动主要适用《公司法》的规定。

（2）上市公司并购。上市公司并购指目标公司是上市公司，收购方无论是否为上市公司均可通过在证券市场上获得目标公司一定数量的股票，以取得目标公司的控制权为出发点而进行的并购。该类收购活动主要适用《证券法》和与《证券法》相关的诸如《保护投资者法例》、《内幕交易法例》、《禁止欺诈行为法例》等规定。由于股票在证券市场上的交易是公开行为，任何人都可按法定要求进行，而对上市公司的并购是以取得目标公司的股票为方式来完成的，因此任何一个上市公司在任何时候都可能成为目标公司，而不需经目标公司同意。如果收购方的经济实力足够强大并志在必得，目标公司的控制权都可能易手。所以在上市公司并购中，发生目标公司不同意而并购方强行并购的敌意并购就不可避免。

2. 善意收购与敌意收购

在上市公司并购中，以目标公司管理层是否同意并购为分类标准，可以分为善意并购和敌意并购。

（1）善意并购。善意并购（agreed offer）是指目标公司的董事会一致同意向其股东推荐接受并购意向的并购方式。在董事会不能达成一致意见而多数董事同意的情况下，要附上不同意董事的意见及理由。一般而言在各种并购方式中，善意并购对目标公司和并购方双方都是有利的。这与善意并购所具有的特点有密切关系：①善意并购的结果确定性强。②并购方能获得有关目标公司更多的资料。③并购费用更节约。④善意并购有助于并购方与目标公司在并购完成后继续维持良好的关系。

（2）敌意并购。敌意并购（hostile bid）是与善意并购相对的一种并购方式，是指在目标公司管理层不愿意的情况下，当事人双方采用各种攻防策略，通过并购、反并购的激烈争夺完成的并购行为。双方的强烈对抗充满了整个并购过程。一般情况下由于自身的利益原因，目标公司原来的大股东及经营管理层都不愿意放弃对公司的控制权，不愿看到公司被人控制和兼并。因而进攻性公司与目标公司围绕收购与反收购、兼并与反兼并而展开激烈的斗争往往难以避免。敌意并购虽然有一些负面影响，但它是市场经济发展的必然产物，它对监督和激励企业管理者、促进经济发展起到了积极的推动作用。在敌意并购中，并购双方为了取得斗争的胜利，经常会采取各种攻防策略。对收购方而言，经常采用的策略有：①代理人战。②间谍战。③套险。目标公司常采用的有效防御策略主要有：①送服"毒药丸"。②肉搏战。③金色降落伞。④焦土抵抗。

3. 杠杆并购、管理并购与联合并购

（1）杠杆并购。杠杆并购（leveraged buy-out，简称 LBO）又称融资并购、债务并购，是指筹资企业以其准备并购企业的资产和将来的收益能力作抵押，通过大量的债务融资来支持兼并与收购行动。杠杆并购的目标在于通过从资产雄厚的公司榨出现金后将公司卖掉，并购的目标公司主要是那种拥有坚强管理组织、长期负债不多且产品市场占有率高、流动资金比较充足稳定、实际价值超过账面价值的公司。

（2）管理并购。管理并购（management buy-out）是指目标公司的管理层通过大举借债或与外界金融机构合作，收购他们所在公司的行为。从本质上来看管理并购也是杠杆并购的一种，它与一般杠杆并购相比有一个最明显的特征就是管理并购的并购者是目标公司的管理层。成为管理并购的目标公司一般有以下几个特点：①没有利润产生或利润很少。②公司的经营绩效难以得到令人满意的改进。③现金周转困难，但股东们没有准备，或无力开辟新的现金来源。④母公司需要收取现金。⑤公司出售可以减少母公司所面临被并购的威胁或压力。

（3）联合并购。联合并购（consortium offer）是两个或两个以上的收购人事先就各自取得目标公司的那一部分以及收购时应承担的费用达成协议而进行的并购行为。联合并购有两个基本特点：一是收购人必须是两个或两个以上的公司或个人；二是目标公司不是整体卖给收购人，而是各收购人通过协议取得目标公司的不同部分。联合并购之所以发生主要是因为意欲进行并购的单个公司能力或规模相对弱小；或者是并购方只想得到目标公司的某些部分而不是全部；或者是并购方在收购整个目标公司时会面临反托拉斯或反垄断的限制。

4. 救援式并购、协作式并购、争夺式并购与袭击式并购

根据并购双方的合作与敌对关系对比，可以将并购具体分为救援式并购、协作式并购、争夺式并购和袭击式并购四种。[①]救援式并购是并购双方最具合作性的并购，与之相对应的另一个极端就是袭击式并购。在不同类型的并购中，都会产生并购方与目标公司如何协调的问题，并购类型的不同在很大程度上决定了冲击的严重程度、受到损伤的持续时间和公司元气的伤害程度。

---

① [美] P. 普里切特，D. 鲁宾逊，R. 克拉克森著，胡海峰等译. 并购之后如何整合被收购公司[M]. 北京：中信出版社，1999.

（1）救援式并购。救援式并购有两种不同的操作方式："白衣骑士"式救援和紧急资金救助。在这两种情况下都是目标公司到处寻求帮助，而并购方基本上是受欢迎的。①"白衣骑士"（White knight）式救援。在这种救援情形下，由于目标公司是在仓促中挑选并购者，在经过恐慌后仔细审视，往往发现当初的决策带有明显的权宜性质。因此"白衣骑士"救援之后，最高管理层急需采取措施，以确保两个机构相互了解。②紧急资金救助（financial salvage）。在这种情形中，目标公司一般正处于财务灾难的边缘，或者至少正处于关键性资源（通常是资金）的短缺状态，目标公司为了避免陷于财务或经营危机中，主动寻求其他公司并购以解决资金短缺问题。

（2）协作式并购。所谓协作式并购，就是在并购方与目标公司协商一致的情况下进行并购，也是全部并购事件中比重最高的一种并购方式。在正常情况下，协作式并购中工作量最大的是说服协作对手，因此这可能会花费相当长的时间，并且在协作式并购完成后，目标公司的管理层可能会极力抵制变革，从而违背协作式并购的初衷。

（3）争夺式并购。争夺式并购是在两个或两个以上的企业对目标公司发生浓厚的兴趣，而目标公司并不情愿的情况下，意欲并购的企业为获得对目标公司的并购而与目标公司之间展开激烈争夺的一种并购方式。

（4）袭击式并购。袭击式并购属于一种敌意接管行为，是在目标公司管理层事先并不知情的情况下，并购方通过收购其股份而突然发动的并购。

三、企业并购动因的理论分析

企业兼并收购动因的复杂性和多变性难以用一种经济理论解释清楚，不同地区、不同历史时期企业兼并收购的产生和发展都有其深刻的社会、经济、政治等原因；对于不同企业来说它进行兼并收购活动的原因不同，甚至同一企业在不同时期的兼并收购也有不同的原因。在现实生活中企业不仅仅是由于某一种原因进行兼并收购，实际的兼并收购过程是一个多因素的综合平衡过程，虽然其中某一个因素可以占主要地位，但必须考虑其他因素的影响。

1．控制权增效假说

所谓"控制权增效"，是指由于取得对公司的控制权而使公司效率改进和获得价值增大的效果。兼并收购的目的，就在于获得对企业的控制权，通过运用控制权而产生控制权增效。所谓控制权，是指对公司的所有可供支配和利用资源的控制和管理权力。控制权与所有权和经营管理权既密切相关，又都各不相同。就控制权与所有权的关系来说，所有权是最终索取权，控制权从属于所有权。

2．效率理论

效率理论认为，公司兼并和资产再配置的其他形式对整个社会来说是有潜在收益的，这主要体现在大公司管理层改进效率或形成协同效应上。所谓协同效应，指的是两个企业组成一个企业之后，其产出比原先两个企业产出之和还要大的情形，即俗称的"2＋2＞4"效应。企业并购动因理论通常涉及差别效率理论或管理协同效应理论、经营协同效应理论、多样化经营理论、财务协同效应理论和市场价值低估理论等层面。

（1）管理协同效应理论。如果甲公司的管理比乙公司更有效率，在甲公司兼并乙公司之后，乙公司的管理效率如果能提高到甲公司水平，那么兼并就提高了效率，这种情形就是所谓的管理协同效应。这不仅会给个人带来效益，也会带来社会效益。整个经济的效率水平将由于此类并购活动而提高。如果一家公司有一个高效率的管理队伍，其能力超过了公司日常的管理需求，该公司便可以通过收购一家管理效率较低的公司来使其额外的管理资源得以充分利用。

（2）经营协同效应理论。经营协同效应也称经营经济，是指由于经济上的互补性、规模经济或范围经济，使得两个或两个以上的公司合并成一家公司，从而造成收入增大或成本减少的情形。按照交易成本理论通常的分析，通过纵向一体化，可以形成经营协同效应。但经营协同效应理论面临两个主要挑战：其一在混合兼并中，企业管理层的管理能力很难在短时间内迅速提高到足以管理好分属于不同行业的企业程度；其二企业管理层的管理才能在相同或相近产业中是很容易扩散和转移的，而混合兼并则只涉及那些互不相关的产业，此时管理才能却很难扩散和转移。

（3）多样化经营理论。所谓多样化经营，是指公司持有并经营那些收益相关程度较低资产的情形。多样化经营可以分散风险稳定收入来源，同时对组织资本和声誉资本进行保护，从而在财务、税收方面获得好处：多样化经营可以通过内部发展和兼并活动来完成，在特定情况下兼并方法要优于内部发展的途径。

（4）财务协同效应理论。财务协同效应理论建立在内外部资金分离的基础之上。与外部融资相联系的交易费用以及兼并胜利方的差别税收待遇，可通过兼并使公司从边际利润较低的生产活动向边际利润率高的生产活动转移，从而构成提高公司资本分配效率的条件。这种理论事实上阐明了资本在兼并企业的产业与被兼并企业的产业之间进行再配置的动因。这种理论还认定在一个税法完善的市场经济中，一个合并企业的负债能力，比两个企业合并前各单个企业的负债能力之和大，而且还能节省投资收入税。

（5）市场价值低估理论。市场价值低估理论认为，兼并的动因在于股票市场价格低于目标公司的真实价格。造成市场价格低估的原因主要有：第一，公司现在的管理层并没有使公司达到其潜在可达到的效率水平；第二，公司资产价格与其重置成本之间的差异。衡量这种差距的一个重要指标叫做 q 值（也叫做托宾 q 值），这个比值被定义为公司股票的市场价格与其实物资产重置价格之间的比值。

3. 信息理论

用信息理论解释兼并动机的学者中，存在三种不同观点：第一种观点认为即使收购活动并未最终取得成功，目标企业的股票在收购过程中也会被重新提高估价，该信息假说可以区分为两种形式：一种形式被称做是"坐在金矿上"的解释；另一种形式是"背后鞭策"的解释。第二种观点认为，在一项不成功的兼并收购活动中，目标企业股票估价提高是由于市场预期该目标企业随后会被其他企业收购，后者将会拥有某些用于目标企业的专门资源。只有当目标企业的资源与收购企业的资源结合在一起，或至少当目标企业资源的控制权转移到了收购企业的手中时，目标企业股票的永久性重置价值才会发生。第三种观点与公司资本结构的选择行为相关，此情形也就是所谓的信息不对称性。根据罗斯理论，在这种情况下最优资本结构可能在下述情况下存在：第一，公司投资政策的性质将通过其资本结构的选择向市场发出信号；第二，经理报酬与资本结构信号的真实性相关联。在信息理论中，非对称信息的假设比较接近现实。但在现实生活中，经理与其他人员勾结起来向市场输送错误信息从而使自己盈利，该理论无法解释此类行为。

4. 经理阶层扩张动机论

持此观点的经济学家认为，企业并购不能为企业带来最大价值和利润，并购并非是最佳增强企业效益的行为，而只是在管理者扩张动机下产生的行为。他们认为管理本身所追求的目标，就是通过良好的管理使企业产品的销售范围扩大，销售量增加，而且要使这种趋势不断增强、延续不断。作为企业的管理者则希望通过管理来扩张企业，而企业并购恰恰能扩大企业规模，增大企业资源，增大管理者的自身权力，控制更大范围的资产、更多的员工、更好的产供销渠道。因此经济学专家詹森由此得出了管理者的扩张动机是导致并购动力产生的结论。

5. 自由现金流量假说

詹森在代理成本理论的基础上，进一步构建了自由现金流量假说。他认为由于股东与经理之间在闲置现金流量配置问题上的冲突而产生的代理成本，是造成接管活动的主要原因。这个问题可以分成两个方面来理解。一方面股东（委托人）与管理者（代理人）在企业战略选择上是有严重利益冲突的，代理成本因不能妥善解决这些利益冲突而产生。当代理成本很大时，接管活动有助于降低这些费用，这与代理成本理论是一致的。另一方面代理成本又恰恰可能是由兼并造成的，因为管理者可以运用闲置现金流量来兼并别的企业。

6. 市场势力论

市场势力理论的核心观点是，增大公司规模将会增大公司势力。企业通过增大市场份额实现兼并同行业企业来减少竞争者，扩大本企业规模的目的，从而使企业对市场产生一定的控制力。关于市场势力问题，存在着两种相反的看法。第一种意见认为增大公司的市场份额会导致合谋和垄断，兼并的收益正是由此产生的;第二种意见却认为产业集中度的增大,正是激烈竞争的结果,简单的合谋是不可能的。

7. 税收理论

税收方面的考虑是否会引起兼并活动,取决于是否存在可获得相同税收好处的可替代方法。这些兼并活动是为了获得税收方面的好处而进行的,基于税收原因的并购也可能会通过消除税收方面的损失而促进更有效率的行为。税收除了影响兼并的动机外,也影响兼并的过程。在税法完备、执法严格的成熟市场经济国家里,通过兼并取得税收效应的主要途径包括:①净营业亏损和税收抵免的递延。②增大资产基数以扩大资产折旧额。③以资产收益替代一般收入。④私有企业和年迈业主出于规避遗产继承税方面的考虑。

8. 再分配理论

再分配理论的核心观点是,由于公司兼并会引起公司利益相关者之间的利益再分配,兼并利益从债权人手中转到股东身上,或从一般员工手中转到股东及消费者身上,所以公司股东会赞成这种对其有利的兼并活动。

四、公司并购过程

1. 并购的一般程序

企业并购是一个非常复杂的交易过程。根据企业既定的并购战略,寻找和确定潜在的并购目标,并对并购目标的发展前景及技术经济效益等情况进行战略性调查和综合论证,以此来评估目标企业的价值,策划融资方案,确保企业并购战略目标的实现。一般而言,企业并购需要经过调查、谈判、实施和整合四个阶段。

2. 目标企业的确定

(1)目标企业搜寻。并购的第一步就是根据本企业的发展战略搜寻目标企业。并购方可以通过多种渠道来获取目标企业的信息。实际上在许多并购活动中是由并购方企业的有关人员依靠自身的经验和搜集到的信息,来选择目标企业的。

(2)目标企业调查。并购调查包括目标企业所处的产业、营运状况、规章制度及有关契约、人事管理状况、财务等方面的内容。具体的调查内容则取决于管理人员对信息的需求、潜在目标公司的规模和相对重要性、已审计内部财务信息的可靠性、内在风险的大小及所允许时间等多方面的因素。具体而言:①产业状况调查。产业调查通常包括下述内容:产业状况分析、产业结构分析和目标企业在行业中的竞争地位。②营运状况调查。对目标企业营运状况的调查,主要依据并购方的动机和策略的需要,调查并衡量目标公司是否符合并购的标准。③规章制度、有关契约及法律方面的调查。主要包括以下内容:第一,目标企业组织、章程中的各项条款,尤其对合并或资产出售重要的决定;第二,目标公司的全部对外书面契约。④人事管理状况调查。⑤财务状况调查。

（3）目标企业的初步筛选。行业和规模特性通常是候选企业需要跨过的第一道障碍。那些跨过第一道障碍的企业还需经过一系列的进一步筛选，如价格、行业子部门、子部门内的产品系列、盈利性、杠杆、劳动力及市场份额状况等。

五、并购企业的价值评估

并购中的企业价值评估是并购方制定合理支付价格范围的主要依据，评估的结果直接关系到并购交易的成败。

1. 并购中企业价值评估的主要内容

（1）分析企业现状。指对企业财务现状、经营管理、人事组织、市场竞争等进行评价。

（2）评估企业自我价值。确定本企业的价值是否是企业实施并购的基础。

（3）评估目标企业的价值。评估目标企业的价值是制定收购支付价格的主要依据，一般情况下并购方必须支付的价格为目标企业价值再加上一部分溢价。

（4）评估协同效应。获得协同效应是企业实施并购的主要目的，协同效应的多少是决定并购成败的关键。

（5）评估并购后联合企业的价值。并购后联合企业的价值减去并购前并购双方企业的价值可得出并购协同效应的数值，将二者进行分析验证，可确定协同效应的最终结果。

（6）分析并购的可行性。假设并购方企业为 A，目标企业为 B，并购后的联合企业为（A+B），对它们进行价值评估评估出的价值分别为：VA、VB、V（A+B），企业 A 并购企业 B 所需支付的价格为 P。并购方判断并购方案是否可行，首先必须满足两个条件：①V（A+B）>VA+VB，即并购产生的协同效应要大于零，这是并购可行与否的基础条件。V（A+B）与（VA+VB）的差距越大，并购对双方越加有利，实施交易的可能性就越大。②V（A+B）–（VA+VB）>P–VB。V（A+B）–（VA+VB）为并购所产生的协同效应，（P–VB）是购买价格相对于目标企业价值来说的溢价部分。此条件表明：协同效应应大于支付溢价。对并购者来说，协同效应与支付溢价的差额越大，并购的潜力越大。并购者应该充分利用谈判技巧降低购买价格，争取支付的溢价越少整个并购交易的价值就越高。判定并购可行后方可着手实施并购，包括制定价格、谈判签约、筹措资金、支付等具体操作过程。

2. 企业并购价值评估的主要方法

（1）现金流量折现法。现金流量折现法从现金和风险角度考察公司的价值。在风险一定的情况下，被评估公司未来能产生的现金流量越多，公司的价值就会获得越高的评估。

现金流量 = 息税前利润×（1–所得税税率）+折旧和其他非现金支出–（增加的流动资本投资–增加的固定资本投资）

$$企业并购价值 = \sum_{t=1}^{n} \frac{CF_t}{(1+R_t)^t} + \frac{TV}{(1+R_n)^n}$$

式中，CF_t 代表目标企业第 t 年自由现金流量的预测值；R_t 代表第 t 年的折现率；TV 代表目标企业终值（连续价值）；n 代表预测期间。

运用现金流量折现法通常要求首先预测和评估目标企业未来各年的自由现金流量，然后计算出经风险调整后的资本成本，用它作为折现率计算出未来现金流的现值，累加后得出公司的价值。

（2）可比公司分析法。可比公司分析法以交易活跃的同类公司股价与财务数据为依据，计算出一些主要的财务比率，然后用这些比率作为"市场／价格乘数"来推断非上市公司和交易不活跃上市公司的价值。将目标企业和同行业中其他上市公司进行比较时，通常可分析下述财务指标：销售利润率、销售毛利率、流动比率、存货周转率、应收账款周转率、产权比率、年销售收入增长率等。其基本程序如下：①选择参照公司。②选择及计算乘数。③运用选出的众多乘数计算被评估公司的多种价值。④对公司价值的各个估计数进行平均。⑤价格收益比分析。⑥股利资本化比率分析。应用这一方法，首先要找到一组可比较的公司，计算出它们的综合股利资本化比率。其次要确定目标企业的股利支付能力(支付的股利)。这一指标可用来判断目标企业收益中有多少可用来发放股利。最后将目标企业的股利支付能力除以可比较公司的综合股利资本化比率，其结果作为目标企业的评估值。

（3）可比交易分析法。可比交易分析法是从类似的收购事件中获取有用的财务数据来求出一些相应的收购价格乘数，据此评估目标公司。它只是统计同类公司在被并购时收购方公司支付价格的平均溢价水平，再用这个溢价水平计算出目标公司的价值。本方法需要找出与目标企业经营业绩相似公司的最近平均实际交易价格，作为估算企业价值的参照物。在分析类似并购交易的成交价格时，可采用平均溢价数作为评估依据。这种方法在证券市场上并购公开上市公司时应用较多。

（4）其他评估技术。常用的分析技术主要有：①账面价值。企业账面价值是指资产负债表上总资产减去总负债的剩余部分，也被称为股东权益、净值或净资产。如果企业的流动资产所占份额较大且会计计价十分准确时，利用账面价值评估企业的价值比较重要。但是账面价值一般不作为最终的评估结果，而只是用于对比分析。②资产估价法。这种方法特别适用于并购方打算从目标企业的现有资产中汲取价值，目标企业的账面价值与市场价值相差很大的情况中。③清算价值法。清算价值法是在企业作为一个整体已丧失增值能力情况下的一种资产估价方法。当企业的预期收益令人不满意，其清算价值可能超过了以资本化为基础的价值时，企业的市场价值已不依赖于它的盈利能力，这时以清算价值为基础来评估企业的价值可能更有意义。

六、企业并购融资

并购融资方式根据资金来源可分为内部融资和外部融资。内部融资是指从企业内部开辟资金来源筹措所需资金，因而内部融资一般不作为企业并购融资的主要方式。并购中应用较多的融资方式是外部融资，也即企业从外部开辟资金来源，向企业以外的经济主体筹措资金，包括专业银行信贷资金、非银行金融机构资金、通过证券市场发行有价证券筹集资金等。

1. 内部融资

（1）自有资金。企业内部自有资金是企业最稳妥最有保障的资金来源。通常企业可动用的内部资金有税后留利、折旧、闲置资产变卖等几种形式。

（2）未使用或未分配的专项基金。这些专项基金只是在未使用和分配前作为内部融资的一个来源，但从长期平均趋势来看，这些专用基金具有长期占有性。这一专项基金由以下部分组成：一是从销售收入中收回而形成的更新改造基金和修理基金；二是从利润中提取而形成的新产品试制基金、生产发展基金和职工福利基金等。

（3）企业应付税利和利息。从资产负债表上看，企业应付税利和利息属债务性质，但它的本原还是在企业内部。这部分资金不能长期占用到期必须支付，但从长期平均趋势来看，它也是企业内部融资的一个来源。

2. 外部融资

（1）债务融资。主要包括：①优先债务融资。优先债务是指在受偿顺序上享有优先权的债务，在并购融资中主要是由商业银行等金融机构提供的并购贷款。在西方企业并购融资中，提供贷款的金融机构对收购来的资产享有一级优先权。②从属债务融资。从属债务一般不像优先债务那样具有抵押担保，并且其受偿顺序也位于优先债务之后。从属债务包括各类无抵押贷款、无抵押债务及各类公司债券、垃圾债券。

（2）权益融资。在企业并购中最常用的权益融资方式即股票融资，有普通股融资和优先股融资两种。

1）普通股融资。普通股融资的基本特点是其投资收益（股息和分红）不是在购买时约定，而是事后根据股票发行企业的经营业绩来确定。持有普通股的股东，享有参与经营权、收益分配权、资产分配权、优先购股权和股份转让权等。

2）优先股融资。优先股又称特别股，是企业专为某些获得优先特权的投资者设计的一种股票。它的主要特点如下：① 一般预先定明股息收益率。② 优先股股东一般无选举权和投票权。③ 优先股有优先索偿权，能优先领取股息，能优先分配剩余资产。

（3）混合型融资工具。除了上述常见的债务、权益融资方式以外，企业在并购融资中还大量使用一些混合型融资工具，这种既带有权益特征又带有债务特征的特殊融资工具在企业并购融资中扮演着重要的角色。

1）可转换证券。可转换证券分为可转换债券和可转换优先股两种。它实际上是一种负债与权益相结合的混合型融资工具，这种债券的持有人可以在一定的时限内按照一定的价格将购买的债券转换为普通股。

2）认股权证。认股权证是由企业发行的长期选择权证，它允许持有人按某一特定价格买进既定数量的股票。认股权证通常随企业的长期债券一起发行。作为优先股或普通股的替代物，认股权证越来越受到并购企业和投资者的欢迎。它对于并购企业而言有双重优点：其一是避免了使被并购企业股东在并购后的整合初期成为普通股东，从而拥有获得信息和参加股东大会的权利；其二是它对被收购企业目前的股东利益没有影响。发行认股权证融资也有不利之处，主要是在认股权证行使时，如果普通股股价高于认股权证约定价格较多，发行企业就会因为发行认股权证而发生融资损失。

3. **特殊融资**

（1）杠杆收购融资。杠杆收购是指通过增加并购方企业的财务杠杆来完成并购交易的一种并购方式。这种并购方式的实质是并购企业主要以借债方式购买目标企业的产权，继而以目标企业的资产或现金流来支持偿还债务的并购方式。杠杆收购中的债务融资可以高达交易成本 95%，因而能够帮助一些小公司实现"小鱼吃大鱼"的并购目标。按目标公司经理层是否参与对本公司的收购进行分类，杠杆收购可分为管理层收购和非管理层收购。杠杆收购融资结构有点像倒过来的金字塔，在这个倒金字塔的最顶层是对公司资产有最高求偿权的一级银行贷款，约占收购资金的 50% ~ 60%；塔的中间主要是被统称为垃圾债券的从属债务，约占收购资金的 20% ~ 30%。

（2）卖方融资。企业并购中一般都是买方融资，但当买方没有条件从贷款机构获得抵押贷款或由于市场利率太高，买方不愿意按市场利率获得贷款时，卖方为了出售资产也可能愿意以低于市场利率为买方提供所需资金。买方在完全付清贷款以后才得到该资产的全部产权，如果买方无力支付贷款，则卖方可以收回该资产。这种方式被称为"卖方融资"。比较常见的卖方融资即在分期付款条件下，以或有支付方式购买目标企业。由此可见，或有支付所起到的效果同企业通过其他融资渠道获取资金进行并购的最终效果是相同的。

4. **并购后的整合**

并购后的整合首先要求对新的组织形式进行详细分析，重新审视企业进行并购的动因。整合过程最重要的是并购方过去的经验。并购方把业务整合作为一项目标，就应在并购完成后迅速组建一支包括并购双方人员和外聘专业顾问、具有高度信任的协作型整合管理队伍，其职责就是使目标公司融入企业组织。整合管理组织应尽快获取有关并购方的并购目标、期望和投资回收时间框架以及双方愿意为并购活动提供的资源三方面的详细信息，这些都会影响整合的进展速度及整合成功的可能性。其中人力资源的整合尤为重要。

第三节　公司紧缩财务管理

一、公司紧缩的基本概念

1. 资本收缩及其种类

（1）资本收缩的内涵。与企业扩张战略相对应的是企业收缩战略，它是指把公司拥有的一部分资产、子公司、分公司或其他分支机构转移到公司之外，从而缩小公司规模的各种技巧和方法，是资产分离后的结果。收缩战略作为对西方20世纪60年代混合兼并浪潮和我国企业集团化、多元化经营进行反思的结果，分别于20世纪80年代、90年代中后期在西方和我国产生，并已迅速成为一种新兴的资本运营方式。20世纪60年代到90年代初，全球企业界盛行多元化发展思路，这些跨行业经营的企业在日后的发展中遇到了很大困难，经过认真反思，许多企业开始有计划地放弃一些与本行业联系不甚紧密、不符合公司长远发展的战略，缺乏一定成长潜力的业务和资产，收缩业务战线，培植主导产业和关联度强的产品群，加强公司的市场竞争力。

（2）资本收缩的类型。

1）按实现的形式，资本收缩一般包括资产剥离、公司分拆分立等形式。①资产剥离。资产剥离是指公司将现有的某些部门、产品生产线、固定资产等出售给其他公司，并取得现金或有价证券的回报。②公司分拆与分立。公司分拆与分立是指一个公司通过将母公司在子公司中所拥有的股份，按比例分配给现有母公司的股东，形成一个与母公司有着相同股东的新公司，从而在法律和组织上将子公司的经营从母公司的经营中分立出去。按被分拆公司是否存续，分为派生分拆与新设分拆。派生分拆指公司以其部分财产设立另一新公司的行为，原公司存续；新设分立指将公司全部财产分解为若干份，重新设立两个或两个以上新的公司，原公司解散。

2）按收缩在业务上与母公司的关系，资本收缩有横向收缩、纵向收缩和混合收缩。①横向收缩即对母公司的股权进行切离与分立，分拆发售与母公司从事同一种业务的子公司或业务。②纵向收缩是指由于母公司从事的业务涉及某一行业产业链中的不同阶段，将母公司的股权进行切离与分立，分拆出与母公司从事同一行业但处于行业链中不同阶段的子公司或业务。③混合收缩是指将母公司业务结构中涉及与其核心业务关联度较弱的某一行业或某一类型的业务切离与分立出去，由此使得母子公司可以更好地集中资源优势，做大和做强其核心业务。

3）按照收缩是否符合公司的意愿，资本收缩可划分为自愿收缩和非自愿或强迫收缩。自愿收缩是指当公司管理人员发现通过收缩能够对提高公司的竞争力和资本市场价值产生有利影响而进行的收缩；非自愿或强迫收缩是指政府主管部门或司法机构以违反反垄断法为由，迫使公司收缩其一部分资产或业务。

2. 企业收缩的动因与效果分析

（1）适应经营环境变化，调整经营战略。任何一个公司都是在动态环境中经营管理的，公司的经营环境包括技术进步、产业发展趋势、国家有关法规和税收条例的变化、经济周期改变等。由于上述因素的变化使得母公司与子公司之间目前的安排可能是低效率的联合，目前独立经营也许更为恰当，因而公司的经营方向和战略目标也应适应这些变化做出调整和改变，而剥离和分立正是实现这些改变的有效手段。从这个意义上讲，公司分立与并购活动同样都代表了企业为努力适应其经济和政治环境的持续变化所采取战略的一部分。

（2）提高管理效率。当管理者所控制的资产规模和差异性增加时，采用不同形式售出那些与母公司经营活动不相适应的部分，母公司与子公司通过重新定位，在确定各自比较优势的基础上，可以更加集中于各自的优势业务，提高母公司的整体管理效率，从而为公司的股东创造更大的价值。此外剥离与分立常常能够创造出一个简洁、有效率、分权化的公司组织，使公司能够更快地适应经营环境的变化。

（3）谋求管理激励。在大公司中，管理机构的官僚化膨胀以及合并财务报表的编制可能会抑制企业精神，此时如果让子公司独立出来，市场对管理行为的反应就会直接反映在其独立的股票价格上，这就使报酬计划与公司经营管理业绩更加紧密地联系在一起，从而降低代理成本，形成更为有效的激励机制。

（4）提高资源利用率。企业售出（尤其是资产剥离）的基本原因一般有两个：①那部分资产作为购买方公司的一部分比作为售出方公司的一部分更有价值。②那部分资产强烈干扰了售出方公司其他的盈利活动。通过剥离或分立的方式，一方面可以变现已经实现的收益，提高公司股票的市场价值；另一方面可以通过剥离与分立筹集营运资金，获得发展其他机会所需的财务和管理资源。

（5）弥补并购决策失误或成为并购决策的一部分。企业出于各种动机进行兼并收购，但不明智的并购决策会导致灾难性的后果。虽然被并购的企业有很好的盈利机会，但并购方公司由于管理或者实力上的原因，无法有效地利用这些盈利机会。通过将这些企业剥离给另一家有能力发掘其盈利潜力的公司，无论对卖方还是买方而言，都可能是最为明智的。另外剥离与分立往往是企业并购一揽子计划的组成部分。

（6）获取税收或管制方面的收益。每个国家出于调节经济的需要，制定了不同的税收政策。例如在美国，对于自然资源特权信托和不动产投资信托公司，如果它们把投资收益的90%分配给股东，公司就无须缴纳企业所得税。因此一个综合性公司将其经营房地产的部门独立出来，就有可能享受税收方面的减免。所以母公司可以进行合法避税，并且给分立出的子公司的股东带来利益，而他们最初也正是母公司的股东。

二、公司紧缩的实施步骤

如何判断公司是否需要紧缩，如何紧缩才能实现最有效的资源配置，这就必须遵循一定的方法和步骤。虽然公司紧缩技术有很多种，但是从分析准备到具体实施，仍然可以归纳出规律性的程序，这正是本部分将要介绍的内容。

1. 前期研究分析

前期研究分析阶段有四项主要工作：①挖掘公司里的业务束（business-cluster）。②判断公司领导层是否有能力同时管理这些业务束。③公司有没有必要同时经营这些业务束。④分析这些业务束与公司战略的关系。这四个方面是决定企业是否需要进行紧缩、如何紧缩之前必须明确的问题。

（1）分析公司现有业务束。业务束是指这样一些业务，它们具有某些共同点，如共同的市场、地域、顾客或经营方法等，从而可以自然地聚在一起形成一个组合。这种组合称为业务束。要严格地对一个公司的各类业务进行细致的对比分析并找到一个或数个业务束并非易事。下面两点是所有公司在发掘业务束时必须要进行的工作：①分析这些不同的业务关键成功因素有哪些相似之处。每一个行业中都有一些规则是所有试图在该行业中取得成功的管理者必须遵守的，这些规定性实际上正是行业关键成功因素的总结。决定性成功因素分析可以通过为公司所拥有的每类业务分别找出若干决定性的成功因素，并编入到一张表中来进行。②分析现有业务改进机会的相似之处。

在进行业务束分析时，一方面一个公司里可能会很容易地发现一个或几个业务束，但也有可能花费很多精力分析后发现找不到一个业务束，这时就要考虑分析的方法是否完善，是否需要再深入地找下去；另一方面当公司存在一个以上的业务束，这并不意味着需要马上进行公司分拆，而是要对以下的问题继续进行分析。

（2）公司高层是否有能力管理好目前存在的业务束。在分析公司高层能否胜任对业务束进行管理时就很有必要确定企业高层最擅长和最不擅长的管理领域，这确实需要很大的勇气。成败经验分析是一个很好的找出公司高层薄弱环节的方法。先把过去5～10年内公司现有高层任期内的主要决策，如收购兼并项目、新产品开发项目、对外投资项目、重要合同、企业文化的塑造等，逐一列出并进行评级，划分为失败决策、成功决策和无法评定的决策三种，从中即可发现哪些是公司擅长的领域，哪些是公司不擅长的管理领域。咨询中层管理人员的意见也是发现公司高层能力真实情况的重要途径。此外公司的具体业务是由许多中层管理人员去完成的，这些中层干部对公司高层的强项和弱项一般都有十分强烈的感受，他们对高层管理决策效果最具有发言权。

（3）企业高层是否有充分理由同时经营几个业务束。前两个问题的分析都是面向公司内部的，解决之后就应该将视线投向公司外部。首先，如果公司高层觉得能够同时经营好几个业务束，下一步的问题是公司是否有必要同时经营这些业务束。这种必要性有时可能不是公司自己就能决定的，如果市场不能肯定这种定位，就有必要采取相应的紧缩措施。其次，公司应当将选择的几个业务束与竞争对手进行对比。分析自己是否比这些公司更有优势，这种优势表现在管理还是资源方面。总之要确定自己在这些方面具有竞争优势，否则没有必要介入该领域的竞争，也就不用将该业务束作为继续经营的范围。如果有某些优势也有某些劣势，那么就要具体分析应对的方法，权衡利弊决定是否要继续从事。

（4）公司必须从战略发展的角度来考虑公司紧缩问题，业务束的最终选择实际上是一个关键的战略问题。如果公司已经采取了多元化发展的战略并觉得管理乏力，难以继续经营下去，就需要考虑进行公司紧缩。这时首先要对其业务结构进行认真分析，对其所涉及的各行业前景进行专业分析，从中确定公司未来的主业方向。该主业方向必须满足两项条件：一方面行业本身处于上升阶段，有良好的发展前景；另一方面公司核心层具备对该行业管理的丰富经验和必备知识。其次应分层次对欲退出行业实施紧缩。公司的多元化战略实施后，行业之间的关联度会有所不同，特别是各行业与公司未来的主业发展方向之间的关联度差别较大，这时应根据这些行业和主业之间关联度的差别采用不同的紧缩方法，如欲收缩行业与公司主业关联度较大且发展前景不错时，可以采用较为温和的紧缩方法如分拆上市；当欲收缩行业属于"夕阳产业"、经营状况极为恶劣时就可以考虑采取比较彻底的紧缩方法如全部剥离或主动清算，彻底扔掉这块不良资产。最后要说明的是上市公司不能利用紧缩的理论和技术进行利润包装，这完全不符合公司紧缩的战略意义。

2. 中期具体操作实施

通过决策前的周密分析和全盘考虑，将做出是否需要紧缩的决策，进入公司紧缩的具体实施阶段。公司因采取紧缩技术的不同，在具体操作上会有不同的要求，但大致都将经历以下五个步骤：第一步是做出紧缩决策；第二步是制定紧缩计划；第三步是召开股东大会通过紧缩计划；第四步是交易及股份的登记；第五步是结束交易。另外需要指出，因为紧缩工作需要得到企业上下的支持方能顺利实施，又不能过早泄露具体操作的详情，因此一方面要做好企业内部的宣传工作，说明紧缩的原因和意义。另一方面对外又要进行必要的保密措施，以防公司利益在紧缩过程中受到侵害。

3. 后期整合工作

一般认为在收购兼并后需要开展"整合"工作，包括业务整合、管理整合、外部关系整合等多方面。

（1）业务整合。在企业整合时应当注意，如果被紧缩的业务中有对主体业务发展有利的资源，应设法把这部分有用资源从被紧缩业务中先剥离出来，这样可以最有效地利用被紧缩的资产，否则公司原来各类业务之间长期发展后存在的相互配合关系在紧缩后被破坏，公司要重新建立这种配合关系不是容易的事情，有时可能需要付出较大的代价。

（2）管理整合。公司紧缩后最大的变化将是公司核心层对公司主业的管理能力大为加强，高层领导与公司客户直接联系和沟通的程度大为加强。这时就可能需要公司针对新的管理格局采用新的管理方法。公司紧缩表面上是业务和规模的紧缩，非常重要的实质性任务是对造成价值损耗的管理体系进行清理，力求管理层次简单、直接、有效。因此管理整合是公司整合不可缺少的一部分，如果不重视管理整合，仅仅对业务和资产进行紧缩，其效果可能与预期相差甚远。

（3）外部关系整合。企业在经营过程中将与外界许多方面发生关系，其中最重要的包括原材料供应商、批发商、顾客、金融机构、政府部门等。在紧缩后公司管理层必须要对这些外部关系逐一进行良好的沟通，以期继续得到支持。①与原材料供应商的关系：可以用加大剩余业务原材料需求量等方法使其继续向公司稳定供应所需之物品。②与批发商的关系：公司核心层有必要专门向剩余批发商承诺今后将加强与其合作，消除不稳定情绪。③与顾客的关系：公司一方面要在公开有影响之媒体上说明公司紧缩一些产品的真正原因。另一方面要加强对剩余产品的宣传力度，使公司辛苦创立的品牌继续发挥作用。④与债权人和金融机构的关系：在紧缩前后，公司高层领导必须向原有债权人和金融机构阐述公司的经营设想、计划和前景，尽量消除公司紧缩给这些机构带来的负面影响。⑤与政府部门的关系：政府一般都希望企业能迅速扩大规模，公司主动收缩时，有必要向当地政府主管部门说明公司紧缩的原因、未来的发展规划及将来对当地经济的支持等，以继续得到当地政府的支持。

4. 紧缩成功的关键要素总结

公司紧缩是一项系统工程，在资产重组、财务、法律等方面都要涉及大量的具体问题。在采取具体的紧缩行动前，应当分析公司是否具备了成功实施紧缩的各项条件，并尽可能在准备工作阶段和实施过程中处理好这些关键成功要素。

（1）领导的高度重视。为保证紧缩计划成功，公司高层的高度重视极为重要。

只有高层重视，整个公司的各个部门、各个环节才会对紧缩项目积极支持和配合，在项目开展过程中遇到的难题也往往需要得到最高层的支持才能顺利解决。

（2）对整个项目进行有效和积极的管理。首先是成立最高领导挂帅的紧缩项目领导小组；其次要找到一个合适的紧缩项目经理；最后成立包括会计师、律师、投资银行家等组成的专家组，在紧缩过程中提供专业的意见和服务。

（3）充分的沟通和宣传。紧缩面临的抵触来自股东、企业基层和中层，宣传应当在股东、被紧缩公司的高级管理人员、被紧缩公司的员工三个层面有的放矢地展开。尤其是对于员工和中层管理人员，公司高层应做好沟通工作，只要有机会就和公司中下层沟通有关紧缩的想法，安抚其不满，减轻其疑虑。

（4）行动越快越好。经验表明，所有涉及公司重大资产重组和资本运作的举动，一旦决定实施应以最快的速度进行。

三、公司紧缩的技术分析

公司紧缩技术包括资产剥离（divestiture）、公司分立（spin-off）、分拆上市（equity carve-out）、定向股（targeted stock）、股份回购（stock repurchase）和公司清算（voluntary liquidations）等。本部分将对这些具体的公司紧缩技术要点进行介绍。

1. 资产剥离

（1）资产剥离的类型。所谓资产剥离（divestiture），是指公司将其现有的某些子公司、部门、产品生产线、固定资产等出售给其他公司，并取得现金或有价证券的回报。资产剥离的关键是找到合适的买方，一般有三种方式：①向非关联公司出售资产的方式。本企业集团退出有关行业领域的经营，将资产出售给本集团关联公司外的其他方。②管理层收购的方式。该方式是指剥离资产企业的直接管理人员通过发行"垃圾债券"或"桥梁融资"等方式，买入被剥离资产自己经营管理，从而脱离过去的盲目指挥和过多限制，全权、全力经营属于自己的资产。③运用员工持股计划的方式。首先由母公司建立一个壳公司。其次由壳公司发起组织一个员工持股计划。如果壳公司运营有效，就可用利润支付给员工持股计划，使其可偿还贷款。最后当贷款全部偿清后，员工持股计划则把保管的股份转到公司员工的个人账户上。

剥离可以划分为不同的类型，按照剥离是否符合公司的意愿，剥离可以划分为自愿剥离(voluntary divestiture)和非自愿剥离或被迫剥离（involuntary or forced divestiture）。自愿剥离是指当公司管理人员发现通过剥离能够对提高公司的竞争力和资产的市场价值产生有利影响时而进行的剥离；非自愿或被迫剥离是指政府主管部门或司法机构以违反垄断法为由，迫使公司剥离其一部分资产或业务。按照剥离业务中所出售资产的形式，剥离又可划分为出售资产、出售产品生产线、出售子公司、分立和清算等具体形式。

（2）资产剥离的动因。剥离的动因较为复杂，但归纳起来主要有以下六类：①改变公司的市场形象，提高公司股票的市场价值。②满足公司的现金需求。③满足经营环境和公司战略目标改变的需要。④甩掉经营亏损业务的包袱。⑤消除负协同效应。⑥政府反垄断体制。

2. 公司分立

公司分立是一种在美国已经比较成熟且被大量运用，但在我国还比较陌生的资本运作模式，在此仅对美国的一些做法进行介绍和分析。

（1）公司分立的类型与操作方式。公司分立有很多形式，主要可分为标准式公司分立、换股分立和解散式分立三种类型，其中换股分立和解散式分立都是标准式分立的衍生形式。

1）标准式公司分立。标准式公司分立指母公司将其在子公司中所拥有的股份按母公司股东在母公司中的持股比例分配给现有母公司的股东，从而在法律和组织上将子公司的经营从母公司经营中分离出去，并形成一个与母公司具有相同股东持股结构的新公司。在分立过程中，不存在股权和控制权向母公司和其股东之外第三者转移的情况。分立出的子公司可以是原来就存在的子公司，也可以是为了分立考虑临时组建的子公司。与资产剥离相比较，分立在资产管理和资金收付上有自己的特点。首先对于剥离出的资产，原有股东不再具有控制权，而在公司分立中投资者（股东）对原有公司中的一组特定业务取得了更大的控制权；其次在分立中不存在涉及各利益主体之间现金或证券的支付，而这种支付在剥离中通常会发生。

2）换股分立。换股分立指母公司将其在子公司中占有的股份分配给母公司的一些股东（而不是全部母公司股东），交换其在母公司中的股份。在换股分立中两个公司的所有权比例产生了变化，母公司的股东在换股分立后甚至不能对子公司行使间接的控制权。换股分立不像标准式分立那样会经常发生，因为它需要一部分母公司的股东愿意放弃其在母公司中的利益，转向投资于子公司。

3）解散式分立。解散式分立与标准式分立比较相似，指母公司将子公司的控制权移交给它的股东，母公司所拥有的全部子公司都分立出来，因此原母公司不复存在。在解散式分立后，除管理队伍会发生变化以外，所有权比例也可能发生变化，这取决于母公司选择怎样的方式向其股东提供子公司的股票。

（2）公司分立的优点与缺点。

1）公司分立的优点。和大多数公司紧缩技术一样，公司分立可以激发企业家的经营积极性，有时也是一种反收购的手段，如果是上市公司实施分立计划，那么在宣布计划后二级市场对此消息反应一般较好，股价会有一定幅度的上扬。它的独特优点在于：首先根据美国税法，可以取得较大的税收优惠；其次公司分立还能让股东保留他在公司的股份；最后公司分立技术可以和后面将要提到的分拆上市技术组合运用，以取得更多的税收优惠和股票市场积极反应。

2）公司分立的缺点。公司分立的最大缺点在于它仅仅是一种资产契约的转移，这是它最常受到指责之处。因为公司分立可能是公司变革的催化剂，但其本身并不能使经营业绩得到根本的改进，除非管理方面的改进也同步实现，否则它不会明显增加股东的价值。这个基本事实在很多采用了分立技术进行公司紧缩的著名公司身上都有所体现，它们的分立活动都非常引人注目，但其结果不断遇到麻烦。公司分立的另一个缺点是公司分立的操作较难；此外公司分立还有很多财务上的技术问题需要解决。

（3）我国有关法律中对公司分立的定义。我国《公司法》中关于公司分立的条款有："公司分立其财产作相应的分割。公司分立时，应当编制资产负债表及财产清单"；"公司分立前的债务按所达成的协议由分立后的公司承担。"从条文可以看出，我国《公司法》所指的公司分立是对一个公司重新进行资产和债务分割，把一个公司变为两个独立的公司，与"解散式分立"非常类似。公司分立执行后母公司消失，产生的两个新公司都要重新注册。而通常采用的标准式公司分立是针对某个子公司进行的，执行后只有新独立的子公司需要重新登记注册。对外贸易经济合作部和国家工商行政管理局于 1999 年颁布的《关于外商投资企业合并与分立的规定》提出了一个相对具体的关于公司分立的概念，"本规定所称分立，是指一个公司依照公司法有关规定，通过公司最高权力机构决议分成两个以上的公司"；"公司分立可以采取存续分立和解散分立两种形式"。总体而言，目前我国有关公司分立的法规不够具体，操作性不强。

3. 分拆上市

分拆上市是公司紧缩技术中最早被国内公司运用的资本运作手段，也是美国 20 世纪 80 年代流行的融资工具之一。它既能像公司分立那样使分支机构独立，又能以"部分首次发行"的方式从资本市场取得资金，可以说是一个一举两得的紧缩工具。

（1）分拆上市的概念。广义的分拆上市包括已上市公司或者尚未上市的集团公司将部分业务从母公司独立出来单独上市；狭义的分拆上市指已上市公司将其部分业务或者某个子公司独立出来，另行公开招股上市。这些股权可由母公司以二次发行的方式发售，也可由子公司以首次公开发行（IPO）的方式售出，通常母公司会在这个子公司中继续保留控股地位。分拆上市使得原来属于公司、需要公司总部日常经营的全资子公司变成股份制公司，子公司分拆后有了自己独立的董事会和经理层，对总公司的联系仅表现在每年的分红、配股或会计报表的合并上。总公司直接经营的业务和资产在分拆上市后得到了紧缩的效果。

（2）分拆上市与公司分立的辨析。分拆上市与公司分立都是把子公司从母公司中独立出来，从这个角度来看两者比较相似，但它们在三个方面有明显的区别：第一，在公司分立中，子公司的股份按比例分配到母公司股东手中；而分拆上市时，在二级市场上发行子公司的股权归母公司所有。第二，公司分立没有使子公司获得新的资金；而分拆上市使公司可以获得新的资金流入。第三，公司分立时，通常母公司对被拆出公司不再有控制权；而分拆上市时，母公司只把子公司小部分股权拿出来上市，因而仍然对其有控制权。分立、分拆上市之间也有比较密切的联系，从美国的历史看许多公司选择了先分拆上市，再把所持有股份分立的做法。因为这样子公司的股票取得了比较公允的市场价值，有利于分立时换股比例的确定。

（3）分拆上市的优点与缺点。

1）实施分拆上市对公司治理与业绩的积极影响。①使子公司的价值真正由市场来评判，并获得自主的融资渠道。②有效激励子公司管理层的工作积极性。③压缩公司层级结构，使企业更灵活地面对挑战。

2）分拆上市对子公司运作的负面影响。在美国由于受税法影响，分拆上市的比例一般不会超过子公司总股份的 20%，母公司仍然对分拆的子公司处于绝对控股地位。因此一方面，子公司虽然在形式上有了自己的独立管理权，但母公司对子公司的经营活动仍然可能有过多的干预和影响；另一方面母公司如果看到子公司有较充沛的现金，就会想方设法让子公司来分担母公司的部分债务。这些都是分拆上市无法取得预期效果的风险所在。

（4）分拆上市技术在我国的运用。目前国内资本市场上大部分新上市公司都是其集团公司分拆上市的产物。因为沪深股市发展之初，公司在上市策划时一般偏向于整体上市。整体上市虽然在上市之初可以募集更多的资金，但近几年的运作效果证明，这种上市方法使得上市公司从开始就背负着沉重的非经营性资产和不良经营性资产的负担，损害了上市公司的发展潜力和进一步融资的能力。对已经选择"整体上市"的老上市公司而言，若在进行资产重组时应用分拆的方法可以较好地解决目前面临的诸多问题。但目前这种分拆上市案例在国内资本市场还比较少。究其原因：一是我国上市公司的平均规模偏小，公司更加注重于规模扩张；二是市场进入条件较高，限制了部分新兴的中小公司上市；三是上市资源的稀缺性，使得已上市的母公司通过分拆子公司达到上市的现实可能性大为降低；四是上市公司的主业结构要么比较单一，要么正处于调整初期，新的支柱产业尚在孵化培育之中。

4. 定向股

定向股是美国 20 世纪 90 年代兴起的一种新的公司重组方式，是介于公司分立和分拆之间的一种公司紧缩方式，也是一种标准的美国式"金融创新"产物。即使在今天，对美国本土人来说定向股也是比较新鲜的事物，相应的监管层面的政策法规还没有完善。

（1）定向股的概念与辨析。定向股是一种收益与公司内部特定经营单位经营业绩相联系的特殊普通股,这里所说的特定经营单位有时也被称为目标经营单位,定向股通常把一个公司的经营分成两个或多个由公众持股的经营单位,却仍保持公司的统一性。关于这个概念要明确以下六个方面的内容:

1）定向股是整个公司而不是其下属经营单位本身的普通股,并不在法律上代表目标经营单位及其下属公司的资产所有权。

2）其持有者享有目标经营单位收益的分红权,这种分红权在一定程度上减弱了目标经营单位的成长性,并在长期内交叉影响公司内部其他经营单位的成长性。

3）定向股所"盯住"的业务部门必须要按照美国会计法的规定编制独立的财务报告。

4）目标经营单位的资产出售收入必须通过一个特殊股息分配或股份回购的方式分配给该经营单位的定向股持有者。

5）在进行清算时,清算收入根据清算前某一特定时期内被清算经营单位的平均相对市值按比例分配,这样就防止了清算收入的分配与相对市值的不一致。

6）定向股和分拆上市的区别在于,在发行定向股时不会形成母子公司的关系,定向股锁定的资产仍然是母公司的一部分,没有独立的新公司出现。因此,分拆上市后,出现了代表两个不同公司的股票,发行定向股后,新增加的股票仍然属于原公司普通股的一种。

总之,定向股使目标经营单位在公司内部与其他经营单位之间保持了一定程度的独立性。与其他股票相比,定向股的市值受公司内部其他经营单位经营业绩的影响更小。

（2）定向股的优点与缺点。

1）定向股的优点。定向股有利于金融市场有机会对性质各异的经营单位根据它们各自的经营原则进行评价,有利于保证评价的公平性;有利于激励目标业务部门的管理层,这一点和所有其他公司紧缩的原因都一样的。此外,定向股独特的优点在于它使公司的发展既取得了更多类型投资者的资金,同时又能享受总公司的综合资源支持收益。首先因为发行定向股,使得公司多了一种新的股票,而这种新股票往往与老的股票具有截然不同的行业性质、评判标准和市盈率,这就意味着扩大了投资者的类型范围;其次发行定向股并没有使子公司从母公司中独立,作为公司多元化经营的一部分仍然可以享受到一些好处。

2）定向股应用的缺点。首先目标经营单位仍承担着统一主体的债务责任;其次各经营单位之间,资产和负债在名义上的分配限制了现金流量在各单位之间的流动;最后成本分摊或任何其他内部关联交易都会影响各目标经营单位的名义收入、实际股息分配和经理人员佣金,并可能导致各目标经营单位管理者之间严重的利益冲突。

（3）定向股技术的操作要点。设计定向股时，以下几点必须做到：第一，应当明确定向股票代表的是统一公司的产权，而不是其对应经营单位的产权；第二，管理者必须对定向股票安排的财务设计做出规定，明确每一类型股票的债务及其他资产和负债在名义上的分配、共同成本如何分配、股息分派及目标经营单位盈余公积的计算，这有利于明确各业务单位的责任；第三，必须准备一份关于公司章程修改议案的委托书；第四，新股票的发行及公司章程的修改须经股东大会投票表决。定向股票的发行有如下三种方式：①通过特殊股息分配方案对现有股东进行分配。②通过股票承销商向新的公众投资者发售目标经营单位的定向股票，未售完部分由公司自己持有。③通过对目标经营单位或公司的收购来进行，用定向股股票换取被收购经营单位或公司原股东持有的股份。

5. 股份回购

股份回购是公司紧缩技术中一种比较特别的手段。它与剥离、分拆上市以及分立等紧缩方式的主要区别在于它不是针对公司某项业务或资产进行的紧缩。股份回购的"紧缩"表现在其缩小了公司的股本及总资产，是一种通过减少公司实收资本来调整资本结构的重要手段。

（1）股份回购的发展阶段。第一阶段不被认同。在传统的西方公司理论中，对股东而言公司资本的降低意味着降低了其持有股份的价值及股本回收的可能性；对债权人而言公司资本是债权设置及债权得以履行的基础，公司资本的减少可能直接使之受损。因此公司理论一直强调资本保持，不得随意减少。第二阶段基本认同。随着理论和实践的深入，股份回购的优点和缺点逐步得到广泛认同，尤其是"库存股"的出现解决了公司股份回购后股东权益的减少问题。库存股指公司在股份回购后并不注销这些股份，而是把这些股份留存于特定的账户。库存股份必须满足三个条件：①股票已发行。②被发行公司重新购回。③没有被重新销售或依法减资。库存股不具备一般流通股的权利，它不拥有投票权、收益分配权、优先认购权、清偿权及相关义务。库存股可以在适当的时候再转变为普通股，因此库存股是公司灵活调整公司股本规模的工具之一。

（2）股份回购优点。

1）股份回购在西方资本市场上经常被作为反收购的重要工具。因为向外界股东进行股份回购后，公司原大股东在公司中的持股比重自然上升，控制权自动得到加强。同时资产负债率低的公司进行股份回购后可以适当提高公司负债率，通过最有效地利用"财务杠杆"效应增强公司未来盈利预期从而提高公司股价，提高收购难度。或者当公司有大额现金储备就容易成为被收购对象，在这种情况下公司动用现金进行股份回购可以减少这种可能性，这是一种反收购技术中的"焦土战斗"。当然公司也可以直接以比市价高出很多的价格公开回购本公司股份从而使股价飙升，吓退其他收购者。

2）股份回购对公司经营决策有重要影响。因为股份回购可以调整公司资产负债率，能够达到提高财务杠杆效果，从而提高每股收益，提升股票的内在价值。所以公司可以根据产业前景和市场情景，通过股份回购调整公司净资产收益率，特别是当公司所处产业进入衰退期、产业平均利润率很低的时候，公司若要继续维持原有盈利水平来满足资本市场的期望会有相当大的压力，就可以考虑运用股份回购来减少公司股份和股东权益，使公司盈利压力大为减轻。

3）股份回购有非常重要的市场效应。在宏观经济不好、市场资金紧张等情况下，市场容易进入低迷状态，若任其持续低迷将有可能导致市场抛压较重，形成价格下降、流动性更差的恶性循环。此时若容许上市公司进行股票回购，并把上市公司的闲置资产返回股东，在一定程度上增强了市场的流动性，有利于公司合理股价的形成。相反在市场过度投机的情况下，若股价过高则可能在投机泡沫破散后导致股价持续低迷，此时公司有必要动用先前回购之库存股份进行干预，使股价回至实值，从而在一定程度上有益于防止过度投机。毕竟上市公司是本公司情况的最知情者，其回购价格的确立在一定程度上比较接近于公司实际价值（反兼并情形除外），使虚拟资本价格的变动更接近于实物生产过程，有助于抑制过度投机。

4）当存在"库存股"制度时，公司可以从股东处购买本公司股份，并将这部分股份交给职工持股会管理或直接作为"股票期权"奖励公司的管理人员。

（3）我国证券市场上股份回购的优点分析。以上国外市场股份回购的经验总结对我国证券市场并不适用。众所周知，我国股市高投机性一直是一个比较严重的问题；我国股市的信息保密和披露等问题一直比较严重，股份回购从策划到股东大会批准实施，往往要间隔很长的一段时间（至少三个月），因此就难以避免信息提前泄露，甚至引发捕风捉影误传信息，引起市场股价的波动。另外我国《公司法》明确规定公司在股份回购后 10 日内必须注销这些被回购的股份，使得股份回购丧失了抑制投机的机制。在我国，股份回购的积极作用可能在于，有利于国有股减持历史性任务的完成，有利于改善不规范的股权结构等。

（4）在我国上市公司中推行股份回购容易引发的问题。目前我国资本市场上已有的股份回购案例，或多或少都存在一些争议。因为它们可能会影响到部分股东的利益保障问题。

1）对国家股和法人股进行股份回购一般以每股净资产为基础，价格远低于二级市场价格，这对于中小股东来说是一件好事，但这对国家股和法人股是否公平就有待论证了。

2）由于股份回购一般以现金回购的方式进行，造成上市公司现金紧缺，如果通过举债解决回购资金则会提高公司资产负债率。因此股份回购如果不事先考虑并处理好回购后将出现的现金流量严重不足、资产负债率明显上升、流动资产迅速减少、营运资产明显减少等对公司业绩下降有直接影响的关键性问题，股份回购后公司的资产质量和盈利能力将可能明显降低。与此同时公司的大股东们将原来持有的流动性极低的资产变成现金或高流动性流动资产。如果出现上述局面，公众股东的利益就会受到严重侵害。

3）股份回购与债权人的利益有极大关系。首先，股份回购直接耗用了公司的大量现金或其他可变现资产使公司流动比率明显降低，这会直接降低公司的偿债能力，增加债权人的风险；其次，股份回购如果主要通过增加负债来进行，这会直接使公司的资产负债率上升，对原债权人来说其放出贷款的风险系数也因此增加；最后，最初债权人对公司进行贷款的最主要依据就是存在能够足够长期维持不变和值得信赖的实收资本，现在公司突然要对这一重要贷款基础进行大改动，无疑是对债权人当初贷款行为不负责任。

4）上市公司的内幕交易问题一直没有很好的解决办法。股份回购在国外被证明可以提升公司股价、活跃市场，但这种股价的提升是有限度的。我国市场的高投机性会使这一效应扩大多倍，甚至使公司股价翻几倍。因此在我国推行股份回购必须加大监管力度，减少内幕交易和扰乱市场行为的发生。

（5）股份回购的操作要点。我国《到境外上市公司章程必备条款》（以下简称《必备条款》）规定，回购方式有三种：一是向全体股东发出回购要约；二是在交易所通过公开交易方式购回；三是在交易所以外，以协议方式购回。其中协议方式必须先经股东大会批准。至于回购的资金从哪里开支，《必备条款》第 28 条专门谈到了香港上市公司（H 股）的做法：用面值购回的，从"可分配利润"中支出；超过面额部分的，从"资本公积金账户"中支出。

股份回购操作中最重要的问题在于确定回购价格。由于国家股和法人股不能在二级市场上流通，因此股份回购的价格不能参考上市公司的市价，否则国家股东和法人股东的投资以数倍或数十倍的价格收回，对公众股东无疑是极不公平的。根据国家有关规定，国有股的收购价不得低于每股净资产，社会法人股一般也采用这种定价方式。实务中价格的确定并非如此容易，理论上也很难解决这一实际利益分割问题。

6. 公司清算

（1）公司清算的概念与类型。清算指结束一个公司"生命"的过程。公司清算有两大基本类型——强制性清算和自愿清算。强制性清算是由法院强迫企业进行的清算，即破产清算。而自愿清算则是由公司股东主动发起的清算。破产指在企业债务人不能清偿到期债务时，为使债权人取得公平受偿的机会，由法院依照破产法的规定强制取得债务人的财产，并按债权受偿的先后顺序按比例分配给债权人的一种执行程序。破产是一种由法律严格规范的经济状态，任何企业都不能自行宣布破产。

　　企业自愿清算的前提是企业要解散，从解散到企业的最终消失有一个过程，这一过程即是自愿清算过程。在美国自愿清算又可分为两类——有偿债能力的自愿清算和无偿债能力的自愿清算。自愿清算的原因可分为客观和主观两类。客观原因包括营业期满解散或者公司出现意外情况（如董事会重要人员死亡或企业遭受特大自然灾害而不能恢复正常营业）时可由股东会讨论决定解散等。主观原因通常是一个企业集团在开展多项业务时，不可能每个子公司都运作得很成功。每个子公司在设立之初都会有一个经营目标，当管理层努力经营了一段时间后，发现该企业的前景与预定目标相差很大，按照现实条件无法达到既定目标，则应考虑放弃该公司。这时如果清算能比继续试图经营一家不成功企业在更大的程度上使价值得以保存，公司会考虑主动申请清算，即自愿清算。由此可见只有出于主观原因采取的自愿清算行为才可以称为一种公司紧缩技术。

　　（2）公司自愿清算的程序。自愿清算是以《公司法》为主要依据的，由企业宣告解散开始至注销企业登记终结。其主要过程是：①宣告解散。②组建清算组。③催报债权。④清理财产。⑤了结未了事宜。⑥清偿债务。⑦分配剩余财产。⑧编报清算报告。⑨注销企业登记。具体内容与要求见《公司法》的有关规定。

【本章小结】

　　从财务管理的角度看，企业重组是一个长期资本投入（investment）、收回（disinvestments）或改变形式的问题，由于企业重组在很多方面有别于一般长期项目投资，从而使企业重组所涉及财务问题（包括财务目标、财务主体、重组定价、财务整合等）具有一定的特殊性，所以需要超越现有的以经营者为主体、以商品经营资金运动为研究对象的公司财务理论来构建企业重组的财务理论体系。兼并收购是企业重组的基本形式，其主要目的或动机是谋求协同效应（包括管理协同、经营协同和财务协同）；企业并购决策应在对并购成本、风险和收益进行综合分析的基础上做出；分立、分拆及资产剥离是企业紧缩的基本形式，其主要动机是适应环境变化、调整战略、提高管理效率等；所有权结构变更主要包括股票回购和管理层收购等形式。

【复习思考题】

　　1. 企业重组财务理论的基本框架与内容是什么？

　　2. 企业并购的主要动机是什么？

　　3. 企业并购中可以运用的估值方法有哪些？各种方法在实际运用中的优缺点是什么？

4. 影响企业并购定价的主要因素有哪些？

5. 试比较企业分立与分拆的异同点。

6. 企业边界理论是怎样解释公司实施紧缩原因的？

7. 从公司多元化理论来考察，公司紧缩的必要性是什么？

8. 公司紧缩在公司战略理论中主要应用在哪些方面？如何理解波士顿矩阵理论、企业核心能力理论与公司紧缩之间的关系？

9. 公司紧缩包括哪些步骤？各步骤又分别包括哪些基本内容？

【阅读资料】

TCL 集团与 TCL 通讯公司合并案

一、合并方式

TCL 集团以吸收合并方式合并 TCL 通讯。因合并 TCL 集团向 TCL 通讯全体流通股股东换股发行 TCL 集团人民币普通股，TCL 通讯全体流通股股东将其所持有的 TCL 通讯全部流通股股份按照折股比例换取 TCL 集团换股发行的股份，TCL 通讯的全部资产、负债及权益并入 TCL 集团，其现有的法人资格因合并注销。TCL 集团全资附属公司 TCL 通讯设备（香港）有限公司目前持有 TCL 通讯共计 47102200 股非流通股，在 TCL 集团与 TCL 通讯（香港）签订《股权转让协议》并经商务部批准后，在本次合并中不参与换股，一并作为 TCL 集团所持股权予以注销。

二、合并与 TCL 集团首次公开发行的衔接

本次 TCL 集团对 TCL 通讯的吸收合并与 TCL 集团的首次公开发行同时进行。TCL 集团首次公开发行的股票分为两部分：一部分为向社会公众投资者公开发行，公众投资者以现金认购；另一部分为换股发行，TCL 通讯全体流通股股东按折股比例取得 TCL 集团流通股股票。由于 TCL 集团已经直接、间接持有 TCL 通讯的全部非流通股股份，因此换股发行对象为 TCL 通讯的全部流通股股东。吸收合并完成后，原 TCL 通讯全体流通股股东持有 TCL 集团换股发行的股票。在操作程序上，首先由 TCL 集团和 TCL 通讯签署合并协议，并提交合并双方董事会审议通过后公告，然后提交合并双方股东大会批准。合并协议中确定每股 TCL 通讯流通股的折股价格，并确定折股比例的计算公式为：TCL 通讯流通股的折股价格除以 TCL 集团首次公开发行价格。该折股比例即为在本次吸收合并中每股 TCL 通讯流通股股票可以换取 TCL 集团流通股股票的数量。取得股东大会对本次合并的批准后，TCL 集团和 TCL 通讯分别履行债权人通知和公告程序，并取得债权人关于债务处理的同意，或对有要求的债权人进行清偿，或提供担保、并对潜在的或者尚未申报债权的债权人提供担保。经审批机关批准吸收合并方案，

并经中国证监会核准本次发行后，TCL集团开始首次公开发行。在TCL集团确定首次公开发行价格之后，折股比例数值的大小以及TCL集团用于换股发行的股票数量也随之确定。在公开发行的同时，TCL通讯流通股股东持有的TCL通讯流通股股票按折股比例转换为TCL集团流通股股票。换股发行完成后，TCL集团公开发行的新股和换股发行的股票申请同时挂牌交易，并且TCL通讯同时注销法人资格，变更为TCL集团的分公司。

三、合并生效日、合并基准日、合并完成日

本次合并以合并方案分别经TCL集团、TCL通讯股东大会审议通过，并经有关审批机关批准及TCL集团的本次发行获得中国证监会核准且TCL集团首次公开发行结束、认股款划款交割完成后的次日作为合并生效日。本次合并以TCL集团完成变更登记和TCL通讯完成注销登记手续之日为合并完成日。本次合并以2003年6月30日作为合并基准日，合并生效后双方以合并基准日当天的财务状况编制合并财务报表。

四、股权处置方案

（1）换股发行的股票种类：人民币普通股（A股）每股面值1元。

（2）换股发行的对象：TCL通讯全体流通股股东。

（3）折股价格：折股价格为人民币21.15元/股。这是2001年1月2日至2003年9月26日期间，TCL通讯流通股最高交易价格。该折股价格是TCL集团和TCL通讯经商业谈判协商确定，并经双方董事会批准，但尚需取得双方股东大会的批准。本次合并双方董事会决议通过并提交双方股东大会批准的本次合并中TCL通讯的折股价格为最终结果。双方董事会没有计划对折股价做出调整，并向各自股东大会提交包含新折股价格的合并方案。

（4）折股比例：折股比例＝TCL通讯流通股的折股价格除以TCL集团首次公开发行价格。该折股比例即为在本次吸收合并中每股TCL通讯流通股股票可以取得的TCL集团流通股股票的数量。在本预案说明书公告之日，由于TCL集团首次公开发行价格未定，因此该折股比例尚无法确定。为了便于定量地分析合并的影响，合并双方董事会对TCL集团首次公开发行价格、TCL集团首次公开发行的新股数量进行了合理的假设。本次合并华明会计师事务所基于同样的假设，编制了合并基准日的模拟合并财务报表。TCL集团的财务顾问中国国际金融有限公司、TCL通讯的独立财务顾问国海证券有限责任公司基于同样的假设，进行了有关财务测算并以此为基础出具了财务顾问报告和独立财务顾问报告。需要特别说明的是，合并双方董事会的上述假设不代表对TCL集团首次公开发行价格或TCL集团首次公开发行的新股数量的预测，其目的仅为对本次吸收合并进行分析，以便为股东提供更多参考信息之用。

只有等TCL集团经过路演、询价等市场化方式确定其首次公开发行价格时，

根据上述折股比例的计算公式，本次吸收合并的折股比例数值才可最终确定。考虑到 2002 年 1 月 1 日以来（截至 2003 年 9 月 19 日），国内 A 股首次公开发行的 122 只股票中，96.7%的新股发行市盈率（摊薄前）在 10~20 倍之间。以此为前提将 10~20 倍作为本说明书中 TCL 集团 IPO 发行市盈率(发行价格相对 2002 年完全摊薄前每股收益的比例）的模拟测算范围。据此假设模拟的 TCL 集团 IPO 发行价格在 2.67~5.33 元，对应折股比例为每股 TCL 通讯流通股股票可以换取的 TCL 集团流通股股票数量在 7.9213~3.9681 股。

（5）换股股权登记日：换股股权登记日为 TCL 集团刊登首次公开发行定价公告，TCL 通讯刊登换股定价公告及补充独立财务顾问报告的当日。

（6）换股方法：深圳证券交易所将根据换股股权登记日 TCL 通讯的股东名册，按照折股比例将 TCL 通讯流通股股东所持有的 TCL 通讯流通股转换为 TCL 集团的流通股。TCL 集团换股发行的数量按 TCL 通讯全体流通股东持有 TCL 通讯流通股总数乘以折股比例后的整数计算。

（7）换股发行股份的数量：上述折股比例数值确定时，TCL 集团用于换股发行的股票发行数量也随之确定。换股发行部分发行股数为：发行股数 = 81452800×折股比例（股）取整后的股数。

（8）换股发行股份的上市流通日：换股发行股票将与 TCL 集团首次公开发行的股票同时于深圳证券交易所挂牌交易。

五、资产、负债及股东权益的处置方案

在满足本次合并的前提条件情况下，TCL 集团将吸收合并 TCL 通讯，并以 TCL 集团作为合并后的存续公司。由 TCL 集团作为唯一法律主体，享有 TCL 通讯的资产、债权及承担 TCL 通讯的债务及责任，TCL 通讯的法人资格注销。TCL 集团和 TCL 通讯 2002 年利润分配已完成，双方约定在合并完成日之前不再对各自结余的未分配利润进行分配，合并完成日的未分配利润由双方全体股东（包括原双方的全体股东和认购 TCL 集团首次公开发行股票的投资人）共享。根据合并双方签订的合并协议，在签订合并协议后至合并完成日，正常情况下以合并基准日双方资产负债表为基准，双方对现有的生产经营环境及条件（含重要销售合同、重大债权、主要固定资产、重大投资、任何按揭、抵押、担保等）实施保全措施，不谋求大的改变，如任何一方确因经营所急需，应提前通知另一方。在签订合并协议后至合并完成日，任何一方董事会签署、变更、解除重要经营（服务）合同，处置重大债权和主要固定资产及重大投资，均需事前以书面形式通知另一方，并在征得另一方同意后方可实施。

六、经营管理重组方案

合并后，TCL 通讯原有资产合并至 TCL 集团，原有业务归入 TCL 集团通讯事业本部管理。存续公司将加强公司内部的产业整合，按照产业清晰的原则对通讯业务与其他业务进行分类管理,同时加强通讯产业与其他产业的互动。强化TCL集团内部资源的协调，在采购、物流配送、营销网络、资金及内部信息系统共享方面，突破以前 TCL 通讯作为独立上市公司的限制。通过合并简化 TCL 集团的管理层次，提高对市场的反应能力及公司营运效率。通过优化管理流程、精简管理架构、节省管理费用。

TCL 集团股份有限公司董事会　　2003 年 9 月 29 日

TCL 通讯设备股份有限公司董事会　　2003 年 9 月 29 日

（资料来源：杨雄胜等著. 财务管理咨询[M]. 北京：华夏出版社，2002.）

【课外阅读文献】

1. [美] J. 弗雷德·威斯通. 兼并、重组与公司控制[M]. 北京：经济科学出版社，2000.

2. [美]范霍恩著. 财务管理与政策教程 (上)(第 10 版) [M]. 北京：华夏出版社，2000.

3. [美]范霍恩著. 财务管理与政策教程 (下)(第 10 版) [M]. 北京：华夏出版社，2000.

4. [美] 凯奥尔·恩等著. 国际财务管理（英文版，原书第 2 版）[M]. 北京：机械工业出版社，2002.

第十六章　价值增长与技术创新

财务战略管理

【学习目标】
- ➤ 理解制定公司增长战略决策时需要考虑的因素；
- ➤ 掌握公司可持续增长财务规划的基本内容及方法；
- ➤ 领会公司价值增长过程中表现出的基本规律；
- ➤ 领会公司实现价值增长的必要性及实现价值增长的基本步骤；
- ➤ 理解技术杠杆的作用原理及技术型企业组织（公司）的技术战略目标；
- ➤ 领会在实施科学合理的技术创新战略过程中，必须完善的财务监控机制。

【重点名词】
　　公司增长　可持续增长　平衡增长　价值创造型增长　利润追求型增长
技术杠杆　技术应用谱（TAS 图）　探索战略　纯利润率　留存现金

【案例导入】

上海肯德基价值可持续增长财务战略

　　上海肯德基有限公司是上海锦江国际酒店发展股份有限公司（原上海新亚集团股份有限公司）与中国百胜餐饮集团合资经营的西式快餐企业。上海锦江国际酒店发展股份有限公司隶属锦江国际集团，是中国最大的酒店、餐饮集团之一；中国百胜餐饮集团隶属世界上最大的餐饮集团——百胜国际餐饮集团。由这两大集团强强联手的上海肯德基，自 1989 年在外滩东风饭店开设了第一家餐厅以来，伴随着上海经济的飞速发展，不断加快其在上海发展的步伐。从 1992 年的两家餐厅，发展到 1997 年的 35 家，2003 年 9 月上海肯德基第 100 家餐厅在浦东新区隆重开业，标志着上海肯德基已经步入了一个更加稳固而有序的发展阶段。2004 年底上海肯德基伴随着上海的发展走过了 15 个春秋，已经遍布全上海 19 个区县,店数已达 143 家，全年营业额已超过 13 亿元。作为一家餐饮连锁企业具有自己的财务特征，即在经营过程中基本没有产品赊销行为，也就是说几乎都是以现金交易，因此相对来说现金比较充足，那么如何合理安排这些富余的闲置资金呢？餐饮企业要像滚雪球一样越做越大必须不断投资，开设分店发展壮大。餐饮企业的投资主要是固定资产投资，包括餐厅建造和餐厅设备投入。投资的重要性主要体现在以下几个方面：①企业要壮大，没有投资不行。②企业要竞争就要不断投资。③企业要持续发展，没有投资不行。

肯德基的最高管理层认识到从内部管理来看，要实现均衡发展，企业就不能求一时之快而过度地开发市场，过度发展是不健康的。作为一个管理者，如何引领企业健康发展、正确对待市场竞争，是对领导者素质、水平的一个重要考验。企业要在服务上为客户带来更多的价值，就必须保证其发展是可持续的。经营理念要稳健，不急不躁，稳扎稳打。否则只会在市场上搅浑水，既不能为营造良好的市场环境作出自己的贡献，也不能真正使自己做大做强。这就要求跳出低层次价格战的泥潭，探讨实现价值可持续增长的有效途径。这既有对政策的准确把握、对市场规律的深刻理解，更重要的是对企业经营本质的认识，如果在市场竞争中不能准确定位，最终受到损害的还是企业自己。

据此肯德基最高管理层在充分衡量企业自身的财务状况之后，意识到企业价值可持续发展的核心就是价值增长，而价值增长必须符合企业自身资源状况。根据企业的经营现状，肯德基财务状况稳健，每年在向投资者支付了必要的现金股利，给予投资者必要的投资回报后，依然有资金富余。表 16-1 为肯德基 2002 ~ 2004 年的经营性现金流入量和现金营运指数指标。

表 16-1　肯德基 2002 ~ 2004 年现金流量指标　　　　　　单位：万元

项　目	2002 年	2003 年	2004 年
经营活动产生现金流入量	84650	106030	132128
经营活动产生现金流出量	73304	90144	110035
经营活动现金流量净额	11346	15886	22093
现金营运指数	0.89	0.84	1.01

肯德基最高管理层最终决定将公司大量的资本积累投入到新店投资建设中。公司规模稳步扩大，不断创造年营业额新高，企业价值逐步提升，实现了一个良性循环。肯德基合理运用自己的资金优势，将自己的餐饮事业越做越大，实现企业自身的稳步持续发展，并不断提升企业自身价值，而今肯德基已经成为国内餐饮连锁经营企业的龙头老大，占据了本行业中的主导地位，在快餐行业中确立了明显的竞争优势。这种竞争优势来源于肯德基稳步的价值可持续发展，下边从肯德基 2000 ~ 2004 年财务状况分析这一价值可持续发展过程，见表 16-2、表 16-3。

表 16-2　肯德基 2000～2004 年股权收益率

年　份	净利润 （万元）	期初股东权益 （万元）	股权收益率=净利润/ 期初股东权益（%）
2000	3920	17035	23.01
2001	4251	16656	25.52
2002	5756	17066	33.73
2003	8643	18655	46.33
2004	10597	22114	47.92

表 16-3　肯德基 2000～2004 年可持续发展率

年　份	收益留存率 （%）	股权收益率 （%）	可持续发展率=收益留存率/ 股权收益率（%）
2000	3	23.01	0.69
2001	3	25.52	0.77
2002	3	33.73	1.01
2003	3	46.33	1.39
2004	3	47.92	1.44

　　从以上数据可以看出,肯德基近五年来股权收益率从 2000 年的 23.01% 上升到 2004 年的 47.92%,由于肯德基多年来坚持很高的股利分配率,当年取得的净利润除了按照规定提取一定比例的企业发展基金和职工奖励福利基金外,全部作为现金股利分配给了投资者。收益留存率只有 3%。尽管如此, 肯德基公司的可持续发展率依然逐年攀升, 从 2000 年的 0.69% 到 2004 年的 1.44% 已实现了翻倍。

　　餐饮连锁企业并不是一个高利润率的企业,像肯德基这样投资大, 收益留存率低（只有 3%）的企业,可以确认其很大一部分再投资现金来源于固定资产的折旧收回, 加上该行业几乎百分之百的现金收入, 使得企业现金流比较充裕。尽管大部分的净利润作为股利分配给投资者, 企业仍然可在不举债的情况下扩大投资增加新店,在财务支持的角度上实现了企业价值的可持续增长。

　　（资料来源：李雪松编著. 企业财务管理咨询与诊断[M]. 北京：中国经济出版社, 2003.）

第一节　价值增长财务战略管理

一、公司可持续增长财务规划

1. 公司必须增长

在经历多年的重建、流程再造和削减规模以后，公司现在更强调增长。之所以这样做是因为受到了来自三个方面的压力：股东、竞争对手和雇员。首先股东们要求价值能够增长，这与公司增长有着密切的联系，因为借助成本削减方式创造价值的明显局限性使得采取收入增长方式实现这一目标变得更加必要。其次就是来自竞争对手的压力，尤其是在银行、制药、汽车、保卫、航空和个人计算机等正在发生着大量合并的行业中。在这种情况下如果能够获得技术开发、运作、生产能力利用、营销、分销和网络外部型方面的规模经济，则增长就是非常必要的。那些不能像竞争对手一样迅速扩张的公司将会丧失竞争优势，陷入到一种螺旋下降的状况中。因此唯一的选择就是：要么扩张，要么进入一种最终导致自己被遗忘的恶性循环中。最后雇员也是一种重要的影响力量。在一家扩张的公司中就职的雇员在获得职位提升、财务奖励、工作安全和工作满意方面有更大机会。

2. 公司增长的五种模式

制定公司增长的战略需要两方面的决策：增长方向和增长模式见表 16-4。

表 16-4　增长战略

增长模式	增长方向				
	市场渗透	全球化	纵向整合	相关多元化	不相关多元化
有机的/内部的	丰田：凌志	本田（美国）	安然公司：能源行业	迪斯尼：巡航公司	TATA 公司（印度）
战略联盟	通用汽车 + SAAB	雷诺 + 尼桑	宏基 + 德州仪器	迪斯尼 + Infoseek	Siam 水泥公司（泰国）
兼并与收购	福特 + Jaguar	戴姆勒 + 克莱斯勒	默克 + 默多克	迪斯尼 + ABC 电视网	Vivendi 公司（法国）

（资料来源：[美] 麦克·赫鲁比著，宋小岐译. 企业称雄的法宝——技术战略[M]. 上海：上海人民出版社，2000. ）

一家公司可以采用表 16-4 提供的 15 种方案中选择其中的任何一种进行增长；公司所选择的战略必须以自己的资源状况和竞争地位为基础。有五种可能的增长方向：①在现有业务中获得更大的市场份额，提高市场渗透程度。②选择同样的业务，但是在不同地理区域。③通过纵向整合，或者是前向整合或者是后向整合。④在其他相关业务中寻求增长。⑤在一种不同的不相关业务中寻求增长。一家公司如果同时追求所有方向上的成长并不明智。公司应当考虑自己有限的资源，决定选择每一种增长方向的相对重要性。

3. 可持续增长

增长及对其管理是财务计划中的特殊难题，一方面快速的增长会使一个公司的资源变得相当紧张，因此除非管理层意识到这一结果并且采取积极的措施加以控制，否则快速增长可能导致破产。另一方面增长太慢的公司同样面临迫切的财务利害关系：面临着被收购的危险。因此需要考虑公司的可持续增长。可持续增长率是指在不需要耗尽财务资源的情况下，公司销售所能增长的最大比率。由此可得出一个重要的结论：增长不是一件非要达到最大化不可的事情，就在很多公司而言限制增长以便在财务上养精蓄锐可能是必要的。为说明这个问题，需要引入可持续增长方程式，为此必须先作以下假设：①公司打算以与市场条件所允许的增长率同样的比率增长。②管理者不可能或不愿意发售新股。③公司已经有且打算继续维持一个目标资本结构和目标股利政策。

在一个快速增长的公司里，初始资产总额等于初始负债及所有者权益总额。假如公司要在接下来的年度里增加销售，它就必须同样增加资产价值以支持新增销售，而根据上述假设②公司不准备发售新股，所以增加资产需要的现金支出必须来自于留存利润和增加负债。那么是什么限制了公司扩展的速度呢？在不改变资本结构的情况下，随着权益的增长负债也应以同比例增长，负债的增长和权益的增长一起决定了资产所能扩展的速度，后者反过来限制了销售增长率。所以股东权益所能扩展的速度限制销售增长率。

可持续增长率 g ＝股东权益变动值／期初股东权益

由于公司不发售新股，分子项等于盈利乘以 R（ROE 为公司留存收益比率），由此：

$$g = R \times \frac{\text{盈利}}{\text{期初股东权益}} = R \times ROE = R \times (P \times A \times T)$$

式中，P 代表利润率；A 代表资产周转率；T 代表资产与权益比，它等于资产除以期初股东权益而不是期末股东权益。

该式说明在给定假设条件下，一个公司销售的可持续增长比率等于 P、R、A 和 T 四个比率的乘积。比率 P 和 A 概括了企业生产过程中的经营业绩，其他两个比率描述了企业主要的财务政策。

4. 增长规划

（1）平衡增长。由于公司资产收益率等于公司利润率与其资产周转率乘积，因而可以把可持续增长率方程式改写为：

$$g = R \times ROA \times T$$

其中，R 和 T 反映公司的财务政策，ROA 概括了公司的经营业绩。

该方程式说明在给定稳定的财务政策下，可持续增长率与资产收益率成线性变动。图 16-1 以图形表示了这种关系，以资产收益率为横轴，以 ROA 为纵轴，可持续增长方程式如那条上斜对角实线。这条线被称为"平衡增长"，因为只有对落在这条线上的销售增长——ROA 组合，公司才能够通过自我筹资而获得平衡。所有偏离这条线的增长——收益组合要么产生现金逆差，要么产生现金顺差。这样快速增长、仅有边际收益的公司将被绘制在图形左上部分，表示现金逆差，而缓慢扩展、高盈利公司将被绘制在右下部分，表示现金顺差。

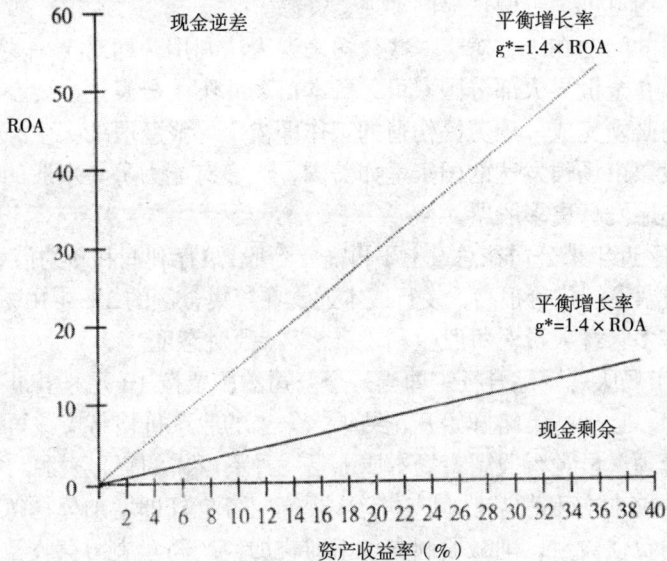

图 16-1 可持续增长率图示

（资料来源：[美] 詹姆斯·麦格拉里，弗里·克勒格尔等著. 金色的轨迹[M]. 北京：机械工业出版社，2001.）

当一个公司不管是经历顺差变化，还是逆差变化等不平衡增长，它可以通过以下任何三种方式趋于平衡增长线：改变增长率、转变资产收益率或修正财务政策。为说明最后一种选择，假设根据图 16-1 所描绘的平衡增长线公司处于图形逆差区域，且想要减少这部分逆差。一种策略可能是提高它的留存收益比率比如提高 50%，而它的资产与权益比如从 1.6 提高到 2.8，因此公司的可持续增长率方程式改变为：$g = 1.4 \times ROA$。在图 16-1 中，这相当于把平衡增长线向上旋转到左边，如虚线所示。现在任何盈利能力都将比以前更能支持一个更高增长率。从这个角度看，可持续增长率是一组产生平衡增长的所有增长——收益组合的联结物，而可持续增长问题就是管理由不平衡增长所引起的顺差或逆差。

（2）实际增长超过可持续增长。当实际增长超过可持续增长时，首先要判定这种状况将会持续多久。如公司随着成熟期的接近，增长率在不远的将来不可能会下降，则这只是一个过渡性问题，可能通过更多的借款就可解决。将来当实际增长率跌落到可持续增长率之下时，公司将从曾经的现金吸收者转变为现金创造者从而可以偿还贷款。对于长期的可持续增长问题，则必须采用以下策略的某些组合：发售新股、提高财务杠杆、减少股利支付比率、分流部分或全部生产、提高价格，或者与"现金流"合并。

1）发售新股。如果一个公司愿意而且有能力通过发售新股来筹集新权益资本，则它的可持续增长问题就可迎刃而解。所增加的权益资本加上因此而成为可能的增加借贷，都为更进一步增长提供了现金资源。

这种策略的问题在于，对于一些公司来说无法利用，而对于一些公司来说又没有吸引力。在全世界大部分国家里，资本市场并不十分发达。要在这些国家发售新股，公司必须完成一项劳民伤财的工作即挨个寻找新股的买主，这是十分困难的，而在股票市场很发达的国家里如美国，许多有能力募集新股的公司基于以下若干原因不愿发行更多股票。

第一，似乎近年来公司在总量上不再需要新股，滚存利润和新的借款已经足够。

第二，股票发行代价很高，发行成本通常在筹集金额的 5% ~ 10%。

第三，许多管理人员对每股盈利（EPS）持敌对态度。

第四，"市场厌恶"综合征。即当一个公司的股票按 10 元/股出售时，管理层会倾向于认为一旦现行策略开始开花结果，未来的股票价格将应该再高一点。

第五，管理人员觉得股票市场本质上是一种不可靠的资金来源。

2）提高财务杠杆和削减股利支付率。提高财务杠杆即增加公司每一元留存收益所能增加的负债数量，削减股利支付率即增加生产经营中留存收益的比例，这两种方法均可提高可持续增长率，特别是当负债筹资的使用有所限制时，这一点更明显。所有公司都存在一个由债权人施加的、用于限制公司所能采用的财务杠杆负债数量，并随着财务杠杆的提高，股东和债权人承担的风险与新增资本的抵押成本也一起增加了。公司股利支付比率则有一个零的下限，通常股东对股利支付的兴趣与他们对公司投资机会的感觉呈反方向变化。

3）有益剥削。公司可通过对不同产品市场上生产经营收益流量的组合来降低风险，但这种大企业集团多元化经营策略存在两方面的问题：①尽管它可能减少管理层能看到的风险，但它对股东却毫无用处。②由于公司资源有限，他们在同一时间里不可能在许多产品市场上都成为重要的竞争者。

（3）实际增长小于可持续增长。解答不充足增长问题的第一步是判断这种情况是暂时的还是长期的。如果是暂时的，管理层只要简单地继续累积资源以盼望未来的增长即可；如果困难是长期的，则问题变成整个行业缺乏增长（这是成熟市场的自然结局）或者是公司独有的。假如是后者的话，就应该在公司内寻找不充分增长的理由和新增长点的可行渠道。在这种情况下，管理层必须仔细考虑自己的业绩，以发现和消除对公司增长的内部制约。

二、价值增长的财务战略管理

就全球企业而言，"股东价值"这一理念在亚洲地区的企业中一直未能得到足够重视，在20世纪90年代的大部分时间里，亚洲地区的众多公司致力于业务增长和销售额扩大，却忽略了盈利性和投资回报等指标的重要性。在过去的几年中，下面三个重要事件改变了这种状况：①越来越多的公司希望在当地或海外的股票市场上市，在此过程中他们开始感受到股票市场的压力：股票市场不仅要求高增长，还要求盈利性。②那些牺牲公司盈利性（利润率等）一味追求资产快速增长的公司（如韩国的一些公司）在亚洲金融危机中获得了深刻的教训。③新兴网络公司的潮起潮落，证明了增长本身不足以创造持续的股东价值，这些公司最终还是需要实现利润。

其实无论公司处于什么样的环境中，绝大多数公司在较长时期内同时保持高水平的增长和盈利性是极端困难的。一个公司如何才能实现"价值创造型的增长"？公司如何才能在增长和利润之间获得恰当的平衡？在找到平衡点后，公司管理层应如何运用战略来维系未来的增长？这些问题将在本部分内容的探讨中加以解决。

1. 什么是价值创造型增长

在过去的十几年中，许多公司承认他们忽略了收入的增长，实际上他们只是片面地关注如何通过削减成本来提高利润率。公司增长的最大制约因素来自于其本身的战略，其中公司结构是最关键的瓶颈。增长与利润不同的是，没有一套被一致认可的会计方法可用来衡量增长。利润表将收入细分为各项收益，但报表并没有指出是什么产生了营业额。当把利润和增长联合起来考察时，公司的目标是同时追求盈利与增长，实现这一点的关键在于"平衡"两个字。当公司找到了利润与增长作为战略联合目标的平衡点后，他们就达到了所谓的价值型增长。一方面关注企业利润情况，另一方面通过增长将竞争者甩在后面，"价值创造型企业"带来的是长期股东价值的可持续最大化。

按照公司发掘和追求增长机会的方式，可将公司分成四类：

第一类是"利润追求型"。这类公司将注意力集中在如何将同样的事情做得更好，他们通过严格的成本控制来确保利润最大化。第二类是"单纯增长型"。这类公司追求营业额的增长，或者说"多就是好"。第三类是"增长滞后型"。这类公司可能会得到小额利润，但他们永远不能保持"更多"或"更好"的状况，因为他们既没有增长机会也缺乏好的内部管理。第四类是"价值创造型"。这类公司有能力在增长战略和盈利结果之间维持一种最优平衡关系，他们将"更多"与"更好"结合起来，创造了突出的股东价值。

这四类公司可以用增长矩阵来表示，如图 16-2 所示。

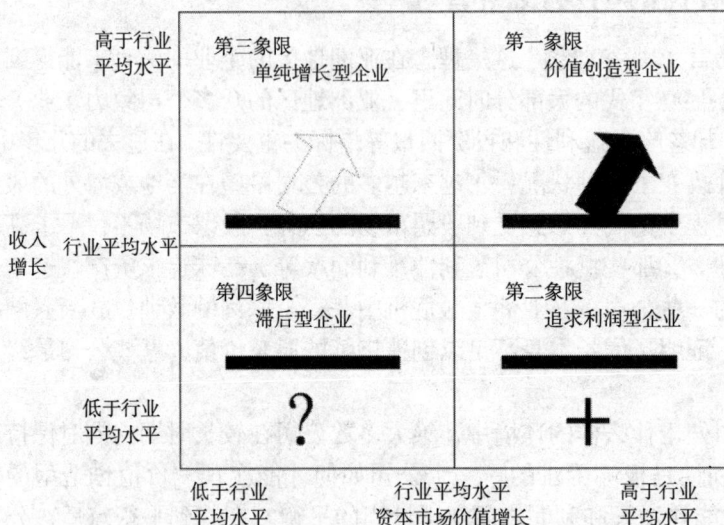

图 16-2   增长矩阵

（资料来源：[美] 詹姆斯·麦格拉里，弗里·克勒格尔等著. 金色的轨迹[M]. 北京：机械工业出版社，2001.）

图 16-2 中显示追求利润型企业依靠已有业务，并以日臻完善的管理艺术对员工实施严格控制。尽管他们依然创造了可观的股东价值，但其营业收入增长率却低于行业的平均水平。单纯增长型企业能成功地创造出高于行业平均水平的营业收入增长，但从长期来看原先预期的利润水平总是无法实现，因此此类企业在创造股东价值方面低于行业平均水平。滞后型企业在营业收入增长与股东价值创造两个方面都低于行业平均水平。从长期来看，只有价值创造型企业在营业收入增长与股东价值增长两个方面都高于行业平均水平，他们不断尝试增强其优势，并将自身推向矩阵的右上方，使得企业距离中心位置尽可能远。为了做到这一点，他们在增长机遇、资本与人才等方面的竞争中坚持不懈地寻找克敌制胜的方法。营业收入的增长是公司"强大"的要素，价值创造型企业同样注重"精干"，他们理解强大与精干因素的交互作用是企业战略的共同目标，企业在提高效率和削减

成本上存在着上限，但在营业收入的强劲增长上却不存在明显的极限，同时长期营业收入增长是推动股价上升的主要因素。

2. **价值增长的规律**

（1）重心。增长矩阵中可以用点表示公司的缩影，它们代表的不仅是公司增长历史和股价的表现，也标志着公司在一段时期里的重心。公司对增长的承诺和对于这个承诺的成功执行都汇总于这一点上，通过各自不同的选择和战略，公司将其名字与增长矩阵的区域对应起来。根据科尔尼公司对世界上绝大多数公司的调查，发现尽管一个公司在一段时期平均来说一直是一个价值创造型企业，但很可能在其中的一个时期里，它是一个单纯增长型企业，一个追求利润型企业，或者是一个滞后型企业。事实上只有很少数的公司能够在长时间里始终保持价值创造型企业的地位——即保持它们的重心在矩阵右上方。

重心的运动解释了一个增长法则规律：增长不是线性的，而是以螺旋方式移动。随着时间的推移，一个企业的重心甚至从一个区域向另一个区域迁移。在重心沿循的螺旋路径顶部，价值创造者在真正地全速前进。当重心从价值创造增长型区域移动到追求利润型或单纯增长型区域时，公司的增长就减缓或暂时陷入市场不利情况。

企业的重心决定于它相对于竞争对手的收益增长和股东价值绩效的情况。价值创造型企业成功地螺旋式上升，在下降阶段优秀的公司清查存货、重组资源，然后螺旋式回升再次创造出不俗的业绩。返回最成功的通常是单纯增长型，而最不成功的通常是追求利润型企业。

（2）平衡。平衡是关键因素，增长战略和利润战略不是互相排斥，而是互相加强。企业应当跳出利润陷阱，因为为了增长而增长会过度使用企业资源，最终导致越来越少的资本回报。营业收入增长和盈利能力必须是公司战略性共同目标。在营业收入增长和盈利能力之间获得平衡的公司有最好的机会获取并维持价值创造型增长。过长时间地过分强调任何一个方面都将妨碍公司股东价值的增长。同时增长是自我诱导型的，外部环境虽然很重要但并不是决定因素。

（3）增长的驱动因素。企业增长的工具共有三种：增长决心、交流与沟通和可行的业务模式，每一类模式各有四大驱动力。在这几种增长工具中的各个驱动力代表着硬性因素和软性因素组合。价值创造型企业关注增长工具中的全部驱动力，而不是过分强调或过分抵制某一个。追求利润企业和单纯增长型企业在一个或多个领域暴露了它们的不平衡性，或者是因为它们忽视了某些机会，或者是因为过度地集中在这些机会上。滞后型企业则在几个领域里显示出弱点或不平衡性。单个的驱动力如图 16-3 所示。

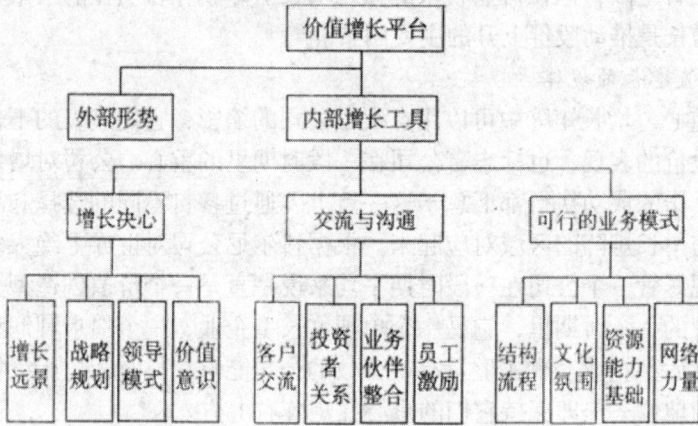

图 16-3　内部增长工具图示

（资料来源：[美] 阿斯瓦斯·达摩达兰著. 应用公司理财[M]. 北京：机械工业出版社，2004.）

增长是一个平衡运用所有价值驱动力的过程。矩阵中的每一个位置，即每一个中心，都象征着一种重要的行为模式，展现了企业的不平衡状态。滞后型企业在确立增长目标方面有很大不足，缺乏战略重点使得这一类型企业在寻找出路方面毫无方向。单纯增长型企业创造了增长动力，但最终又失去了重心，它们缺乏战略纪律。追求利润型企业则陷于利润陷阱中，整个公司文化充斥着对风险的厌恶和普遍的操控心态。价值创造性企业必须将它们的增长和向上发展的想法转化为实际的商业地位。因此四种类型的企业都面临着不同的战略性挑战，如图 16-4 所示。

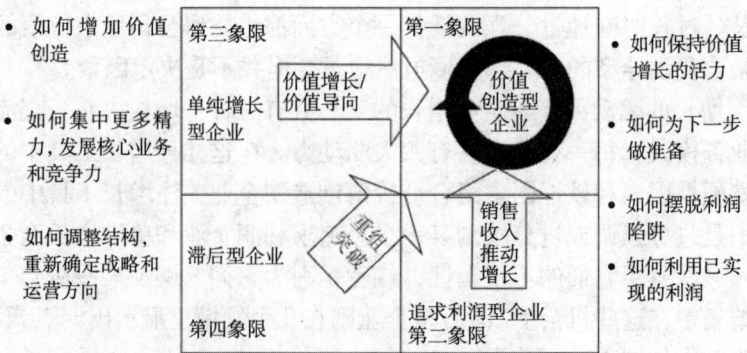

图 16-4　追求价值增长的主要挑战

（资料来源：[美] 阿斯瓦斯·达摩达兰著. 应用公司理财[M]. 北京：机械工业出版社，2004.）

3. 价值有效增长与无效增长企业行为比较分析

判断企业价值增长有效与否的一个基本标准，主要看企业有无应对最好与最差状况的充分准备。应对最差状况，企业无论好坏都会有周密考虑，但出现最好状况时，企业是否仍有非常出色的应对措施呢？许多企业往往做不到这一点。企业价值增长潜力未被开发的主要原因存在于企业内部，业绩取决于企业自己做了什么创造业绩的行动，而不取决于周围环境发生了怎样的变化。表 16-5、表 16-6、表 16-7 立足于企业内部对在价值增长领域有所作为与无能为力企业在具体行为特征上做一概括比较。

表 16-5　增长决心行为特征

企业类型	一般企业	价值增长企业
增长远景	近期：简单的目标	长期：一系列定量化指标
战略规划	发展核心能力	注重核心资源的利用与拓展，形成核心竞争力
领导机构	对企业忠诚、有抱负和凝聚力	加上高涨的增长激情
价值意识	比过去更快、更好	比同行更快、更好

表 16-6　交流与沟通行为特征：整合环境与企业愿景目标的良策

企业类型	一般企业	价值增长企业
客户交流	市场份额最重要	客户需要最重要
投资者关系	迎合投资者需要	慎重投资，追求长期价值
业务伙伴整合	核心业务不外包	核心业务外包，整合供应商，实现生产经营更经济
员工激励	稳定工作，丰厚报酬	加上个人能力的提高

表 16-7　业务模式行为特征：促进还是破坏创造价值增长型战略实施

企业类型	一般企业	价值增长企业
组织构架：流程和信息技术	从众	主动开发、投资
企业文化氛围	奖励好的结果	奖励好的未来（发展）
资源与能力基础	量力而行	再困难也要发展（研发和扩展）
网络力量	关注现实的关系	培养潜在的关系

4. 企业如何实现向价值增长型转变

（1）利润追求型企业向价值增长型企业转化。利润追求型企业的最大不足是出现"短期利润陷阱"，即行为短期化。其行为特征为：①注重提高效率、削减成本创造高利润，不关注销售收入。②反对研发，不愿为企业长期发展做出牺牲。③企业产品拥有较高知名度。④企业文化充斥着畏缩不前，一股劲削减成本的倾向。其结果必然是长期发展后劲严重不足。

基于此，这类企业向价值增长型企业转化，必须做好以下五个方面的工作：①增长远景。建立以价值为中心、明确的、量化的远景目标。②企业文化。创造决定性增长型文化氛围与创业型思维方式；消除控制型思想。③组织设计。建立支持价值增长的组织结构。④外部发展。有选择地并购以获得市场份额和地域扩张。⑤客户信息。彻底改造、加深与客户的关系。

（2）单纯规模增长型企业向价值增长型企业转化。单纯规模增长型企业容易产生"收入幻觉"，追求市场规模扩大，陷于片面的市场占有份额指标而不能自拔。其行为特征为：①因有好的产品和技术，不注意对客户的投入。②有强有力的领导结构，决策随意性大，缺乏清晰的战略思路。③企业文化深受公司领导人影响，企业成功往往取决于领导人的素质。但收入增加并不意味着利润的增长，片面追求收入规模会使企业陷入"高效率低效益"困境。

为此，这类企业必须做好以下工作以实现向价值增长型企业转化：①密切与所有者关系：与投资者之间形成紧密的利益关系和命运认同感。②战略规划：调整投资组合，实现经营重组，消除无利润区；重新认识企业核心能力，着力加强核心业务。③组织结构设计：完善价值衡量体系与激励制度；努力开发各种潜力，提高效益。

（3）增长不稳定型企业向价值增长型企业转化。增长不稳定型企业的致命不足是经营忽上忽下，效益忽高忽低。在行为表现上有以下特征：①收入有增长，但慢于行业平均水平。②利润有增长，但利润水平低于行业平均水平。③员工有稳定的收入，但收入水平不高。④有的甚至表现为"今朝有酒今朝醉，明日无酒明日愁"，吃光用光分光，不留任何后备基金。

这类企业容易出现猝死，转变为价值增长型企业的难度比较大，需要从滞后发展中寻求突破，应着重围绕以下环节做好工作：①增长远景：建立以盈利性增长为中心的、清晰的、定量的远景。②战略规划：设定清晰的、重新以核心业务为发展方向的战略目标；避免战略的频繁变化；根据增长和利润来优化业务组合。③资源情况：根据发展的需要，重新调整资源配置流程及系统；重新设计价值链。④领导模式：建立积极进取、致力于增长的领导团队；大胆起用一批新人，利用新人的进取心来推动企业增长。

（4）实现价值增长型企业向价值持续增长型企业转化。这类企业应在已实现价值增长的平台上，进一步做好以下工作：①塑造积极的企业文化，培植企业健全的利润心理。②战略目标与实现途径的联动并进，持续地开发潜力，不断开拓企业价值空间，把企业价值链发展为价值型和价值流。③资源动态组合，实现业务、流程的动态分析，使企业成为学习型组织。④组织结构调整，在信息实时反映并实现信息集成的基础上，建立相应控制体系，使企业组织充满活力，实现"物流、资金流、任务流、人员作业、票据流和信息流"有机整合。⑤客户关系，正确锁定企业客户群，就等于找到并保护了企业的生命之源。运用"杠杆管理"、"平衡卡"、"限制理论"来充分地利用企业资源，用财务杠杆平衡客户资本，以客户价值为经营核心，营造一个有利于企业价值持续增长的商务生态环境。

5. 企业实现价值增长的基本步骤

国外学者认为，"销售收入年均增长"与"调整后资本市值的年均增长"可以作为衡量一个上市公司价值增长量和质的综合指标。① 这两个指标，既可以在行业内对各企业进行排队，又可以提供给某一个企业衡量自己价值增长能力及业绩。对于一般企业，实现价值增长一般应分以下三个基本步骤：

（1）探测价值增长的位置，如图 16-5 所示。

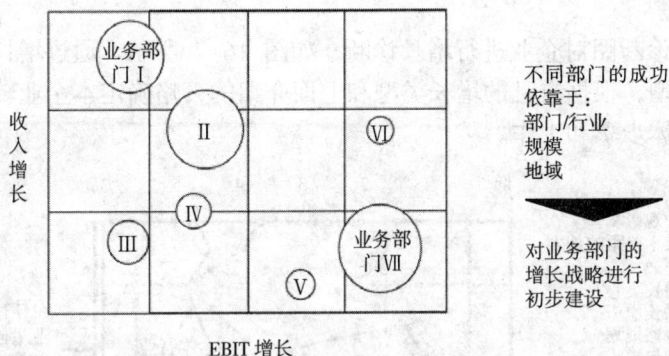

图 16-5　探测价值增长的位置

（资料来源：[美] 詹姆斯·范霍恩等著. 现代企业财务管理[M]. 北京：经济科学出版社，2003.）

本步骤包括以下几个要点：①建立数据库，以满足增长位置分析的需要。②内部各业务排队，可把资本市值（AMC）换成息税前利润（EBIT）。③创建企业间与企业内的评价标准。④依据价值增长驱动因素全面分析企业及企业内各业务的增长状况。⑤对各增长措施进行全面评估，明确潜在的增长方法，关键是运用"增长措施效果分析图"分析已有措施，评估备选措施，如图 16-6 所示。

---

① [美] 阿斯瓦斯·达摩达兰著. 应用公司理财[M]. 北京：机械工业出版社，2004.

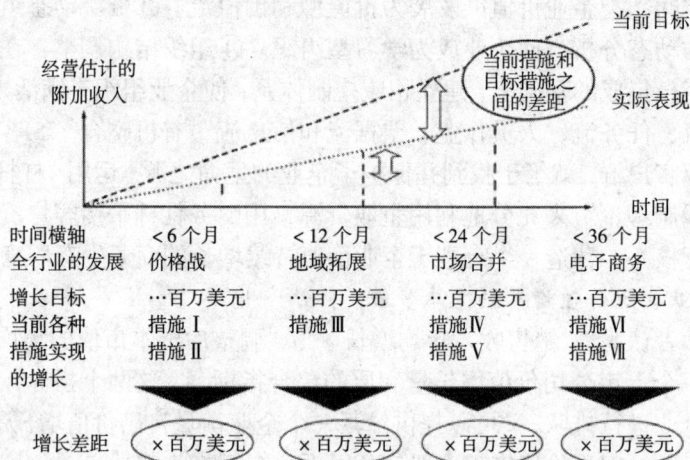

图 16-6　增长措施效果分析图

（资料来源：[美] 詹姆斯·范霍恩等著. 现代企业财务管理[M]. 北京：经济科学出版社，2003. ）

（2）利用诊断图对企业进行增长诊断，如图 16-7 所示。通过增长诊断，确定企业增长类型，根据自己的增长类型和上面介绍的策略确定本企业转向价值增长型企业的具体步骤和工作。

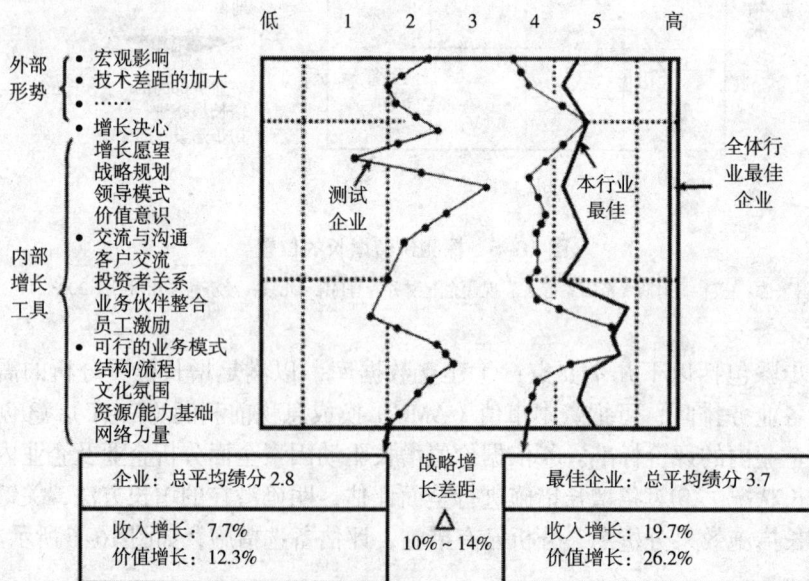

图 16-7　企业价值增长诊断图

（3）设计实现价值增长的途径。

1）实现价值增长的基本工作程序为：①优化增长工作的战略蓝图。②制定工作时间表。③增长细化分析。④战术与步骤（路标）。

2）绘制价值增长的战略蓝图，如图16-8所示。

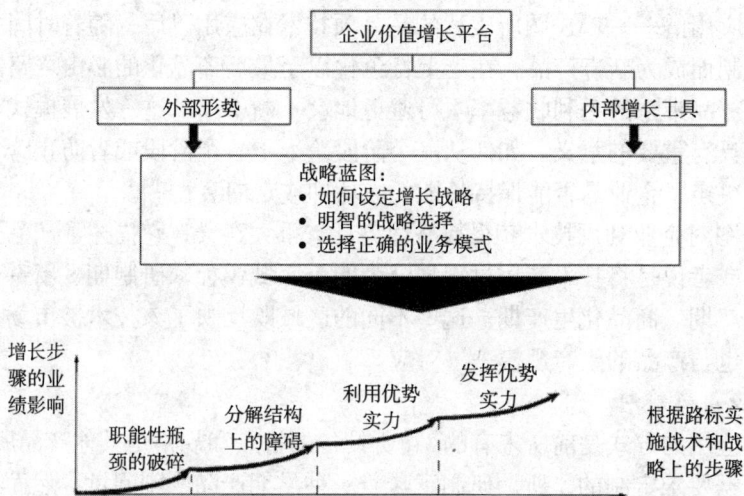

图 16-8　价值增长战略蓝图

（注：图16-7、图16-8资料来源：[美] 詹姆斯·范霍恩等著. 现代企业财务管理[M]. 北京：经济科学出版社，2003.）

经过以上分析，一个企业便可确定适合自身条件并有效实现价值增长目标的具体路线。

第二节　技术创新财务战略管理

一、关于技术战略

技术能创造商机。在当今这个千变万化的世界中，正是技术使得公司成为一台盈利的机器，并保持长盛不衰，而市场和经营方式所产生的影响已经退居第二位。企业战略的制定必须直面技术这一重要课题。

如何利用技术赚取利润，最为可靠的途径便是实施"技术杠杆"企业战略。实施这一战略，就是在公司的经营活动中利用技术优势，使公司的财务业绩上升到新高度，并在激烈的竞争中脱颖而出。技术杠杆能帮助企业更为有效地运用技术，从而加速自身的发展壮大，提高盈利能力和增值能力。"技术杠杆"这一术语所要表达的是这样一种企业形象，即用技术能将销售和盈利水平推上一个更高的台阶，而采用其他手段却无法达到这一目标。

应用"技术杠杆"时必须明确：要想靠技术赚钱，就必须利用它解决实际问题。技术应用谱——TAS 图所表达的是一项技术在应用以后，随着时间的推移，从独家研制而成为新奇产品，在走上特色化以至最后商品化的必由之路。在这一过程中，产品带来的毛利收益率不可避免地会不断下降。这一发展模式对于每一家企业都具有重要的意义。如何从一个阶段跨入下一个阶段或者防止跨入下一个阶段，这决定了企业是否能保持长期的成功抑或走向衰亡。

TAS 图对企业利用技术获得战略优势具有重大意义，它描述了产品开发的四个阶段，或者说是将技术应用过程划分为四个区域：独家研制期、新奇产品期、特色化生产期、商品化生产期。这些不同的区域既反映了该技术被市场接受的程度，同时也与产品的生产规模一一对应。

1. 独家研制期

技术应用的方式是前所未有的，它所具备的特点和规格是其他产品所没有的。通常是根据要求定制的，所谓研制意味着一种早期产品刚刚问世，然而这种产品必定会得到广泛的应用。

2. 新奇产品期

一种技术的应用仍然处于早期阶段，尚未投入批量生产。不过同独家研制期相比，在这一阶段新技术已经更为广泛地被市场所接受，如果继续扩大生产量，它将成为一种特色产品。

3. 特色化生产期

产品已大量生产，并受到了市场的普遍接受，因而得以迅速发展。只要不断地采用新技术对产品改进，特色化产品便能在相当长时间里逗留在这一个区域中。

4. 商品化生产期

产品不但已大量生产，而且渗入到市场的每一个角落并已经步入成熟阶段。根据商品化的一般定义，这些产品在很大程度上已经难以与同类产品相区分。哪怕这种产品再有用，与同类产品相比，它为客户带来的增值幅度也不会太大。

TAS 图的精髓是有关增值的论点：一项技术被应用以后，逐一地经过图上的每一个区域，用毛利来衡量的收益也由多到少以至于枯竭。一项技术的应用一旦步入了成熟期，大多数企业的管理者都会发现自己已面临一场代价高昂的市场争夺战，为了追逐自然下降的利润，必须投入愈来愈多的资金，这就是紧紧着眼于营销战略和管理战略带来的问题。这种战略推崇为争夺市场份额而战，结果便形成了 TAS 图上低利润区的下降曲线，然而技术战略可以改变这一状况。

二、技术杠杆的作用机理

技术作为一种工具被应用到企业中，其魅力就在于它能使竞争的格局发生彻底的改变，同时技术也改变了竞争的条件。

1. 运用技术杠杆的程序

不同行业的技术型公司运作企业的基本方式是相同的，公司在运用技术杠杆时遵循如下的程序：

（1）把自身拥有的核心技术当作企业增值的主要源泉，给予充分的重视。

（2）为了进一步提高某种技术，始终坚持在这方面的投资。

（3）四处发掘新的市场以便充分发挥其生产能力，不断开发新的应用，让手中的技术更有用武之地。

（4）将目标瞄准市场，尤其是那些能够让公司技术大显身手的市场，以便获取最高的增长率和经济效益。

（5）无论在市场上、应用上还是在技术上，都试图在其影响力所及范围内占据主导地位。

（6）目标是销售系列产品和完整系统，并不断地为自己的技术和产品开拓新的应用领域。

（7）在为产品定价时，不但精于计算而且敢作敢为。定价的依据是产品的价值而不是成本，这样售价便提高了，尤其是在一项技术被应用的早期。当这种产品的价值下降以后，又会相应地降低价格。

（8）一旦时机成熟，便会放弃低利润、低增长的技术和相关市场。当自己不再具备独家生产高价值产品的能力时，或当产品价格已经为竞争对手所左右时便急流勇退。

这一系列做法为立足于技术的战略——技术杠杆打下了基础。通过企业战略的重塑，技术杠杆将指引所有的管理者去获取更高的收益和利润。实施技术战略以后，公司将会获得增值和前进的动力，而这一切都是所有将技术作为管理工具的企业所应得的回报。

2. 技术杠杆的机理

杠杆效应来自于企业对技术的应用，而将技术融入企业之中的目的是要为公司的财务业绩寻找某种推动力。如果说技术杠杆是公司在应用技术以后获得的一种推动力，那么它在实践中又是如何发挥作用的呢？图16-9是技术杠杆的示意图。

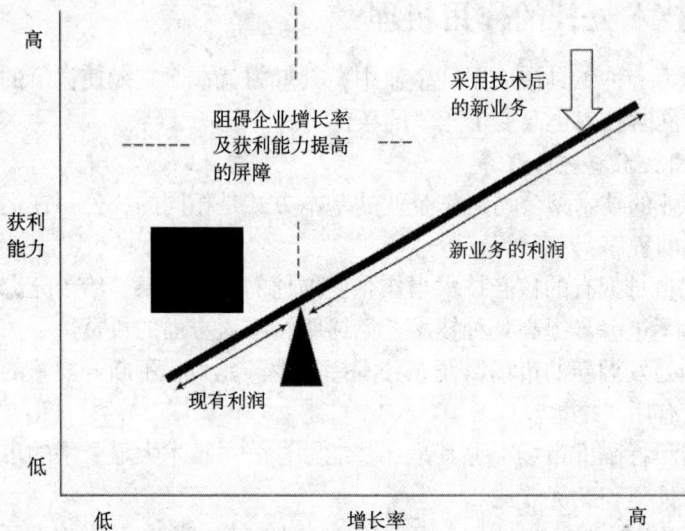

图 16-9　技术杠杆示意图

（资料来源：杨雄胜等. 高级财务管理[M]. 南京：南京大学出版社，2000.）

　　图中分别以公司的增长率和获利能力为横坐标和纵坐标，图中杠杆的支点代表着公司的资产，矩形阴影区代表公司收益的情况，右上方的垂直箭头代表着采用技术后得以开辟出来的新业务所取得的增长率、生产规模和收益率。杠杆本身代表着毛利。总之采用技术的目的是提高收益率、扩大生产规模和加速企业的增长（这也是所谓的公司业绩）。这一切都要依靠新业务领域内相对较高的毛利和相对较快的增长率才能实现。

　　拥有较高资产收益率的公司揭示了这种杠杆的实质：支点右侧的杠杆部分代表着技术带来的新业务为公司赢得的毛利，支点左侧的杠杆部分代表着公司原有的、相对老化的主营业务收益。由于新业务的收益明显较高，因此代表新业务的杠杆部分也比较长。具有高收益回报的新业务使企业的各项绩效指标都有所提高，这有助于克服各种妨碍公司发展的阻力，图 16-9 生动地展现了技术杠杆的应用。

　　不妨再在数学上看一看技术杠杆是如何用一种非常简单的模式发生作用的。表 16-8 列出的各项指标源自一家公司，这家公司具有中等规模，收益水平一般，公司依靠技术的应用开发了一项新业务。在不改变主营业务的前提下，公司开拓了一项新业务，其规模只占主营业务的 1/10。但新业务所取得的高额利润推动了整个企业的发展，使公司纯利润上升了 60%。由于规模相对较小的业务使一家大企业的绩效得到了大幅度提升，这也是把这一过程称作为技术杠杆的原因。

　　图 16-9 和表 16-8 反映了一种基本数学原理，它说明技术杠杆最主要的作用

就是利用新的高利润业务有力推动现存的低利润业务，使其收益有所提高。可以采用的方法有两种：首先让杠杆的右臂——支点右侧较长线段尽可能延长；其次为企业创造尽可能多的机遇。要做到这两点，必须坚定不移地开拓高利润的业务领域，必要时还要放弃低效益的业务。放弃低效益的业务，将资产投入到高利润的业务中去，这将带来双重的杠杆效应。其一缩减了现存的低利润业务；其二不必为发展新业务而扩大资产规模。

表 16-8 技术杠杆对公司财务的影响

项目	主营业务	新业务	总计	增幅
收益	20 万元	2 万元	22 万元	10%
纯利润	1 万元	0.6 万元	1.6 万元	60%
销售收益率	5%	30%	7.3%	46%

（资料来源：杨雄胜等. 高级财务管理[M]. 南京：南京大学出版社，2000.）

三、探索战略

一项富于灵感的技术战略，其核心内容就在于始终不渝地为公司探索技术应用的最佳形式。要想让技术杠杆充分发挥功效，就必须不断地为所掌握的技术开拓新的应用领域，使之能在未来的一段时期内解决问题，提高效益，生产出与众不同的产品从而赢得客户，并创造高额的利润。"探索战略"是一种系统的方法，可用来识别正确的技术应用模式及其相关的产品市场。为技术寻找新的应用方向是技术战略最为重要的组成部分。见图 16-10。

图 16-10 中毛利收益率呈现出逐渐下降的趋势，因此企业必须不断地寻求新的技术应用方式。当一项技术在某个领域内被广泛应用以后，它的盈利能力难免会有所回落，这主要表现为毛利率的下降。一旦发生这种情况，大多数公司会陷入一种怪圈，尽管面对的是低而又低的利润，它们仍不惜加大资金的投入，希望通过降低各个生产环节的成本来维持原有的收益率。之所以这么做主要是因为它们相信已别无选择，其实获得新的技术应用领域将会提供很大的选择空间，使公司摆脱这种低利润、低增值的状况。

如果将公司的核心技术比喻为一棵大树的树干，树干的两侧伸出许多枝条。核心技术指的是那些保证公司长期立于不败之地的技术知识和工程知识。技术的各种应用方式有的还处于成长阶段，有的正逐渐步入成熟期，还有的则早已消亡，它们平行地从树干上伸出，形成了许多树枝。产品的生命周期较短，不过一项核心技术的生存期却可以长达数十年，特别是那些应用领域十分广泛的技术。

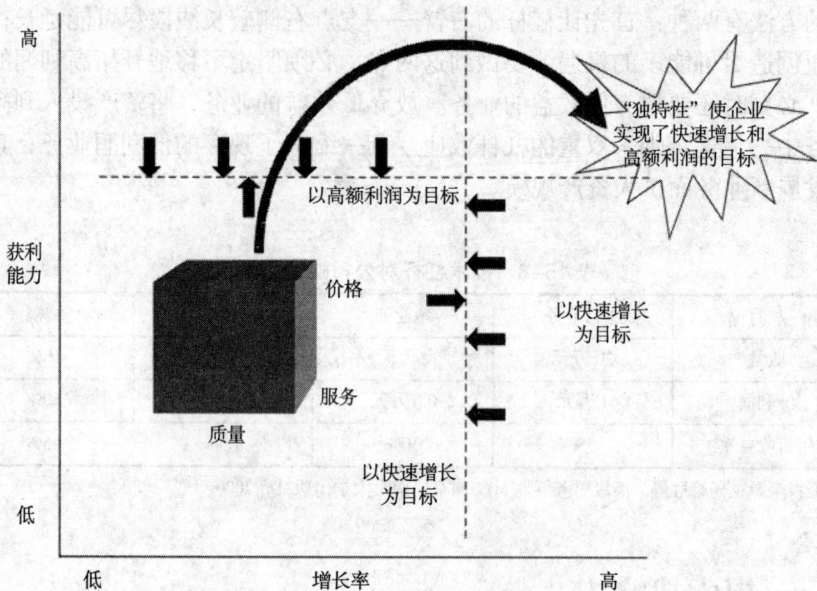

图 16-10   技术：冲破阻力的法宝

（资料来源：杨雄胜等. 高级财务管理[M]. 南京：南京大学出版社，2000.）

探索战略就是将技术应用的范围扩大到相关的生产领域中去。最好的探索战略应能完成三大目标：改进、取代和比较。制定探索战略必须把握主动，要主动地去寻找、去发现、去创造，把握主动意味着必须抛弃司空见惯的产品开发手段。在寻求技术应用的新方式时，企业必须将目标瞄准图 16-10 中的某个阶段。公司必须在图中的独家研制区、新奇产品区、特色产品区或者商品化产品区中做出选择，这种定位必须与自身的企业文化、生产能力及其掌握的技术种类相适应。管理者还应创造出一套健全的体制以便为企业找到新的发展方向，如此方能与那些促使利润滑坡的力量相抗衡。这正是有效地探索战略的核心。

探索战略的三大步骤是：考察、分析和评估。

1. 考察

知己知彼，把握全局。考察的目的就是要为企业找到合适的发展方向，这种方向对企业应能产生重大的影响。企业也有条件加以利用。认真的考察应该是一种正规的、多角度的、不间断的信息收集过程。考察并不需要耗费很多的资金，但它带来的效益将远远超过在这方面的投入。这种效益表现为，它能使决策者看清机遇避免失误。

2. 分析

充分利用搜集到的信息。通过考察获得了大量信息，下面就应当充分利用所搜集到的这些信息。分析是将大的事物分解为若干简单成分的过程，这有助于企业尽可能地把事物看得更加细致、透彻。在开拓新的业务领域时，分析是一种几近完美的工具，可以用来帮助发现机遇。分析可以让新的技术应用领域内的探索工作成为可能，帮助开发人员发现并填补空白，尽可能地为公司的核心技术开发出更为广阔的应用领域。分析可以提供更为详细的信息资料，为公司拓展业务打下坚实的基础。作为分析的第一步，可以问一问"缺了什么"。要发现在所有的信息中还缺少什么，尤其是那些希望获得但没有获得的信息。只有认真地寻找过，才能确定自己的确没有得到这方面的信息，并发现为什么没有得到这方面的信息。分析还有另一种方法——"连锁"，即将现有的技术应用模式与相关的业务领域联系起来。只有发现了自己的不足，才能看到面前的机遇。运用这种方法，可以在现有的技术应用基础上开发出更为广泛的应用领域。

3. 评估

跨越障碍。对于新的机遇必须进行考察，最好的办法就是作对照性评估。这时讨论投资收益率、最低预期资本回收率以及其他一些抽象问题，还为时过早。对照性评估能充分顾及业务的复杂性和管理者知识的局限性。为技术寻找新应用领域的三大目标之一便是比较。要在各种潜在的技术应用方式之间以及它们与现有的应用方式之间作些比较。这便是对照性评估的任务所在。评估市场是评估工作中最为复杂、蕴涵风险最大的一个环节。在此过程中可能会过于乐观。采用由上而下的市场评估方法，往往会导致对市场规模的过高估计。由上而下的计算方法总是先从国内的经济状况或者从全国的家庭总数入手，然后在此基础上主观地加一个百分比数字。此时有的管理者开始设想，其中的百分之多少将成为他们的客户。事实上，这只是一相情愿而已，他们并没有理解进行决策的基础是什么。由下而上的市场评估方法则会得出比较恰如其分的结果。由下而上的方法大致模拟了那些潜在用户的决策过程。

估算新产品投入市场所需的时间也是一项十分繁复的工作。许多技术性产品真正被推向市场的时间都晚于原定的日期。其中同时存在着经营艺术和科学合理两方面的问题：负责规划的管理者在领导企业实现宏伟目标时要讲求经营的艺术，而在实际操作过程中又必须讲究科学合理性。最好的解决办法是建立一些小型的跨职能部门工作小组，这些工作小组能为管理层提供可靠的信息来源，以便确切地估算出新产品投入市场的最佳时机。

四、完善财务监控机制

出色的财务管理制度是合理技术战略的本质特征。因此在奉行技术杠杆战略的过程中，企业的财务经理以及具备专业财务知识的各部门经理应当发挥重要的作用。这要求企业实施一种特殊的财务管理制度。如在这类企业中，债务在财务结构中所起的作用已经变得越来越次要；此外将战术性研发资金和战略性研发资金分开结算，就能更清楚地了解每一笔投资所取得的回报。

公司的专业财务人员有责任提醒工程技术人员注意：在重视技术的同时，还要关注其他一些重要的问题，如企业的财务状况。在财务经理的指导下，公司要学会识别并选择最佳的发展机遇，寻找潜在的投资伙伴，制定有效的金融战略，确定合理的产品价格，并在股东和投资商之中建立良好的企业声誉。科学的财务管理是决定技术型企业取得良好业绩的关键因素。技术杠杆型企业的财务经理应当对企业各项业绩的指标和财务状况给予特别的关注，以下说明各项财务指标在技术杠杆中的作用。

1. 毛利率

在技术性企业的各项财务业绩指标中最重要的是毛利率，毛利的多少是衡量由技术增值的最佳标准。企业的毛利率（产品的销售额减去成本除以销售额）越高，其所获得的相对增值也越大。毛利率高（特别当毛利率达到 50%以上时），说明顾客在购买产品时愿意支付的资金远远超过了产品的生产成本。两者之间的差额就是所取得的折算为资金的增值。技术杠杆的战略就是运用技术来增值。利率纯粹是衡量企业业绩的一个指标，一般不易产生很大的偏差，因为其数值是由三方面因素共同作用的结果。销售总量决定于企业与其顾客之间的关系；实际购买的顾客已经认同产品的销售价格。成本总量决定于企业与其供应商和雇员之间的关系；供应商和雇员为企业提供原材料及劳动的价格也是确定的。管理者则将所有的投入综合起来，从中获取最大的价值。这种买卖的过程主要是通过市场交易来完成的，不会受到财务计算的影响。

毛利率一般不会被人为地提高或降低，因而是一个十分可信的财务指标。技术杠杆型企业应当重视毛利率指标的作用，将毛利率的目标设定得高一些，因为为了获取较高的毛利而努力是值得的，只要能在一小块产品领域内取得高水平的毛利率，尤其当该产品的市场尚处于不断增长的过程中时，整个企业的效益就会得到极大的增长。

2. 毛利率的变化趋势

一种技术的应用逐步地从独创、新奇、特色等阶段逐渐迈入商品化阶段。在此过程中，图 16-10 中毛利率变化的趋势显示出企业增值滑坡的轨迹。当某种应用的毛利率越来越低时，企业就必须在技术上开发出更加新颖、价值更高的应用。这些新技术在图 16-10 上所反映的毛利率较高，它将有助于整个企业经营业绩的上升。当然企业在利用新技术提高毛利率的同时，还必须从现有的技术中获取最大的价值。两者不可偏废，否则企业在 TAS 图中会很快地步入低利润的商品化区域。对于高水平毛利率的追求有利于企业把握正确的发展方向，即着眼于高价值的新应用，放弃低价值的旧产品。

许多技术型企业的管理者认为，只要降低销售费用、日常开支和行政费用，毛利率下降导致的损失就能得到补偿。也许这是一种简易的办法，但充其量只是短期内有效的一种权宜之计。用缩减成本的战术去抵消毛利率下降所引起的损失，这种方法不会为顾客创造任何发展和增值的机会。在顾客看来，供应商毛利率的下降意味着他们所购买的产品已经失去了增值的功效。

3. 营业毛利率

如果说毛利率是衡量企业增值效率的标准，那么营业毛利率则是衡量企业为客户增值效率的标准。将一种应用推向市场，各种各样的营业开支（包括销售费用、日常开支和行政费用）都是必不可少的。为了找到并留住感到满意的客户，企业势必要花费一定的代价，但这种营业成本越低越好。

营业毛利率的计算方法是以毛利减去营业费用再除以销售额，这一指标代表着企业营运扣除资本成本和税金后的总收益率。营业毛利率决定了企业将有多少现金投入再生产，要从自身营业中获得进一步投资的资金（这应该是根本目标），就必须有较高的营业毛利率。如果经营利润很低，处于发展中的企业就要发行股票筹资或者向银行借贷资金（由于要支付利息而使净收益减少），否则其增长速度会减缓，会削弱领先的优势，或限制销售的增长。因此经营利润对企业的发展是至关重要的。对于一家处于增长阶段的技术型企业来说，低水平的营业毛利率将严重威胁其生存。

毛利率较高但营业毛利率很低的企业，虽然可以在创造价值方面胜人一筹，但在销售方面却陷于困境，这样的情况通常是由于企业的高级技术人员不善经营所致。造成这种毛利与营业毛利互不协调的潜在原因很多，如对销售人员疏于指导和管理，市场营销缺乏力度，销售成本过高，研发费用太大，管理机构庞大，管理层对于发生的情况没有引起足够的重视等。为解决这个问题，企业的最高管理层应当在考察不同部门的工作业绩时采用以下方法：将每个部门的营业毛利率除以该部门的毛利率，根据这一计算结果就能对各个部门创造价值的情况进行比较了。这样就有了一个相对的指标可用来衡量各个部门在将生产过程中所创造的毛利转变为营业毛利时的工作效率究竟有多高。

4. 净利润率

无论是技术型企业还是非技术型企业，净收益的多少具有同样重要的意义。净利润是计算许多指标所涉及的分数中都要用到的分子，同时它还是技术型企业之间进行对比的一个理想指标。

5. 市场增长率及收益增长率

技术市场的增长率表明了顾客对那种应用带来的增值有了更大的需求。市场的需要是所有参与竞争的企业谋求增长的动力。如果该应用的发展方向十分广泛，既有实用的价值又有一定复杂性，那就需要有一大批各式各样的企业参与竞争，以满足不同客户的需求。凡能够在高增长的市场中增值的企业总会采取最大努力采用有关的技术。当然要决定本企业应该追求怎样的技术市场并不简单。对于任何一家企业来说无论经营何种产品，收益增长率总反映着产品或服务是不是具有吸引力，开拓市场的手段是不是有效，售后服务是不是到位。

6. 资产周转率

负债和权益的目的是扩大资产，资产则被用来扩大销售。因此一家拥有一定资产的企业能否维持一定水平的销售额，这是十分重要的。技术杠杆着眼于收益的快速增长，资产周转率就是反映企业管理水平的一个重要指标。既然技术含量高的产品寿命往往短暂且难以预测，资产投入就应当尽量减少。这种缩减资产投入的做法应当作为企业经营管理的一项原则。

资产周转率（计算方法是将公司一段时期内的销售额除以同时期内的平均资产）所反映的是资产使用效率。在其他条件相同的情况下，资产周转率大于 2 的企业可以将其一半的资金用于债务偿还和股东分红，另一半资金则用来扩大再生产。表 16-9 列举了两家规模相当的公司，两者具有同样较高的盈利能力和相同的发展前景，但使用资金的战略却截然不同。公司 A 严格限制其资产规模，而公司 B 采用了更为传统的经营手段。在股东的眼里公司 A 的运作方式更加合理。由于公司 B 需要大量的外部资金，因此，公司 B 的股东面临的将是利润的滑坡、增长速度的减缓和股权的稀释。

资产周转率如同毛利率一样，很少受到人为因素的影响，资产周转率的变化趋势所反映的信息是很有价值的。资产周转率减慢，说明管理者在某些方面使用资产不当。也许在很短的时间内投入了大量资金，即投资的速度太快、数量太大，也许是获取资产的方式不对，或者是未能根据投资的情况相应地扩大销售。总之入不敷出，失大于得。

表 16-9　资产周转率不同的两家企业的对比结果

指　标	公司 A（百万美元）	公司 B（百万美元）
销售额	10	10
平均资产	2.5	8
平均资产周转率	4	1.25
净利润	1	1
增长幅度	40%	12%

（资料来源：杨雄胜等. 高级财务管理[M]. 南京：南京大学出版社，2000. ）

资产周转率对大型企业来说具有十分重要的意义。在为一家新兴的技术型企业注入大量资金时，过多的资金会降低企业成功的概率。许多大型企业一旦发现其产品具有一定的商业竞争力，便设立子公司建造许多厂房，将大量资金用于企业管理，雇用大批员工；有的公司甚至在其产品前景尚不明朗的情况下就进行诸如此类的投资。这种盲目的投资会严重危及新公司的生存。其实企业在制定销售规划时应当留出一段酝酿的时间，在这段酝酿期中，应当严格限制对新项目的资金投入。

资产周转率是可以控制的。财务部门可以根据资产周转率的大小限制生产部门和销售部门滥用资金的行为。对融资和扩容的规模也要作强制性的规定，因为在利润下滑的技术型业务中加大投资是一种危险的举动，很少有企业能够通过这种方式获得成功。

7. 债务与销售量之比

债务与销售量之比反映了企业自筹资金的能力有多大。成功地运用技术杠杆的企业自筹资金能力强，因此这些企业在资产负债表上的债务额相当小。许多金融分析师在对债务进行分析时，十分重视资产负债比和偿债系数这两个反映企业偿债能力的指标。这些做法表明，在一定程度上债务和金融的杠杆是必要的。其原因在于：企业的运作需要资金，而通过向银行借贷获得资金的方式比向顾客销售产品获得资金的方式更易于操作，因此企业应当尽可能地多借钱。但对于技术型企业来说，情况就有所不同了。当股东对一家技术型公司投资以后，公司首先要尽量利用内部筹措的资金来维持公司的发展。有了技术杠杆，企业并不需要借很多钱。在奉行技术杠杆战略的时候，额外的债务是无益的。因为在技术战略中，金融杠杆并非总是行之有效的。具体地说，技术杠杆的目标不一定是扩大规模，而是提高利润率和降低风险。金融杠杆则旨在规模的扩大，在帮助企业取得经营杠杆效应的过程中可以起到很大的作用。经营杠杆要求以固定资产取代可变成本，以便通过产量的提高增加营业收入。金融杠杆则要求以长期债务的方式增加固定资产。如此，长期债务便成了增加出来的固定资产所必需的不变的固有成本。

技术杠杆是巧妙地运用技术创造价值和获取高额利润的一种方法，而大量的固定资产以及与之相关的债务可能阻碍技术杠杆充分发挥其作用。对大多数公司来说，运用技术战略应当避免生产产量虽高、利润却很低的商品，因为这需要大量的固定资产。相反，技术杠杆的目标是利用短期资产，使企业的产品重新返回TAS 图中高利润、高价值的区域。这是创新型企业的特征。有能力不断创新的企业基本不需要借贷长期债务。对于发展迅速的技术型企业而言，过多的债务和过于庞大的固定资产无疑是一种沉重的包袱。

财务杠杆虽然能增加收益，但也增大了亏损的可能性。根据经验，技术总是存在风险和不确定因素，因此多数技术型公司都避免举债。如果一定要利用举债的方式获得启动资金，那就应该尽快地偿还这笔债务。总之技术杠杆对于任何规模的企业均适用，无论是技术型企业还是非技术型企业，这是它们开拓高价值、高收益业务并走向繁荣兴旺的必由之路。一旦企业走上正轨，举债就不那么必要了。

8. 人均收入和人均利润

追求高效经营的企业总会根据销售和利润情况尽可能减少员工的人数。它们重视雇员的才能、创造力、精力和献身的精神（这些都是创造价值的必备素质），而不是员工人数的多少。它们会利用一切可以利用的创造性手段帮助员工提高工作绩效。它们力求缩减本企业 "人力资产的基数"，提高这种资产的 "周转率"。如能严格控制企业的雇员数，那么就有可能凭借自身的资产，不管是人力资产还是实物资产，创造出高价值。

人均利润很小的企业，如同实物资产过大的企业一样，也是很不稳定的。由于人浮于事，大量的人力资源遭到浪费。随着雇员人数的增加，员工素质却在不断地下降。管理层的注意力无法集中在特殊产品的生产上，因此也无法对员工提出严格的要求。才能出众、富于创新意识、精力充沛和有献身精神的员工需要配备一流的管理队伍才能创造出非凡的业绩。

在评估企业人力资源的利用状况时，人均收益和人均利润是十分重要的指标。这两项指标如果呈现下降趋势，那就说明企业已处于衰退的境地，其解决办法可不像人们想象的那么简单。在 20 世纪 80 年代晚期和 90 年代早期，美国曾经掀起过一阵规模缩减和外购零部件[①]的浪潮。缩减规模和降低成本只能在短期内提高企业收益。如果大多数企业都能充分地利用其人力资源使其更多地增值，那么情况就会得到根本的改善。为了做到这一点，一种办法是战略性地增加资产，提高员工的生产率，如适当裁员、采用更多的先进技术、更新生产流程、起用非常投入的管理人员等。

9. 相对于同等企业的市场资本化与销售额之比

这个指标用来衡量企业的价值是多少。对于技术型企业来说，在各种各样的财务问题中，始终困扰着企业的问题是："企业到底值多少钱"、"以股票价格乘以未偿还股数，这是一个公正、合理并值得关注的指标吗"。此外还有其他一些问题："我们会不会高估某些高价值、快增长的企业"、"多年来，这些企业的管理者从多方面促进了企业的发展，他们的这种能力具有多大的价值"、"他们的技能、精力、创造力和团队精神又怎样估价"、"企业产品渗透到客户公司的经营过程、业务活动和企业规划之中，这其中蕴涵着多大的价值"、"我们会不会低估这种价值呢？怎样才能建立一种正确的价值评估体系。"[②]

假如用每股收益来衡量企业价值的话，那么将得到一个完全不同的数据，其

---

① 外购零部件，指公司原先自行制造的零部件改向别家供货商采购，从而达到精简本公司机构的目的。
② [美] 范霍恩著. 财务管理与政策教程 (下)(第 10 版) [M]. 北京：华夏出版社，2000.

波动幅度很大。企业收益是所有收入的总和，任何误差都会对之产生重大的影响。如果在评估企业价值时，将许多临时性的收入或支出计算在内，那么算出的价值不是高得惊人，就是低得可怜。但实际上企业的价值并没有产生如此剧烈的变化。因此在计算企业价值时，要找到另一种指标取代收入，成为衡量企业价值的标准，这一指标首先不应受各种意外因素的影响，同时还要在一定程度上反映企业在不同环境中的经营业绩，可以将营业收入作为衡量企业价值的基础。

营业收入受到客户和竞争对手的影响。所有公开公司和许多私营公司都公布这一数据。营业收入受各种因素的影响相对来说比较小。将企业的营业收入与其市场资本化的程度相联系，然后再与一组类似的公司相对照，这一对照组可以由8～12家公司组成，这样就找到了一个很好的衡量企业价值的指标。与对照组在单位销售额市场资本化程度方面作比较，就可以看清楚企业的价值有没有提高，企业的真实价值究竟是多少，这种价值体现在哪些方面，企业的发展将会得到怎样的回报，对照组中的企业有哪些优点是可以学习的，为了改变竞争的形势应当再投入多少资金。

在确定对照组时，应当从技术杠杆的角度挑选那些条件与本企业相仿的公司，还应当在其他行业中选择一部分企业作为比较的对象，其规模要与本企业相当，增值的方式相似，具有同等的领先地位，增长速度也相近。华尔街在选择对照组时就充分应用了技术杠杆的理论，尽管入选的部分企业技术含量并不是很大。市场对企业在保持高利润和坚持利用技术来增值的同时所取得的快速增长是十分看重的。

有效的技术战略提高了企业股票的价值。一家普通公司1元的营业收入相当于0.8～1.5元的股票价值，而对于采用技术战略的企业来说，1元的营业收入却相当于3元、4元甚至5元的股票价值。企业采用了有效的战略，投资者就会愿意加大投资的力度。这样企业在营业收入、收益和价值方面保持持续增长的可能性就更大了。将营业收入、多种指标、增长率和利润率紧密地联系起来，并与同等企业进行比较，财务经理便能为企业找到一条创造大量价值的捷径。

坚持创新和将产品推向市场具有重要性。最近五年中开发的新产品在公司的销售额和利润额中所占的比例是评价企业活力很好的内在指标。然而公开这一数值的企业相对较少。这一数值对于企业未来的成功和增长具有很大的预示作用。新产品在销售额中所占的比例低，意味着企业的产品开发效率不高，营销措施不力，或者对企业的发展不够重视。销售额高但利润额低，说明产品的创新程度不够，销售成本太高，企业奉行的是"花钱买增长"的战略，或者说明企业在其他方面经营不善。只有当新产品在销售额和利润额中所占的比例都很高时，才能说企业的管理是积极进取的。财务经理应当审时度势，严密关注企业的发展状况，排除一切无效的企业行为。

五、研发工作的回报

有关研发资金的问题深深困扰着技术型企业的管理者。在研发方面投入多少资金才算合理？这些钱应该怎么用？研发工作应当怎样做？研发工作的回报如何体现？对这些问题的回答构成财务经理管理研发工作的主要内容。但这并不是指要裁减研发工作的预算，而是帮助明确研发工作的目的和手段，并积极评估研发工作为企业所带来的回报。管理研发资金的会计部门首先应将研发资金划分为战术性研发资金和战略性研发资金两部分。

战术性研发工作的目的是改进现有产品，提高其档次，从而解决来自于客户和生产过程中的问题。属于这类战术性研发工作的有：采用新的生产工艺，使现有产品小型化、快速化、洁净化和优质化。战术性研发工作的资金应当来自于企业的各个营业单位或部门。可以采用项目管理软件或类似的工具对战术性研发开支实施有效的监控。战术性研发工作带来的收益主要表现为销售额的提高和利润额的增长。这种增长通常在企业的《系列产品获利能力报告》中有所反映。

战略性研发工作旨在取得突破性进展，开发出具有商业竞争力的全新应用或生产工艺。为了使战略性研发工作有所回报，可以采取的措施之一便是推出高收益的独家研制的产品。当然要做到这一点并非易事。这种研发工作的资金应当来自企业基金，必要时还可以动用企业经营资金以外的资金储备。虽然这些资金是被用来提高企业销售额和利润额的，但是由于开发周期很长，要在短期内获得显著成效，通常是不可能的。

战术性研发和战略性研发的资金来源应当分开，其管理方式也互不相同。大多数公司都有一定的研发资金，它们将这种研发资金看做一种管理费用或间接费用，认为应该由公司根据各部门的效益进行分配。多数企业并没有一套严格的评估标准用以衡量其研发工作是否有效，即便有这类标准也十分模糊。事实上许多企业把研发预算看做一种义务，有的甚至拒绝为此拨款。一旦尽到义务它们就开始等待好运的来临，并且不会再多给一分钱。就像对任何一笔费用一样，企业管理越严格，其潜在的收益就越大。

六、技术型企业的目标

首先考察企业在经营指标方面希望达到怎样的水平，然后再对两家具体公司的有关数据做一比较和分析。表 16-10 所列出的各项经营目标只是理论目标，但企业只要采用适当的技术战略，这些目标还是有望实现的。而非技术型企业就很难做到了。不过通过了解这些指标，非技术型企业也可以知道哪些目标是可能实现的，并且用这些指标来衡量本企业应用技术的现状。同时将两家技术型公司公开的 1997 年报数据总结在表 16-11 中，它们分别是惠普公司和科格尼克斯公司，后者是一家生产机器视觉系统的"龙头企业"。无论从哪一方面来说，这两家公司都算不上最优秀的企业。之所以要对它们的经营业绩进行归纳总结，主要是想借用那些高价值、高利润的公司作为一个实际例子。这类企业掌握了技术杠杆的要领，它们创造了高价值，因为它们拥有引人注目的毛利率和营业利润。这是评价其他经营业绩的前提。从技术角度来说，这些公司的客户愿意出高价购买其产品。从金融角度来说，任何公司都能通过自筹资金的方式为本公司的运营和发展提供必要的资金，不需要借贷大笔的债务。

表 16-10 技术型企业的经营指标

指 标	目 标
毛利率	50%以上
毛利率的发展趋势	稳中有升
营业毛利率	20%以上
净利润率	10%以上
净收入波动的幅度	越小越好；不能呈负值
市场的年增长率	主要市场为8%以上，次要市场则更高
收益年增长率	15%~20%
资金周转率	每年2次以上
负债对销售额之比（债务相当于几周的企业收入）	6周以下
人均收益	250000美元以上
人均净收入	250000美元以上
相当于同等企业的市场资本化与销售额之比	根据情况的变化而变化
净资产收益率	18%以上

（资料来源：杨雄胜等主编. 管理会计应用与发展的典型案例研究[M]. 北京：经济科学出版社，2002. ）

表 16-11 中的两家公司在反映财务业绩的各项指标上均达到了较高的水平，其所经营的业务种类倒并不十分重要，但它们的成功经验表明：要从技术杠杆中获益，企业必须紧紧地围绕这些业绩指标，建立一种财务监控和激励的机制。遗憾的是这种只重视一两项指标的做法会对企业的行为产生不良后果，削弱企业在其他方面的努力。举例来说，如果企业将收入的增长率视做唯一的目标，那么销售人员就会不惜以降价的方式"花钱买增长"，这样利润便受到影响；要是目标定在企业的总收益上，他们就不愿做这样的买卖了。如果企业单纯重视营业收入的话，那么质量和服务就可能倒退，其营业收入也不可能达到较高的水平。如果企业注重的仅仅是人均收益，那就会进行盲目的裁员和加大资金的投入。

表 16-11　两家技术型公司财务指标比较表

指　标	惠普公司（百万美元）	科格尼克斯公司（百万美元）
总收入	42895	155
毛利率	34%	73%
毛利率变化趋势	轻度滑坡	平稳
营业毛利率	13.7%	13.5%
净利润率	7.3%	26.1%
净收入波动幅度	近 8 年内盈利	近 5 年内盈利
市场增长率	—	—
收益年增长率	18%	27.5%
资金周转	每年 2.07 次	每年 2.66 次
留存现金（相当于几周的企业收入，该值过高，会影响资金的周转）	5.5 周	5.1 周
负债对销售额比 （债务相当于企业几周的收入）	5.5 周	0 周
人均收益	351900	384406
人均净收入	25587	100248
相对于同等企业市场资本化与销售额比	根据不同的参照对象而有所不同	根据不同的参照对象而有所不同
净值收益率	19.3%	17%

（资料来源：杨雄胜等主编. 管理会计应用与发展的典型案例研究[M]. 北京：经济科学出版社，2002. ）

财务经理应当促使管理层重视多项业绩的指标，让他们认识到每一项关键性指标都具有十分重要的意义。财务经理还要帮助管理层其他成员了解企业的发展方向，同时他们必须负责检查和协调管理监控系统的运作，以保证员工都受到这一系统的约束。他们要以各项业绩指标为基础，建立一种激励的机制从而促进业务的开展。创造价值、依据产品价值确定产品价格、控制成本、降低资产水平、减少雇员人数、缩减债务，这些都是财务经理肩负的重任。因此奉行技术杠杆的战略，财务管理人员理所当然地要扮演开路先锋的角色。

【本章小结】

本章以公司可持续增长为主线，着重探讨了价值增长的财务战略管理和技术创新的财务战略管理两方面内容。

在经历了多年的重建、流程再造和削减规模以后，公司现在更强调增长。之所以这样做是因为受到了来自三个方面的压力：股东、竞争对手和雇员。事实上不论公司处于什么样的环境中，世界上绝大多数公司在较长时期内同时保持高水平的增长和盈利性是极端困难的。一个公司如何才能实现"价值创造型增长"？公司如何才能在增长和利润之间获得恰当平衡？在找到平衡点之后，公司管理层应当如何运用战略来维系未来的增长？这些问题将在本章价值增长的财务战略管理中找到答案。

技术能创造商机，在当今这个千变万化的世界中，正是技术使得公司成为一台盈利的机器并保持长盛不衰，而市场和经营方式产生的影响已经退居第二位。企业战略的制定必须直面技术这一课题，而如何利用技术赚取利润最为可靠的途径是实施"技术杠杆"企业财务战略，因为技术杠杆能帮助企业更为有效地运用技术从而加速自身的发展壮大，提高其盈利能力和增值能力。实施这一战略，就是要在公司的经营活动中利用技术优势，使公司的财务业绩上升到新高度，并在激烈的竞争中脱颖而出。在实务中应用"技术杠杆"解决实际问题是通过技术应用谱——TAS图来实现的。这一发展模式对于每一家公司都具有重要的意义。

【复习思考题】

1. 制定公司增长战略决策时需要考虑哪些影响因素？
2. 公司可持续增长财务规划包括哪些内容？基本方法有哪些？
3. 公司价值增长表现出哪些基本规律？
4. 公司如何实现价值增长型转变？
5. 公司实现价值增长的基本步骤有哪些？
6. 如何科学理解技术杠杆的作用原理？
7. 如何理解技术型企业组织的技术战略目标？
8. 在实施科学合理的技术战略过程中，应完善哪些财务监控机制？

【阅读资料】

跨国公司在华直接投资的技术溢出效应与我国技术创新

在科学技术成为第一生产力的今天，进一步推动我国技术的创新成为我国深化改革的动力和经济进一步发展的前提，然而技术的研发代价是昂贵的，所以如何尽快获得和掌握已有的世界先进技术，发挥"后发优势"成为当前面临的一项重要课题和难题。同时实证研究显示，跨国公司的直接投资对东道国有技术溢出效应。故而利用好当前跨国公司对我国大量投资的契机，充分接受和吸收它们的技术溢出不失为一项推动我国技术创新的良策。

一、跨国公司在华直接投资的概况

据联合国《2002年世界投资报告》统计，目前全球共有65000家跨国公司，共雇用职员5400万人，其年销售额是世界出口额的1倍多，达19万亿美元，其产值占世界生产总值的1/10，出口量占世界出口总量的1/3。跨国公司在全球迅猛发展的同时，大量的跨国公司进入我国投资。据美国《财富》杂志的一项问卷调查显示，世界销售额最大的500家公司，已经有400家进入中国。仅2001年前三个季度，全国共新批外商投资企业项目16344个，比前一年同期增长18.5%，合同外资金额437.48亿美元，同期增长37.56%，实际使用金额274.39亿美元，同期增长20.39%。

跨国公司在华投资主要集中在第二产业，其次是第三产业，如1996年三大产业引入外资结构分别为1.5%、71.63%和26.8%，而1998年分别为2.31%、64.16%和33.53%。就产业来看，跨国公司对我国直接投资主要集中在我国的主导产业如计算机、通信、汽车和医药等既可以发挥跨国公司的技术、资金优势，同时又顺应我国产业发展需要的方面。

二、跨国公司直接投资的技术溢出效应分析

跨国公司是世界先进技术的主要发明者，是世界先进技术的主要供应来源，跨国公司通过对外直接投资实现其技术转移。这种技术转让行为对东道国会带来外部经济，即技术溢出。一项技术溢出既不是在经济活动本身内部获得的利益，也不是由该项活动的产品使用者获得利益。换句话说，这种利益对于经济活动本身是外在的，对社会产生了外部经济。如一家跨国公司发明了一项新技术，随之该技术被竞争企业复制或学习，表现为竞争企业通过搜集跨国公司新技术的基础知识，加上自身研究开发组合成与跨国公司相近的研究成果，一段时间后相关市场中所有产品和服务都会体现这类技术，那么这些产品或服务使用者的利益将是外在的，由于是实现或产生利益的企业与产生技术企业展开竞争，即技术产生了溢出效应。技术的溢出分为技术的水平溢出和垂直溢出，水平溢出是由于同行企业之间的相互竞争、相互学习而产生的，市场上每一家公司引进吸收或自己创造一套新技术，其他相关企业就会向创新企业学习，并在学习的基础上创造出新的技术，或者有些企业就直接复制该技术。那么经过一段时间以后，相关市场所有的产品和服务都会体现这种技术，整个行业的技术水平就会得到提升，当这些供应商、经销商将这些技术运用到其他产品和服务上时垂直溢出就产生了。

跨国公司对外技术溢出主要是通过以下途径来实现的：

（1）当地企业通过与跨国公司的前向、后向关联得到技术。后向关联指由东道国当地厂商为跨国公司子公司提供成品生产制造所需的原材料、零部件或各种服务。通过后向关联可以形成溢出效应的有关"互补性活动"。跨国公司子公司与当地厂商合作，在以下几种后向联系中促成了溢出的产生和发展：帮助潜在的与之有联系的供应商建立生产设施；为改善供应商产品的质量或推动创新而向当地供应商提供技术援助或信息服务；提供或帮助购买原材料和中间产品；提供培训并协助管理；通过发掘新客户帮助供应商从事多样化经营。跨国公司子公司与当地供应商间的接触与信息流动，使当地厂商有可能从跨国公司子公司获得先进的产品、工序技术或市场知识中"搭便车"产生溢出效应。前向关联是指由东道国当地厂商为跨国公司提供的成品市场营销服务，半成品、零部件或原材料的再加工和各种服务。前向关联有助于尽快形成当地的生产体系，开发其制成品市场，促进当地研究与开发的发展。

（2）通过人力资源的流动产生溢出效应。跨国公司母公司向东道国子公司进行技术转移是一个系统过程。这个过程不仅包括母公司向子公司提供机器设备、专有权、管理人员及技术专家，而且还要对子公司所雇佣的当地员工进行培训。而这些员工后来被当地企业雇佣或自办企业时，可能把获得的技术、营销、管理知识扩散出去。相比而言，管理技能比技术性技能更易于产生溢出效应。

（3）通过示范与模仿来产生溢出效应。由于跨国公司母公司向其子公司转移的技术比向公司外转让的技术要先进得多，对当地竞争者产生了示范作用。当地企业为了同跨国公司子公司竞争，纷纷模仿它们的技术。从长期来看，当跨国公司子公司和当地企业以同等规模针对同一个市场产品而相互竞争时，当地公司有一种逐步采取与跨国公司相似的生产技术趋势。

三、跨国公司在华直接投资的技术溢出状况分析

近年来，一些经济学家对跨国公司对我国的直接投资与国内经济增长率之间的关系进行了大量的实证研究。结果表明跨国公司直接投资，通过引进高技术含量的产品产生了"技术深化"效应，从而提高了我国的技术水平。然而跨国公司的技术溢出在一定程度上是具有潜在性和有条件的。经济学家邓宁关于美国企业在英国制造业直接投资，以及日本、美国在欧洲各国半导体产业的直接投资研究表明：跨国公司直接投资均显现出明显的技术溢出效应，而在发展中国家这一效应并不明显。我国虽然从跨国公司的直接投资中获益匪浅，但整体技术溢出效应并不理想，特别是中西部的外商投资。

那么跨国公司直接投资技术溢出效应在我国为什么不明显呢？这是由于我国市场环境和经济状况不够完善，还不利于技术溢出效应的充分发挥，这些不利因素总结起来主要有以下几个方面：

1. 从国外跨国公司角度分析

（1）跨国公司向我国转移的大多是二流技术。当代国际经济竞争主要表现为技术的竞争，技术创新优势是跨国公司所拥有的最重要优势。为了在竞争中处于优势地位，跨国公司不可能将所拥有的一流先进技术以技术转让或对外直接投资的方式转移出去。

（2）跨国公司实行核心技术锁定。所谓"技术锁定"（technology lock-in），一般是指具有核心技术的跨国公司利用其技术垄断优势和内部化优势在技术设计、生产工艺、包装广告、营销网络等关键部分设置一些难以破解其诀窍的障碍，使东道国在本地化生产过程中难以破解，以严密控制尖端技术的扩散。技术锁定是跨国公司保持其技术优势的重要策略，这同时也就影响了跨国公司技术的溢出效应。

（3）跨国公司实行绝对控股的投资方式。跨国公司为了控制其核心技术，都采用绝对控股的方式来经营，一般都是在国内直接设立子公司或者是分支机构，采取独立经营；即使采取合资或合作的方式，也严格控制新技术的扩散。

（4）跨国公司吸收了我国大量的人才。跨国公司在国内经营，开展研发活动，就会雇佣国内的高技术人才。而这些跨国公司以优厚的条件和良好的用人机制召集了大量的尖端人才，造成了国内人才的外流，这也不利于我国技术的创新。

（5）跨国公司母国政府的政策限制。在这方面美国的对华技术出口限制表现得淋漓尽致。20世纪90年代以来，美国试图利用西方国家参与的"瓦森纳条例"说服加入该条例的其他32个国家加强对中国的技术出口限制，这就使得跨国公司在华投资的技术应用程度受到了很大的限制，其技术溢出效应大打折扣。

2. 从我国自身角度分析

（1）我国的技术吸纳能力较弱。一般来讲技术吸纳能力至少应该包括两方面，一是跨国公司技术溢出的增加与当地企业的吸纳能力紧密结合。跨国公司与当地企业的技术差距越大，则它与当地企业建立后向关联的难度就越大，这样跨国公司在东道国只能形成一种"孤岛经济"，那么当地企业从跨国公司的直接投资中所获得的技术溢出就越少。二是人员的吸纳能力。如果技术溢出，东道国必须有吸收能力，特别是人力资本。这一方面我国的技术吸纳能力就较弱，人力资本也很欠缺，从而导致技术溢出效应不甚明显。

（2）我国市场竞争环境不完善，技术水平低。跨国公司在进入一国市场，如果没有一定适度的竞争，跨国公司不必通过改进技术就能占领市场，那么它就不会把先进的技术向东道国转移，技术溢出就无法实现，而且跨国公司在东道国市场处于垄断地位，可以轻易地以高薪留住人才，从而使通过人才流动的技术溢出也无法实现。我国的市场竞争环境还不够完善，市场机制还不健全，同时技术密集型高技术产业发展滞后，技术水平低等也制约了技术溢出效应的发挥。

（3）我国引资政策不合理。我国在引资政策上存在不合理之处突出表现在一味地强调数量上的扩张，而不注重国内的吸纳能力以及投资的行业和区位，不重视引进跨国公司投资对我国技术创新的作用。同时采取的优惠政策等给予国外跨国公司"超国民待遇"，这种不平等的竞争环境反而不利于国内企业的发展，结果将国内市场拱手让给了外商，使得"以市场换技术"的战略收效甚微。

（4）我国科研、政策环境不理想。跨国公司大多倾向于在科研政策宽松、服务设施完善、创新技术产品的销售潜力巨大的东道国进行技术开发，特别是东道国的科研环境和配套设施是跨国公司关注的重要方面。而我国目前引进技术的科研环境存在较多问题，阻碍了中外合作研发活动的开展，即使跨国公司在中国设立了分支机构，也大多属技术应用型机构，这些都制约了跨国公司转让技术溢出效应的充分发挥。

四、利用技术溢出效应促进我国技术创新的对策

当今世界，技术水平是一国竞争力的重要方面，也是社会发展的动力和源泉。我国正处于向工业化国家转型的阶段，经济的飞速发展呼唤技术的不断创新。而跨国公司在我国的大量直接投资是获取先进技术的重要途径和手段，因而必须充分重视跨国公司直接投资的技术溢出效应，尽可能减少国内制约技术溢出的限制因素，最大化地利用跨国公司直接投资的技术溢出效应来促进我国的技术创新。这需要从以下几个方面入手。

1. 调整我国的引资方向和政策

我国原有的利用外资战略，从总体上看是一种数量扩张型的引资战略，实质上是我国粗放型经济增长方式在利用外资领域的一种表现，它与我国当前转变经济增长方式的要求极不适应。当前迫切需要实现从以政策优惠为导向的引资战略向以市场为导向的引资战略转变，以适应经济增长的集约型方式。同时要完善"以市场换技术"的战略，应把"以市场换技术"作为政策或法律固定下来，针对跨国公司的需要和弱点，用好市场这张牌，在法律或企业的合同中规定一些具体的措施，如必须伴随直接投资转让一定的技术、必须培训中国的技术人员、其产品必须达到一定的返销比例等。

在引资政策上，应根据我国的经济和技术发展水平，结合行业特点和技术结构因素，确定一些具有较强关联效应的产业作为我国的主导产业，如汽车、微电子等规定这些产业的最小投资规模，并给予金融、财政、税收等方面的支持，引导跨国公司有步骤、有秩序地进入。同时采取鼓励先进技术、允许适宜技术、限制传统技术的技术引进方针，确保跨国公司转移技术的先进性，为达到较好的利用技术溢出创造条件。

2. 提高我国的技术吸纳能力

首先要通过引进外资在各产业形成竞争压力，改变以往国内企业在产品技术创新上外无压力内无动力的局面，促进企业积极寻求挖潜改造途径。其次在外部环境上，一要建立为企业技术服务的机构，弥补企业在技术吸收过程中信息不足的缺陷，并为企业提供必需的各类技术和管理人才；二要建立企业技术开发基金，为国内企业技术改造和创新提供必要的金融支持；三要制定各种优惠政策，鼓励企业为跨国公司生产配套产品，加快国产化进程。与此同时，要高度重视人力资

本的开发。重视对人才的培养，改变用人机制和奖惩机制，做到能够留住人才和吸引人才，让他们在吸收和承接跨国公司的技术溢出能力上再上一个台阶，从而达到提高技术吸纳能力的效果。

3. 强化我国企业的竞争力，营造高度竞争的市场环境

在营造竞争环境时，必须引入竞争机制，通过竞争使跨国公司放松对先进技术的控制以加快技术扩散。首先可以在同一行业内引入两家以上跨国公司，并对其产品的国产化率、实际返销比例、人员培训等指标做严格的合同规定，如达不到规定的指标，则限制其国内产品销售网络的建立和销售规模，这样跨国公司之间为获得较大的市场份额和其他方面的利益，必须加快新产品和技术的开发和应用，加快向国内企业转让成熟技术和国产化进程，使技术溢出的速度加快。其次可以组建国内的大型企业集团，充分利用本国的各种比较优势，以更大的规模同跨国公司竞争，从而加速其技术溢出速度。

4. 重视对跨国公司人才的吸引和"回流"

跨国公司人才的流动是技术溢出的重要途径之一，所以应该重视对这些人才的吸引和"回流"。因为这部分人才都是从我国国内引进，属于人才的"外流"，可以优厚的条件吸引这些掌握重要技术的人才回流到我国企业中，这样就可以把跨国公司的先进技术带过来，从而提高了国内企业的技术水平和创新能力。

5. 重视与跨国公司的合作，建立共同研发中心，加速其技术溢出

跨国公司一般都拥有自己特定的核心技术优势，这也是他们的竞争优势所在。而随着经济全球化的发展以及对技术水平提高的日益重视，跨国公司的技术创新也有着国际化的趋势，但它们的研发中心大多集中于技术水平较高的发达国家。实证研究又显示，技术的研发集聚有利于技术的溢出，所以我国应该创造良好的环境，重视与跨国公司的研发合作。在研发的过程中，不仅加快跨国公司技术溢出的效应，也有利于技术的推陈出新，从而推动我国技术的创新。

（资料来源：杨雄胜. 跨国公司在华直接投资的技术溢出效应[R].中国财经报，2007 – 10 – 19. ）

【课外阅读文献】

1. [美] 詹姆斯·麦格拉里，弗里·克勒格尔等著. 金色的轨迹[M]. 北京：机械工业出版社，2001.

2. [美] 麦克·赫鲁比著，宋小岐译.企业称雄的法宝——技术战略[M]. 上海：上海人民出版社，2000.

主要参考文献

1. [美] 阿罗著. 信息经济学[M]. 北京：经济学院出版社，1989.

2. [美] 罗尔夫·H. 卡尔森著，王晓玲译. 所有权与价值创造——新经济时代的公司治理战略[M]. 上海：上海交通大学出版社，2003.

3. 斯道廷·坦尼夫，张椿霖等著. 中国的公司治理与企业改革[M]. 北京：中国财政经济出版社，2002.

4. [美] 阿尔弗洛德·拉帕波特著，丁世艳，郑迎旭译. 创造股东价值[M]. 昆明：云南人民出版社，2002.

5. [美] 丹姆斯·A.奈特著，郑迎旭译. 基于价值的经营[M]. 昆明：云南人民出版社，2002.

6. [美] 弗雷德里克·莱希，赫尔德著，常玉田译. 忠诚的价值[M]. 北京：华夏出版社，2002.

7. [美] 汤姆·科普兰著，贾辉然译. 价值评估：公司价值的衡量与管理[M]. 北京：中国大百科全书出版社，1997.

8. [美] 阿斯瓦斯·达摩达兰著，朱武祥等译. 投资估价[M]. 北京：清华大学出版社，1999.

9. [美] S. 戴维·扬，斯蒂芬·F. 奥伯恩著，李丽萍，史璐等译. EVA 与价值管理：实用指南[M]. 北京：中国社会科学文献出版社，2001.

10. [美] 麦金斯著. 价值评估[M]. 北京：华夏出版社，1998.

11. [美] 肯尼斯·汉科，尤西·李凡特著，张凯等译. 现金流量与证券分析[M]. 北京：华夏出版社，2001.

12. [美] 汤姆·科普兰，蒂姆·科勒，杰克·歌林著，郝绍伦等译.价值评估：公司价值的衡量与管理[M]. 北京：电子工业出版社，2002.

13. [美] 阿斯瓦斯·达摩达兰著，荆霞译.公司财务——理论与实务[M]. 北京：中国人民大学出版社，2001.

14. [美] 阿斯瓦斯·达摩达兰著，林谦译.投资估价：确定任何资产价值的工具和技术[M]. 北京：清华大学出版社，2004.

15. [美] 阿斯瓦斯·达摩达兰著，张志强等译.价值评估：证券分析、投资评估与公司理财[M]. 北京：中国劳动社会保障出版社，2004.

16. [美] 亚德里安·J. 斯莱沃茨基著，凌郑主译.价值转移——竞争前的战略思考[M]. 北京：中国对外翻译出版公司，1999.

17. [美] 亚德里安·J. 斯莱沃茨基著，凌晓东等译.发现利润区——战略性企业设计为您带来明天的利润[M]. 北京：中信出版社，2002.

18. [美] 亚德里安·J. 斯莱沃茨基著，张星等译. 利润模式[M]. 北京：中信出版社，2002.

19. [美] 乔治·S. 达伊著，白长虹等译. 市场驱动型组织[M]. 北京：机械工业出版社，2003.

20. [英] 查尔斯·威尔逊著，王莹等译. 营利性顾客[M]. 桂林：广西师范大学出版社，2002.

21. [美] Franklin J.Plewa, George. T.Friedlob 著，李桂荣译. 全面理解现金流量[M]. 北京：清华大学出版社，1999.

22. [美] 詹姆斯·T. 格里森著，宋炳颖等译. 财务风险管理[M]. 北京：中华工商联合出版社，2004.

23. [英] Richard Lynch 著，周煊等译. 公司战略[M]. 昆明：云南大学出版社，2001.

24. [美] 亚瑟·A. 汤姆森，A.J. 新迪克兰迪著，段盛华，王智慧主译. 战略管理——概念与案例（第 10 版）[M]. 北京：北京大学出版社，2000.

25. [英] 加里·哈殷，[美] C.K. 帕拉哈莱德等著，朱戎，段盛华等译. 战略柔性：变革中的管理[M]. 北京:机械工业出版社，2000.

26. [美] 弗兰克·J. 法博齐著，周刚，王化斌等译. 投资管理学[M]. 北京：经济科学出版社，1999.

27. [美] 罗伯特·C. 希金斯著，沈艺峰等译. 财务管理分析[M]. 北京：北京大学出版社，1998.

28. [美] 杰罗尔德·L. 齐默尔曼著，邱寒等译. 决策与控制会计[M]. 大连：东北财经大学出版社，2000.

29. [美] 罗伯特·S. 卡普兰，安东尼·A. 阿特金森著，吕长江主译. 高级管理会计[M]. 大连：东北财经大学出版社，1999.

30. [美] 威康·L. 麦金森著，刘明辉译. 公司财务理论[M]. 大连：东北财经大学出版社，2002.

31. [美] 罗伯特·S. 卡普兰等著. 高级管理会计[M]. 大连：东北财经大学出版社，2000.

32. [美] 威廉森等著，阎达五等译. 现代主计长手册[M]. 北京：经济科学出版社，2001.

33. [美] W. 托马斯·约翰逊，罗伯特·S. 卡普兰著，侯本领等译. 管理会计的兴衰[M]. 北京：中国财政经济出版社，1992.

34. [英] 安德烈·A. 德瓦尔著，汪开虎等译. 绩效管理魔力——世界知名企业如何创造可持续价值[M]. 上海：上海交通大学出版社，2002.

35. [美] 彼得·F. 德鲁克等著. 公司绩效测评[M]. 北京：中国人民大学出版社、哈佛商学院出版社，1999.

36. [美] J. 佩帕德，P. 罗兰著，高俊峰译. 业务流程再造精要[M]. 北京：中信出版社，2003.

37. [美] Banwari Mittal，Jagdish N.Sweth 著，戴至中等译. 再造企业价值空间[M]. 北京：机械工业出版社，2003.

38. [美] 大卫·辛奇·利维，菲利普·凯明斯基，艾迪斯·辛奇·利维著，季建华等译. 供应链设计与管理——概念、战略与案例研究[M]. 上海：上海远东出版社，2000.

39. [美] 阿妮塔·S. 霍兰德，埃里克·L. 德纳，J. 欧文·彻林顿著，杨周南等译.现代会计信息系统[M]. 北京：经济科学出版社，1999.

40. [美] 国家员工所有权中心编，张志强译. 股票期权计划的现实操作[M]. 上海：上海远东出版社，科文（香港）出版有限公司，2001.

41. [美] 弗雷德里克·D. 李普曼著，张新海等译. 员工持股计划实施指南[M]. 北京：电子工业出版社，2002.

42. [加] 弗朗西斯·赫瑞比著，郑晓明等译.管理知识员工[M]. 北京：机械工业出版社，2002.

43. [美] 詹姆斯·麦格拉里，弗里·克勒格尔等著. 金色的轨迹[M]. 北京：机械工业出版社，2001.

44. [美] 麦克·赫鲁比著，宋小岐译.企业称雄的法宝——技术战略[M]. 上海：上海人民出版社，2000.

45. [美] P.普里切特，D. 鲁宾逊，R. 克拉克森著，胡海峰等译. 并购之后如何整合被收购公司[M]. 北京：中信出版社，1999.

46. [美] 罗伯特·S. 卡普兰，安东尼·A. 阿特金森著. 高级管理会计（影印）[M]. 北京：清华大学出版社，1998.

47. [美] W. W. 纽曼著. 管理过程——概念、行为和实践[M]. 北京：中国社会科学出版社，1998.

48. [美] 路易斯·洛温斯坦著. 公司财务的理性与非理性[M]. 上海：上海远东出版社，1999.

49. [美] 托马斯·沃尔瑟著. 再造金融总裁：从财务管理到战略管理[M]. 北京：商务印书馆，2000.

50. [美] 杰罗尔德·L. 齐默尔曼著. 决策与控制会计. 大连：东北财经大学出版社，2000.

51. [美] J. 弗雷德·威斯通著. 兼并、重组与公司控制[M]. 北京：经济科学出版社，2000.

52. [美] 范霍恩著. 财务管理与政策教程 (上)(第10版) [M]. 北京：华夏出版社，2000.

53. [美] 范霍恩著. 财务管理与政策教程 (下)(第10版) [M]. 北京：华夏出版社，2000.

54. [美] 哈瓦维尼等著. 财务管理：创造价值的过程[M]. 北京：机械工业出版社，2000.

55. [美] 马杜拉著. 国际财务管理[M]. 大连：东北财经大学出版社，2000.

56. [美] 布里格姆等著. 财务管理基础(第9版). 北京：中信出版社，2002.

57. [美] 艾伦·C. 夏皮洛著. 跨国财务管理基础[M]. 北京：中信出版社，2002.

58. [美] 希金斯著. 财务管理分析 (第6版) [M]. 北京：中信出版社，2002.

59. [美] 凯奥尔·恩等著. 国际财务管理（英文版. 原书第2版）[M]. 北京：机械工业出版社，2002.

60. [美] BRIGWAM 等著. 财务管理理论与实务（2003会计类原版教材影印系列）[M]. 北京：中国财政经济出版社，2003.

61. [美] 萨缪尔·韦弗著. 最新会计系列丛书财务管理[M]. 北京：中国财政经济出版社，2003.

62. [美] 阿尔弗洛德·拉帕波特著. 创造股东价值[M]. 昆明：云南人民出版社，2002.

63. [美] 马格丽特·梅著，郑志刚译. 财务职能转变与公司增值[M]. 北京：电子工业出版社，2002.

64. [美] 加里·柯什沃思著，李克成译. 整合效绩管理——实现股东价值的有效方式[M]. 北京：电子工业出版社，2002.

65. [美] 安佳·V. 扎柯尔著. 价值大师[M]. 上海：上海交通大学出版社，2002.

66. [美] 肯尼斯·汉克尔，尤西·李凡特著. 现金流量与证券分析[M]. 北京：华夏出版社，2003.

67. [美] 詹姆斯·范霍恩等著. 现代企业财务管理[M]. 北京：经济科学出版社，2003.

68. [美] 阿斯瓦斯·达摩达兰著. 应用公司理财[M]. 北京：机械工业出版社，2004.

69. [美] 斯蒂芬·A. 罗斯等著. 公司理财[M]. 北京：机械工业出版社，2004.

70. [美] 道格拉斯·R. 爱默瑞等著. 公司财务管理[M]. 北京：中国人民大学出版社，2005.

71. 汤谷良主编. 高级财务管理[M]. 北京：中国财经出版社，2001.

72. 陆正飞等著. 高级财务管理[M]. 浙江：浙江人民出版社，2000.

73. 周首华等著. 财务理论前沿专题[M]. 大连：东北财经大学出版社，2000.

74. 财政部注册会计师考试委员会办公室编. 财务成本管理[M]. 北京：经济科学出版社，2007.

75. 荆新，王化成等著. 财务管理学[M]. 北京：中国人民大学出版社，2002.

76. 邱闽泉等著. 企业管理软件在企业集团财务管理中的应用[M]. 北京：清华大学出版社，2003.

77. 吕文清著. ERP 制造与财务管理[M]. 广州：广东经济出版社，2003.

78. 用友软件股份有限公司编. ERP 财务管理系统：应用专家培训教程（上）[M]. 北京：中国物资出版社，2003

79. 用友软件股份有限公司编. ERP 财务管理系统：应用专家培训教程（下）[M]. 北京：中国物资出版社，2003.

80. 用友软件股份有限公司编. ERP 财务管理系统：应用专家实验教程[M]. 北京：中国物资出版社，2004.

81. 杨雄胜等主编. 管理会计应用与发展的典型案例研究：江苏电力公司财务管理信息系统[M]. 北京：经济科学出版社，2002.

82. 王光远编. 财务会计和财务管理理论研究[M]. 北京：中国时代经济出版社，2005.

83. 王文华主编. 物业会计与财务管理[M]. 上海：立信会计出版社，2001.

84. 文博主编. 新编企业财务管理制度大全[M]. 北京：光明日报出版社，2003.

85. 伍中信等编著. 高级财务管理理论[M]. 上海：立信会计出版社,2002.

86. 王化成主编. 财务管理教学案例[M]. 北京：中国人民大学出，2001.

87. 赵德武主编. 财务管理[M]. 北京：高等教育出版社，2000.

88. 王庆成，郭复初主编. 财务管理学[M]. 北京：高等教育出版社，2000.

89. 丁元霖等主编. 商品流通企业财务管理[M]. 上海：立信会计出版社，2002.

90. 陆正飞主编. 财务管理[M]. 大连：东北财经大学出版社，2001.

91. 杨雄胜等著. 财务管理咨询[M]. 北京：华夏出版社，2002.

92. 荆新，王化成，刘俊彦著. 财务管理学[M]. 北京：中国人民大学出版社，2002.

93. 荆新，王化成等主编.《财务管理学》教学辅导书（学生用书）[M]. 北京：中国人民大学出版社，2002.

94. 李伯龄著. 现代企业财务管理技巧[M]. 北京：文汇出版社，2000.

95. 张鸣等主编. 财务管理学[M]. 上海：上海财经大学出版社，2002.

96. 李雪松编著. 企业财务管理咨询与诊断[M]. 北京：中国经济出版社，2003.

97. 郭复初主编. 财务管理[M]. 北京：首都经济贸易大学出版社，2003.

98. 中国会计学会编. 财务管理[M]. 大连：东北财经大学出版社，2007.

99. 蒋屏主编. 公司财务管理[M]. 北京：对外经济贸易大学出版社，2001.

100. 杨淑娥，胡元木主编. 财务管理研究[M]. 北京：经济科学出版社，2002.

101. 袁建国主编. 财务管理[M]. 大连：东北财经大学出版社，2001.

102. 孙万军等主编. Excel 财务管理应用技术[M]. 上海：上海财经大学出版社，2003.

103. 竺素娥主编. 新编财务管理学[M]. 上海：立信会计出版社，2002.

104. 张延波主编. 企业集团财务管理[M]. 杭州：浙江人民出版社，2002.

105. 宋献中，吴思明主编. 中级财务管理[M]. 大连：东北财经大学出版社，2002.

106. 王明珠等主编. 财务管理学[M]. 北京：中国时代经济出版社，2003.

107. 刘力编著. 财务管理学（第二版）[M]. 北京：企业管理出版社，2000.

108. 汤谷良，王化成著. 企业财务管理学[M]. 北京：经济科学出版社，2000.

109. 陈天泉著. 企业财务管理[M]. 北京：社会科学文献出版社，2003.

110. 张秀梅著. 企业财务管理学[M]. 北京：中国财政经济出版社，2001.

111. 王化成著. E 时代财务管理——管理信息化理论与实践的探索[M]. 北京：中国人民大学出版社，2002.

112. 袁建三著. 现代财务管理[M]. 北京：中国财政经济出版社，2000.

113. 张瑞君著. 计算机财务管理[M]. 北京：中国人民大学出版社，2001.

114. 樊进科著. 财务管理学[M]. 北京：经济管理出版社，2002.

115. 汤谷良著. 企业财务管理[M]. 杭州：浙江人民出版社，2000.

116. 谷卫，张俊民著. 财务管理教程[M]. 上海：立信会计出版社，2002.

117. 中国会计学会编. 财务管理卷 (会计研究文献 1997～1999) [M]. 大连：东北财经大学出版社，2002.

118. 庄恩岳，何成梁主编. 图解式财务管理[M]. 大连：辽宁人民出版社，2004.

119. Jensen,Michael C.Value Maximization,Stakeholder Theory and the Corporate Objective Function，Journal of Applied Corporate Finance [J]. V.14,No.3,2001（6）.

120. Jensen，Michael C.Organization Theory and Methodology Accounting Review 50 [J]. 1983（4）.

121. F.H . Knight. Risk, Uncertainty and Profit[M]. Augustus M. Kelley，1964.

122. E.F.Fama. Efficient Capital Markets：A Review of Theory and Empirical Work [J]. Jounal of Finance,1973（5）.

后 记

财务管理作为现代企业管理的重要领域和专门学科，得到了广大理论工作者和实务界人士的高度重视；作为现代企业管理的核心，指导着企业生存、发展和应对竞争的实践。伴随着新世纪全球经济和管理技术的飞速发展，传统的财务管理理论与方法已经难以适应激烈竞争的企业生存和发展的需要，因此迫切要求传统财务管理与我国企业的现实情况相结合，在理论和实务上不断总结、创新和发展，这是我们创作这部《高级财务管理：理论与实务》的理论缘起。

我们从多年的教学实践中深切感受到，教材和教学质量有着十分密切的关系。教材规定了教学内容，是教师授课取材之源，也是学生求知和复习之本，没有优秀的适用教材，也就无法提高教学质量。丢开教材，欲求提高教学质量，无异于缘木求鱼。换言之，没有优秀的教材，就没有优秀的高等教育；没有高质量的人才培养，就没有高水平的大学。这是我们创作这部《高级财务管理：理论与实务》的现实考虑。

基于此，在西北民族大学管理学院教授、财务与会计学术带头人丁玉芳教授的倡议与具体参与下，四位作者竭尽全力、同心同德、紧密合作完成了这部学术作品。

本书由丁玉芳、邓小军提出全书基本框架并完成初稿写作，经四位作者反复斟酌、商讨后确定。其中第二章、第五章、第十章、第十六章总计四章由丁玉芳负责写作；第一章、第八章、第九章、第十一章总计四章由邓小军负责写作；第三章、第七章、第十三章、第十四章总计四章由刘华负责写作；第四章、第六章、第十二章、第十五章总计四章由孙雅健负责写作；最后由丁玉芳、邓小军负责统稿修订。

感谢兰州大学管理学院院长、教授、博士生导师包国宪先生，兰州大学经济管理学院教授、博士生导师、西北开发研究所所长聂华林先生，邵建平先生，刘志坚先生，张新平先生对本书的建设性指导。感谢西北民族大学教务处处长、教授、硕士生导师陈永奎先生为本书写作提供的中肯建议和翔实资料。感谢西北民族大学管理学院书记、教授何智奇先生，西北民族大学管理学院院长、硕士生导师刘燕华女士对本书写作的关心与支持。

感谢经济管理出版社全体同人，正是你们的信任和支持，能够使本书很早列入出版计划并最终出版。

在本书即将付梓之际，作者深知，一方面本书写作奠定在尊重、参考前人劳动成果的基础之上，故在此对那些给本书提供"养分"的国内外专著、教材的原作者表示深深的敬意与谢意！同时，作者亦认为本书在某种程度上提供了一个供于研讨乃至批判的素材，虽历经十余次框架与内容的修订，但肯定还存在可修可改之处，尽管追求百密而无一疏，但心中的忐忑还是难以消除。由于作者水平所限，书中疏漏或错误难免，恳请专家学者、同行和读者指教并多提宝贵意见，以便我们进一步修改和完善。

编 者

2008 年 11 月 30 日